Erschienen im
Jubiläumsjahr 2002
bei Klett-Cotta

# Die Normativität des Wirklichen

## Über die Grenze zwischen Sein und Sollen

Herausgegeben von
Thomas Buchheim,
Rolf Schönberger und
Walter Schweidler

Klett-Cotta

Gedruckt mit Hilfe der Geschwister Boehringer Ingelheim Stiftung
für Geisteswissenschaften in Ingelheim am Rhein

Für ihre grosszügige Unterstützung beim Zustandekommen
dieses Bandes danken wir ausserdem:

Der Universitätsgesellschaft
der Ludwig-Maximilians-Universität München,
der Erzdiözese von München und Freising,
den Diözesen Hildesheim und Regensburg
sowie der Michael Klett-Stiftung

Klett-Cotta

Printed in Germany
Umschlaggestaltung: Klett-Cotta-Design
Einbandmaterial: Garantleinen
Gesetzt aus der Adobe Caslon von Typomedia Satztechnik, Ostfildern
Auf säure- und holzfreiem Werkdruckpapier gedruckt
und gebunden von fgb – freiburger graphische betriebe
ISBN 3-608-94355-2

Die Deutsche Bibliothek – CIP-Einheitsaufnahme
Ein Titeldatensatz für diese Publikation ist bei
Der Deutschen Bibliothek erhältlich.

Robert Spaemann

zum 75. Geburtstag

# Inhaltsverzeichnis

# Vorwort

Damit etwas ›wirklich‹ genannt werden kann, muß es seine Art und Weise zu sein geltend machen an anderem, das ebenfalls wirklich ist. Dagegen kann ein bloßes Objekt der Betrachtung, je nach dem, wie es betrachtet wird, auf ganz unterschiedliche Weise aufgefaßt werden: die Zahl 10 z. B. als Summe der ersten vier natürlichen Zahlen, als namengebender Faktor des Dezimalsystems, als Inbegriff der Vollkommenheit nach pythagoreischer Auffassung.

Das Wirkliche, wie schon das Wort andeutet, teilt seine jeweilige Besonderheit in Wirkungen auf anderes mit und behauptet sich so als es selbst nur kraft einer bestimmten Form oder Art und Weise des Auftretens, welche allerdings immer überlagert und konfundiert bleibt mit seinen Neben- oder sonstigen Wirkungen von anderer Seite. Deshalb braucht es Bewußtsein, um Wirkliches als solches wahrzunehmen und zu würdigen. Und deshalb begründet Wirkliches aus seinem bloßen Dasein für ein Bewußtsein eine *Norm* dafür, in welcher von vielen möglichen objektiven Fassungen seinem Sein gerecht zu werden ist und in welchen nicht. Eine Heuschrecke nur als Eiweißportion oder akustische Störung zu erfassen, wird ihrer Wirklichkeit noch nicht ganz gerecht, die die eines lebendigen Wesens ist, das an und für sich – wenn auch ohne Selbstbewußtsein – wirklich ist.

Weil das Wirkliche nur in bestimmter Weise gefaßt sich als das, was es selbst ist, geltend machen kann, muß ihm Bewußtsein entgegenkommen, ihm gleichsam behilflich sein, um als das zu erscheinen, was es tatsächlich ist, d. h. *richtig* aufgefaßt zu werden, ohne daß dies eine Ergänzung oder gar Verfälschung in es eintragen würde. Wo aber zwischen richtig und verfehlt, zwischen egal und nicht-egal, zwischen relevant und irrelevant bezüglich einer Sache unterschieden werden muß, da ist das Wirkliche immer zugleich und von sich her als etwas *Normatives* entdeckt. Die Normativität des Wirklichen überhaupt gründet in seiner Relativität auf ausgezeichneterweise Wirkliches, nämlich dasjenige, das seiner selbst zugleich bewußt ist. Wir müssen den Aspekt des Normativen fast gewaltsam von dem, was wir als wirklich beteuern, abstreifen, um daraus das rein Objektive, das bloße Objekt einer möglichen Wissenschaft zu machen. Denn das ›wirklich‹ Genannte vergleichen wir unwillkürlich mit uns selbst in seiner Wirklichkeit, indem wir denken: nicht weniger wirklich als du und ich oder so wahr ich hier stehe. »Ich kann von mir nicht denken, ich sei nur der Traum eines anderen« – wie der Philosoph Robert Spaemann dieses ontologische Vergleichen alles Wirklichen mit uns selbst einmal pointiert hat. Deshalb liege nach seiner These ein solches vergleichendes Bewußtsein bezüglich Wirklichsein »jeder Anerkennung von Wirklichkeit jenseits der Gegenständlichkeit zugrunde«.

Will man die innere Relativität des Wirklichen zu wiederum Wirklichem, aber bewußt Wirklichem, nicht anerkennen und somit dem, was ist, keinerlei Normativität für die Art und Weise zugestehen, in der es zu erkennen und zu nehmen ist, so verlieren auf der anderen Seite auch unsere eigenen Normsetzungen notwendigerweise jeden Anhaltspunkt in dem, was der Fall ist. Die uns zugängliche Wirklichkeit, z. B. die der Natur, besonders auch die des Lebendigen in ihr, ist dann eine objektive Erscheinung für uns, aus der wir keinerlei Anregung für das eigene Verhalten und Umgehen damit und mit unseresgleichen beziehen können. Sein und Sollen radikal auseinanderzuhalten bedeutet logischerweise, Sollen nur auf Sollen und wieder Sollen gründen zu können. Wir sind dann, ohne solche Anhaltspunkte im Wirklichen, anscheinend allein auf uns, die Autonomie dessen, was wir für Vernunft halten, alias das Belieben unserer Zwecksetzungen und Interessen gestellt.

Ob nun in der Tat die Rede vom ›Wirklichen‹ im skizzierten Sinn eine subjektive Übertreibung darstellt und wir nur objektive Wissenschaft, aber nicht Philosophie mit Erkenntnisanspruch in bezug auf das wirklich Seiende betreiben können; und ob in der Tat alle Normativität nur der Gesetzgebung unserer Vernunft oder vorauszusetzenden Interessen entspringen kann oder doch nicht allein, das untersuchen und prüfen auf unterschiedlichen Wegen, teils durch Analyse historischer Positionen der Philosophie, teils durch systematische Erwägungen, alle folgenden Beiträge.

In einem *ersten Schritt (Keime des Normativen in der Wirklichkeit)* wird der Begriff des »Wirklichen« daraufhin untersucht, ob und inwiefern er nicht bereits von sich aus Keime, Aspekte oder Vorgaben für den Bau und die Begründung von normativ geregelten Verhältnissen der Moral oder des praktischen Selbstverständnisses enthält oder sinnvoll liefern kann.

Zumindest *historisch* ist klar, wie *Rémi Brague* in seinem Beitrag »Zur Vorgeschichte der Unterscheidung von Sein und Sollen« zeigt, daß die Trennung von Sein und Sollen eine Erfindung erst des Mittelalters, besonders Anselms, gewesen ist und gegenüber der Antike die Subtraktion des Guten aus dem natürlich Seienden, dem Kosmos einschließlich unserer selbst hienieden voraussetzt, um es anschließend als einen allein dem Menschen vernehmbaren Anspruch Gottes an uns in Form eines höheren Sollens, das wir ihm schuldig sind, wieder, jedoch nunmehr über uns, aufzurichten. In dem Maß wie die alte Kosmologie verblaßt, werden die früher als relativ unbedeutend angesehenen menschlichen Angelegenheiten zum entscheidenden Dreh- und Angelpunkt des Universums.

An einem Beispiel aus der lateinischen Spätantike, dem unter Boethius' Namen überlieferten Autor von *De Hebdomadibus*, macht *David J. Marshall* (»The Argument of *De Hebdomadibus*«) ebenfalls deutlich, daß christliche Autoren das Gutsein nicht als eine vom Geschöpf eigenständig erreichte oder verfolgte Qualität ihres Wesens, sondern nur als eine gleichsam geliehene, vom »Guten selbst« auf sie als bloß rezeptiv übertragene Gabe besitzen.

Eine von breiter philosophischer Tradition bereits mit dem Ursprung des Endlichen verwobene Weise, in der sich die Normativität des Wirklichen zeigt, liegt im Verhältnis der Wirklichkeit zu seiner Dauer. Dies jedenfalls dann, wenn sich die Dauer aus Gründen, die mit der jeweiligen Eigenart des Dauernden zusammenhängen, nicht als bloße zeitliche Erstreckung denken läßt. Ein solches Beispiel liegt in Platons Begriff des Kosmos vor. Platon läßt den Grund für die Fortdauer entstandener Wesen im Willen des Demiurgen zu dieser Fortdauer liegen. Die Eigentümlichkeit des Gedankens besteht gerade darin, daß der entstandene Kosmos zwar nicht aufgrund seiner ontologischen Verfassung als unzerstörbar zu denken ist, aber wegen seiner »Qualität« und Vorzüglichkeit der Untergang im Widerspruch zu ihr und zum wesentlich guten Demiurgen stünde. Im Beitrag »Die Beständigkeit der Dinge« geht *Rolf Schönberger* der komplexen Rezeptionsgeschichte des platonischen Gedankens im mittelalterlichen Denken nach.

*Richard Schröder* zeigt mit seiner wissenschaftshistorischen Studie »Wissenschaft contra Religion? Zum Fall Galilei« die Ironie der Geschichte auf, daß hier die höchste Instanz der Normativität, die Kirche, in dem Interesse, daß wissenschaftliche Erkenntnis rein hypothetisch und neutral bleiben müsse, Galileis Wahrheitsbehauptungen verurteilte, während die Instanz der wertfreien Naturwissenschaft glaubte, durch die mathematische Genauigkeit ihrer Darstellung der Verhältnisse, das Universum gleichsam in der Perspektive Gottes bei Erschaffung der Welt erfassen zu können.

Wenn demgemäß die scharfe Trennung von Sein und Sollen eine insgesamt historische und im weitesten Sinn christlich geprägte Neuerung darstellt, kann ein mehr *systematisch* gelenkter Blick auf die einschlägigen Begriffe natürlich auch zeigen, daß sie den Sachen selbst nicht gleichsam begriffsnotwendig inhärieren muß.

Wenn man mit *Thomas Fuchs* (»Wirklichkeit und Entfremdung. Eine Analyse von Mechanismen der Derealisierung«) unseren alltäglichen Hintergrundbegriff der »Wirklichkeit« direkt einer Analyse unterzieht, erkennt man es im Gegenteil rasch als Illusion zu glauben, daß die Wirklichkeit dadurch, daß wir sie möglichst weit von uns wegzuschieben und unserer Eigenart zu entkleiden versuchen, besonders objektiv oder normativ neutral zu begreifen wäre. Vielmehr ist es umgekehrt, daß die Macht der Bilder und Medien um so beherrschender wird, je »vermittelter« für uns dasjenige wirkt, was wir für das eigentlich Wirkliche halten möchten. Denn wenn wir zu entdecken meinen, wie wir zu einem Bild der Wirklichkeit kommen und wie weit weg davon und anders als dies sie sein müsse, so schiebt sich uns zunehmend eben dieses Bild oder Medium als wirklich in den Vordergrund der Aufmerksamkeit, und wir gehen sogar dazu über, diesem Vordergrund der Bilder die ganze Wirklichkeit gemäß zu machen. So wird uns die Wirklichkeit in vielen Bereichen zu einem Konstrukt der Bilder und Vermittlungsverfahren, »das Original die Kopie der Fiktion«.

Auch von einem mehr neuropsychologischen und kognitionswissenschaftlichen Standpunkt der Analyse aus zeigt sich nach der Argumentation von *Hinderk M. Emrich*, daß das, was wir für das Wirkliche halten, keineswegs eine getreue Nachbildung des Vorhandenen darstellt, sondern eine von Gefühlen, Bewertungen und Zensur des Normalen und Möglichen im voraus selektionierte und aus vertrauten Stücken eigens neu erbaute ›reale Welt‹ ist, im Unterschied zu einer Traumwelt oder pathologischen Welt, in denen jene genannten Funktionen unter Umständen ausfallen oder beeinträchtigt sein können. In jeden Fall ist klar, daß die Wirklichkeit auf diese Weise durchsetzt sein muß von den Normativitäten und Normalitäten, die unser eigenes Dasein auf selbstverständliche Weise prägen und zu einem gewohnten und wohl eingerichteten machen.

*Peter Geach* entdeckt in seinem Beitrag »Contingency, Cause, and End« sogar in einem klassischen Kernbereich für normativitätsfrei gehaltener Begrifflichkeit, dem der Kausalität, die kaum verwischbare Spur des Normativen: Möchte man nämlich in einer kausal verfaßten Wirklichkeit sowohl handlungsermöglichende Verläßlichkeit der natürlichen Umstände und Geschehnisse als auch überhaupt für menschliche Handlungen Platz lassende Dehnbarkeit der Verhältnisse zwischen kausal wirkenden Dingen denken, so bleibt, wie Geach in Anknüpfung an John Stuart Mill zeigt, nicht viel anderes übrig, als in der Ursächlichkeit nicht bloß einen Reflex der Uniformität unserer Beobachtungen zu erkennen (wie Hume dachte), sondern ihnen interferierende »Tendenzen« zuzuschreiben, die die verschiedenen Dinge je für sich determinieren mögen, die aber durch jeweils andere auch gestört oder beeinflußt werden können. Tendenzen jedoch müssen als wirkliche Zustände verstanden werden, die nicht anders als in Analogie zu einer Logik der verfolgten Zwecke oder Imperative (Fiat-Logik) begriffen werden können. Das bedeutet nicht, daß alle kausal wirkenden Dinge Absichten folgen müßten, sondern nur, daß ihre aktuellen Zustände selbst – nicht das abstrakte System oder der Kontext, dem sie angehören – die tatsächlichen Subjekte ihrer Kausalität sind.

Auch wenn man andere Fundamente unserer theoretischen Weltbeziehung genauer ins Auge faßt, erkennt man klar, daß der in ihr uns bisweilen vorgemachte Raum des normativitätsfrei Objektiven eine Illusion ist. So ist zum Beispiel, wie *Friedrike Schick* (»Ist Wahrheit ›rechtfertigungstranszendent‹?«) durch eine Kritik an Habermas' *Wahrheit und Rechtfertigung* klarmacht, die Wahrheit selbst eine Norm, die, wenn sie überhaupt eine Rolle spielen soll, den *Inhalt* unserer Urteile als solchen regieren muß und nicht allein auf Rechtfertigungsbemühungen innerhalb unserer Diskurse zurückgeführt werden kann.

Auch wenn man mit *Hermann Lübbe* (»Die Wirklichkeit und der gute Wille. Über Tendenzen der Moralisierung kognitiver Gehalte«) globaler auf den grassierenden Zuwachs unseres theoretischen Wissens blickt, so sieht man bald, daß ein Mehr an theoretischem Wissen nicht etwa ein Weniger an Einsprengseln normativer Aspekte in es und seine Zusammenhänge mit sich bringt. Im Gegenteil weicht in diesem Zug die Säuberlichkeit der Trennung des Normativen und Moralischen von dem, was man als theoretisches Wissen und Weltverstehen ausgibt, zusehends auf. Denn wie das Wissen lebenspraktische Folgen für uns abwirft, neigen wir umgekehrt dazu, das Gewußte mit praktischen Bewertungen, Moralisierungen bis hin zu Äußerungs- und Prüfungsverboten oder bekenntnishafter Multipräsenz zu überziehen. So tragen wir, betroffen von der praktischen Relevanz des Wißbaren, die angeblich in Unabhängigkeit regierende Normativität des Gewünschten und Verabscheuten gewissermaßen selbst in das Feld des Tatsächlichen zurück.

Denkt man das Wirkliche bar der Normativität und diese als das Privileg unserer weltüberhobenen Vernünftigkeit, ein von allem Faktischen freigestelltes Wollen oder Sollen, so werden die Verhältnisse, in denen wir Menschen tagtäglich existieren und die wir insofern doch als einen Teil des Wirklichen begreifen müssen, fast überall zum Rätsel. Im *zweiten Schritt (Die Prägung des Normativen)* sind daher die konstitutiven Wechselbeziehungen zwischen unseren normativ geprägten Lebensverhältnissen einerseits und den in sie hineinragenden Fingern und Verzweigungen des Wirklichen andererseits ins Auge zu fassen. Nicht nur prägen Normen unseren Umgang mit dem Wirklichen und so sein ganzes Gesicht wesentlich mit, sondern sie erhalten auch umgekehrt erst ihr eigenes Gepräge durch mannigfaltige Ansprüche, die das Wirkliche an diejenigen stellt, die – weil vernünftig und mit Bewußtsein begabt – in der Lage sind darauf Rücksicht zu nehmen.

In der erstgenannten Beziehung führt die These von *Anton Koch* (»Die Antinomie vom Lügner und der Satz des Protagoras«) vor Augen, daß jeder noch so enthaltsame theoretische Diskurs nur scheinbar ein reines und von normativen Vorgaben unbelecktes Bild der Wirklichkeit zu vermitteln vermag. Vielmehr verdanke sich jeder Diskurs einer durchaus nicht wertneutralen Strategie der Antinomievermeidung, die im berühmten »Lügner« als solche hervortrete, aber in Gestalt der überall in Anspruch zu nehmenden Negativität das »memento mori« unseres diskursiven Denkens überhaupt sei. Jede Kommunität muß der These zufolge auf historisch kontingente Weise eine Lebensform finden, die auch ihre Diskurse in bestimmten normativen Grundorientierungen einrichtet zwischen den Polen einer allen Diskurs vernichtenden Negativität des Nichts einerseits und einer den Diskurs überfordernden Positivität des reinen Seinsdenkens, nach dem griechisch-parmenideischen Vorbild der *noēsis*, andererseits.

Wie *Wilhelm Vossenkuhl* (»Der eigene Wille«) weiterhin, aber aus umgekehrter Perspektive deutlich macht, ergibt es auch keinen guten Sinn, dasjenige, was als Organ aller Normativität in uns zu gelten hat, nämlich den Willen, im Interesse mißverstandener Autonomieansprüche zu einem der Wirklichkeit enthobenen, à la Kant *rein* vernunftbestimmten Motivationsgeber zu erklären. Eigenheit des Willens setzt nicht seine Unangebundenheit an die sonstige Welt und Selbstverursachung voraus, sondern im Gegenteil das Erlernen derjenigen sozialen Sprache und nur intersubjektiv zu artikulierenden Absichten, die auch andere sprechen und haben, sowie vielfache Übernahmen und gar Sich-Anbequemen an Zwänge, die die soziale Wirklichkeit ausmachen. Die Eigenheit des Willens und mit ihr die Identität der Person ist mehr wie eine in eines jeden Zukunft sich erstreckende Aufgabe zu begreifen denn als eine den Betreffenden kausal vorantreibende, rein private Erstursache.

Daß die Normativität unserer ethischen Prinzipien geradezu angewiesen ist auf einen Wirklichkeitsbereich zwischen natürlichem Dasein und offiziellem Geltungsbereich der Moral, zeigt *Karl-Heinz Nusser* (»Gemeinwohl und geistiges ›Schwarzfahren‹«). Nach seiner These reicht es nicht aus, den normativen Geltungsanspruch von Moral und Gerechtigkeit auf ökonomische Nutzenmaximierung und damit letztlich auf den Eigennutz eines jeden zu gründen, sondern man braucht substantielle, ethisch geprägte Lebensverhältnisse, in denen eine ursprüngliche Verschränkung des eigenen Wohls mit dem anderer Menschen eingeübt und zur Selbstverständlichkeit wird. Eine so geprägte soziale Praxis ist nicht so sehr eine für Begründungen heranzuziehende, als vielmehr unmittelbar gelebte Normativität, die als solche eine Form von Wirklichkeit darstellt.

Für manche besonderen Formen des Normativen ist allerdings, wie insbesondere *Peter Koslowski* (»Welche Werte prägen den Kapitalmarkt? Zur Ethik der Spekulation«) deutlich macht, die Brücke zwischen Sein und Sollen auch in der Gegenrichtung zu schlagen: Nicht nur ist geltungskräftige Normativität angewiesen auf einen Sedimentbereich durch sie vorgeprägter Wirklichkeit, sondern es gibt umgekehrt Handlungsbereiche – wie den hier untersuchten Kapitalmarkt –, in denen zunächst nicht normativ auftretende Operationsweisen eine nicht nur wert-, sondern sogar normenschöpfende Kraft gewinnen. So wird »Spekulation«, sonst sowohl ökonomisch als auch philosophisch der Kritik ausgesetzt, hier zu einem zentralen Wert; Deregulierung, äußere Kontrolle von Unternehmen durch Shareholder, Professionalisierung der Finanzdienstleister bekommen Gebotscharakter, und insgesamt bildet sich am Leitfaden der zu erfüllenden Funktionen eine regelrechte Berufsethik mit weiter Ausstrahlung in andere Bereiche ethischen Handelns heraus.

Ein anderes Beispiel dafür, wie stark der Charakter »wirklicher« Situationen eingreift in selbst die grundlegendsten Normen unserer Moral und Rechtsauffassung führt *Weyma Lübbe* anhand einer Analyse der rechtlichen Regelungen zum Lebensnotstand (»Lebensnotstand – Ende der Normativität? Untersuchung einer Grauzone im Unrecht des Tötens«) vor Augen. Generalisiert man den an diesem Extrembeispiel entdeckten Sachverhalt, so sieht man, daß die Normativität ethischer Prinzipien zugleich abhängig ist davon, daß ein gewisses Spektrum von Normalität des Wirklichen nicht überschritten wird.

Wenn man aufgrund solcher Beiträge zum Thema erkennt, daß die Möglichkeit effektiver Normativität angewiesen ist auf einen humanen Lebensbereich, in dem natürliche Verhältnisse und normative Setzungen sich verbinden zu einer Art zweiten Natur, die selbst wiederum ein Stück faktische Wirklichkeit im legitimen Sinne des Wortes darstellt, so kann in einem *dritten Schritt (Die Verwirklichung des Normativen)* aus umgekehrter Perspektive auch gezeigt werden, daß Elemente des Normativen und weltüberschreitend Metaphysischen bereits unvordenklich Eingang gefunden haben in das, was wir im betonten Sinne »wirklich« nennen, und daß zweitens der jeder Normativität inhärente Verwirklichungsanspruch an unser Handeln, ohne den es nicht füglich gedacht werden kann, um so größere Chancen auf Realisierung besitzt, je weniger prinzipiell die Kluft zwischen dem, was wirklich ist, und dem, was sein soll, auseinander klafft.

Besonders in erster Hinsicht grundlegend, entwickelt der Beitrag von *Walter*

*Schweidler* (»Was ist geistige Macht?«) ausgehend von dem klassischen Konzept der »Natur des Menschen« den Begriff der »geistigen Macht« als Bindeglied zwischen der metaphysischen Tradition und zeitgenössischen phänomenologischen Ansätzen, mit Hilfe dessen er anschließend klar macht, daß Normativität nicht primär in der Gegebenheit abstrakter Normen, sondern in der Wirklichkeit spezifisch menschlicher Verhältnisse verankert ist. Metaphysik wird hier verstanden als die Aktivität unserer Auseinandersetzung mit jenem spezifisch menschlichen Unsichtbaren, das uns gerade nicht in direkter Intention als das, was wir sollen und wollen, sondern nur in anders gerichteten Intentionen als dasjenige zugänglich wird, wofür wir uns im Schritt über die Natur hinaus frei entschieden haben.

In einem entschieden christlich bestimmten Denkansatz ist ohnehin das Prinzip von Wirklichkeit so verfaßt, daß es zugleich durch sich selbst normativen Anspruch sowohl unmittelbar freisetzt als auch ihm auf paradigmatische Weise entspricht. Wie *Leo Card. Scheffczyk* (»Die Trinität – das christliche Tremendum und Fascinosum Gottes«) im kontrastierenden Vergleich mit rein unitarisch gedachten Wirklichkeitsprinzipien deutlich macht, ist personale Wirklichkeit als solche nur in Form einer Wechselseitigkeit und Zuwendung zwischen mehreren Personen denkbar, die – im Fall der Wirklichkeit Gottes als reine Liebe gedacht – in eins manifestes Prinzip von Realität und Erfüllung des höchstmöglichen Anspruchs darstellt, der an das, was ist, überhaupt gestellt werden kann.

In der zweiten Hinsicht – die Verwirklichungschance des Normativen betreffend – untersucht *Thomas Buchheim* (»Wie Vernunft uns handeln macht«) drei klassische Modelle der Überbrückung zwischen normativer Vorschrift der Vernunft und wirklichem Handeln, nämlich die von Kant, Hume und Aristoteles; daraus wird deutlich, daß für je autonomer und unabhängiger vom Faktischen wir unsere Vernunft halten, sie um so weniger das Zeug besitzen kann, uns in unserem sinnlich-natürlichen Dasein wirklich zu bestimmen.

Die Wirklichkeit des Kosmos steht unter Naturgesetzen, die des Menschen unter rechtlichen und moralischen Gesetzen. Für letztere heißt dies, daß auch sie gar nicht Bestand haben könnte, wenn diese Gesetze ein bloßes Sollen blieben und nicht auch in einem gewissen und nicht zu unterschreitenden Maße respektiert würden. Zu dieser Sphäre gehört aber zugleich nicht bloß die Möglichkeit, sondern auch die Wirklichkeit der Verletzung dieser Normen. Dies wiederum macht Regeln zur Wiederherstellung der Normalität erforderlich. Im Blick auf Philosophen des 20. Jahrhunderts erörtert *Klaus-M. Kodalle* (»Verzeihung des Unverzeihlichen? – Mut zur Paradoxie bei Ricœur, Derrida und Løgstrup«) die Grenzen solcher Regeln. Unabdingbar für ein Verhältnis zur Vergangenheit, das diese weder verdrängt, noch ihr die Macht über die Zukunft überläßt (sofern dies überhaupt eine Alternative bildet), ist die Verzeihung. Diese ist wesentlich grundlos und kann daher niemals die Gestalt eines Sollens haben. Ihr besonderer Charakter zeigt sich vielmehr erst darin, wenn der Adressat der Verzeihung gar nicht um Verzeihung bittet oder wenn der Abgrund der Schuld in eine derartige Tiefe reicht, daß sie zum Unverzeihlichen wird.

Die menschliche Gemeinschaft wird nicht bloß faktisch durch Anerkennung von Normen gekennzeichnet, sondern ist ohne die Wirklichkeit des Normativen gar nicht möglich. Daher muß es zum Recht der Gemeinschaft gehören, diesen Normen Anerkennung auch dann zu verschaffen, wenn sie verletzt worden sind. In seinem Beitrag (»Le droit de punir«) führt *Paul Ricœur* klassische Straftheorien vor: Platon, Aristoteles, Kant und Hegel. Dies geschieht im Blick auf die Frage, ob sich der Begriff eines Strafrechts so entwickeln lasse, daß es nicht bloß die Ordnung wiederherstellt und für seine künftige Anerkennung Sorge trägt, sondern die Beteiligten – Gesetz, Opfer und Schuldigen – am Ende miteinander versöhnt.

Dem bekannten Einwand dagegen, aus dem Sein irgendein Sollen ableiten zu können, ist zwar einerseits nicht zu widersprechen, andererseits aber abhängig von einem spezifischen, nicht von einem universellen Verständnis von Sein. Insofern dieses Faktizität oder Gegebenheit ist, folgt nichts, was nicht seinerseits Faktizität und Gegebenheit wäre. Insofern aber etwa das Lebendige ein irreduzibler Teil der Wirklichkeit ist, zu dessen Individuen es spezifisch gehört, von sich her »auf etwas aus zu sein«, liegt darin eine ähnlich unvermeidliche Modifikation des Zusammenhanges wie dann, wenn Wirklichkeit nicht ein Gegebenes, sondern Gabe ist. In dem Beitrag »La conscience du don« entwickelt *Jean-Luc Marion* eine Phänomenologie des Geschenkes, das in seiner höchsten Form von einem für es zureichenden Grund ebenso frei ist wie von der Voraussetzung des Habens: das Scherflein der Witwe.

Sämtliche Beiträge in diesem Buch verstehen sich, wie schon sein Titel es ausdrückt, als Studien im Grenzgelände zwischen Ontologie und Ethik; zwei zwar verschieden gerichteten, aber, wie gerade diese Sammlung zeigt, sich wechselseitig auch Gründe bietenden Disziplinen philosophischer Vernunft, die in beiden doch nur eine, wenn auch endliche und sich selbst nicht genügend kennende, ist und sein kann. Wenn in ihnen eine Vorliebe für die Meinung »Ontologie und Ethik sind nicht zu trennen« zum Ausdruck kommt, so ist das dem Wirken und Lehren des schon erwähnten Philosophen Robert Spaemann zu danken, zu dessen zentralen Thesen dieser Satz gehört. Ihm sind alle hier versammelten Essays gewidmet.

*Die Herausgeber*

# 1. Schritt:

# Keime des Normativen in der Wirklichkeit

# Zur Vorgeschichte der Unterscheidung von Sein und Sollen

*Rémi Brague (Paris)*

Für das neuere und zeitgenössische Denken ist die Unterscheidung zwischen Sein und Sollen eine Selbstverständlichkeit. Die Unrechtmäßigkeit eines jeden Übergangs von der Beobachtung der wirklich gepflegten Sitten zur Errichtung einer Regel der Praxis gehört unter die allgemein anerkannten Voraussetzungen der Ethik. Das ist wenigstens seit Kant der Fall.[1] Das darf nicht in dem Sinne gedeutet werden, daß jeder jene Unterscheidung für in letzter Instanz überzeugend hält, gibt es doch Denker, für die sie sich letztlich als unhaltbar erweist. Wie dem auch sei, so bleibt sie in ihrem Wortlaut jedoch unmittelbar verständlich.

Im Laufe der Geschichte der Philosophie ist sie jedoch erst spät thematisiert und in die Mitte der ethischen Diskussion gerückt worden. Das geschah nicht früher als im 18. Jahrhundert, in einem berühmten Passus aus Humes *Traktat über die menschliche Natur* (1739).[2] So wenigstens nach einem maßgebenden philosophie- und ideengeschichtlichen Nachschlagewerk, dem berühmten *Historischen Wörterbuch der Philosophie*. Es enthält zwei Artikel, die über die Unterscheidung von Sein und Sollen ausführlich unterrichten. Sie erforschen deren Geschichte im deutschen und im angelsächsischen Sprachraum. Beide setzen mit dem späten 18. Jahrhundert an, zumal mit den obengenannten Philosophen.[3] Nun darf man fragen: Warum so spät? Es mag interessant sein, nicht nur zu fragen, wann ein Begriff zum ersten Mal ausgesprochen wurde. Es ist auch interessant, umgekehrt zu fragen, warum ein Begriff zum sprachlichen Durchbruch in einer gewissen denkerischen Tradition entweder nie oder wenn, dann erst sehr spät gelangt. Hier könnte man einige Beispiele anführen, wie Charles Kahns bahnbrechenden Artikel über die Abwesenheit des Daseinsbegriffs (*existentia*) bei den griechischen Philosophen der klassischen Periode.[4]

1 I. Kant, *Kritik der reinen Vernunft*, A 318 f. [B 375].

2 D. Hume, *A Treatise of Human Nature* III, 1 (ed. L. A. Selby-Bigge, 469 f).

3 Vgl. Art. »Sollen I/II« (A. Pieper und A. Hügli), in: *Historisches Wörterbuch der Philosophie* Bd. 9, hrsg. von J. Ritter und K. Gründer, Basel 1995, 1026–1045 bzw. 1045–1056.

4 Ch. Kahn, »Why Existence does not Emerge as a Distinct Concept in Greek Thought?«, in: *Archiv für Geschichte der Philosophie* 58 (1976), 323–334.

Wenn man näher hinsieht, überrascht es einen, beobachten zu müssen, daß nicht nur die Unterscheidung von Sein und Sollen als solche spät eingetreten ist. Die zwei Begriffe, die deren Pole bilden, bedürfen auch einer Erklärung. Über das Sein gibt es schon eine uferlose Literatur. Sein Widerpart, das Sollen, ist dagegen eher stiefmütterlich behandelt worden. Um ihm ein wenig Gerechtigkeit widerfahren zu lassen, möchte ich hier zuerst den Begriff eines Sollens überhaupt befragen und erst danach seine Gegenüberstellung zum Sein.

## 1. Sollen als Schulden

Hier will ich einen anderen Zweig in der Genealogie des Sollens beiseite lassen, d. h. den Pflichtbegriff.[5] Er nimmt seinen Ursprung im stoischen Begriff des καθῆκον, den Cicero durch *officium* übersetzt hat.[6] Ich möchte mich auf die Geschichte des Sollens als solchen konzentrieren.

Die Verben, die ein Sollen ausdrücken, gehören ursprünglich der Rechts- und Wirtschaftssprache an und beziehen sich zuerst auf eine konkrete Schuld, etwa auf Geld, das jemand bei jemandem angelegt hat. Nicht nur das deutsche »Sollen« gehört der Kaufmannssprache an (»Soll und Haben« und dergleichen). Als Beispiel kann man auch das englische *I should* anführen, das mit dem deutschen »schulden« offensichtlich verwandt ist. Selbst *I ought (to)*, das im Passus von Hume vorkommt und in ein Fachwort geronnen ist, ist eigentlich das Imperfekt von *to owe*, »jemandem etwas schuldig sein«. In den romanischen Sprachen kann man eine ähnliche Verwandtschaft beobachten: aus dem lateinischen *debere* (das übrigens schon die zwei Bedeutungen besitzt) stammen frz. *devoir*, ital. *dovere*, span. *deber*.

Nun ist die Tatsache, daß die Idee einer moralischen bzw. religiösen Verpflichtung durch juridische Ausdrücke wiedergegeben wird, nicht gerade eine Ausnahme. Sie kommt nicht nur in der europäischen Tradition vor. Schon im rabbinischen Judentum wird *hôva* als »Schuld« Gott gegenüber gebraucht, wie z. B. im Falle des Ablegens eines Gelübdes.

Auch im Islam wird die Idee der Handlung, die das religiöse Gesetz zu einer Pflicht macht, durch Wörter ausgedrückt, die ursprünglich dem Wortschatz der »Schuld« angehörten. Das gilt etwa vom Oberbegriff *fard*, »Verpflichtung«. Nach einer gewissen Rechtsschule unterscheidet er sich vom *wāğib* dadurch, daß er auf einer eindeutigen Stütze fußt, hingegen das letztere nur auf einer wahrschein-

5 Vgl. Art. »Pflicht« (W. Kersting), in: *Historisches Wörterbuch der Philosophie* Bd. 7, 406.

6 Cicero, *De finibus bonorum et malorum* III, vi, 20 (Schiche 95).

lichen.[7] Das Wort kommt schon im Koran vor, in den späten, in Medina entstandenen Suren.[8] Wie manche Urworte der religiösen Sprache des Korans gehört er dem Wortschatz des Handels an.[9] Das nimmt nicht wunder: Muhammad war selber als Großhändler tätig. Im Koranischen Sprachgebrauch erwartet uns jedoch eine Überraschung: Nicht der Mensch ist Gottes Schuldner, sondern umgekehrt. Der Mensch leiht Gott etwas, technisch: »macht Ihm ein schönes Darlehen« (*afrada fard*$^{an}$ *hasan*$^{an}$) indem er Ihm – sprich: seinem Sachwalter Muhammad – beisteht oder Hilfe leistet. So ist der Koranische Muslim in einem doppelten Sinne ein Gläubiger, zumal Gott gegenüber!

Der Gebrauch desselben Worts, nach einer Umkehrung seines Sinnes, als Metapher für das Verhältnis des Menschen dem Schöpfer gegenüber, setzte eine erste Vergeistigung in Gang. Diese wurde noch dann gesteigert, wenn, in der mu'tazilitischen Richtung des Kalâms, zwischen »Pflichten der Glieder« und »Pflichten des Herzens« unterschieden wurde, eine Unterscheidung, die gewöhnlich dem Abu 'l-Hudayl al-'Allāf (780) zugeschrieben wird.[10] Die Pflichten der Glieder sind die Kultakte, etwa das Fasten, die rituelle Reinigung, die Wallfahrt usw. Unter Herzenspflichten versteht man die innerliche Haltung des Menschen Gott gegenüber, wie die Bewunderung, die Demut und dergleichen. Die Unterscheidung wurde später geläufig. Sie liegt z. B. dem Meisterwerk der jüdischen Spiritualität, Bahjas b. Paqudas *Herzenspflichten* (um 1080) zugrunde.

Nicht auf diese schon bekannten semantischen Abzweigungen will ich hier hinweisen. Nur eines möchte ich an dieser Stelle fragen: warum erscheint das Gute als das Gesollte, als der Gegenstand eines Sollens? Wann wurde das Verhältnis des Menschen dem Guten gegenüber als ein Sollen überhaupt empfunden und begriffen? Warum ist der Begriff des Sollens so spät zur Sprache gekommen? Im deutschen Sprachraum geschah das bekanntlich, als Kant 1763 bemerkte, daß »Sollen« die allgemeine Formel der Verbindlichkeit darstellt, wobei »Sollen« noch nicht als Begriff vorkommt, sprachlich als substantivierter Infinitiv, sondern als Verbform: »Man *soll* dieses oder jenes tun, und das andre lassen; dies ist die Formel, unter welcher eine jede Verbindlichkeit ausgesprochen wird.«[11]

7 Vgl. W. B. Hallaq, *A History of Islamic Legal Theories. An Introduction to Sunni usul al-fiqh*, Cambridge 1997, 40.

8 *Koran*, 2, 246; 5, 12; 57, 11. 18; 64, 17; 73, 20.

9 Vgl. C. C. Torrey, *The Commercial-Theological Terms in the Koran*, Leiden 1892, 44f.

10 Vgl. A. S. Yahuda, *Einleitung zu Al-Hidaja ila fara'id al-qulub des Bachja ibn Josef ibn Paquda* [...], Leiden 1912, 59.

11 I. Kant, *Untersuchung über die Deutlichkeit der Grundsätze der natürlichen Theologie und der Moral* IV § 2 (AA II, 298).

## 2. Die Griechen: eine Ethik ohne »Sollen«

Zuerst kann man fragen, ob die Denker der vor-modernen Periode, d. h. der Antike und des Mittelalters, über die angemessenen sprachlichen Mittel verfügten, diesen Begriff, oder gar seine Unterscheidung dem Sein gegenüber, auszudrücken. Diese Frage darf man nicht verflachend positivistisch stellen, als wäre ein Mangel im Wortschatz einer Sprache die Ursache für eine entsprechende Lücke in der Weltanschauung der Menschen, die sie sprechen. Die An- oder Abwesenheit eines Worts kann jedoch das Aufkommen einer Bewußtseinsnahme, folglich eines Begriffs erleichtern oder erschweren. Nun scheint es, daß, unter den Modalitäten des Seins, die griechische Sprache die Idee einer moralischen Verpflichtung nicht so entfaltet hat wie etwa diejenige der physischen Möglichkeit.[12]

Das Griechische kennt ein Verb für »schulden«, ὀφείλω. Daraus entstanden Wendungen, die an das »Sollen« der neueren Sprachen grenzen.[13] Der Aorist 2, ὄφελον, wird als adv. Acc. gebraucht und bedeutet so gut wie: »obwohl es besser gewesen wäre, daß ...«. Es scheint aber nicht, daß die Formel je substantiviert wurde, als τὸ ὄφελον.

Das Griechische verfügt über eine besondere Form für die Verbindlichkeit, das Verbaladjektiv auf *-teos*. Sie ist nachhomerisch, zum ersten Mal als Epitheton bei Hesiod belegt, dann nur als Prädikat[14] und entwickelt sich vor allem in der attischen Prosa.[15] So ist ein Verb nicht strikt notwendig, sondern meistens nur zur Hervorhebung vorhanden. Das mag erklären, warum die Sprache kein selbständiges Verb hat prägen müssen.

Die zwei sehr üblichen unpersonalen Verben χρή und δεῖ haben nämlich meistens den Wert eines »Müssens«. In gewissen Fällen können sie jedoch mit »sollen« übersetzt werden. Das gilt vor allem von χρή, das die Philologen gerne von δεῖ als dem »moralischeren« Verb unterscheiden. Überraschenderweise wird dieser Unterschied bei den substantivierten Partizipien, die den zwei Verben entsprechen, gerade umgekehrt: τὸ χρεών bedeutet eher »das, was sein muß«, τὸ δέον dagegen »das, was sein soll«. Es ist in jedem Fall interessant, daß die

[12] Vgl. E. Fränkel, »Das Sein und seine Modalitäten. Etymologica und Verwandtes«, in: *Lexis* 2 (1950/51), 147–154 u. 163–204.

[13] Vgl. *Greek-English Lexicon* (ed. Liddell/Scott), s.v. ὀφείλω, 1277 a-b. Beispiele aus Homer, Herodot, Euripides, Aristoteles: ebd. 1277 b (Abschn. II, 1).

[14] Hesiod, *Theogonie* 310; Pindar, *Olymp.* II, 5.

[15] Vgl. P. Chantraine, *Morphologie historique du grec* § 337, Paris ²1973, 284f.; E. Benveniste, *Origines de la formation des noms en indo-européen*, Paris 1931, 72.

griechische Sprache nie das Bedürfnis empfunden hat, ein Wort zu münzen, das ausschließlich die moralische Verpflichtung ausgedrückt hätte.

So herrscht eine gewisse Unklarheit über den Status des Sollens, das nicht sauber von der physischen oder logischen Notwendigkeit unterschieden ist. Dieser Zustand hat lange angedauert. Bei gewissen Denkern des arabischen 10. Jahrhunderts sind die Kategorien der Modalität (anachronistisch gesprochen), die wir der Logik zuweisen, mit den rechtlichen bzw. moralischen Wertungen vermengt. So lesen wir bei al-Farabi: »Unter den Ausdrücken, die als Teile des Satzes genommen werden, gibt es Ausdrücke, die Aspekte *(gihat)* genannt sind. Der Aspekt ist der Ausdruck, der mit dem Prädikat des Satzes verbunden ist, so daß er die Qualität des Anwesens des Prädikats im Subjekt bezeichnet. So sagen wir zum Beispiel: ›es ist möglich, daß‹, ›es ist notwendig, daß‹, ›es ist wahrscheinlich, daß‹, ›es ist verboten, daß‹, ›es ist verbindlich, daß«, ›es ist eine Schande, daß‹, ›es ist schön, daß‹, ›es ziemt sich, daß‹, ›es muß sein, daß‹, ›es kann wohl sein, daß‹, ›es mag sein, daß‹ und dergleichen.«[16] Beim späteren Avicenna bezeichnen jedoch die Modalitäten ausschließlich Notwendigkeit, Möglichkeit und Unmöglichkeit.[17]

Was die Unterscheidung zwischen einem gewünschten Zustand und dem tatsächlichen Verlauf der Dinge betrifft, so kann man unschwer Belege finden. So bei Platon: Wenn die Leute, sagt Aristophanes am Anfang seiner Rede im *Gastmahl*, sich bewußt wären, wie mächtig die Liebe ist, dann würden sie ihr die prächtigsten Tempel bauen und die kostbarsten Opfer darbringen. Nun ist es nicht der Fall, obwohl es sich ziemte (οὐχ ὥσπερ νῦν τούτων οὐδὲν γίγνεται περὶ αὐτόν, δέον πάντων μάλιστα γίγνεσθαι).[18]

Im *Gorgias* bemerkt Kallikles gegen die sokratische Umwertung der Werte: Wenn Sokrates recht hätte, würde das eine völlige Revolution in den menschlichen Verhältnissen oder in unserer Beurteilung derselben bedeuten, eine »Umwertung aller Werte« also. Was wir tun, wäre das Gegenteil davon, was wir tun sollten (πάντα τὰ ἐναντία πράττομεν [...] ἢ ἃ δεῖ).[19] Dabei führt er die Sein-Sollen-Unterscheidung stillschweigend durch. Am interessantesten ist wohl die implizite Wertung der zwei entgegengesetzten Begriffe: Nach Kallikles ist die Tatsache, daß wir uns in einer bestimmten Weise benehmen, ein Argument

[16] Al-Farabi, »Kitab al-ʿibara [De interpretatione]«, in: *al-Mantiq 'inda al-Fârâbî* Bd. 1, hrsg. von R. Al-'Ajam, Beirut 1985, 155; 7–10. Der Passus wurde von Maimonides exzerpiert in seinem *Traktat über Logik* Kap. 3 (Vgl. *Maimonides' Treatise on Logic*, ed. and transl. by I. Efros, New York 1938, 5; 13–15).

[17] Vgl. Avicenna, *Nâja* [Logik] (ed. Fakhry, Beirut 1985, 55).

[18] Platon, *Symp.* 189 C 8f.

[19] Platon, *Gorg.* 481 C 4.

zugunsten des Wertes dieser Handlungsweise. Der *consensus omnium* spricht gegen die sokratische Revolution.

Wenn die Idee auch ziemlich klar vorliegt, es ist mir nicht gelungen, eine einzige Belegstelle für den Gebrauch von »Sollen« *als einem Begriff* ausfindig zu machen. Bei Kleanthes findet sich zwar τὸ δέον in einer Liste der Eigenschaften des Guten (ἀγαθόν). Diese Liste beträgt aber nicht weniger als dreißig Adjektive, wobei δέον keine besondere Betonung bekommt.[20] Bei Platon findet man schon, und zwar als ein Bekanntes, das Wortspiel um das Verb »binden« (δεῖν).[21] Es setzt voraus, daß schon damals τὸ δέον als ein Name des Guten gilt. Auch in der Stoa wird τὸ δέον mit dem Verb δεῖν in Verbindung gesetzt: Das Sein-Sollende ist das Bindende. »Das Gute ist τὸ δέον, weil es mit den Dingen, die Not tun (ἐν οἷς χρή), zusammenhängt (συνέχει).«[22]

Für Aristoteles ist das ethisch Gute, im Unterschied zu einer vermeintlichen Idee des Guten, »das machbare Gut« (τὸ πρακτὸν ἀγαθόν).[23] Interessant ist, daß er nie von einem πρακτέον ἀγαθόν, »einem Gut, das man tun soll«, redet. Für ihn ist das Hauptproblem nicht das Gute, das wir tun *sollen*, sondern das Gute, das wir tun *können*. Die antike Ethik braucht den Begriff des Sollens nicht.

Hier sei mir erlaubt, einige tiefschürfende Worte eines Gelehrten zu zitieren, der den jeweiligen Gebrauch von χρή und δεῖ mit Scharfsinn untersucht hat: »It is often remarked that *khrè* is ›moral‹ while *dei* is not, but the fact that *ta deonta* could mean what we call moral duties shows that duties were not thought of primarily as either impositions on the person or originating in a person's ›moral sense‹ (as with us) but as requirements of the case which were there to be fulfilled. This change in the ordinary understanding of morality is perhaps the greatest single obstacle to our comprehension of ancient ethics. Ethics, to put it paradoxically, were outside the sphere of the subject.«[24]

[20] Kleanthes, in: Clemens v. Alexandrien, *Protreptik* VI,72 (= SVF I § 557; v. Arnim 127).
[21] Platon, *Phaid.* 99 C 6;. *Krat.* 418 E 7.
[22] Diogenes Laertius VII, 99 (= SVF III § 87; v. Arnim 22).
[23] Aristoteles, *Eth. Nicom.* I 4; 1096 b 34, 1097 a 23.
[24] S. Benardete, »χρή und δεῖ in Plato and others«, in: *Glotta* 43 (1965), 285–298; hier 293.

## 3. Anselm als Wendepunkt

Die lateinische Sprache verfügt über Verbaladjektive in *-ndus*, deren Herkunft noch unklar bleibt. Sie haben die Bedeutung der Verpflichtung angenommen.[25] Das Latein hat ebenfalls das Verb *debere*. Auch da ist der ursprüngliche Sinn der einer Schuld. Da das, was man schuldig ist, auch als Metapher verstanden werden kann (*gratiam debere* und dergleichen), hat *debere* auch den Wert eines Hilfsverbs genommen. Horaz wagt die kühne Formel: *dicere [...] debentia dici*, »Dinge sagen, die man sagen soll«, wohl als Nachahmung des Griechischen τὰ δέοντα λέγειν.[26]

Augustin benutzt von Zeit zu Zeit das Verb *debere*, um das Sollen auszudrücken, wobei er den Ausdruck *quod debet* benutzt, um das Gute zu umschreiben. So schreibt er: man tut das Böse, wenn man weniger tut, als man sollte (*minus quod debuit*), oder wenn man einem gewissen Sachverhalt nicht angemessen handelt (*sicut in re tali non debuit*). Das Verb ist noch nicht zu einer festen Formel geronnen, da Augustin auch andere Wendungen *(oportebat, convenienter)* nebenbei benutzt.[27]

Die eigentliche Wasserscheide ist wohl bei Anselm zu suchen. Anselm unterscheidet ausdrücklich zwei Bedeutungen von *debere*: *in rebus* und *in alio.* Wenn man sagt, daß die Armen milde Gaben von den Reichen bekommen sollen, dann meint man eigentlich, daß die Reichen den Armen milde Gaben reichen sollen. Diese Unterscheidung ist höchst komplex. Auf der einen Seite bringt sie eine (zwar nur erhoffte) Umwälzung der sozialen Verhältnisse: Die Armen sind in der Regel diejenigen, die sich von den Reichen Geld borgen; sie schulden den Reichen etwas. Auf der anderen Seite führt sie jedoch das Verb *debere* zu seinem ursprünglichen Sinn zurück: Die Liebespflicht der Reichen den Armen gegenüber ist etwas, das sie sollen, d. h. schulden, ja das man beschlagnahmen könnte. *Qui debet* wird bestimmt als *a quo exigendum est.*[28]

In seinem Sprachgebrauch nimmt dasselbe lateinische Verb *debere* zwei Bedeutungen an, wobei wir unmöglich feststellen können, ob Anselm sie so streng begrifflich unterscheidet wie im eben zitierten Fall. *Debere* bedeutet vorwiegend »sollen«. Anselm definiert das Gute als das, was getan werden soll: *sententia est*

[25] Vgl. A. Meillet und J. Vendryes, *Traité de grammaire comparée des langues classiques*, Paris $^{2}$1953, 358 (§ 536).

[26] Horaz, *Ars poetica* 43.

[27] Augustin, *De natura boni* XXIII, 23 (ed. B. Roland-Gosselin, Paris 1949, 460).

[28] Anselm, *Cur Deus homo* II, 18 (ed. Schmitt 128 f.).

*omnium quia qui facit quod debet, bene facit et rectitudinem facit.*[29] Die vollkommene Gerechtigkeit besteht darin, das zu wollen, was man soll, gerade dadurch, daß man es soll: »Ein zweierlei ist dem Willen erforderlich, damit er gerecht ist, und zwar das wollen, was er soll, und deswegen es wollen, weil er es soll«.[30] Da haben wir eine deutliche Vorgestalt der Kantischen Unterscheidung zwischen Legalität und Moralität.

*Debere* hat aber auch bei Anselm seine alltägliche Bedeutung von »schulden«, wie: »Wenn ich wirklich etwas soll, dann bin ich Schuldiger, dann muß ich das zurückgeben, was ich schulde«.[31] Nun sind alle Geschöpfe Schuldige dem Schöpfer gegenüber. Die Grundformel der Geschöpflichkeit als eines unumkehrbaren Verhältnisses lautet: »Jedes Ding schuldet der obersten Wahrheit etwas, sie dagegen ist keinem Wesen schuldig«.[32] Anselm drückt das Verhältnis der Dinge dem Guten gegenüber durch eine sprachlich kühne direkte Rektion des Verbs aus: Die Dinge sind der Richtigkeit schuldig (*rectitudinem debent*[33]).

Das Böse geht einer Seinsordnung zuwider. Ganz im Sinne der Augustinischen Lehre der *Caritas ordinata* definiert Anselm das Böse als einen Willen, der auf die Ordnung nicht achtet: Das Böse wollen ist *inordinate velle.*[34] Die Ordnung besteht darin, das zu wollen, was Gott einem auferlegt hat. Daher die Gleichung: Das zu tun, was man soll, heißt, das wollen, was Gott einem gegeben hat (*quod deus dedit velle*).[35] *Debebat velle quod a deo acceperat.*[36] Im *Cur Deus homo* definiert Anselm die Sünde als *non reddere Deo debitum.*[37] Überspitzt betrachtet er die Unfähigkeit, zurückzugeben, als die höchste Schuld: *Impotentia reddendi est culpa, quia non debet eam habere, immo debet eam non habere.*[38]

Unsere Frage lautete: Wie kann das Gute als der Gegenstand eines Sollens erscheinen? Warum ist das Gute das, was sein soll? Und nicht eher das, was sowieso ist? Eine erste Antwort kann man bei Anselm finden: weil unser Verhältnis zum Guten nicht dasselbe ist, wie dasjenige Gottes. Anselm schließt

[29] Anselm, *De veritate* 5 (ed. Schmitt 181, 24 f.).

[30] Anselm, *De veritate* 12 (ed. Schmitt 194, 11 f.): *haec duo [sunt] necessaria voluntati ad iustitiam: velle scilicet quod debet, ac ideo quia debet.*

[31] Anselm, *De veritate* 8 (ed. Schmitt 188, 10 f.): *Si enim vere debeo, debitor sum reddere quod debeo.*

[32] Anselm, *De veritate* 10 (ed. Schmitt 190, 3 f.): *Omnia illi debent, ipsa vero nulli quicquam debet.*

[33] Anselm, *De veritate* 13 (ed. Schmitt 198, 26 und 199, 7 f.).

[34] Anselm, *De casu diaboli* 4 (ed. Schmitt 241, 22 und 29).

[35] Anselm, *De casu diaboli* 7 (ed. Schmitt 244, 19).

[36] Anselm, *De casu diaboli* 4 (ed. Schmitt 241, 8).

[37] Anselm, *Cur Deus homo* I, 11 (ed. Schmitt 68, 10).

[38] Anselm, *Cur Deus homo* I, 24 (ed. Schmitt 92, 25 f., 32).

sich an diejenige Gleichung an, die ein verwässerter, Plotin untreuer Volksneuplatonismus zwischen dem Guten und dem Sein vollzieht, eine Gleichung, die auch dem arabischen Neuplatonismus zugrunde liegt: Gott ist das höchste Gut und zugleich das höchste Sein *(summum bonum est summa essentia)*[39]. Wir dagegen, wie alle anderen Geschöpfe auch, bekommen unser Sein von anderswo her: *Nulla creatura habet aliquid a se.*[40] So ist das Sollen der Ausdruck eines niedrigeren Seinsstandes. Es steht auf einer niedrigeren Stufe als das Sein.

## 4. Sein und Sollen

Bei den Denkern der Antike und des Mittelalters bleibt die Trennung zwischen einem Sein und einem Sollen undeutlich und bekommt so gut wie niemals den Wert einer begrifflichen Unterscheidung. Zwar wird sie ab und zu skizziert. Das ist der Fall im oben zitierten Passus aus dem *Gorgias*. Auch Augustin beobachtet, daß die Unfrommen sich doch erlauben können, die Sitten der übrigen Menschen zu beurteilen, tadelnd oder lobend. Er fragt, nach welchen Maßstäben sie imstande sind, solche Werturteile zu fällen: *Quibus ea tandem regulis judicant, nisi in quibus vident quemadmodum quisque* vivere debeat, *etiamsi nec ipsi eodem modo vivant.*[41]

Ibn Bağğa (für die Lateiner Avempace), ein Aristoteliker des islamischen Andalusiens († 1138) schreibt: »Das, was sein soll *(ma yanbagi)*, ist stets um etwas anderen willen, das nicht die Handlung ist. Diese ›Eigenschaft‹ ist in seiner Definition vorhanden; das, was ›was sein soll, insofern es sein soll‹ bezeichnet, besteht durch sie«.[42]

Bei Machiavelli finden wir, meines Wissens zum ersten Mal, einen Passus, der zugleich betont ist, ja feierlich klingt, und zwischen Begriffen unterscheidet. Er trennt bekanntlich voneinander, wie sich die Menschen tatsächlich benehmen und wie sie handeln sollten. Genauso wie Kallikles entscheidet er zugunsten der Tatsachen: »Zwischen dem, wie man lebt, und dem, wie man leben sollte, ist der Abstand *(discosto)* so groß, daß derjenige, der das, was man tut, preisgibt zugunsten dessen, was man tun sollte, eher lernt, zugrundezugehen (*ruina*) als fortzubestehen *(perseverazione)*.«[43] Francis Bacon weist darauf lobend hin: Es sei

[39] Anselm, *De casu diaboli* 1 (ed. Schmitt 235, 1 f.).

[40] Anselm, *De casu diaboli* 1 (ed. Schmitt 233, 8).

[41] Augustin, *De Trinitate* XIV, xv, 21 (BA, Bd. 16, 402. Meine Hervorhebung).

[42] Ibn Bâjjah, »Risâla al-widâ'«, in: *Opera metaphysica*, ed. M. Fakhry, Beirut ²1991, 118, 17–19.

[43] Machiavelli, *Il principe*, Kap. 15 (ed. F. Flora u. C. Cordié, Mailand ²1968, 48 f.).

das Verdienst Machiavellis, das tatsächliche Benehmen der Menschen aufgedeckt zu haben. Damit wir davon Abstand halten können, fügt er scheinheilig hinzu. Dabei benutzt er sowieso das Verb *ought to*, das den Stellenwert eines Fachworts angenommen hat: Seien wir dankbar gegenüber Machiavelli und anderen Schriftstellern seiner Art, *who openly and unfeignedly declare or describe what men do, and not what they ought to do.*[44]

Nach den Denkern des klassischen Griechenlands und des Mittelalters waren das Sein und das Gute im Grunde unzertrennlich. Aristoteles enthält einige Andeutungen zum Thema.[45] Auch für Plotin, der doch auf die strenge Unterscheidung zwischen dem Sein und dem Einen/Guten besteht, ist das Sein, wenn nicht *das* Gute, so doch gut.[46] Im Mittelalter kommt diese Gleichsetzung so gut wie überall vor.[47] Die lateinischen Scholastiker drücken sie im Rahmen ihrer Transzendentalienlehre aus. Die Begriffe, die in jeder Kategorie vorkommen, die sogenannten Transzendentalien, sind miteinander konvertibel. Sein *(ens)* und Gut *(bonum)* stehen für einander *(convertuntur)*.[48] Zwar ist der Sinn von »Sein« und von »Gutsein« nicht derselbe; das, wovon »Sein« und »Gutsein« prädiziert wird, ist jedoch dasselbe. Was ist, ist immer, als ein Seiendes, ein Gutes: *quamvis convertuntur secundum supposita, numquam tamen convertuntur secundum intentiones.*[49]

Die Unmöglichkeit einer Unterscheidung wird von Plotin belegt, und zwar in einem Grenzfall, in dem die Idee des Sollens auftaucht. In den *Enneaden* lesen wir einen Passus, in dem Plotin das Eine (das zwar höher steht als das Sein) als τὸ δέον ausdrücklich bezeichnet. Der Neuplatoniker studiert den Willen des Einen. Er fußt auf einem Zitat des »göttlichen Platons«, dessen Inhalt übrigens mit der ersten Hypostase des Neuplatonismus nicht das Geringste zu tun hat. Im *Politikos* unterscheidet der Fremde aus Elea zwischen zwei Arten von Meßkunst. Die erste mißt zwei Größen aneinander, die zweite und höhere bezieht alles auf das

[44] F. Bacon, »Translation of the ›De augmentis scientiarum‹« VII, 2, in: *Works* Bd. V, ed. J. Spedding et. al., London 1877, 17.

[45] Vgl. z.B. Aristoteles, *De gen. anim.* II,1; 731 b 30 usw. Vgl. dazu K. Bärthlein, *Die Transzendentalienlehre in der alten Ontologie, I. Teil: Die Transzendentalienlehre im Corpus Aristotelicum*, Berlin/New York 1972, 77–108. Vgl. auch Theophrast, *Metaphysik* IX, 32; 11 a 26.

[46] Plotin, *Enn.* V, 5 [32], 9, 37ff; V, 8 [31], 9, 40ff.

[47] Vgl. z.B. Augustin, *De natura boni* I, 1 (ed. cit. 440); Avicenna, *Kitâb al-Shifâ'* [Metaphysik] VIII, 6 (ed. G. Anawati, Kairo 1960, 355, 14. 16); Maimonides, *Führer der Unschlüssigen* III, 10 (ed. I. Joël, Jerusalem 1929, 317, 5f.).

[48] Vgl. z.B. Thomas v. Aquin, *Summa theologiae* I q. 5 a. 1. *De veritate* q. 21 a. 2.

[49] Albert der Große, *In De divinis nominibus* III, 2 (ed. P. Simon, in: Opera Omnia, Bd. 37/1, Münster 1972, 101 b).

Maßvolle (τὸ μέτριον), das Ziemende (τὸ πρέπον), den rechten Augenblick (ὁ καιρός), und das, was sein soll (τὸ δέον).[50] An die letzten zwei Ausdrücke knüpft Plotin an, wobei er der zweiten, τὸ δέον, einen besonderen Nachdruck verleiht:

»Sein Wille ist nicht unvernünftig, Er zielt auch nicht auf das Zufällige, [Er will auch nicht] wie es Ihm einfällt, sondern wie es sein soll (ὡς ἔδει), da oben nichts zufällig ist. Deshalb [nannte Ihn] Platon, ›das, was sein soll und den rechten Augenblick.‹ Er [Platon] strebte nämlich nach Möglichkeit darauf hinzuweisen, daß das, was ist, weit entfernt, aus Zufall zu sein, genau das ist, was sein soll (ὅπερ ἔστι, τοῦτο τὸ δέον). Wenn jetzt das, was sein soll, das ist, dann ist Er nicht ohne Grund das. Wenn Er ferner der richtige Augenblick ist, dann ist Er das Souveränste unter den Dingen, die nach Ihm sind. Er ist an und für sich der Erste, Er ist nicht das aus ›Zufall‹, aber Er ist gerade das, was Er ›wollte‹, da Er die Dinge, die sein sollen (τὰ δέοντα), will und da das Sein-Sollende und die Tätigkeit des Sein-Sollenden einerlei sind (ἓν τὸ δέον καὶ ἡ τοῦ δέοντος ἐνέργεια). Er ist das Sein-Sollende nicht als Substrat, sondern als erste Tätigkeit, die sich gerade als das erweist, was sein soll«.[51]

Die neuesten Übersetzungen geben das zentrale Wort τὸ δέον auf Englisch durch *due* und *what ought to be*, auf Französisch durch *ce qui se doit* und *ce qui doit être* wieder.[52] Diese Übersetzungen sind zwar richtig. Sie grenzen aber an das Widersinnige, wo Plotins Denken ihre eigenen Grenzen erreicht. Das »Sollen« können wir uns nämlich nur dann denken, wenn ein Unterschied zwischen ihm und der Wirklichkeit besteht. Nach Plotin gibt es aber für das Gute kein Gutes, wonach Er/Es streben könnte. Er/Es ist das Gute für die übrigen Dinge, nicht dagegen für sich selbst.[53] Es besteht kein Abstand zwischen dem, das Er/Es ist, und dem, was Er/Es sein sollte: das ist Er/Es eben.

[50] Platon, *Politikos* 284 E 6f. Schleiermacher übersetzt: »das angemessene und schickliche und gelegene und gebührliche« (*Platons Werke* II, 2, Berlin $^{3}$1857, 215).

[51] Plotin, *Enn.* VI, 8 [39], 18, 43–52 (Schwyzer-Henry III 301). Wo das Eine als Subjekt eines Satzes vorkommt, habe ich der Klarheit halber ein Maskulinum gewählt, wie ebd. 18, 2.

[52] *Plotinus with an English translation* by A. H. Armstrong, Bd. 7, Cambridge, Mass./London 1988, 289. – *Traité sur la liberté et la volonté de l'Un [Ennéade VI, 8 (39)]*, introduction, texte grec, traduction et commentaire par G. Leroux, Paris 1990, 187. Der Kommentar a. l. sagt über τὸ δέον so gut wie nichts, versteht es aber implizit als Notwendigkeit *(nécessité)*, nicht als Sollen. Vgl. a.a.O. 382ff.

[53] Plotin, *Enn.* VI, 9 [9], 6, 40f. (Schwyzer-Henry III 317). Vgl. VI, 7 [38], 41, 29 (Schwyzer-Henry III 269).

## 5. Der kosmologische Hintergrund

In seinem Versuch, das Sein durch vier entgegengesetzte Begriffe – Werden, Schein, Denken, Sollen – zu »beschränken«, behandelt auch Heidegger das Sollen. Auch er weist darauf hin, daß die letzte Entgegensetzung »durchaus der Neuzeit angehört«[54]. Das Sollen wird auf knapp drei Seiten behandelt,[55] die ziemlich dürftig aussehen, erst recht, wenn man sie mit den langwierigen und m. E. großartigen Betrachtungen über Sein und Denken vergleicht.[56] Sie stehen am Ende einer Vorlesung – wobei die Zeit dem Dozenten gefehlt haben mag.

Darin bringt er aber Wesentliches zur Sprache. Nach seinem grundlegenden Schema bilden die vier Beschränkungen ein Kreuz, in dem die senkrechte Achse sich aus den Gegenüberstellungen Sein – Denken und Sein – Sollen zusammensetzt. »Die Scheidung *Sein und Denken* ist in der Richtung nach unten gezeichnet. Dies zeigt an, daß das Denken der tragende und bestimmende Grund des Seins wird. Die Zeichnung der Scheidung von *Sein und Sollen* geht dagegen nach oben. Damit ist folgendes angedeutet: Wie das Sein im Denken gegründet ist, so wird es durch das Sollen *überhöht*.«[57] »Aber das kann jetzt nur noch so gelingen, daß etwas *über* das Sein gesetzt wird, was das Sein stets noch nicht ist, aber jeweils sein *soll*.«[58] Hier kann ich Heideggers Bemerkungen zum platonischen Ursprung der genannten Unterscheidung auf sich beruhen lassen. Nur auf eines sei hier hingewiesen: auf das kaum bewußte Vorurteil, nach dem wir uns vorstellen, als stünde das Sollen irgendwie höher als das Sein.

Die Unterscheidung von Sein und Sollen ist bei den antiken Denkern kaum zu finden, ja im Griechischen schwer zu formulieren. Es gibt trotz allem wenigstens einen Text, in dem sie zu finden ist. Es ist jedoch sehr lehrreich, zu beobachten, daß sie in einem ganz anderen Zusammenhang und mit einer ganz anderen Betonung vorkommt als bei uns Neueren.

In einem Passus, der wahrscheinlich das Vorwort zu seinen *Physikalischen Untersuchungen* bildete, wirbt Seneca für die Erforschung der Natur. Er preist ihre innere Würde und ihre Nützlichkeit für die Erlangung der Weisheit. Auch auf dem Gebiet der ethischen Erziehung sei die Physik weit und breit wirksamer als die Ethik. Seneca stellt eine Analogie auf: Der physische Teil der Philosophie sei dem ethischen genauso überlegen, wie die Philosophie, in ihrer Gesamtheit

[54] M. Heidegger, *Einführung in die Metaphysik* [›Einführung‹], Tübingen 1953, 72.
[55] Heidegger, *Einführung*, 149–152.
[56] Heidegger, *Einführung*, 88–149.
[57] Heidegger, *Einführung*, 149 f. (Meine Hervorhebung).
[58] Heidegger, *Einführung*, 150.

betrachtet, die übrigen Geschäfte der Menschenkinder überragt. Da die Physik der Stoa auch eine Theologie einbezieht, sei der Abstand zwischen dieser und der Ethik als »menschliche Philosophie« derselbe, wie derjenige – eine gähnende Kluft –, der Götter und Menschen trennt *(inter duas interest quantum inter deum et hominem)*.

Die Ethik beschäftige sich nämlich mit dem, was die Menschen auf der Erde tun sollen *(quid in terris agendum sit)*, die Physik dagegen mit dem, was im Himmel immer wieder passiert *(quid agatur in caelo)*. Seneca spinnt das Bild weiter, wobei er auf die zeitgenössische Kosmologie anspielt, die eine unüberbrückbare Trennung zwischen dem Bereich der Erde und der sie umgebenden Luft (Meteorologie) einerseits und dem Himmel andererseits vollzieht: Die Ethik beleuchtet unseren mühsamen kurvenreichen Weg auf der Erdoberfläche; die Physik führt uns weg vom dunklen sublunarischen Bereich und empor zur Quelle des Lichts *(multum supra hanc in qua volutamur caliginem excedit et e tenebris ereptos perducit illo unde lucet)*.[59]

So sind die zwei Bereiche des Seins und des Sollens sauber voneinander abgesteckt. Die Wertsetzung verläuft jedoch in einer Richtung, die unser spontan gewordenes Gefühl verletzt. Wie schon gesagt: Es ist eine allgemeine Vorstellung, daß das Sollen irgendwie höher steht als das Sein. Der soeben angeführte Passus von Heidegger rückt sie ins Licht.[60] Der Vergleich mit Seneca zwingt uns, diese meist unbewußte Vorstellung als ein modernes Vorurteil zu entlarven. Seneca kehrt es um: Nach ihm ist Sein höher als Sollen. Das, was sie trennt, ist nicht nur begrifflich, sondern ganz konkret zu verstehen, d. h. auch räumlich. Sein und Sollen werden kosmologisch unterschieden. Die Trennlinie, die zwischen ihnen verläuft, ist, vereinfachend gesagt, die Sphäre des Monds. So ist die Physik ganz wortwörtlich *toto caelo* höher als die Ethik.

Die Unterscheidung zwischen dem Sein und einem Guten, das nicht notwendig waltet und das erst verwirklicht werden soll, kam herauf, als die antikmittelalterliche Kosmologie verblaßte, im Zeitalter Machiavellis, der oben zu Wort gekommen ist.[61] So mag es sein, daß Kosmologie und Ethik miteinander in einem gewissen Zusammenhang stehen.

Nach der vormodernen Weltsicht ist die Welt gut, und zwar in genau demselben Sinne wie der tugendhafte Mensch gut ist. Die Natur selbst ist

[59] Seneca, *Quaestiones naturales* I [früher V], 2 (ed. P. Oltramare, Paris 1929, 6). Vgl. R. Brague, *La Sagesse du monde. Histoire de l'expérience humaine de l'univers*, Paris 1999, 51f. (dt. Zusammenfassung: »Die Weisheit der Welt«, in: *Recherches de Théologie et Philosophie médiévales* 68 [2001], 1–17).

[60] Vgl. oben Anm. 57f.

[61] Vgl. oben Anm. 43.

gerecht. Die menschliche Praxis findet nur in einem entlegenen Ort der Welt statt. Nur in diesem winzigen Loch in der Ordnung kann und soll man zwischen dem Guten und dem Bösen unterscheiden und, hoffen wir, das Gute wählen. Überall anders ist die Entscheidung für das Gute immer schon gefällt. Jedes mögliche Sollen ist von einem riesenhaften Sein umzingelt, das es relativiert, ja zur Ebene einer Ausnahme herabsetzt. Es mag sein, die Erkenntnis dieser Tatsache könnte uns zu verstehen helfen, warum die Antike und das Mittelalter den Unterschied zwischen Sein und Sollen kaum formuliert haben.

# The Argument of *De hebdomadibus*

*David J. Marshall (München)*

## 1. Preliminary remarks

The third of the five so-called »theological treatises« ascribed by tradition to Boethius was known to the Middle Ages by the enigmatic appellation *De hebdomadibus* and bears the title *Quomodo substantiae in eo quod sint bonae sint cum non sint substantialia bona*. While the other four treatises are explicitly theological, the short but dense *De hebdomadibus* appears to be purely philosophical. However, it will turn out that in background and in primary intent, it too is theological. Given us in a form that may in some loose sense be termed *axiomatic*, the writing seems to invite logical analysis, an invitation that has remained as yet unheeded. The present effort is an attempt to identify clearly the precise thesis of the treatise and to provide a critical analysis of the supporting argumentation. The finding will be that the real issue at stake, while not unrelated to the question formulated in the title, is by no means identical with it.

In the introduction to his excellent German translation and study of the five treatises[1], Michael Elsässer, pointing to the fact that Boethius' work in formal logic is actually charactistic of the neo-Platonic tradition to which he belonged, makes some critical remarks on the subject of logic itself. »Formale Logik,« he says, »läßt sich [...] nicht ontologisch begründen«. While this claim seems both wholly justified and of the greatest importance, it may just want appraisal. It seems like the observation that the equations of algebra have no foundation in empirical observation. Logic simply has no concern with existent reality. Its interest is confined to such complexes of language *about* reality as have the form of arguments, and its task is to provide a reliable method for distinguishing those arguments that are valid from those that are not. The essential claim of an argument is that its premises *imply* its conclusion. If it can be shown that the proposition asserting this relation is a tautology, the argument is valid; otherwise, it is not. Whether a proposition about existent reality is true or not depends on

[1] A. M. S. Boethius, *Die Theologischen Traktate*, lateinisch-deutsch, übers. von M. Elsässer, Hamburg 1988.

the facts of existence. But whether a proposition is a tautology or not is a question totally unrelated to facts of existence, a question that can be decided only by an analysis of the proposition itself. That is why tautological propositions are called in scholastic jargon »analytically true«. Tautologies that are very simple are easily recognized as such. But those that are even a little complicated surpass the recognition of anyone except those equipped with a method. This is the method of logic. The decision once reached, the task of logic is ended. The point is that logic, since concerned exclusively with the question whether a certain relation obtains among given propositions, has no interest in what the propositions are about, no interest in facts of existence. To provide light about the things that exist is the task of the various sciences – among them theology. Every such effort, in order to qualify as scientific, must heed the canons of logic; in that sense, logic rules the sciences, including theology. In exchange, it forfeits all claim to what Elsässer terms a »grounding in ontology«. No information about real existence, whether it be gained by sense perception, introspection, authority or research, can be relevant to logic, the proper sphere of which is not existential reality, but language *about* reality; not τὸ ὄντως ὄν, if that venerable expression can endure for a moment the existential meaning, but, as the name suggests, ὁ λόγος.

The wholly erroneous view that logic somehow embodies or entails a particular understanding of the nature of reality, or, more precisely, that it involves the conviction that reality is somehow »rational«, has led many to imagine that the logical or scientific use of language is inappropriate for theology, which must be prepared to bow before mystery. In fact, the logician *qua* logician is not qualified to make any statements about reality at all, whether it be to the effect that reality is sometimes, always, or never mysterious. Reality is simply not his province. His competence is confined to a particular aspect of language. Since theology lies in the province of language, the theologian as such is simply beholden to the canons of logic, just as he is to the canons of grammar. The difference is that grammar has something to say about how the words in his sentences must (or must not) relate to one another, while logic explains how the sentences in his arguments do the same. In either case, if his sentences are not grammatical, or his arguments not logical, his theology *qua* theology suffers. The august subject matter does not make it less but more imperative that he refrain from taking liberties.

The present study takes its point of departure in the fact that *De hebdomadibus* is an argument, and as such lends itself to appraisal in terms of logic. Its author is trying to prove something. The only questions addressed are: What is his thesis? and How does he argue it? These must be approached on the basis of the writing itself. The findings arrived at will make it seem plain that the author of the *Consolatio* could not possibly have been the author of *De hebdomadibus*. It will be pointed out that certain speculations on the persona of the latter can be made to seem rather plausible, but on the basis of the information available, these obviously cannot amount to more than speculations.

Following, with a new translation, is the Latin text of *De hebdomadibus* taken from the edition prepared in 1918 by E. K. Rand and edited in the Loeb Classical Library by H. F. Stewart, E. K. Rand, and S. J. Tester, Harvard, Cambridge, Mass., 1973, the text followed by M. Elsässer. Details of translation will be discussed below.

## 2. Text and translation

TRACTATUS TERTIUS

ITEM EIUSDEM
AD EUNDEM

QUOMODO SUBSTANTIAE IN EO QUOD SINT BONAE SINT CUM NON SINT SUBSTANTIALIA BONA

Postulas, ut ex Hebdomadibus nostris eius quaestionis obscuritatem quae continet modum quo substantiae in eo quod sint bonae sint, cum non sintsubstantialia bona, digeram et paulo evidentius monstrem; idque eo dicis esse faciendum quod non sit omnibus notum iter huiusmodi scriptionum. Tuus vero testis ipse sum quam haec vivaciter fueris ante complexus. Hebdomadas vero ego mihi ipse commentor potiusque ad memoriam meam speculata conservo quam cuiquam participo quorum lascivia ac petulantia nihil a ioco ac risu patitur esse sejunctum. Prohinc tu ne sis obscuritatibus brevitatis adversus, quae cum sint arcani fida custodia tum id habent commodi, quod cum his solis qui digni sunt conloquuntur. Ut igitur in mathematica fieri solet ceterisque etiam disciplinis, praeposui terminos regulasque quibus cuncta quae sequuntur efficiam.

1) Communis animi conceptio est enuntiatio quam quisque probat auditam. Harum duplex modus est. Nam una ita com-

THIRD TREATISE

BY THE SAME
TO THE SAME

HOW SUBSTANCES ARE GOOD IN THEIR BEING WITHOUT BEING ESSENTIALLY GOOD

You ask me to examine the obscure chapter in our *Sevens* on how substances, though not essentially good, are yet good in their being, and to provide a bit of clarification. You add that this would be helpful because the path taken by writings of this kind is not universally understood. Let me recall to you how warmly you once embraced these matters. For my part, I shall dwell on the *Sevens* preferring to entertain its ideas within myself than share them with those whose moreys and manners dance jest and laughter on everything. Do not, therefore, be adverse to obscurities arising from brevity. Faithful guardians of what is recondite, they have the further advantage of speaking only to the deserving. Following the method common to mathematics and other disciplines, I have laid down first the terms and rules from which I derive all that follows.

1) A notion of common sense is a formulation no sooner heard than endorsed. There are two kinds. One is not only common,

munis est, ut omnium sit hominum, veluti si hanc proponas: »Si duobus aequalibus aequalia auferas, quae relinquantur aequalia esse«, nullus id intellegens neget. Alia vero est doctorum tantum, quae tamen ex talibus communibus animi conceptionibus venit, ut est: »Quae incorporalia sunt, in loco non esse«, et cetera; quod non vulgus sed docti comprobant.

but also universal, i. e. shared by all mankind. An example is the assertion, »If equals are taken from equals, the remainders are equals«. No one who grasps this will deny it. The other, though derived from notions of the first kind, is distinctive of the learned. An example is »Incorporeal things are without place«, etc. The learned will endorse these, but not the many.

2) Diversum est esse et id quod est; ipsum enim esse nondum est, at vero quod est accepta essendi forma est atque consistit.

2) There is a difference between being and what is; for while being itself is only potential, what is, having received the form of being, is and is substantial.

3) Quod est participare aliquo potest, sed ipsum esse nullo modo aliquo participat. Fit enim participatio cum aliquid iam est; est autem aliquid, cum esse susceperit.

3) What is can participate in something, but being itself can participate in nothing. For there is participation when a thing once is; but in order to be, a thing must have received being.

4) Id quod est habere aliquid praeterquam quod ipsum est potest; ipsum vero esse nihil aliud praeter se habet admixtum.

4) What is can have something above and beyond what it itself is, but being itself has no admixture of something other than itself.

5) Diversum est tantum esse aliquid et esse aliquid in eo quod est; illic enim accidens hic substantia significatur.

5) Being something simply is different from being something in what is; for the former expression refers to accidents and the latter to the substance.

6) [Omne quod est participat in eo quod est esse ut sit; alio vero participat ut aliquid sit. Ac per hoc id quod est participat eo quod est esse ut sit; est vero ut participet alio quolibet.]

6) [All that is, in order to be, participates in that which is Being; it participates in another in order to be *something*. Hence what is, in order to be, participates in that which is Being; but it is in order to participate in some other thing.]

7) Omne simplex esse suum et id quod est unum habet.

7) In everything simple the being and what is are one.

8) Omni composito aliud est esse, aliud ipsum est.

8) In everything composite the being and the thing itself are distinct.

9) Omnis diversitas discors, similitudo vero appetenda est; et quod appetit aliud, tale ipsum esse naturaliter ostenditur quale est illud hoc ipsum quod appetit.

9) All diversity repels; likeness attracts. And what is attracted to another demonstrates by this very fact its own likeness to that other.

Sufficiunt igitur quae praemissimus; a prudente vero rationis interprete suis unumquodque aptabitur argumentis. Quaestio vero huiusmodi est. Ea quae sunt bona sunt; tenet enim communis sententia doctorum omne quod est ad bonum tendere, omne autem tendit ad simile. Quae igitur ad bonum tendunt bona ipsa sunt. Sed quemadmodum bona sint, inquirendum est, utrumne participatione an substantia? Si participatione, per se ipsa nullo modo bona sunt; nam quod participatione album est per se in eo quod ipsum est album non est. Et de ceteris qualitatibus eodem modo. Si igitur participatione sunt bona, ipsa per se nullo modo bona sunt: non igitur ad bonum tendunt. Sed concessum est. Non igitur participatione sunt bona sed substantia. Quorum vero substantia bona est, id quod sunt bona sunt; [id quod sunt autem habent ex eo quod est esse.] Esse igitur eorum bonum est; omnium igitur rerum ipsum esse bonum est. Sed si esse bonum est, ea quae sunt in eo quod sunt bona sunt, idemque illis est esse quod bonis esse; substantialia igitur bona sunt, quod non participant bonitatem. Quod si ipsum esse in eis bonum est, non est dubium quin substantialia cum sint bona, primo sint bono similia ac per hoc hoc ipsum bonum erunt; nihil enim illi praeter se ipsum simile est. Ex quo fit ut omnia quae sint deus sint, quod dictu nefas est. Non sunt igitur substantialia bona ac per hoc non in his est esse bonum; non sunt igitur in eo quod sunt bona. Sed nec participant bonitatem; nullo enim modo ad bonum tenderent. Nullo modo igitur sunt bona.

These axioms will suffice. The astute reader of the argument will fit each axiom to the inferences made from it. The question is as follows. All that is, is good; for by an opinion common to the learned, all that is tends to the Good. Now everything tends to its own likeness. Hence whatever tends to the Good is itself good. But are things good by participation or in their substance? This is the question. If by participation, things are not at all good in themselves; for what is white by participation is not white in its very being. The same holds for the other qualities. Hence if things are good by participation, they are not good in themselves. Therefore, they do not tend to the Good. But it was conceded that they do. Hence they are good not by participation, but in their substance. But if in their substance, they are good in their being; [and what things are they have from what Being is]. Hence their being is good. So the very being of everything is good. But if their being is good, the things that are are good in their being, and their being is the same as their being good; therefore, as they do not participate in goodness, they are essentially good. Now if the very being in them is good, there is no doubt that being essentially good they are like the primary Good, and must therefore be the primary Good itself; for nothing can be like the primary Good but it itself. On this basis we should have to say that everything is God, an unspeakable thing to say! Hence they are not essentially good, nor is their being good. Hence they are not good in their being. Nor do they participate in goodness, for they in no way tend to the Good. They are, therefore, in no way good.

Huic quaestioni talis poterit adhiberi solutio. Multa sunt quae cum actu separari non possunt, animo tamen et cogitatione separantur, ut cum triangulum vel cetera a subjecta materia nullus actu separat, mente tamen segregans ipsum triangulum proprietatemque eius praeter materiam specu-

This difficulty may be dealt with as follows. Many things, though not in fact separable, may yet be considered separately in the mind. For example, though the triangular shape cannot, in fact, be separated from the matter that has it, yet the mind may consider the triangle itself and its pro-

latur. Amoveamus igitur primi boni praesentiam paulisper animo, quod esse quidem constat idque ex omnium doctorum indoctorumque sententia barbararumque gentium religionibus cognosci potest. Hoc igitur paulisper amoto ponamus omnia esse quae sunt bona atque ea consideremus quemadmodum bona esse possent, si a primo bono minime defluxissent. Hinc intueor aliud in eis esse quod bona sunt, aliud quod sunt. Ponatur enim una eademque substantia bona esse alba, gravis, rotunda. Tunc aliud esse ipsa illa substantia, aliud eius rotunditas, aliud color, aliud bonitas; nam si haec singula idem essent quod ipsa substantia, idem esset gravitas quod color, ‹color› quod bonum et bonum quod gravitas–quod fieri natura non sinit. Aliud igitur tunc in eis esset esse, aliud aliquid esse, ac tunc bona quidem essent, esse tamen ipsum minime haberent bonum. Igitur si ullo modo essent, non a bono ac bona essent ac non idem essent quod bona, sed eis aliud esset esse aliud bonis esse. Quod si nihil omnino aliud esset esse aliud bonis esse. Quod si nihil omnino aliud essent nisi bona neque gravia neque colorata neque spatii dimensione distenta nec ulla in eis qualitas esset, nisi tantum bona essent, tunc non res sed rerum viderentur esse principium nec potius viderentur, sed videretur; unum enim solumque est huiusmodi, quod tantum bonum aliudque nihil sit. Quae quoniam non sunt simplicia, nec esse omnino poterant, nisi ea id quod solum bonum est esse voluisset. Idcirco quoniam esse eorum a boni voluntate defluxit, bona esse dicuntur. Primum enim bonum, quoniam est, in eo quod est bonum est; secundum vero bonum, quoniam ex eo fluxit cuius ipsum esse bonum est, ipsum quoque bonum est. Sed ipsum esse omnium rerum ex eo fluxit quod est primum bonum et quod bonum tale est ut recte dicatur in eo quod est esse bonum. Ipsum igitur eorum esse bonum est; tunc enim in eo. Qua in re

perties in isolation from matter. Let us then in our minds briefly remove from things the presence of the Primary Good, whose undoubted being is attested by the conviction of learned and unlearned alike and by the religions even of barbarous nations. Once this is done, let us assume that all things are good and then ask ***how*** they could be good if they had not issued from the Primary Good. On this basis I have the perception that it would be one thing for things to be, another to be good. For let us take the case of a substance that is good, white, heavy, and round. Such a substance would itself be one thing, its roundness another, its color another, and its goodness yet another. For if these were all identical with the substance, the weight would be the color, the color the goodness, and the goodness the weight – a thing that nature will not abide. Hence the being of things would be one thing, and their being something would be another; and while in this case they would indeed be good, their very being would not be good. Hence, if they were to be at all while not being from the Good, their goodness would not lie in their being, rather their being would be one thing, their being good another. If, on the other hand, things were nothing at all other than good, if they had neither weight, nor color nor spatial dimension, nor any quality at all except their goodness, then they would seem to be not things, but the very source of things, i.e. to be not they, but it. For only one being is such that it can be only good and nothing else besides. As the many things are not simple, they could not be at all unless that which is only good wanted them to be. Hence, since their being issues from the will of the Good, they are said to be good. For as the Primary Good is, he is good in what he is; but as things secondarily good issue from him whose very Being is good, they too are good. But the very being of all things issued from the Primary Good, whose

soluta quaestio est. Idcirco enim licet in eo quod sint bona sint, non sunt tamen similia primo bono, quoniam non quoquo modo sint res ipsum esse earum bonum est, sed quoniam non potest esse ipsum esse rerum, nisi a primo esse defluxerit, id est bono; idcirco ipsum esse bonum est nec est simile ei a quo est. Illud enim quoquo modo sit bonum est in eo quod est; non enim aliud est praeterquam bonum. Hoc autem nisi ab illo esset, bonum fortasse esse posset, sed bonum in eo quod est esse non posset. Tunc enim participaret forsitan bono; ipsum vero esse quod non haberent a bono, bonum habere non possent. Igitur sublato ab his bono primo mente et cogitatione, ista licet essent bona, tamen in eo quod essent bona esse non possent, et quoniam actu non potuere exsistere, nisi illud ea quod vere bonum est produxisset, idcirco et esse eorum bonum est et non est simile substantiali bono id quod ab eo fluxit; et nisi ab eo fluxissent, licet essent bona, tamen in eo quod sunt bona esse non possent, quoniam et praeter bonum et non ex bono essent, cum illud ipsum bonum primum [est] et ipsum esse sit et ipsum bonum et ipsum esse bonum. At non etiam alba in eo quod sunt alba esse opportebit ea quae alba sunt, quoniam ex voluntate dei fluxerunt ut essent alba? Minime. Aliud est enim esse, aliud albis esse; hoc ideo, quoniam qui ea ut essent effecit bonus quidem est, minime vero albus. Voluntatem igitur boni comitatum est ut essent bona in eo quod sunt; voluntatem vero non albi non est comitata talis eius quod est proprietas ut esset album in eo quod est; neque enim ex albi voluntate defluxerunt. Itaque quia voluit esse ea alba qui erat non albus, sunt alba tantum; quia vero voluit ea esse bona qui erat bonus, sunt bona in eo quod sunt. Secundum hanc igitur rationem cuncta oportet esse justa, quoniam ipse justus est qui ea esse voluit? Ne hoc quidem. Nam bonum esse essentiam, justum vero esse

Goodness is such that he is rightly said to be good in what he is. Hence, their very being is good, for it was once in him.

With this, the difficulty is resolved. The reason why things, though good in their being, are not like the Primary Good is that their very being, so far from being good independently of how they come to be things in the first place, would itself not even be possible if it had not issued from the Primary Being, who is the Good. That is why their being itself, though good, is not like the one from whom it stems. For he is good in virtue of His being and independently of *how* he is. For he is only good and nothing more. If things did not have their being from him, they might perhaps be good, but they could not be good in their being. For they might participate in the Good, but their very being, not having issued from the Good, could not be good. On the supposition, therefore, that the Primary Good has been removed from them, they could still be good, but not in their being. Since in fact they could not have come into being unless brought forth by that which is truly good, their being is good, and yet that which issued from the Essential Good is not like it. And if they did not issue from him, though they might be good, they could not be good in their being, because they would be outside of the Good and not from the Good, for that Primary Goodness is Being itself and Goodness itself and Being Goodness itself. But as white things are white in accordance with the divine will from which they issued, must they not also be white in their being? By no means. For it is one thing for things to be, and another for them to be white; the reason is that the one who made them be is indeed good, but is in no way white. Hence it was in the will of the Good that they be good in their being; but it was not in accordance with the will of him who is not the White that they be

actum respicit. Idem autem est in eo esse quod agere; idem igitur bonum esse quod iustum. Nobis vero non est idem esse quod agere; non enim simplices sumus. Non est igitur nobis idem bonis esse quod iustis, sed idem nobis est esse omnibus in eo quod sumus. Bona igitur omnia sunt, non etiam iusta. Amplius bonum quidem generale est, iustum vero speciale nec species descendit in omnia. Idcirco alia quidem iusta alia aliud omnia bona.

white in their being. For they did not issue from the will of the White. Hence, because he who is not the White willed things to be white, they are white simply; but because he who is the Good willed things to be good, they are good in their being. Does it follow from this argument that all things must be just because he who willed their being is the Just itself? By no means! For goodness is said of an essence, and justice of actions. In him, moreover, to be is the same as to act, so that to be good is the same as to be just. But in our case, since we are not simple, to be is not the same as to act. Hence to be good is for us not the same as to be just, though it is the same as everything we are in what we are. For that reason, all things are good, but not all are just. Furthermore, while *good* is all-embracing, *just*, since characteristic of a species, is not true of everything. That is why some things are just and others something else, but all are good.

## 3. Remarks on text and translation

The Latin text given above contains three minor departures from that of E. K. Rand. One is the letter *s* in *bonis* in line 100. The text of Rand, following the manuscripts, has *boni*, which, if one reads it with Tester as a genitive, does violence to the logic of the context, and if one reads it with Elsässer as a nominative, departs noticeably from the author's usage. The reading *bonis* is a conjecture based on analogy with lines 148, 208, 227, and 228. The other departures are the bracketing around lines 57f and in lines 95f the reason for which is indicated below.

The translations in want of justification are four in number, three of which are of lesser importance. Of these, the first is the expression *in eo quod est* or *in eo quod sunt*. Tester translates ›in virtue of their existence‹. Elsässer writes ›in dem, was sie sind‹. The Latin expression is ambiguous. The word *quod* can be a noun clause signal – in this case, *in eo quod sunt* would mean ›in this (fact), that they are‹ (darin, daß sie sind). It can also be a relative pronoun – and in this case, *in eo quod sunt* means ›in that which they are‹ or ›in what they are‹. Tester's translation reflects the first option, Elsässer's the second. The present translation has ›in their being‹. If the author of the treatise knew of a distinction between essence and existence, the differences would be important. Under the circumstances, they are not.

The second concerns *bonum substantiale* or *bona substantialia*. English and German cannot deal with the plural very easily. Elsässer managed to avoid it by syntactic device (»obwohl sie *kein substantiales Gut* sein können« for »cum non sint *substantialia bona*«). Tester braved the storm (»without being *substantial goods*«). The present translation follows Elsässer's lead (»things essentially good«).

In the case of these two expressions, the question of translation is easily dealt with. What is important is to understand how the meanings of ›being good in one's being‹ *(esse bonum in eo quod est)* and ›being essentially good‹ *(esse substantiale bonum)* relate to each other. The purpose of the treatise is to establish a difference between them. In the early part of the argument, the two expressions are taken to mean the same thing. When it is said that things are *good in their being* or *essentially good*, it is meant that they are good in their substance, not in their accidents. At the end of the argument, the latter expression contains a further stipulation: the goodness of things essentially good remains substantial and not accidental but is also bound up with, or equivalent to, their being *like* the Good. The precise thesis being argued is that things *are* good in their being *(bona in eo quod sunt)* but *are not like* the Good, i.e., are not essentially good *(bona substantialia)*.

The third translation in want of justification concerns the sentence in lines 212 to 214, in which the author's proclivity to solecisms goes a little far: *voluntatem non albi non est comitata talis eius quod est proprietas ut esset album in eo quod est.* Elsässer's translation is paradigmatically faithful: »mit dem Willen des Nicht-Weißen ist keine solche Eigentümlichkeit dessen, was ist, verbunden, damit es in dem, was es ist, weiß sei«. Tester's attempt fails: »that which is a property of a thing like whiteness is not in accordance with the will of him who is not white, that it should be white in virtue of its existence«. The thing cannot be saved. The meaning seems to be that it was not in accordance with the will of him who is not the White that such a quality as whiteness should belong to the substance of whatever has it. In other words, white is an accidental quality, not an essential one, and this fact is in accordance with the will of the creator. The present translation sacrifices scholarly principle on the altar of intelligibility: »It was not in accordance with the will of him who is not the White that things be white in their being.« This does extreme violence to the syntax, but violence is what it deserves. The fact that the author of this sentence was a highly intelligent and disciplined man seems to raise the question whether Latin was his native tongue.

The translation of importance concerns the sentence *omne quod est ad bonum tendere* (line 80). Tester translates by means of a surviving Latinism: »Everything that is tends to good« – a translation that solves many problems. What has to be decided is whether the author means that all things tend towards *a good*, or towards *the Good.* As the word *good* in the language of Latin Aristotelianism is understood to designate that to which all things tend, the first option would have the perhaps desirable effect of investing the clause with tautological character; the second makes it Platonic and metaphysical.

Since no fact of syntax can influence the question, one looks to the context. And indeed, the very broad context offers excellent reason to think the tautological reading preferable. The thesis to be established is that everything is good (*Ea quae sunt bona sunt*). The argument has two premises: »Everything tends to the Good (or to a good)« *(Omne quod est ad bonum tendere)*, and »Everything is like what it tends to« *(Omne tendit ad simile)*. From these the thesis is inferred. If the first premise is to be read »Everything tends *to the Good*«, the second premise will justify the inference »*Everything is like the Good*«. This would be all right except that there will come a point in the argument at which a different principle is stated »*Nothing is like the Good* except the Good itself«. This means that if, in the first premise, the expression *ad bonum* is translated *to the Good*, there will be flat contradiction. The simplest way to avoid it is to translate *to a good.* This seems to settle the matter.

But for several reasons, the thing does not come to rest. One is that the sentence *omne quod est ad bonum tendere* is announced as »an opinion common to the learned«. The learned are the members of the Platonic Academy, who certainly hold that all things tend to *the Good.* An appeal to the wisdom of the Academy would hardly seem appropriate in the case of a tautology.

A different line of reasoning leads to a somewhat weightier consideration. The two premises establishing that everything is good, namely that everything tends to the Good (or to a good) and that everything is like what it tends to, are formally inconclusive. The advantage of the formal method is that it forces tacit premises into the open. Like many things that operate in the dark, tacit premises very often tell a story, and the present argument is a case in point. The premise required is that whatever is like the Good (or a good) is itself good. The author seems to have thought this too obvious to require formal statement. In fact, if the premise is given, the argument is valid; otherwise not. Whether it is *sound* or not, i. e., whether there is any reason to think the tacit premise *true* – the other two premises, supported by axioms, must be accepted, at least for the sake of the argument –, depends on how *ad bonum* is translated. There will be reason to think it true if *ad bonum* is read *to the Good*; but if it is read *to a good*, there is none. This can be shown by a comparison of the two readings. The following version has the reading *to a good.*

> *$P_1$: Everything tends to a good.*
> *$P_2$: Things are like what they tend to.*
> *$P_3$: Whatever is like a good is itself good.*
> *C: Everything is good.*    *Q. E. D.*

It may be observed that our author is using in a formal argument, as if it were univocal, the term *good*, which Aristotle had declared merely analogous. The tacit premise is the third one. If in this premise, a clearly univocal term, say ›a red thing‹, is substituted for ›a good‹, we get ›Whatever is like a red thing is itself red‹. Does anyone hold this? If ›A is like B‹ means ›A and B have a common predicate‹, it would follow that a blue wheel can be *like* a red one. This makes it seem that if *ad bonum* is translated *to a good*, the argument, though valid, does not give us much reason to think it sound.

The following version has the reading *to the Good.*

> *$P_1$: Everything tends to the Good.*
> *$P_2$: Things are like what they tend to.*
> *$P_3$: Whatever is like the Good is itself good.*
> *C: Everything is good.*    *Q. E. D.*

If an analogous test is applied to the third premise in this argument, we get ›Whatever is like the color red is red‹, which seems more plausible. Of course it could be objected that the color blue has a likeness to the color red, and this objection must be honored. The reason is that the meaning of ›red‹ is *composite.* It says two things: »color«, and »this color«. Insofar as ›blue‹ does the same, they are alike. But a similar objection would not apply in the case of the Good, the simplicity of which is taken to be perfect.

The mere fact that the author *ought* to have understood *ad bonum* to mean *to the Good* does not prove that he did. A more decisive consideration will be given below. For the present, it must suffice that if *ad bonum* is translated *to a good*, the argument loses its soundness. On the other hand, there can be no doubt that if it is translated *to the Good*, as in the present translation, a logical storm is brewing. It will turn out that the storm is quite in keeping with the author's intent.

## 4. The method

The writing seems to divide naturally into four successive parts, each of which is substantially longer than its predecessor. There is a fairly long title, a brief preamble about ten times as long as the title, a set of nine »terms and rules« about twice as long as the preamble, and a body of argumentation about two or three times as long as the set of »terms and rules«. As both title and preamble involve difficulties most easily treated after the body of argumentation has been dealt with, the following discussion will begin with the last sentence in the preamble: *Ut igitur in mathematica fieri solet ceterisque etiam disciplinis, praeposui terminos regulasque quibus cuncta quae sequuntur efficiam.*

The method followed, we are told, is to be that of mathematicians: it will begin with some »terms« and »rules« from which the author will »bring about« all that follows. Almost everyone has read this sentence as meaning that there will be some *definitions* and *axioms* from which all that follows will be *deduced*. The words actually used give pause as to the author's grasp of axiomatics.

The logical characteristics usually associated with the notion of an axiomatically organized deduction involve first of all a basic distinction between propositions and arguments, a proposition being a complex of concepts that is either true or false, and an argument being a complex of propositions that is either valid or invalid. Beyond that, the axioms are expected to be mutually *consistent*, mutually *independent* in the sense that no one be deducible from the others, and *complete*, at least in the sense that they suffice to justify whatever thesis or theses their author wishes to derive from them. All of these requirements are perfectly satisfied by Euclid's *Elements*, written some eight hundred years earlier than *De hebdomadibus* and allegedly translated into Latin by Boethius,[2] the leading logician of his age. Most important of all, obviously, is the consistency requirement, which, if one discounts a visibly interpolated passage, the *De hebdomadibus* largely satisfies. The other requirements are subjected to such abuse as to make the assumption seem irresistible that the author of the third treatise had had little or no training in logic.

Those who lack experience with logic often have a naive notion of what logic is capable of, and the author of *De hebdomadibus* is a case in point. Aristotle, who

2 »Boethius, [...] to whom Magnus Aurelius Cassiodorus and Theodoric attribute a translation of Euclid. The so-called geometry of Boethius which has come down to us is by no means a translation of Euclid; but even the reduction of this in two Books which was edited by Friedlein is not genuine, having apparently been put together in the eleventh century from various sources.« (Sir Th. Heath, *A History of Greek Mathematics* Vol. 1, Oxford 1921, 359).

created the discipline, understood that the validity of an argument presupposes the univocity of the terms involved. He also understood that not all terms are univocal. Holding in particular that both τὸ εἶναι and τὸ ἀγαθόν are merely analogous, he did not think them suited for formal syllogistic reasoning. The axioms of *De hebdomadibus* contain a doctrine of being, and the body of argumentation contains a doctrine of the good. Nowhere in the treatise is there any hint of analogy. Manifestly, the author does not see formal logic under any constraint to shrink from such terms as *being* and *the good*, which he takes to designate ordinary logical concepts. This fact dominates the entire treatise and is behind one of its most important inferences.

## 5. The axioms

The first of the nine »terms and rules« – which, for the sake of brevity, will be referred to henceforth as the nine rules – may contain the only basis for the author's use of *terminus*, which is rendered here with ›term‹. The word *terminus* is in many other contexts the translation of ὅρος but not when the latter means ›definition‹. As Rule one seems to be a pair of definitions, it may be that *definitiones* would actually have been the more fitting choice. The text contains more than one indication that its author may have known Greek and perhaps even better than Latin.[3] The rule tells us first what a judgment of common sense is, then distinguishes such common-sense judgments as enjoy the spontaneous assent of all mankind from such as enjoy only the reflective assent of the learned. Though the example given of the latter, »Incorporeal things are without place«, is noticeably Aristotelian in its formulation, the author, in speaking of the »learned«, may be presumed to have had in mind the Platonic Academy, or more particularly Boethius and his circle, to which he must have belonged.

Rule one sets therefore definite limits to the philosophical or doctrinal pretensions of the treatise. A body of received doctrine comprising the main tenets of a school is presupposed within which the author will conduct his reasonings. The rule is not an axiom but a meta-axiom, the purpose of which is to ensure satisfaction of the completeness requirement in an informal way. Repeatedly, we shall find new independent axioms introduced as the argument progresses. In most cases, they are accompanied by an introductory expression like »it

[3] One of the most striking of these is the accusative of respect in lines 93f. *Quorum vero substantia bona est, id quod sunt bona sunt.* Another is the repeated use of infinitive with dative, frequent in Aristotle (ἀνθρώπῳ εἶναι) cf. especially ll. 1207f. *Aliud est esse, aliud* albis *esse.*

is a matter of common knowledge that ...«, or »it is well known to the learned that ...«. These are, or may be taken as, appeals to Rule one. There are cases in which the reader is given the opportunity to supply the appeal himself. All in all, the convenience of Rule one can hardly be overestimated.

As the body of argumentation will introduce further axioms, so also does the section devoted to axioms contain arguments. Rule two is an example. It opens with a statement of thesis: *Diversum est esse et id quod est.* In light of developments belonging to the thirteenth century, this is a provocative formulation. However, the intended meaning, as will become clear, is not what it would have been if Saint Thomas had been the author. Gilson hypothesized[4] that what the author meant by *esse* in the context of Rule two is really what is called in the second part of the rule the *essendi forma* or what Aristotle had called the form (εἶδος). On this basis *id quod est*, the substance (οὐσία) is composed of the *essendi forma* and something else, which Gilson takes to be Aristotle's matter, even though the word *matter* occurs nowhere in the treatise. In fact, much is enigmatic in the language of the writing, and Gilson's hypothesis seems to provide a key for unraveling many of its puzzles. Certainly there are developments most naturally read in terms of Aristotle's matter, and the present study will follow Gilson's suggestion on this point: what the author calls *id quod est* is made up of *ipsum esse* and a principle of individuation that may well be called matter in Aristotle's sense of the word. It will operate on the assumption that Gilson's understanding of *esse* as the Aristotelian form admits of a certain modification that will be explained in the discussion of Rule three.

In connection with the assumption that the author held Aristotle's matter, it may be pointed out that the notions of *matter* and *potentiality* are conspicuously absent from the *Consolatio* and from the other works universally held to have been authored by Boethius, who seems not to have shared Aristotle's view that universal forms are individuated by matter. The form of living things is their soul. If human souls owe their individuality to matter, the Platonic teaching of personal immortality is undone.[5] The notion of individuality that Boethius argues for in his *Commentarium in libros Aristotelis* Περὶ Ἑρμηνείας is formal.[6] Not matter but the »distinctive quality« of the individual, the »Platonitas« of Plato, is what

[4] E. Gilson, *La Philosophie au Moyen Age*, Paris 1952, 148–149.

[5] In his *Psychologie des Aristoteles*, Mainz 1867, Franz Brentano makes it his business to prove the opposite. The utter obscurity of his reasonings in this work seems to speak more loudly than they do, especially when compared with the radiant clarity of *Von der mannigfachen Bedeutung des Seienden nach Aristoteles*, Freiburg i. Br. 1862.

[6] Cf. Boethius, *Commentarium in libros Aristotelis* II, 7 (ed. C. Meiser, Leipzig 1880, 136–137).

confers individuality on him. As this is an eternal form, it grounds – or constitutes – the immortality of Plato's soul. If the author of *De hebdomadibus* held matter and potentiality – as he presumably did –, and if he had Boethius in mind as his primary reader, he may have felt that a certain verbal discretion was indicated.

Ostensibly, the proof of the thesis of Rule two *(Diversum est esse et id quod est)* is that while the *esse* is not, *id quod est* is: *ipsum enim esse nondum est, at vero quod est accepta essendi forma est atque consistit.* The expression *ipsum esse nondum est* is enigmatic, but much of the enigma will vanish when Rules seven and eight distinguish beings that are *simple* from those that are *composite.* Everything said in Rules two through five pertains only to the latter. So, far from being universally true, *ipsum esse nondum est,* in the author's mind, actually indicates the defining characteristic of the class of composite beings. The puzzle that remains concerns the word *nondum.* While the temporal meaning of the word is patently metaphorical, a reference to some kind of future must be involved. As Aristotle seems to argue in Book Z of the *Metaphysics* that ›potential‹ is to be understood simply as ›future‹, it may be best to take *nondum* as a code word for ›potential‹. On this basis, we should have to read *ipsum esse nondum est* as meaning that in the case of composite beings, *ipsum esse* is of itself only a potential reality.

It seems disconcerting that having said this, the author can turn around and add that *quod est, accepta essendi forma, est.* The ablative absolute in this sentence seems to demand a causal reading: »That which is exists *because* it has received a form of being«. One wonders how *what is* can owe its existence to its having received something else, especially something that in itself is only a potential reality, or how something that does not actually exist can receive, or be received by, anything. This is a question that must await its complete answer. For the present, it may be pointed out that in making a distinction between the *essendi forma* (εἶδος) and *quod est* (οὐσία), the author in effect starts his treatise by announcing an opposition to the doctrine of Plato, which holds precisely that the true οὐσία is the εἶδος. The fact that the difference asserted by the author to obtain between these two seems to involve both potentiality and individuation may be taken as support for Gilson's suggestion that the author was thinking of Aristotle's matter.

Rule three is another argument. As it deals with the notion of participation, which is central to the treatise, some preliminary remarks on the meaning of *participare,* Plato's μετέχειν, may be helpful. The word has both a logical and a metaphysical meaning. The *logical* meaning is most simply described in terms of the fact that the copula *is* (like ἐστίν) really has two very different uses. To say that Socrates *is* Plato's most famous teacher is to assert *identity* between the respective meanings of ›Socrates‹ and ›Plato's most famous teacher‹. To say that

Socrates *is* a human being or *is* wise is to say that Socrates is one of those of whom the predicate *human being* or *wise* is true, i.e. it asserts *predication*. The logical meaning of ›A *participates* in B‹ is that A is not *identical* with B but has B as a *predicate*. The *metaphysical* meaning of ›participate‹ is an interpretation of its logical meaning and may be explained as follows. If a wren happens to be singing, or if the singing one hears happens to be that of a wren, then there is *participation*, or sharing, or overlap, between the two universal *forms* (εἴδη) wren and singing. Each of these forms is eternally what it is and is for that reason substantial, a true reality. Like everything that we can see or hear, the singing wren has the unsubstantiality of a flame that will shortly flicker and must someday fail forever. Neither the wren that we see nor the singing that we hear has ontological priority; neither stands in a relation of dependence on the other. If the wren dies, there will still be singing, and if his song ceases, there will still be wren. The only relations of dependence are that of the wren to universal wren and that of the singing to universal singing. In the world in which we live, there are no things but only events of greater or lesser duration, each event being a fortuitous overlap, or sharing or participation of forms. The real world is that of the discrete eternal forms, which only the mind can grasp.

The purpose of Platonic philosophy is religious: it is to orient the mind away from the phenomenal world, which offers it no hold, and turn it towards the Divine, where alone it can find truth. In this respect Aristotle's purpose was the opposite. Our knowledge of the Divine, according to him, is full of darkness and uncertainty; if truth is what we want, we must seek it primarily in the order of nature.[7] While he never doubted the reality of the eternal forms, his aversion to Plato's otherworldliness led him to posit that the forms can exist only in matter, and that some, which he called accidental, depend for their being on others, which he called substantial. As the wren goes on being a wren all its life and sings only sometimes, Aristotle inferred that the being of the wren is the more fundamental and that of the singing is dependent. The wren is a *substance* or a *being*, and the singing is an *accident*. The decisive point is that there are physical substances consisting of universal forms individuated by matter. This is what makes the visible world into an object capable of being grasped scientifically and worthy of intellectual contemplation, a result that the Platonic doctrine of participation excluded.

A further consequence of Aristotle's doctrine is that it makes the order of the visible world eternal and unchangeable. If the forms are eternal, and if they exist only in matter, the material world can know no *new* forms, i.e., there can be no

[7] Aristotle, *De Partibus Animalium* A 5; 644 b 22–645 a 36.

evolution. In holding the physical universe to be eternal, Aristotle is a link between Plato and Boethius. Yet another consequence is that the doctrine precludes the possibility of any reality that is Plato's Being itself, in which all the ostensible beings participate. Aristotle knows only of being (with small ›b‹!), a purely *disjunctive* reality: the dogness of the dog, *or* the catness of the cat, *or*, in brief, the whatness of whatever, having it, is. The Being of Plato's *Sophist* or of Parmenides' poem is nothing. Only individual substances are beings, and none is Being itself. If there were a being that is Being itself, there could be no other, as Parmenides had claimed. The word *being* having no semantic reference, the only use of the verb is to serve as a copula connecting a subject and a predicate term, without which the word is entirely meaningless. The copulative use of the verb, furthermore, is only *analogous*. To say that Socrates *is* a human being or that red *is* a color is merely to express a similar relation between two very different sets of terms. In brief, language contains few words, if any, that without meaning nothing at all mean as little as the verb *to be*.

In contradistinction to all this, the author of *De hebdomadibus*, who does not recognize analogy, holds that the being of a wren, a dog, or a cat is in each case the very same *ipsum esse*, this expression designating univocally what all beings have in common, a similarity, not a difference, and that every other predicate true of the wren, the dog, or the cat, including wren, dog, cat, mammal, bird, vertebrate, is true by way of participation and is therefore accidental. This is the way in which Gilson's reading of *ipsum esse* as Aristotle's εἶδος is assumed by the present study to admit of modification.

The thesis of Rule three is expressed in two independent clauses: *Quod est participare aliquo potest, sed ipsum esse nullo modo aliquo participat*. In the first, the expression *Quod est* refers to the actually existing substance. In view of the *logical* meaning of ›participation‹, the rest of the clause, *participare aliquo potest*, simply means ›can have predicates‹. So the clause really means ›Substances can have predicates.‹ The *metaphysical* meaning, involving the notion of something accidental, points to the fact that the author's vision preserves nothing of the Aristotelian distinction between ἡ δευτέρα οὐσία and τὰ συμβεβηκότα, i.e., between substantial and accidental predicates. All the predicates of a material being in the author's mind are equally accidental. His terminology will come to include the pair ›substance‹ and ›participation‹ in place of the Aristotelian ›substance‹ and ›accidents‹, the difference being that ›substance‹ will designate the universal form that is *ipsum esse* as individuated by matter, and ›participation‹ will indicate all the predicates *true* of the substance. It is worth noting that truth, in the mind of our author, seems to be something accidental and not really on the same level as Being.

The next clause, *Ipsum esse nullo modo aliquo participat*, again illustrates the author's use of *esse* or *ipsum esse* to designate the principle that confers actuality on *quod est*. The meaning of the clause is that *ipsum esse* has no predicates. The purpose of the entire compound sentence, *Quod est participare aliquo potest, sed ipsum esse nullo modo aliquo participat*, is to establish by the criterion of participation the distinction between *quod est* and *ipsum esse* asserted by Rule two: the difference between them now is that things can be *true* of *quod est*, i. e., it can participate, while nothing is true of *ipsum esse*, i. e., it does not. The use of *participare* **potest** in the case of *Quod est*, and of *participat* in the case of *ipsum esse* seems another hint that what differentiates the substance from its *esse* and makes it capable of participation involves potentiality, and hence matter.

Like the thesis, the proof consists of two independent clauses: *Fit enim participatio cum aliquid iam est; est autem aliquid, cum esse susceperit*. The word *iam* in the first clause is correlative with *nondum* in Rule two. If *nondum* is to be understood as a code word for ›potentially‹, *iam* must mean ›actually‹. On this basis, the meaning of the first clause, *Fit participatio cum aliquid iam est*, emerges in light of the fact that *quod iam est* is what Aristotle calls the actually existing substance. The assertion is that the existing substance is a precondition of participation. This implies that participation itself is the relation in which an actually existent substance stands to its accidental predicates. The priority of existence over participation will turn out to be of central importance to the main thesis.

The meaning of the second clause *(est autem aliquid, cum esse susceperit)* follows from the fact that the *esse* that gets received is (again) the internal principle of actualization. Rule two tells us that being is »received« (*acceptum*); the present rule uses a word that frequently has a more active meaning, *susceperit*, but often has the purely passive meaning *received*. The word conspicuously avoided in both cases is ›participated‹. The being of things is not *participated*, but *received*. The full significance of this fact will appear later. Meanwhile, it may be observed that the two expressions involve opposite metaphors, the difference being most conveniently expressed by means of the preposition *in*. If A *participates* in B, A is *in* B. If A *receives* B, B is in A. This is the difference between Plato and Aristotle. For Plato, the wren that we see is a participation *in* eternal wrenness. For Aristotle, eternal wrenness is in the wren. The difference between the philosophy of Aristotle and that of the author of *De hebdomadibus* is that, for the latter, *nothing* is *in* the substance except its *ipsum esse* – which will turn out to be the ground of, or to coincide with, its *bonum*. What *receives* the *ipsum esse* is presumably the matter.

The logic of the proof is not without apparent disappointment. The thesis has two clauses, *Quod est participare aliquo potest, sed ipsum esse nullo modo aliquo participat*, and so does the proof, *Fit enim participatio cum aliquid iam est; est autem aliquid, cum esse susceperit.* The first clause of the proof *(Fit enim participatio cum aliquid iam est)* grounds the first clause of the thesis *(Quod est participare aliquo potest).* The argument is that a substance can participate, because that's what it does. *»Ab esse ad posse valet illatio«.* The truth of the premise – the fact that participation really does arise when something once is – is a matter of universal experience. Once the thing exists, other things are true of it: it is either a wren or a toad or something else; if it is a wren, it either sings or does not. But before it can participate in anything, it must exist.

If there were parity of form, the two second clauses would relate similarly. Instead, the second clause of the proof, *est autem aliquid, cum esse susceperit*, seems simply to veer away from the issue at hand and leave the thesis to fend for itself. The author may well have considered his thesis, *ipsum esse nullo modo aliquo participat*, self-evident. A predicate in which a subject is said to participate is by definition true of others as well. If *esse* is the most universal of predicates – a position the author seems to hold –, nothing can be true of both it and something else. Rule two establishes that in the case of material beings *ipsum esse* is not an οὐσία; Rule three establishes that it is also not a ὑποκείμενον. Not only does it not exist in itself, it is also not a substrate in which accidents inhere. As the latter notion presupposes the former, Rule three presupposes Rule two and depends on it.

In all, we have been given two criteria by which to distinguish substance from *ipsum esse*: 1) Substance involves potentiality, while *ipsum esse* does not; 2) Substance can have predicates, while *ipsum esse* does not.

Rule four, *Id quod est habere aliquid praeterquam quod ipsum est potest; ipsum vero esse nihil aliud praeter se habet admixtum*, in ostensible innocence of the independence requirement, seems an inference from Rule three, or rather a repetition of the thesis of Rule three with a new emphasis. The expressions *aliquid habere praeterquam quod ipsum est* and *aliud praeter se habere admixtum* are presumably just different ways of saying *participare aliquo.* If so, the two clauses of Rule four, *Id quod est habere aliquid praeterquam quod ipsum est potest; ipsum vero esse nihil aliud praeter se habet admixtum*, are simply reformulations of the first two clauses of Rule three, *Quod est participare aliquo potest; sed ipsum esse nullo modo aliquo participat.* The purpose of Rule four, on this basis, is merely to emphasize what may be called the transitive character of participation: what a thing participates in is other than the thing itself. Since the author takes the thing itself to be *ipsum esse* individuated by matter, the thesis does not really require a proof. Whatever the thing itself participates in is, like *ipsum esse*, a univocal concept, and, in fact, a different one. What invests a univocal concept with intensional meaning is what Frege in his *Dialog mit Pünjer über Existenz* termed »eine gewisse Beschränkung des Umfangs«,[8] i. e., the fact that there are things of which the concept is not true. Assuming that ›Existenz‹ is true of everything, Frege inferred that the word is meaningless. Though a pluralist, our author takes in this question the tack of Plato and Parmenides. Convinced that his univocal concept of *esse* has meaning, he is willing to say that there are things of which it is not true. These, following the doctrine of the Sophist, are other than being.

It will develop later that there is a close connection between *esse* and *bonum* that will invest *De hebdomadibus* with a definite orientation in moral philosophy. *Esse* is within and is good. The world of participation or truth is that of appearances. It is without and has neither being nor goodness. The vision is not speculative but sternly moralistic; the orientation is towards interiority. Although *De hebdomadibus* is a purely philosophical treatise containing no explicit reference to any religion, it will give us good reason to suppose that its author thought of himself as a Christian. The interiority pointed to by Rule four does not seem unlike that asserted by Paul in Romans: »I delight in the law of God after the inward man. But I see another law in my members, warring against the law of my mind, and bringing me into captivity to the law of sin which is in my members«. (*Rom* 7,22–23)

Rule five, *Diversum est tantum esse aliquid et esse aliquid in eo quod est; illic enim accidens hic substantia significantur*, is about terminology. ›To have an accidental predicate‹ (i. e. ›to participate in something‹) is simply *esse aliquid*, and ›to belong to the substance of a thing‹ is *esse aliquid in eo quod est.* There is irony in the fact that the author is now using the Aristotelian language of substance and accidents to nullify the Aristotelian distinction between substantial and accidental predicates. Any *aliquid* that is not *in* a substance, but true of it, is *accidentally* true of it. One example of a predicate belonging to the substance of a thing is *ipsum esse.* The title of the treatise suggests another: to say that things are »good in their being« is to say that their goodness is not an accident, but belongs to their substance. What never makes it into the company of these two predicates is truth, which remains something external, accidental, and *other.* It is worth noting that what is in *eo quod est* is also an *aliquid*, a »what«. So, *ipsum esse* is an *aliquid.* Not in his wildest dreams has the logic-centered mind of our author imagined anything even vaguely suggestive of what St. Thomas was to call *esse.*

The upshot of Rules two through five together is that the *esse* of the substance is *received*, while *participation* is the relation in which the existing substance stands

[8] G. Frege, *Nachgelassene Schriften*, Hamburg 1983, 71.

to its predicates other than *ipsum esse*, all of which are counted as accidents. Hence, what grounds the distinction between substance and accidents is primarily the fact that the latter involve participation, which presupposes the being of the former. From this it follows that the substance cannot owe its being to participation.

Rule six, *Omne quod est participat in eo quod est esse ut sit; alio vero participat ut aliquid sit. Ac per hoc id quod est participat eo quod est esse ut sit; est vero ut participet alio quolibet*, can hardly be authentic. The content reflects the mind of Boethius but certainly not that of the author. The first clause, *id quod est participat eo quod est esse ut sit*, flatly contradicts Rule three, *Fit participatio cum aliquid iam est*, upon which rests the entire body of argumentation. In particular, it will become clear that the doctrine that *esse* is *received* and is *not* had by participation is the basis for the author's understanding of creation, which differs widely from that of Boethius.

The Platonism of the *Consolatio* differs from that of Plato by its estheticism. While Plato was of a mind to banish the poets from his city, Boethius punctuates his philosophical masterpiece with sparkling gems of poetry. Some of the expressions used to describe the physical world in the famous ninth poem of Book III are unrestrainedly lyrical:

> *pulchrum pulcherrimus ipse*
> *Mundum mente gerens similique in imagine formans*
> *Perfectasque jubens perfectum absolvere partes.*

Boethius does not seem to have spent overmuch time pondering the melancholic vision of the author of *Preacher*, who, like him, had studied Aristotle and held the physical world to be without beginning or end in time. The author of *Preacher* was a man of the people, who knew what social injustice was. Holding the Old Testament view that death is the end to which oppressor and victim alike are destined, he found no solace in the thought that the cruel and meaningless drama of life had never begun and would never end. Boethius writes as an aristocrat and a Platonist who finds the notion of a physical world without beginning or end altogether satisfactory.[9] In the *Republic*, written a good century and a half after the songs to the Servant of the Lord in deutero-Isaiah, Plato anticipates the Gospels by describing in grisly words the earthly fate of the completely just man (362 A). This view of things is not at all to the taste of Boethius, who places in the mouth of Dame Philosophy a reflection on a hypothetical man »perfect in all the

[9] Cf. also Book IV, 6th pr. 83–90; also Book V, 6th pr. 39–60.

virtues, holy and close to God«. Providence, she tells us, would be so opposed to adversity of any kind in the case of such a man, that it would not even permit him to suffer bodily ailments.[10] In general, the estheticising folly that pervades so much of the *Consolatio* leads one to suspect that large parts of it had already been written before their author undertook to complete them in prison – a goal, as Hermann Tränkle argues so convincingly,[11] he was not permitted to reach.

This estheticism is at work in the second part of Rule six: *id quod est participat eo quod est esse ut sit; est vero ut participet alio quolibet.* It must be noted that *est* in the second clause means ›is a substance‹; from this it follows that *participet alio quolibet* means ›may have accidents.‹ Strictly, the position is Aristotelian: substance relates to accidents as potentiality to actuality. What it means in the pen of Boethius is a teleological subordination of existence to accidents, which seems the epitome of estheticism. Conceptually and psychologically, this position is diametrically opposed to the sternly moralistic interiority to which Rule four points.

Rule six is unique among the rules in that no single inference in *De hebdomadibus* is based on it; logically, it is unrelated to any part of the treatise except those it contradicts. As the latter are of central importance, it is not an exaggeration to say that the rule has no effect upon the treatise other than to make it fundamentally unintelligible.[12] It seems to have been written by Boethius and may originally have taken the form of a critical remark written in a margin. How it then got incorporated into the text is a matter of conjecture.

Rules seven and eight – de Rijk's suggestion[13] that the two rules ought be taken as one having complementary parts seems compelling – will distinguish the case of a *simple* being from that of *composite* beings: *Omne simplex esse suum et quod est unum habet; omni composito aliud est esse, aliud ipsum est.* It has been pointed out

[10] Cf. *Est alius cunctis virtutibus absolutus sanctusque ac deo proximus. Hunc contigi quibuslibet adversis nefas providentia iudicat adeo, ut ne corporeis quidem morbis agitari sinat* (*Cons.* IV 6th pr. 142–146).

[11] H. Tränkle, »Ist die *Philosophiae Consolatio* des Boethius zum vorgesehenen Abschluß gelangt?«, in: *Vigiliae Christianae* 31 (1977), 148–154.

[12] In her very original study of Boethian metaphysics, *Participation and the Good*, New York 2000, S. Nash-Marshall, pointing to the wide diversity in the results of such scholars as R. McInerny (*Boethius and Aquinas*, Washington D.C. 1990), H. Brosch (*Der Seinsbegriff bei Boethius*, Innsbruck 1931), R.A. te Velde (*Participation and Substantiality in Thomas Aquinas*, Leiden 1996), speaks in despairing tones of ever coming to a clear understanding of *De hebdomadibus*: »it is clear that the *Quomodo substantiae* affords no direct way of understanding the Boethian notion of participation« (p. 9). This does not prevent the scholar from taking a valiant stab at it.

[13] L.M. de Rijk, »On Boethius' Notion of Being«, in: *Meaning and Inference in Medieval Philosophy*, ed. N. Kretzmann, Dordrecht 1988, 21.

that the theses of Rules two through five, far from being unrestrictedly true, apply, in fact, only to the latter class, not to the former. Ostensibly, there would have been a gain in elegance if the distinction made by Rules seven and eight (or by Rule seven/eight) had *preceded* Rule two. One wonders why the author followed the less elegant sequence. It may be recalled that in the case of composite substances, the difference between *esse* and *quod est,* in the mind of the author, seems to result from the potentiality of matter in the substance. From this it would follow that in the case of a simple substance, in which *esse* and *quod est* are identical, there is no matter and no potentiality. It may also be recalled that Rules two through five form a progression, each rule standing in a relation of logical dependence on the one preceding it. Rule seven/eight, which in the original sequence followed Rule five, now appears as the culmination of Rules two through five: the proof that there exists an immaterial being, who is Being itself. Rule seven/eight is *derived* from the previous four rules on the (unexpressed) basis that the simple is prior to the composite.

It may also be pointed out that the word *Omne* at the beginning of the rule is a pure formalism: it will become clear that the author holds only one simple substance, which is God. As this substance can only be pure *esse,* Rule three forbids its standing in the relation of participation to anything, i. e., no predicate is true of it. This throws an added light on the author's understanding of truth. We have seen already that the only things true of the composite beings are the things in which they participate. These are accidental, external, merely apparent, and other, i. e., they are without being or goodness. We now see the converse fact: the perfection of God consists in the fact that he participates in nothing, i. e., nothing is true of him.

The purpose of all the previous rules is to outline a doctrine of *esse.* Yet the argument to be derived from them is not concerned with *esse* but with *bonum.* The purpose of Rule nine, the last axiom, is to provide a basis for transition: *Omnis diversitas discors, similitudo vero appetenda est; et quod appetit aliud, tale ipsum esse naturaliter ostenditur quale est illud hoc ipsum quod appetit.* The content of this rule is bewildering. The sentence *All diversity repels* denies ostensibly the attraction of opposites, which seems to pervade all of nature. In vain does one search the sequel for the reassuring clue. On the contrary, the wording that follows makes it perfectly clear that such is indeed the precise intent of the rule. The diversity spoken of is not simple alterity but diversity of the type opposed to similitude, i. e. diversity not of number but of kind or predicate. Things opposite in kind, we are told, do not attract, they repel. Just in case any doubt should remain, we are told that attraction is a function of similarity. This will turn out to be central to the logic of the treatise. It is also surprising. It is a matter of common sense that the author has two parents characterized by diversity of predicate. Is he telling us that he was brought by a stork?

One wonders whether the content of Rule nine originated with our author, or, if not, where in the philosophical tradition it comes from. It is certainly not to be found in Aristotle, who is the great philosopher of common sense, but also not in Plato. In the *Phaedo* and the *Theaetetus*, it is argued that the relation of knower to known is that of like to like. In order to know the eternal forms, the human soul must itself be eternal; in order to know the appearances, the sense organs themselves must be appearances. In the *Symposium*, however, he argues that the relation of lover to beloved, which leads to »birth in beauty«, obtains between opposites, man to woman in the case of physical birth, the soul to God in the case of spiritual birth. Generally speaking Western theology, whether Jewish, Christian, or Moslem, holds that God can be *known* only insofar as there is likeness or analogy between Creator and creature, while the mysterious *deus absconditus* of Rabbinic Judaism, Islam, and most forms of Protestantism – not unknown to Roman Catholicism – appears as the ground of ***love***. As the God of Deuteronomy is *ganz anders*, the great command »Thou shalt love the Lord thy God with all thy heart and all thy soul and all thy strength« (6, 5) seems somehow typical. The teaching of Rule nine that love presupposes likeness seems a novelty. Aristotle held that likeness in virtue is the basis of the noblest kind of friendship (φιλία).[14] But friendship of this type exists only between equals, and while it is a very noble and beautiful thing, it is not what is meant by ›love‹.

The Platonism of Boethius was fairly orthodox, but there were departures, and these, as has already been noted, were not always to his advantage. In particular, our author seems to have learned Rule nine from him. In Book III of the *Consolatio*, concerned to show that the world is ruled by God, Boethius argues, *Conjuncta vero naturarum ipsa diversitas invicem discors dissociaret atque divelleret, nisi unus esset, qui quod nexuit contineret.*[15] The expression *naturarum ipsa diversitas invicem discors* seems to be little more than a passing remark, but the principle invoked is that the very ›diversity of natures‹ involves ›mutual discordance‹. This is certainly not a central position of Boethius; he seems to have been toying with the principle. In any case, even the vocabulary of his formulation is reminiscent of that used in Rule nine.

Later in the *De hebdomadibus*, a most un-Platonic principle will be announced:

14 Aristotle, *Eth. Nicom.* VIII 8; 1159 b 2–4.

15 *Cons.* 12th pr., 20–22. Cf. also *Nam dum iniqua sibi a pessimis quidam perpeti videntur, noxiorum odio flagrantes ad virtutis frugem rediere, dum se eis dissimiles student esse, quos oderant* (Book IV, 6th pr. 189–192) .

*Nihil primo bono praeter se simile est*, i. e. »Gott ist ganz anders«, »Allahu akbaru«. The considerations that led the author to this principle are examined below. At present, it may be pointed out that towards the very beginning of the argument, we will get a principle that can be justified only by Rule nine: *Omne tendit ad simile*. On this basis, if the Good is »ganz anders«, it follows that nothing tends to the Good. On the other hand, as we shall see, the Good is what everything tends to. A logical storm that finds its source in Rule nine seems to be brewing. The thesis of the present study is that the author of *De hebdomadibus* wrote his treatise with two purposes in mind, one subordinate to the other. The subordinate purpose was to refute Rule nine, which had presumably been proposed by Boethius, and the main purpose was to establish that nothing is like the Good except the Good, a thesis radically incompatible with the philosophy of Boethius.

## 6. The argument

The body of the treatise is devoted to the argument, which falls externally into four readily discernible parts: in the first (lines 56–61), ostensibly at least, the question is motivated and then stated in the form of an alternative: »A or B?«; in the second (lines 62–85), it is argued that neither A nor B is admissible. With these two parts, the nature of the difficulty has been brought to light. In the third part (lines 86–150), a method is introduced on the basis of which a solution is sought, found, and argued; in the fourth (lines 150–174), two objections to the solution are raised and disposed of.

In fact, the external breakdown does not correspond to the real one. It will turn out that what is referred to as »the question« had already been resolved before it was posed. When the »difficulty« has been »brought to light«, Rule nine has simply been refuted. And when the »solution« is »sought, found, and argued«, the only thing that has been argued is the author's own thesis, namely that nothing is like the Good except the Good. The difference between the real and the apparent structure seems to be motivated by modesty. The author does not hold Rule nine, but he did not wish to brusque his magister, who did.

The first part of the argument, the purpose of which is to motivate »the question«, starts by announcing a thesis: »The things that are are good« *(Ea quae sunt bona sunt)*. To prove this the author lays down a new axiom: *Omne quod est ad bonum tendit*, justified by the authority of »the learned« – i. e., by an appeal to Rule one. It has been pointed out that *ad bonum* must be translated ›to the Good.‹ On this basis, the principle laid down really contains two new axioms: one, that the Good exists, and two, that everything tends to it. Later on, it will turn out that the authority of the learned is invoked only for the second of these, the first being »attested by the conviction of learned and unlearned alike, and even by the religions of barbarous nations« *(quod esse quidem constat idque ex omnium doctorum indoctorumque sententia barbarumque gentium religionibus cognosci potest).*

The first premise, therefore, is »Everything tends to the Good« *(Omne quod est ad bonum tendit).* A second is announced: »Everything is like what it tends to« *(Omne tendit ad simile).* Though no appeal is made to any of the rules by way of justification, this premise is visibly a simplified version of Rule nine. From these two premises, apparently in genuine innocence of the fact that a third is involved, namely »Whatever is like the Good is good«, the thesis is inferred: the things that are are good.

On this basis, the question is posed: Are things good in their substance or by participation? Obviously, this question presupposes what appears to be a new axiom: ›Things are good either in their substance or by participation, but not both.‹ This is a strong departure from Aristotelian philosophy, in which such terms as τὸ εἶναι and τὸ ἀγαθόν, taken to be analogous, are usually understood to transcend the distinction between substance and accidents. So, the question posed is really of revolutionary dimension. By implication, it is being stated that *good* is not an analogous notion but a univocal concept. Shortly, it will be stated explicitly that the disjunction ›either substance or participation‹ is to be understood as *exclusive*, i.e., that things cannot be good *both* in their substance *and* by participation. This is the basis on which the argument operates. Presumably, the author assumes it to have been established in Rules three through five, where the distinction between substance and accidents was established in terms of participation. The reasoning at work in his mind may have been something to the effect that anything true of both substance and accidents would obtain both by participation and not by participation, and would therefore be contradictory.

The thesis of the first horn of the dilemma is that things are not good by participation. The argument is that if they were, they would not be good in themselves and hence would not tend to the Good *(Si participatione sunt bona, ipsa per se nullo modo bona sunt: non igitur ad bonum tendunt).* As it has been conceded that they do, it follows that things are not good by participation but in their substance *(Sed concessum est. Non igitur participatione sunt bona sed substantia).*

This argument must be looked at closely. It involves two premises having the form of implications. The first is »If things are good by participation, they are not good in themselves« (*Si participatione, per se ipsa nullo modo bona sunt*). Since ›in themselves‹ must be taken to mean ›in their substance‹, this is the explicit statement referred to above that the disjunction, »either substance or participation«, is exclusive: things are good either in their substance or by participation, *but not both*. The proposition is justified by means of an example: if the whiteness of a white thing is an accident, it cannot also belong to the substance in which the accident inheres. Obviously, the example is external to the logic of the argument, as examples almost always are. The question whether goodness can be both accidental and substantial cannot be influenced by the case of an accident. It has been pointed out that in the author's mind, the premise has already been established by the argument of Rules three through five.

The explicit statement that the substance/participation disjunction is transcended by nothing, even in the case of *good*, is heavy with implication. The argument of the treatise seemed to start off on a happy note: »All things are good«. But now it seems to be taking a somber turn: things are *not* good by participation, but *only* in their substance. In fact, the world of participation is co-extensive with that of appearances. So, the position is that everything we see is without goodness. As the author equates the goodness of things with their being, the position is ultimately that the things we see somehow are not. This has already been found to be the case in the discussion of Rule four.

The second premise has the form of an implication. It is »If things are not good in themselves (i. e. in their substances), they do not tend to the Good« *(Si [. . .] per se nullo modo bona sunt, non [. . .] ad bonum tendunt)*. By contraposition, this is equivalent to ›If things tend to the Good, they are good in themselves.‹ As the expression *in themselves* means *in their substance*, the claim is that from the premise ›All things *tend to* the Good‹ flows not only the inference ›All things *are* good‹, but also ›All things are good *in their substance*‹.

One wonders whether the author has had a vision. Only a few lines back, based on the two premises that 1) Things tend to the Good, and 2) Like tends to like, he was able to draw the inference that things must be good but remained in the dark as to whether they are good in their substance or by participation. This was announced as »the question« of the treatise: *Sed quemadmodum bona sint, inquirendum est, utrumne participatione an substantia?* In order to decide it, he now finds it is enough to point to one of the premises that had motivated the question. We trust that the reference is synecdochic, that he was thinking of both (there is never any indication that he was aware of the third), but what are we to think of our author's logic?

Questions of lesser importance are best postponed. The substantive issue is whether the three premises involved, All things tend to the Good, Like tends to like, and What is like the Good is good, justify the inference that all things are good *in their substance* as the author now seems to think. This appears to be reduced to a question concerning the third premise, the tacit one, of which the author does not seem to have been aware: does the fact that a thing is *like the Good* justify the inference that the thing is not only good but *good in its substance*? It is likely that if the author were to have been asked this question, the decisive consideration in his mind would have been the *simplicity* of the Good. Since in the case of the Good, he takes *esse* and *bonum* to be identical, the Good is the form of *esse* and nothing else. Only the *esse* of the several beings can be *like* pure *esse*. As the *esse* of the beings is *in* their substance, and since *bonum* follows upon *esse*, they are good in their substance. The fact that this inference is essential to the logic of the treatise is the most decisive reason for translating *ad bonum* as *to the Good* rather than *to a good*.

The issue that remains concerns rhetoric. Why all the fanfare about the big problem that has already been resolved? The answer to this question may be that the primary reader of the treatise was to be Boethius, who was the actual originator of Rule nine. The author has worked out a refutation of Rule nine and is not interested in drawing attention to the fact. So, the external form in which the argument is presented has two functions: one is to reveal what is necessary to the logic, and one is to distract from what would otherwise seem disrespectful. Meanwhile the treatise has its logic, which remains unaffected by its packaging.

Once it has been established that the goodness of things is in their substance, all that is needed to establish that they are not good by participation as well is the exclusive disjunction: »Things can be good either in their substance or by participation, but not both«. And this, as has already been pointed out, the author takes to have been established by Rules two through five.

In sum, the argument establishing the thesis of the first horn involves three premises.

> *If things tend to the Good, they are good in their substance.*
> *If they are good in their substance, they are not good by participation.*
> *They do tend to the Good.*
> *Therefore, they are not good by participation.*

The first horn of a dilemma usually leads to a merely tentative result. In the present case, however, the thesis that things are not good by participation will remain standing from this point on as a definitively established position. Twice reiterated (in lines 101f. and III) in considerably stronger form for emphasis (*non participant bonitatem*), it will never be modified or called into question. As the goodness of things is bound up with their being, the thesis makes it quite plain that in the author's mind, things do not achieve their being by participation any more than their goodness, a fact that places Rule six in its proper light.

The notion of participation is not a topic of central importance in the *Consolatio.* The word occurs in only four widely scattered passages. Having at one point said that a happy person is a god, Dame Philosophy proceeds to an explanation: by nature, she tells us, there can be only one God, but by *participation,* there can be no limit to their number.[16] This seems to be saying that we become gods by participating in God. Insofar as God is the Good, Boethius seems to be implying that whatever goodness we have, we have it by participation in the Good. At another point, the thing becomes explicit. Invited by Dame Philosophy to concede that everything good is good by *participation in the Good,* Boethius expresses his agreement.[17] These remarks provide another small indication as to how little the thinking of our author reflects that of Boethius. In the pen of the latter, ›participation‹ designates the relation in which the many beings stand to the source of their being and goodness. In that of our author, it marks the relation in which creatures stand to everything *true* of them, i. e. to appearances, to the unreal. Modern existentialists would say, »to the objective«.

The thesis of the second horn is that things are not good by reason of their substance. To argue this, the author introduces what appear to be two new axioms. The first has twice been referred to above: »nothing can be like the Good except the Good itself« *(Nihil primo bono praeter se ipsum simile est).* For this principle, no appeal is made to any rule. Though the proposition amounts to a radical denial of practically the whole of Boethian Platonism, it is merely stated as if in passing.[18] The second is, that, Parmenides notwithstanding, beings are many. The doctrine that there is only one being, we are informed, is »unspeakable« *(dictu nefas est).* At first, one wonders whether this expression is to be taken as an appeal to Rule one.[19] In fact, the expression probably ought to be taken as a first irruption of purely theological considerations in an otherwise philosophical treatise. The author's reply to the logic of Parmenides, as will appear below, is derived from his notion of creation.

The argument proceeds as follows. If the substance of things were good, they

[16] Cf. *Omnis igitur beatus deus. Et natura quidem unus; participatione vero nihil prohibet esse quam plurimos* (*Cons.* III 10th pr. 93–95).

[17] Cf. *Sed omne, quod bonum est, boni participatione bonum esse concedis an minime? Ita est.* (*Cons.* III 11th pr. 26–27).

[18] It need hardly be mentioned that few teachings could be more foreign to the mind of Boethius. Cf. *Cons.* I 4th pr. 138–141; II 5th pr. 78; III 9th c. 6–8; IV 6th pr. 202–207; V 6th pr. 51–54.

[19] Cf. Plato's ὃ μηδ' εἰπεῖν τινι θέμις (*Tim.* 29 A).

would be good in their being *(Quorum vero substantia bona est, id quod sunt bona sunt).*[20] So, their *esse* would be good and would be their goodness *(Omnium igitur rerum ipsum esse bonum est ... idemque illis est esse quod bonis esse).* Things would therefore be *essentially good (substantialia igitur bona sunt)* for they do not participate in goodness *(quoniam non participant bonitatem).* And since they would be *essentially good*, they would be *like* the primary Good *(non est dubium quin substantialia cum sint bona, primo sunt bono similia)* and would therefore be identical with the Good itself *(ac per hoc hoc ipsum bonum erunt). For nothing but the Good can be like the Good (nihil enim illi praeter se ipsum simile est).* Hence everything would be God – an unutterable thought *(Ex quo fit ut omnia quae sunt deus sint, quod dictu nefas est).* From this it follows that things are not essentially good, and from this that their being is not good *(Non sunt igitur substantialia bona ac per hoc non in his est esse bonum).* In sum, while all that is is good, things are good neither by participation, nor in their substance. This, we are told, is the problem to be resolved.

The problem can be stated differently. Let us review the reasoning. The principle *All that is is good* is not the beginning of things but is derived from two earlier principles: 1) the opinion of the learned that all things tend to the Good, and 2) Rule nine, which asserts that like tends to like. (It has been pointed out that a third principle is involved, namely that whatever is *like* the Good is good, which the author does not seem to have noticed.) The argument is that all things tend to the Good, *and are therefore like the Good*, and are therefore not only good, but good in their substance. From this, the inference is drawn that they cannot be good by participation. Now begins ostensibly a new train of thought. If things are good in their substance, they are *like* the Good. (The earlier train went in the opposite direction: if they are like the Good, they are good in their substance.) As nothing can be like the Good except the Good, they are not good in their substance after all.

Basically, only two things have been argued: first, on the grounds that *everything is like the Good*, it has been inferred that things are good in their substance; then, on the grounds that *nothing is like the Good*, it has been inferred

[20] Though the content of line 95 f., *id quod sunt autem habent ex eo quod est esse*, is not incompatible with that of the treatise, it seems for two reasons to be inauthentic: 1) The sentence is wholly out of place in its context, so that the disrupted sequence of the argument is noticeably restored by its removal; 2) It uses the language of Rule six, especially the expression *id quod est esse*, which occurs nowhere in the treatise except in these two places. As Boethius is probably the author of Rule six, it looks rather as if line 95 f. is his as well. It is easy to imagine that he wrote both as marginal glosses, and that they got incorporated into the text by a copyist.

that they are not. The logical storm we have observed in the making is upon us.

According to the reading given above, we are not dealing with a single argument but with two unrelated ones leading to contradictory positions. Obviously, any hypothesis offering an avenue of escape from this reading would be preferable. What is needed is something in the middle of the two arguments to connect them and make them into a meaningful whole, something the writer had not bothered to say perhaps because in the school it would have been too obvious. The only thing between the two is the argument showing that things are not good by participation. As to be good by participation is the same as to participate in the Good, the full import of this principle is that *things do not participate in the Good.*[21] Perhaps we are to understand that once this has been established, the author felt entitled to his great principle that nothing is *like* the Good. Let us assume that Boethius' school had come to an understanding that whatever *likeness* there is between creature and creator must be a consequence of participation. In this case, the proof that there is no participation would amount to a proof that there is no likeness, and the connection would not have to be stated.

This hypothesis re-establishes continuity in the argument; the great principle that nothing is like the Good except the Good itself is not a new axiom starting a new deduction, but a theorem in excellent standing that flows from the univocal character of *esse* and *bonum* and continues the old deduction. On the basis of the principle that all things tend to the Good and of Rule nine that like tends to like, it is shown that all things are good in their substance. From this and the univocal character of good follows that they are not good by participation, from this that nothing is like the Good except the Good, and from this that things are ***not*** good in their substance after all. So, there is a definite contradiction. The question is what has been shown to be false? Given the univocal character of good, upon which the entire argument depends, it is either Rule nine or the principle that all things tend to the Good. The author may be assumed to hold the latter, which follows from Rule one. Perhaps delicacy forbade his pointing it out, but in effect his argument has simply refuted Rule nine, the principle of likeness, which he seems to have gotten from Boethius. So, the ground of likeness has been eliminated. What remains is to establish unlikeness.

The method to be followed takes its inspiration from the hypothesis per impossibile familiar to mathematicians and proceeds on the basis of a new axiom, namely that the several beings flowed from, owe their *esse* to, the primary Good. The impossible supposition made is that they do not, that they exist independ-

[21] Cf. line 101 f. *non participant bonitatem*; line III *nec participant bonitatem.*

ently of the Good and are themselves nonetheless good. It is then asked whether the goodness of these hypothetical beings be substantial or accidental. The thesis is that it can only be accidental. The logic of the argument involves a division of two cases: that in which substances are composite and that in which they are simple. But the division turns out to be vacuous, for reflection shows that the case of the simple substances need not be considered since a substance at once simple and good, being by definition the Good itself, does not figure among the several beings now conceived to exist independently of the Good.

The real argument concerns composite substances conceived to be good while existing independently of the Good. The argument takes stock of the fact that such a being will also have predicates other than good, for example, white, heavy, round. In such a case, it is argued, it is evident that the substance itself would be one thing, its goodness another, its whiteness yet another, etc. For if the accidental predicates were identical with the substance, they would be identical with each other, so that the goodness would be the color, which would be the weight, etc., a thing that »nature will not abide«. Hence, while the several beings would be good, their substance would be one thing, their goodness another, i.e. an accident.

It looks very much as if, having worked out a proof showing *that if goodness is an accidental predicate, it is an accidental predicate*, the author imagines that he has demonstrated something of great moment: that the identity of *esse* and *bonum* in the several things is a consequence of their being creatures. But the thing is not as vacuous as it looks.

What we are dealing with is a thought experiment. The hypothesis is that unconditional identity of *esse* and *bonum* is verified only in the case of God, their *de facto* identity in the case of creatures being a consequence of their having been created. To test it, the author must conjure up a scenario in which the several beings are *not* created and in which the identity of *esse* and *bonum* in them is *not* verified. Unalterably, *esse* can only be *in* the substance. The reasoning proceeds on the assumption that considering *bonum* in isolation from *esse* is tantamount to considering it an accident. This is important. The tacit premise is that nothing except *esse* can be *in* the substance. If *bonum* is in the substance – as, in the case of created beings, it is –, then *bonum* must be the same as *esse*. The question is now whether the *de facto* identity of *esse* and *bonum* in the several beings can be understood as a consequence of the fact that the latter are created.

A new axiom is introduced: the Good has *will*. This is a striking departure from philosophical tradition. As the ordinary act of will is to want, the having of will seems to imply a deficiency of being. A perfect being does not want anything. For this reason, Plato's ἀγαθόν, Aristotle's κινοῦν ἀκίνητον, and Plotinus' ἕν, all of which are understood to be perfect, are without will. In the *Timaeus*, Plato tells us that God has made all things *because he is good*.[22] The goodness of God being eternal, this seems to contain the implication that God makes the world eternally, so that time has no beginning or end. This is the tradition to which the *Consolatio* belongs, which also contains no hint that God has will. God is »*omnium rerum fons*«[23] but since Boethius conceives the world as having no beginning or end in time, it looks very much as if he understands creation to be simply the natural effluence of God's eternal goodness, even though, with poetic license, it can be said that God *commands* time to go forth from eternity.[24] Nothing in the *Consolatio* suggests that its author ever read the last three books of St. Augustine's *Confessions*.[25] In any case, it seems very much as if the sentence »In the beginning God made heaven and earth« would have struck him as meaningless. Not so the author of our treatise, who, by ascribing *will* to the Creator, betrays or announces a religious orientation of either Jewish or Judeo-Christian character.

Another axiom is announced: composite beings exist because their existence was willed by the Good *(Quae [*sc. *Bona] quoniam non sunt simplicia, nec esse omnino poterant, nisi ea id quod solum bonum est esse voluisset)*. This is the fact behind the distinction the author has made between receiving *(suscipere)* and participating in *ipsum esse* in Rule three and behind the mysterious receiving *(accipere)* of the *essendi forma* in Rule two. Creatures receive their *esse* passively because it results from an act of will on the part of the Creator. The argument is now that there is a difference between the *way* in which the Primary Good is essentially good and that in which a secondary good is the same. While the essential goodness of the Primary Good results from the mere fact that it *is* *(Primum bonum, quoniam est, in eo quod est bonum est)*, that of a secondary good results from the fact that it flows from the Primary Good *(secundum vero bonum, quoniam ex eo fluxit cuius ipsum esse bonum est, ipsum quoque bonum est)*.

With this, we are told, the problem is solved *(Qua in re soluta quaestio est)*, and now the phrases begin to swell. The problem is solved, for now it can be said that although God is good in his Being and creatures are also good in their being, creatures are not *like* God *(licet enim in eo quod sint bona sint, non sunt tamen*

[22] Cf. Plato, *Tim.* 30 A-B.

[23] Cf. Boethius, *Cons.* V 3rd pr. 82.

[24] Cf. *qui tempus ab aevo ire jubes*, which O. Gigon renders more orthodox by reading *jussisti*: »der du von Ewigkeit ausgehen *hießest* die Zeit« (Boethius, *Trost der Philosophie*, München 1981, 129).

[25] Russell takes this text to be »a great advance on anything to be found on the subject in Greek philosophy« (*History of Western Philosophy*, London 1969, 353).

*similia primo bono)*, for – new axiom – the fact that things are good in their very being is not independent of the manner in which they are things in the first place *(quoniam non quoquo modo sint res ipsum esse earum bonum est).* On the contrary, while the goodness of the Primary Being lies simply in the fact that He *is*, that of things created is theirs because they could not be if their *ipsum esse* did not flow from the Primary Being, i. e. from the Good *(sed quoniam non potest esse ipsum esse rerum nisi a primo esse defluxerit, id est bono).* That is the reason why their *ipsum esse* is good without being *like* the one from whom it is *(idcirco ipsum esse bonum est nec est simile ei a quo est).*

Let us review the reasoning. From the fact that things *tend toward* the Good (Rule one) it had been inferred from Rule nine that they are *like* the Good and are therefore good, and, in fact, good *in their being*, i. e. in their substance. From this it followed that they are not good by participation, which means that they do not participate in the Good. If likeness presupposes participation, it follows from this that nothing is *like* the Good except the Good itself. But if things are good in their substance, they must be *like* the good, and since nothing but the Good is like the Good, things cannot be good in their substance after all. That was the problem.

The solution arises from the principle that the essential goodness of things is not a consequence of their tending *toward* the Good, but of their *coming from* it. This, we are told, solves the problem because it is now clear both that things are good in their being and that *they are not like the Good.*

What reasoning led to these results is not hard to construe. From the fact that all things come from the Primary Good, it follows that they are good in their being. From this and the univocal character of good it follows that they are *not* good by participation, i. e. they do not participate in the Good, and are hence *not like the Good.* By implication, this means that if the author still holds, as he presumably does, that all things tend to the Good, *Rule nine has been tacitly disavowed.* For if it were true, it would still make the several things *like* the Good they tend to, so that the contradiction would still stand. The author may have been motivated by good taste not to point out expressly that he has actually refuted Rule nine.

The background scenario may have been that Boethius and his pupil had had a difference. Boethius, a Platonist, held that the world is *like* its maker, and that the basis of its likeness is participation. The author held that there is no likeness, that God is a *deus absconditus.* That was the issue. Boethius became guilty of an imprudence. Having been toying with the unwonted (and unwise) principle that all attraction results from the tendency of like to like, he tried to put the principle to use in the debate with his pupil. Having gotten his pupil to agree that *all things tend to the Good*, he adduced his principle: *like tends to like*. From these two it follows that *all things are like God*. This is the argument that gave rise to *De hebdomadibus*, the true thesis of which is simply that *nothing is like God*. To prove his thesis, the author had to do two things: 1) show that Rule nine is false – this is accomplished by the contradiction to which the main argument leads –, and 2) provide an alternative reason for holding that things are good in their being. To accomplish the latter, he posits an ostensibly orthodox notion of creation. Then the reasoning is that since things are created by the will of the Good, they are good in their being, not by participation, and therefore not like the Good.

It looks as if Rule six was Boethius' somewhat curt reply to the author's doctrine of creation, which Boethius correctly perceived as the root of the author's argument. The several things, according to the rule, are not created by a divine will; their being is a *consequence* of their participation in Being. They participate *in order to be* (*Omne quod est participat in eo quod est esse ut sit*). Participation is therefore active and is *prior to being*. In Boethius' view, there are no privileged moments in time, no beginning and no end. The existence of things is their share in goodness, the force inherited from their ancestry by dint of which they survive for a time and continue in their progeny. In the opposing view taken by the author, the existence of creatures is prior to all participation and is entirely the deed of the Creator, a pure gift in which the recipient has no active part. This is the significance of the expressions by which the author tells us that being is not participated in, but passively *received*.

It must be noted that a condition of this creation is the potentiality of matter, which does the receiving and is itself presumably just as uncreatable in the mind of the author as it is in that of Aristotle. Matter is the dark other, the non-existent and therefore independent abode of the world of appearances. Creation in this view is not *ex nihilo* but *ex materia*, and participation is having a share in the otherness, the unreality of matter.

An objection is raised: granted that things are good and that the will of the Creator is enough to make their goodness into an essential attribute, why does the divine will not suffice to do the same for the whiteness of white things? Why is their whiteness not essential? The author's answer is that the being (i.e. the substance) of creatures is one thing, their whiteness another. And the reason he gives for this is that the one who gave them being is good, but is not white. *(Aliud est esse, aliud albis esse; hoc ideo, quoniam qui ea ut essent effecit bonus quidem est, minime vero albus.)* The reason given is not without important implication. As the Creator is also not a horse or a human being, the horseness of the horse and the humanity of the human being, as has been pointed out, are also accidents. This throws light on the doctrine of being. Its priority to all other predicates, the fact that it is *received* while they are *participated in*, is what makes the others, one and all, into accidents.

Another objection: since the Creator is just, must it not follow from this reasoning that the creatures are also just? The answer given is that justice pertains to the actions that creatures perform, and actions are accidents. As the goodness of things is in their being, it is not in their accidents. This is the author's solution to the problem of evil. The world of accidents coincides with that of appearances or participation. It is a world in which there is neither goodness nor being. One thinks of the Arian warrior ethos sung by Krishna in the Baghavad Gita.

## 7. Reflections

In the Old Testament, two theological traditions divide on the question whether *likeness* obtains between God and His creatures. One finds its clearest exponent in the deutero-Isaiah, which asserts that it does not, that God is *ganz anders*: »To whom then will ye liken God? or what likeness will ye compare unto him?« (XL 18), »I am God, [...] and nothing is like me« (XLVI 9). The other is the first chapter of Genesis, in which we are told that there is likeness between man and God: »Let us make man in our image, after our likeness« (v. 26). The former writing arises from the tradition of classical prophetism, which was to some extent eclipsed by the sacerdotal theocracy after the building of the Second Temple; the latter belongs to the Priestly Codex, the foundational document of the sacerdotal theocracy, also known as Levitical Judaism, which coincides in time roughly with the duration of the Second Temple. Rabbinical Judaism, which after the destruction of the Second Temple succeeded the priestly theocracy, is characterized by a theology that goes back to that of the prophets and tends strongly to reject likeness. At the time the Rabbis started holding their meetings in Jamnia (70 A.D.), the elders (πρεσβύτεροι) in the Christian communities were starting to discharge priestly functions, and the Levitical tradition of likeness, with its understanding of God as Father, was continued. One of the most central tenets of the Arian[26] heresy, which arose around 318, was the denial of likeness. In Italy, the term *Catholic* came to designate those who in contra-distinction to the Arians held the orthodox theology. The teaching that there is

[26] The name Arius is presumably a Latinized form of the Semitic root *ari*, which means ›lion.‹ Translated, the heresiarch's name was Leo. The racial designation Arian, now sometimes written Aryan to distinguish it from the theological expression, goes back to Vedic *aria* meaning ›noble‹.

no likeness has important consequences in the realm of externals. Without likeness there is no analogy, hence no religious art. Like the Moslems, of whom they are precursors, the Arians did not have churches but temples without ikons or graven images. Presumably, they had neither priesthood nor liturgy, their temples being places of prayer similar to mosques. All these things, priesthood, church, liturgy, religious art, are consequences of the principle that there is likeness between creature and Creator. Catholics in fifth century Italy would have taken the denial of likeness as the touchstone of Arianism. Certainly the author of *De hebdomadibus* was not a Catholic. The question is whether, having been raised in the tradition of Rabbinic Judaism, he had gotten involved, as had several of his co-religionists, in the late Academy, or was an adept of the Arian heresy.

Several considerations make the former hypothesis seem unlikely. One is the metaphysically motivated *interiority* of the vision of *De hebdomadibus*. Interiority is Platonic and Christian; it is not a topic of Jewish writers whether Rabbinic, Levitical, or Prophetic. Another consideration is the fact that the author does not shy away from the language of Plato in speaking of God as the Good. This is largely foreign to the tradition of Rabbinic Judaism, which tends to give weight to the words of deutero-Isaiah saying that God is the source of both good and evil: »I make the light, and I form the darkness; I make peace, and I create evil. I do these things, I, Yahweh« (45, 7).

The Arian hypothesis is more promising, although not everything in *De hebdomadibus* reflects Arian doctrine. If its author was an Arian, he had come sufficiently under the influence of Boethius to modify several points of Arian theology, especially the teaching that the Word had been created before all time and had in turn created the world. This was behind the Arian view that there can be no likeness between God and the world. The general view that God, unable to create anything as base as a temporal world, creates a god who creates the world, was undoubtedly taken by the Arian theologians from Plato's *Timaeus*. It is a part of Platonic philosophy of which no trace survives in the esthetic philosophy of Boethius, who, living in Italy, would have had trouble believing that the world did not have anything divine about it. Arians were not speculative in their inclinations but pragmatic, and the pragmatic essence of the doctrine, the denial of likeness between God and creature, is preserved by *De hebdomadibus*. Aside from that, many of the salient characteristics of *De hebdomadibus*, its naive use of formal logic to deal with problems of metaphysics, its stern moralism with the orientation towards interiority, its Platonic notion of God as the Good, are striking characteristics of Arianism.[27] The Arians in Italy were the Gothic lords of the

[27] Cf. A. von Harnack, *Lehrbuch der Dogmengeschichte* Bd. II, Tübingen 1909, 190f.

land; they followed a policy of non-fraternization and did not proselytize amongst their Catholic subjects. Hence, if our author was an Arian, the chances are that he was a Goth. Several things – his being a member of the school of Boethius, the somewhat haughty disdain registered in the preamble for the *lascivia ac petulantia* of those (Catholic classmates?) who cannot abide a discussion without laughter and jest, his predilection for brevity of expression *(tu ne sis obscuritatibus brevitatis adversus)*, his reasons for it *(quae cum sint arcani fida custodia tum id habent commodi, quod cum his solis qui digni sunt conloquuntur)*, lastly the graceful and mannerly restraint of his argument – suggest that he may have been, like Boethius, of aristocratic background. In any case, there is reason to think *De hebdomadibus* the earliest document of Germanic philosophical writing, a first shadow cast by impressive things to come.

It is not easy to lend statement to the philosophical doctrine of *De hebdomadibus*. On the face of it, the thesis is that nothing is like God except God, and the proof is that while God is Being itself and the Good, creatures, in their substance, are the same. What is being said? It is tempting to think that the proposition *Nothing is like God* in the mind of our author really means something trivial, as it did to deutero-Isaiah, namely that there is no *physical* or *visible* resemblance between God and creature. But there is more to it than that. We hear about being and goodness and will; what gets short shrift is Truth. In fact, the word does not occur anywhere in the treatise. Logically, the relation of participation is that of a subject to a predicate; predicates are things *true*. The fact that everything connected with participation in our treatise is accidental and unreal amounts to a doctrine of truth. The author seems to be saying that Martha was right, not Mary.

In the theology of St. Augustine, truth is just as divine as being and goodness. As goodness is the *will* of God, the mind of God is Truth. With Plato and Aristotle, Augustine holds that knowing is of like to like. His reasoning is that since God knows everything, everything is a *likeness* of God. Both sides of this relation are missing in our author. The things true are only appearances and unreal, so they cannot be known, and God is only being and will, so he cannot know. The author's preoccupation to ensure that God be *ganz anders* and hence inaccessible to human knowledge has the effect of making us and our world inaccessible to divine knowledge.

The philosophical interest of *De hebdomadibus* lies in its doctrine of being, which seems to be quite original, although it presumably ought to be viewed against the background of Pseudo-Dionysios, who, preceding our author by a generation, had made εἶναι into a distinct univocal reality, the first of creatures. Our author's understanding of Being as the single defining property of God and as being identical with Good may be a rationalized and Platonic reading of Exodus III 14. His view that the being of creatures is prior to all their other predicates, so that all the latter are equally accidental, looks very much like a first attempt at reconciling Aristotle's anti-creationistic doctrine of substance and accidents with a form of creationism. It is unhappy that the author's love of rationality went hand in hand with a tolerance for the irrational that enabled him to hold that the appearances and everything *true* of creatures is without being.

The fact that *De hebdomadibus* has survived the ages is misleading. It is not ours by intent of its author but by freakish coincidence. The great value of the writing resides, not in its philosophical importance, of which there is little enough, but in the fact that it provides a glimpse of what may be called historical reality, something that is rarely seen because what is real is almost always within something else that hides it from view. We are not dealing with a philosophical treatise, but with a *disputatio* that rightly enough was never intended for publication. Almost everything in it depends on appeals either to this or that teaching of the author's school, or to a highly incongruous principle derived from his teacher. It is a term paper, the effort of an impressive nineteen-year-old to assert and defend his theology against the critique of his magister. It was intended to remain between them. It is easy to imagine that Boethius got the paper shortly before his incarceration, that he then took it with him to read it at leisure, that he later wrote his two comments on it, which copyists were to make into Rule six and line 95 f. and that, found among his papers after his execution, it was taken, monstrously, for his work. The aura of his name then taught readers the art of the disbelieving eye, which procured it a fame and influence altogether out of keeping with its merits.

# Die Beständigkeit der Dinge. Mittelalterliche Variationen zu Platon, *Timaios* 41

*Rolf Schönberger (Regensburg)*

## 1. Die Rede des Demiurgen

Die Anlässe, nach der Dauer von etwas zu fragen, sind mindestens so vielfältig wie all das, um dessen Beständigkeit es geht. Entstehen und Vergehen sind, wenn sie auf das menschliche Dasein bezogen sind, niemals ganz neutrale Sachverhalte. Ebenso wie der Fortbestand von etwas erhofft oder befürchtet werden kann, kann sein Untergang ersehnt oder bekämpft werden. Beides ist also kein Selbstzweck. Wenn Selbsterhaltung zum Selbstzweck wird, läßt sich dies am Maßstab der antiken Naturphilosophie als »Inversion der Teleologie« diagnostizieren.[1] Zwei Aspekte sind hierbei besonders hervorzuheben:

Zum einen handelt es sich bei dem angedeuteten Problem, das mit den Begriffen Erhaltung, Dauer, Beständigkeit gekennzeichnet ist, noch nicht um eine diskussionsfähige Fragestellung. Eine solche scheint vielmehr von dem abzuhängen, was jeweils auf seine Beständigkeit und Erhaltungsfähigkeit hin betrachtet wird. Dies sind offenbar Wirklichkeiten sehr unterschiedlicher Art: Kulturen, Staaten, Institutionen, Traditionen, Friedenszustände, Freundschaften etc. Zugleich sind dies Wirklichkeiten, bei denen die Dauer sich nicht bloß auf die jeweilige zeitliche Erstreckung bezieht, sondern zu deren Qualität und Rang in einem inneren Zusammenhang steht.

Zum anderen aber betrifft dies Fragen, die zum philosophischen Nachdenken überhaupt gehören. Nicht alle lassen sich in diesem Rahmen verfolgen: Woher kommt das Problem, und was setzt sein Gestelltwerden voraus? Welche Art von Entgegnung wäre denn überhaupt eine befriedigende Antwort? Kann sie in

[1] Vgl. R. Spaemann, *Reflexion und Spontaneität. Studien über Fénelon*, Stuttgart 1963, 50 ff; bes. 54 [Stuttgart $^{2}$1990, 58 ff; 61; das Kapitel »Bürgerliche Ethik und nichtteleologische Ontologie« findet man wieder abgedruckt in: *Subjektivität und Selbsterhaltung. Beiträge zur Diagnose der Moderne*, hrsg. von H. Ebeling, Frankfurt 1976, 76–96]; eine kurze Rekapitulation des Gedankens findet sich in: ders., *Philosophische Essays*, Stuttgart 1983, 11; »Naturteleologie und Handlung«, in: ebd. 45 f.; ders., *Die Frage Wozu?*, München 1981, 105 ff.

einem Satz formuliert werden? Bedarf es mehrerer, einander korrigierender Sätze? Können es überhaupt Sätze – also das Medium der Theorie – sein etc.?

Die Thematisierung von Begriff und Möglichkeitsbedingung der Dauer hat nicht die Form eines ursprünglichen Verstehenwollens einer gegebenen Wirklichkeit. Ein »Problem« ist die Dauer auch schon vor und unabhängig von der Reflexion. Lebendige Wesen streben nach Dauer. Ein solches Streben wird als eine Wirklichkeit verstanden, die einerseits auf bestimmte Ziele gerichtet ist, andererseits aber etwas nur deshalb zum Ziel nimmt, weil es der Selbsterhaltung dient bzw. der Selbstzerstörung zu entgehen geeignet ist. Das, was Heidegger vom »Dasein« als solchem behauptete,[2] das gilt in der antiken und mittelalterlichen Philosophie für alles Lebendige, letztlich sogar für alles Natürliche.

Entgegen dem ersten Anschein ist es wohl weniger die umfassendste als vielmehr eine Problemstellung besonderer Art, wenn nach der Beständigkeit der Welt insgesamt gefragt wird. Diese Frage wieder aufzugreifen, hat nichts mit philosophischen Rückeroberungen von inzwischen abgetrenntem Terrain zu tun. Es handelt sich vielmehr um eine Frage von der Art, wie sie die Philosophie aufzuwerfen pflegt. Ebenso nämlich wie aus dem, was ein gegenwärtiger Zustand – und seien es die erst jetzt sichtbar werdenden Zustände in zeitlich weit entfernten Regionen des Universums – an Charakteren zeigt, allenfalls darauf geschlossen gewerden kann, daß *dieses* Universum einen Anfang hatte, nicht aber, ob und wie viele Vorgänger es gehabt haben kann oder muß, ebenso wäre auch eine Prognose vom Ende allenfalls *dieses* Universums – analog den noch ausstehenden maximal 60 Millionen Sonnenaufgängen –, nicht aber ein endgültiges Versinken des Kosmos ins Nichts als ein physikalisches Resultat präsentierbar.

Die Ähnlichkeit dieser beiden kosmologischen Problemstellungen schließt nicht ein, daß sie auch zur gleichen Zeit aufgeworfen worden sein müssen. Die vielfältigen Kosmogonien der Vorsokratiker thematisieren, wie ihre Bezeichnung ja schon kundtut, die Herkunft des Kosmos, nicht sein künftiges Schicksal. Auszunehmen davon ist eigentlich nur die Kreislauftheorie, denn diese nimmt den gegenwärtigen Kosmos lediglich als einen Fall von unendlich vielen. Wie so häufig bei grundsätzlichen Fragen der Philosophie ist es wohl Platon, der nicht nur das Streben alles Lebendigen nach Dauer,[3] sondern erstmals die Beständigkeit der Dinge überhaupt zum Problem macht. Er tut dies in einer höchst eigentümlichen Weise. Der Demiurg des *Timaios* erschafft die Welt zwar nicht

[2] M. Heidegger, *Sein und Zeit*, Tübingen $^{12}$1972, 12.

[3] Platon, *Symp.* 204 C ff.

mit seinem Worte wie es der Schöpfer der *Genesis* tut,[4] aber er spricht im »Prozeß« der Hervorbringung an einer Stelle seine Geschöpfe an. Nachdem er die Götter als eine von mehreren Gattungen der Lebewesen geschaffen hat, wird das Geschehen durch eine Ansprache unterbrochen. Seine Rede ist in ihrem ersten (und hier ausschließlich interessierenden) Teil eine Belehrung für den Leser über das Wesen des Schöpfers und das Schicksal seiner Schöpfung:

> »Ihr Götter göttlichen Ursprungs, welcher Werke Ursprung und Vater ich bin, die sind, als durch mich hervorgebracht, unauflösbar, wenigstens, wenn ich es nicht will. Nun ist alles, was verbunden ward, zwar wieder auflösbar, aber das gut Zusammengefügte und wohl Beschaffene wieder auflösen zu wollen, wäre Sache eines Bösen. Demnach seid ihr auch als entstanden nicht unsterblich noch durchaus unauflösbar, werdet aber nicht wieder aufgelöst werden, noch dem Lose des Todes anheimfallen, da ihr in meinem Willen ein noch stärkeres Band erhalten habt als jene, mit denen ihr bei eurem Entstehen zusammengebunden wurdet.«[5]

Platon läßt hier den Demiurgen eine, wenn man so sagen darf, Bestandsgarantie geben, die nicht in der ontologischen Verfassung der Dinge selbst liegt, sondern in einer höheren Instanz. Die Voraussetzung für eine ontologische Stabilität konnte nach den Prinzipien der platonischen Philosophie nur in der Einheit, genauer in der höchsten Form der Einheit, der reinen Einfachheit, begründet sein. Denn Zerstörung ist immer Auflösung in Bestandteile. Wo also keine Elemente vorliegen, ist die entsprechende Wirklichkeit von sich her gar nicht auflösbar. Einer der platonischen Beweise für die Unsterblichkeit der Seele rekurriert auf deren – im Zusammenhang der verschiedenen, also pluralen Vermögen mitunter als problematisch empfundenen – Einfachheit.[6] In seiner Kritik der klassischen Unsterblichkeitsbeweise hat Kant darauf hingewiesen, daß die Zerstörung auch in anderer Weise gedacht werden kann, nämlich als »Elan-

[4] Im strengen Sinne gesprochen ist Reden und Tun in Gott identisch: Bonaventura, *Sent.* II d. 37, 1, 2 (II, 865a); Thomas von Aquin, *De pot.* 3, 17 ad 30; Meister Eckhart, *Gen.* I n. 7 (LW I, 191).

[5] Platon, *Tim.* 41 A 7-B 6 (Übers. Hieronymus Müller); aus der Einheit des Kosmos auf der Basis der analogen Einheit seiner Bestandteile war schon vorher gefolgert worden: »hieraus erlangte er freundschaftliches Einvernehmen, so daß er, zur Übereinstimmung mit sich selbst zusammenfindend, für irgendeinen anderen als den, der ihn verknüpfte, unauflöslich wurde« (Platon, *Tim.* 32 C).

[6] Platon, *Phaid.* 80 B.

gueszenz«, aus der Unteilbarkeit, mithin keine Unzerstörbarkeit folgt.[7] Platons Voraussetzung hingegen besteht darin, daß das, was einfach ist, keiner weiteren Gründe für seine Existenz bedarf und damit auch keiner eventuell kontingenten Gründe seiner Fortexistenz. Diese Voraussetzung teilt er übrigens mit dem Atomisten Demokrit, seinem theoretisch vielleicht potentesten Gegner. Platon behauptet daher, daß prinzipiell alles, was entstanden ist, auch wieder untergehen kann[8] – und daher auch untergehen wird.

Diese These beruht aber noch auf einer abstrakten Betrachtung des Zusammengesetzten. Darin steht nur der formale Aspekt der Dualität als solcher im Blick. Es kommt aber für Platon ebenso auf den qualitativen Aspekt an: Auf welche Weise ist die Einheit einer Vielheit zu denken? Wenn es eine sinnvolle Einheit ist, dann ist ihre Auflösung kein neutrales Schicksal. Wenn es aber nicht um ein einzelnes und konkretes Ding, sondern um eine Art von Dingen geht, dann ist zwar deren Existenz an einen externen Grund gebunden, doch muß dieser Grund ebenfalls wieder von einer bestimmten Qualität sein. Dies faßt Platon in der Vollkommenheit des demiurgischen Willens. Die Notwendigkeit eines Verhältnisses ist für Platon – wie für die gesamte an ihm sich orientierende Metaphysik – immer nur »bloße« Notwendigkeit. Deshalb sind die Ideen noch keine hinreichenden Gründe. Sofern aber das Hinreichendsein zum Begriff des Grundes selbst gehört, bedarf es noch eines höheren Prinzips. Daher muß noch »jenseits des Seins«[9] das Gute stehen. Warum dieses und kein anderes Prinzip,

[7] I. Kant, *Kritik der reinen Vernunft* B 414f: »Allein er [Moses Mendelssohn] bedachte nicht, daß, wenn wir gleich der Seele diese einfache Natur einräumen, da sie nämlich kein Mannigfaltiges *außer einander*, mithin keine extensive Größe enthält, man ihr doch, so wenig wie irgend einem Existierenden, intensive Größe, d.i. einen Grad der Realität in Ansehung aller ihrer Vermögen, ja überhaupt alles dessen, was das Dasein ausmacht, ableugnen könne, welcher durch alle unendlich viele kleinere Grade abnehmen, und so die vorgebliche Substanz (das Ding, dessen Beharrlichkeit nicht sonst schon fest steht), obgleich nicht durch Zerteilung, doch durch allmähliche Nachlassung (remissio) ihrer Kräfte (mithin durch Elangueszenz, wenn es mir erlaubt ist, mich dieses Ausdrucks zu bedienen) in nichts verwandelt werden könne. Denn selbst das Bewußtsein hat jederzeit einen Grad, der immer noch vermindert werden kann, folglich auch das Vermögen, sich seiner bewußt zu sein, und so alle übrigen Vermögen«. Schon Duns Scotus vermerkt, Trennung sei nur *eine* Form der Auflösung, *Rep. Par.* IV d. 43 q. 2 n. 23 (ed. Vivès XX, 49a): *non omnis corruptio est per separationem alterius ab altero*; vgl. *Rep. Par.* IV d. 2 n. 18 (ed. Vivès XXIV, 497b).

[8] Platon, *Rep.* 546 A: »Schwer zwar ist es, daß ein so [scil. aristokratisch] eingerichteter Staat in Unruhe gerate; aber weil allem Entstandenen doch Untergang bevorsteht, so wird auch eine solche Einrichtung nicht die ganze Zeit bestehen, sondern sich auflösen.« – In Proklos' Diskussion der *Timaios*-Passage bekommt diese Stelle eine besondere Bedeutung, da sie eine These artikuliert, die später auch Aristoteles gegen Platon hervorheben wird: Proklos, *In Tim.* 212, 23ff.

[9] Platon, *Rep.* 509 B.

wird aus dem maßgebenden Aspekt verständlich: Erst wenn die Einheit der verschiedenen und je für sich notwendigen Bestimmungen zugleich eine vollkommene ist, ergibt sich ein zur Beständigkeit nicht nur strebender, sondern auch ein dazu wirklich taugender Zusammenhang. Diese Erweiterung relativiert deshalb nicht den Wesensbegriff (als Komplex von notwendigen Bestimmungen), weil der Demiurg selbst wesentlich (!) durch seine Vollkommenheit bzw. Gutheit bestimmt ist.[10] Derselbe Maßstab ist daher für Platon leitend, wenn er etwa die Bestandschancen staatlicher Ordnung erörtert.[11] Ein dauerhafter Staat ist kein Selbstzweck, wohl aber ist umgekehrt seine Kraft zum Bestehen ein Indiz seines Gelungenseins.

Nun ist auffällig, daß die oben angeführte Stelle aus dem *Timaios* sehr unterschiedliche Arten und Grade der Aufmerksamkeit auf sich gezogen hat. Es geht daher im folgenden nicht um die Rezeptionsgeschichte eines Dialoges bzw. eines einzelnen Satzes daraus. Die Intensität des Interesses, welches diesem platonischen Gedanken in der Philosophie des Mittelalters entgegengebracht wurde, wird erst dann wirklich sprechend, wenn man dagegenhält, daß in der neuzeitlichen Philosophie davon so gut wie nichts mehr zu spüren ist. Dies gilt selbst für Hegels *Vorlesungen zur Geschichte der Philosophie*;[12] das frühe *Timaios*-Fragment Schellings[13] übergeht diese Stelle ebenso wie P. Natorps Buch über *Platos Ideenlehre*.[14] Dies gilt sogar für eine Reihe von Arbeiten, die als Kommentare im engeren Sinne gelten können.[15]

## 2. Stränge der Überlieferung

### 2.1 *Übersetzungen*

Der nicht mehr im eigentlichen Sinne »Dialog« zu nennende *Timaios* hat eine überragende Wirkungsgeschichte. Er war der erste Text der Philosophie, der

[10] Platon, *Tim.* 29 E 1.

[11] Platon, *Nom.* 707 D.

[12] G.W.F. Hegel, *Vorlesungen über die Geschichte der Philosophie*, Teil 3: *Griechische Philosophie, II. Plato bis Proklos*, hrsg. von P. Garniron und W. Jaeschke, Hamburg 1996 (*Vorlesungen. Ausgewählte Nachschriften und Manuskripte* 8), 37–49 (Kap. »Naturphilosophie«, das den *Timaios* zugrunde legt).

[13] F.W.J. Schelling, *Timaeus* [1794], hrsg. von H. Buchner, Stuttgart-Bad Cannstatt 1994 (Schellingiana 4).

[14] Hamburg ²1921 [ND Hamburg 1961], 355 ff.

[15] W. Bröcker, *Platos Gespräche*, Frankfurt a. M. ³1985, 514; H. Gauss, *Philosophischer Handkommentar zu den Dialogen Platos* III/2, Bern 1961, 185 f. sieht hierin nicht nur eine Veränderung von der Unsterblichkeit zur bloßen Unzerstörbarkeit, sondern auch eine Abkehr

überhaupt zum Gegenstand eines Kommentars gemacht wurde – durch den Platon-Schüler Krantor (dessen Abhandlung über die Trauer man – via Cicero – noch bei Montaigne[16] zitiert findet). Auch das Mittelalter kannte den *Timaios*. Er wurde von Calcidius um 400 n. Chr. teilweise, genauer: etwa zur Hälfte (bis 53 C 3) ins Lateinische übersetzt und kommentiert – die Übertragung Ciceros war längst nicht mehr zugänglich und ist auch heute nur fragmentarisch (27 D-47 B) erhalten.[17] Zwar hat Wilhelm von Moerbeke den, im übrigen ebenfalls unvollständigen *Timaios*-Kommentar des Proklos 1280/81 übersetzt und damit auch den *Timaios* nochmals ins Lateinische übertragen, aber auch die Überlieferung des Proklischen Kommentars war fragmentarisch.

An dieser Stelle zum Vergleich die beiden lateinischen Übersetzungen:

*Vos, qui deorum satu orti estis, attendite. quorum operum ego parens effectorque sum, haec sunt indissoluta me invito: quamquam omne conligatum solvi potest, sed haudquaquam boni est ratione vinctum velle dissolvere. sed quoniam estis orti, inmortales vos quidem esse et indissolubiles non potestis, neutiquam tamen dissolvemini, neque vos ulla mortis fata periment nec fraus valentior quam consilium meum, quod maius est vinculum ad perpetuitatem vestram quam illa, quibus estis tum, cum gignebamini, colligati.*[18]
*Dii deorum quorum opifex idem paterque ego, opera siquidem uos mea, dissolubilia natura, me tamen ita uolente indissolubilia, omne siquidem quod iunctum est natura dissolubile, at uero quod bona ratione iunctum atque modulatum est dissolui uelle non est dei. Quapropter, quia facti generatique estis, immortales quidem nequaquam nec omnino indissolibiles, nec tamen umquam dissoluemini nec mortis necessitatem subibitis, quia uoluntas mea maior est nexus et uegetatior ad aetern-*

von einer alten Beweisabsicht: »Es ist ohne weiteres ersichtlich, daß durch diese Ansicht alle früheren Unsterblichkeitsbeweise antiquiert worden sind [...]. Sollten die Seelen trotzdem ›unzerstörbar‹ sein, dann dürfte in der Tat kein anderes Argument außer der ›Güte‹ des Schöpfers dafür ausreichen. Wir sehen dabei aber auch, wie weit wir uns mit diesem neuen Argument von allen rein rationalen Begründungsversuchen entfernt haben«; das Thema fast nicht berührend F. M. Cornford, *Plato's Cosmology. The Timaeus of Plato translated with a running commentary*, London 1966, 140 f. Dagegen ist wie stets eindringlich A. E. Taylor, *A Commentary on Plato's Timaeus*, Oxford 1928.

16 Montaigne, *Essais* III, 13 (ed. A. Thibaudet, Paris 1933, 1066).

17 M. Tulli Ciceronis, *Timaeus* (ed. R. Giomini, Leipzig 1975, 214 [M. Tulli Ciceronis scripta quae manserunt omnia, fasc. 46]).

18 Cicero, *Timaeus* 40 (ed. cit. 214).

*itatis custodiam quam illi nexus uitales ex quibus aeternitas uestra coagmentata atque composita est.*[19]

Allerdings: Die herausgestellte merkwürdige Asymmetrie der Wirkungsgeschichte dieser beiden Übersetzungen ist keine durchgängige. Just dieser Satz des platonischen *Timaios* bildet eine Ausnahme. Augustinus nämlich zitiert diesen Passus wörtlich – und dies in einem seiner Hauptwerke: *De civitate Dei* – und fügt sogar hinzu, daß es sich um die Übersetzung Ciceros handelt.[20] Angesichts des Gewichtes des augustinischen Werkes konnte natürlich auch dies nicht unbeachtet bleiben. Nur ein Beispiel: Thomas von Aquin verweist ausdrücklich auf diese Stelle in seinen *Quaestiones disputatae de spiritualibus creaturis*.[21] Augustinus argumentiert gegen die Platoniker, die anders als das Christentum – und natürlich auch anders als er selbst! – die Trennung vom Leibe als eine Erlösung statt als eine Strafe ansehen. Wenn Gott doch göttliche Wesen mit einer Art von Körpern erschaffen hat, die kraft seines Willens nicht der Vergänglichkeit unterliegen, dann können sich diese Platoniker jedenfalls nicht auf Platon berufen.[22]

### 2.2 *Spuren in der griechischen Patristik*

Nur ein Seitenblick kann hier auf die griechische Patristik geworfen werden. Deren Werke wurden zwar zu einem größeren Teil ins Lateinische übersetzt als man gemeinhin unterstellt.[23] Doch werden diese damit nur prinzipiell in der

[19] [Calcidius,] *Timaeus a Calcidio translatus commentarioque instructus*, ed. J. H. Waszink, London/ Leiden 1962 (Corpus Philosophorum Medii Aevi. Corpus Platonicum, ed. R. Klibansky, vol. IV), 35,9–17.

[20] Augustinus, *De civ. Dei* XIII, 16 (CCSL XLVIII 397, 25–34).

[21] Thomas von Aquin, *De spir. creat.* 1, arg. 18 (R. J. Henle, *Saint Thomas and Platonismus*, The Hague 1970, 31: »St. Thomas seems to be using an abbreviation of Chalcidius' translation«); in der ersten Frage geht es um die Möglichkeit einer hylemorphistischen Zusammensetzung der geschaffenen geistigen Substanzen. Die Anführung des göttlichen Willens scheint eine Zusammensetzung nahezulegen und damit eben die hylemorphe. Thomas weist in seiner Antwort auf den spezifischen Sprachgebrauch hin: *Plato appellat deos secundos non angelos, sed corpora caelestia.*

[22] An späterer Stelle, an der Augustinus Porphyrios wegen seiner Kritik am Auferstehungsglauben auch seinerseits kritisiert, zitiert er die *Timaios*-Stelle nochmals: *De civ. Dei* XII, 26 (CCSL 48, 17–27). Schon in einer noch vor dem monumentalen Werk entstandenen Predigt (in der Osterzeit zwischen 405 und 410 [Testard 272, 2]) findet sich in einem ganz ähnlichen Kontext ein entsprechender Beleg: *Sermo* 241, 8, 8 (PL 38, 1138); vgl. die höchst detaillierten Untersuchungen von M. Testard, *Saint Augustin et Cicéron*, Paris 1958.

[23] Vgl. J. T. Muckle, »Greek Works Translated Directly into Latin Before 1350«, in: *Mediaeval Studies* 4 (1942), 43–60 (Part I – Before 1000); ebd. 5 (1943), 102–114 (Part II – From 1000 to 1350).

weithin einsprachigen Kultur des lateinischen Westens zugänglich; ihre faktische Berücksichtigung ist sehr viel spärlicher.[24] Einige Beispiele für die Berücksichtigung von *Timaios* 41 in der griechischen Patristik seien immerhin angeführt:

An den Vorgänger Marc Aurels, Kaiser Antoninus Pius, richtet der spätere Märtyrer Justin ein apologetisches Schreiben, in dem zum ersten Mal in der christlichen Apologetik die Dialogform verwendet wird. Situiert ist dieser, wohl zwischen 155/156 und 161 entstandene Dialog an das Ende des Bar Kochba-Aufstandes, und zwar in Ephesus. Der Dialog mit dem weiter nicht identifizierbaren Juden Tryphon will in seinem ersten Teil die Insuffizienz aller Philosophie dartun. Das Gespräch kommt auf die Seele und ihre Unsterblichkeit. Man mißtraut den philosophischen Unsterblichkeitsbehauptungen, weil aus der Unsterblichkeit zu folgen scheint, daß damit auch die Seele selbst als unentstanden zu gelten habe. Damit ist die Analogie zur Kosmologie bereits hergestellt: Alles, was nicht Gott ist, die Seele und die Welt insgesamt, ist von sich her vergänglich. Die Unvergänglichkeit ist eine Prärogative Gottes. Nur er selbst kann Kreaturen, etwa der Seele, Unsterblichkeit verleihen.[25] Darin liegt die – explizite – Parallele zu Platons *Timaios*.

An Marc Aurel und dessen Sohn Commodus schreibt der in der Patristik fast gänzlich ohne Echo gebliebene Athenagoras von Athen eine Bittschrift für die Christen.[26] Er beruft sich für die Lehre des Monotheismus auch auf Platon. Zwar schreibe Platon ebenfalls von Göttern, doch seien diese geworden und daher, wie *Timaios* 41 A zum Ausdruck bringe, nur kraft eines göttlichen Willens unauflösbar.[27]

Hippolytos von Rom, Schüler des Irenäus von Lyon, hat sich, wie der Titel

[24] Natürlich gibt es auch davon wieder gewichtige Ausnahmen: Johannes Eriugena, Robert Grosseteste und der Thomas von Aquin der 1260er Jahre wären hier zu nennen. Abgesehen davon gibt es immer wieder auch besonders verschlungene und mitunter auch unaufklärbar anmutende Filiationen: Rufinus von Sorrent, Mönch aus Montecassino und später Erzbischof von Sorrent, vermag beispielsweise in seiner Schrift *De bono pacis* (1174/77), die erste systematische Erörterung dieses Themas im Mittelalter, Platons Diktum vom Philosophenkönig (*Rep.* 473 D) anzuführen (II, 10), obgleich die *Politeia* nicht ins Lateinische übersetzt wurde.

[25] Justinus, *Dialogus* 5, 4 (ed. M. Marcovich, Berlin 1997 [PST 47], 80).

[26] Der Übersetzer P. A. Eberhard datiert sie in die erste Hälfte des Jahres 177: Commodus werde als Kaiser angeredet; Athenagoras spreche vom tiefen Frieden – also noch vor dem Krieg gegen die Markomannen (vor 178); aber wohl auch vor 177, wo eine Christenverfolgung in Gallien einsetzt, die einen Grund hat, dessen Bestehen Athenagoras noch bestreitet: *Frühchristliche Apologeten und Märtyrerakten*, Kempten/München 1913, 265.

[27] Athenagoras von Athen, *Legatio (Presbeia)* 6, 13 (ed. J. C. Th. Otto, Wiesbaden 1857 [ND 1969], 30 [Corpus Apologetarum Christianorum saeculi secundi, vol. 7]).

seines Werkes sagt, die *Widerlegung aller Häresien* (mitunter nach dem 1. Buch auch *Philosophoumena* genannt) vorgenommen. Die Doxographie des ersten Buches – in der Anfangszeit Origenes zugeschrieben – ist den Lehren der griechischen Philosophie gewidmet. Er bezieht sich zwar auf Stellen des platonischen Werkes, jedoch immer unter dem Blickwinkel einer bestimmten Auslegung. So ist jene *Timaios*-Stelle zum einen ein Beleg für den angeblichen Polytheismus; zum anderen aber sind die Wesen kraft und in Entsprechung ihres Gewordenseins vergänglich, doch kraft göttlichen Willens unsterblich.[28]

Dies sind sicherlich nicht die einzigen Spuren der patristischen *Timaios*-Rezeption.[29] Auch indirekte, gleichwohl völlig eindeutige Belege wären hier noch anzuführen – etwa aus dem umfänglichen Œuvre des Origenes.[30]

## 3. Kommentare zum *Timaios*

Die Vielfältigkeit der *Timaios*-Rezeption umfaßt neben Einzelbezugnahmen auch im Mittelalter Kommentare. Diese beginnen mit der kompendiösen Darlegung, die Calcidius seiner Übersetzung beigegeben hatte. Besonders intensiv aber wurde die Zuwendung in der Kathredralschule von Chartres, die für ihre humanistischen Interessen und eben auch für ihre besondere Hochschätzung Platons berühmt geworden ist.

Auch wenn aus der Hochscholastik keine Kommentare zu Platons *Timaios* bekannt sind,[31] steht doch außer Zweifel, daß man dem Text weiterhin eine Aufmerksamkeit geschenkt hat, die sich philosophiegeschichtlich nicht vernach-

[28] Hyppolitos von Rom, *Refutatio omnium haeresium* I, 19, 7–8.10 (ed. M. Marcovich, Berlin 1986 [PST 25], 77f).

[29] Th. Otto [n. 22] verweist noch auf eine Reihe anderer Stellen in der griechischen Patristik: Justinus, *Cohort. ad Gent*, c. 20 (n. 10), c. 22 (n.12); Clemens von Alexandrien, *Stromata* V, 14, 103; Eusebius, *Praep. ev.* XIII, 18, 8; dem wäre noch hinzuzufügen aus derselben Eusebius-Schrift die Stelle XI, 32, 4–5 (= Atticus, Frag. 4) und Philon von Alexandrien, *De aeternitate mundi* 13.

[30] Origenes, *De principiis* II 3, 6 (ed. H. Görgemanns u. H. Karpp, Darmstadt [3]1992, 322). Origenes bezieht dies nicht auf den Kosmos überhaupt, sondern auf die Fixsternsphäre, die zugleich der Ort der zur völligen Lauterkeit gereinigten Heiligen ist; dieses Werk wurde nicht nur ins Lateinische übersetzt, sondern hat überhaupt nur in dieser Form vollständig überlebt. Vgl. *Contra Celsum* VI, 10 (ed. M. Borret, Paris 1969, 202).

[31] Es sei nur vermerkt, daß in dem berühmten Schreiben, das Rektor und Prokuratoren der Pariser Universität im Namen aller lehrenden Magistri der Artes-Fakultät nach dem Tod des Thomas an das Kapitel der Dominikaner in Lyon schrieben, von einem *Timaios*-Kommentar die Rede ist. Es war jedoch sicherlich nicht die Absicht des Thomas von Aquin, den *Timaios* zu kommentieren. Es handelt sich vielmehr um die am 15. Juni 1271 von Wilhelm von Moerbeke

lässigen läßt. Diese kurze literarhistorische Rekapitulation soll freilich nicht zu einem Gesamtüberblick über die Wirkungsgeschichte führen, sondern Themen und Arten der Aneignung vorführen, wobei die eingangs kurz entfaltete Sachfrage im Vordergrund steht. Nicht nur und nicht erst die Eschatologie, sondern die Schöpfungslehre selbst wirft auf die Frage nach der Konstanz des Kosmos ein ganz neues Licht. Die mittelalterliche *Timaios*-Zuwendung geschieht in einem Bewußtsein radikalerer Kontingenz.

Dafür nur zwei Beispiele: Anselm von Canterbury hat in seinem *Proslogion* die Abhängigkeit aller Dinge von Gott dadurch formuliert, daß er von diesen sagt, man könne sie insgesamt als nichtseiende denken.[32] Dies ist keine beiläufige Formulierung von Kontingenz, sondern bringt zugleich das tiefe Bewußtsein einer Epoche zum Ausdruck. Das Bewußtsein vollständiger Unbeständigkeit der allgemeinen Verhältnisse liegt der mittelalterlichen Apokalyptik in ihren vielen Varianten zugrunde. Selbst der Philosophie-Magister Johannes Buridan kennt wenigstens als Gedankenexperiment die Möglichkeit des Unterganges der lateinischen Sprache, so daß die natürlichen Laute in einer neuen Konvention mit völlig anderen Bedeutungen versehen werden würden.[33]

Das Interesse der Scholastik darf also nicht einfach unter »wirkungsgeschichtlichem« Aspekt betrachtet werden. Die Herangehensweise muß daher einerseits die Unterschiedlichkeit der Voraussetzungen im Blick behalten, darf aber andererseits den Historismus nicht so weit treiben, daß das Interesse an dieser Schrift völlig unverständlich würde. Ohnedies geht es nicht um die Schrift und ihre Rezeption, sondern um den darin artikulierten und bereits kurz skizzierten Gedanken.

Kommentare bringen naturgemäß die Tendenz mit sich, die Aufmerksamkeit, welche die jeweiligen Textstellen verdienen, eher einzuebnen – sofern es nicht um

vollendete Übersetzung des Kommentars des Simplicius, wovon Thomas also bei seiner Abreise aus Paris bereits ein Exemplar in Händen hatte; Text: A. Birkenmajer, *Vermischte Untersuchungen zur Geschichte der mittelalterlichen Philosophie*, Münster 1922 (BGPhMA XX/5), 2–4; cf. J. A. Weisheipl, *Thomas von Aquin. Sein Leben und seine Theologie*, Graz (u. a.) 1980, 302f. R.-A. Gauthier, »Préface«, in: *Sancti Thomae de Aquino Expositio libri Peryermenias*, ed. Leon. I*1, Rom/Paris 1989, 88*.

32 Anselm von Canterbury, *Prosl.* 3 (Opera omnia, ed. F. S. Schmitt, Stuttgart-Bad Cannstatt 1968, 103, 6–7): *quidquid est aliud praeter te solum, potest cogitari non esse.*

33 J. Buridan, *Sophismata*, 6 (ed. T. K. Scott, Stuttgart-Bad Cannstatt 1977, 103): *talis secundum vocem ›Homo est asinus‹ potest esse vera, scilicet ponendo quod per diluvium vel per voluntatem divinam, totum idioma latinum sit perditum, eo quod omnes ipsam scientes sunt corrupti. Et tunc novi supervenientes imponant ad placidum suum istam vocem ›homo‹ significare idem sicut nunc ipsa significat et ista vox ›asinus‹ imponatur ad significandum tantum quantum ista vox ›animal‹ nobis nuc significat. Iste casus est possibilis. Ideo ad ipsum positum in esse nihil debet sequi impossibile.*

einzelne interpretatorische Kontroversen geht. Noch zwei speziellere Vorbemerkungen: Wenn man nach dem Schicksal der hier interessierenden Passage innerhalb des berühmten Platonismus von Chartres fragt, muß man zweierlei bedenken: Zum einen die Vielgestaltigkeit dessen, was man kontrastierend zum vermeintlich vollständigen Aristotelismus der Scholastik seit Baeumker und mit Klibansky und Garin »Platonismus im Mittelalter« nennt. Am geistreichsten, wenn auch nicht ohne den hierfür erforderlichen Schuß Übertreibung, hat es Étienne Gilson formuliert: »Plus on étude le moyen âge, plus on y remarque le polymorphisme de l'influence platonicienne. Platon lui-même n'est nulle part, mais le platonisme est partout; disons plutôt, il y a partout des platonismes.«[34] Zum anderen aber ist dies ein Platonismus nicht vor, sondern nach der Aristoteles-Rezeption. Man sucht bei Platon, das heißt zu dieser Zeit nichts anderes als im *Timaios*, einerseits Konvergenzpunkte zur Theologie, andererseits nach Möglichkeiten für eine naturphilosophische Rekonstruktion des Schöpfungsberichtes. Dies eine hat zu neuen Avancen zum Begriff der Weltseele geführt, die man versuchsweise, aber nicht mehr gegen aufgekommenen Widerstand mit dem Hl. Geist identifizieren wollte.[35] Der zweite Aspekt ist wohl zu Recht als der entscheidende Grund dafür angesehen worden, daß diese Form von Platon-Rezeption nach der mächtigen Aristoteles-Renaissance keine Überlebenschance mehr hatte.[36] Die Stellung des *Timaios* als dem einzigen wirklich bekannten und doch nur sehr fragmentarisch zugänglichen Dialog Platons im Mittelalter ist gleichwohl singulär. Dies erklärt wohl auch, daß Raphaels Platon-Darstellung in der »Schule von Athen« dieses Werk zum Attribut Platons macht (so wie die *Nikomachische Ethik* zu dem des Aristoteles).

Von den Kommentaren und Glossen[37] sei nur ein Beispiel herangezogen:

[34] E. Gilson, *La philosophie au moyen âge. Des origines patristiques à la fin du XIV$^e$ siècle*, Paris $^2$1947, 268.

[35] T. Gregory, *Anima mundi. La filosofia di Guglielmo de Conches*, Firenze 1955; L. Ott, »Die Weltseele in der Theologie der Frühscholastik«, in: *Parusia (FS J. Hirschberger)*, hrsg. von K. Flasch, Frankfurt a.M. 1965, 307–331.

[36] R. W. Southern hat es brillant formuliert, *Medieval Humanism and Other Studies*, Oxford 1970, 77: »Plato's Timaeus may be a marvellous book, but if you read it as a scientific text-book, in isolation from Plato's other works and in total ignorance of the scope of Greek scientific experience, it cannot take you very far. For any further advance new material and new methods of systematic analysis were essential«; vgl. ebd. 80: »William of Conches wrote before Aristotle was known as a scientific teacher, but he illustrates very well the reasons for Aristotle's later scientific supremacy and Plato's decline: Plato provided very few facts«.

[37] Bernhard von Chartres, *Glosae super Platonem*, ed. P. E. Dutton, Toronto 1991. – R. Klibansky hat noch einen anonymen Kommentar aus dem 14. Jahrhundert vermerkt: *The Continuity of Platonic Tradition in the Middle Ages*, München $^2$1981, 66f.; er wurde ediert von É. Jeauneau, »Gloses sur le Timée et commentaire du Timée dans deux manuscrits du Vatican«, in: *Rev. ét.*

Wilhelm von Conches.[38] Wilhelm versteht die Rede des Schöpfers – er benützt tatsächlich das Wort *creator*![39] – als an Sterne und Geister gerichtet. Als »Götter« werden sie nicht nur in der Form einer bloßen *captatio benevolentiae* bezeichnet, sondern der Sache nach, und zwar deshalb, weil sie die Elemente beherrschen. Gott hat diese »Götter« geschaffen, und deshalb müssen sie seinem Willen untertan sein. Sie sind zwar von ihrer Natur her auflösbar, aber durch göttlichen Willen, sogar, wie Wilhelm sagt, durch göttliche Gnade, unauflöslich. Das heißt nicht ›bis auf weiteres‹ oder auch ›bloß durch einen ihnen äußerlichen Willen frei von aller möglichen Zerstörung‹. Denn für Gott muß gelten: *idem est velle et facere.* Der Grund für die Zersetzbarkeit liegt nach Wilhelm in der Zusammensetzung (also nicht im Gewordensein als solchem). Ein Kompositum enthält nicht in sich den hinreichenden Grund seiner Komposition; daher gilt: *omne quod coniunctum est dissolubile natura.*[40] Die externe Ursache für die Unauflösbarkeit wird im platonischen Text in den göttlichen Willen gesetzt, in eine Instanz also, die selbst Gründe hat. Wilhelm fragt also nach diesen Motiven: Gott will nur das Schöne und Nützliche. Wenn dies der Grund für die Komposition des Kosmos war, dann könnte nur ein gegenteiliges Motiv Grund für die Auflösung sein. Wenn man daher von einer Vereinigung »aus gutem Grund« sprechen kann, dann bleiben allerdings Probleme: Wie steht es, so könnte ein Opponent einwenden, mit der Auflösung des Lebendigen, der Trennung von Leib und Seele? Wilhelm gibt mehrere Antwortmöglichkeiten, ohne sich festlegen zu wollen, welche er selbst für die plausibelste und angemessenste hält: Entweder der Satz gilt gar nicht allgemein, so daß man ihn möglicherweise auf den Menschen gar nicht anwenden kann; oder aber die Einheit von Leib und Seele ist ohnehin keine wohlbegründete Einheit, sondern eine widernatürliche, d.h. nur kraft göttlicher Allmacht, aber wider die Natur der Seele bestehend, weshalb Leib und Seele

*aug.* 8 (1962), 370–373; jetzt auch – zusammen mit weiteren Untersuchungen zu *Timaios*-Glossen – in: ders., *»Lectio philosophorum«. Recherches sur l'Ecole de Chartres*, Amsterdam 1973.

38 Guillaume de Conches, *Glosae super Platonem*, ed. E. Jeauneau, Paris 1965.

39 Auch anderwärts ist er bemüht, den begrifflichen Abstand zwischen der Gestalt des Demiurgen und dem Schöpfergott der *Genesis*, der immer wieder namhaft gemacht wurde, zu minimieren. Er spricht ihm nämlich eine universelle Ursächlichkeit zu, wenn er von der *essentia divina* sagt (Guillaume de Conches, *Glosae super Platonem* [ed. Jeauneau 99]): *Hec est efficiens causa mundi: ipsa enim est omnium creatrix*; vgl. J. M. Parent, *La doctrine de la création dans l'école de Chartres*, Paris/Ottawa 1938, 38.

40 Guillaume de Conches, *Glosae super Platonem* § 114 (ed. Jeauneau 205).

ohnehin nur zeitweise eine Gemeinschaft bilden;[41] oder man erwägt drittens, ob die Trennung eben doch keine Auflösung der einzelnen Teile nach sich zöge. Dies letzte Argument ist besonders verwunderlich, denn die, um es kurz zu sagen, Unverwüstlichkeit der Bestandteile war nicht das Thema; diese bedürften auch keiner göttlichen Garantie. Wilhelm fügt den lapidaren und daher nicht ohne weiteres deutbaren Satz hinzu: *Dissolvi est adnichilari.* Nur das Auflösen der Elemente wäre also eine Vernichtung, die zu versurachen man aber Gott, der sie doch geschaffen hat, nicht zuschreiben möchte.

Die *Timaios*-Konjunktur in Chartres hat immer wieder zur Frage nach dem Grad der Ähnlichkeit geführt, die zwischen diesem einzig in einem nennenswerten Umfang bekannten, studierten und rezipierten Platon-Text und der *Genesis* herrscht. Dies betrifft vor allem den Versuch, die Schöpfungsgeschichte als naturphilosophische Plausibilität ausweisen zu können. Hingegen spielt die Frage nach der Konstanz der Welt im Platonismus von Chartres keine hervorragende Rolle. Die Erhaltungsproblematik bleibt umgekehrt auch bei einem anderen Denker vollständig ausgeblendet, der seine Theologie bewußt ohne jede kosmologische Voraussetzung und Implikation konzipiert hat: Anselm von Canterbury.[42]

Die im 12. Jahrhundert hergestellte Beziehung zwischen *Timaios* und *Genesis* legt vielleicht eine Gegenprobe nahe: Wie steht es mit dem *Timaios* in der *Genesis*-Interpretation? Die große Meisterin auf dem Feld »Bibel im Mittelalter«, Beryll Smalley, hat behauptet, daß die *Timaios*-Rezeption in den vielen *Genesis*-Kommentaren der frühen Hochscholastik kein Echo mehr findet. Dies ändere sich erst mit der *Lectura ordinaria super sacram scripturam* des Heinrich von Gent.[43] Zuvor aber sei noch auf eine andere *Hexaëmeron*-Auslegung hingewiesen. Der große Gelehrte, Übersetzer und Bischof von Lincoln, Robert Grosseteste, hat um 1235 ebenfalls einen Kommentar zum »Sechstagewerk« verfaßt. Robert kommt auf die Frage zu sprechen, was denn Platon über die Zeitlichkeit der Welt gedacht habe. Im Blick auf Äußerungen des Augustinus und des Basilius versucht Robert nicht, Platon auf die Seite des Schöpfungsglaubens zu ziehen, auch nicht, ihm die Lehre der Neuplatoniker zuzuschreiben, die an einer Konkordanz mit

[41] Guillaume de Conches, *Glosae super Platonem* § 114 (ed. Jeauneau 205): *non sunt bona ratione coniuncta et modulata, immo contra naturam anime, potentia divina, anima corpori ad tempus est sociata.*

[42] Sein Lehrer Lanfrank von Bec hat jedoch den *Timaios* mit Sicherheit gekannt: R. W. Southern, *Anselm of Canterbury. A Portrait in a Landscape*, Cambridge 1990, 57 (bei Anselm keine Lektüre des Textes nachweisbar, 134).

[43] B. Smalley, »A Commentary on the Hexaëmeron by Henry of Ghent«, in: *Rech. théol. anc. méd.* 20 (1953), 60–101; hier 64.

Aristoteles interessiert waren. Statt dessen konstatiert er die bleibende und unauflösliche Widersprüchlichkeit der platonischen Einlassungen hierzu.[44]

Robert Grosseteste ist sich also der Differenzen zu Platon durchaus bewußt. Dies kann man zwar auch den Chartresern nicht absprechen, doch muß man hierbei selbstverständlich die allgemeine Kautele und die reale Durchführung unterscheiden (ohne damit andeuten zu wollen, diese Autoren führten doppelt Buch!).[45] Heinrich von Gent rühmt Platon in seiner *Lectura* – die Autorschaft und vor allem die zeitliche Einordnung des Werkes lassen sich nicht mit letzter Sicherheit beweisen – als den *praecipuus philosophorum*,[46] doch geht er über die Differenzen nicht hinweg, sondern macht sie einzeln namhaft: Er kritisiert Platon dafür, statt einem Prinzip deren drei aufgestellt zu haben: *agens, exemplar et materiam.*[47] Die Schöpfung ist ein Hervorgang aus dem Nichts; dem Sein der Dinge geht nichts vorher, nur der Dauer nach, weil, wie Heinrich sagt, die Welt mit der Zeit entsteht. Das Nichtsein muß daher ausdrücklich absolut verstanden werden – d.h. in kritischer Wendung gegen den Hervorgang aus einer vorausgehenden Materie, wie sie Platon annehme.[48]

Heinrich weiß um den Fragmentcharakter der ihm vorliegenden Übersetzung.[49] Er fährt an der eben zitierten Stelle fort: *Unde qualis hic processus Moysis, talis ibi processus Platonis, et ad consimilem finem. Et creditur eorum quae scribit formam ex libris Moysis accepisse et eam quam ibi invenit scientiam scribendo fecisse*

44 Robert Grosseteste, *Hexaëmeron* I, 8, 1–3 (ed. R.C. Dales u. S. Gieben, Oxford 1982, 58–60).

45 Vielleicht kann man aus den immer wieder vorgebrachten Warnungen schließen, daß für manche Beobachter die Annäherungen etwas zu weit gingen. Man denke an Bonaventuras berühmte Formulierung, *Hexaëm.* IX, 24 (V, 376a): *Plato commendavit animam suam factori; sed Petrus commendavit animam suam creatori*; daß der Demiurg gerade kein *creator* ist: Hugo von St. Viktor, *Elucid. in Pentat.* 4 (PL 175, 33B); *De sacram.* I, 1 (PL 176; 187B); Petrus Comestor, *Histor. schol.* PL 198, 1055C.

46 Heinrich von Gent, *Lectura ordinaria super sacram scripturam* [= ›*Lectura*‹], ed. R. Macken (Opera omnia XXXVI), Leuven/Leiden 1980, 63, 66.

47 Heinrich von Gent, *Lectura* 45; der Herausgeber verweist mit Unsicherheit auf eine *Timaios*-Stelle, unmittelbare Quelle ist aber wohl die Sentenzensammlung des Petrus Lombardus, wo es an der einzigen Stelle, an der Platons Name fällt, heißt: *Plato tria dixit principia. Plato namque tria initia existimavit, Deum, scilicet, et exemplar, et materiam* (*Sent.* II d. 1 c.1; ed. Coll. Franc., Grottaferrata 1971, I, 330). Der Lombarde bezieht sich seinerseits ausdrücklich auf Walafrid Strabo, den er für den Autor der *Glossa ordinaria* hielt; man muß zuletzt zurückgehen auf den Kommentar des Calcidius, nr. 307 (zu 48 A; ed. Waszink [n.7], 308f.): *Sunt igitur initia deus et silva et exemplum.*«

48 Heinrich von Gent, *Lectura* 51.

49 Heinrich von Gent, *Lectura* 62. Die Vermehrung des Menschengeschlechtes und seine Geschichte bis zu der Epoche der Gründung Athens sei in dem »noch nicht« übersetzten Teil vorgesehen gewesen.

*suam.*[50] Merkwürdig bleibt aber gleichwohl, daß ungeachtet dieser alten Filiationsbehauptung[51] doch das Gewicht der Konvergenz von Bibel und Platon nicht gemindert wird. Dies wird an der Fortsetzung deutlich: *Sic ergo patet rerum primarum productarum substantia cum dicitur: ›caelum et terra‹. Hoc diffuse prosecuti sumus ut ostendamus nihil esse absurdum in dictis sacrae scripturae et divinis factis, maxime cum in eis concordat praecipuus philosophorum Plato.*[52] Sogar bei der Passage, an der Ambrosius in seinem vielgelesenen *Hexaëmeron* die Lehre von der Gründung des Firmamentes wie überhaupt alles, was im Schöpfungsbericht gesagt werde, als etwas präsentiert, was den Philosophen entgegensteht, zitiert Heinrich diejenige *Timaios*-Stelle, an der auch Sokrates[53] seinerseits den Hörer auf den ganz unvertrauten Charakter der im folgenden vorgestellten Konzeption der Kosmologie hinweist.[54]

Neben den angeführten Stellen zitiert Heinrich auch *Timaios* 41, nicht jedoch um die Konstanzbehauptung philosophisch zu autorisieren, sondern vielmehr um die platonisierende These von der Vermittlung der Schöpferkraft an selbst geschaffene Instanzen (»Götter«) zu belegen.[55]

50 Heinrich von Gent, *Lectura* 62.

51 Vgl. Augustinus, *De civ. Dei* VIII, 11.

52 Heinrich von Gent, *Lectura* 63. – Das Schweben des Geistes über den Wassern deutet Heinrich als Ausdruck dafür, daß die »Weltmaschine« nicht aus Bedürftigkeit und Angewiesenheit auf Mittel, sondern aus Freigiebigkeit und Wohlwollen geschaffen worden ist, und verweist hierfür auf die berühmte *Timaios*-Stelle, an der Platon die alte Lehre vom Neid der Götter zurückweist: *Tim.* 29 D, Heinrich von Gent, *Lectura*, 73; nochmals die Neidlosigkeit unterstrichen: ebd., 216; cf. Platon, *Phaidros* 247 A 7.

53 Platon, *Tim.* 29 A-C.

54 Heinrich von Gent, *Lectura*, 87f. – In den wohl aus den frühen 1250er Jahren stammenden *Quaestiones in librum de causis*, welche die Escorial-Handschrift zwar Heinrich von Gent zuschreibt (was jedoch aufgrund der zeitlichen Einordnung nicht nachvollziehbar ist und daher heute überall abgelehnt wird), wird ebenfalls *Tim.* 41 zitiert, Resp. ad 33 (ed. J. P. Zwaenepoel, Louvain 1974, 81): *Omne autem compositum, in quantum huiusmodi, divisibile est propria natura in ea ex quibus componitur. Intelligentia ergo aliquo modo est divisibilis. Et propter hoc dixit Plato in Timaeo, loquens in persona Primi ad intelligentias: natura vestra estis dissolubiles. Quia tamen intelligentiae per confirmationem a Primo substantiae sunt incorruptibiles, et loquendo de corruptione naturali ipsae de se sunt incorruptibiles, licet intelligentiae essent divisibiles per sui dissolutionem, numquam dissolventur. Unde dicit Plato in Timaeo cum auctoritate: quod bona ratione compactum est velle Dei non est dissolvi. Et propter hoc, divisione secundum actum, verum est de intelligentia quod est substantia quae non dividitur et non divisibilis.*

55 Heinrich von Gent, *Lectura*, 57: *Plato enim credidit deum primum et summum creasse deos secundos, et caelestia corpora et elementa, et deos secundos cetera ad mandatum dei primi produxisse, secundum quod Plato in secundo Timaei inducit deum primum loquentem diis secundis et iniungentem eis mundani operis perfectionem et ornatum extra ea quae ipse produxerat, sanctione: ›O dii deorum . . .‹.*

## 4. Kontingenz und Konstanz des Kosmos

### *4.1 Selbsterhaltung und Geschaffensein*

Die Nicht-Selbstverständlichkeit des Kosmos wurde in der Denkgeschichte zunächst gefaßt als Gewordensein. Alles, was geworden ist, ist aus etwas und daher eines Grundes bedürftig. Schon Aristoteles hat aber auch das Notwendige als etwas gedacht, was zwar durch sich selbst notwendig sein kann, aber nicht muß. Thomas von Aquin verweist gern auf den aristotelischen Begriff des κυρίως ἀναγκαῖον, also dasjenige, was – singulärerweise – nicht durch einen ihm äußeren Grund, sondern vielmehr von sich her notwendig ist.[56] Aber nach Aristoteles gibt es zwei »Ursachen« des Werdens: Form und Materie. Diese Funktion kann ihnen jedoch nur dann zugesprochen werden, wenn sie nicht auch ihrerseits geworden sind. Sind sie deshalb auch schon ewig?

Kein Denker des Mittelalters war der Überzeugung, daß diese Welt keinen Anfang habe. Die Differenzen in jener berühmten Diskussion[57] bezogen sich bekanntlich vielmehr auf den Grund dieser Überzeugung: Läßt sich diese in der Form eines rationalen Beweises erbringen (Bonaventura), als dogmatische Wahrheit, *sola fide* (Thomas von Aquin), oder als auf die naturphilosophische Methodik funktional bezogenes Resultat (Boethius von Dacien)? Wie aber läßt sich dies vereinbaren mit dem Ungewordensein der Prinzipien, zumal der Formen und der Materie? Die klassische Antwort lag in einer Differenzierung der Weisen, wie etwas Wirklichkeit erlangt. Das Entstehen (γένεσις; *generatio*) ist nur eine, jedoch nicht die einzige Weise der Realisierung. Es ist aber zugleich diejenige, welche die Form des natürlichen Werdens insgesamt kennzeichnet. Das heißt: Die andere Form ist eine nicht-natürliche, welche die Averroisten als »übernatürliche«, das heißt als der Theologie zugeordnet verstehen, Thomas von Aquin aber als meta-physisch begreift, damit also zum Ganzen des rationalen Wissens gehörig.

Wenn es aber keinen rationalen Grund für das ›Daß‹ eines solchen Werdens geben kann, dann scheint der Kosmos auf denselben tönernen Füßen zu stehen wie die mythologische Kosmogonie, die der antiken Philosophie deshalb als so unbedarft erschien. Dies aber führt genau zu der Frage, die sich auch Platon schon gestellt hatte: Was garantiert eigentlich den Fortbestand des Kosmos? Muß er überhaupt garantiert werden?

56 Aristoteles, *Met.* V, 5; 1015 b 11–12.

57 Vgl. R. Schönberger, »Der Disput über die Ewigkeit der Welt«, in: *Über die Ewigkeit der Welt. Texte von Bonaventura, Thomas von Aquin und Boethius von Dacien*, Frankfurt a.M. 2000.

Thomas von Aquin spricht nicht von einem Weltuntergang, durch den dann für eine beliebig andere Wirklichkeit sozusagen Platz gemacht würde. Die Welt besteht fort in einer veränderten Weise und wird dann nicht mehr aufhören fortzubestehen. Mit dem Erreichen des Endzustandes aller individuellen Biographien am Ende der Geschichte der Menschheit geht eine letzte Verwandlung des Kosmos einher. Der Wechsel von Entstehen und Vergehen hört auf. Daher muß auch der allgemeine Grund hierfür, nämlich die Bewegung des Himmels, erlöschen. Dies ist deshalb möglich, weil die Bewegung für den Himmel nicht in dem Sinne natürlich ist, wie dies beim Schweren und Leichten der Fall ist. Der Himmel hat hierzu lediglich eine von Natur bestehende Eignung. Da er aber von einem geistigen Prinzip bestimmt ist, kann er auch als stillstehend gedacht werden. Die Lebewesen und die gemischten Körper, die wesentlich der Veränderung unterliegen, verschwinden. Das Feuer als das aktivste der Elemente verzehrt in einer Art Weltbrand alles, was keinen Eingang in die neue Welt finden kann. Die rein materielle Schöpfung erlangt einen Glanz, der noch über den Frieden hinausgeht, der durch das Gesetz von Entstehen und Untergang gestört ist.[58]

Neben einer eschatologischen hat das Problem aber vor allem eine ontologische Seite: Wie verhalten sich die Dinge selbst zu ihrer Dauer? Diese Frage ist mehrdeutig: Sie kann im analytischen Sinne gemeint sein: In welchem Verhältnis steht die Realität eines Dinges zu seiner Dauer, die Existenz zu seiner Fortexistenz? Die Frage kann sich aber auch von der Sache selbst her auf das Problem beziehen, wie sich die Dinge zu ihrem Weiterexistieren verhalten.

Wiederum scheint es, als ob sich die Alternativen sofort auf zwei geistesgeschichtliche Alternativen zurückführen ließen. Die Antwort des Aristoteles ist klar: Die Dinge suchen sich im Sein zu erhalten. Ausstattung und Verhalten werden überhaupt erst dadurch verständlich, daß man sie als geeignet sehen lernt für die Selbsterhaltung der Lebewesen in ihrer Individualität oder zumindest in ihrer Artung. Die Plausibilität dieser Sicht war so gewaltig, daß sie auch zur Selbsterhaltung des teleologischen Denkens nicht wenig beigetragen hat. Nicht bloß Denker der lateinischen Tradition haben sich dem angeschlossen: Bei Avicenna heißt es: *id autem quod desiderat omnis res, est esse et perfectio esse.*[59]

[58] Thomas schließt die *Summa contra gentiles* mit der Prophezeiung des Jesaja: »Denn siehe, ich werde neue Himmel erschaffen und eine neue Erde, und das Frühere wird nicht mehr in Erinnerung sein und wird nicht mehr in den Sinn gelangen. Ihr werdet euch freuen und jubeln für immer« (*Jes.* 65,18).

[59] Avicenna, *Prima philosophia* VIII, 6 (ed. S. Van Riet, Louvain 1980, 412).

Diesen Satz hat nicht nur Thomas von Aquin, sondern auch Meister Eckhart gerne zitiert.[60]

Thomas hat die Analysen des Aristoteles bestätigt.[61] Sie sind auch ihm vollkommen evident. Gleichwohl aber kehrt er das Verhältnis um: Während für Aristoteles das Streben nach Dauer selbst noch einen Grund hat – und nicht einfach in der bloß faktischen und als solchen unerfindlichen Ausstattung der Lebewesen gründet, sondern vielmehr in deren noch grundlegenderem Streben, am ewigen Sein Gottes teilzuhaben –,[62] ist in den Augen des Thomas diese Ausstattung für das einzelne Lebewesen nicht hinreichend. Irgendwann wird das Selbsterhaltungsstreben jedes Dinges frustriert.[63] Dies wußte auch Aristoteles und hat daher wie Platon in der Erhaltung der Art gleichsam eine Kompensation für die Unmöglichkeit der Erhaltung des Individuums gesehen. Aber Thomas verleiht jetzt der zugestandenen Vorläufigkeit der Selbsterhaltung ein unerhörtes Gewicht.

Es scheint, daß die Theorie von einem in der Natur liegenden Streben nach der

[60] Thomas von Aquin, *Summa contra gentiles* [›*ScG*‹] III, 7 (1912); Meister Eckhart, *Prol. gen.* n. 8 (LW I, 153); *Gen. I.* n. 144 (LW I, 298); n. 174 (319); n. 243 (387); *Sap.* n. 177 (LW II, 512f.); n. 222 (558); n. 259 (589); *Proc. Col.* n. 115 (LW V, 288f.); n. 34 (311). – Hierher gehören auch noch folgende Stellen: *Pred.* 6 (DW I, 105): »Ez enist kein dinc sô begirlich als leben under allen dingen. Sô enist kein leben sô boese noch sô swaerlich, ein mensche enwelle dennoch leben«. *Pred.* 8 (DW I, 134): »Ez enist kein crêatûre sô snoede, si enbeger des wesens. Die rûpen, swenne die abevallent von den boumen, sô kriechent sie eine want ûf, daz sie ir wesen behalten. Alsô edel ist daz wesen«. *Pred.* 56 (ed. Pfeiffer, 180): »Alle crêatûren verzîhent sich irs lebens ûf ir wesen«. *In Ioh.* n. 543 (LW III, 474): *creatura omnis naturaliter plus diligit deum quam se ipsam, quin immo nec se nec quicquam diligit nisi propter deum*«. – Thomas von Aquin, *Sum. theol. I, 60, 5 ad 1: »in illis quorum unum est tota ratio existenti et bonitatis alii, magis diligitur naturaliter tale alterum quam ipsum; sicut dictum est quod unaquaequae pars diligit naturaliter totum plus quam se [...] Unde unumquodque suo modo naturaliter diligit Deum plus quam seipsum*; vgl. Thomas von Aquin, *Quaestiones de quolibet* I, 4, 3 [8] (ed. Leon. XXV/2, 187ff); Eckhart, *In Ioh.* n. 542–544 (LW III, 473–475).

[61] Cf. Thomas von Aquin, *ScG* III, 3 (1886).

[62] Aristoteles, *De anima* II, 4; 415 a 27-b 2.

[63] Thomas von Aquin, *ScG* II, 25 (1017): *Deus facere non potest quod aliquid conservetur in esse sine ipso*; *Sum. theol.* I, 48, 5: *contra rationem creaturae est quod in esse conservetur a seipsa; quia idem dat esse et conservat.* Die Begründung liegt darin, daß Dauer nur der zeitliche Aspekt des Seins ist – dieses aber einer göttlichen Quelle entspringen muß, *ScG* III, 65 (2399): *conservatio rei non est nisi continuatio esse ipsius.* – In der späteren scholastischen Diskussion wurde das Verhältnis der beiden Begriffe immer wieder zum Gegenstand des Disputs gemacht; zwei Beispiele: Gottfried von Fontaines, *Quodl.* I, 1 (ed. M. de Wulf u. A. Pelzer, Louvain 1904, [Les Philosophes belges, 2], 1–2): *Utrum eadem sit actio qua Deus producit res in esse et qua conservat easdem per eiusdem esse continuationem* (der Text der Antwort ist nicht überliefert); Duns Scotus, *Quodl.* XII (ed. Vivès XXV, 473a-491a): *Utrum rei creatae sit idem respectus ad Deum ut creantem et Deum ut conservantem.*

Erhaltung dieser Natur zwar aus der Perspektive einer rationalen Betrachtung völlig berechtigt ist, sich jedoch vor dem Hintergrund des Schöpfungsglaubens wie eine philosophische Naivität ausnimmt. Denn was, so kann und muß man jetzt fragen, soll dieses Streben sein, wenn doch das Sein selbst sich einem Akt der Schöpfung verdankt? Aber wenn das Sein, dann auch das Streben danach. Eine solche Fundierung ist umgekehrt übrigens auch nur durch den Begriff der Schöpfung zu denken. Denn die Struktur des Strebens ist die der gerichteten Möglichkeit. Dies deswegen, weil die konkret gerichtete Bewegung die allgemeine Ausrichtung des Strebens bereits voraussetzt. Streben kann also nicht verursacht werden – man kann nicht gestrebt werden. Die Realisierung kann nur ausgelöst, das Streben im Strebenden nur, wie man in metaphorischer Sprechweise sagt, »geweckt« werden.

Vor dem Hintergrund des Schöpfungsgedankens ist aber auch dem Problem nachzugehen, ob sich nicht auch grundsätzlich der Status dieses Strebens nach Selbsterhaltung verändert, dann nämlich, wenn Streben und Sein sich einem externen[64] Grund verdanken. In den mittelalterlichen Texten wird das Problem nicht in dieser Weise formuliert. Aber die expliziten Kontroversen lassen sich als Ausdruck dessen verstehen, was eben rekonstruiert worden ist. Denn wie soll man es verstehen, daß trotz der evidenten Deutungen natürlicher Bewegungen mit dem Interpretament der Selbsterhaltung in der Scholastik vielfach davon gesprochen wird, daß die Dinge »an sich« zum Nichts streben?[65] Das Problem

[64] Diese Rede von der Äußerlichkeit gilt nur im Sinne der Negation der Wesenszugehörigkeit. Das Sein selbst und damit auch der Grund des Daseins ist gerade nichts Äußerliches, sondern umgekehrt sogar das Innerlichste: Thomas von Aquin, *Sum. theol.* I, 8, 1: *esse autem est illud quod est magis intimum cuilibet; De ver.* 8, 16 ad 12 (ed. Leon. XXII, 274, 290–294): *ipse Deus est propria et immediata causa uniuscuiusque rei et quodam modo magis intima cuique quam ipsum sit intimum sibi, ut Augustinus dicit; Sent.* I d. 37, 1, 1; *In Ioan.* I, 5 (ed. R. Cai, n. 133–134); *In Hebr.* IV, 2 (ed. R. Cai, n. 220).

[65] Hilarius von Poitiers, *In Ps. 91* n. 7 (PL 9, 498AB): *Est plane: nam nisi essent, coelum dilaberetur, lumen solis occideret, terra non staret, fructum omnium incrementa deficerent; vitae hominum interirent, si sabbati lege virtutum omnium constitutio otiaretur*; Cassiodor, *De anima* c. 18 (CCSL 96, 574): *Nam sicut praeter te existere non coepimus, ita et sine te proficui non valemus. Omnia vergunt nihilominus in ruinam quae a majestate tuae pietate fuerint segregata. Te autem amare, salvari; formidare, gaudere; invenire, crevisse; amisisse, perire est.* Vigilius Thapsensis, *De unitate Trinitatis* c. 7 (PL 42, 1162): *Creaturae vero, ex eo quod non est, in id quod est: quo ostenditur, quia ex nihilo prolata est. Et propterea quantum ad se attinet, ex eo quod est, in id quod non est: id est, in nihilum, nisi perpetua gratia fecerit, naturae suae qualitate vertenda est.* Augustinus, *De Gen. ad litt.* IV 12, 22 (PL 34, 304; CSEL 28, 108, 17–19): *virtus (Dei) ab eis, quae creata sunt, regendis si aliquando cessaret, simul et illorum cessaret species omnisque natura concideret.* Ibid. VIII 12, 26 (PL 34, 383; CSEL 28, 250, 2–5): *sicut aer praesente lumine [...] inluminatur, absente autem continuo tenebratur.* Gregorius Magnus, *Moralia in Iob* XVI 37, 45 (CCSL 143 A, 825): *Sed aliud est esse, aliud principaliter esse; aliud mutabiliter atque immutabiliter esse. Sunt enim haec*

wird in vielen der großen theologischen Werke der Scholastik erörtert. Ein prominentes Beispiel sei hier herausgegriffen.

### *4.2 Bonaventura*

Bonaventura diskutiert dies im zweiten Buch seines großen und großartigen Sentenzenkommentars (1250–1252). Geschieht die Erhaltung der Dinge durch Gott? Seine bejahende Antwort begründet Bonaventura damit, daß der Schöpfungsbegriff besage, die Dinge seien »aus nichts« geschaffen. Dies macht sie in gewisser Weise ambivalent: Einerseits haben sie ihr in gewisser Weise äußerliches Sein *(quodam modo accidentale)* aus einer externen Quelle, für die das Sein wesentlich ist; andererseits aber ist die Kreatur deshalb auch der Nichtigkeit – wiederum nur *quodam modo*! – unterworfen. Und so, wie das Nichtige eines Wahren und Stabilen, das Akzidens einer sie tragenden Substanz bedarf, so muß auch die Erhaltung dieses zweideutigen Seins durch das schöpferische Wesen geschehen.

Dieses der Prononcierung wegen »zweideutig« genannte Sein ist aber nicht etwa in der Weise der Nichtigkeit unterworfen, daß es bloßer Schein wäre. Bonaventura betont ausdrücklich, daß der Kreatur Sein und Tätigkeit wirklich zukommen. Daher muß ihr analog auch die Dauer zugeschrieben werden. Diese bleibt aber auch dann etwas, was sich einer göttlichen Leistung verdankt, wenn diese Dauer ohne Ende ist. Denn damit wird durch das zeitliche Auseinander keine aktuale Unendlichkeit gesetzt. Die Kraft zur Dauer ist daher in jedem Fall eine endliche. Aber sie ist nie ganz wirklich, schreibt Bonaventura, so als meinte er, sie wäre dann tatsächlich unendlich. Sie ist aber deshalb immer auch in Möglichkeit, weil sie auf eine wirklich unendliche Kraft bezogen bleibt. Diese ist die Kraft aller Kräfte, *virtus virtutum*, die die endlichen Kräfte nicht zur Redundanz verurteilt, weil sie nicht die ganze Ursache dessen ist, was es hier zu erklären gibt: *Concedendae sunt igitur rationes ostendentes, quod omnis rei conservatio est a Deo tanquam ab immediato principio; non tamen est ab ipso sicut a tota causa.*

*omnia sed principaliter non sunt, quia in semetipsis minime subsistunt, et nisi gubernatits manu teneantur, esse nequaquam possunt [...]. Cuncta quippe ex nihilo facta sunt eorumque essentia rursum ad nihilum tenderet, nisi auctor omnium regiminis manu retineret. Omnia itaque quae creata sunt, per se nec subsistere praevalent nec moveri; sed intantum subsistunt, in quantum ut esse debeant acceperunt.* – Den spirituellen Aspekt dieser Tendenz zum Nichts artikuliert Bernhard von Clairvaux, *Sermo in annuntione* 1, 1 (Opera omnia, V, 14): *et nos, quia de nihilo creati sumus, constat quia si nobis ipsis relinquimus, in peccatum semper, quod nihil est, inclinamus*; Thomas a Kempis, *Imit. Chr.* III, 4, 11: *ex te semper ad nihil tendis.*

*Sicut enim in creatura est aliqua virtus operativa creata, sic etiam aliqua virtus conservativa.*[66]

Aus den zahlreichen Problemen und kritischen Einwänden, die Bonaventura in diesem Zusammenhang bespricht, sei nur ein einziges herausgegriffen und genauer analysiert. Wie nämlich muß man sich eine Erhaltung durch eine andere Instanz vorstellen – zumal, wenn man die alternative Möglichkeit mit einbezieht? Man kann die Leistung dieser Erhaltung nur dann ermessen, wenn man sich fragt, was eigentlich wäre, wenn die Kreatur sich selbst überlassen würde? Abstrakt betrachtet, so der Einwand, gibt es nur zwei Möglichkeiten: Entweder die Kreatur bliebe doch im Sein erhalten – und dann wäre die göttliche Erhaltungsleistung eine lediglich partikulare. Oder aber, sie ginge tatsächlich zugrunde. Wie denn? Auch hier lassen sich wieder zwei Möglichkeiten denken: Entweder dies geschähe durch die Tätigkeit eines anderen oder durch eine eigene Neigung. Die erste Möglichkeit verbietet sich dadurch, daß keine Kreatur eine andere ins Nichts stürzen kann. Diesen Untergang mit einer eigenen Tendenz in Verbindung zu bringen, widerspricht wiederum dem (aristotelischen!) Prinzip, daß die Natur immer zum jeweils Besseren strebt; dies führt angesichts des wechselseitigen Strebens von Form und Materie nach Einheit zu einem dauerhaften Bestand, so daß eben doch nicht alle Bestandskraft in Gott ihren Ursprung hat.[67]

Bonaventura bekräftigt in seiner Entgegnung auf diesen Einwand seine Auffassung, daß die Kreatur eben nicht sich selbst überlassen werden könnte, ohne im selben Moment zugrunde zu gehen. Für diesen Untergang muß konsequenterweise keine eigene Handlung, kein Werk der Zerstörung, angenommen werden. Ein solcher Untergang wäre, weil die Dinge ja sein sollen,[68] ein *defectus*. Für diesen braucht es, nach der berühmten Theorie des Augustinus,[69] keine *causa efficiens*, sondern eine *causa deficiens*, eine Ursache, die nicht so wirkt, wie sie soll, bzw. eine »Ursache«, die ihre Wirkung überhaupt nicht entfaltet. Eine solche »Ursächlichkeit« liegt in der Kreatur selbst, insofern sie Kreatur ist, d.h. »aus nichts«.

Bonaventura wendet sich aber noch dem entscheidenden Problem zu, das darin besteht, daß ja die Dinge ihrer natürlichen Neigung gemäß danach streben, sich im Sein zu erhalten, alle konkreten Bewegungen aber dieser Neigung

66 Bonaventura, *Sent.* II d. 37 a. 1 q. 2 (Opera omnia II, 865b).

67 Bonaventura, *Sent.* II d. 37 a. 1 q. 2 s.c. 5 (Opera omnia II, 865a).

68 Bonaventura, *Sap.* 1, 14: *creavit enim ut essent omnia.*

69 Augustinus, *De civ. Dei*, XI, 6–7; vgl. R. Schönberger, »Die Existenz des Nichtigen. Zur Geschichte der Privationstheorie«, in: *Die Wirklichkeit des Bösen*, hrsg. von F. Hermanni u. P. Koslowski, München 1998, 15–47; hier 40ff.

entspringen. Auf Anhieb ist nicht ganz klar, worin die Intention dieses Argumentes liegt. Es scheint damit aber wohl doch genau jenes Problem angesprochen zu sein, von dem oben die Rede war: Wie ist eine solche Neigung als natürliche zu verstehen, wenn ihre Erfüllung doch einzig von Gott gewährleistet wird? Liegt darin, so könnte man hinzufügen, eine Analogie zu dem Gedanken, daß der Mensch eine Bestimmung hat, zu der er kraft eigener Möglichkeiten gar nicht zu gelangen vermag? Bonaventura begegnet dem Einwand folgendermaßen: Eine solche natürliche Neigung kann einem Ding zugesprochen werden, aber erst, sofern es bereits ist *(dicente positionem)*. Man kann eine solche Tendenz den Prinzipien der Dinge ebenfalls zusprechen, da diese Prinzipien ja die Basis für jene Inklination bilden. Aber eben deren Dasein versteht sich nicht von selbst. Daher kann die Selbsterhaltung nicht verstanden werden ohne eine entsprechende göttliche Unterstützung: *Si autem creatura sibi relinqueretur, principia rei in esse non servarentur, immo in se ipsis deficerent; et ideo inclinatio ad esse periret.*[70] Denn was bedeutete ein Sich-selbst-überlassen-Sein der Kreatur? Es bestünde in nichts anderem als im Aussetzen der göttlichen Kraft. Dies aber hätte die unmittelbare Vernichtung der Kreatur zur Folge und wäre eine Zerstörung, deren Vollständigkeit nur mit der Voraussetzungslosigkeit zu vergleichen wäre, mit der die Dinge aus dem Nichts erschaffen sind. Durch die schöpferische Tätigkeit wird die Kreatur aus dem Nichts ins Sein gesetzt (»gerufen«!), durch deren Aussetzen wieder aus dem Sein ins Nichts.[71] Auch an anderen Stellen insistiert Bonaventura auf diesem Gedanken, etwa in einer seiner (meist schwer datierbaren) Predigten, in denen er sogar von den Substanzen, die ein geistiges und daher ein ohnehin als unzerstörbar geltendes Sein haben, sagt: *Quis est conditor creaturae spritualis et incorruptibilis? et ideo spiritualem creaturam dicit incorruptibilem, quia Deus ›manibus suis tenet‹, scilicet angelos bonos; quia enim ex nihilo sunt,*

[70] Bonaventura, *Sent.* II d. 37 a. 1 q. 2 ad 5 (Opera omnia II, 866b).

[71] Bonaventura verweist auf Hugo von St. Viktor, der gesagt hatte, daß die Annihilation der Kreatur nur der göttlichen Kraft möglich ist. Ungeachtet seiner sonstigen Hochschätzung Hugos mahnt Bonaventura hier zu Vorsicht: *Verumtamen illud verbum intelligendum est sane, quia multum est calumniabile.* Duns Scotus, *Ord.* IV d. 1 q. 1 n. 33 (ed. Vivès XVI, 95a): *dico quod solius Dei est annihilare, quia annihilare non est agere positive, sed non agere, id est non conservare; solius Dei est conservare totam creaturam et totaliter et breviter, sicut quaelibet creatura requirit causam concausantem in fieri, scilicet principium potentiale, ita super illud non potest destruendo sicut nec producendo.* Der bedeutende Naturphilosoph des späten Mittelalters, Nikolaus von Oresme, hat im Auftrag des Königs von Frankreich einige Werke des Aristoteles übersetzt und dabei den Begriff des *annihilable* für die französische Sprache geprägt – und zwar in seinem Kommentar zu *De caelo.*

*ideo in nihilum tenderent, nisi manus Dei teneret eos; et qui aliter intelligit, ille non intelligit fundamenta fidei.*[72]

Bonaventura möchte bei dieser Frage zuerst terminologische Klarheit schaffen. Veränderung *(mutatio)* hat aus seiner Perspektive einen dreifachen Sinn:

(1) die Veränderung einer zufälligen Eigenschaft (*variatio*);
(2) der Untergang eines Dinges durch die Veränderung seiner substantiellen Form (*corruptio*);
(3) die Veränderung des wirklichen Dinges in ein unwirkliches im Hinblick auf die ganze Substanz der Sache (*versio*).

Entsprechend müssen die Negationen der Veränderung verstanden werden. Welche dieser ausdifferenzierten Bedeutungen läßt sich prinzipiell auf Kreaturen anwenden? Keine Kreatur entgeht einer akzidentellen Veränderung, weil alles Geschaffene entweder selbst darin besteht, eine akzidentelle Eigenschaft zu sein, oder solche Prädikate hat. Die zweite Möglichkeit läßt sich bei Geschöpfen denken, wenn auch nicht auf dieselbe Weise. Manche haben ihre Unzerstörbarkeit durch ihre Natur – dann nämlich, wenn sie einfach sind – oder auch durch göttliche Gnade. Die Freiheit von Zerstörbarkeit wohnt allen Kreaturen nur kraft göttlicher Gnade inne. Keine Kreatur vermag aus sich heraus die Kraft zu ihrem fortdauernden Bestand aufzubieten. Dies vermag nur Gott allein. Darüber hinaus kann er – zwar nicht die Nähe des platonischen Gedankens, aber doch die Analogie zu diesem scheint unverkennbar – die Kraft zur Dauer auch anderen verleihen. Die »Invertibilität« – wie Bonaventura mit einem erstmals bei Augustinus[73] belegten Terminus sagt – kommt mit der Ewigkeit überein.

Jene Lehre, die von einer Tendenz der Kreatur zum Nichts spricht, ist auch später, etwa bei Duns Scotus,[74] aufrechterhalten worden. Thomas von Aquin scheint hiervon allerdings eine Ausnahme zu bilden. Er ändert – natürlich! – nichts an der Theorie endlichen Seins, dessen Erhaltung zu denken einen Begriff von Schöpfung notwendig macht, der diese nicht auf ein Ereignis am Anfang des Kosmos beschränkt: *creatio continua*.[75] Aber weil göttliche Souveränität nur dann

[72] Bonaventura, *Sermones de tempore, In Ascensione Domini*, I, 1 (Opera omnia IX, 316a).

[73] Augustinus, *De mor. eccl. cath.* I 13, 23 (PL 34, 1321).

[74] Duns Scotus, *Ox.* II d. 23 q. un. n. 5 (ed. Vivès XIII, 161b): *omnis creatura potest tendere in nihil, et in non esse, eo quod de nihilo est, et sua actio, similiter tendit in non esse, et hujusmodi tendentia surgit necessario ex natura rei; sed ex hoc non potest poni defectus culpabilis.*

[75] Thomas von Aquin, *Sum. theol.* I, 104, 3 ad 3: *si Deus rem aliquam redigeret in nihilum, hoc non esset per aliquam actionem, sed per hoc quod ab agendo cessaret.* Nichterhaltung durch Nichthandeln Gottes auch bei Duns Scotus: cf. n. 73.

als göttliche gedacht wird, wenn sie durch eine endliche (und ohnehin von ihm hervorgebrachte) nicht geschmälert oder überhaupt in eine Konkurrenzsituation gebracht zu werden vermag, kann Thomas auch dem endlichen Sein selbst eine Tendenz zum Sein zusprechen: *tendere in nihilum non est proprie motus naturae, qui semper est in bonum, sed ipsius defectus.*[76]

Nicht kontrovers blieb hingegen die These, daß die Erhaltung der Dinge eine Kraft erforderlich macht, die nicht in diesen selbst liegt. Von allen Seiten werden die berühmten Passagen der Kirchenväter angeführt.[77] Diese Lehre läßt sich aber auch außerhalb der christlichen Tradition belegen.[78] Auch der Artes-Magister Johannes Buridan stimmt jener Lösung der Theologen zu.[79]

## 5. Die Auseinandersetzung mit Aristoteles' Platon-Kritik

### *5.1 Die Kritik in De caelo*

Die direkte Rezeptionslinie des platonischen *Timaios* ist nicht die einzige Gelegenheit der Auseinandersetzung mit dem Gedanken eines externen Erhaltungsgrundes. Nicht der Text, aber der darin artikulierte Gedanke war auch in einem anderen antiken und für die mittelalterliche Naturphilosophie zentralen Text überliefert: Aristoteles' *De caelo.* Im ersten Buch macht Aristoteles die wichtig-

[76] Thomas von Aquin, *De pot.* 5, 1 ad 16; eine ähnliche Formulierung findet sich zwar auch im Sapientia-Kommentar des Bonaventura (c.16; VI, 117a), doch wird dessen Authentizität mit einem Fragezeichen versehen.

[77] Vgl. Anm. 64.

[78] Maimonides, *Führer der Unschlüssigen*, I, 69 (Übersetzung A. Weiss, Hamburg 1972, 270f.): »Indessen haben einige Denker unter den Dialektikern einen solchen Grad der Unwissenheit und der Anmaßung erreicht, daß sie sagen, das Ding, welches Gott ins Dasein gerufen, nämlich die Welt, müßte, wenn es denkbar wäre, daß Gott zu sein aufhörte, nicht notwendig zu sein aufhören; es sei nämlich keine unbedingte notwendige Folge, daß das Bewirkte aufhöre, wenn derjenige, der es bewirkt hat, nachdem er es bewirkt hat, zu sein aufhört. Das, was sie sagen, wäre wahr, wenn Gott nur die bewirkende Ursache wäre und dieses von ihm bewirkte Ding zur Fortdauer seines Bestandes seiner nicht bedürfte, so wie beim Tode des Schreiners der von ihm verfertigte Schrein zu sein nicht aufhört, weil der Schreiner ihm seinen dauernden Fortbestand nicht verliehen hat. Da aber Gott tatsächlich auch die Form der Welt ist, wie wir darlegten, und da er es bewirkt, daß sie immerfort besteht und fortdauert, so ist es undenkbar, daß derjenige, der Bestand und Dauer bewirkt, aufhören, hingegen dasjenige, dessen Bestand und Dauer bewirkt werden, und das keinen anderen Bestand und keine Fortdauer hat als die, die es von Gott empfängt, fortbestehen könne.«

[79] Johannes Buridan, *Expositio in Aristotelis De caelo* I, 4, 1 (ed. B. Patar, Louvain/Paris 1996, 66): *Et ista est secunda conclusio, quae etiam secundum fidem est vera: si enim Deus fecit mundum – et non est facilius facere quam destruere –, concludendum est quod potest ipsum destruere, licet non sequatur quod aliquando destruet ipsum.*

sten Prädikate des Kosmos zum Thema: Einheit, Vollkommenheit und besonders die Unendlichkeit in ihren verschiedenen Hinsichten (Größe, Anzahl, Dauer). Im Schlußteil geht es um die Ewigkeit der Welt. Dies nicht primär im Sinne der Frage, ob die Welt einen Anfang gehabt haben muß, sondern eher – oder doch zumindest gleichrangig – im Sinne der Anfangs- und Endlosigkeit der Welt. Aristoteles sieht sich einem vielfältigen Irrtum gegenüber, der aber immer auf dieselbe falsche These hinausläuft: nämlich der Welt einen zeitlichen Anfang zuzuschreiben. Dies hat Platon wie viele andere – in den Augen des Aristoteles – getan, auf der anderen Seite aber eine These vertreten, die Aristoteles völlig richtig zu sein scheint: die These nämlich, daß die Welt unzerstörbar ist. Sie hat nach Platon einen Anfang, aber kein Ende. Diese partielle Übereinkunft mit Platon ist jedoch wertlos, weil sie in einem nach Aristoteles eklatanten und erweisbaren Widerspruch steht zum Gedanken des Hervorganges der Welt.

Nicht weniger interessant ist dieser Schlußteil der aristotelischen Schrift dadurch, daß Aristoteles bereits auf eine exegetische Kontroverse zurückblickt und sich an ihr beteiligt. Was hat Platon eigentlich gemeint? Eine bestimmte Interpretationslinie möchte Platon in deutlich apologetischer Absicht eine dem Wortlaut des Textes genau entgegengesetzte These zuschreiben. Allerdings nicht in einer plumpen Weise. Die Exegese bezieht sich vielmehr auf die Ausdrucksweise Platons, und zwar deshalb, weil seine Kosmologie unter dem Vorzeichen einer nicht leicht handhabbaren Selbstinterpretation steht. Platon hatte nämlich von »wahrscheinlichen Mythen«[80] gesprochen. Er hat es mit einer Wirklichkeit zu tun, bei der die Redeweise nicht aus beliebigen oder sogar unvertretbaren Gründen ungenau, sondern unvermeidlich verzeichnend sein muß. Die wohl von seiten der Akademie vorgebrachte Erklärung der einschlägigen Textstelle greift deshalb eine Analogie aus der Mathematik auf. Doch die Beschreibung der Konstruktion eines Dreiecks läßt ja dieses nicht erst entstehen. Was unvermeidlicherweise wie der Hervorgang eines Dreiecks artikuliert wird, bezieht sich auf etwas, was in Wahrheit schon ist; und zwar deshalb, weil es ohnehin immer ist und gar keinem Entstehen und Vergehen unterliegt.

Dies läßt Aristoteles nicht gelten. Die Analogie ist seiner Überzeugung nach ganz falsch. Es handelt sich bei Platons Kosmogonie um eine Umwandlung von Unordnung in Ordnung. Es ist aber bei den Teilen einer geometrischen Figur alles notwendigerweise gleichzeitig. Das Verhältnis von Unordnung und Ordnung ist eines des Gegensatzes, es kann also nicht zugleich bestehen und schließt daher eine Analogie zu einer mathematischen Konstruktion vollständig aus. Zu

[80] Platon, *Tim.* 29 D; 29 C 2; 57 D.

sagen, die Ausdruckweise sei didaktisch gemeint, διδασκαλίας χάριν,[81] verfehlt also gerade den Punkt, um den es geht. Das vermeintliche *tertium comparationis* wird selbstwidersprüchlich.

Der Sache nach hält es Aristoteles zudem für unsinnig, etwas, das entstanden ist, nicht zugleich für etwas anzusehen, das nicht auch irgendwann dem Untergang geweiht ist. Nur das Wirkliche, das unentstanden ist, kann und muß immer fortbestehen. Die Überschneidung der beiden Paare unentstanden/unzerstörbar und entstanden/zerstörbar beruht auf elementaren Denkfehlern und muß daher zu einem unheilbaren gedanklichen Bruch führen. Wenn man von etwas Entstandenem eine unendliche Dauer behauptet (anstatt eine Dauer von zwar beliebiger, aber jedenfalls endlicher Zeitspanne), dann muß man zur Überbrückung der logischen Inkonsistenz eine mythologische Instanz einführen, deren Wille es dann ist, der dem Entstandenen Unzerstörbarkeit garantiert.[82]

### *5.2 Albertus Magnus*

Diese Schlußkapitel im ersten Buch von *De caelo* bilden also sogar einen unausweichlichen Anlaß, sich mit der Lehre des *Timaios* auseinanderzusetzen. Albertus Magnus war in der lateinischen Welt einer der ersten, der das aristotelische Werk kommentiert hat. Er ist zwar von der sachlichen Überlegenheit, nicht aber von der Ökonomie der aristotelischen Argumentation gegen Platon überzeugt.[83] Dabei läßt sich allerdings nicht verhehlen, daß Platons Lehre dem Christentum nähersteht als die des Aristoteles.[84] Die Schöpfung wird niemals

[81] Aristoteles, *De caelo* I, 10; 280 a 1.

[82] Cf. L. Elders, *Aristotle's Cosmology. A Commentary on the De caelo*, Assen, 1965, 150ff. M. Baltes, *Die Weltentstehung des platonischen Timaios nach den antiken Interpreten* I, Leiden 1976, 13ff.

[83] Albertus Magnus, *De caelo et mundo* I, 4, 9 (ed. Col. V/1, 100, 63–76): *Has autem omnes demonstrationes adduximus, ut convincamus adversarium, et licet non sint omnino diversae secundum ea super quae fundantur, tamen multitudine earum ostendunt, quod ea quae dicta sunt, non habent instantiam; fundantur enim fere omnes super primam. Et ideo dixerunt Themistius et Alexander et Averroes, quod multitudine sua, quae quasi materialis plus quam formalis est, virtutem habent inductionis. Licet ergo sapienti forte pauciores sufficerent, tamen posuimus eas hic, quia principes philosophiae posuerant eas ante nos, et nos non tantum conamur in isto opere tradere scientiam, sed etiam laboramus, ut ex hoc opere verba Peripateticorum intelligantur.* Die anderen beiden hier erwähnten Kommentatoren hat Albert nicht lesen können; der *De caelo*-Kommentar des bedeutendsten griechischen Aristoteles-Kommentators, Alexander von Aphrodisias, ist heute verschollen. Averroes kannte allerdings eine arabische Übersetzung, so daß aus seinen Zitaten immerhin Fragmente erhalten sind. Themistius' Kommentar wurde ins Lateinische übersetzt, allerdings erst später.

[84] Die Weise, wie Meister Eckhart Autoritäten in Anspruch nimmt, muß wohl eher als untypisch gelten.

wieder annulliert. Dies nicht, weil es logisch unmöglich wäre, sondern weil es der Vollkommenheit des göttlichen Willens widerspricht.[85] Demgegenüber ist aber auch die aristotelische Kritik nicht schlechtweg zurückzuweisen; Schöpfung, die Initiierung eines niemals wieder anullierten endlichen Seins, ist eben kein Werden. Der Gedanke des Christentums ist somit nicht der, den Aristoteles an Platon verworfen hatte. Aber die Scholastik hat das Gewicht rein thetischer Konvergenzen ohnehin stark reduziert. Daher muß Platon aus methodischen Gründen zurückgewiesen werden.[86]

Die langen Ausführungen Alberts zeigen, welchen Stellenwert der wissenschaftstheoretische Status von Behauptungen und Theorien insgesamt inzwischen einnimmt. Er sagt:

> *Dixit enim Plato caelum natura esse corruptibile, sed voluntate opificis sine corruptione permanere. ›Dicentes‹ autem ›sermones hos‹ de caelo, ›non naturaliter de caelo‹ sunt perscrutati, sed potius modo divino ostendentes, qualiter causata fluunt a causa prima, quam voluntatem opificis esse asserebant.*[87]

An dieser Stelle räumt Albert im übrigen selbst ein, daß man unvermeidlich in einem über die Sprache der Naturforschung hinausgehenden Sinne zu reden hat, wenn es um die Untersuchung des Wahrheitsgehaltes der Aussagen jener Philosophen geht. Er tut dies, ohne es eigens zu vermerken, im Anschluß an Averroes. Die Frage, ob ein Hervorgebrachtes trotz seines Entstandenseins nicht untergeht (und umgekehrt), ist eine *inquisitio quasi divina*,[88] das heißt im Sprachgebrauch

[85] Thomas von Aquin, *Quodl.* IV, 3, 1 [4] (ed. Leon. XXV/2, 323–324); *De pot.* 5, 3.

[86] Albertus Magnus, *De caelo et mundo* I, 4, 10 (ed. Col. V/1, 102, 84–103, 12): *Si quis autem ad omnia haec respondere velit secundum Platonem et dicat caelum et stellas natura quidem esse dissolubiles, eo quod sunt generatae, sed voluntate opificis esse indissolubiles, eo quod id quod bona ratione compositum est, non decet sapientem opificem dissolvere, quemadmodum dicitur in Timaeo: dicemus hoc dictum non esse naturale omnino, quia, sicut habitum est in Physicis, naturalia sunt agentia, quorum actus sunt in passivis, et naturaliter patiuntur, quaecumque talium actuum sunt susceptibilia, et ideo omne factum in natura oportet, quod habeat in eadem natura suum faciens. Et ideo possibile et impossibile oportebit referre ad materiam rei factae et ad causam naturalem et non ad causam separatam et extrinsecam. Quod igitur corruptibile est de natura, hoc simpliciter est corruptibile et habet causam in natura, quae agit suam corruptionem; et si non habet talem, ipsum est incorruptibile, quia aliter omnia possent dici incorruptibilia, quia sunt incorruptibilia, si deus vult. Et ideo supra diximus, quod naturalia non sunt a casu nec a voluntate, sed a causa agente et terminante ea, nec nos in naturalibus habemus inquirere, qualiter deus opifex secundum suam liberrimam voluntatem creatis ab ipso utatur ad miraculum, quo declaret potentiam suam, sed potius quid in rebus naturalibus secundum causas naturae insitas naturaliter fieri possit.*

[87] Albertus Magnus, *De caelo et mundo* I, 4, 4 (ed. Col. V/1, 84, 11–16).

[88] Albertus Magnus, *De caelo et mundo* I, 4, 4 (ed. Col. V/1, 84, 24).

Alberts, eine metaphysische Aufgabe. Die Vollständigkeit der Untersuchung verlangt nach einer solchen Grenzüberschreitung.

Der Einwand Alberts gegen die These Platons ist kein inhaltlicher, sondern ein methodischer. Basis der Kosmologie ist der Begriff der Natur. Dies heißt negativ gewendet: Die Argumentation darf nicht auf Zufälligkeit, auf einen Willen oder eine transzendente Instanz rekurrieren. Es kann nur um das gehen, was Dinge kraft ihrer Natur hervorzubringen imstande sind und was sie natürlicherweise an Wirkungen empfangen können. Alles andere sprengt den Rahmen der Kosmologie, und was die Frage nach dem Weltanfang angeht, sogar den der Philosophie überhaupt.[89] Schon in der frühen Schrift *Summa de IV coaequaevis* hat Albert die Frage gestellt, ob der Himmel dem Entstehen und Vergehen unterliegen kann. Auch hierbei zitiert er die platonische Lehre. Er antwortet:

> *Plato loquitur per quamdam rationem similitudinis ad opificem mechanicum, qui proponit sibi materiam, et inducendum formam artificialem super diversas partes materiae constituit opus unum: unde in aliqua parte fundamentum, et in aliqua parte parietem. Similiter Deus in aliqua parte facit coelum et in aliqua terram, etc.: tamen illa pars materiae quae est in coelo, non est eadem specie vel genere cum materia quae est in generabilibus et corruptibilibus.*[90]

In dem Projekt einer vollständigen Interpretation des Opus aristotelicum, dessen Realisierung Albert nahezu zwanzig Jahre seines Lebens widmete, stand als letztes das Werk, das er noch für aristotelisch hielt: der *Liber de causis*. In diesem neuplatonischen Text gelten die einfachen Substanzen ebenfalls aufgrund ihrer Einfachheit als unzerstörbar. Hier wendet Albert die Platon-Stelle, die er erst hier[91] im Wortlaut zitiert, etwas anders:

> *Non ideo dictum est, quod in natura sua habeant principium suae corruptionis, sed propter hoc quod esse a se secundum ›id quod sunt‹ non habent, sed habent esse ab*

89 Bekanntlich vertritt Albert bei dem analogen Problem der Weltentstehung bereits eine sehr ähnliche These wie später Thomas: *De caelo et mundo* I, 4, 9 (ed. Col. V/1, 98, 51–54): *licet nos credamus tempus habuisse initium per creationem, hoc tamen non cognoscibile est per philosophiam, sed per prophetiam; Physica VIII, 1, 13* (ed. Col. IV/2, 577, 39–47): *»Sic igitur probatur et mundus esse creatus et deus duratione aeternitatis praecedere mundum. Hanc igitur nostrae opinionis habemus rationem, et si nos tam fortem rationem non haberemus, nihil opinaremus circa materiam istam, quia foedum et turpe est in philosophia aliquid opinari sine ratione. Videtur autem nobis ista ratio melior esse omnibus rationibus Aristotelis, nec tamen dicimus, quod sit demonstrativa, nec putamus demonstrabile esse vel unum vel alterum.*

90 Albertus Magnus, *Summa de creaturis* tract. III q. 7 a. 2 (ed. Borgnet XXXIV, 402b).

91 Alle Platon-Zitate findet man aufgelistet in dem immer noch nützlichen Buch von L. Gaul, *Alberts des Grossen Verhältnis zu Plato*, Münster 1913, 14f.

*influentia primi, a quo si averterentur, quod tamen impossibile est, in natura sua secundum ›id quod sunt‹ nihil essent et ab esse deficerent.*[92]

### *5.3 Thomas von Aquin*

Fast zwei Jahrzehnte nach Albert hat sein Schüler Thomas die aristotelische Schrift *De caelo* kommentiert. Wie einige andere Kommentare und die berühmte *Summa theologiae* ist auch dieser Kommentar fragmentarisch geblieben. Die Thomas-Forschung verlegt die Abfassung daher in seinen letzten Lebensabschnitt.[93] Er könnte sogar überhaupt erst in Angriff genommen worden sein, nachdem Thomas wieder Ende April oder Anfang Mai 1272 nach Neapel zurückgekehrt war. In diesem Text liegt also die letzte Äußerung des Thomas zu dem hier erörterten Problemkomplex vor. Durch den späten Zeitpunkt dieses Projektes war es Thomas im übrigen möglich, den umfänglichen Kommentar des Simplicius, den Wilhelm von Moerbeke 1271 ins Lateinische übersetzt hatte, mit zu berücksichtigen.

Thomas referiert in der 22. lectio zum ersten Buch die Einschätzung des Aristoteles, wonach alle seine Vorgänger darin übereingekommen sind, daß die Welt entstanden ist, daß sie sich aber darin unterschieden haben, ob die Welt zugleich (bzw. deswegen) auch wieder untergehen wird. Platon folgt – was Aristoteles selbst an dieser Stelle gar nicht sagt – den »Theologen« genannten Dichtern Orpheus und Hesiod. (Die beiden anderen Lehrtraditionen, Demokrit einerseits und Empedokles und Heraklit andererseits, bleiben beiseite.) Die Zusammenstellung von Platon mit jenen »Dichtern« hat aber noch einen anderen Aspekt. Es geht nicht nur darum, eine vielleicht überraschende doktrinelle Konvergenz sichtbar zu machen, sondern auch die damit vielleicht zusammenhängende Form der Artikulation. Die auch hier schonungslos vorgetragene Kritik des Aristoteles an seinem Lehrer war ein Problem für alle diejenigen, die beide großen Denker zu Autoritäten erklären wollten. Dies war nur möglich, wenn sie sich entgegen dem Anschein nicht grundsätzlich widersprechen. Soll ein Widerspruch ausgeschlossen werden, dann muß die aristotelische Kritik auf andere Weise verstanden werden. Simplicius hat in seinem umfänglichen und erst jetzt im lateinischen Westen zugänglichen Kommentar dazu einen Vorschlag gemacht: Gerade aus Gründen des Schutzes der Weisheit habe sich Platon bewußt mythisch bzw. in rätselvoller Sprache ausgedrückt. Diese Unterscheidung der

92 Albertus Magnus, *De causis et processu universitatis a prima causa* II, 5, 7 (ed. Col. XVII/2, 175, 24–30).

93 R.-A. Gauthier (ed.), *Sancti Thomae de Aquino Quaestiones de quolibet*, Opera omnia XXV/2, Rom/Paris 1996, 499: *Sententia libri De caelo* (Neapoli, 1272–1273). J.-P. Torrell, *Magister Thomas. Leben und Werk des Thomas von Aquin*, Freiburg 1995, 358.

beiden Sprachebenen macht jene Unterscheidung der Kritikadressen möglich. Dem radikalen und schulbewußten Alexander von Aphrodisias waren alle solche Konvergenzbestrebungen fremd. Er sieht Platon nicht allein sprachlich, sondern auch in der Sache von der aristotelischen Kritik getroffen. Hierbei fällt das mittlerweile fast zu Tode zitierte Wort des Thomas: *Quidquid autem horum sit, non est nobis multum curandum; quia studium philosophiae non est ad hoc quod sciatur quid homines senserint sed qualiter se habeat veritas rerum.*[94]

Thomas kommentiert in neun Lektionen die einschlägigen Kapitel des aristotelischen Textes. Seinen Analysen der Grundbegriffe und der Argumentationen hier zu folgen, ist unmöglich, aber auch unnötig. An drei Stellen bespricht er kritische Einwände gegen die aristotelischen Schlüsse, die er allesamt zurückweist.

Nachdem Thomas bereits mehrfach auf die These Platons hingewiesen hat, daß die Welt, obgleich entstanden, nicht der Vergänglichkeit anheimfallen wird, rekurriert er darauf am Ende nochmals, um die zentrale Behauptung des Aristoteles, daß etwas Unzerstörbares auch nicht hervorgebracht werden kann (und umgekehrt), erneut zu diskutieren.[95]

Gegen Platons These steht jedoch das Prinzip, daß dasjenige, was überhaupt untergehen kann, auch irgendwann untergehen wird. Thomas spricht eine offenkundig scheinende Konvergenz von Platonismus und Christentum nicht aus. Der Grund ist offensichtlich: Er tut dies deswegen nicht, weil er eine solche Konvergenz gar nicht bestehen sieht. Platon hatte eine Hervorbringung in der Form des Werdens angenommen. Dies unterscheidet ihn grundsätzlich vom Schöpfungsglauben. Gibt es aber nicht umgekehrt einen um so manifesteren Widerstreit

[94] Thomas von Aquin, In *De caelo et mundo* I, 22 (ed. R. M. Spazzi nr. 228). Dies auf die Grundoption der averroistischen Exegese zu beziehen, scheint mir nicht (mehr) überzeugend; grundsätzlich jedoch neigt Thomas dazu, die aristotelische Kritik zu relativieren, Spiazzi nr. 233: *Sed quidquid Plato intellexerit, Aristoteles, sicut dictum est, obiiciebat contra id quod verba Platonis exprimunt. Sent. De an.* I, 8 (ed. Pirotta nr. 107; ed. Leon. XLV/1, 38, 3–13): *Aristoteles plerumque quando reprobat opiniones Platonis, non reprobat eas quantum ad intentionem Platonis, sed quantum ad sonum verborum eius; quod ideo facit quia Plato habuit malum modum docendi: omnia enim figurate dicit et per symbola docet, intendens aliud per verba quam sonent ipsa verba, sicut quod dixit animam esse circulum; et ideo ne aliquis propter ipsa verba incidat in errorem, Aristoteles disputat contra eum quantum ad id quod verba eius sonant.*

[95] Thomas von Aquin, In *De caelo* I, 29 (ed. R. M. Spiazzi, nr. 283): *Potest enim aliquis obviare praedictis rationibus, dicendo quod omne genitum est corruptibile secundum suam naturam, sed potest contingere quod illud quod est corruptibile nunquam corrumpatur, propter aliquam causam conservantem ipsum in esse; sicut Plato posuit quod mundus est genitus et corruptibilis secundum seipsum, sed semper manebit propter voluntatem Dei.*

zwischen Aristotelismus und Christentum? Darauf geht Thomas ein, und zwar im letzten Paragraphen seines Kommentars zum ersten Buch:

> *Est autem considerandum quod praedictae rationes Aristotelis procedunt contra positionem ponentem mundum esse factum per generationem, et etiam esse incorruptibilem vel per se vel per voluntatem Dei. Nos autem secundum fidem catholicam ponimus quod incoepit esse, non quidem per generationem quasi a natura, sed effluens a primo principio, cuius potentia non erat alligata ad dandum ei esse infinito tempore, sed secundum quod voluit, postquam prius non fuerat, ut manifestatur excellentia virtutis eius supra totum ens; quod scilicet totum ens tantum dependet ab ipso, et eius virtus non est alligata vel determinata ad productionem talis entis. Ea vero quae ab eo sic producta sunt ut in sempiternum sint, habent potentiam et virtutem ad semper essendum, et nullo modo ad hoc quod aliquando non sint [...]. Sic igitur patet quod rationes praemissae in nullo impugnant sententiam catholicae fidei.*[96]

Schon in seinem frühen Sentenzenkommentar hat Thomas weiter keinen Anlaß gesehen, die aristotelischen Argumente für den wechselseitigen Einschluß von ungeworden/unzerstörbar bzw. geworden/zerstörbar im einzelnen zu analysieren und zu kritisieren. Es genügt ihm völlig, sicherzustellen, daß auch unter Konzession ihrer Geltung die Frage nach der Ewigkeit oder Zeitlichkeit der Schöpfung gar nicht tangiert ist, weil sie eine Art der Hervorbringung meint, die nichts in irgendeinem Sinne bereits Reales voraussetzt und daher auch kein Werden darstellen kann.[97] Schöpfung ist keine Veränderung, wie Thomas dezidiert sagt[98] – etwa vom Nichts ins Sein (welchen Schöpfungsbegriff auch Rousseau kritisiert hat).

Der aristotelische Text bezeugt bereits eine Auseinandersetzung mit dem *Timaios*, die während der gesamten antiken Philosophie nicht mehr zur Ruhe gekommen ist. Besonders kritisch gegenüber den Argumenten des Aristoteles ist Johannes Philoponus, der auf einen Selbstwiderspruch in den Einlassungen des Aristoteles selbst hinweist. Wenn Aristoteles bestreitet, daß ein Körper unendliche Kraft besitzen kann, und gleichzeitig behauptet, für eine unendliche Dauer sei eben auch eine unendliche Kraft erforderlich, dann kann er nicht zugleich die

[96] Thomas von Aquin, In *De caelo* I, 29 (ed. R.M. Spiazzi, nr. 287).

[97] Thomas von Aquin, II *Sent.* 1, 1, 5 (ed. P. Mandonnet, Paris 1929, 34).

[98] Thomas von Aquin, *ScG* II, 17; II, 18 (952): *non enim est creatio mutatio, sed ipsa dependentia esse creati ad principium a quo statuitur;* ders., II *Sent.* d. 1, 1, 2 ad 2; ders., *In Phys.* VIII, 2 (974).

Immerwährendheit des Himmels behaupten.[99] Das Mittelalter kannte das Werk nicht, in dem Philoponus dies vorbrachte. Aber Averroes hat dieses Argument referiert. Bei der Frage der möglichen Körperlichkeit Gottes kommt Thomas genau darauf zu sprechen.[100] Wenn man diese mit dem Argument ausschließt, daß damit keine unendliche Macht verbunden werden könnte, dann scheint dies umgekehrt nicht mehr zuzulassen, den Himmelskörpern Unvergänglichkeit zuzuschreiben. Dagegen spricht nun genau der Gedanke, den Platon vorgebracht hat und den Thomas hier auch wörtlich zitiert: *Natura vestra estis dissolubilia, voluntate autem mea indissolubilia ...*[101] Thomas führt aber auch die Entgegnung des Averroes an, der darin eine Unmöglichkeit gesehen hat. Wenn etwas, das vergehen kann, von anderem eine immerwährende Dauer erhielte, so hieße dies nichts anderes, als daß eben Vergängliches in Unvergängliches verwandelt würde.[102] Thomas unterscheidet, daß der Himmelskörper zwar keine passive Potenz, wohl aber eine aktive Potenz zum Sein *(virtus essendi)* hat. Bewegung schließt notwendig Ausdehnung ein. Eine unendliche Dauer setzt daher die Unendlichkeit der bewegenden Potenz voraus. Doch hat ja das Sein keine Ausdehnung, so daß hier das Argument einer prekären Unendlichkeit nicht greift. Die Differenz von bloß augenblicklicher und unendlicher Dauer betrifft ein ohnehin unveränderliches Sein nicht.[103]

### *5.4 Einige Belege aus der Hochscholastik*

Es gibt neben den für den Kommentator unumgänglichen Anlässen natürlich auch eher kontingente Rezeptionen der Lehre des *Timaios*. Zwei Beispiele seien hierzu angeführt. In der Schöpfungslehre des Johannes Duns Scotus findet sich tatsächlich ebenfalls eine *Timaios*-Reminiszenz. Zwar gilt er vielfach als Vertreter des Realismus, doch sind Zitate aus Texten der (neu-)platonischen Tradition in seinem Werk extrem selten. Duns Scotus betrachtet das Lehrstück von der notwendigen Hervorbringung der Geschöpfe nicht als einen zufälligen, sondern als einen strukturellen und symptomatischen Irrtum »der Philosophen«. Gleich-

[99] W. Wieland, »Die Ewigkeit der Welt (Der Streit zwischen Joannes Philoponus und Simplicius)«, in: *Die Gegenwart der Griechen im neueren Denken (FS H.-G. Gadamer)*, ed. D. Henrich u. a., Tübingen 1960, 291–316; hier 309 n. 17.

[100] Thomas von Aquin, *ScG* I, 20.

[101] Thomas von Aquin, *ScG* I, 20 (172).

[102] Averroes nennt den Einwand des Philoponus eine *magnam questionem et difficilem Peripateticorum*: *Com. magn. in Metaph.*, XII, 41 (Venedig 1562 [= ND Frankfurt a. M. 1962], VIII, 324a).

[103] Thomas führt die *Timaios*-Stelle auch an in *Sum. theol.* I, 66, 2; indirekte Bezugnahmen sind freilich häufiger, z. B. *Quaestio de immortalitate anime*, ed. L. A. Kennedy, in: AHDLMA 53 (1978), 220.

wohl ließe sich mit rein philosophischen Mitteln zeigen, daß Gott etwas hervorzubringen vermag. In diesem Zusammenhang führt nun Scotus den aristotelischen Gedanken an, daß alles, was hervorgebracht ist, notwendig irgendwann zugrunde gehen wird. Wenn man aber vom Hervorgebrachtwerden mit Bezug auf die Wirkungen Gottes spricht, dann läßt sich dies in drei Bedeutungen unterscheiden: (1) etwas Gleichewiges in einer anderen Natur; das Hervorgebrachtwerden widerspricht dem Sohn nicht der Ewigkeit wegen, sondern im Hinblick auf die Andersartigkeit der Natur; in derselben Natur kann nämlich nichts Endpunkt eines Machens *(terminus factionis)* sein; (2) es kann auch etwas hervorgebracht werden im Sinne eines einfachen Hervorganges – dies erfüllt den Begriff der Schöpfung; (3) in einem dritten Sinne kann das Hervorgebrachtsein auch noch die Veränderung meinen, in dem Sinne nämlich, daß etwas zuvor fehlte, dann aber vorhanden ist. Die These des Duns Scotus ist nun, daß jene aristotelische Behauptung für eine Hervorbringung in diesem dritten Sinne gilt und damit auch in ihrer kritischen Adressierung gegen Platon ihre Berechtigung hat. Allerdings: *Tamen dixit Plato contra omnem philosophiam, quia tunc haberet dicere de coelo, sicut nos dicimus de corporibus nostris post resurrectionem quod sunt corruptibilia ex se, conservantur tamen in esse perpetuo ab alio, et sic non fuisset locutus philosophice.*[104] Duns Scotus legt sich aber in der Deutung Platons nicht fest. Platon könnte Hervorbringung im zweiten Sinne gemeint haben. Duns Scotus hat offenbar den *Timaios* nicht gelesen, und ebenso offensichtlich hat er kein Interesse, Platons These für sich irgendwie in Anspruch zu nehmen. Es müßte zu verlockend gewesen sein, daraus Kapital zu schlagen. In diesem Fall käme sein Verständnis von Hervorbringung mit dem des Christentums überein. Dies schließt aber auch ein, keine Veränderung im Subjekt zu denken, d.h. kein inneres Korruptionsprinzip anzusetzen. Duns Scotus gesteht jedoch zu, daß das Argument nach den immanenten Voraussetzungen des Aristoteles Überzeugungskraft besitzt: Die Welt ist kontingent, nichts Kontingentes besteht jedoch dauerhaft. Zuletzt sagt Scotus noch mit Bezug auf die erste Deutung, daß man hier Aristoteles durchaus zugestehen müsse, daß die materiefreien Wesenheiten zwar geschaffen und hervorgebracht werden, aber als sie selbst *(formaliter)* notwendig und (daher auch) dauerhaft sind.[105]

Ein Seitenblick sei noch auf einen anderen Autor geworfen, der gerade im Disput um die Ewigkeit der Welt einen weithin beachteten Beitrag geleistet hat: auf Boethius von Dacien. Auch dieser kommt auf die *Timaios*-Stelle zu sprechen, und zwar als er ein Argument für die Ewigkeit der Welt diskutiert; dieses hatte

[104] Duns Scotus, *Rep. Par.* II d. 1 q. 3 n. 10 (ed. Vivès XXII, 535a-b).
[105] Duns Scotus, *Rep. Par.* II d. 1 q. 3 n. 10 (ed. Vivès XXII, 535b-536a).

gelautet: Das Unzerstörbare hat in sich die Kraft, immer zu existieren; dadurch ist es in seiner Unzerstörbarkeit definiert. Da die Welt nicht enstanden ist, alles Unentstandene aber auch unzerstörbar ist, hat auch die Welt als ganze die Kraft, immer zu existieren. Sie ist daher ewig. Auch Thomas führt dieses Argument an.[106]

Boethius erläutert zunächst den Begriff der Zerstörung. Im spezifischen Sinne meint dieser die Auflösung in die Materie; im weiteren Sinne bezieht er sich auf diejenige Ursache, durch die eine Wirkung ist. Der Obersatz hat so zwar seine Richtigkeit, nicht jedoch die Anwendung auf die Welt. Da diese als Wirkung gedacht werden muß, kann sie an ihr selbst zugrunde gehen. Hingegen ist es falsch zu sagen, das, was unentstanden ist, sei auch unzerstörbar. Alles was zu seiner Erhaltung einer anderen Ursache bedarf, kann an und für sich zerstört werden. *Et hanc conservationem vocabant antiqui philosophi auream catenam, qua omne ens in suo ordine a primo ente conservatur.*[107]

Boethius stellt zunächst einige Autoritäten zusammen: *Liber de causis* IX und sogar *Röm.* 11, 36 *ex ipso et per ipsum sunt omnia* – wo es ihm doch auf solche inhaltliche Konkordanzen prinzipiell nicht ankommt! Schließlich: *Plato dicit loquens in persona primi principii ipsis intelligentiis haec verba: ›Plus valet ad aeternitatis vestrae custodiam mea voluntas quam vestra natura‹*. Seine sachlichen Argumente: Was ein Wesen von der Art hat, daß es existiert, ist gar nicht verursacht. Das Verursachtsein als solches schließt es also aus, daß etwas durch sich selbst erhalten werden könnte. Außerdem bedürfte eine ewige Dauer auch einer unendlichen Kraft, welche keinem endlichen Seienden zukommen kann: *in nullo ente causato est virtus infinita nec duratio aeterna per se, sed per virtutem primi principii cuius virtus per se est aeterna et infinita.*[108] Hier allerdings kommt nicht zur Geltung, daß im platonischen Gedanken der Wille eine Rolle spielt. Es geht Boethius einzig um die notwendige Fremderhaltung des Endlichen.

### *5.5 Johannes Buridan*

Das vom Nominalismus bestimmte 14. Jahrhundert ist naturgemäß nicht der Höhepunkt für den »Platonismus im Mittelalter«. Um so interessanter könnte es sein, wenigstens ein Beispiel einer »nominalistischen« *De caelo*-Kommentierung zu betrachten. Es kann hier nicht die Aufgabe sein, die mittelalterlichen *De caelo*-

[106] Thomas von Aquin, *Sum. theol.* I, 46, 1 arg. 2.

[107] Boethius von Dacien, *De aeternitate mundi* (ed. N. G. Green-Pedersen, Hauniae 1976, 358). Die deutsche Erstübersetzunge findet sich in der Anm. 57 angegebenen Anthologie.

[108] Boethius von Dacien, *De aeternitate mundi* (ed. Green-Pedersen, 359).

Kommentare nach ihrer Stellung zu diesem Problem zu beurteilen. Ihre Zahl ist gewaltig.[109]

Auf einen dieser Kommentare sei jedoch noch kurz eingangen, da er von einem der bedeutendsten Naturphilosophen des 14. Jahrhunderts, Johannes Buridan, stammt. Er hat sich sogar zweifach und in unterschiedlicher Form – *Expositio und Quaestiones* – dem aristotelischen Text zugewandt. Von Interesse sind diese Texte aber natürlich auch deswegen, weil sie nicht in einem theologischen Kontext stehen.

Was bei Thomas nur vereinzelt anklingt, dann aber sofort zurückgewiesen wird, nämlich eine Kritik an der aristotelischen Argumentation (und nicht nur eine Unterscheidung im Hinblick darauf, wofür sie angemessenerweise in Anspruch genommen werden kann) – dies wird bei Buridan ziemlich deutlich und ziemlich unverblümt vorgebracht.

Buridan hat sich als Magister artium von Amts wegen aus theologischen Diskussionen herauszuhalten. Immer wieder aber vermerkt er Konvergenzen oder auch problematische Konfliktfälle.[110]

Er bezieht einen Begriff von Möglichkeit mit ein, der für die Konzeption des Schöpfungsglaubens vorausgesetzt werden muß, der also über die naturphilosophische Perspektive dadurch hinausgeht, daß der logischen Möglichkeit jetzt in Form der *omnipotentia divina* eine reale Kraft zugewachsen ist. Zwar ist die Hervorbringung aus nichts eine übernatürliche Form der Entstehung und gehört deshalb nicht in die Philosophie (auch nicht in die Metaphysik!), sondern in die Theologie. Aber gleichwohl erhält Buridan die Möglichkeit einer göttlichen Destruktion der Welt aufrecht, die für ihn offensichtlich und unverkennbar

[109] In der hervorragenden Sammlung »Medieval Latin Aristotle Commentaries«, die Charles Lohr in *Traditio* 23–29 (1967–73) veröffentlicht hat, finden sich für das 13. und 14. Jahrhundert folgene Kommentare belegt (nicht alle sind überliefert!): Adam von Buckfeld (Bouchermefort); Aegidius Romanus; Albertus Magnus; Albert von Sachsen; Antonius Trombeta; Blasius von Parma; Boethius von Dacien; Conradus de Soltau; Dominikus von Clavasio; Galfrid von Aspall; Henricus(I); Henricus (II); Henricus de Gandavo; Henricus Totting de Oyta; Hermannus; Jacobus de Blanchis (de Albis) de Alexandria OFM; Jacobus Ferrariensis O. P.; Janinus (Janninus) de Pistorio O. P.; Johannes Baconthorpe; Johannes Buridan; Johannes de Janduno; Johannes de Sancta Fide (Sanctafidensis) O. Carm.; Johannes von Schlettstadt; Peter von Auvergne (de Crocq); Marsilius von Inghen; Nikolaus von Oresme; Nicolaus de Trioa (de Aquilone) O. P.; Richardus de Lavenham (Lavingham) O. Carm.; Robert Grosseteste; Robert Kilwardby; Roger Bacon; Thomas Anglicus [?]; Thomas von Aquin (bis III 8; vollendet durch Peter von Auvergne); Thomas Bungay O.F.M.; Thomas Netter Waldensis O. Carm. [?]; Thomas de Sutton O. P. [?]; Urbanus de Bononia O.Serv. [?]; Walter Burley; Wilhelm de Bonkes (Bonkis); Wilhelm Peraldus.

[110] Vgl. R. Schönberger, *Relation als Vergleich. Buridans Theorie der Relation im Kontext der Scholastik*, Leiden 1994, 311 ff.

ebenso aus Gründen der Glaubenskompatibilität von Interesse ist wie der Umstand, daß diese Möglichkeit zwar Gott und nur er hat, daß er sie aber auch niemals realisieren wird.[111]

Schon in der *Expositio*,[112] erst recht in den *Quaestiones* sieht sich Buridan gezwungen, sich von den aristotelischen Argumenten zu distanzieren. Ockham hatte Aristoteles des öfteren eine unsachgemäße Redeweise bescheinigt, daraus aber nirgends eine grundsätzlich aristoteles-kritische Konsequenz gezogen. Er nimmt dies vielmehr zum Anlaß, diese Sprache im Sinne seiner Sprachlogik zu korrigieren. Buridan ist auch hierin noch weniger apologetisch. Als Beispiel sei ein Text angeführt, der als Vorrede zu seiner Diskussion der Implikationen geworden/vergänglich bzw. ungeworden/unvergänglich gelten kann:

> *Credo quod isto proposito et in sibi annexis Aristoteles multa dicit quae non possunt bene salvari, nisi multum diversimode accipiendo eosdem terminos in uno dicto et in alio dicto [. . .] ipse ponit aliquas rationes quae pure sunt sophisticae.*[113]

Das letzte Argument des Aristoteles gegen Platon findet noch die größte Zustimmung. Buridan nennt es *magis propria ut sic* und fügt explizierend hinzu: *et magis naturalis*. Es basiert auf dem Verhältnis der Kontrarietät, welches zwischen dem Enstandenen und seinem Woraus bestehen muß. Wenn dies gilt, dann bleibt aber jedes Entstandene von einer gegenteiligen Wirklichkeit bedroht. Buridan schließt:

> *Et credo quod ipse intendit non quantum ad identitatem numeralem, sed quantum ad identitatem specificam. Aliter iste tractatus non haberet multum efficaciam neque naturaliter loquendo neque supernaturaliter.*[114]

Für den von allen theologischen Ansatzmöglichkeiten abstrahierenden Naturphilosophen wird nunmehr der Gedanke einer göttlichen Erhaltungskraft ob-

111 Buridan, *Expos. De caelo* I, 4, 1 (ed. Patar 66): *Et ista est secunda conclusio, quae etiam secundum fidem est vera: si enim Deus fecit mundum – et non est facilius facere quam destruere –, concludendum est quod potest ipsum destruere, licet non sequatur quod aliquando destruet ipsum.*

112 Buridan, *Expos. De caelo* I, 4, 3 (ed. Patar 79): *Et sciendum est quod saepe Aristoteles intermiscet praedictas de inesse et de possibili, quasi non faciens differentiam inter eas, propter hoc quod ipse intendit de possibili prout potentia connotat carentiam actus;* Patar 86: *Et istae conclusiones, sicut ponuntur, sunt falsae, et rationes sophisticae, sicut videbitur in quaestionibus.*

113 Buridan, *Quaestiones in Aristotelis De caelo* I q. 26 (ed. Patar 377).

114 Buridan, *Expos. De caelo* I, 4, 3 (ed. Patar 88); ich weiche vom Text Patars ab, der *identitatem naturalem* hat; dies gibt aber als Gegensatz zu *identitas specifica* keinen Sinn; eine andere Handschrift (Wien, Nationalbibliothek 5302) hat im übrigen – trotz aller unabweisbaren Vorbehalte – diese Version.

solet. Wie bereits angeführt,[115] räumt Buridan die Möglichkeit der Annihilation ein. Da es sich hierbei jedoch nur um eine logische Möglichkeit handelt, kann dies für eine Natur*philosophie* gar kein relevanter Gesichtspunkt der Betrachtung sein. Buridan berücksichtigt nur diese Möglichkeit, entnimmt aus ihr aber nicht mehr, als daß Gott sie eben nicht realisiert. Der theologische Nominalismus in Gestalt von William Ockham hatte interessanterweise noch ein Jahrzehnt zuvor den Erhaltungsgedanken überhaupt als die einzige Möglichkeit angesehen, wie der Mensch sich auf rationale Weise der Existenz Gottes versichern kann. Man kann zwar von der Wirkung auf die Ursache schließen, etwa im Hinblick auf ihr Sosein. Aber die hier erforderliche Bestimmung der Existenz der Ursache muß ihre Gleichzeitigkeit mit der Ursache sein. Dieser Gedanke ist zwar nicht neu, doch schränkt Ockham die Kausalitätsrelation nicht wie im klassischen Bewegungsbeweis auf die Gleichzeitigkeit von Ursache und Wirkung (und den dann erforderlichen Ausschluß eines unendlichen Regresses mit der unausweichlichen Folge eines aktual Unendlichen) ein. War im Platonismus das Gute als das Erhaltende bestimmt worden,[116] so wird jetzt das Erhaltungsproblem zum einzigen Ansatz für den Gottesgedanken.[117]

## 6. Resümee

Was hat der Durchgang durch mittelalterliche Variationen zur Rede des Demiurgen erbracht? Grundsätzlich bleibt die Differenz zwischen der antiken Kosmologie und den Theoretikern der Schöpfungslehre, so daß die Alternative hinsichtlich des Kosmos (geworden/ungeworden) nicht mehr als erschöpfend angesehen werden kann. Es können also nicht mehr die Einwände gelten, die Aristoteles gegen Platons Verknüpfung eines zwar durch das Werk des Demiurgen entstandenen, dann aber nicht mehr dem Untergang ausgesetzten Kosmos vorgebracht hat. Aristoteles hält diese Verknüpfung schon aus logischen Gründen für unhaltbar, was zur Folge hat, daß der Gesichtspunkt der Vollkommenheit gar nicht mehr zum Zuge kommen kann. Umgekehrt aber läßt sich die Differenz des Demiurgen zum Schöpfer der Welt in keiner Interpretation zum Verschwinden bringen. Doch bleibt immerhin das analoge Verhältnis zum Gedanken einer Wirklichkeit, die zwar einen Anfang genommen hat, der aber

[115] Cf. Anm. 79.

[116] Plotin, *Enn.* VI 9, 6; Syrianus, *In Met.*, CAG VI/1, 60, 7–8; Proklos, *Elem. Theol.*, 13 etc. etc.

[117] *Quaestiones in libros Physicorum Aristotelis*, qq. 135–136 (OPh VI, 762–769); *Ordinatio* I d. 2 q. 10 (OTh II, 355 f).

kein Ende beschieden sein wird. Das Mittelalter kennt dieses Verhältnis sogar in einer zweifachen Weise: Erstens unterliegen die geistigen Wesen schon aus Gründen ihrer Verfaßtheit nicht dem Vergehen (wohl aber der Möglichkeit der Vernichtung durch Gott). Zweitens aber ließe sich das Ganze des Universums durchaus nicht von der Möglichkeit der Vernichtung freihalten.

Doch schließt der schöpferische göttliche Wille, etwas Nicht-Göttliches sein zu lassen, auch eine Art Selbstbindung ein, von der Möglichkeit der Totalvernichtung, wenn man so sagen darf, keinen Gebrauch zu machen. Dies bringt das Lebendige in eine ambivalente Stellung: Es ist einerseits zur Beständigkeit geeignet, doch nimmt es hierfür eine Kraft in Anspruch, die deswegen nicht zu seiner Natur gehört, weil diese zugleich der Grund für die Etablierung einer solchen Natur ist. Die Vollkommenheit des Gewordenen als Grund seiner Beständigkeit anzugebenen, mag nun seinerseits doppeldeutig erscheinen. Dieser Gedanke scheint in das Dilemma zu geraten, die entsprechenden Eignungen entweder als Beschreibung seiner puren Macht zu nehmen. Oder aber den affirmativen Charakter der Schöpfung, anders gesagt, die Normativität des Wirklichen, als einen bloßen Überbau von etwas zu nehmen, was eben imstande ist, sich im Dasein zu halten. Doch läßt sich diese Idee nur auf einzelne Dinge bzw. einzelne Arten von Dingen beziehen. Denn nur diese stehen in möglicher oder wirklicher Konkurrenz zueinander.

Beim Kosmos insgesamt gibt dieser Gedanke jedoch keinen Sinn mehr. Dies führt Platon dazu, die Bestandskraft des Kosmos an den Willen einer außerkosmischen Instanz zu binden. Die Vollkommenheit als Grund für die Existenz bzw. Fortexistenz von etwas zu denken, mag für sich genommen in die Nähe eines Kuriosums geraten. Einen ganz anderen Grad von Verbindlichkeit und Plausibilität nimmt dieser Gedanke jedoch an, wenn zugleich eine Instanz gedacht wird, für die das Vollkommensein selbst ein Grund seines Handelns ist. Sie wäre nicht vollkommen, wenn man diesen Aspekt von ihr zu lösen vermöchte. Die erstaunliche Wirksamkeit dieses zwar in sich aspektreichen, aber doch scharf umgrenzten Gedankens in der Geschichte des manchmal allzu unscharf definierten Platonismus trifft offenbar auf Voraussetzungen und Resonanzen, die sich erst bei einem Gang durch die mittelalterliche Denkgeschichte zeigen, der bei aller Freude an historischen Details die umfassenden Zusammenhänge in der Sache nicht aus den Augen verliert.

# Wissenschaft contra Religion? Zum Fall Galilei

*Richard Schröder (Berlin)*

Über Galilei gibt es ca. 8000 Bücher, denn der »Fall Galilei« ist zum Symbol geworden. Er gilt als der *Märtyrer der Wahrheit der Wissenschaft.* Die Inquisition hat ihn gezwungen, einer wissenschaftlichen Erkenntnis, daß sich nämlich die Erde um die Sonne dreht, abzuschwören. Er hat, um sein Leben zu retten, dieser Zumutung nachgegeben, danach aber trotzig gesagt: »Und sie bewegt sich doch«. Und er hat recht behalten. Die Wissenschaft hat sich gegen religiösen Aberglauben, Fanatismus und Obskurantismus durchgesetzt. Das finstere Mittelalter, in dem die Kirche die Wahrheit unterdrückt hat, wurde besiegt, es wurde Licht: Aufklärung.

Galilei, der Märtyrer der Wissenschaft, dies Bild hat sich tief ins europäische Bewußtsein eingeprägt. Kein anderes Ereignis der Kirchengeschichte hat dem Ruf der Kirche bis heute so geschadet wie die Verurteilung Galileis.

Mitte des 20. Jahrhunderts kamen allerdings noch andere Töne ins Spiel. Bertolt Brecht schrieb sein berühmtes Stück *Das Leben des Galilei* unter dem Eindruck der Atombombe um. Galilei steht nun für den *Verrat des Wissenschaftlers an der Wahrheit der Wissenschaft.*[1] Gertrud von Le Forts Novelle *Am Tor des Himmels*[2] läßt einen zynischen deutschen Atomphysiker in den letzten Kriegs-

[1] Zu den verschiedenen Fassungen vgl. J. Knopf, *Brecht-Handbuch*, Stuttgart 1980, 157–176. – Brecht hat in der letzten Fassung (1954) von der dichterischen Freiheit einen so lebhaften Gebrauch gemacht, daß etwa verbliebene Ähnlichkeiten mit dem historischen Galilei eher zufällig und kaum noch beabsichtigt sind. Daß Galilei mit seinen Schriften die Macht der Kirche untergraben wollte und daß der Copernicanismus von irgend jemandem, geschweige denn vom einfachen Volk, sozialrevolutionär-umstürzlerisch gedeutet worden wäre, ist ebenso frei erfunden wie die Darstellung, die Kirche habe befürchtet, mit dem Verlust der Mitte breche die Ordnung zusammen, verlöre das einfache Volk seinen Trost und Gott die Erde aus dem Blick. In der ersten Fassung (1938) steht sein Galilei für die »Schlauheit des Überlebens«, für den Widerruf als Tarnung der konspirativen Fortsetzung seiner die Menschheitsbefreiung befördernden Forschung. In den späteren Versionen aber ist er schließlich der bürgerliche Verräter an der Wissenschaft, der sich damit aus der progressiven Geschichte der Wissenschaft ausgelöscht hat und dies auch weiß. Auch dies hat mit dem wirklichen Galilei nichts zu tun.

[2] G. von Le Fort, *Am Tor des Himmels*, Wiesbaden 1954. – Auch sie ist dem antiklerikalen Galilei-Bild des 19. Jahrhunderts erlegen: Die Jupitermonde seien Beweis für das neue Weltbild (14f.), das neue Weltbild lasse keinen Platz für Gott (18), Bruno sei copernicanischer Märtyrer gewesen (19; 45). Die Gestalt des Inquisitors ist zu sehr nach Dostojewskis

tagen auf alte Papiere stoßen, die ihn mit der Geschichte Galileis konfrontieren. Nach Kriegsende geht er nach Amerika, um am Atombombenprojekt zu arbeiten. Beidemal wird, je verschieden, Galilei mit den schrecklichen Folgen seiner neuen Wissenschaft konfrontiert. Dieselbe Frage, die nach der Verantwortung des Wissenschaftlers, stellt sich heute erneut angesichts ihrer jüngsten Erfolge: der Gentechnologie. Neben den Problemen, die durch Wissenschaft und Technik *gelöst* werden, häufen sich die Probleme an, die durch Wissenschaft und Technik *erzeugt* werden. Je mehr wir tun *können*, um so dringender wird die Frage, was von all dem wir auch tun *dürfen*. Manche fragen, ob wir denn alles *erforschen* dürfen. Die Angst vor Erkenntnissen, die dem Wohl der Menschheit schaden könnten, ist aber der Angst der Inquisition vor Erkenntnissen, die dem Heil der Menschheit schaden könnten, gar nicht so unähnlich.

Die Galilei-Forschung hat in 150 Jahren an der kämpferischen Galilei-Legende der Aufklärung längst eine ganze Reihe beachtlicher Korrekturen angebracht. Aber auch in diesem Falle zeigt sich: Wer sich am Heiligen vergreift, muß mit dem Zorn der Gläubigen rechnen, der manchmal bis zum Widerstand gegen Tatsachen geht. Legenden lieben Schwarz-Weiß, denn sie dienen der Vergewisserung darüber, wo das Gute und wo das Böse wohnt. Historische Forschung dagegen bringt in der Regel zu Schwarz und Weiß noch Grautöne ins Bild. Den Widerstand gegen die Grautöne, geboren aus der Sorge, daß das Schwarz aufgehellt und das Weiß verdunkelt werde, nennen wir, wenn wir nicht selbst betroffen sind, Fanatismus. Die folgenden Irrtümer der Galilei-Legende werden gar nicht so selten fanatisch verfochten.

## I. Sieben Irrtümer in der Galilei-Legende

### 1. *Die Kirche habe sich im Fall Galilei typisch verhalten, denn sie habe zuvor schon das Hauptwerk des Copernicus verboten und Giordano Bruno verbrennen lassen, weil er Copernicaner war.*

1633 wurde Galilei von der Inquisition gezwungen, der copernicanischen Lehre abzuschwören. Sein *Dialog über die beiden Weltsysteme*, in dem er den Copernicanismus zwar nicht ausdrücklich vertreten, aber mit großer Sympathie bedacht hatte, wurde auf den Index gesetzt. Erst 1835 wurde er vom Index gestrichen.[3]

Großinquisitor in den *Gebrüdern Karamasow* geraten. – Solche historische Kritik an Literatur hat immer etwas Unangemessenes. Hier dient sie nur als Beleg für die Macht der Galilei-Legende auch über jemanden, der sich der katholischen Kirche verbunden wußte.

3 Nach dem Urteil der Inquisition hat der Papst zusätzlich alle seine Schriften verboten, darunter auch die ihm gewidmete und von ihm seinerzeit geschätzte: *Il Saggiatore*. Allerdings erschien

Nur: Als Galilei der copernicanischen Lehre abschwören mußte, war diese Lehre bereits über hundert Jahre unangefochten bekannt. Seit ca. 1510 nämlich hatte Copernicus die Heliozentrik in seinem handschriftlich verbreiteten *Commentariolus*[4] vertreten. Aber diese Kunde ist vielleicht nicht bis nach Rom gedrungen? Ein in München aufbewahrter Codex enthält folgende Eintragung: »Papst Clemens VII. schenkte mir diesen Codex im Jahre 1533 zu Rom, nachdem ich ihm in Anwesenheit der Kardinäle Fr. Ursinus, Joh. Salvatius, des Bischofs Petrus von Vitebo und des Arztes Matthaeus Curtius in den Vaticanischen Gärten die Copernicanische Lehre über die Bewegung der Erde erläutert habe«.[5] Copernicus war in Rom kein Unbekannter, hatte er doch an der päpstlichen Kalenderreform unter Leo X. mitgewirkt.[6]

1543 erschien sein Hauptwerk mit der Unterstützung zweier Bischöfe. Nikolaus Schönberg, Kardinal von Capua, schrieb ein Vorwort. Bischof Giese von Culm wandte sich empört an den Rat der Stadt Nürnberg, weil der dortige Buchdrucker ein unautorisiertes Vorwort des evangelischen Theologen Osiander beigefügt hatte, in dem dieser die Heliozentrik als bloße Hypothese bezeichnete, die nicht weniger absurd sei als die ptolemäische.[7] Copernicus selbst war übrigens Domherr in Frauenburg.

Erst 1616, also 73 Jahre nach dem Erscheinen, wurde das Hauptwerk des Copernicus – nicht etwa verboten oder auf den Index gesetzt, sondern durch ein Dekret der Indexkongregation »suspendiert, bis es korrigiert ist«. Die Korrektur

bereits 1655/56 eine Auswahl seiner Schriften mit Genehmigung der Inquisition. Erst 1822 wurde das Verbot der Inquisition, die Bewegung der Erde und den Stillstand der Sonne zu behaupten, aufgehoben. In protestantischen Ländern wurden seine Werke ohnehin kontinuierlich gedruckt.

4 N. Copernicus, »De Hypothesibus motuum coelestium a se constitutis Commentariolus«, in: ders., *Das neue Weltbild. Lateinisch - deutsch*, übersetzt und hrsg. von H. G. Zekl, Hamburg 1990 (Phil. Bibl. 300), 2–35 [im folgenden verkürzt zitiert als *DNW*].

5 Die Eintragung von Widmanstadt wird zitiert in der Einleitung zu N. Kopernikus, *Erster Entwurf eines Weltsystems*, hrsg., übersetzt und erläutert von F. Rossmann, München 1948, 31, Anm.1.

6 Darauf verweist Galilei in seinem Brief an die Großherzogin Christiane von Lothringen, in: *Le opere de Galileo Galilei*, Edizione Nazionale Bd. 5, Firenze, 312 [im folgenden verkürzt zitiert als *EN*]; englisch in: *Discoveries and opinions of Galilei*, transl. by S. Drake [im folgenden verkürzt zitiert als *DO*], New York 1957, 178. Copernicus weist im Vorwort an den Papst darauf hin, daß ihn damals Bischof Paul von Fossombrone, der die Kalenderreform leitete, zu seine Arbeit ermuntert habe. *DNW*, 78 f.

7 E. Zinner, *Entstehung und Ausbreitung der copernicanischen Lehre*, Erlangen 1943, 255. – Osianders Beleg für Absurditäten im ptolemäischen System, wenn es realistisch gedeutet wird, ist die Größe des Venus-Epizykels, deren Konsequenz, nämlich erheblich wechselnde scheinbare Größe der Venus, nicht beobachtet werden kann. *DNW*, 60 f.

erfolgte 1620 durch sechs Textänderungen, die die Behauptung der Erdbewegung durch hypothetische Formulierungen ersetzten. Das Werk wurde also nicht etwa aus den Bibliotheken entfernt oder gar zu lesen verboten.

Und Giordano Bruno wurde von der Inquisition verurteilt, weil er die Inkarnation geleugnet hat. Für seinen Copernicanismus, den er selbst gegenüber den Inquisitoren angesprochen hat, hat sich die Inquisition nach Ausweis der Inquisitionsakten nicht interessiert. Diese sind aber erst seit 1942 bekannt.[8] Früh schon konnte deshalb aus Unkenntnis das Gerücht aufkommen, zwischen dem Schicksal Brunos und Galileis bestehe ein Zusammenhang. Im Verfahren gegen Galilei ist aber auf Bruno überhaupt nicht Bezug genommen worden,[9] und Galilei hat sich auch in seinen Schriften nicht für ihn interessiert. Denn Bruno, der Visionär, beschäftigte sich nicht mit Mathematik.

Am 4. August 1597 offenbart Galilei brieflich Kepler, daß er zur Auffassung des Copernicus gelangt sei. »Viele Begründungen und auch Widerlegungen gegenteiliger Gründe verfaßte ich, was ich jedoch bisher nicht zu veröffentlichen wagte, abgeschreckt durch das Schicksal unseres Lehrers Kopernikus. Dieser verschaffte sich freilich bei einigen unsterblichen Ruhm, von unendlich vielen aber (so groß ist nämlich die Zahl der Toren) wurde er verlacht und ausgepfiffen.«[10] Galilei hatte also zu jenem Zeitpunkt nicht Angst vor der Inquisition, sondern vor – der Lächerlichkeit. Dieselbe Sorge hatte schon Copernicus selbst, als er in der Vorrede seines Hauptwerks an Papst Paul III. schrieb: »Es darf daher Kundige nicht wundernehmen, wenn solche Leute sich auch über uns lustigmachen werden«.[11]

Obwohl 1616 durch die Inquisition das Hauptwerk des Copernicus suspendiert und Galilei von Bellarmin namens der Inquisition vermahnt worden war, ist Galilei noch acht Jahre später bei seiner vierten Romreise 1624 vom Papst Urban VIII., der später seine Verurteilung betrieb, sechsmal empfangen worden. Ein Kardinal berichtet ihm, der Papst habe ihm zur Lehre des Copernicus erklärt, »daß die Heilige Kirche sie weder verdammt habe noch im Begriffe stünde, sie als ketzerisch zu verdammen, sondern lediglich als vermessen«.[12]

Der Prozeß der Inquisition gegen Galilei hat nicht nur diesen völlig überrascht. Descartes schreibt an Mersenne Ende November 1633, er habe erfahren, daß

8 *Il Sommario del processo di Giordano Bruno*, hrsg. von A. Mercati, Rom 1942.

9 Vgl. H. Blumenberg, *Die Genesis der kopernikanischen Welt*, Frankfurt a. M. ²1985, 416 ff.: »Kein kopernikanisches Martyrium«.

10 Übersetzung nach: G. Galilei, *Schriften, Briefe, Dokumente* Bd. 2, hrsg. von A. Mudry, Berlin (Ost) 1987, 9 [im folgenden verkürzt zitiert als *Briefe*].

11 *DNW*, 76 f.

12 Galilei an Federico Cesi (8. Juni 1624), in: *Briefe*, 69.

Galileis Buch über die beiden Weltsysteme »in der Tat gedruckt worden sei, daß aber sämtliche Exemplare zu gleicher Zeit in Rom verbrannt und er zu einer Buße verurteilt worden sei; selbiges hat mich so verwundert, daß ich mich fast entschloß, alle meine Papiere zu verbrennen oder sie zum mindesten niemandem zu zeigen. Denn ich konnte mir nicht vorstellen, daß er, der doch Italiener und sogar vom Papst, wie ich vernehme, wohlgelitten ist, für etwas anderes hätte vor Gericht gebracht werden können als dafür, daß er ohne Zweifel die Bewegung der Erde behaupten wollte.«[13]

Fazit: Der Prozeß Galilei war ein Novum. Bis dahin hatte die (katholische) Kirche astronomische Fragen noch nicht zum Gegenstand von Inquisitionsverfahren gemacht.

### 2. *Die Geozentrik sei ein Dogma der Kirche gewesen, deshalb habe diese die Heliozentrik von Anfang an bekämpft.*

1616 wurden den Qualifikatoren der Inquisition zwei Thesen vorgelegt, die sie am 24. Februar 1616 folgendermaßen zensiert haben: »In betreff des ersten Satzes: ›*Die Sonne ist im Zentrum der Welt und gänzlich unbeweglich in örtlicher Bewegung*‹ erklären sie alle, diese Behauptung sei töricht und absurd in der Philosophie und formell ketzerisch, insofern sie den Äußerungen der Heiligen Schrift an vielen Stellen nach dem Wortlaut und nach der übereinstimmenden Auslegung und Auffassung der heiligen Väter und der theologischen Doktoren ausdrücklich widerspricht. In betreff des zweiten Satzes: ›*Die Erde ist nicht Zentrum der Welt und nicht unbeweglich, sondern bewegt sich in bezug auf sich selbst auch in täglicher Bewegung*‹ erklären alle: für die Behauptung gelte dieselbe Zensur in der Philosophie und was die theologische Wahrheit betrifft, so sei sie zum mindesten irrtümlich im Glauben.«[14]

Die Inquisition selbst ist 1616 in der Sache nicht weiter tätig geworden, aber die Indexkongregation hat am 5. März 1616 ein Dekret erlassen, das den Hiobkommentar des Diego de Zúniga und das Buch des Copernicus bis zur Korrektur suspendiert. Das Buch Foscarinis, des Provinzials der Karmeliter in Kalabrien, das die Vereinbarkeit des Copernicanismus mit der Bibel dargelegt hatte, wird verboten. Foscarini bleibt unbehelligt, aber sein Buchdrucker wird belangt.

Der Beschluß der Qualifikatoren belegt erstens, daß die beiden Fragen bis dahin durch keine kirchenamtliche Stellungnahme entschieden waren, auf die

[13] Descartes an Mersenne (Ende November 1633), in: *Briefe*, 119.

[14] Zit. nach: E. Wohlwill, *Galilei und sein Kampf für die copernicanische Lehre* Bd. 1, Leipzig 1909, 623. – Das Urteil der Inquisition von 1633 zitiert diesen Text: *Briefe*, 206.

man sich hätte beziehen können. Zweitens ist an diesem Dokument sehr ungewöhnlich, daß eine Zensur nicht nur in der Theologie, sondern auch *in der Philosophie* ausgeübt wird, denn das Heilige Officium war zuständig für Fragen des Glaubens und des Lebens und weder für philosophische noch für wissenschaftliche Fragen. Allerdings war diese Zensur in der Philosophie folgenlos, denn Torheit war auch damals nicht strafbar. Warum dann überhaupt eine Zensur in der Philosophie? Die Gutachter wollen klarstellen, daß *kein Konflikt zwischen Vernunft und Glaube* oder Wissenschaft und Religion vorliegt.[15] Den wollten die Qualifikatoren vermeiden – und haben doch durch diese Zensur in der Philosophie den größten Konflikt dieser Art in der Kirchengeschichte provoziert. Und drittens ist auffällig, daß der Spruch nicht sagt, die Thesen des Copernicus seien unter philosophischem Gesichtspunkt *falsch* – im Gegensatz zur wohlbekannten richtigen. Behauptet wird, sie seien *absurd*, das heißt indiskutabel. Dem Grund für die behauptete Absurdität wird noch nachzugehen sein. Viertens ist auffällig, daß die beiden Fragen getrennt und verschieden gewertet werden, obwohl sie nur

15 Bellarmin (1542–1621), der am Verfahren von 1616 führend beteiligt war, schreibt am 12. April 1615 an Foscarini. Er bedankt sich für die Übersendung des Buches, das er mit Vergnügen gelesen habe und gibt ein vom Verfasser erbetenes Gutachten. »Zum ersten. Ich halte dafür, daß Euer Hochwürden und der Herr Galileo klug daran täten, sich darauf zu beschränken, ex suppositione und nicht absolut zu sprechen, wie ich immer glaubte, daß Kopernicus gesprochen habe. Indem man von der Annahme spricht, daß die Erde sich bewege und die Sonne still stehe, wird der Schein besser gewahrt, als wenn man die Exzentrizitäten und Epizykeln darlegt [...] und dieses genügt dem Mathematiker. [›Den Schein wahren‹ ist eine irreführende Übersetzung. Gemeint ist: den Erscheinungen, dem Sichtbaren Genüge tun, σῴζειν τὰ φαινόμενα.] Zum zweiten. Ich halte dafür, daß ihr wißt, das Konzil verbietet, die Schrift gegen die einhellige Ansicht der Kirchenväter auszulegen. [...] Ebensowenig kann man dem entgegenhalten, daß dies keine Angelegenheit des Glaubens wäre, denn wenn es auch keine Glaubensangelegenheit ex parte obiecti ist, so ist es doch ex parte dicentis eine Glaubensangelegenheit; und solcherart wäre derjenige ein Ketzer, welcher sagte, daß Abraham nicht zwei und Jacob nicht zwölf Söhne gehabt hätte [...]. Zum dritten. Ich halte dafür: wenn es wahrhaft bewiesen würde, daß die Sonne im Mittelpunkt der Welt und die Erde im dritten Himmel steht und daß nicht die Sonne die Erde umkreist, sondern die Erde die Sonne umkreist, dann müßte man sich mit großem Bedacht um die Auslegung der Schriften bemühen, die dem zu widersprechen scheinen, und eher sagen, daß wir es nicht verstehen, als zu sagen, das Bewiesene sei falsch. Aber ich werde nicht glauben, daß es einen solchen Beweis gibt, solange es mir nicht bewiesen worden ist; es ist nicht dasselbe, ob man den Beweis *für die Annahme* erbringen will, daß die Sonne im Mittelpunkt steht und die Erde am Himmel, und damit der Augenschein gewahrt wird, oder ob man zu beweisen sucht, daß die Sonne *in Wirklichkeit* im Mittelpunkt steht und die Erde am Himmel; denn von dem ersten Beweis glaube ich, daß er möglich sein könnte, aber bezüglich des zweiten hege ich größten Zweifel, und im Zweifelsfalle darf man nicht von der Heiligen Schrift und der Auslegung der Kirchenväter abrücken« (*Briefe*, 46 f.). Galilei beruft sich im Prozeß von 1633 auf diesen Brief. Vgl. *Briefe*, 189.

zwei Seiten desselben astronomischen Zusammenhangs sind: wenn die Sonne stillsteht, muß sich die Erde mindestens zweifach bewegen und umgekehrt, um Tageslauf und Jahreslauf erklären zu können. Die Qualifikatoren berücksichtigen diesen simplen astronomischen Zusammenhang nicht. Und fünftens muß verwundern, daß nicht die Bestreitung der Geozentrik als formell ketzerisch angesehen wird, obwohl doch die Kirche angeblich an ihr ein so großes Interesse gehabt haben sollte. Sie gilt lediglich als »mindestens irrtümlich im Glauben«. Als formell ketzerisch wird die These vom Sonnenstillstand qualifiziert. Das Interesse an der Bewegung der Sonne ist also größer als das an der Mittelpunktstellung der Erde. Der Grund ist genannt: der *Wortlaut* vieler Bibelstellen[16] sowie die Schriftauslegung der Kirchenväter und theologischen Doktoren. Sechstens muß auffallen, daß dagegen die Zensur »in der Philosophie« keine Gründe nennt. Denn es gab gar keine kirchlich autorisierte Philosophie oder Physik, sondern lediglich philosophische Optionen der verschiedenen Orden, von denen sich die Dominikaner besonders Aristoteles, die Franziskaner besonders Augustin und seinem Platonismus, die Jesuiten aber auch zeitgenössischen Strömungen, namentlich dem Humanismus, gegenüber offen zeigten. Hätte sich die Inquisition hier eine bestimmte (natur-)philosophische Option zu eigen gemacht und mit naturphilosophischen Gründen versehen, hätte sie Kontroversen unter den rechtgläubigen Theologen ausgelöst, weil sie den praktizierten philosophischen Pluralismus angetastet hätte. De facto hat sie ihn allerdings trotzdem angetastet.

Das Mittelalter war nicht programmatisch geozentrisch eingestellt, weil es programmatisch theozentrisch eingestellt war. Die Geozentrik wurde alternativlos selbstverständlich und nicht kämpferisch vertreten, weil die Heliozentrik gar nicht bekannt war.[17] Man hat zunächst aus den verfügbaren Quellen astrono-

[16] Die Qualifikatoren berücksichtigen, daß es Bibelstellen gibt, die von der Beweglichkeit der Erde reden, dabei allerdings Erdbeben meinen (*Hiob* 9,6: Gott, »der die Erde aufschreckt von ihrem Ort, daß ihre Säulen erzittern«; vgl. *Ps.* 60,4). Vom Stillstand der Sonne dagegen spricht die Bibel nur als von einem Wunder: *Josua* 10,12 f., die sagenhafte Geschichte von der Schlacht bei Gibeon, bei der Josua die Sonne stillstehen ließ, so daß sich der Tag verlängerte und die Israeliten siegten. Ansonsten ist in der Bibel massenhaft wie bis heute in unseren Kalendern von Sonnenaufgang die Rede. Das wird zum Schriftbeweis der Inquisition gegen Copernicus.

[17] Copernicus berichtet, daß er bei Cicero und Plutarch Hinweise auf antike Autoren gefunden hat, die eine Erdbewegung annahmen, nämlich Pythagoreer, die eine achsstarre Erdbewegung um das »Zentralfeuer« annahmen, und Herakleides von Pontos, der lediglich die Erdrotation annahm. *DNW*, 72 f. Aristarch von Samos, der eigentliche Vorläufer des Copernicus, der sowohl die tägliche als auch die jährliche Erdbewegung annahm, wird nicht erwähnt. Das Aristarchreferat des Archimedes war dem Mittelalter nicht bekannt.

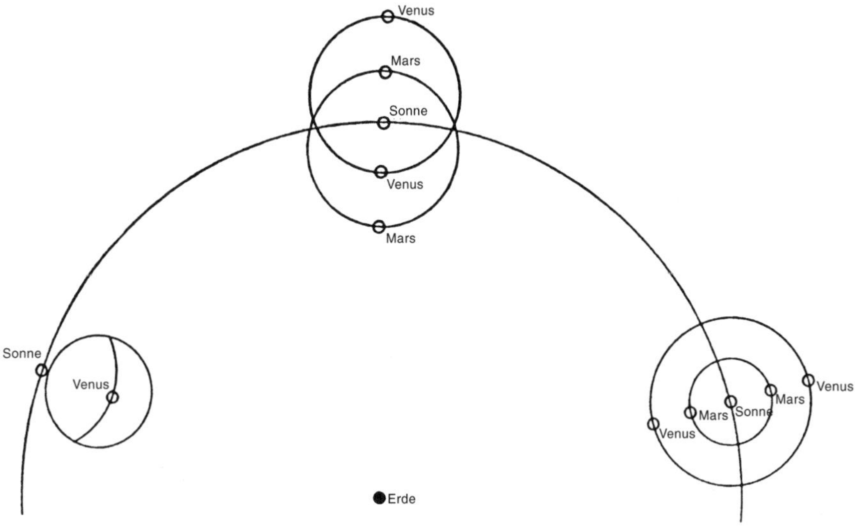


Abb. 1: Mittelalterliche Darstellung der Bewegung der Umkreisung der Sonne durch Venus und Mars (nach: Zinner, *Entstehung und Ausbreitung*, 67, Abb. 17).

misches Wissen sortiert und diskutiert, auch Alternativen, wo sie überliefert wurden, wie etwa zur Venusbahn (siehe Abb.1).

Im Spätmittelalter aber hat der Nominalismus unter dem Allmachtsargument (*utrum deus posset*) ein irreal-hypothetisches Modelldenken entwickelt, das zwar nicht die Geozentrik selbst, wohl aber die *Notwendigkeit* der bestehenden Weltverfassung, sozusagen den argumentativen Kitt, zersetzt hat.[18] Dann konnte etwa diskutiert werden, ob Gott eine Welt hätte schaffen können, in der es nur zwei Himmelskörper gibt, Sonne und Erde, oder in der sich die Erde um die Sonne dreht.[19] Dieses durch den Allmachtsgedanken ausgelöste irreale Modelldenken hatte den Schöpfungsgedanken zur Voraussetzung. Diesen aber hat schon in der Spätantike Johannes Philoponos, ein christlicher Aristoteles-Kommenta-

[18] Nachdem bereits H. Heimsoeth, *Die sechs großen Themen der abendländischen Metaphysik und der Ausgang des Mittelalters*, Darmstadt [6]1974 auf die Bedeutung der nominalistischen Spätscholastik für die Vorbereitung der Neuzeit hingewiesen hat, hat Hans Blumenberg die Bedeutung des Allmachtsarguments intensiv behandelt: *Säkularisierung und Selbstbehauptung* (= erweiterte Neuausgabe des ersten und zweiten Teils von *Die Legitimität der Neuzeit* 1966), Frankfurt a. M. 1974, 141ff.; ders., *Die kopernikanische Wende*, Frankfurt a.M. 1965; ders., *Die Genesis der kopernikanischen Welt*, Frankfurt a.M. 1975, 162ff.

[19] Vgl. A. Maier, *Die Vorläufer Galileis im 14. Jahrhundert*, Rom [2]1966. Anneliese Maier hat sehr viele ungedruckte handschriftliche Quellen erschlossen.

tor, gegen die kosmotheologische Argumentation der aristotelischen Kosmologie gewendet. Die Annahme von göttlichen Sternbewegern sei unnötig, zumal in der biblischen Schöpfungsgeschichte von dergleichen nichts stehe. Es genüge zur Erklärung der Sternbewegung, daß Gott den Gestirnen bei der Schöpfung einen fortwirkenden Impuls (*impetus*) eingegeben hat.[20]

Der Schöpfungsgedanke löst eine dreifache Entmythologisierung der Kosmotheologie aus. Er depotenziert das göttliche All zu Gottes Werk oder Schöpfung, er depotenziert damit die innerweltlichen Standortunterschiede (nichts Weltliches ist göttlich) und er wechselt die Perspektive vom Anblick des Kosmos in ewiger Gegenwart zur vorweltlichen Perspektive des Schöpfers, der die Welt nach Plan geschaffen – und zum Vergehen bestimmt hat. Kaum ist im Mittelalter die Räderuhr erfunden, wird sie zur Metapher für die Welt.[21] Johannes Buridan hatte den Gedanken einer sich nach eingegebenen Gesetzen bewegenden Welt mit dem Sabbat der Schöpfungsgeschichte begründet: Gott ruhte am siebenten Tag der Schöpfung, in dem wir uns immer noch befinden.[22] Auch Copernicus ist auf der Suche nach den Regeln, die der herrlichste Werkmeister seiner Weltmaschine gegeben hat,[23] während gleichzeitig die Denker der Renaissance den platonisch-stoischen Gedanken von der Welt als einem Lebewesen wiederbeleben.

Schließlich muß noch bedacht werden, daß die Rechenleistungen der ptolemäischen Astronomie zwar beachtlich waren,[24] diese aber an einem Gebrechen litt, das Ptolemäus selbst bewußt war. Er konnte nämlich die aristotelische Astrophysik des Fünften Elements (Äther, Quintessenz), aus dem die vollkommenere Welt der Sterne im Unterschied zur irdischen Welt der vier Elemente

[20] Johannes Philoponos, *De opificio mundi* 1. Teilbd., übers. und eingel. v. Clemens Scholten (Fontes Christiani Bd. 23/1), Freiburg 1997, 125f. – Daraus hat sich im Mittelalter eine eigenständige Bewegungstheorie, die impetus-Theorie, entwickelt, die den aristotelischen Grundsatz: »*omne quod movetur ab alio movetur*« durchbricht, weil sie Bewegung als zwar von außen verliehen, aber dann von innen bewirkt versteht, aber Newtons Trägheitsprinzip noch nicht kennt. Vgl. A. Maier, *Zwei Grundprobleme der scholastischen Naturphilosophie*, Rom ²1951; Blumenberg, *Die Genesis*, 163ff.

[21] Zur Uhrenmetapher von Nicolaus von Oresme siehe Blumenberg, *Die kopernikanische Wende*, 34.

[22] J. Buridan zit. nach: Blumenberg, *Die kopernikanische Wende*, 34.

[23] *DNW*, 73.

[24] Als man im 15. Jahrhundert Ptolemäus detailliert nachrechnete, ergaben sich aber erhebliche Abweichungen zwischen den berechneten und den beobachteten Positionen. Copernicus vermerkt das in der Einleitung zum 1. Buch, *DNW*, 84f. Regiomontan hatte daraufhin angenommen, Ptolemäus habe schlecht beobachtet, und aufgrund neuer Beobachtungen auf ptolemäischer Grundlage neue Sterntafeln berechnet. Copernicus dagegen nahm an, daß Ptolemäus nicht Falsches interpretiert, sondern falsch interpretiert habe, und wechselte deshalb das System.

ABB. 2:
Epizykeltheorie (nach: A. C. Crombie, *Von Augustin bis Galilei. Die Emanzipation der Naturwissenschaft*, München 1977, 80).

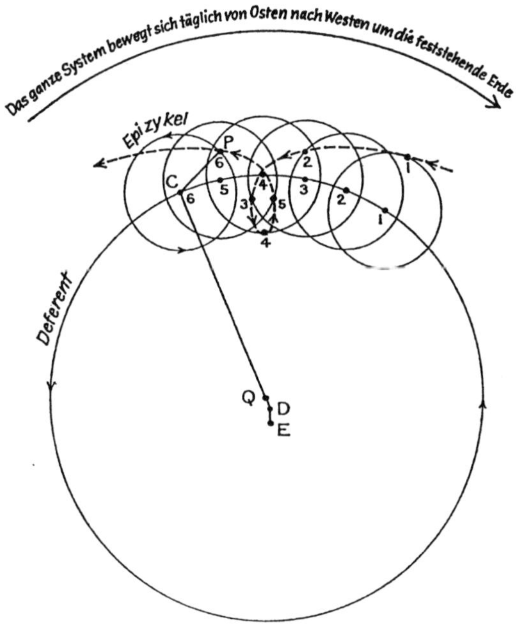


bestehen sollte, nicht in Einklang bringen mit den den Rechnungen zugrundegelegten Planetenbahnen. Diese sahen vor, daß sich der Planet auf einem Auf-Kreis (Epizykel) bewegt, dessen Mittelpunkt sich auf einem Kreis um die Erde bewegt (siehe Abb. 2). Wie sollte dies, in Kristallkugeln ausgeführt, funktionieren? Deshalb galt die Astronomie auch im Mittelalter nicht als Wissenschaft (*scientia*), sondern als (Rechen-)Kunst (*ars*). Ptolemäus hat diesen Makel kosmotheologisch begründet: Der menschliche Verstand kann Göttliches (die Sternbewegungen) nicht vollendet begreifen.[25] Die neuen Astronomen argumentieren anders: Gott hat uns schließlich Verstand gegeben, um sein Werk zu begreifen – und zwar mit Hilfe der Mathematik.

Fazit: Die mittelalterliche Theologie war in naturphilosophischen Fragen geradezu dogmenkritisch eingestellt.

[25] »Es wird sich wohl niemand im Hinblick auf die Dürftigkeit menschlicher Machwerke der Technik Gedanken machen, daß die hier vorgetragenen Hypothesen zu künstlich seien. Darf man doch Menschliches nicht mit dem Göttlichen vergleichen und ebensowenig die Beweisgründe für so gewaltige Vorgänge den ungleichartigsten Beispielen entnehmen. Denn was könnte es Ungleichartigeres geben als Wesen, die sich ewig gleichmäßig verhalten, gegenüber Geschöpfen, die dies niemals tun?« (Klaudios Ptolemaios, *Syntaxis mathematica* XIII 2, 532 ff. Übersetzung nach: Ptolemäus, *Handbuch der Astronomie* Bd. 2, übers. und erl. von K. Manitius, Leipzig 1963, 333).

3. ***Im Mittelalter habe man die Erde für eine Scheibe gehalten und deshalb sei Kolumbus von den Königlichen Räten gewarnt worden, er werde von der Scheibe fallen, wenn er nach Westen segelt.***

Dieser Irrtum findet sich schon lange nicht mehr in der wissenschaftlichen Literatur, aber um so hartnäckiger im Publikum. Er scheint durch zwei Fälschungen des 19. Jahrhunderts am Leben gehalten zu werden.

Die erste: Als Camille Flammarion für ein populärwissenschaftliches Buch über die Meteorologie (1888) eine Darstellung des mittelalterlichen Weltbilds suchte und nicht fand, half er sich durch Anfertigung einer solchen. Das Bild kennt jeder: die Erde als Scheibe, darüber, einer Käseglocke gleich, das Firmament und ein Mann, der den Kopf durch das Himmelsgewölbe steckt und die Himmelsmaschinerie sieht. Bis heute wird das Bild als »mittelalterliches Weltbild« reproduziert (siehe Abb. 3).[26]

In Wahrheit ist die naive und immer naheliegende Vorstellung von der Erde als einer riesigen Ebene, wie sie ganz selbstverständlich weltweit verbreitet ist, bereits im 5. Jahrhundert v. Chr. im seefahrterfahrenen Griechenland durch die Überzeugung von der Kugelgestalt der Erde abgelöst worden. Der Entdecker ist unbekannt. In der vorchristlichen Antike (Vorsokratiker) gab es darüber noch unterschiedliche Auffassungen, danach aber und auch im Mittelalter hat jeder, der studiert hat, gelernt, daß die Erde eine Kugel ist, denn die Astronomie gehörte zum spätantiken enzyklopädischen Bildungskanon der Sieben freien Künste.[27] Die Kugelgestalt der Erde war auch nicht etwa Geheimwissen der gebildeten Stände. In poetischen Texten des Alten Testaments heißt es von Gott, die Erde sei der Schemel seiner Füße.[28] Man hat sich also damals in Israel die Erde wie eine Fußbank vorgestellt, wozu gut paßt, daß im Alten Testament gelegentlich von den Säulen oder Füßen der Erde die Rede ist.[29] Mittelalterliche Darstellungen des Jüngsten Gerichts aber lassen die Füße des Weltenrichters auf einer Kugel ruhen, und dies gewiß nicht, weil damals Bälle als Fußbänke üblich waren.

Die zweite Fälschung geht auf das Konto des amerikanischen Schriftstellers

[26] B. Weber, »Ubi caelum terre se coniugit. Ein altertümlicher Aufriß des Weltgebäudes von Camille Flammarion«, in: *Gutenberg-Jahrbuch* 48 (1973), 381-408, schildert die abenteuerliche Geschichte der Deutung dieses Bildes im 20. Jahrhundert.

[27] Vgl. A. C. Crombie, *Von Augustin bis Galilei*, 72ff.; 283ff.; 320ff. und U. Lindgren, »Die Tradierung der Lehre von der Kugelgestalt der Erde von der Antike zur frühen Neuzeit«, in: *Focus Behaim Globus*, hrsg. von G. Bott (Ausstellungskatalog Germanisches Nationalmuseum), Nürnberg 1992, Bd. 1, 127–130.

[28] *Jes.* 66,1. Vgl. *Matth.* 5,35. *Apg.* 7,49.

[29] *Hiob* 38,4; *Ps.* 75,4.

ABB. 3: Camille Flammarions Darstellung des angeblich mittelalterlichen Weltbilds von 1888.

Washington Irving. 1828 veröffentlichte er das vielbeachtete Werk: *A History of the Life and Voyages of Christopher Columbus* (4 Bände), das auch in Deutschland einen beachtlichen Publikumserfolg errang. Columbus als den Entdecker Amerikas gehörig herauszustellen war die Absicht. Denn die Engländer verwiesen gern darauf, daß Genuesen in ihren Diensten das Festland, Columbus aber nur Inseln entdeckt hat.

Columbus war 1486 in einer Versammlung von Gelehrten vor der Reise nach Westen gewarnt worden, denn bei einem Erdumfang von ca. 40 000 km müsse die Ostküste Asiens so weit von der Westküste Europas entfernt sein, daß ihm Proviant und Wasser ausgehen werden, was ja auch eingetreten wäre, wenn sich wirklich zwischen der Westküste Europas und der Ostküste Asiens ein einziger riesiger Ozean erstrecken würde. Die Gelehrten nahmen eine Entfernung von 16 000 km an (statt 23 000). Da Columbus aber den Erdumfang irrtümlich auf ca. 30 000 km veranschlagte und zudem die Größe Asiens überschätzte, kam er auf eine weit niedrigere Entfernung und schlug die Warnungen in den Wind. Irving, der sein Buch nach Quellen geschrieben hat, hat diese Szene zum höheren Ruhme des Columbus gefälscht und den Räten die Scheibentheorie untergeschoben.[30] Diese Fiktion ist auch in Illustrationen umgesetzt worden.[31]

Der Hinweis auf die Scheibentheorie ist ein copernicanischer Topos, den schon Copernicus selbst im Vorwort seines Hauptwerkes heranzieht. »Denn es ist nicht unbekannt, daß Lactantius, übrigens ein berühmter Schriftsteller, aber ein schwacher Mathematiker, sehr kindisch über die Form der Erde spricht, indem er diejenigen verspottet, die gesagt haben, die Erde habe die Gestalt einer Kugel. Es darf daher die Wißbegierigen nicht wundern, wenn dergleichen Leute auch uns verspotten. Mathematische Dinge werden für Mathematiker geschrieben«.[32] Lactantius (ca. 250–325) wird von Copernicus hier angeführt als derjenige Kirchenvater, der aus Unverstand über die Kugelgestalt der Erde spottet, die doch bereits damals für jeden Astronomen selbstverständlich war.[33] Also: Spottet nicht zu schnell über die neue astronomische Theorie, es hat sich schon einmal jemand dabei blamiert. Copernicus mußte allerdings 1200 Jahre zurückgehen, um einen Spötter über die Kugelgestalt der Erde zu finden.

Der Spott des Lactantius verweist darauf, daß bereits die ptolemäische Astronomie auf den Widerstand der naiven Weltwahrnehmung stieß und eine Umdeutung der natürlichen Sprache verlangte: »oben« und »unten« müsse man dann nämlich, so Lactantius, verstehen wie bei den »Speichen eines Rades«: zur Felge zu ist oben, zur Nabe zu unten, obwohl doch die unteren Speichen zur Nabe zu

[30] O. Gingerich, »Astronomie und Geographie an der Wende der Neuzeit«, in: *Spektrum der Wissenschaft* 1/1993, 82-88.

[31] Das Umschlagbild der Taschenbuchausgabe von Umberto Eco, *Die Insel des vorigen Tages*, München $^{4}$1998 zeigt das Schiff des Columbus am Abgrund der Welt, ein Bild des zeitgenössischen Malers Marco J. Ventura.

[32] *DNW*, 76f.

[33] Lactantius, *Divinae Institutiones* III, 24 (CSEL XIX, 255f.). – Lactantius verspottet dort diejenigen, die glauben, daß es Antipoden (also Bewohner der uns gegenüber liegenden Oberfläche der Erdkugel) gibt, und legt dar, daß sie zu diesem Irrtum verführt werden, weil sie von dem falschen Prinzip ausgehen, das Weltall sei eine Kugel. – Bonifacius (672-754), der »Apostel der Deutschen«, hat sich beim Papst Zacharias über den angelsächsischen Mönch Virgilius, einen Mathematiker, beschwert, weil dieser behauptet hatte, *quod alius mundus est et alii homines sub terra sint seu sol et luna* (Bonifacius, Brief 80 [Antwort des Papstes Zacharias], in: *Epistolae* Bd. 3, hrsg. von E. Dümmler [MGH IV 3], München 1978, 529f). Daraus kann man folgern, daß Bonifacius die Erde für eine Scheibe hielt und deshalb Virgils Auffassung, daß es Antipoden gibt, derart abstrus wiedergibt. Der Papst ist über die Lehre von einer zweiten Welt empört und fordert Bonifacius auf, die Sache von einer Versammlung genau untersuchen zu lassen, und wenn sie sich so verhält, Virgil aus der Kirche auszuschließen. Das Ergebnis der Untersuchung kann man daraus erschließen, daß Virgil Bischof von Salzburg wurde. Vgl. A. Hauck, *Kirchengeschichte Deutschlands* Bd. I,1, Berlin $^{8}$1954, 529.

»nach oben« und zur Felge zu »nach unten« weisen. Bei den Antipoden steigt nach oben, was nach unten fällt. Das Problem hat seine Analogie im copernicanischen Konflikt mit der Alltagssprache: Wenn die Sonne aufgeht, steht sie still.[34] Die ptolemäische Astronomie ist also nicht die des »gesunden Menschenverstandes«, sondern verlangt bereits einen Weltbildwandel, den die Vernunft durch Beweise gegen den Augenschein einfordert. Dadurch aber wurde überhaupt erst Astronomie als angewandte Mathematik/Geometrie möglich, d. h. als standortunabhängige Beschreibung der Gestirnbahnen. Die Scheibentheorie erlaubt lediglich Kataloge standortbezogener Himmelsbeobachtungen, die ein paar hundert Kilometer weiter nicht mehr stimmen. Um zu verstehen, warum sich das »Klima«, die Neigung der Sonnenbahn, mit der geographischen Breite ändert, muß man die Kugelgestalt der Erde voraussetzen.

Fazit: Seit es Astronomie gibt, ist die Kugelgestalt der Erde deren selbstverständliche Voraussetzung.

### *4. Die Heliozentrik sei von der Kirche abgelehnt worden, weil sie der Erde den hervorgehobenen Ort in der Mitte der Welt nimmt, sie also depotenziert.*

Da es den meisten Menschen angenehm ist, im Mittelpunkt zu stehen, hat sich die Auffassung durchgesetzt, die Mittelpunktstellung der Erde sei im Mittelalter ihre Vorzugsstellung gewesen, von der Abschied nehmen zu müssen demütigend,

[34] Eine Szene am persischen Hof im Jahre 1682 belegt den Widerstand des gesunden Menschenverstandes und der natürlichen Sprache gegen das copernicanische System. »Der Botschafter von Frankreich François Piquet, Bischof von Babel und päpstlicher Unterhändler, hatte ein ganz ungewöhnlich kunstreiches Gerät mitgebracht, das Stellung und Bewegung der Gestirne nach der copernicanischen Lehre darstellte, von der im Morgenlande damals noch nichts bekannt war. Der Schah hatte weder für die Neuigkeit der Sache noch für die Kunst der Verfertigung Bewunderung übrig, sondern fragte zuallererst, ob das Gerät aus lauterem Golde bestehe, als ob allein dies den Maßstab für seine Bewertung abgäbe. Als er erfuhr, daß es aus geringerem Metall hergestellt sei, erkundigte er sich nach der Meinung seiner Sterndeuter über die neue Himmelslehre. Diese gaben zur Antwort, jedermann könne beobachten, daß die Sonne Tag für Tag auf- und untergehe, während die Erde unbeweglich an ihrem Ort verharre, woraus sich klar ergäbe, daß Copernicus im Irrtum befangen sei. Hierauf befahl der Schah, das unschätzbare Kunstwerk beiseite zu räumen. Alsbald wurde es nach einem alten Festungsgelaß zu Isfahan geschafft, wo man alte Waffen und sonstiges Gerümpel aufbewahrte« (E. Kaempfer, *Am Hofe des Großkönigs von Isfahan*, hrsg. von W. Hinz, Leipzig 1941; hier zit. nach: E. Zinner, *Entstehung*, 392). – Bemerkenswert ist, daß gerade der päpstliche Unterhändler Copernicus bekannt macht. Angesichts dieser wenig erstaunlichen Reaktion der Perser ist das Erstaunliche nicht so sehr der anfängliche Widerstand, sondern die schließliche Akzeptanz des Copernicus im Abendland. – Der Jesuit Johann A. Schall von Bell hat im 17. Jahrhundert Copernicus in China bekannt gemacht. Siehe Kaempfer, *Am Hofe des Großkönigs*, 386.

kränkend oder enttäuschend gewesen sei. Dafür gibt es prominente Zeugen: Goethe[35], Nietzsche[36], Freud[37]. Es ist dennoch verkehrt.

Für rein *astronomische Modelle* der Sternbewegungen ist die Mitte zunächst nur ein hervorgehobener Konstruktionspunkt, dem nicht notwendigerweise auch die metaphorische Bedeutung des wichtigsten Ortes im Weltall zukommen muß. Die praktischen Schwierigkeiten mit den Daten und den Modellen hatten sowohl bei Ptolemäus als auch bei Copernicus zur Folge, daß weder bei dem einen die Erde noch bei dem anderen die Sonne wirklich den Mittelpunkt der Gestirnbahnen bildeten, diese lagen rings um Erde bzw. Sonne verstreut.

Die Metaphorik der Mitte konnte auch ohne Beanspruchung der geometrischen Mitte beansprucht werden, wie der Platoniker Marsilius Ficinus belegt. Ohne Sonne kein Licht und kein Leben, deshalb sei es ganz angemessen, daß die Sonne »in der Mitte« steht – zwischen den drei unteren (einschließlich Mond) und den drei oberen Planeten. Das ist gewissermaßen geozentrische Heliozen-

[35] »Doch unter allen Entdeckungen und Überzeugungen möchte nichts eine größere Wirkung auf den menschlichen Geist hervorgebracht haben, als die Lehre des Kopernikus. Kaum war die Welt als rund anerkannt und in sich selbst abgeschlossen, so sollte sie auf das ungeheure Vorrecht Verzicht tun, der Mittelpunkt des Weltalls zu sein. Vielleicht ist noch nie eine größere Forderung an die Menschheit geschehen, denn was ging nicht alles durch diese Anerkennung in Dunst und Rauch auf: ein zweites Paradies, eine Welt der Unschuld, Dichtkunst und Frömmigkeit, das Zeugnis der Sinne, die Überzeugung eines poetisch-religiösen Glaubens, kein Wunder, daß man dies alles nicht wollte fahren lassen, daß man sich auf alle Weise einer solchen Lehre entgegensetzte, die denjenigen, der sie annahm, zu einer bisher unbekannten, ja ungeahnten Denkfreiheit und Großheit der Gesinnungen berechtigte und aufforderte« (J. W. Goethe, *Zur Farbenlehre*, Historischer Theil I, IV. Abtlg., Sechzehntes Jhd., 2. Zwischenbemerkung [WA II 3], 213 f.). – Wie man sieht, war auch Goethe der irrigen Auffassung, die Kugelgestalt der Erde habe sich erst kurz vor Copernicus durchgesetzt.

[36] »Ist nicht gerade die Selbstverkleinerung des Menschen, sein Wille zur Selbstverkleinerung seit Kopernikus in einem unaufhaltsamen Fortschritte? Ach, der Glaube an seine Würde, Einzigkeit, Unersetzlichkeit in der Rangfolge der Wesen ist dahin – er ist Thier geworden, Thier, ohne Gleichnis, Abzug und Vorbehalt, er, der in seinem früheren Glauben beinahe Gott (›Kind Gottes‹, ›Gottmensch‹) war. [...] Seit Kopernikus scheint der Mensch auf eine schiefe Ebene gerathen – er rollt immer schneller nunmehr aus dem Mittelpunkte weg – wohin? in's Nichts? in's ›durchbohrende Gefühl seines Nichts‹?« (F. Nietzsche, *Zur Genealogie der Moral* III, 25 [KSA 5, 404]).

[37] »Die zentrale Stellung der Erde war ihm aber eine Gewähr für ihre herrschende Rolle im Weltall und schien in guter Übereinstimmung mit seiner Neigung, sich als den Herrn dieser Welt zu fühlen. Die Zerstörung dieser narzißtischen Illusion knüpft sich für uns an den Namen und das Werk des Nik. Kopernikus« (S. Freud, *Vorlesungen zur Einführung in die Psychoanalyse* [Ges. Werke 11], Frankfurt $^{6}$1973, 294 f.). – Zu den Wandlungen des Kopernikusbildes vgl. H. Blumenberg, *Kopernikus im Selbstverständnis der Neuzeit*, Wiesbaden 1964 (Akad. der Wiss. und Literatur, Abhandl. der geistes- und sozialwissenschaftlichen Klasse, Jg. 1964, Nr. 5).

trik. Mit Astronomie hat das allerdings nichts zu tun, sondern bloß mit der Metaphorik der Mitte.[38]

Die Metaphorik der Mitte mußte in einem *kosmotheologischen* Weltverständnis viel größeres Gewicht haben als im Verständnis der Welt als Schöpfung Gottes, denn dort war die Frage nach der Struktur des Alls unmittelbar eine theologische. Die vorchristliche antike Philosophie war (außer der Epikurs) kosmotheologisch orientiert. Aristoteles und die Stoa haben aber das Göttliche im All entgegengesetzt plaziert. Für die Aristoteliker ist die Peripherie des Alls, die Fixsternsphäre bzw. das *primum mobile*[39] das Göttlichste, weil es in einer absolut regelmäßigen Bewegung (als täglicher Umschwung) ruht und so die vollkommenste Nachahmung des unbewegten Bewegers (Gottes) ist. Die Erde dagegen ruht im Mittelpunkt der Welt, weil sie nicht einmal zu einer zusammengesetzten Bewegung wie der der Planeten fähig ist.

Ganz anders die Stoa. Für sie ist die Substanz des Weltalls selbst göttlich und deren Masse in der Erde konzentriert, die mit ihren Ausdünstungen die Sterne nähre[40]. Deshalb ist für sie die Weltmitte der göttlichste Ort im All. Folglich war es für die Stoa ein Sakrileg, der Erde die Mittelpunktstellung streitig zu machen. Als der aus der aristotelischen Tradition stammende Aristarch von Samos (ca. 310–230 v. Chr.) als erster erklärte, die Erde drehe sich um sich selbst und um die Sonne, hat der Stoiker Kleanthes umgehend und nicht erst nach 73 Jahren erklärt, »es sei nötig, daß die Griechen Aristarch des Religionsfrevels anklagen, weil er den Herd des Kosmos verrücke«[41], also den Mittelpunkt des göttlichen Weltbaus. Mit Astronomie hatte diese Forderung nichts zu tun, sondern nur mit Kosmosfrömmigkeit, denn sonst hätte Kleanthes bemerken müssen, daß im

38 Marsilius Ficinus, »De Sole«, in: ders., *Opera*, Basel 1567, 965 f. – Auf das neuplatonische Lob der Sonne, wie es (Pseudo-)Dionysius Areopagita vorträgt, bezieht sich Galilei in seinem Brief an die Großherzogin Christina, *EN* 5, 345 ff.; *DO*, 213 ff. Die Auffassung des Marsilius Ficinus hat Galilei selbst in jungen Jahren vertreten; vgl. K. Fischer, *Galileo Galilei*, München 1983, 38.

39 Das primum mobile sollte eine Sphäre jenseits der Fixsternsphäre sein, um die Präzession, das Vorrücken des Frühlingspunktes (ca. ein Grad in hundert Jahren), zu erklären.

40 Poseidonios: »Innerhalb des Universums ist die Erde also nur ein winziger Punkt. Trotzdem braucht es nicht zu verwundern, daß sie für den Himmel und die an ihm sich bewegenden Sterne, deren Zahl und Größe ungeheuer ist, die Nahrung empor sendet. Denn sie ist zwar an Volumen klein, an Kraft aber gewaltig, da sie, man kann sagen, den größten Teil der gesamten Substanz in sich enthält. Setzen wir den Fall, sie löse sich vollkommen in Rauch und Luft auf, dann würde sie einen viel größeren Raum einnehmen als die ganze Welt« (zit. nach: *Stoa und Stoiker*, eingeleitet und übersetzt von M. Pohlenz, Zürich 1950, 298 f.). – Altstoische Belege: *Stoicorum veterum fragmenta* [im folgenden verkürzt zitiert als *SVF*], ed. J. von Arnim, Stuttgart 1964, I, 501; II, 549.

41 *SVF* I, 500.

Unterschied zur pythagoreischen These von der achsstarren Erdbewegung um ein Zentralfeuer diese Theorie tatsächlich »die Phänomene rettet«.

Geozentrik ist also, kosmotheologisch verstanden, doppeldeutig. Die aristotelische Geozentrik ist *peripherieorientiert*, die stoische *zentrumsorientiert*. Für die letztere ist die Versetzung der Erde aus dem Mittelpunkt sakrilegisch, für die erstere aber eine Rangerhöhung. Und so hat Galilei interpretiert: Die Erde, aus der mißlichen Lage der Mittelpunktstellung befreit, ist nicht länger »eine Jauche aus Schmutz und Bodensatz der Welt«.[42] Anderthalb Jahrhunderte zuvor hatte bereits Kardinal Nikolaus von Cusa (1401–1464) triumphierend festgestellt: Weil sich auch die Erde bewegt, ist sie ein »vornehmer Stern«,[43] »es stimmt nicht, daß diese Erde das Schlechteste und Unterste ist«[44]. Er hatte allerdings nicht die Heliozentrik vertreten. In seinem Universum steht die Erde nicht im Mittelpunkt der Welt, weil überhaupt kein Himmelskörper im Mittelpunkt steht, denn Gott allein ist Mitte und Umfang der Welt.[45] Der Cusaner denkt theozentrisch und weder geo- noch heliozentrisch.

Der Gedanke, daß die Mittelpunktstellung der Erde ein Vorzug sei, ist nicht mittelalterlich, sondern typisch für die Renaissance, die an stoische Auffassungen, aber auch an die Alchimie und die im Mittelalter als Aberglaube diskreditierte Astrologie[46] anknüpfend die These von der Entsprechung von Mikrokosmos und Makrokosmos und der »Sympathie« des Alls ausbreitete – mit der Tendenz einer Wiederbelebung der Kosmotheologie, Esoterik sozusagen. Die Astrologie ist übrigens immer geozentrisch. Aus *diesem* Lager kam der an der Geozentrik interessierte weltanschauliche Protest gegen die Heliozentrik, aber erst nach Copernicus. Die Geozentrik ist ein »*theologumenon ex eventu*«.[47]

[42] G. Galilei, *Sidereus Nuncius*, hrsg. von H. Blumenberg, Frankfurt a.M. 1980, 104f.

[43] Nicolaus von Cusa, *De docta ignorantia* II, 12, hrsg. von P. Wilpert, Hamburg 1967 (Schriften des Nikolaus von Kues, hrsg. von E. Hoffmann und P. Wilpert, H. 15b), 166. Vgl. *De docta ignorantia* II, 11 (160).

[44] Nicolaus von Cusa, *De docta ignorantia* II, 12 (164) – Copernicus nimmt einmal beiläufig Bezug auf die aristotelische Tradition von der Inferiorität der Erde. Daß die (scheinbaren) Fixsternbewegungen einschließlich der Präzession auf Bewegungen der Erde zurückgeführt werden, sei »weniger verwunderlich«, als wenn man der äußersten Himmelssphäre derart komplexe Bewegungen unterstellt. Copernicus, *Commentariolus*, in: *DNW*, 12f.

[45] Nicolaus von Cusa, *De docta ignorantia* II, 11 (156).

[46] Die neuen Astronomen Copernicus, Kepler, Galilei sind insofern unzeitgemäß, als sie weiterhin von der Astrologie nichts halten. Der diesbezüglich modernere Campanella stellt das, Galilei betreffend, in einem Brief an diesen bedauernd fest, denn er möchte ihm gern sein Horoskop stellen. Brief an Galilei (8. März 1614), in: *Briefe*, 38.

[47] Blumenberg, *Die kopernikanische Wende*, 134. Erst nach Copernicus sind anti-copernicanische Beweise für die Geozentrik geführt worden, dazu ebd. 129ff. – Das neue geozentrische Pathos der Renaissance dokumentiert sehr schön die Weltkarte des Abraham Ortelius (*Theatrum orbis*

Copernicus selbst war an der metaphorischen Bedeutung der Mitte so gut wie gar nicht interessiert. Im *Commentariolus* lautet das erste Axiom: »Der Mittelpunkt aller Himmelskreise oder -kugeln ist *nicht* ein einziger«.[48] Die Planetenbahnmittelpunkte finden sich bei Copernicus um die Sonne verstreut, weil er ungenaue Daten verwenden mußte und Kreisbahnen statt Ellipsen vorausgesetzt hat. Dem *Commentariolus* kann man zudem plausibel entnehmen, daß Copernicus auf sein neues System gar nicht durch Umbesetzung der Mitte gekommen ist, sondern durch Austausch des Koordinatengebers. Man braucht ja zur Bestimmung von Sternorten und -bewegungen einen Fixpunkt am Himmel und nicht auf der Erde. Als solcher Fixpunkt fungierte bisher der Frühlingspunkt, d. h. einer der beiden Schnittpunkte von Himmelsäquator und (scheinbarer) Sonnenbahn, der Tag-und-Nacht-Gleichen. Da dieser Punkt aber, wie sich gezeigt hatte, wandert (Präzession) und zudem das julianische Jahr zu lang angesetzt war, kam es zum mittelalterlichen Kalenderdebakel, das die Festlegung des Ostertermins (erster Sonntag nach dem ersten Vollmond nach Frühlingsbeginn) in größte Schwierigkeiten brachte. Deshalb war eine Kalenderreform ein dringendes kirchliches Bedürfnis. Dazu mußte man aber die wahre Jahreslänge bestimmen und das erforderte einen Fixpunkt am Himmel, der wahrhaft fix ist. Copernicus löst das Problem, indem er die Sonnenbahn als Koordinatengeber entthront und durch den Fixsternhimmel ersetzt. Aus dem Wechsel des Koordinatengebers mußte sich aus astronomischen Gründen die Umbesetzung der Mitte ergeben. Daß Copernicus so vorgegangen ist, belegt einer der Grundsätze des *Commentariolus*: »Daß die Gleichförmigkeit der Bewegungen nicht auf die Tag-und-Nacht-Gleichen, sondern auf die Fixsterne zu beziehen ist«. Die Leichtigkeit, mit der Copernicus die Umbesetzung der Mitte vornehmen konnte, belegt, daß er frei war von dem kosmotheologischen Bedeutungsüberschuß sowohl der Mitte als auch der Peripherie. Er profitiert von der Entmythologisierung des göttlichen Kosmos zur (isomorphen) Schöpfung. Für Aristoteles und Ptolemäus ortet die Fixsternsphäre das All onto-theologisch, denn sie ist das Vollkommenste im Sichtbaren, das missing link zwischen Welt und Gott. Für Copernicus ortet die Fixsternspäre das All bloß noch topologisch, für Meßzwecke.

*terrarum*, Antverpiae [2]1592, Tabula 1). Umrahmt wird sie von vier Zitaten aus Cicero und Seneca. Die Cicero-Zitate: »Die Menschen sind zu der Bestimmung entstanden, daß sie jene Kugel betrachten, die du inmitten dieses Tempels siehst, die Erde genannt wird« (aus: *De re publica* VI,15 = *Somn. Scip.* 15,3); »Das Pferd ist zum Reiten, das Rind zum Pflügen, zum Jagen und Wachen der Hund, der Mensch aber ist entstanden, um die Welt zu betrachten« (aus: *De nat. deor.* II,37). Siehe dazu Abb. 4.

48 Copernicus, *Commentariolus* (*DNW*, 4 f.).

Das genuin christliche »Mittelpunkt«-Interesse ist gar nicht astronomischer, sondern anthropologischer Natur. Gott wurde weder Stein noch Stern, noch Erde, sondern Mensch. Er hat die Menschen erwählt, aber nicht ihren Aufenthaltsort, denn der ist einerseits nicht mehr, andererseits noch nicht das Paradies, allerdings auch nicht die Hölle. Das Interesse an der innerweltlichen Sonderstellung des Menschen besteht aber bis heute fort, zuerst in der Frage, ob der menschlichen Gattung eine besondere Würde, die Menschenwürde, zukommt, aber auch bei der Frage, ob wir »allein auf der Welt« sind, oder in Spekulationen um ein »anthropisches Prinzip« der Evolution, wonach diese auf den Menschen ziele. Andererseits machen wir uns berechtigterweise Sorgen um jeden, der sich und seinesgleichen für Automaten oder Tiere hält. Copernicus und Galilei haben solche Fragen nicht mit den astronomischen vermischt, weil sie für sie beantwortet waren.

### 5. *Galilei habe bewußt den Kampf gegen falsche Auffassungen der Kirche geführt.*

Es ist umgekehrt: Galilei hat die katholische Kirche für die Heliozentrik gewinnen wollen – in seinem Streit mit den Neuaristotelikern der Universitäten. Dieser Streit ging etwa um die Theorie der schwimmenden Körper und die Probleme des Falls und dabei zugleich um die Methoden der Naturforschung. Astronomische Fragen hat er in den Streit erst einbezogen, als er seine astronomischen Entdeckungen mit dem Fernrohr gemacht hat. Die jesuitischen Astronomen in Rom aber haben im Unterschied zu den Neuaristotelikern diese akzeptiert mit der Folge, daß sie von Ptolemäus abrückten und zum System von Tycho Brahe (1546–1601) übergingen, einem exzellenten Himmelsbeobachter, dessen Datensammlung zum Mars Kepler zur Grundlage der Formulierung seiner Planetengesetze diente und ihn die elliptische Bahn der Planeten entdecken ließ. Tycho Brahe nahm an, daß sich die Sonne um die Erde und die Planeten um die Sonne drehen.

Galileis neuaristotelische Gegner sind Kinder der Renaissance, die die mittelalterlichen Relativierungen revidieren und die aristotelischen Lehrmeinungen gereinigt und dogmatisch vertreten. Sie sind es, die sich weigern, in das Fernrohr zu sehen, und die im voraus wissen, daß es keine Berge auf dem Mond geben kann, weil die Himmelskörper nach Aristoteles vollkommene Kugeln sind. Galilei hat sehr genau gewußt, daß die christliche Theologie Aristoteles keineswegs in allem zustimmen kann, am allerwenigsten seinen kosmotheologischen Auffassungen wie der von der Ewigkeit der Welt. In einem Brief an Carlo Conti muß er 1612 vorsichtshalber diesen gefragt haben, wie die Kirche zu Aristoteles stehe. Conti antwortet, daß die Schrift der Ewigkeit der Welt widerspricht und die Welt für vergänglich hält.[49]

Auch nachdem 1616 die Inquisition untersagt hatte, das copernicanische System als Tatsache zu behaupten, wurde Galilei noch huldvoll vom Papst empfangen. Wie er brieflich aus Rom berichtet, habe der Papst ihm Trost zugesprochen »mit den Worten, ich solle ruhigen Gemütes sein, weil ich bei Seiner Heiligkeit und der ganzen Kongregation in solch einem Ruf stünde, daß man den Verleumdern nicht leichtfertig das Ohr leihen würde und daß ich sicher sein könnte, solange Seine Heiligkeit lebe«.[50]

1623 wurde ein Bewunderer Galileis, Kardinal Matteo Barberini, zum Papst gewählt (Urban VIII.). Galilei besuchte 1624 zum vierten Mal Rom und wurde dort mit allen Ehren empfangen. Der Papst gewährte ihm sechs Audienzen und beschenkte ihn reichlich. In einem Brief berichtet Galilei stolz davon. Aus einem Gespräch mit dem Kardinal von Hohenzollern berichtet er, der Papst habe diesem hinsichtlich der Lehre des Copernicus gesagt, »daß die Heilige Kirche sie weder verdammt habe noch im Begriff stünde, sie als ketzerisch zu verdammen, sondern lediglich als vermessen, jedoch wäre nicht zu befürchten, daß irgend jemand sie jemals als wahr werde beweisen können.«[51] Wenn der Papst hier richtig wiedergegeben worden ist, hat dieser damit die Erklärung der Qualifikatoren von 1616 erheblich verharmlost. Jedenfalls geht aus diesem Brief Galileis hervor, daß er selbst den Papst so verstanden, also selbst die Erklärung von 1616 nicht mehr so ernst genommen hat. Von Niccolò Riccardi, dem päpstlichen Palastmeister und römischen Zensor, der später Galileis *Dialog* die römische Druckerlaubnis gegeben hatte, erfährt er, er halte an seiner Meinung fest, »daß dies keine Angelegenheit des Glaubens und es keinesfalls angebracht sei, in irgendeiner Weise die Schrift [die Bibel] hineinzuziehen.«[52] 1630 gewährt der Papst Galilei eine Pension.

Am 13. Oktober 1632 preist Galilei dem Kardinal Francesco Barberini gegenüber seinen *Dialog* an: »Ich bin mehr als gewiß, in selbiger Niederschrift die Lauterkeit meines Geistes und meine reinste, eifrigste und frömmste Ergebenheit gegenüber der Heiligen Kirche und ihrem Oberhaupt sowie ihren höchsten Dienern [. . .] zeigen zu können.« Er habe den *Dialog* »einzig und allein aus Eifer für die Heilige Kirche« geschrieben »und um deren Dienern jene Kenntnisse zu

[49] Carlo Conti an Galileio, Rom (7. Juli 1612), *EN* 11, 354.

[50] Brief an Curzio Picchena (12. März 1616), in: *Briefe*, 59.

[51] Galilei an Federico Cesi (8. Juni 1624), in: *Briefe*, 69.

[52] Galilei an Federico Cesi (8. Juni 1624), in: *Briefe*, 69. – Riccardi wird in diesem Brief mit seinem Spitznamen Pater Mostro zitiert.

Abb. 4: Abraham Ortelius, *Theatrum orbis terrarum*, Antverpiae ²1592, Tabula 1.

vermitteln, die ich aus meinen langen Studien gewonnen hatte«.[53] Das letztere stimmt nicht ganz. Er hat den *Dialog* geschrieben, um die Aristoteliker als schlichte Gemüter (Simpliccio heißt der Aristoteliker im *Dialog*) bloßzustellen. Jedenfalls belegt der Brief, daß Galilei noch kurz vor seinem Prozeß erwartet hat, sein *Dialog* werde den Beifall der katholischen Kirche finden. So war er denn auch, nach Ausweis eines Briefes des florentinischen Gesandten in Rom, »von der ihm auferlegten Strafe sehr bedrückt [...], da sie ihm auch ziemlich unerwartet kam, denn betreffs des Buches schien es ihm nicht nahezugehen, daß es verboten würde, da er darauf gefaßt war«.[54]

### *6. Galilei habe wissenschaftlich gültige Beweise für die Heliozentrik vorgetragen.*

In seinen Streit mit den Neuaristotelikern hat Galilei die Astronomie erst nach seinen Entdeckungen mit dem nacherfundenen Fernrohr einbezogen, die er im

[53] Brief an Kardinal Francesco Barberini (13. Oktober 1632), in: *Briefe*, 96 f.
[54] Brief von Francesco Niccolini an Andrea Cioli in Florenz (26. Juni 1633), in: *Briefe*, 109.

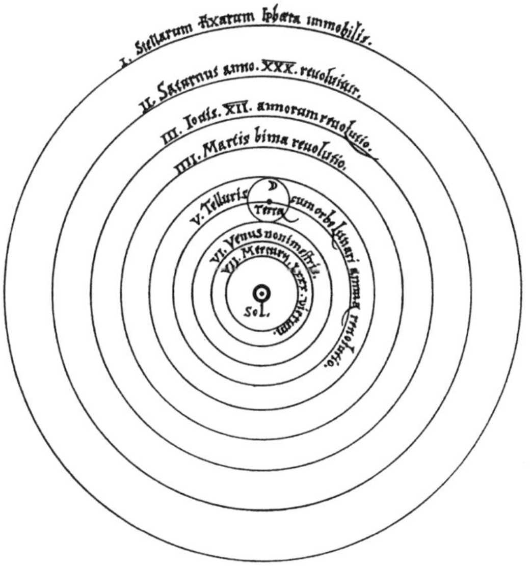


ABB. 5:
Darstellung der Proportion von Sonnenabstand und Umlaufzeit (nach: N. Copernicus, *De revolutionibus orbium coelestium libri* VI, Nürnberg 1543, 9v).

*Sidereus Nuncius* (1609) veröffentlicht hat. Er entdeckte die Jupitermonde, die Mondberge und das fahle Licht der dunklen Seite des Halbmonds, das von der Erde stammen muß, die demnach auch leuchtet. Und er entdeckte (aber veröffentlichte nicht) die Venusphasen. Die Entdeckungen am Mond waren schlagende Argumente gegen die Neuaristoteliker, die behaupteten, die Gestirne seien vollkommene Kugeln aus einem nicht irdischen, leuchtenden Stoff. Widerlegt war die himmlische Äther-Physik, mit der aber schon Ptolemäus seine Schwierigkeiten hatte. Die römischen Astronomen des Collegio Romano feiern Galilei bei seiner zweiten Romreise 1611 als Entdecker und bestätigen Bellarmin auf dessen Anfrage Galileis Entdeckungen. Sie benutzen reichlich das ihnen von Galilei überlassene Fernrohr. Dieser wird Mitglied der Accademia dei Lincei.

Galileis Entdeckungen haben, wie gesagt, dazu beigetragen, daß die Astronomen des Collegio Romano zu Ptolemäus noch weiter auf Distanz gegangen sind. Die Venusphasen waren ein entscheidendes Argument, von der mit den Beobachtungen ohnehin kollidierenden ptolemäischen Venus-Theorie abzurücken. Daß die Venus als Morgen- und Abendstern immer in Sonnennähe bleibt, war allerdings schon immer bekannt, und seit der Antike ist immer wieder erwogen worden, daß sie die Sonne umkreisen könnte. Andere Beweise gegen Ptolemäus, die das Collegio Romano beeindruckt haben, hat Galilei allerdings nicht anerkannt: die Nova von 1604 und die Kometen. Da an beiden keine Parallaxen gemessen werden konnten, war klar, daß sie keine atmosphärischen, sondern himmlische Phänomene sind, es also Veränderungen am Himmel gibt, wie schon

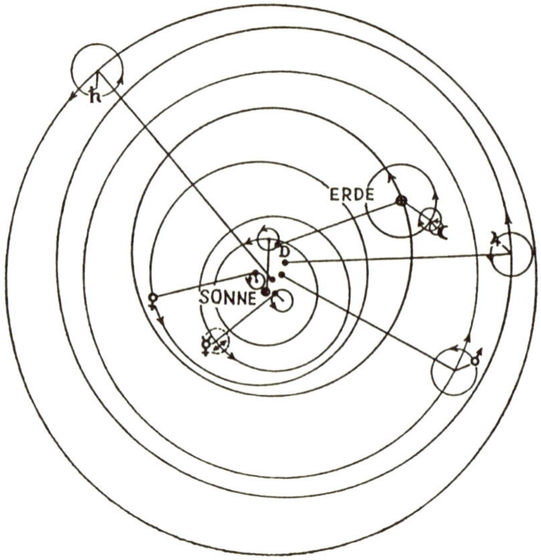


Abb. 6: Darstellung der Planetenbahnen nach Copernicus (nach: Crombie, *Von Augustin bis Galilei*, 403).

zuvor Tycho Brahe triumphierend festgestellt hatte. Daß Galilei diese auf Messungen beruhenden antiptolemäischen Argumente nicht akzeptiert, sondern gegen sie polemisiert und sich dadurch unnötig Gegner unter denen geschaffen hat, deren Unterstützung er doch suchte und brauchte, gehört zu den Merkwürdigkeiten in Galileis Verhalten.

Aber Beweise gegen die aristotelische Ätherphysik und die ptolemäische Astronomie waren nicht automatisch Beweise für Copernicus. Die jesuitischen Astronomen gingen aufgrund der neuen Beweislage zu Tycho Brahes System über. Denn zwingende Beweise für die Bewegung der Erde lagen noch nicht vor.

Galilei meinte nun, er besitze ein schlagendes Argument für die Erdbewegung: Ebbe und Flut, obwohl es ja keineswegs unmittelbar einleuchtet, daß sich aufgrund einer völlig gleichförmigen Rotation der Erde die Wassermassen der Meere rhythmisch bewegen sollen. Keplers Einwand, Ebbe und Flut werden durch die Anziehungskraft von Mond und Sonne verursacht, wies Galilei zurück.[55]

Im *Dialog* hat Galilei den Copernicaner sagen lassen, das copernicanische

[55] Galileis Gezeitentheorie, die er am vierten Tag des *Dialogs* behandelt, ist komplexer als hier dargestellt und bezieht auch Wirkungen von Mond und Sonne ein. Trotzdem sind seine beiden Thesen, vorgetragen zu Beginn des vierten Tages, daß sich Ebbe und Flut bei ruhender Erde überhaupt nicht und nur bei sich bewegender Erde erklären lassen, so nicht richtig.

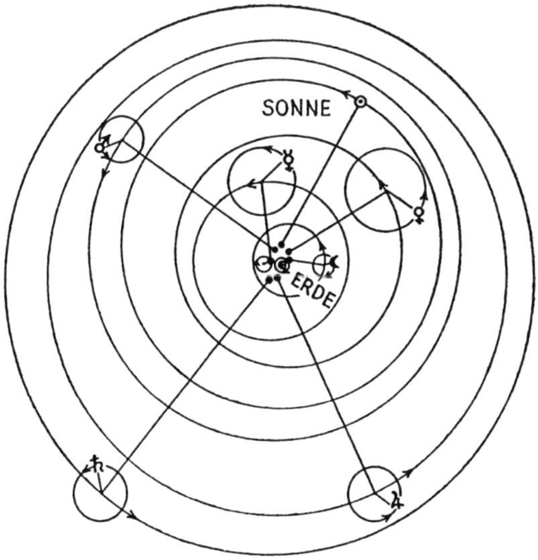


Abb. 7:
Darstellung der Planetenbahnen nach Ptolemäus (nach: Crombie, *Von Augustin bis Galilei*, 402).

System sei schon seiner Einfachheit wegen überzeugend, und auf die Darstellung mittels konzentrischer Kreise (siehe Abb. 5) im Hauptwerk des Copernicus verwiesen. Er muß aber gewußt haben, daß Copernicus dort nicht den unterstellten Bahnverlauf, sondern die unanschauliche Proportion von Sonnenabstand und Umlaufzeit der Planeten dargestellt hat. Denn der Bahnverlauf war bei Copernicus (siehe Abb. 6) nicht weniger kompliziert als bei Ptolemäus (siehe Abb. 7). Am astronomischen Rechnen aber, das sein Briefpartner Kepler so erfolgreich vorangetrieben hat und das schließlich dem Copernicanismus zum Siege verholfen hat, hat sich Galilei nicht beteiligt. Keplers Planetengesetze und namentlich sein auf Beobachtungsdaten beruhender rechnerischer Beweis für die elliptische Bahn des Mars, der doch von der Beweisart her Galilei hätte begeistern müssen, hat er nicht aufgenommen, obwohl Kepler ihm seine Bücher zugesandt hat. Galilei hatte wohl nur ein mittelbares Interesse am Copernicanismus. Er sollte Munition gegen die Neuaristoteliker liefern. Hans Blumenberg hat diese Widersprüchlichkeit in Galileis Argumentationsstrategie eindringlich beschrieben: Er vermeinte, mittels des Fernrohrs eine dem Augenschein widersprechende These augenscheinlich beweisen zu können.[56]

Galilei hat zwar wie kein anderer den Copernicanismus populär gemacht, seine Beweislage aber hat er nicht verbessert. Galilei selbst hat schließlich die Be-

[56] Vgl. H. Blumenberg: »Mangel einer Paratheorie für den Widerstand gegen das Fernrohr«, in: ders., *Die Genesis*, 762ff.

weislage des Copernicanismus für verbesserungsbedürftig gehalten. In einer späten Randnotiz in seinem Exemplar des *Dialogs* hat er nämlich die Theologen gefragt, was sie denn tun wollen, wenn »womöglich physikalisch oder logisch bewiesen werden kann, daß sich die Erde bewegt und die Sonne stillsteht«.[57]

Der erste zwingende Beweis für die Bewegung der Erde wurde 1728 erbracht, als Bradley die Aberration des Lichtes im Fernrohr nachwies. Es folgte 1828 die erste Messung einer Fixsternparallaxe durch Bessel und 1851 das Focaultsche Pendel (Corioliskraft).

Bis ins 18. Jahrhundert hinein war die astronomische Diskussion durch die Konkurrenz nicht zweier, sondern *dreier* Systeme bestimmt. Einigkeit bestand darin, daß das ptolemäische das untauglichste ist. Ernsthafte Konkurrenten waren also nur noch Tycho Brahe und Copernicus.[58] Erst in der französischen Aufklärung hat sich das dualistische Bild vom Kampf zwischen Licht und Finsternis, Wahrheit und Lüge rückwirkend Geltung verschafft.[59]

Zur Beurteilung von öffentlichen Diskussionslagen ist Gebrauchsliteratur vom Schulbuchtyp ein unverdächtiger Zeuge. In der *Anleitung zu den fürnehmsten mathematischen Wissenschaften, [...] So fern solche einem politen Menschen, insonderheit aber denen, so die Studia zu prosequiren gedencken, nützlich und nöthig* des

[57] Siehe den vollständigen Text unten S. 153.

[58] Diese Diskussionslage hat auch ihren bildlichen Ausdruck gefunden. Im Titelkupfer der *Rudolphinischen Tafeln*, die Kepler 1627 herausgegeben hat (Abb. 8), ist ein von zehn Säulen getragener Tempel dargestellt. Die beiden vollkommensten Säulen vorn sind Copernicus und Tycho Brahe zugeordnet. Rechts neben Tycho, hinter einer Säule aus unverputztem Ziegelwerk, sitzt Ptolemäus, links von Copernicus weist vor einer ebensolchen Säule Aristarch sein Werk vor. – Im Titelkupfer von J. B. Riccioli, *Almagestum novum*, Bologna 1651 (Abb. 9) werden das copernicanische und das tychonische System gewogen, zugunsten des letzteren. Darunter ruht Ptolemäus. Aus seinem Munde fließt der Satz: »Ich werde erhoben werden, wenn ich korrigiert werde« (*erigor dum corrigor*). Die linke Gestalt, der Himmel, zitiert *Ps.* 8,4: »Ich sehe die Himmel, die Werke deiner Hände«. Die rechte Gestalt, die Astronomie, zitiert *Ps.* 104,5 (*Vulgata* 103,5). Der dargestellten Hand Gottes sind die Worte *numero, mensura, pondere* aus *Sap. Sal.* 11,21 zugeordnet. Das oberste Schriftband zitiert *Ps.* 19,3: »Ein Tag sagt's dem andern und eine Nacht tut's der anderen kund« (*Vulgata* 18,3: *dies diei eructat verbum et nox nocti indicat scientiam*). – In einer von Joh. Bapt. Homann, Nürnberg, verfertigten Darstellung des *»Systema solare et planetarium ex hypothesi Copernicana secundum [...] Hugenii deductiones collectum et exhibitum«* ist in der rechten unteren Ecke die Astronomia dargestellt mit den drei Systemen. Das ptolemäische ist zerbrochen, das tychonische wird mit *»sic oculis«*, das copernicanische mit *»sic ratione«* charakterisiert.

[59] Vgl. F. Engels, »Zur Dialektik der Natur«, in: K. Marx, F. Engels, *Werke* [MEW], Berlin 1956ff., Bd. 20, 465: »Was auf religiösem Gebiet die Bullenverbrennung Luthers, war auf naturwissenschaftlichem des Kopernicus großes Werk, worin er, schüchtern zwar, nach 36jährigem Zögern und sozusagen auf dem Totenbett, dem kirchlichen Aberglauben den Fehdehandschuh hinwarf.«

Schulmanns Benjamin Hederichs 1728 wird der Diskussionsstand so wiedergegeben:

1. »Von allen Systematibus Mundi ist das Ptolemaicum das unrichtigste.«
2. »Das Systema Copernicanum ist das aller Vernunftmäßigste, doch aber auch nicht sicher anzunehmen, bis es nicht mit der H. Schrift besser kann verglichen werden.«
3. »Das Systema Tychonicum ist das usuellste, und so lange man bey der bisherigen Auslegung der Heil. Schrift bestehet, das sicherste.«

Für und wider der drei werden auf fünf Seiten sine ira et studio wiedergegeben, da ist nichts von erbittertem Weltanschauungskampf zu spüren.[60]

7. ***Galilei habe nach seiner Verurteilung gesagt: »und sie bewegt sich doch«.***

Schon sehr bald ist zu seinem Ruhme bemerkt worden, daß er dies gesagt habe.[61] Nachweisbar ist es nicht. Hätte er es sagen können? Sicher nicht, um seinen Widerruf zu widerrufen. Es gibt keine Zeugnisse dafür, daß Galilei seinen Widerruf als Verrat gedeutet hätte, aber sehr viele Zeugnisse, in denen er seinen Gehorsam gegenüber der Kirche beteuert. Und es gibt Zeugnisse, in denen er der Sorge Ausdruck gibt, die Kirche könnte sich selbst durch eine Verurteilung der copernicanischen Lehre schaden.[62]

Galileis Gehorsamsbereitschaft konnte die Aufklärung offenbar nicht nachvollziehen. Dieselbe Gehorsamsbereitschaft gegenüber der Autorität der Kirche in Glaubensfragen zeigt aber etwa auch Descartes. Im *Discours* (1637) schreibt er, er sei vor drei Jahren gerade mit der Vorbereitung seiner Abhandlung über die Welt zum Druck befaßt gewesen, »als ich hörte, daß Personen, denen ich mich unterwerfe und deren Autorität kaum weniger über meine Handlungen vermag als meine eigene Vernunft über meine Gedanken, eine kurz zuvor von einem anderen veröffentlichte physikalische Lehrmeinung mißbilligt hatten. Ich will nicht sagen, daß ich diese Meinung teilte, wohl aber, daß mir vor deren Zensur nichts darin aufgefallen war, wovon ich mir hätte vorstellen können, daß es der Religion oder dem Staate schaden würde.«[63] Galilei selbst hat seine Verurteilung

[60] Wittenberg $^{4}$1728, 345-349.

[61] Nach W. Brandmüller, *Galilei und die Kirche oder das Recht auf Irrtum*, Regensburg 1982, 12f., ist der Satz bereits zehn Jahre nach dem Prozeß nachweisbar.

[62] Vgl. Galilei an Dini (Mai 1615), in: *Briefe*, 48ff.; sowie Galilei an Curzio Picchena (20. Februar 1616), in: *Briefe*, 52.

[63] R. Descartes, *Discours de la Méthode – Von der Methode des richtigen Verstandesgebrauchs in der wissenschaftlichen Forschung*, übers. und hrsg. von L. Gäbe, Hamburg 1960, 98f.

nicht »der Kirche«, sondern seinen Feinden und im besonderen den Jesuiten angelastet, die es vermocht hätten »den Blick der Oberen zu verblenden«.[64] Er aber habe einen zweifachen Trost, nämlich einmal, »daß es beim Lesen all meiner Werke niemanden geben wird, welcher darin auch nur den geringsten Widerschein von irgend etwas zu finden vermag, was von der Frömmigkeit und der Ergebenheit gegenüber der Heiligen Kirche abweicht; der andere ist mein eigenes Gewissen [. . .]«.[65]

Trotzdem kann Galilei das Verdikt gegen Copernicus nie für berechtigt gehalten haben. Über die Verurteilung seines *Dialogs* hat er sich in einem Brief von 1636 an den polnischen König mit bitterem Sarkasmus geäußert.[66] Und 1641 dreht er Urbans Allmachtsargument, das dieser gegen Copernicus gewendet hatte, um und erklärt, Copernicus habe, da Gott alles kann, angenommen, er könne auch die Erde bewegen, um dann zu erklären: »Und so wie ich die Beobachtungen und Mutmaßungen des Kopernikus für *unzureichend* halte, so erachte ich gleichfalls jene des Ptolemäus, des Aristoteles und ihrer Anhänger für *trügerischer und irrtümlicher*, da man, ohne die Grenzen des menschlichen Urteilsvermögens zu überschreiten, ziemlich klar die mangelnde Schlüssigkeit letzterer zu erkennen vermag.«[67] Also: Die Beweise für Copernicus sind (noch) unzureichend, Ptolemäus und Aristoteles aber sind hinreichend widerlegt. Und dies entsprach genau dem damaligen Sachstand.

## 2. Warum wurde Galilei verurteilt?

Alles, was geschieht, hat Gründe, es fragt sich nur jeweils, von welcher Art sie sind. Nach allem, was wir wissen, können die ausschlaggebenden Gründe für den Prozeß gegen Galilei 1633 nicht in dessen Copernicanismus gelegen haben. Denn dann hätte er von 1616 an argwöhnisch beobachtet statt mit Anerkennung überhäuft werden müssen. Und dann hätte bereits Galileis offener Brief gegen Ignoli vom September 1624, in dem er erklärte, »daß die Wahrheit des kopernikanischen Systems nach menschlichem Ermessen angenommen werden

[64] Galilei an Elia Diodati (15. Januar 1633), in: *Briefe*, 99; Galilei an Elia Diodati (25. Juli 1634), in: *Briefe*, 137.

[65] Galilei an Niccolò Fabri de Peiresc (22. Februar 1635), in: *Briefe*, 141.

[66] Aus seinem *Dialog*, von dem einige Exemplare nach Polen gelangt seien, haben »sowohl Eure Majestät als auch Dero Gelehrten [. . .] schließen können, wie wahr es ist, daß selbige eine Lehre in sich bergen, welche anstößiger, schändlicher und verderblicher für die Christenheit ist als die Bücher des Calvin, des Luther und aller Erzketzer zusammen« (*Briefe*, 150).

[67] Galilei an Francesco Rinuccini (29. März 1641), in: *Briefe*, 163 [Hervorhebung R. S.].

könne«,[68] für einen Prozeß eher noch Anlaß gegeben als der *Dialog*. Denn in diesem hatte er selbst den Copernicanismus gar nicht assertorisch vertreten, da er ja nur *dialogi personae* reden ließ und zudem in dem vom römischen Zensor Riccardi geforderten Vorwort korrekt erklärt hatte, er »habe im Laufe der Unterredung die Partei des Kopernikus ergriffen, wobei ich von seinem System ganz nach mathematischer Weise als von einer Voraussetzung ausgehe und mit Hilfe aller möglichen Kunstgriffe nachzuweisen suche, daß dieses System dem der Unbewegtheit der Erde zwar nicht schlechthin überlegen ist, wohl aber in Ansehung der Gegengründe, die von den zünftigen Peripatetikern vorgebracht werden«.[69] Damit war er formal der von Bellarmin empfohlenen Sprachregelung gefolgt.[70]

So hat denn auch die Inquisition lediglich geurteilt, er habe sich, indem er die copernicanische Lehre »für gültig gehalten und geglaubt« habe, der Ketzerei *verdächtig* gemacht, aber gegen das Verbot von 1616 *verstoßen*.[71] Ungehorsam, nicht Häresie ist demnach der Hauptvorwurf.[72]

Der Vorwurf des Ungehorsams bezog sich aber gar nicht auf das Dekret von 1616, sondern auf seine nicht öffentliche Vermahnung durch Bellarmin im selben Jahr. Über deren Inhalt aber kommt es während des Prozesses zu einer erheblichen Meinungsverschiedenheit zwischen Galilei und dem Gericht. Dieses behauptet, ihm sei auferlegt worden, sich zum copernicanischen System überhaupt nicht mehr zu äußern. Galilei erklärt, daran könne er sich nicht erinnern, er erinnere sich nur daran, daß Bellarmin ihm erklärt habe, daß die copernicanische These »weder verfochten noch aufrechtgehalten werden darf«. Er legt ein Schreiben Bellarmins vor, in dem er eben dieses erklärt und feststellt, daß Galilei

[68] Hier zitiert nach dem Referat bei Fischer, *Galileo Galilei*, 149; der Brief ist abgedruckt in *EN* 4, 543.

[69] G. Galilei, *Dialog über die beiden hauptsächlichsten Weltsysteme, das ptolemäische und das kopernikanische*, in: ders., *Schriften, Briefe, Dokumente* Bd. 1, hrsg. von A. Mudry, Berlin (Ost) 1987, 181. – Korrekt nennt hier Galilei seine Hauptgegner, die Neuaristoteliker.

[70] Vgl. den Brief Bellarmins an Foscarini in Anm. 15.

[71] Das Urteil ist wiedergegeben in: *Briefe*, 205ff. Das Gericht spricht ihn frei, vorausgesetzt, daß er abschwört – aber: »Und damit dieser dein schwerer und verderblicher Irrtum und Verstoß nicht gänzlich ungestraft bleibe und du in Zukunft klüger seiest und anderen als Beispiel dienest«, wird das Verbot seines Buches, Kerkerhaft und als Buße das wöchentliche Sprechen der sieben Bußpsalmen angeordnet. Und »wir behalten uns vor, die obengenannten Strafen und Bußen zu mildern, zu ändern, sie gänzlich oder teilweise aufzuheben« (*Briefe*, 209 f.).

[72] Der Florentiner Gesandte Niccolini faßt am 19. Juni 1633 das gegen Galilei ergangene Urteil so zusammen: Er habe »den im Jahre 1616 erhaltenen Befehlen zuwidergehandelt« (*Briefe*, 107; vgl. 108).

weder abschwören mußte, noch eine Buße auferlegt bekam.[73] Die Akten von 1616 sprechen wohl eher für Galileis Version.[74] Wie dem auch sei, da Galilei für derartiges auch zehn Jahre zuvor hätte belangt werden können, kann dies nicht der Grund für den Prozeß zu diesem Zeitpunkt gewesen sein. Die Forschung ist sich denn auch einig, daß ein Meinungsumschwung des Papstes der Grund für den Prozeß gewesen ist. Er fühlte sich persönlich durch Galileis *Dialog* lächerlich gemacht.[75] Außerdem hatte er sich als Mitspieler in der Politik des Dreißigjährigen Krieges in eine zwielichtige Lage manövriert, indem er mit den protestantischen Schweden gegen den katholischen Kaiser agierte. Dieser war übrigens ein begeisterter Astronom, der den Protestanten Kepler an seinen Hof geholt hatte und Galilei schätzte. Widerstand gegen diese seine machiavellistische Politik in der Kurie beantwortete dieser Papst mit Säuberungen, denen auch Riccardi zum Opfer fiel, der für Galileis *Dialog* das römische Imprimatur erteilt hatte.[76]

Also: Der Prozeß von 1633 hatte politische Gründe und folgte nicht zwangsläufig aus dem Dekret von 1616 und Galileis Veröffentlichungen danach.

[73] Bellarmins Schreiben in: *Briefe*, 194. Galileis schriftliche Verteidigung, in der er sich auf den Brief beruft und anmerkt, daß es ganz dem Dekret von 1616 entspreche: *Briefe*, 199 f.

[74] Über die Vermahnung von 1616 gibt es zwei Dokumente. Nur das zweite verbietet Galilei, Copernicus »*quivis modo docere*«, es ist aber nicht unterschrieben. – Um Zeugen für den wahren Ablauf der Vermahnung von 1616 hat sich das Inquisitionsgericht nach Ausweis der Akten nicht bemüht.

[75] Das ergibt sich aus dem zweiten der Anklagepunkte: »Daß er die ›Schlußmedizin‹ in den Mund eines Einfallspinsels gelegt und zudem an einem Ort untergebracht hat, wo sie schwer zu finden ist« (zit. nach: Fischer, *Galileo Galilei*, 181). Die Schlußmedizin ist das seinerzeit von Urban VIII. selbst Galilei gegenüber vorgebrachte Allmachtsargument, das aber im *Dialog* auch von den anderen Gesprächsteilnehmern gebraucht wird. Vgl. ebd., 183. – Der Papst hatte persönlich an der Entstehung des *Dialogs* Anteil genommen, was im einzelnen aus der Instruktion des römischen Zensors Riccardi an den Florentiner Inquisitor betreffend die Zensurerteilung für den *Dialog* hervorgeht; zitiert bei Brandmüller, *Galilei und die Kirche*, 90 f.

[76] Eine detaillierte Beschreibung der politischen Verwicklungen Urbans VIII. um das Jahr 1633 gibt Z. Šolle, *Neue Gesichtspunkte zum Galilei-Prozeß*, hrsg. von G. Hamann, Wien 1980 (Österr. Akad. der Wiss., Phil.-hist. Kl., Bd. 361). Sein Resümee ebd. 65: Das Bürgertum des 19. Jahrhunderts »wollte überkommene Vorurteile aus dem ›dunklen‹ Mittelalter für die Ursachen der Verurteilung Galileis halten. Zur Zeit des vorherrschenden antireligiösen Liberalismus konnten die Biographen des zu verherrlichenden Wissenschaftlers kaum zugeben, daß ihn der aufsteigende moderne Nationalismus vernichtet hat, der in dieser ersten Phase in der Form der neuen Lehre von den höchsten Staatsinteressen zum Vorschein kam. Die Raison d'état eines Richelieu, die über dem Menschen, der Moral und der Wissenschaft stand, fand ein starkes Echo im Herzen Urbans VIII. Es waren also nicht die letzten Schatten einer vergehenden dunklen Nacht, sondern die Anfänge der modernen Zeit, welche den Forscher, den in seine Wissenschaft Vertieften, niedergedrückt haben.«

So bleibt noch zu klären, worauf das Dekret von 1616 beruht, an dem ein so besonnener Mann wie Bellarmin mitgewirkt hatte.

Was die Zensur in der Philosophie betrifft, nach der die copernicanische These absurd sei, so wissen wir sowohl von Bellarmin als auch von Urban VIII., daß sie den Copernicanismus für eine interessante und plausible Hypothese gehalten haben, aber zugleich überzeugt waren, daß er *nie* bewiesen werden könne. Copernicus selbst dagegen und seine Freunde waren überzeugt, daß sein Weltmodell die wahre Weltverfassung darstellt. Daß astronomische Thesen nie bewiesen werden können, diese Auffassung vertritt auch der Protestant Osiander in seiner nicht autorisierten und ohne Namensnennung dem Werk vorangestellten Vorrede. Er referiert dabei einfach das traditionelle Verständnis der Astronomie als einer bloßen Rechenkunst. »Es ist ja hinreichend bekannt, daß diese Wissenschaft die Ursachen der erscheinenden unregelmäßigen Bewegungen schlicht überhaupt nicht kennt. [...] Und niemand soll, was jedenfalls die Erklärungsannahmen angeht, von der Sternkunde etwas Gewisses erwarten, da sie für sich nichts derartiges gewährleisten kann.«[77] Entsprechend versteht Bellarmin die Astronomie als bloße Hypothesenwissenschaft, »und dies genügt dem Mathematiker«.[78] Copernicus schreibt dagegen in seinem Vorwort an den Papst: »Mathematisches wird für Mathematiker geschrieben«, erklärt also einerseits ebenfalls die Astronomie zur (angewandten) Mathematik, aber trotzdem nicht zur bloßen Rechenkunst. Das ist erstaunlich.

Für Ptolemäus war die Astronomie bloß *ars*, weil sie Astronomie ohne Astrophysik sein mußte. Für Copernicus soll die Astronomie nicht bloß *ars* sein, obwohl auch er eine Astronomie ohne Astrophysik vorträgt. Für Ptolemäus ist die Astronomie bloß *ars*, weil sie bloß Mathematik ist, für Copernicus dagegen ist die Astronomie mehr als *ars*, weil sie Mathematik ist. Wie erklärt sich das?

Copernicus beschreibt seinen Anstoß zur neuen Theorie so: »Was also diese Unsicherheiten der mathematischen Überlieferung, die Berechnung der Bewegungen der Weltkugeln betreffend, angeht: als ich darüber bei mir lange nachdachte, erfaßte mich Unwillen darüber, daß keine unangreifbarere Berechnung

[77] *DNW*, 62 f. – Aufgrund dieses Vorworts war offenbar auch Bellarmin der irrigen Auffassung, Copernicus habe seine Thesen nur als Hypothesen verstanden. Siehe dazu den Brief an Foscarini (wie Anm. 15).

[78] Vgl. Bellarmin an Foscarini (wie Anm. 15). Die Instruktion des römischen Zensors Riccardi gibt die Forderung des Papstes, die den *Dialog* betreffen, mit den Worten weiter, es »sei die kopernikanische Lehre rein mathematisch zu behandeln, um dadurch zu Tage treten zu lassen, wie ohne göttliche Offenbarung und kirchliche Lehre man auch in jenem System alle scheinbaren Positionen erklären und alle entgegenstehenden Schwierigkeiten lösen könnte« (zit. bei Brandmüller, *Galilei und die Kirche*, 91).

der Bewegungen der Weltmaschine, die um unseretwillen vom besten und genauesten aller Werkmeister gebaut ist, den Wissenschaftlern glücken wollte«[79]. Diese neue Bewertung der Mathematik als Instrument zur Erschließung der wahren Weltverfassung bestimmt das Pathos der neuen Naturwissenschaftler. Das hat Kepler so ausgesprochen: »Denn dem Ptolemäus war der Schöpfer der Welt nicht bekannt, daher lag es ihm nicht, über das Urbild der Welt nachzudenken, das in der Geometrie und namentlich bei dem höchst bedeutenden Philosophen Euclid zu suchen ist.«[80] Und auch Galilei spricht das aus, wenn er im *Saggiatore* 1623 schreibt: »Die Philosophie ist ins große Buch des Universums eingeschrieben, und dieses Buch liegt ständig offen vor unseren Augen. Aber dieses Buch kann man nicht verstehen, wenn man nicht zunächst seine Sprache begreift und das Alphabet zu entziffern versteht, in dem es geschrieben ist. Es ist in der Sprache der Mathematik geschrieben, und seine Schriftzeichen sind Dreiecke, Kreise und andere geometrische Figuren, ohne die es keinem Menschen möglich ist, ein einziges Wort davon zu verstehen.«[81]

Die Anklageschrift der Inquisition hat Galilei vorgeworfen, daß »er auf verderbliche Weise ausführt und behauptet, daß in der Art der Betrachtung geometrischer Gehalte eine gewisse Ähnlichkeit zwischen menschlichem und göttlichem Verstand sei«,[82] aber weder im Verhör noch im Urteil dieses Thema aufgegriffen. Offenbar hat das Inquisitionskollegium davon Abstand genommen, diese Behauptung zu beanstanden. Diesmal war sie gut beraten. Denn in der *Sapientia Salomonis*[83] findet sich, auf Gott bezogen, der Satz: »Alles hast du nach Maß, Zahl und Gewicht geordnet.« Er hat eine breite Wirkungsgeschichte entfaltet, seitdem ihm Augustin in seinem *Genesis*-Kommentar zentrale Bedeutung für das christliche Schöpfungsverständnis verschafft hat.[84] Zum mittalterli-

[79] Vorwort an den Papst, in: *DNW*, 72f.

[80] *J. Kepler in seinen Briefen*, Bd. 1, hrsg. M. Caspar und W. v. Dyck, München 1930, 249.

[81] Hier zit. nach: S. Drake, *Galilei*, Freiburg 1996, 113.

[82] Zit. nach: Fischer, *Galileo Galilei*, 182; die Bezugsstelle im *Dialog* lautet: (Salvatio spricht) »[...] daß der menschliche Intellekt einige Wahrheiten so vollkommen begreift und ihrer so unbedingt gewiß ist, wie es nur die Natur selbst sein kann« (ebd., 188).

[83] *Septuaginta*: 11,20. *Vulgata*: 11,21.

[84] Augustin, *De gen. ad litt.* IV, 3ff. Die Physik der nominalistischen Spätscholastik hat vorausgesetzt, daß alles Natürliche meßbar ist, aber nicht von uns Menschen gemessen werden kann, weil wir die göttlichen Maßeinheiten nicht kennen. »Ein Rechnen mit ungefähren Maßen, d.h. mit Näherungswerten, mit Fehlergrenzen und vernachlässigbaren Größen, wie es der späteren Physik selbstverständlich wurde, wäre den scholastischen Philosophen als ein schwerer Verstoß gegen die Würde der Wissenschaft erschienen«. (H. Blumenberg, »Die Vorbereitung der Neuzeit«, in: *Philosophische Rundschau* 9 [1961], 120.) – Jener Satz aus *Sap. Sal.* hat im Mittelalter einen ikonographischen Typos veranlaßt: Architectus mundi, so eine Miniatur um 1270, Österreichische Staatsbibliothek Cod. Nr. 2554 (Abb. 10). – Auch Des-

chen Schöpfungsglauben gehörte die durch Menschen nicht erfaßbare mathematische Verfaßtheit der Welt. Das Pathos der neuen Naturwissenschaft speist sich auch aus der Erwartung, Gottes mathematische Spuren in der Welt mittels der gottgegebenen Vernunft erfassen zu können, oder: auch in Gottes erstem Buch, dem Buch der Natur, lesen zu können.

Die Qualifikatoren haben nicht begriffen, daß die Copernicaner mit diesem neuen Anspruch an die Mathematik einen neuartigen Anspruch für ihre Astronomie erhoben: Sie vermag die wirkliche Verfassung des Weltalls zu beschreiben.

Jetzt wird auch erklärlich, warum die Qualifikatoren 1616 ohne Begründung erklären konnten, die copernicanischen Thesen seien in der Philosophie *absurd:* nicht, weil sie der erwiesenen richtigen philosophischen (physikalischen) Auffassung von der Beschaffenheit der Gestirnbahnen widersprechen, sondern weil die Astronomie als bloße Rechenkunst über dergleichen nichts aussagen könne. Copernicus überschreite die Grenzen *der Astronomie*, wenn er Tatsachenbehauptungen aufstellt. Als Hypothese, sogar als der ptolemäischen überlegene Hypothese dagegen konnten sowohl Bellarmin als auch Papst Urban VIII., und übrigens auch Melanchthon[85], Copernicus nicht nur hinnehmen, sondern sogar loben. Sie konnten anerkennen, daß man mit Copernicus besser rechnen kann, und seine Rechenmethoden deshalb auch für die Kalenderreform und neue Planetentafeln akzeptieren. Absurd erschien ihnen aber, vom rechnerischen Erfolg eines astronomischen Modells, ob es nun das ptolemäische oder das copernicanische war, auf die wahre Verfassung der Welt zu schließen. Sie vermeinten, genau zu wissen, daß Astronomen dergleichen niemals genau wissen können. Die philosophische Zensur urteilt nicht auf der Ebene der Lehrmeinungen, sondern auf der der Wissenschaftstheorie: Die Astronomie ist *ars*, nicht *scientia*. Die Copernicaner dagegen beanspruchen, durch Anwendung der Mathematik auf die Natur diese aus der Perspektive des Schöpfers und insofern so zu erfassen, wie sie vom Schöpfer konzipiert ist. Durch Mathematik wird Naturwissen zum naturwissenschaftlichen Wissen. Diesen entscheidenden Punkt hat die Inquisition in der Anklage berührt, aber im Prozeß fallen gelassen. Sie konnte an diesem Punkt den Vorwurf der Häresie nicht belegen.

cartes bezieht sich auf jenen Satz in *Le Monde* (AT XI, 47), vgl. K. Laudien, *Die Schöpfung der ewigen Wahrheiten. Die Bedeutung der philosophischen Gotteslehre bei René Descartes*, Berlin 2001, 195.

85 Melanchthons anfängliche schroffe Ablehnung hat sich in Bewunderung des Copernicus gewandelt, allerdings ohne die Heliozentrik zu akzeptieren. Der einzige Schüler des Copernicus, Joachim Rheticus, war von Melanchthon zu ihm geschickt worden, um Näheres zu erfahren. Vgl. Blumenberg, *Die Genesis*, 371ff.

Das Hauptargument von 1616 war aber, daß die Lehre vom Stillstand der Sonne »den Äußerungen der Heiligen Schrift an vielen Stellen nach dem Wortlaut und nach der übereinstimmenden Auslegung und Auffassung der heiligen Väter und der theologischen Doktoren ausdrücklich widerspricht«. Das ist ein tridentinisches Argument.[86] Das Trienter Konzil der Gegenreformation hat auf der 4. Sitzung 1546 ausdrücklich die eigenmächtige Schriftauslegung verboten,[87] unter dem Eindruck der reformatorischen Kirchenspaltung, die aus eigenmächtiger Schriftauslegung hervorgegangen sei. Unmittelbar vor seiner Abreise zum Prozeß schreibt Galilei: »von wohlmeinender Seite vernehme ich, daß die Jesuiten-Väter auf höchst bedeutsame Köpfe eingewirkt haben, daß dieses mein Buch verdammenswert und für die Heilige Kirche verderblicher sei als die Schriften des Luther und des Calvin«.[88] Das Desaster der päpstlichen Europapolitik und nun noch die Gefahr einer neuen Kirchenspaltung! Es ist plausibel, daß solche Besorgnisse in dieser prekären Situation bei einem sich autokratisch gebärdenden Papst[89] zusätzliche Ängste mobilisieren konnten. Aber nicht nur in Theologie und Philosophie ist die Angst ein schlechter Ratgeber.

[86] Wie Bellarmin im Brief an Foscarini ausdrücklich vermerkt (vgl. Anm. 15).

[87] »*[. . .] ut nemo, suae prudentia innixus, in rebus fidei et morum, ad aedificationem doctrinae christiane pertinentium, sacram Scripturam ad suos sensus contorquens, contra eum sensum, quem tenuit et tenet sancta mater Ecclesia, cuius est judicare de vero sensu et interpretatione Scripturarum sanctarum. Aut etiam contra unanimem consensum Patrum ipsam Scripturam sacram interpretari audeat, etiamsi huiusmodi interpretationes nullo unquam tempore in lucem edendae forent*«. (Denzinger/Schönmetzer, *Enchiridion symbolorum, definitionum et declarationum de rebus fidei et morum*, Nr. 1507, Freiburg [33]1965, 366).

[88] Galilei an Elia Diodati in Paris (15. Januar 1633), in: *Briefe*, 99. – Eine ganz andere Beziehung zum Protestantismus stellte der Kardinal von Hohenzollern dem Papst gegenüber her: »daß die Ketzer allesamt seiner [sc. des Copernicus] Meinung wären und sie für höchst gewiß halten, und daß deshalb mit größtem Bedacht vorgegangen werden müsse«, so Galilei an Federico Cesi (8. Juni 1624), in: *Briefe*, 69. Der Kardinal fürchtet, ein schärferes Vorgehen gegen den Copernicanismus würde die katholische Kirche bei den Protestanten blamieren. Ähnlich argumentiert Galilei im offenen Brief gegen Ignoli: Er wolle mit seinen Argumenten für Copernicus den Protestanten im Norden zeigen, daß die Kirche das heliozentrische System nicht aus Unkenntnis verurteilt habe, sondern aus Achtung vor den Worten der Bibel und der Kirchenväter (nach Fischer, *Galileo Galilei*, 149 f.). Diese Argumentation ist deshalb interessant, weil sie belegt, daß die bedauerliche Kirchenspaltung auch einen positiven Effekt zeitigt: die machtbegrenzende Funktion eines unabhängigen Publikums macht sich bemerkbar, wenn auch diesmal noch nicht wirksam.

[89] Es ist durch mehrere Zeugnisse erwiesen, daß nicht das Inquisitionskollegium, sondern der Papst persönlich auf Härte gegen Galilei gedrängt hat, auch nach dem Prozeß. Hier nur das Zeugnis von Bentivoglio: »In Padua hat Galileo Galilei, damals Mathematiker jener Universität, der toskanische Archimedes unserer Zeit, dem Abt Cornaro und mir zusammen im Privaten die Sphären erklärt, und Gott weiß, wie sehr es mich schmerzte, zu sehen, wie aus ihm durch seine eigene Schuld ein so unglücklicher Archimedes wurde, weil er im Druck seine

Es ist dagegen nicht ebenso plausibel, daß der tridentinische Kanon zum Dekret von 1616 führen *mußte.*

Galilei hatte sich mit dem Verhältnis des Copernicanismus zu Bibel und Kirchenväterauslegung 1615 in einem verbreiteten Brief an seine Landesherrin, Christina von Lothringen, Großherzogin der Toscana, ausführlich befaßt.[90] Dort nimmt er den Wortlaut des tridentinischen Verbots eigenmächtiger Schriftauslegung für sich in Anspruch, weil es *eingeschränkt* ist auf Fragen des Glaubens und der Lebensführung *(in rebus fidei et morum)* und dazu gehören jedenfalls nicht astronomische Fragen.[91] Denn hätte die Bibel uns in solchen Fragen belehren wollen, wäre sie ausführlicher geworden. Außer der Venus werde in der Bibel kein einziger Planet auch nur mit Namen genannt.

Und er zitiert von Kardinal Baronius (1538–1607): *»die Absicht des Heiligen Geistes ist es, uns zu belehren, wie man in den Himmel geht, nicht wie der Himmel geht«*.[92]

Zu *Josua* 10, der Stelle, da Josua der Sonne gebietet, stillzustehen, verweist er darauf, daß (Pseudo-)Dionysios Areopagita und (Pseudo-)Augustin sie gar nicht wörtlich verstanden haben: Beide erklären, nicht die Sonne, sondern das *primum mobile* habe stillgestanden,[93] denn, so Galilei zutreffend, nach der ptolemäischen Theorie eignet der Sonne selbst ja nur die jährliche Bewegung, bei der täglichen Bewegung ist sie nur Fahrgast des täglichen Umschwungs der ersten Sphäre.[94] Dagegen sei nach der copernicanischen Theorie eine wörtliche Auslegung möglich, wenn man nämlich annimmt, daß die Sonne in der Mitte der Welt zugleich Ursache der Planetenbewegungen ist.[95] Galilei geht aber noch einen Schritt weiter und möchte plausibel machen, daß *Josua* 10,13: »Also stand die Sonne

neuen Ansichten zur Bewegung der Erde veröffentlichen wollte, gegen den *sensus communis* der Kirche, Ansichten, die ihn vor das Heilige Officium in Rom brachten, wo ich die Stelle des obersten Inquisitionsgenerals ausübte und wo ich mich seines Falles annahm, soweit es mir möglich war« (Z. Šolle, *Neue Gesichtspunkte zum Galilei-Prozeß*, 30).

90 Der Brief wurde 1636 in Straßburg gedruckt (Fischer, *Galileo Galilei*, 30), war aber handschriftlich längst weit verbreitet. – Zuvor hatte er dieselben Fragen im Brief an Castelli vom 21. Dezember 1613 behandelt. Siehe dazu G. Galilei, *Schriften, Briefe, Dokumente* Bd. 1, 168-177. Der Brief lag dem Inquisitionskollegium vor und wurde nicht beanstandet.

91 *EN* 5, 336; *DO*, 203. – Bellarmin, der möglicherweise diesen Brief Galileis kannte, als er an Foscarini schrieb, widerspricht allerdings 1615 der Auffassung, solche astronomischen Fragen seien keine Glaubensfragen. Vgl. dazu Anm. 15.

92 »Ciò è l'intenzione dello Spirito Santo essere d'insegnarci come si vadia al cielo, e non come vadia il cielo« (*EN* 5, 319; *DO*, 187).

93 *EN* 5, 337; *DO*, 204f.

94 *EN* 5, 343ff.; *DO*, 211ff.

95 Dies Argument ist allerdings auch unter Galileis Voraussetzungen nicht schlüssig, da er die Achsdrehung der Sonne für die Bewegung der Himmelskörper um die Sonne verantwortlich

mitten am Himmel« die copernicanische These direkt ausspreche – eine waghalsige Auslegung.

Gewichtiger ist Galileis Berufung auf Auslegungsregeln der Kirchenväter, speziell aus Augustins *Genesis*-Kommentar, die sich besonders auf Fragen des Naturverständnisses beziehen.

Augustin mahnt grundsätzlich zur Vorsicht bei der Auslegung von dunklen Textstellen der Bibel, damit wir nicht aufgrund unserer Vorurteile der Wahrheit widersprechen, wenn sie ans Licht kommt.[96] Kosmologische Fragen wie die, ob der Himmel stillsteht oder sich bewegt[97] oder ob der Himmel die Erde wie eine Kugel umschließt oder die Erde als Scheibe nur von oben bedeckt, sind außerdem irrelevant für das Heil und unter diesem Gesichtspunkt, da schwierig und strittig, Zeitverschwendung. »Von der Form des Himmels wußten unsere [die biblischen] Autoren, was mit der Wahrheit übereinstimmt, aber der Geist Gottes, der durch sie sprach, wollte dies nicht die Menschen lehren, da es nichts zum Heil beiträgt.«[98] Augustin warnt eindringlich vor der peinlichen Mesalliance zwischen Glauben und Unbildung: »Oft genug kommt es vor, daß auch ein Nichtchrist ein ganz sicheres Wissen durch Vernunft und Erfahrung erworben hat, mit dem er etwas über die Erde und den Himmel, über Lauf und Umlauf, Größe und Abstand der Gestirne, über bestimmte Sonnen- und Mondfinsternisse, [...] und dergleichen zu sagen hat. Nichts ist nun peinlicher, gefährlicher und am schärfsten zu verwerfen, als wenn ein Christ mit Berufung auf die christlichen Schriften zu einem Ungläubigen über diese Dinge Behauptungen aufstellt, die falsch sind und, wie man sagt, den Himmel auf den Kopf stellen, so daß der andere kaum sein Lachen zurückhalten kann. Daß ein solcher Ignorant Spott erntet, ist nicht

macht, die Tageslänge ist aber nicht von der jährlichen, sondern von der täglichen Umdrehung der Erde abhängig, und wie die Sonne die Achsdrehung der Erde verursachen soll, hat Galilei nicht gezeigt. – Gar nicht so selten ist Galilei der Verblüffungswert eines Arguments wichtiger als sein Wahrheitswert.

96 »*Nunc autem, servata semper moderatione piae gravitatis, nihil credere de re obscura temere debemus, ne forte quod postea veritas patefecerit, quamvis libiris sanctis, sive Testamenti Veteris sive Novi, nullo modo esse possit adversum, tamen propter amorem nostri erroris oderimus*« (*EN* 5, 310, 331; Augustin, *De gen. ad litt.* I,18). – Die hier gegebenen Zitate aus Galileis Brief weichen in Kleinigkeiten vom Text heutiger Augustin-Ausgaben ab.

97 *EN* 5, 318f., 337; *DO*, 185; *De gen. ad lit.* II,10.

98 »*[...] multi enim multum disputant de iis rebus, quas maiore prudentia nostri authores omiserunt, ad beatam vitam non profuturas discentibus, et occupantes (quod peius est) multum prolixa et rebus salubribus impendenda temporum spatia. Quid enim ad me pertinet, utrum caelum, sicut sphaera, undique concludat Terram, in media mundi mole libratam, an eam ex una parte desuper, velut discus, operiat? [...] breviter dicendum est, de figura caeli hoc scisse authores nostros quod veritas habet, sed Spiritus Dei, qui per ipsos loquebatur, noluisse ista docere homines, nulli saluti profutura*« (*EN* 5, 318, cf. 331; *DO*, 184, cf. 198; Augustin, *De gen. ad litt.* II, 9).

das Schlimmste, sondern daß von Draußenstehenden geglaubt wird, unsere Autoren hätten so etwas gedacht.«[99]

Deshalb stellt er die Regel auf: »Was die Weisen dieser Welt über die Natur der Dinge wahrhaftig zu beweisen vermögen, von dem haben wir darzulegen, daß dies mit unseren Schriften in keinem Widerspruch steht. Was die anderen aber in irgendwelchen Büchern vorbringen, das unseren Schriften widerspricht, von dem laßt uns glauben, daß es absolut falsch ist und, so weit wir können, laßt uns das auch zeigen [...] Denn so werden wir weder durch die Geschwätzigkeit einer falschen Philosophie verführt, noch durch den Aberglauben einer falschen Religion erschreckt.«[100] Diese Regel sollte nicht zu schnell als rechthaberischer Trick abgetan werden. Sie macht den nachvollziehbaren Unterschied zwischen dem, was rational bewiesen werden kann, und dem, was wir heute weltanschauliche Überzeugungen nennen würden, die bekanntlich nicht aus naturwissenschaftlichen Erkenntnissen deduziert werden können.

Und Galilei beruft sich mit Zitaten von Hieronymus und Thomas von Aquin auf das *Akkommodationsargument*: »Es gehört zu den Gewohnheiten der Schrift, daß der Erzähler die Auffassung vieler Dinge so erzählt, wie sie zur damaligen Zeit von allen geglaubt wurde.«[101] Mit historisch-kritischer Forschung hat das alles nichts zu tun. Denn es ist nicht vorausgesetzt, daß diese Texte uns befremden, weil sie aus einer anderen Zeit mit anderen Erfahrungsweisen stammen (obwohl Hieronymus immerhin auf den Unterschied der Zeitalter abhebt), sondern es wird, in Analogie zur Differenz zwischen den Gebildeten und dem ungebildeten Volk, vorausgesetzt, daß der Heilige Geist (also Gott) ohnehin, aber auch die biblischen Autoren jeweils die Wahrheit kannten[102], sich aber dem Volk anbequemten. Richtig ist dabei wahrgenommen, daß die biblischen Texte keine wissenschaftlichen Texte sind im Sinne der *disciplinae* hellenistischer Wissenschaften. Insofern ist auch eine Welterfahrungsdifferenz wahrgenommen. Wir

[99] *EN* 5, 340; *DO*, 207f.; Augustin, *De gen. ad litt.* I, 19, 39.

[100] »*[...] quicquid sapientes huius mundi de natura rerum veraciter demonstrare potuerint, ostendamus nostris Literis non esse contrarium; quicquid autem illi in suis voluminibus contrarium Sacris Literis docent, sine ulla dubitatione credamus id falsissimum esse, et, quoquomodo possumus, etiam ostendamus; atque ita teneamus fidem Domini nostri, in quo sunt absconditi omnes thesauri sapientiae, ut neque falsae philosophiae loquacitate seducamur, neque simulatae religionis superstitione terreamur*« (*EN* 5, 327; *DO*, 194; Augustin, *De gen. ad litt.* I, 21, 41).

[101] »*Consuetudinis Scripturarum est, ut opinionem multarum rerum sic narret Historicus, quomodo eo tempore ab omnibus credebatur*« (*EN* 5, 333; *DO*, 201; Hieronymus, *Commentarii in Matthaeum et Marcum, et in Divi Pauli epistolas.* Siehe Kommentar zu *Matth.* 13).

[102] Galileis Bemühungen um den Nachweis, daß der Verfasser von *Josua* 10,13 (und von *Proverbia* 8,26) die copernicanische Theorie gemeint habe, beruht auf derselben Voraussetzung. Dazu *EN* 5, 348; *DO*, 216.

müssen sie aber anders fassen als Augustin: als die Differenz zwischen mythischer und wissenschaftlicher Erfahrung. Die mythische Erfahrung gehört in eine Welt, die ein Gefüge heimischer, heimlicher und unheimlicher Orte und Mächte ist, von Unmeßbarkeit und Unermeßlichkeit stärker beeindruckt als von Meßbarkeit.[103] Die (hellenistische) wissenschaftliche Erfahrung legitimiert sich dagegen durch disziplinierte Beobachtungen (noch nicht durch Experimente!) und argumentative Beweise von Dingen und ihren Eigenschaften und in Grenzen auch durch Messen, nämlich in der angewandten Mathematik der Musik, der Optik und der Astronomie.[104] Die mythische Weltdeutung, verschafft sich in Geschichten und nicht in malbaren Systemen ihren genuinen Ausdruck.[105] Die babylonische Weltdeutung versteht die Welt als in die Urfluten errichtet und von diesen bedroht. Das klingt in der biblischen Schöpfungsgeschichte (*Gen.* 1,7) an, aber auch in der Sintflutgeschichte, nach der sich die Fenster des Himmels und die Brunnen der Tiefe öffneten (*Gen.* 7,11). Wenn Augustin diskutiert, ob es über dem Firmament Wassermassen geben könne und dem physikalischen Einwand Raum gibt, das Gewicht des Wassers verbiete eine solche Annahme, und davor warnt, mit Bibelzitaten gegen diejenigen zu operieren, »die mit so viel Sorgfalt von den Gewichten der Elemente reden«[106], so vollzieht er die Verwandlung der Urmacht zu einem Element nach. Im übrigen wird ja die mythische Erfahrung von der zerstörerischen Macht der Wassermassen durch die wissenschaftliche Erfahrung des Elements Wasser keineswegs gegenstandslos.

Die Auslegungsgrundsätze, die Galilei hier zitiert, waren damals theologisches Allgemeingut. Bellarmin bezieht sich auf sie[107] ebenso wie Conti[108]. Aber auch Luther[109] kennt sie und argumentiert mit ihnen. Wenn es Beweise für die

[103] Vgl. *Ps.* 103,12: »So ferne der Morgen ist vom Abend, läßt er unsere Übertretungen von uns sein«. Vgl. auch die vielen Belege für Ende(n) der Erde (*Hiob* 28,24), des Meeres (*Hiob* 36,30), des Himmels (*Ps.* 19,7), der Welt (*Ps.* 23,8).

[104] Die Sieben freien Künste gliedern sich bekanntlich in das Trivium Grammatik, Dialektik, Rhetorik (daher: trivial) und das Quadrivium Geometrie, Arithmetik, Musik und Astronomie.

[105] Deshalb sind moderne schematische Darstellungen etwa des babylonischen Weltbilds Produkte des Rückblicks und unter diesem Vorbehalt zu betrachten (Abb. 11). Die alten Babylonier oder Ägypter haben derartige physische Darstellungen weder geben wollen noch können, sondern Götter dargestellt, wenn sie das Universum dargestellt haben. Vgl. O. Keel, »Altägyptische und biblische Weltbilder«, in: *Weltbilder*, hrsg. von M. Svilar und S. Kunze, Bern 1993, 127-156.

[106] Augustin, *De gen. ad lit.* II, 1, 4.

[107] Dritter Punkt im Brief an Foscarini (wie Anm. 15).

[108] Carlo Conti an Galileio (Rom, 7. Juli 1612), in: *EN* XI, 354.

[109] »Einer fragte: Herr Doktor, die Schrift sagt, Gott habe zwei große Lichter geschaffen und alle Sterne am Firmament befestigt. Man sagt (aber), der Mond sei der kleinste der Sterne und der niederste. Ist der Autorität der Schrift oder den mathematischen Beweisen zu glauben? Der

Beschaffenheit eines natürlichen Phänomens gibt, darf man nicht den Wortlaut der Bibel dagegen ins Feld führen, sondern muß sagen, sie spricht nach der Meinung des Volkes. Gegen die Anwendung dieses Grundsatzes auf den Copernicanismus machen die Inquisitoren erstens geltend, daß ein zwingender Beweis bisher nicht vorliegt, womit sie recht hatten. Aber das haben sie im Dekret von 1616 ja gar nicht ausgesprochen. Zweitens haben sie aus wissenschaftstheoretischen Gründen einen solchen Beweis für prinzipiell unmöglich gehalten, womit sie im Irrtum waren. Deshalb sahen sie sich ermächtigt zu einer Zensur in der Philosophie. Statt dieser Neuerung hätten sie 1616 auch bei den altbewährten hermeneutischen Regeln bleiben können, unter deren Schutz der Copernicanismus 73 Jahre lang unbehelligt geblieben war.

Galilei hat, vom erhofften Sieg über seine neuaristotelischen Gegner geblendet, bis zuletzt auf diese Hermeneutik und auf die durchschlagende Evidenz des schönen Satzes von Baronius vertraut.[110] Deshalb hat er manche Warnungen vor einem drohenden Gewitter und dem Einfluß seiner Gegner in den Wind geschlagen.

In sein Handexemplar des *Dialogs* hat er später eine denkwürdige Bemerkung eingetragen.

Doktor antwortete: Aus der Begründung der Finsternisse, die sichere Beweise hat, werden wir überzeugt, daß die mathematischen Gründe nicht zu verwerfen sind. Deshalb glaube ich, daß Mose nach unserem Begreifen spricht, weil es uns so scheint. [...] Denn oft nimmt die Schrift Rücksicht auf unsere Schwachheit«. So Luther 1540 bei Tisch, WATR Nr. 5259. – Zu Copernicus hat sich Luther öffentlich nie geäußert. Aus dem Jahre 1542 ist ein Tischgespräch von dem Studenten Anton Lauterbach mitgeschrieben worden, das aber erst 1569, also lange nach Luthers Tod, veröffentlicht wurde. Es »wurde ein gewisser neuer Astronom erwähnt, der beweise, daß sich die Erde bewegt und nicht der Himmel, die Sonne und der Mond«. Der Name des Astronomen ist nicht bekannt und das Gerücht ist entstellt, denn eine Theorie, nach der auch der Mond stillsteht, hat es nie gegeben. Luther tut die Sache ab: »Aber es geht jitzunder also: Wer do will klug sein, der sol ihme nichts lassen gefallen, das andere achten: er muß ihme etwas eigen machen, so wie jener tut, der die ganze Astronomie umkehren will.« Und dann verweist er auf *Josua* 10 (WATR Nr. 4638). Die meist zitierte Version, die Copernicus einen Narren nennt, ist Bearbeitung durch den Herausgeber Aurifaber. Vgl. R. Schröder, »Bemerkungen zur copernicanischen Wende«, in: *Berliner Theologische Zeitschrift* 5 (1988), 54.

110 In seinem Brief an Kardinal Francesco Barberini vom 13. Oktober 1632 spricht Galilei von einem »kurzen, aber von Frömmigkeit erfüllten und bewundernswürdigen Ausspruch, der, gleichsam wie vom Heiligen Geiste, aus dem Munde einer in der Doktrin so herausragenden und in frommer Lebensführung so verehrungswürdigen Person kam; ein Ausspruch, der in kaum zehn Worten [...] so viel enthält, wie man aus langen, in den Büchern der frommen Doktoren verstreuten Abhandlungen entnimmt.« Dieser Ausspruch habe ihm die letzte Bestätigung für sein Vorhaben gegeben. Vorerst verschweige er Ausspruch und Autor, um ihn nicht in seine Angelegenheit, die Auseinandersetzung mit der Inquisition, hineinzuziehen. Vgl. *Briefe*, 97. Gemeint ist offenbar der Satz von Kardinal Baronius.

Abb. 8: Kepler, *Rudolphinische Tafeln*, Titelkupfer.

Abb. 9:
Giovanni Battista Riccioli,
*Almagestum novum*, Titelkupfer.

Abb. 10:
Moderne Darstellung des babylonischen Weltbilds (nach: Th. Schwegler, *Probleme der biblischen Urgeschichte*, München 1960, 64, Taf. 1).

Abb. 11: *Architectus mundi*, Miniatur um 1270, Österreichische Staatsbibliothek Cod. Nr. 2554.

»Zum Thema der Einführung von Neuerungen. Bezweifelt jemand allen Ernstes, daß der Wunsch, von Gott frei erschaffene Geister sollten sich zu Sklaven des Willens anderer machen, zu den schlimmsten Ärgernissen führen muß? Ebenso, daß Menschen leugnen sollen, was sie mit eigenen Sinnen wahrnehmen, und sich von einem anderen diktieren lassen, was sie sehen? Und wird zugelassen, daß Leute, die von einer Wissenschaft keine Ahnung haben, als Richter über die Wissenden urteilen? Mit der Autorität, die man ihnen gibt, haben sie die Vollmacht, alles so zu haben, wie sie es wollen. Das sind Neuheiten, imstande Republiken zu ruinieren und Staaten umzustürzen.

Achtung, ihr Theologen: Wenn ihr Sätze über den fixen Stand von Sonne und Erde zu Glaubenssätzen machen wollt, lauft Ihr Gefahr, schließlich diejenigen als Ketzer verdammen zu müssen, die erklären, daß die Erde feststehe und die Sonne ihren Stand wechsle. Ich sage ›schließlich‹ und meine damit den Zeitpunkt, zu dem womöglich physikalisch oder logisch bewiesen werden kann, daß sich die Erde bewegt und die Sonne stillsteht«.[111]

Galilei wußte: Der Prozeß gegen ihn war eine Neuerung, und zwar eine verderbliche. Zuvor hatte schon ein anderer Italiener die Theologen vor Überschreitungen ihrer Zuständigkeit gewarnt, der seines protestantischen Glaubens wegen Italien verlassen mußte, der Jurist Albericus Gentilis (1552–1608). *Silete theologi in munere alieno!* Er meinte die Politik.

Der Copernicanismus hat sich durchgesetzt, ehe der erste unerschütterliche Beweis für ihn erbracht wurde, nämlich mit dem Siegeszug von Newtons *Philosophiae naturalis principia mathematica* (1687). Durchgesetzt hat er sich durch die alles bisherige weit in den Schatten stellende Erklärungsleistung des neuen Ansatzes, den Galileis Gegner nicht zu sehen vermochten: die der *mathematischen* Naturwissenschaft. Newtons Bewegungsaxiome galten für Stern und Stein, Fall und Wurf, also himmlische und irdische, natürliche und gewaltsame Bewegungen gleichermaßen. Sie lassen sich experimentell bestätigen und prognostisch verwenden.

Nachdem Einstein und Planck die Physik noch einmal revolutioniert, also Newtons mathematische Physik durch eine[112] neue mathematische Physik ersetzt haben, ist die Überzeugung, daß die Mathematisierung als solche einer naturwissenschaftlichen Theorie garantiert, daß sie die wirkliche Verfassung der Natur

[111] Diese Seite seines Exemplars ist reproduziert in: G. Loria, *Galileo Galilei*, Mailand 1938, 98. Hier zit. nach: S. Drake, *Galilei*, 106; 102.

[112] Bis jetzt gilt: durch zwei noch nicht vereinigte physikalische Theoriezusammenhänge ersetzt haben.

abbildet, zerronnen. Physikalische Thesen werden nach ihrer Leistungskraft beurteilt und durch leistungsfähigere überholt. Aber mathematisch formuliert sind sowohl die überholenden als auch die überholten.

Insofern kann man nun mit Walter Brandmüller sagen: »So ergibt sich das Paradox, daß Galilei in der Naturwissenschaft und die Kurie in der Theologie geirrt, während die Kurie in der Naturwissenschaft und Galilei in der Bibelerklärung recht behalten hat.«[113]

[113] Brandmüller, *Galilei und die Kirche*, 150.

# Wirklichkeit und Entfremdung. Eine Analyse von Mechanismen der Derealisierung

*Thomas Fuchs (Heidelberg)*

## 1. Einleitung

In einem bekannten Brief an Elisabeth von der Pfalz schreibt Descartes, um ganz im Alltäglichen zu leben, solle man sich des Studiums der Wissenschaften enthalten.[1] Zu dieser Empfehlung gibt es gute Gründe. Denn die Trennung des denkenden Subjekts von den natürlichen Voraussetzungen seiner Existenz, von allem, woran es unreflektiert und selbstverständlich Anteil hat, birgt die Gefahr einer fortschreitenden Entfremdung von der Lebenswelt in sich. Geht es doch um nicht weniger als einen radikalen Zweifel an aller vertrauten Realität: Hätte dieser Zweifel nicht Methode, wäre er allerdings eine Form von Wahnsinn, wie Descartes selbst bemerkt. Denn immerhin mutet er uns Annahmen etwa von der Art zu, unter den »Hüten und Kleidern« auf der Straße bewegten sich Automaten statt andere Menschen; unser eigener Leib sei nur ein »Gliederapparat« wie ein Leichnam, oder er existierte überhaupt nicht – so wie es Wahnsinnigen erscheint, die sich als »Kürbisse oder aus Glas« wähnen; wir könnten dann auch nicht mehr unterscheiden, ob wir wachen oder träumen, ja die ganze vertraute Wirklichkeit wäre womöglich nur ein Trugbild, das uns ein arglistiger Dämon vorgaukle.[2] Nun machen Menschen in psychischen Erkrankungen solche verstörenden Erfahrungen von Entfremdung und Derealisation tatsächlich, und der radikale Zweifel unterliegt nicht mehr ihrem freien Entschluß. So mag denn auch die Vorsorge gegen einen unkontrollierbaren existentiellen Schwindel Descartes bewogen haben, eine behagliche, warme Umgebung, wohldosierte Zeiträume der Reflexion, ein reifes Alter und nicht zuletzt die feste Verankerung in einer tradierten Moral als Voraussetzungen seiner Neubegründung der Philosophie zu benennen.[3]

1 R. Descartes, Brief an Elisabeth vom 28. Juni 1643, in: *Œuvres complétes*, ed. Adam/Tannery Bd. III, 691 f.

2 R. Descartes, *Meditationes de prima philosophia* II, 13; II, 5 sowie I, 4, 5 und 12. Zitate im Text ebd.

3 Descartes, *Meditationes* I, 1; I, 4; sowie *Discours de la méthode* III, 2.

Doch handelt es sich bei Descartes' Unternehmen um weit mehr als ein einmaliges Gedankenexperiment. Es geht schließlich darum, vertraute sinnlich-leibliche Erfahrungen als Illusionen zu erweisen, eine Physiologie ohne Seele zu entwerfen, die Natur aller Anthropomorphismen zu entkleiden und so letztlich auf ein physikalisches Skelett zu reduzieren. Das aufklärerische Projekt besteht darin, die natürlichen Voraussetzungen des Erkennens und des Lebensvollzugs freizulegen, um so die naiven Projektionen zu entlarven, die uns die Welt vertraut und verständlich machen – mit dem Ziel, Naturbeherrschung an ihre Stelle zu setzen. Dieses heute weit fortgeschrittene Programm geht allerdings einher mit einer schleichenden Entfremdung und Virtualisierung der Lebenswelt. Descartes' Empfehlung konnte noch mit ihrer Selbstverständlichkeit rechnen; inzwischen hat das naturwissenschaftliche Projekt unser alltägliches Leben selbst tiefgreifend verwandelt. Betrachten wir einige aktuelle Beispiele:

- Die biomedizinischen Wissenschaften haben die verborgenen Voraussetzungen unserer Existenz ans Licht gebracht. Naturhafte Vorgänge wie Zeugung, Schwangerschaft, Sterben, ja unsere eigene leibliche Natur werden verfügbar. Tradierte ethische Maßstäbe verlieren ihre Geltung, die Grenzen zwischen Gewachsenem und Gemachtem, Natürlichem und Künstlichem lösen sich auf. Mit der Diagnostik und Manipulation des Genoms erhält Plessners Unterscheidung von unwillkürlich-naturhaft gelebtem Leib und bewußt verfügbarem Körper, von »Leibsein« und »Körperhaben« eine neue Dimension: Das instrumentelle Verhältnis zum Körper, das sich bislang in der Kindheit aus dem unwillkürlichen leiblichen Dasein heraus entwickelte, rückt nun an den Beginn des Lebens.[4]
- Informations- und Medientechnologien koppeln unsere Erfahrungen immer mehr von der leibhaftigen, sinnlich erlebten Wirklichkeit ab und versetzen uns in eine virtuelle, digitalisierte Welt. Die Grenzen zwischen Fiktion und Realität, Bild und Original, manipulierter und authentischer Erfahrung verschwimmen; Bilder, Zeichen und Simulate treten an die Stelle lebendiger Kontakte. Mehr und mehr verschwindet die Welt hinter ihren Abbildern. Damit verbunden ist der Verlust ausdrucksvermittelter, in leiblicher Resonanz erfahrener Kommunikation mit der Umwelt; er prägt heute schon

[4] Vgl. Th. Fuchs, »Klone und Doppelgänger. Über die Duplikatur des Menschen«, in: *Scheidewege* 29 (1999), 54–71; sowie ders., *Leib, Raum, Person. Entwurf einer phänomenologischen Anthropologie*, Stuttgart 2000, 17f. – Auch Habermas hat kürzlich Plessners Unterscheidung für eine Argumentation in der bioethischen Debatte herangezogen (J. Habermas, *Die Zukunft der menschlichen Natur. Auf dem Weg zu einer liberalen Eugenik?*, Frankfurt a.M. 2001).

vielfach die Kindheit in einem Stadium, in dem sich diese Kommunikationsformen erst noch ausbilden.

– Die lebensweltliche Wirklichkeitserfahrung wird auch von den Neurowissenschaften in Frage gestellt. Sie sind auf dem Weg, die neuronale Maschinerie zu entschlüsseln, die für diese Erfahrung verantwortlich ist. In der Konsequenz erscheint die Wahrnehmungswelt als ein Produkt der Verrechnung und Verbildlichung physikalischer Daten, die unsere Sinne dem Gehirn liefern. Von der »Außenwelt« erfahren wir in dieser Sichtweise nicht mehr als die Bewohner der platonischen Höhle: ein hypothetisches Modell, ein Schattenbild, projiziert auf den Schirm unseres Bewußtseins. Ja, auch dieses Bewußtsein unserer selbst entsteht nur, »wenn das Gehirn die Welt so vollständig simuliert, daß diese Simulation ein Modell ihrer selbst enthält«.[5] Aus einer lebendigen Beziehung zur Welt wird ein mentaler Innenzustand, der sich als solcher mit Hirnzuständen gleichsetzen läßt.

Nun könnte man argumentieren, daß Fortschritt und Innovation immer mit einer vorübergehenden Störung des Gewohnten, einer Infragestellung tradierter Denkmuster und einer Veränderung der vertrauten Umwelt einhergingen, ohne daß dies zu einer anhaltenden Entfremdung führen müsse. Um demgegenüber die These einer dem naturwissenschaftlichen Projekt inhärenten Entfremdungstendenz zu stützen, müssen seine derealisierenden Mechanismen näher untersucht werden. Die folgenden Überlegungen gehen von einer Analyse unserer alltäglichen Wirklichkeitserfahrung aus, um dann weiter zu fragen: Auf welche Weise trägt die Umgestaltung der Lebenswelt tatsächlich zu einer schleichenden Entfremdung bei? Welche Mechanismen führen zum Verlust selbstverständlicher Wirklichkeit? – Bei der Beantwortung dieser Fragen kann insbesondere der Blick auf psychopathologische Derealisationsphänomene von Nutzen sein. Sie dienen nicht nur dem Verständnis latenter Entfremdungserscheinungen in der Gegenwart, sondern auch als *experimenta naturae*, die voreilige erkenntnistheoretische Einebnungen korrigieren können. Solche insbesondere konstruktivistischen, subjektiv-idealistischen Einebnungen – alle Realität sei nur subjektives Konstrukt, Wirklichkeit und Schein seien grundsätzlich nicht unterscheidbar – bieten sich heute als gängige Theorien zur Affirmation des Wirklichkeitsverlusts an. Dagegen könnte sich gerade an pathologischen, zutiefst leidvoll erlebten Störungen des Realitätsbezuges *e negativo* zeigen, welche objektivierende und zugleich verbindende Leistung in der alltäglichen Wahrnehmung, im natürlichen Weltverhältnis des Menschen liegt.

[5] R. Dawkins, *Das egoistische Gen*, Berlin 1978, 70.

## 2. Mechanismen der Entfremdung

Im folgenden gehe ich von einem Begriff des Wirklichen aus, der nicht eine »eigentliche«, »an sich« seiende Realität jenseits der phänomenalen Welt meint, sondern an die alltägliche Wahrnehmung und ihren inhärenten »Wirklichkeitsglauben«[6] gebunden ist. Dieser erfahrungsbezogene Begriff des Wirklichen bezeichnet also nicht die Dinge in ihrer puren Vorhandenheit, sondern *eine unmittelbare, sinnlich erlebte und gefühlte Beziehung zur Welt, die nicht erst reflexiv oder symbolisch hergestellt werden muß.* Im Gegensatz zum so verstandenen Wirklichen steht zunächst natürlich das Gedachte, Vorgestellte und Fingierte; dann aber auch die Qualität des »Unwirklichen«, die unter Umständen den Wahrnehmungen selbst zu eigen sein kann, nämlich als eigentümlich fremder, kulissenhafter, traumartiger, leerer oder toter Charakter alles Wahrgenommenen, das so gewissermaßen zwischen Schein und Sein schillert. Auf der anderen Seite schließt der Begriff des phänomenal Wirklichen durchaus das Scheinbare, Täuschende ein, insofern es als sinnlich-wirklich erfahren wird und erst durch weitere, ent-täuschende oder desillusionierende Wahrnehmungen als solches entdeckt, also nur im nachhinein berichtigt werden kann.

Gerade weil erfahrene Wirklichkeit nur in einer Beziehung zwischen Wahrnehmendem und Wahrgenommenem besteht, bedarf diese Beziehung eines vermittelnden und zugleich verbindenden *Mediums*. Dieses Medium muß einerseits *transparent* sein, andererseits einen elementaren, fühlbaren *Kontakt* herstellen, damit Wirkliches erfahren wird. Es muß als Träger der Beziehung doch selbst in den Hintergrund treten, darf also nur eine *implizite* Rolle spielen. Diese transparent-verbindende Zwischensphäre ist nun die Leiblichkeit im weitesten Sinne: das im Gestaltkreis von Wahrnehmung und Bewegung organisierte Sensorium; die gestaltbildenden, organisierenden Schemata, mittels derer wir die Dinge wahrnehmen; und die »pathische«, leiblich-affektive Komponente, die in jeder Wahrnehmung zumindest latent enthalten ist.[7] Zu dieser vermittelnden Zwischensphäre gehören auch die durch Gewohnheit dem Leib angeschlossenen Instrumente – etwa der Stock des Blinden, durch den er die Umgebung abtastet.

[6] Entsprechend der Generalthesis der natürlichen Einstellung in E. Husserls *Ideen zu einer reinen Phänomenologie und phänomenologischen Philosophie. Erstes Buch* (Husserliana Bd. 3), Den Haag 1950, §§ 27ff.

[7] Erwin Straus (*Psychologie der menschlichen Welt*, Berlin/Göttingen/Heidelberg 1960) hat ein »gnostisches« (gestaltbildendes, erkennendes) und ein »pathisches« (mitempfindendes) Moment der Wahrnehmung voneinander unterschieden. Vgl. dazu Fuchs, *Leib, Raum, Person*, 59f., 163ff.

Sein Tastsinn nimmt unmittelbar den Boden wahr, nicht mehr den schon vertrauten Stock. Nicht anders dient uns aber der Leib selbst in jeder Wahrnehmung als unbemerktes, implizites Medium. Wirklichkeit ist also, mit einem Begriff Hegels, immer *»vermittelte Unmittelbarkeit«*.

Aus diesen Überlegungen ergeben sich verschiedene Möglichkeiten einer Störung des Wirklichkeitsbezugs, einer *Derealisation*:

1) Auflösung der impliziten, unbewußten Vermittlungen, insbesondere der Gestaltbildungsprozesse;
2) Verlust des affektiven Kontakts zur Welt;
3) Opak-Werden des Mediums, d. h., das Medium der Wahrnehmung erhält eine Eigendynamik und verzerrt oder ersetzt selbst die Wirklichkeit.

Die folgenden Abschnitte untersuchen jeweils diese Entfremdungsmechanismen, erläutern sie durch psychopathologische Beispiele und setzen sie dann in Beziehung zur wissenschaftlich-technischen Entwicklung der Gegenwart.

### *2.1 Auflösung impliziter Vermittlungen*

Wir nehmen die Welt durch das Medium des Leibes und seiner Sinne wahr, d. h. durch die Affektionen oder »Reize«, die die Dinge im Leib hervorrufen: Der Leib ist als Sensorium auf die Welt hin transparent.

Damasio hat darauf hingewiesen, daß die Wahrnehmung auch phylogenetisch mit Eigenempfindungen des Körpers begann; ihre ursprüngliche Form bestand darin, »*die Außenwelt durch die Veränderungen zu repräsentieren, die sie im Körper hervorruft*, das heißt, die Umwelt dadurch zu repräsentieren, daß sie immer, wenn eine Wechselwirkung zwischen Organismus und Umwelt stattfindet, die ursprünglichen Repräsentationen des Körpers modifiziert«.[8] Dies gilt auch für die in der weiteren Evolution ausgebildeten äußeren Sinne: »Anfangs gab es kein Berühren, Sehen, Hören oder Bewegen an sich, sondern nur eine *Empfindung des Körpers, wie* er berührte, sah, hörte oder sich bewegte.«[9] Der ganze Körper ist gewissermaßen ein Sinnes- und Fühlorgan, das registriert, was auf es einwirkt; diese Mitempfindung des Körpers ist in der pathischen Komponente jeder Wahrnehmung noch immer gegeben.

Die Transparenz der ursprünglichen Eigenempfindungen oder »Reize« auf die

[8] A. R. Damasio, *Descartes' Irrtum. Fühlen, Denken und das menschliche Gehirn*, München 1996, 306.

[9] Damasio, *Descartes' Irrtum*, 309.

Welt hin beruht auf Gestaltbildungsprozessen, die Polanyi[10] als »implizites Wissen« *(tacit knowing)* beschrieben hat: Unsere Wahrnehmung richtet sich durch die Einzelreize $A_1$, $A_2$, $A_3$ ... hindurch auf die jeweilige Ganzheit B, wobei die ersteren dabei »vergessen« oder »übersehen« werden. Als Beispiel kann das Wiedererkennen eines Gesichts oder das Verstehen eines Gesichtsausdrucks dienen: Dabei erfassen wir durch die einzelnen anatomischen Details hindurch das charakteristische Aussehen, die Physiognomie des Gesichts, ohne daß wir genau zu benennen wüßten, woran wir den Ausdruck erkennen. Gleiches gilt für motorische Handlungen: Beim Schreiben eines Textes gilt unsere Aufmerksamkeit nicht mehr den einzelnen Fingerbewegungen, sondern den intendierten Worten – das Schriftwissen ist »in den Fingern« und steht uns automatisch zur Verfügung, ohne jedoch explizit präsent zu sein. Durch Vertrautheit und Gewohnheit wissen wir also immer mehr, als wir genau zu sagen wissen.

Das zugrundeliegende leibliche Vermögen wird heute dem »impliziten« oder »prozeduralen« Gedächtnis zugeordnet.[11] Mit seiner Hilfe haben wir z.B. gelernt, Gesichtszüge als einheitlichen Ausdruck zu lesen, Buchstabenfolgen mit einem Blick als Worte zu sehen, Worte selbstverständlich niederzuschreiben oder einen Walzer zu tanzen. Zwischen den sensorischen oder motorischen Einzelelementen $A_1$, $A_2$, $A_3$ ... und der ganzheitlichen Wahrnehmungs- oder Bewegungsgestalt hat sich eine stumme Relation, eine *implizite Koppelung* gebildet. Das Einzelne, Nächstliegende ist zum Medium geworden, durch das wir das Ganze intendieren. Die natürliche Selbstverständlichkeit unserer lebensweltlichen Erfahrung ist eine implizit vermittelte; die vermittelnden Prozesse sind *semantisch transparent*, d.h., sie treten in den Hintergrund und betätigen sich als stillschweigende Bedeutungsträger einer auf die Welt gerichteten, intentionalen Beziehung.[12]

Nun sind diese Koppelungen grundsätzlich reversibel und können sich wieder auflösen. Und hier machen wir eine interessante Beobachtung: Die Ganzheit geht verloren, wenn wir ihre einzelnen Merkmale *explizieren*, indem wir unsere Aufmerksamkeit auf sie richten. Man sieht dann vor lauter Bäumen den Wald nicht mehr. Die Entkoppelung der implizit verbundenen Elemente durch be-

10 M. Polanyi, *Implizites Wissen*, Frankfurt a.M. 1985.

11 Vgl. D.L. Schacter, »Implicit Memory: History and Current Status«, in: *Journal of Experimental Psychology: Learning, Memory, and Cognition* 13 (1987), 501–518; Fuchs, *Leib, Raum, Person* 316ff.

12 Descartes' Kritik am naiven Realismus, wonach »wir denken, wir sähen die Fackel selbst und wir hörten die Glocke selbst, während wir nur die Bewegungen empfinden, die von ihnen ausgehen« (*Les passions de l'âme* I, 23), übersieht also genau die *semantische Transparenz*, die diese physikalischen bzw. biologischen Mikroprozesse auf die Welt hin haben.

wußtes Beachten löst auch das implizite Wissen und Können auf.[13] Betrachten wir z. B. die Merkmale eines Gesichts aus zu großer Nähe, so erlischt ihre Ausdrucksbedeutung. Wiederholen wir ein Wort mehrere Male, achten dabei auf die Mundbewegungen und einzelnen Silben, so wird es bald hohl klingen und seine Bedeutung womöglich ganz verlieren. Konzentriert sich ein Pianist auf seine einzelnen Finger, so wird er im Lauf stolpern, so wie jeder von uns, wenn er beim schnellen Treppenlaufen auf die einzelnen Stufen achtet. Und will man etwa beim Korrekturlesen die Druckfehler in einem Text erkennen, kann man nicht gleichzeitig auf den Sinn der Worte achten. *Die Explikation führt also zur Entfremdung des Vertrauten und zur Störung des Gewohnten.*

Dies ist in den genannten Beispielen eher harmlos, kann aber psychopathologisch außerordentliche Folgen haben. So beobachtet der hypochondrische Patient ständig ängstlich und mißtrauisch das Funktionieren seines Leibes und stört es gerade dadurch. Nicht zufällig wurde die Hypochondrie seit der Aufklärung im 18. Jahrhundert zur regelrechten Modekrankheit:[14] In dem Maße, wie der Leib zur manipulierbaren Körpermaschine objektiviert wird, verliert er seinen medialen Charakter. Der Hypochonder vertritt den naturwissenschaftlichen Anspruch auf absolute Kontrolle über den Körper und kann doch das Faktum von Krankheit und Tod nicht leugnen. Das verlorene Vertrauen in den selbstverständlich fungierenden Leib läßt sich durch noch so viele medizinische Kontrollen nicht wieder herstellen; im Gegenteil stört diese pathologische Aufmerksamkeit immer mehr die Autonomie des Organismus. So ersetzt der eigene Körper dem Hypochonder immer mehr die Welt und die anderen, denen er sich nicht mehr unbefangen zuwenden kann. – Eine besondere Form von pathologischer Explikation entwickelt sich auch in chronischen Schizophrenien. Es kommt dabei zu einem Verlust der impliziten Vertrautheit mit den Dingen und mit anderen Menschen, zu einer ständigen Selbstreflexion und einer subtilen Entfremdung von der Lebenswelt, die Blankenburg als »Verlust der natürlichen Selbstverständlichkeit« beschrieben hat.[15]

Die Aufklärung der impliziten Koppelungen, die Analyse aller vorgegebenen Verknüpfungen, die unser In-der-Welt-Sein ausmachen, ist nun auch das Programm, das die Naturwissenschaften verfolgen. Die Mechanisierung, Atomisierung, schließlich Digitalisierung des Weltbildes bedeutet nichts andereres als die Zerlegung lebendiger Bewegungen, wahrgenommener Gestalten und intuitiv-ganzheitlicher Erfahrungen in Einzelmomente. Das explizite, reflektierte *Wissen*

[13] Vgl. dazu die Beispiele bei Polanyi, *Implizites Wissen*, 25.

[14] Vgl. E. Fischer-Homberger, *Hypochondrie*, Bern/Stuttgart 1970.

[15] W. Blankenburg, *Der Verlust der natürlichen Selbstverständlichkeit*, Stuttgart 1971.

*daß* ... ersetzt mehr und mehr das implizite, sich von selbst verstehende *Wissen wie* ...[16] Damit verbunden ist aber eine eigentümliche Entwirklichung der primären Erfahrung, die sich fortwährend als Illusion oder Projektion überführen lassen muß: Die Sonne geht gar nicht auf, sondern der Erdboden bewegt sich; die Vögel begrüßen nicht den Morgen, sondern signalisieren nur ihre Reviergrenzen; der Schmerz ist nicht im Fuß, wo wir ihn spüren, sondern entsteht im Gehirn; und die erotische Anziehung ist nur die Wirkung eines biologischen Programms zur Verbreitung der eigenen Gene. Schon das Kind soll lernen: »Was ich wahrnehme, ist eigentlich etwas ganz anderes« – dieses szientistische Erziehungsziel prägt nicht nur die moderne Schulpädagogik, sondern erfaßt, unter dem Druck des Wettbewerbs und im Kampf um Startvorteile, immer frühere Phasen der Kindheit.

Das Ziel der wissenschaftlichen Analyse ist letztlich die technische Nachkonstruktion und Manipulation natürlicher Prozesse, bis hinein in unsere eigene körperliche und seelische Natur. Freilich mag uns die damit errungene Möglichkeit z. B. der medikamentösen Schmerzbekämpfung den erlittenen Verlust buchstäblich leicht verschmerzen lassen. Dennoch bleibt es wichtig, die subtilen Veränderungen der Lebenswelt zu registrieren, die etwa aus dem instrumentell-manipulativen Verhältnis zum eigenen Körper resultieren. Immerhin kann man schon den steigenden Gebrauch von Schlaf-, Beruhigungs-, Schmerz-, Aufputsch- und Potenzmitteln auf die Unfähigkeit zurückführen, sich noch dem spontanen Kommen und Gehen leiblicher und emotionaler Zustände zu überlassen.[17] Inzwischen erstreckt sich die technische Planbarkeit auf nahezu alle Bereiche der Existenz; sie erfaßt Zeugung, Schwangerschaft, Sterben und selbst unsere erbliche Konstitution. Die Entschlüsselung des genetischen Codes kann als ein weiterer Schritt zur vollständigen Explikation alles Impliziten gelten. Klonierung und Gentechnologie vollenden die Instrumentalisierung der natürlichen Voraussetzungen unseres Daseins.

Eine Entfremdungstendenz liegt schließlich auch darin, daß die impliziten Vermittlungen in der Konsequenz ihrer Explikation immer mehr durch zwischengeschaltete künstliche Elemente ersetzt werden. So entsteht eine ständig anwachsende Welt von Werkzeugen, Vehikeln, Apparaten, Bildern und Symbolen, »die sich zwischen Sehen und Gesehenes, Sagen und Gesagtes, zwischen

[16] »Es ist die Verfremdung des Vertrauten, die dieses erst zum Erkenntnisgegenstand erhebt. Was man weiß, muß vergessen werden, was verbunden war, muß getrennt werden, was ein Ganzes war, muß zerschnitten werden: damit fängt Wissenschaft an« (H. Böhme und G. Böhme, *Das Andere der Vernunft. Zur Entwicklung der Rationalitätsstrukturen am Beispiel Kants*, Frankfurt a. M. 1985, 299).

[17] So G. Böhme, *Anthropologie in pragmatischer Absicht*, Frankfurt a. M. 1994, 124.

Mitteilung und Mitgeteiltes, zwischen Handeln und Tat, zwischen Gefühlsregung und Gefühlsäußerung schiebt.«[18] Zwar vermag unser Leib bis zu einem gewissen Grade, sich Instrumente durch Gewohnheit anzuschließen und ihrerseits zu Medien zu machen. Aber die Dichte und das Eigengewicht dieser künstlichen Zwischenwelten haben längst so zugenommen, daß sie vom Medium zur Wirklichkeit selbst werden, mit der wir es täglich zu tun haben.

Diese Entwicklung ist mit einer weiteren Entsinnlichung verbunden. Denn in der primären Erfahrung der Wirklichkeit ist der Leib mit all seinen Sinnen angesprochen, als *sensus communis*. Das schließt die Leibempfindungen und -bewegungen ebenso ein wie die atmosphärischen Qualitäten der jeweiligen Situation, die sich überhaupt nur ganzheitlich-implizit erfassen lassen. Dieser *sensus communis* zersetzt sich nun. Die vollsinnliche, intermodale Wahrnehmung wird expliziert, in einzelne »Kanäle« zerlegt – ein bezeichnendes Wort für einen verarmten Wahrnehmungsbegriff – und mit unimodal operierenden Apparaten und Medien gekoppelt. Die Wechselbeziehung von Wahrnehmung und Eigenbewegung reduziert sich auf ein Minimum: den Bildschirm, die Fernbedienung, die Tastatur.[19] Die sinnliche, tätige Erfahrung der Wirklichkeit schwindet. An ihre Stelle tritt die hypnotische Wirkung von Medien, die den Sinnen widerstandslos eingespeist werden.

### *2.2 Verlust des vitalen Kontakts*

Wirklich ist für uns das, womit wir in einer unmittelbaren, präreflexiven, spürbaren Verbindung stehen. Zur Erfahrung der Wirklichkeit gehört daher nicht nur das Medium, sondern auch die *Partizipation:* die eigene Beteiligung, der elementare, gefühlte Kontakt mit dem Begegnenden. Er entspricht dem pathischen oder Subjektpol der Wahrnehmung. Wahrnehmen enthält immer auch Selbstempfindung, also ein Affiziert-Werden oder Sich-Spüren nach dem Vorbild des Tastsinnes, der zugleich Eigen- und Fremdwahrnehmung ist. Die Empfindung für die Räumlichkeit, Rhythmik, Intensität und Dynamik des Wahrgenommenen ist den verschiedenen Sinnen gemeinsam und erzeugt eine einheitliche, emotional getönte leibliche Resonanz.[20] Zugleich setzt jede Wahrnehmung Aufmerksamkeit und vitales Interesse voraus: Im Wahrnehmen ent-

[18] B. Waldenfels, »Ein menschlicher Traum für Wachende. Zur Natürlichkeit und Künstlichkeit der Erfahrung«, in: *Neue Realität: Herausforderung der Philosophie*, hrsg. von H. Lenk und H. Poser, Berlin 1995, 190–204, hier 192.

[19] Vgl. Th. Fuchs, »Leibliche und virtuelle Realität«, in: *Scheidewege* 27 (1997), 182–203; hier 190ff.

[20] H. Schmitz, *Leib und Gefühl. Materialien zu einer philosophischen Therapeutik*, Paderborn 1989, 175–199; Fuchs, *Leib, Raum, Person*, 197ff.

deckt ein Lebewesen Auffallendes, Geeignetes, Erstrebtes oder Bedrohliches in seiner Umwelt; ohne dieses triebbestimmte Interesse würde es gar nichts wahrnehmen.[21]

Eigenes und Fremdes sind so in jeder Wahrnehmung untrennbar vermischt – und dies ist notwendig, weil Wahrnehmung nicht eine »reine Abbildung«, sondern eine Beziehung zur Welt herstellen soll. Nur insofern die Welt sich als zugänglich, verständlich und ausdruckshaft darstellt, statt uns unverbunden gegenüberzustehen, kann sie für uns überhaupt zur Wirklichkeit werden. Daraus ergibt sich ein Begriff von Erkenntnis, der nicht auf Subjekt-Objekt-Trennung, sondern auf Mimesis, Sympathie und Verwandtschaft mit dem Erkannten beruht: »Das Subjekt der Erkenntnis ist der Möglichkeit nach, was das Objekt ist, und erkennt, indem es selbst wird, was das Erkannte ist.«[22] Man kann nur erkennen, womit man in einer gelebten Beziehung steht. Verstehen, Einfühlung, leibliche Nachahmung und kreative Nachbildung sind die Basis für eine solche Erfahrung der Wirklichkeit. Das Nur-Vorhandene, Nur-Festgestellte hingegen ist für uns gar nicht wirklich. Unwirklichkeit läßt sich daher auch begreifen als *Reduktion des Wirklichen auf reine Vorhandenheit.*

Dies wird an psychopathologischen Ausnahmeerfahrungen von emotionaler Derealisation deutlich, wie sie vor allem in schweren Depressionen auftreten. Durch den Verlust der Gefühlsresonanz mit der Umwelt erleben sich die Patienten als leer, stumpf, versteinert und innerlich abgestorben. Sie sehen die Welt, spüren aber keine Berührung mehr mit ihr, keine Beziehung zu den anderen. Eine äußerste Steigerung erfährt diese Entfremdung in der nihilistischen Melancholie, in der die Kranken ihr eigenes Dasein oder die Existenz der Welt bestreiten. Aus dem vollständigen Verlust aller Empfindungen schließen sie, sie seien schon gestorben und müßten begraben werden. Der holländische Psychiater Kuiper hat so seine eigene Melancholie geschildert:

> »Alles ist genauso, wie es sein würde, wenn es normal wäre. [...] [Aber] was wie das normale Leben aussieht, das ist es nicht mehr. Ich befand mich auf der anderen Seite [...] Ich war gestorben, aber Gott hatte dieses Geschehen meinem Bewußtsein entzogen.« – »Das Argument: ›Dies ist das normale Leben, aber du bist schwer krank‹, verfing nicht bei mir. Selbst die Berufung auf die Wahrnehmung hatte keinerlei Sinn. Ich sehe euch wohl, ja sicher [...] so habt ihr ausgesehen, aber trotzdem seid ihr es nicht. [...] Es existiert

[21] Diese Einsicht geht zurück auf M. Scheler, *Erkenntnis und Arbeit*, Bern/München 1960 (Ges. Werke Bd. 8), 191–382 und J. von Uexküll, *Theoretische Biologie*, Frankfurt a. M. 1973.

[22] Böhme/Böhme, *Das Andere der Vernunft*, 279.

nichts, und was ich sehe, sind meine eigenen Halluzinationen. Dies ist die vollkommene Einsamkeit«.[23]

Für einen Menschen in diesem Zustand äußerster Entfremdung gibt es kein Kriterium mehr, das ihn von der Realität seiner Wahrnehmungen überzeugen könnte. Ohne affektiven Kontakt gerät die Welt »auf die andere Seite« und erstarrt in leerem Vorhandensein, in toter Faktizität. Diese Entleerung fällt zurück auf das Subjekt und widerlegt Descartes' *cogito:* Ein nur denkender, nicht leiblich-fühlend mit der Welt verbundener Mensch »lebt« nicht mehr, nämlich im Sinne des lebendigen Existierens, das allen Kognitionen zugrunde liegt. Die vollständige Subjekt-Objekt-Trennung, die Abstreifung alles Eigenen vom Fremden würde nicht die Gewißheit des Selbstseins übrig lassen, sondern einen grauenvollen Alptraum.

Der naturwissenschaftliche Erkenntnisbegriff zielt nun genau auf die Scheidung des Subjekts vom Erkannten, auf eine »interesselose Wahrnehmung« unter Ausschaltung der leiblichen und emotionalen Eigenbeteiligung. Das bedeutet, die Natur fernzuhalten und sich auf das Registrieren von Instrumentendaten, auf das Feststellen von Faktischem zu beschränken. Die Reinigung des Begegnenden von allen subjektiven, anthropomorphen Anteilen fördert ein Skelett der Realität zutage, das sich leichter zerlegen und manipulieren läßt als die noch nicht »entzauberte« Wirklichkeit.[24] Dieser Scheideprozeß geht aber einher mit einer Entfremdung, einem Verlust an affektivem Gehalt, einer Verarmung an Reichtum und Bedeutsamkeit des Erfahrenen. »Neuzeitliche Naturwissenschaft entfaltete sich als ein Programm der Erkenntnis des Fremden.«[25] Einfühlung, Teilnahme und Verwandtschaft mit dem Begegnenden haben darin keinen Platz.[26]

Die Konsequenzen dieser methodischen Entfremdung zeigen sich als Folgelasten unseres technischen Handelns heute deutlicher als zu Beginn des neuzeitlichen Projekts. Nehmen wir als Beispiel nur die ökologischen Auswirkungen der industriellen Landwirtschaft: Offenbar macht es einen erheblichen Unterschied, ob wir Natur in einer Verwandtschaft und in einem lebendigen Zusammenhang

23 P. C. Kuiper, *Seelenfinsternis. Die Depression eines Psychiaters*, Frankfurt a. M. 1991, 136 und 138.

24 Vgl. zum Begriff der Entzauberung M. Weber, *Gesammelte Aufsätze zur Wissenschaftslehre*, Tübingen 1951, 578.

25 Böhme/Böhme, *Das Andere der Vernunft*, 281.

26 Als Beispiel wäre die Entwicklung der modernen Chemie aus der Alchimie der Renaissance zu nennen, die mit einer systematischen Ausschaltung aller qualitativen, auf Ähnlichkeit und Selbsterfahrung beruhenden Anteile des Forschungsgegenstandes einherging.

mit uns selbst erfahren oder ob wir sie auf ein bloßes Material zu beliebiger Manipulation und Ausbeutung reduzieren. Die Erde als einen lebendigen Organismus wahrzunehmen, beruht auf der Verwandtschaft natürlicher Prozesse zu unserer Selbsterfahrung als Lebewesen und auf der entsprechenden Fähigkeit zur Einfühlung in lebendige Phänomene, wie wir sie als Kinder entwickelt haben. Der Verlust dieser affektiven Resonanz hat nicht nur eine Entfremdung, sondern offensichtlich auch einen *Realitätsverlust* zur Folge: Wir verlieren die Wahrnehmungsorgane für ganzheitlich, gestalthaft organisierte Phänomene der Wirklichkeit, in der wir leben – mit fatalen Konsequenzen. Natürlich lassen sich ökologische Folgewirkungen mit systemtheoretischen Modellen unter Einbeziehung von Rückkoppelungs- und Wechselwirkungsmechanismen auch anders als unmittelbar-anschauend begreifen. Während solche Erklärungen aber oft erst im nachhinein zustande kommen, wäre es für jedes Kind aus seinem empathischen Empfinden heraus noch *selbstverständlich*, daß man Flüsse nicht in gerade Betonrinnen zwängt und Rinder nicht mit ihren toten Artgenossen füttert.

### *2.3 Opazität des Mediums*

Wirklichkeit ist durch ein Medium vermittelte Unmittelbarkeit. Darin liegt schließlich die Möglichkeit einer Trübung oder Verzerrung des Mediums, ja es kann seine Transparenz verlieren und selbst an die Stelle der Wirklichkeit treten. So beruht das konstruktive, gestaltbildende Moment der Wahrnehmung auf bereitliegenden Schemata, Gestalten oder Vor-Bildern, die Wirkliches erst erkennen lassen, aber auch eine verfälschende Eigendynamik erhalten können. Jedes innere Bild, jede Vorstellung tendiert dazu, sich an die Stelle der Sache zu setzen, die sie »vorstellen« soll, sie also zu entstellen oder zu verstellen. Das gilt auch von den Welt-Bildern, die wir entwickelt haben.

Der implizite, unbewußte Charakter der Vermittlung bedingt, daß eine Störung des Mediums dem Wahrnehmenden selbst vielfach entgeht. Diese Selbstverborgenheit, der »Balken im eigenen Auge«, ist auch der Ursprung von Illusionen und Projektionen: Das Eigene wird in der Wahrnehmung hinausversetzt und vergegenständlicht, so daß es als Fremdes erscheint. Der Ängstliche sieht sich von Gefahren umgeben, der Schuldbewußte von Menschen, die ihn durchschauen und verurteilen; der Neidische klagt darüber, ständig der Mißgunst anderer ausgesetzt zu sein; der Paranoide wähnt sich als Ziel von Feindseligkeiten, die nur seine eigenen Aggressionen widerspiegeln. In der Rücknahme solcher neurotischen Realitätsverzerrungen, ermöglicht durch eine verbesserte Selbstwahrnehmung, liegt ein wesentliches Ziel von Psychotherapie.

Eine grundlegendere Störung des Realitätsbezugs stellt die Psychose dar: Halluzinationen und Wahnbildungen als autochthone Artefakte der Sinnes- und

Erkenntnisorganisation verstellen hier die gemeinsame, intersubjektive Wirklichkeit. Von besonderem Interesse ist ein Verfremdungserleben in der beginnenden Schizophrenie, das in der Psychopathologie auch als Apophänie (»Offenbarung«) bezeichnet wurde,[27] nämlich der überwältigende Eindruck, die umgebende Wirklichkeit sei eine von anonymen Mächten inszenierte Vorstellung, und der Kranke stehe auf einer Art Bühne, um insgeheim beobachtet oder getestet zu werden. Manche Patienten haben sogar den Verdacht, man spiele ihnen eine Art dreidimensionalen Film vor, die Umgebung sei nur eine Kulisse, und sie tasten die Wände ab, um ihre Echtheit zu prüfen. Verzweifelt versuchen sie, die doppelbödig gewordene Realität zu durchschauen und die vermeintlich verschlüsselten Signale ihrer Umwelt zu enträtseln. Schließlich glauben sie, des Rätsels Lösung zu finden, es fällt ihnen »wie Schuppen von den Augen«: Sie sind einer Verschwörung auf der Spur, der Geheimdienst oder andere Organisationen überwachen sie, und es gibt niemanden, dem sie noch trauen könnten.

Der Schizophrene erfährt somit eine *Passivierung und Subjektivierung* der eigenen Wahrnehmung; er wird zum Zuschauer einer Theater- oder Filmvorstellung, die seine Sinne ihm geben, ohne zu wissen, »was gespielt wird«. Was ihm sein Sensorium vermittelt, ist äußerlich unverändert, aber nicht mehr transparent auf die Wirklichkeit hin; es wird zum Scheinbild. Statt eine unabhängige Welt zu konstituieren, bleibt seine Wahrnehmung in der subjektiven Perspektive gefangen. Wir können daran die Objektivierung erkennen, welche die normale, intentionale Wahrnehmung leistet: Sie kann keine »wahre Halluzination« sein, wie oft behauptet wurde, denn dann würden wir Bilder sehen, keine wirklichen Dinge. Die tatsächliche Derealisation der Wahrnehmung ist von existentiell bedrohlichem Charakter und vermag den Betroffenen aus der gemeinsamen, vertrauten Realität heraus in den Wahn zu stürzen. Der Mensch kann nur mit einem kohärenten Weltbild leben, dessen Kohärenz aber gerade dann zerfällt, wenn es ihm als *bloßes Bild*, als Trugbild erscheint. –

Wir treffen nun gegenwärtig auf zwei verschiedene Entwicklungen, die in analoger Weise die Transparenz der vermittelten Wirklichkeitsbeziehung gefährden. (a) Zum einen überschreiten audiovisuelle und elektronische Massenmedien zunehmend ihre mediale Rolle und erzeugen selbst neue Wirklichkeiten; das Medium wird zu seiner eigenen Botschaft. (b) Zum anderen bestreiten neurowissenschaftliche und konstruktivistische Erkenntnistheorien die Transparenz der alltäglichen Erfahrung als solcher und begreifen sie als illusionäres Produkt eines neuronalen Substrats.

[27] Vgl. K. Conrad, *Die beginnende Schizophrenie*, Stuttgart [6]1992.

(a) Beständig sinkt der Anteil authentischer Erfahrung an dem Bild, das wir uns von der Welt machen; denn die Welt wird uns schon vorher *als Bild* zubereitet. Bereits 1956 sprach Günter Anders in seiner Kritik der Massenmedien von der »Phantomisierung« der Welt, die mehr und mehr unter ihren Abbildern zum Verschwinden gebracht werde.[28] Die Medien stellen sich selbst dar statt die Welt und verselbständigen sich zu einer eigenen Realität. Die Macht dieser Illusion beruht auf der menschlichen Neigung, sich dem Schein zu überlassen: Ein Bild noch *als Bild* zu sehen, also das »Als-ob› der Fiktionalität mitzusehen, fällt in der Entwicklung vom gezeichneten Bild über Fotografie und Film bis hin zur TV-Live-Übertragung immer schwerer. Im quasi-hypnoiden Zustand gibt der Zuschauer die Anstrengung auf, die Differenz zwischen Original und Abbild aufrechtzuerhalten.

Aber die Medien begnügen sich nicht damit, die Wirklichkeit zu ersetzen; in einem zweiten, umgekehrten Schritt wird nun *das Wirkliche selbst zur Nachbildung seiner Bilder.*[29] Die Medien produzieren die Wirklichkeit, die sie senden, weil das Reale schon längst seiner möglichen Reproduktion gemäß umgeschaffen wird. Die chirurgisch geschönten Gesichter, der konstruierte Körper eines Pop-Stars, die Postkarten-Idyllen der Ferienparadiese, der routinierte Fernseh-Kanzler – Beispiele dafür, wie sich die Wirklichkeit medialen Klischees, Werbebildern und Identitäten aus dem Katalog anpaßt. Als die Aufnahmen des brennenden World Trade Center um die Welt gingen, erschienen sie wie Ausschnitte von Katastrophen- oder Science-Fiction-Filmen. Das Original war für den Zuschauer die Kopie der Fiktion. In der Antizipation dieser von Millionen mitverfolgten Medienbilder dürfte aber ein wesentliches Motiv solcher Anschläge liegen.

Resultat dieser Entwicklung ist das, was Anders den *medialen Idealismus* nannte: Die Welt wird zum Schauspiel.

> »Die Welt ist nun meine geworden, meine Vorstellung, ja sie hat sich, wenn man das Wort ›Vorstellung‹ einmal im Doppelsinne: nicht nur im Schopenhauerschen, sondern im Theatersinne, zu verstehen bereit ist, in eine ›Vorstellung für mich‹ verwandelt. In diesem für mich besteht nun das idealistische Element.«[30]

Die mediale Welt ist der real existierende Idealismus. Freilich bleibt der Zuschauer ein passiver Empfänger; seine Welt ist nur Vorstellung, nicht Wille.

[28] G. Anders, *Die Antiquiertheit des Menschen*, Bd. I: *Über die Seele im Zeitalter der zweiten industriellen Revolution*, München 1956, 1.

[29] Anders, *Die Antiquiertheit des Menschen*, 154, 179.

[30] Anders, *Die Antiquiertheit des Menschen*, 112.

Verwöhnt und gefüttert mit Bilderkost regrediert er in einen Zustand oraler Abhängigkeit. Erst in der *Virtual Reality* und im *Cyberspace* wird die mediale Inszenierung noch um eine letzte Illusion gesteigert: die der Wechselwirkung, der unmittelbar-leiblichen Verbindung mit dem elektronisch produzierten Schein. Nicht mehr Zuschauer, sondern symbiotisch mit der Illusion verbunden, erlebt der Anwender eine magische Wirkung der eigenen Tätigkeit. So zieht das Medium den Anwender hinein in eine neue Realität, mit der Tendenz, ihn so zu infantilisieren, daß er Bilder als unmittelbare Wirklichkeit erlebt.

(b) Eine andere derealisierende Tendenz liegt in der Entwicklung des modernen Bewußtseinsbegriffs. Konzipiert als ein Refugium des Geistes angesichts der Alleinherrschaft der Physik über die materielle Welt, war das Bewußtsein seit jeher in der Gefahr, sein Fundament im lebendigen Organismus zu verlieren und zu einem abgeschlossenen Innenraum, einem fensterlosen Gehäuse des Subjekts zu werden. Freilich ist die Wahrnehmung kein Vorgang »im Bewußtsein«, sondern im Wahrnehmen nimmt ein Lebewesen Bezug auf seine Umwelt und *koexistiert* mit den Dingen. Die Bewußtseinsphilosophie seit Descartes handelt aber nicht mehr von der Wahrnehmung im Sinne des Wortes, sondern von »Vorstellungen« oder »Ideen«, die die Dinge repräsentieren. Die Realität zeigt sich uns danach in Form von Bildern, Zeichen oder Chiffren, die wir entschlüsseln müssen, um etwas über sie aussagen zu können. Die Unmittelbarkeit der Wirklichkeitserfahrung ist nur eine Täuschung.

Diese Entkoppelung von Bewußtsein und Welt wird noch unterstützt durch das neurowissenschaftliche Programm der Erklärung des Bewußtseins. Bewußtes Erleben scheint sich im Gehirn dingfest machen, ja mit neuen Aufnahmetechniken regelrecht abbilden zu lassen. An bestimmten Orten des Gehirns findet offenbar das Wahrnehmen, Denken oder Handeln statt und läßt sich im farbigen Aufleuchten der beteiligten Hirnstrukturen scheinbar direkt beobachten. Die phänomenale Welt wird in dieser Sicht selbst zu einem Bild, zum Konstrukt eines neuronalen Substrats; unsere Sinne geben uns nicht mehr als ein hypothetisches Modell, eine Simulation dessen, was »da draußen« tatsächlich vorgehen mag. Typische Beschreibungen lauten etwa folgendermaßen:

> »[...] unsere Wahrnehmungswelt [wirkt] so vollkommen, daß wir sie unreflektiert mit der realen Welt identifizieren, ohne uns bewußt zu sein, wie fragwürdig unsere Sinneswahrnehmungen sind [...]. Wir befinden uns gewissermaßen in einer Dunkelkammer und sehen uns darin eine Show an, deren Beiträge aus den Verrechnungsprodukten unserer Seh-, Gehör-, Geschmacks-, Riech- und Tastnerven bestehen. Wir können aus diesem Gefängnis nicht heraus, können nicht durch die Nerven nach außen dringen, um in

die ›wahre‹ Wirklichkeit zu gelangen [...]. Die ganze Show aber läßt uns diesen Innenraum so überwältigend hell und differenziert erscheinen, daß es uns irreal, ja gespenstisch vorkommt, ihn nicht für den realen Außenraum zu halten.«[31]

Die Transparenz physiologischer Prozesse auf die Wirklichkeit hin wird negiert: Unser Leib bringt uns nicht in Kontakt mit der Welt, sondern erzeugt eine Scheinwelt. Wir brauchen gar nicht erst einen Cyberspace zu entwickeln – unser Gehirn hat längst einen biologisch nützlichen »Neurospace« für uns erzeugt, den wir naiverweise als unsere Welt ansehen. Dabei bleibt es jedoch nicht: Die Virtualität der Welt breitet sich auch auf unser Selbsterleben aus. Die in unserem Rücken agierende neuronale Maschinerie erzeugt auch den Schein eines dauerhaften und handelnden Selbst. Subjektivität wird in der neurowissenschaftlichen Sicht zu einem Epiphänomen, einer selbst folgenlosen Begleiterscheinung von Hirnvorgängen. Der Eindruck, ich sei mir selbst evident, ist nur ein Trick des Gehirns, das mich glauben machen will, ich sei *jemand*. »Wir sind mentale Selbstmodelle informationsverarbeitender Biosysteme [...]. Werden wir nicht errechnet, so gibt es uns nicht.«[32]

Wie sich zeigt, ist die Transparenz der Wirklichkeitsbeziehung heute von zwei verschiedenen Seiten her bedroht. Bilder und Medien negieren immer mehr ihren Vermittlungscharakter und setzen sich selbst an die Stelle der originären Erfahrung: *Schein wird zu Wirklichkeit*. Umgekehrt erklärt der neurowissenschaftliche Reduktionismus die lebendige Erfahrung zu einer biologisch erzeugten Fiktion, zu einem überlebensdienlichen Konstrukt des Gehirns: *Wirklichkeit wird zu Schein*. Beide Tendenzen treffen sich in der Modephilosophie des Konstruktivismus, dessen Aufstieg nicht zufällig parallel zum Siegeszug der Medien erfolgte. Die Welt aus Bildern legt eine Philosophie nahe, in der die Welt selbst als Bild erscheint – sei es als Produkt subjektiver Wahrnehmungsschemata oder als Konstrukt von Datenverarbeitungen im Gehirn. Zwischen Wahrnehmung, Bild, Interpretation und Manipulation läßt sich dann nicht mehr sinnvoll unterscheiden. So entspricht der Konstruktivismus einer gesellschaftlichen Entwicklung, in der die Unterscheidung von Künstlichem und Natürlichem, von Bild und Original, Schein und Sein immer mehr nivelliert wird.

[31] R. Wolf, »Der biologische Sinn der Sinnestäuschungen. Experimente und Gedanken zur Funktion unseres ›ratiomorphen Apparates‹«, in: *Biologie in unserer Zeit* 17 (1987), 33–49.

[32] Th. Metzinger, *Subjekt und Selbstmodell*, Paderborn 1999, 284.

## 3. Resümee

Ich habe versucht, Mechanismen der Entfremdung aufzuzeigen, die unsere primäre Wirklichkeitserfahrung unterhöhlen können: die Auflösung impliziter Vermittlungen, den Verlust an affektivem Kontakt, die Trübung und das Opak-Werden der Medien unserer Erfahrung. Diese Mechanismen bezeichnen freilich Möglichkeiten und zugleich Gefährdungen, die der »vermittelten Unmittelbarkeit« menschlicher Wirklichkeitsbeziehung inhärent sind. »Was auch immer gedacht wird, wir können auf das Gedachtsein des Gedachten, auf das Gesehensein des Gesehenen reflektieren und Wirklichkeit selbst immer wieder als ›Bild‹ verstehen«, wie Robert Spaemann schreibt.[33] Der Mensch ist in der Lage, sich implizite Koppelungen bewußt zu machen und alle vorgegebenen Vermittlungen zu explizieren, um sie aufzulösen und neu zu kombinieren. Daraus ergeben sich ungeheure Möglichkeiten – der Werkzeuggebrauch, die Bildtätigkeit, die zeichenvermittelte Kommunikation –, aber auch Entfremdungen von der ursprünglichen Wirklichkeit, wie sie schon Kleist in seinem Aufsatz über das Marionettentheater beschrieben hat.

Naturwissenschaftliche Analyse und technische Neukonstruktion, das Projekt der »instrumentellen Vernunft«, haben diese Entfremdungstendenzen inzwischen in einem Maße beschleunigt, daß die Lebenswelt nicht mehr als selbstverständliche Basis unserer Wirklichkeitserfahrung fungieren kann. Ihre Entsinnlichung und Virtualisierung schreitet weiter voran. Es kann nicht darum gehen, diese Entwicklung zu beklagen, sondern sie im Bewußtsein zu halten und vor allem Kompensationen zu schaffen, die der sinnlichen und tätigen Erfahrung wieder den notwendigen Raum geben. Diese Aufgabe obliegt zunächst vor allem der Pädagogik, die nicht der möglichst frühen Vorbereitung auf eine entsinnlichte, digitalisierte Arbeitswelt dienen sollte; im Gegenteil kann gerade in der Kindheit die leibliche Verankerung in der Wirklichkeit durch sinnlich-kreative Erfahrungen gefördert werden und so ein Gegengewicht zu den dargestellten Tendenzen bilden. Eine stabile emotionale Verbindung des Kindes mit der umgebenden natürlichen und menschlichen Welt ist die beste Voraussetzung, um gegen derealisierende Mechanismen resistent zu bleiben. Für die Gesellschaft insgesamt geht es darum, die vielfältigen Formen impliziten, intuitiven Wissens zu bewahren, die in unmittelbarem Kontakt mit der Welt, in Nachahmung des Erfahrenen und in eigenem Erfahren erworben werden. Aufgabe der Philosophie

[33] R. Spaemann, *Personen. Versuche über den Unterschied zwischen ›etwas‹ und ›jemand‹*, Stuttgart 1996, 100.

schließlich wäre es, gegen nivellierende Tendenzen postmoderner Medienphilosophien und neurokonstruktivistischer Erkenntnistheorien auf der Normativität des Wirklichen zu beharren.

# Das Gefühlshafte der Wirklichkeitserfahrung

*Hinderk M. Emrich (Hannover)*

## 1. Einleitung

Wirklichkeitserfahrung: Was heißt das? Was heißt, die Wirklichkeit erfahren, das erfahren, was wirkt, was auf uns wirkt, was für uns »wirklich« ist? Martin Buber hat an einer Stelle seines Werkes *Ich und Du* dazu ausgeführt: »Man sagt, der Mensch erfahre seine Welt. Was heißt das? Der Mensch befährt die Fläche der Dinge und erfährt sie. Er holt sich aus ihnen ein Wissen um ihre Beschaffenheit, eine Erfahrung. Er erfährt, was an den Dingen ist.«[1] Dieser Ding-Erfahrung setzt Buber die Interpersonalbeziehung entgegen. Diese Beziehung zwischen »Ich und Du« ist eine sehr spezifische, gefühlshafte Interpersonalbeziehung, letztlich eine, wie Emmanuel Lévinas zeigt, Anerkennungsbeziehung zwischen menschlichen Subjekten.[2] Der Konstruktivismus, der sehr stark unsere Gegenwartsdiskussion über die Wirklichkeit des Wirklichen prägt, sagt aus, die Wirklichkeit werde von uns »konstruiert«, nicht eigentlich erfahren, nicht erlebt, nicht importiert im Sinne von Friedrich Heinrich Jacobis Philosophie der »vernehmenden Vernunft« »vernommen«.[3] In Immanuel Kants Philosophie der reinen Vernunft gibt es ein Apriori der reinen Verstandesbegriffe, welches auf die Welt der Sinne angewendet wird, und dadurch entsteht unsere »Wirklichkeit«. Für die Perspektiven psychotherapeutischer Erfahrung ergibt sich allerdings im Bereich der Subjektivität von Menschen ein Problem, das durch dieses Schema nicht klar ausdifferenzierbar ist, nämlich: Es gibt für uns nicht *eine* Wirklichkeit sondern viele Wirklichkeiten: Es gibt Träume, Phantasien, Imaginationen, Tagträume und Halluzinationen, innere und äußere Realitäten; und für alle diese Wirklichkeiten haben wir mit der Welt der reinen Verstandesbegriffe nur ein sehr kleines Repertoire zur Verfügung, um mit ihnen umzugehen, sie zu bewältigen, sie zu verstehen, ja sie zu erklären.

[1] M. Buber, *Ich und Du*, Gerlingen 1994, 11.

[2] E. Lévinas, *Totalität und Unendlichkeit. Versuch über die Exteriorität*, München 1987.

[3] F. H. Jacobi, »David Hume über den Glauben oder Idealismus und Realismus« [1812], in: *Werke* Bd. II, hrsg. von F. Roth und F. Köppen, Darmstadt 1980.

René Descartes, einer der wegbereitenden Schöpfer des modernen Denkens, der Begründer des »cogito-sum«, des »indem ich denke, bin ich«-Gedankens, ist der Schöpfer der Philosophie des Zweifels über die »Wirklichkeit der Wirklichkeit« im Sinne von Watzlawicks Frage *Wie wirklich ist die Wirklichkeit?*[4] Descartes kommt zu seiner Philosophie des radikalisierten Zweifels über die subjektive Erfahrung des Erwachens aus dem Traum. In seinen *Meditationen*[5] macht er deutlich, daß Menschen, wenn sie erwachen, sich in der Schwierigkeit befinden, daß sie im Traum eben dieses Erwachen doch träumen können. Woher weiß dann der Mensch, daß er, wenn er wach ist, eben dieses Wachsein nicht träumt? Auf diese Frage ist es sehr schwer, eine Antwort zu geben. Letztlich löst Descartes das Problem durch die Philosophie des radikalisierten Zweifels, indem er inhaltlich feststellt: Ich kann nicht bezweifeln, daß ich zweifle; insofern gibt es wirklich, tatsächlich, jemanden, nämlich denjenigen, der zweifelt, und dieses Denken des Zweifels ist das ›cogito ergo sum‹. Die Frage ist, ob uns das genügt. Was also können wir über unsere Wirklichkeit erfahren, über die Selbstabsicherung des Subjekts, als eines zweifelnden, hinaus?

Der große US-amerikanische Psychologe William James hat zu Beginn des 20. Jahrhunderts dieses Problem gesehen und den Vorschlag gemacht, daß Wirklichkeitserfahrung für uns Menschen um so realistischer sei, um so konkreter und wirklicher, je »näher« sie gewissermaßen an den Sinnesdaten dran sei. Realität in Abhängigkeit von den Sinneserfahrungen. Hier tritt allerdings gerade in der Lebenswelt der Gegenwart ein großes Problem auf, das diese Lösung in Frage stellt: Dies ist die Wirklichkeit des »Cyberspace«. Die Sinnesdaten der virtuellen Realitäten, die »Cyberwelten« beruhen auf realen Sinnesdaten; gleichwohl entspricht ihnen keine »reale Wirklichkeit« im Sinne von James. Insofern ist das Nahe-dran-Sein an den Sinnen eher kein Gütesiegel für die Wirklichkeit der Wirklichkeit. In philosophischer Hinsicht gibt es gute Gründe anzunehmen, daß Wirklichkeit im Grunde nicht erfahren, nicht gewußt, nicht bewiesen wird, sondern »geglaubt«. Wir sind quasi von der Realität der Realität überzeugt. Realität ist für uns plausibel, aber ein »Wissen« der Realität im eigentlichen Sinne gibt es nicht.

Sollen wir uns mit dieser Auskunft, daß wir die Wirklichkeitserfahrung »glaubend vollziehen«, zufriedengeben? Ich denke, wir können dem – vom philosophisch-psychologischen Standpunkt aus – etwas Wichtiges hinzufügen, nämlich den Aspekt des Fühlens. Versuchen wir einmal, die verschiedenen Rollen des

[4] P. Watzlawick, *Wie wirklich ist die Wirklichkeit?*, München 1976.

[5] Vgl. R. Descartes, *Meditationen*, Hamburg 1972.

a. psychotherapeutischen Wirklichkeitsbegriffs
b. des künstlerischen Wirklichkeitsbegriffs und
c. des neurowissenschaftlichen Wirklichkeitsbegriffs

zusammenzubinden, so ergibt sich die Hypothese: »Realität wird gefühlt«, »Realität wird gefühlsmäßig, fühlend, erfahren«.

Der Formulierung meines Themas über das Gefühlshafte in der Wirklichkeitserfahrung liegt die Sorge zugrunde, daß wir in Philosophie, Psychologie und Tiefenpsychologie noch immer kein ausreichendes Verständnis dafür entwickelt haben, welche ungeheure Bedeutung das Gefühlserleben für die Konstitution von Wirklichkeit tatsächlich hat.

Interessanterweise läßt sich dies nun nicht nur für den psychotherapeutischen Erfahrungs- und Selbsterfahrungsbereich zeigen, sondern gerade auch für den Bereich der Neurobiologie, in dem eine Grundproblematik der Gegenwartsforschung eine ganz besondere Rolle spielt, nämlich die Frage nach der Konstitution einer subjektiven Gesamtwirklichkeit im Sinne der holistischen Erfahrung eines Kontextes, einer »Situation«, eines in sich geschlossenen »Gesamterlebnisses«. Die dabei von Neuropsychologen und Kognitionsneurobiologen gestellte Frage lautet: Wie kommt es, daß in der subjektiven Wirklichkeit verschiedene Aspekte der Wahrnehmung wie Hören, Sehen, Riechen und ferner – innerhalb einer Wahrnehmungsdimension – verschiedene Aspekte, beispielsweise des Sehens (Kontur, Farbe, Form, Tiefendimension, Textur etc.) nicht separat, sondern integrativ intern repräsentiert werden? Dieses Problem des die verschiedenen Aspekte der Wahrnehmung Aneinanderbindens, des »Bindings«, werden in der Gegenwartsneurobiologie heftig diskutiert und stellen eine enorme Herausforderung der diesbezüglichen Grundlagenforschung dar. Neuere Aspekte der Neuropsychologie der »aisthetic cognition« und der Synästhesie-Forschung leisten in dieser Hinsicht den bemerkenswerten Beitrag, daß offensichtlich gefühlshafte Aspekte der »limbischen internen Bewertungsstrukturen« für die integrative neurobiologische Funktion der »Kontext-Erzeugung« von ausschlaggebender Bedeutung sind.

## 2. Die Überlagerung von Perzeptivität und Konstruktivität in der Wahrnehmung

Im täglichen Leben geht man in der Regel von einem Weltbild aus, das häufig von Philosophen auch als »naiver Realismus« bezeichnet wird. Hierbei wird stillschweigend vorausgesetzt, die äußere Wirklichkeit sei exakt so strukturiert, wie wir sie wahrnehmen, ganz so, als ob es genügen würde, die Welt, »wie sie wirklich ist«, einfach mit einer Kamera abzufotografieren bzw. abzufilmen, und das menschliche »Subjekt«, das »Ich«, sei nichts anderes als eine Art von Computer, der diese Sinnesdaten auswertet und in sich abbildet. Tatsächlich ist der Vorgang der Sinneswahrnehmung aber wesentlich komplizierter: Bevor Sinnesdaten ausgewertet, interpretiert und integriert werden können, bedarf es eines »Konzeptes«, eines Weltbildes, eines »mitlaufenden Weltmodells«,[6] in das die aktuellen Sinnesdaten eingefügt werden, bzw. von dem aus sie verworfen werden können. Dies führt zu einem Vergleich von »erwarteter Wirklichkeit« mit tatsächlicher Wirklichkeit und damit offenbar zu einem Erlebnis, das man mit den Worten beschreiben könnte: »Dies geschieht jetzt wirklich« (»Realitätsgefühl«).

Immanuel Kant hat in der *Kritik der reinen Vernunft* zur Konstruktivität der Wahrnehmung einen sehr bezeichnenden Satz geschrieben: »Daß die Einbildungskraft ein nothwendiges Ingrediens der Wahrnehmung selbst sei, daran hat wohl noch kein Psychologe gedacht.«[7] Und Carl Friedrich von Weizsäcker sagt hierzu in seiner geschichtlichen Anthropologie unter dem Titel *Zur Biologie des Subjekts*: »Der Empirismus hält Sinnesdaten als solche für gegeben ... er sieht nicht, daß Sinnesdaten schon unserer biologischen Ausstattung wegen gar nicht anders als unter einem mit-wahrgenommenen Begriff gegeben sein können.«[8]

Die Weise, in der Wirklichkeitserlebnisse in unserem Bewußtsein erzeugt werden, wurde in den letzten Jahren von den Hirnforschern einer Klärung wesentlich nähergebracht. Demnach gibt es im zentralen Nervensystem »Konvergenzzonen«,[9] in denen, z.B. im Hippocampus, als Gedächtnisinhalte gespeichertes Erfahrungswissen verglichen wird (in einem »Comparator«-System) mit den aktuellen Sinnesdaten, die das System im Moment erhält. Ein solches hippocampales Comparator-System, wie die Autoren Gray und Rawlins es beschrieben haben,[10] vergleicht die »stored regularities«, d.h. die Regularitäten in der Geschichte des Systems, mit aktuellen Sinnesdaten-Mustern und kommt damit zu

[6] W. Prinz, *Wahrnehmung und Tätigkeitssteuerung*, Heidelberg 1983.

[7] I. Kant, *Kritik der reinen Vernunft* 121.

[8] C. F. von Weizsäcker, »Zur Biologie des Subjekts«, in: ders., *Der Garten des Menschlichen*, München/Wien 1982, 314.

[9] A. R. Damasio, »The brain binds entities and events by multiregional activation of convergence zones«, in: *Neuronal Computat* 1 (1989), 123–132.

[10] J. A. Gray/J. N. P. Rawlins, »Comparator and buffer memory: an attempt to integrate two models of hippocampal functions«, in: *The Hippocampus*, vol. IV, ed. by R. L. Isaacson and K. H. Pribram, New York 1986, 151–201.

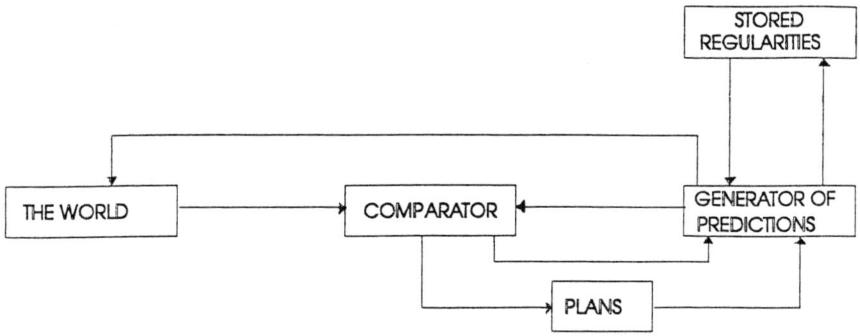


ABB. 1: Schema des hippocampalen Comparator-Modells nach Gray & Rawlins.

Voraussagen über wahrscheinliche Außenwirklichkeiten in nahen Zukunftsmomenten, damit aber auch zu Plänen für intentionales Handeln. (Abb. 1)

Diese Forschungsergebnisse zeigen, daß das, was für uns »wirklich« ist, in einem sehr komplexen internen Interaktionsprozeß zwischen neuronalen Subsystemen regelrecht »ausgehandelt« wird. Interessant in diesem Zusammenhang ist die Wahrnehmung von Illusionen, wie man dies in der Abbildung eines »Neckerschen Würfels« (Abb. 2) feststellen kann: Die Sinnesdaten bleiben zwar unverändert, aber die Interpretation der Außenwirklichkeit ändert sich je nach der vorherigen Beanspruchung der einen Konzeptualisierung bzw. der hierzu inversen Alternative. Neuropsychologische Untersuchungen an komplexeren Wahrnehmungsobjekten, wie beispielsweise an menschlichen Hohlmasken, zeigen darüber hinaus, daß es noch andere interne neuronale Aktivitäten gibt, die die Wahrnehmungswirklichkeit bei komplizierteren illusionären Wahrnehmun-

ABB. 2:
Neckerscher Doppelwürfel, der in einer Vielzahl von Varianten wahrgenommen werden kann. (aus: H. M. Emrich, *Psychiatrische Anthropologie*, München 1990)

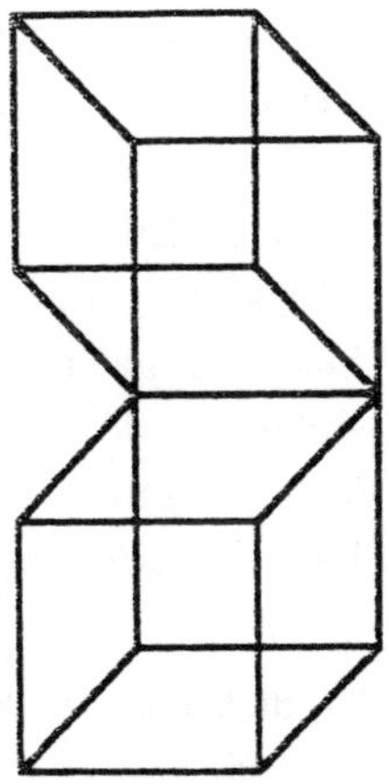

gen stabil halten im Sinne interner »Zensurleistungen« (3-Komponenten-Modell der Wahrnehmung). Unter der Wirkung psychedelischer Drogen und bei psychotischen Erkrankungen, können diese stabilisierenden Aktivitäten des Zentralen Nervensystems gestört sein, was zu einer psychotischen Dekompensation führt und abnorme Wirklichkeitserlebnisse hervorruft.

## 3. Die Frage nach internen Bewertungen

Aus diesem Forschungsansatz über die Neuropsychologie von Illusionen läßt sich eine umfassende physiologische Theorie der Hirnfunktionen und ihrer Störungen bei Psychosen und unter halluzinogenen Drogen entwickeln, die hier aber nur angedeutet werden kann.

Bei der Frage nach der Konstitution dieser die subjektive Wirklichkeit stabilisierenden neuronalen Systeme wird deutlich, daß es hier um »Bewertungsfunktionen« geht, die die Manifestation interner Wertewelten bedeuten. Diese internen Bewertungsprozesse werden in der Neurobiologie mit »limbischen« System-Zuständen identifiziert, d.h. mit Erregungsmustern in tiefer liegenden Schichten des menschlichen Gehirns. Man spricht hier auch von interner »Wirklichkeitsüberarbeitung«, die unter Drogen und in Psychosen gestört ist. Anhand von speziellen Wahrnehmungs-Illusionen kann man in ersten kleinen Ansätzen verstehen, wie sich dieses Grundsätzliche ereignet, daß aus Nichttatsächlichem subjektive Tatsachen werden: Interne Bewertungs-Systeme tragen hierzu wesentlich bei. Diese inneren Zustände sind allerdings noch eine »terra incognita« in unserem Selbst. Sie werden von Subjekten als »Innenperspektiven« erlebt. Hierzu ein Zitat von Ingeborg Bachmann aus dem Roman *Der Fall Franza*: »Es ist das Innen, in dem alle Dramen stattfinden, kraft der Dimension, die wir oder imaginierte Personen diesem Leidenmachen und Erleiden verschaffen können. Es ist nicht wahr, daß wir in einer Zeit ohne Dramen leben.«[11]

Dieses Innen, dessen Dramen sinnstiftenden oder auch sinnabweisenden Charakter haben, ist den bisher bekannten neuropsychologischen Untersuchungsmethoden, wenn überhaupt, so nur ansatzweise zugänglich. Vor einigen Jahren hat der Psychologe Watzlawick die Frage nach der Wirklichkeit des Wirklichen mit dem Gedanken verknüpft, daß es in der Verfaßtheit unserer Welt einen Descartesschen *»genius malignus«*, einen bösen Geist geben könnte, der uns

[11] I. Bachmann, *Der Fall Franza*, in: *Werke* Bd. 3: *Todesarten*, München 1993, 339–482; hier 342.

die Sinnhaftigkeit unserer Existenz lediglich vorspiegelt. So spricht Watzlawick in seinem Buch *Münchhausens Zopf oder Psychotherapie und »Wirklichkeit«*[12] davon, das moderne wissenschaftliche Weltbild bedeute ein Ringen mit einem »irrwitzigen Dämon«, der möglicherweise den Menschen »narre«. In diesem Sinne geht es um die Frage, ob die »selbsterfundene Wirklichkeit« lediglich eine Illusion darstellt. Genaugenommen wäre dann nichts wirklich; alles, was uns als »existent« erschiene, wäre nur eine Illusion, die auf neuronalen evolutiv bedingten Erregungszuständen beruhte. Die Frage, was wäre, wenn der von uns erlebten Sinnfülle nichts »Reales« entspräche, hat Heinrich von Kleist anläßlich seiner Harzreise im Jahre 1801 tief durchreflektiert und durchlitten; dies offenbar nach der Lektüre von Kants *Kritik der Urteilskraft*, was sich während seiner sogenannten »Kant-Krise« in seinen Briefen widerspiegelt. Was wird aus uns Menschen, wenn den inneren Zielsetzungen und Sinngebungen im Rahmen des Wirklichen nichts entspricht? Was heißt dann Wirklichkeit des Wirklichen im Rahmen subjektiver Teleologie? Was kann das Haben von Zielen, Wünschen, Hoffnungen dann noch für eine Bedeutung haben?

Kleist schreibt: »Es scheint, als ob ich eines von den Opfern der Torheit werden würde, deren die Kantische Philosophie so viele auf dem Gewissen hat. Mich ekelt vor dieser Gesellschaft, und doch kann ich mich nicht losringen aus ihren Banden. Der Gedanke, daß wir hienieden von der Wahrheit nichts, gar nichts, wissen, daß das, was wir hier Wahrheit nennen, nach dem Tode ganz anders heißt, und daß folglich das Bestreben, sich ein Eigentum zu erwerben, das uns auch in das Grab folgt, ganz vergeblich und fruchtlos ist, dieser Gedanke hat mich in dem Heiligtum meiner Seele erschüttert. Mein *einziges* und *höchstes* Ziel ist gesunken, ich habe keines mehr. Seitdem ekelt mich vor den Büchern, ich lege die Hände in den Schoß, und suche ein neues Ziel, dem mein Geist, frohbeschäftigt, von neuem entgegenschreiten könnte.«[13] Die kulturhistorische Entwicklung des Nihilismus hat in den nachfolgenden 200 Jahren dazu geführt, daß das Scheitern der Sinnfrage in bestimmten Subkulturen noch radikaler angesprochen wird. So schreibt beispielsweise einer meiner Studenten an der Kunsthochschule für Medien Köln, Herr Titus von Lilien, in einem Text »Der hedonistische Imperativ: verliebt ins Nichts«: »Die gesamte Subkultur kam mir plötzlich vor wie ein gewaltiger Mechanismus zur Erzeugung zielloser Begeisterung. Massification, Amplification und Excitation. Das Herzstück der zeitgenössischen Pop-

[12] P. Watzlawick, *Münchhausens Zopf oder Psychotherapie und »Wirklichkeit«*, Bern 1988.

[13] Brief an Ulrike von Kleist vom 23. März 1801 (in: H. von Kleist, *Sämtliche Werke und Briefe in vier Bänden* Bd. 4: *Briefe* hrsg. von K.-Müller Salget und S. Ormanns, Frankfurt a.M. 1997, 207).

(Rave-)Kultur ist tautologisch: Raven heißt, die Feier zu feiern [...]. Das Problem ist, daß die Maschine dazu neigt, ihre menschlichen Bestandteile aufzuzehren, da der Mensch nicht dafür geschaffen ist, einem solchen Verschleiß der Gefühle standzuhalten.«

## 4. Zur Frage nach der Wirklichkeit des »Subjekts«

Wenn es richtig ist, daß der Neurokonstruktivismus der Wahrnehmung belegt, daß Wahrnehmen im wesentlichen die Bestätigung systemeigener, systeminterner Wirklichkeitskonstruktionen bedeutet, dann stellt sich die Frage nach der Relevanz der Realität des »Außenstehenden« für die Wirklichkeit des Subjekts. Man könnte fragen: Inwiefern ist denn die Wirklichkeit des Wirklichen überhaupt ein so ernstes Problem für uns Menschen? Ist es denn nicht im Grunde gleichgültig, ob wir uns mit realen Gegenständen, realen Molekülen oder lediglich unseren systemeigenen Konstrukten dieser beschäftigen? Beziehen wir allerdings diese Frage einmal auf uns selbst, fragen wir uns: Ist es für uns selbst gleichgültig, ob wir uns mit Konstrukten von Menschen, Konstrukten unserer selbst beschäftigen oder ob wir wirklich mit Menschen, mit seelisch geistiger Realität zu tun haben, z. B. in der Selbstreflexion, so kann die Antwort uns nicht ganz gleichgültig sein. Die berühmte Frage von Thomas Nagel »Wie ist es, eine Fledermaus zu sein?«[14] zielt letztlich darauf ab, was es heißt, ein Mensch zu sein, der andere zu sein, eine Innenperspektive zu haben und damit »ich selbst zu sein«. Wie ist dieses unser Seelenleben jenseits aller Konstruktionen, die wir über uns machen können, d. h., welche ist die reale Wirklichkeit des Subjekts? Karl Jaspers hat zwei Zugehensweisen zur Realität des Anderen unterschieden – als Psychiater, der er anfangs seiner philosophischen Karriere war, zwei Zugänge zur Psyche des Patienten – einmal das »kausale Erklären«, andererseits das »einfühlende Verstehen«.[15]

Die Empathie, als Verstehensprozeß die Einfühlung in den anderen, stellt den Versuch dar, eine nicht primär reduktive, eine ganzheitliche Sicht des anderen zuzulassen, in der der Betrachter vom andern gewissermaßen belehrt wird, bereichert wird, und zwar in dem Sinne von Friedrich Heinrich Jacobis Begriff des »Vernehmens«, der »vernehmenden Vernunft« jenseits ihrer Antithese, des Konstruktivismus.

[14] Th. Nagel, »What is it like to be a bat?«, in: *Philosophical Rev.* 83 (1974), 435–450 [Dt. Übs. »Wie ist es, eine Fledermaus zu sein?«, in: *Analytische Philosophie des Geistes*, hrsg. von P. Bieri, Königstein/Ts. 1981, 261–275].

[15] K. Jaspers, *Allgemeine Psychopathologie*, Berlin 1913.

Man könnte diese Frage, die Urfrage des Menschen, die Frage, mit der der Mensch zum Menschen wird: »Wer bin ich?«, »Wer bin ich wirklich?« als die Orakelfrage des Menschen bezeichnen. Sie ist zugleich die Grundfrage der Psychoanalyse und der philosophischen Psychologie. So sagt auch Heidegger in seinen Nietzsche-Vorlesungen, es gehe darum, die Frage nach dem Menschen so zu stellen: *Wer* ist der Mensch? – jenseits der was-Fragen, die auf unsere Konstruktionen, Rekonstruktionen und Dekonstruktionen abzielen.[16] Diese Frage nach dem Sein des Menschen wird vom Orakel bekanntlich nicht eindeutig beantwortet. Die Antworten stammen einerseits aus psychedelischen Zuständen der Tempeldienerinnen, zum anderen aus Wissensbereichen von Religionen. So kann es nicht verwundern, daß die Orakelfrage auch in psychotherapeutisch, speziell psychoanalytischen Sitzungen immer wieder auftaucht (in den 50er Jahren im »Encounter«); sie wird besonders drängend bei Patienten mit Identitätsverlust, mit Borderline-Persönlichkeitsstörungen und mit Psychosen. Insofern sind psychisch kranke Menschen oft geradezu »Philosophen wider Willen«. Sie stellen die Frage nach der Wirklichkeit der Wirklichkeit ihres Subjektseins als metaphysisches Problem und häufig genug interessanterweise gerade auch als naturwissenschaftliches Problem. So beschäftigt sich beispielsweise eine Patientin mit einer schweren depressiven Angst- und Zwangsstörung mit präpsychotischen Zügen – Verwaltungsangestellte für Buchungsaufgaben in einer Firma – mit Hirnforschungsproblemen. Sie bittet eines Tages um einen Sondertermin, an dem sie offenbart, daß sie sich inzwischen, als völlige Laiin, unter dem inneren Druck ihrer Erlebnisse – zu einer Art privater Hirnphysiologin ausgebildet hat, da sie sich als Summe ihrer neuronalen Systeme erlebt und die Ursache ihrer Krankheit verstehen will. Sie meint, daß die Ionenkanäle ihres Gehirns durch die natürliche radioaktive Grundstrahlung so geschädigt werden, daß hierdurch ihre Symptomatik zustande kommt. In diesem Sinne werden Patienten oft durch ihre Symptomatik, ihre Besonderheit, regelrecht gezwungen, einen metatheoretischen Rahmen zu finden, der erklärt, wie es zu ihren Erlebnissen und Erfahrungen, ihrer eigentümlichen Wirklichkeit kommt: Dies als Beispiel für eine – allerdings etwas mißglückte Form des Jasperschen »kausalen Erklärens.« Hier wird der Erfahrungsschatz der Psychiatrie zu einem Lehrmeister der Anthropologie und führt zu einem vertieften Verständnis der Frage nach subjektiven Innenperspektiven, nach der Einmaligkeit, nach dem, wenn man so will, »hermetischen« Charakter subjektiver Wirklichkeit. Interessanterweise ist es in derartigen therapeutischen Situationen oft durchaus hilfreich, eine hirnphysiologische Erklärung, z. B. von psychotischer Dekompensation anzubieten; dies führt zur Entlastung

[16] M. Heidegger, *Nietzsche* Bd. I, Pfullingen 1961.

bei Selbstvorwürfen von Patienten, die sonst ihre autonome Spontaneität für die Häufigkeit ihrer psychischen Zusammenbrüche verantwortlich machen.

An derartigen Fallbeispielen wird aber auch gleichzeitig etwas deutlich, was auch für die uns vertraute Wahrnehmung von Illusionen und beispielsweise bei der Wahrnehmungswirklichkeit von Menschen mit synästhetischen Wahrnehmungen der Fall ist, nämlich der intersubjektiv schwer vermittelbare, ja, wenn man so will, hermetische Charakter subjektiver Wirklichkeit.

## 5. Synästhesie und Gefühl

Synästhetiker sind Menschen mit gegenüber anderen Personen stark veränderten Wirklichkeitserfahrungen. Während wir es üblicherweise gewohnt sind, die Wahrnehmungen unserer »fünf Sinne« stets einzeln und separat zu erleben, kommt es bei Synästhetikerinnen und Synästhetikern zu einer sehr charakteristischen »Vermischung von Sinnesqualitäten«. Am häufigsten ist dabei das Phänomen des »Farbenhörens« (»coloured hearing«, »audition coloreé«), bei dem die Betroffenen etwas, das sie hören, zugleich auch in ein visuelles Erlebnis umwandeln. Charakteristisch ist, daß beispielsweise Buchstaben oder Zahlen auf einem »inneren Monitor« zu Farbwahrnehmungen führen. Diese haben in der Regel, je nach Art des Gehörten, charakteristische Formen und Oberflächen, die vor dem »inneren Auge« der Synästhetiker vorbeiziehen. Interessanterweise tritt das visuelle Phänomen nicht nur dann auf, wenn der Buchstabe oder die Zahl gehört wird, sondern auch, wenn der/die Betreffende diese auch nur denkt oder liest, kann es zu derselben visuellen Erregung kommen. Auch andere Sinnesqualitäten können sich in dieser Weise vermischen, wie Riechen und Schmecken, Tasten und Schmerz, wobei sehr exotische Überkreuzungen von Sinnesqualitäten möglich sind. Wie kann man so etwas erklären, und welche Rolle spielen hierbei Gefühlszustände?

So berichtete eine Probandin, für sie seien die Zahlen, wenn sie im Alltag auftreten, immer mit Farben verbunden, allerdings könne sie diese Farben nicht von mitlaufenden Emotionen trennen: »Nicht alle Zahlen haben Farben, aber ein paar Farben haben für mich ganz deutlich Zahlen. Wenn ich darüber nachdenke: Keine einzige dieser Farben, die ich in den Zahlen sehe, ist eine Farbe, die ich besonders mag. Gelb ist die 4, richtig schönes normales Gelb, das die Leute als sonnengelb beschreiben würden – wunderbar, das ist doch positiv, das ist eine Farbe, die mich nicht anspricht. Meine Lieblingsfarbe Blau ist die 7, aber leider nicht in schöner Farbe ...«. Unter Synästhesie versteht man, daß eine Sinnesqualität, z.B. das Hören eines Wortes, einer Zahl, eines Tones, noch auf *eine andere* Sinnesqualität, wie das Sehen einer Farbe, quasi überspringt bzw. in diesem anderen Sinn noch einmal, d. h. doppelt dargestellt ist. Interessanterweise berichten die Synästhetiker, daß die Einheit des Bewußtseins und die Einheitlichkeit des Objektes hierdurch nicht verletzt sind. Beide Sinnesqualitäten werden *intermodal* (zwischen den beiden Sinnesqualitäten) vollständig in ein übergeordnetes Ganzes eingefügt. Dies ist für Neurobiologen sehr interessant; sie können versuchen, an diesem quasi unter natürlichen Bedingungen zusätzlich auftretenden Bewußtseinsphänomen aufzuklären, wie das Gehirn eine Einheitlichkeit des Bewußtseins erzeugt (Bewußtseinsintegration).

In diesem Sinne ist auch eine weitere Besonderheit bei der Synästhesie wichtig, nämlich das Phänomen, daß innere Gefühlszustände sich in Form von Sinneswahrnehmungen auf dem zusätzlichen »Synästhesie-Monitor« darstellen können. Mit anderen Worten: Auch die Frage nach der Verknüpfung von Wahrnehmungsgehalten mit Gefühlszuständen läßt sich in der Synästhesieforschung untersuchen. Mittlerweile liegen erste Ergebnisse solcher Studien vor. Dabei scheint sich herauszukristallisieren, daß bei der Synästhesie jeweils zwei Areale der Großhirnrinde im Sinne einer »Dreifacherregung« mit einem Areal des limbischen Systems in Verbindung treten.

Bei der Erforschung der Synästhesie geht es nicht nur darum, ein ungewöhnliches Phänomen zu begreifen. Möglicherweise haben die Ergebnisse dieser Studien eine viel weiter reichende Bedeutung: Durch das Synästhesiephänomen hoffen Wissenschaftler besser zu verstehen, wie die »intermodale Integration« und so etwas wie ein einheitliches Bewußtsein entsteht. Dieses Thema beschäftigt Philosophen, Psychologen und Neurobiologen schon seit langer Zeit. Daß Menschen aus den vielfältigen, gelegentlich sogar widersprüchlichen Sinneseindrücken ein einheitliches Bild von der Wirklichkeit und den Objekten erzeugen können, hat bereits Immanuel Kant in seiner *Kritik der reinen Vernunft* angesprochen. Dort heißt es: »Der ich-denke-Gedanke muß alle meine Vorstellungen begleiten können.«

Dieses »Ich denke« (cogito) jedes einzelnen ist die Macht, die alle Informationen zu einer Einheit verknüpft. Es erzeugt, in moderner psychologischer Sprache gesprochen, ein inneres »mitlaufendes Wirklichkeitsmodell«. Innerhalb dieses Modells wird ein Objekt zu einem geschlossenen Ganzen, einer neuen Einheit verschmolzen, einschließlich aller widersprüchlichen Aspekte. Dazu gehört auch ein »mitlaufender Gefühlston« – wie die mitlaufende andere Sinnesqualität bei der Synästhesie.

Bei diesem komplizierten Vorgang werden alle Teilaspekte der Wahrnehmung, des Fühlens und des Denkens in einer Weise zusammengefügt, daß der Eindruck der Einheitlichkeit entsteht. Wenn ich beispielsweise ein Kind mit einem roten

Schal sehe, überlege ich nicht: Da ist ein Mensch, der ist ein Kind, mit einem Schal, und außerdem ist dieser auch noch rot. Stattdessen sehe ich dieses Kind als »synthetische Einheit«.

Derzeit gibt es eine Reihe aufregender neurobiologischer Thesen zu der Frage, was bei der Entstehung dieser intermodalen Integration in unserem Gehirn geschieht. Die Überprüfung dieser Thesen erweist sich aber als außerordentlich schwierig. Neue Hinweise darauf könnte vielleicht die Synästhesieforschung ergeben. Synästhetiker erzeugen offenbar durch die »Sinnesverschmelzung« eine ungewöhnliche intermodale Integration an einer Stelle, die von der Wahrnehmung nicht vorgesehen ist. Sie berichten nämlich einheitlich, daß das Farberlebnis bzw. das Erlebnis der geformten Farbe von der Wahrnehmung des Reizes aus dem primären Sinneskanal nicht zu trennen ist. Mit anderen Worten: Das Farberlebnis für die 4 und das Denken, Lesen oder Hören der 4 sind miteinander untrennbar im Sinne einer intermodalen Integration verbunden. Wenn man also den Mechanismus der synästhetischen Wahrnehmung verstehen würde, könnte man möglicherweise auch den Mechanismus der intermodalen Integration erklären.

Die oben dargestellte »Dreifacherregung« bedeutet nun, daß die gefühlshaften Anteile des menschlichen Gehirns für die Bildung von »Einheit des Bewußtseins« eine offenbar zentrale Bedeutung haben: Das limbische System als internes Gefühls- und Bewertungssystem scheint nicht nur darüber zu entscheiden, was in einer aktualen Situation bewußt wahrgenommen werden soll und was nicht, sondern auch, welche verschiedenen Aspekte von internen Repräsentationen im Sinnes eines »Binding« aufeinander bezogen werden sollen und dadurch innere einheitliche Objekte generieren.

## 6. Gefühls-Synästhesie als Lebensform

Die bisherigen Betrachtungen über gefühlshafte Aspekte der Synästhesie haben sich auf diejenigen (»genuinen«) Formen von Synästhesie bezogen, bei denen es eine feste Korrelation gibt zwischen den Sinnesdaten eines Wahrnehmungsbereichs (beispielsweise dem Hören oder Schmecken) und einem anderen Wahrnehmungsbereich (beispielsweise dem visuellen Erleben). Es scheint nun allerdings auch Synästhesie-Phänomene im weiteren Sinne zu geben, bei denen die beschriebene starre Kopplung zwischen gehörten (oder auch gelesenen oder gedachten) Symbolen und den visuellen Eindrücken nicht besteht. Man könnte sie als Randgruppen-Synästhetiker bezeichnen, wobei die Inhalte (Farben und Formen), die auf dem zweiten inneren »Monitor« erscheinen, offenbar in erster

Linie Repräsentationen der Gefühle darstellen, die sich in bestimmten Situationen einstellen. So berichtet eine Synästhesie-Probandin, daß sich bei ihr für eine bestimmte Situation im zeitlichen Verlauf (z. B. für die Gesprächssituation des Interviews) bestimmte visuelle Muster ergeben, die in einer spezifischen Beziehung zu genau dieser Situation stehen. Nach und nach hat die Probandin gelernt, diese Muster und Farben relativ präzise »aufzuschreiben«, woraus sehr schöne, künstlerisch beeindruckende Bilder entstehen. Sie berichtet hierzu: »Also ich denke mal, Farbe ist Schwingung, und Sprache ist Schwingung. Es kommt jetzt nur darauf an: Um es intensiver zu sehen, mache ich meine Augen zu. Und ich denke, was für mich eigentlich sehr frappierend ist, ich mache meine äußeren Augenlider zu und ich habe darunter ein Augenlid, das mache ich auf, und dann ist gleich alles da. Während, wenn ich jetzt in den Raum reingucke und Musik höre, muß ich meine Augen so ein bißchen auf Unendlich stellen, ehe die Farbe dann ankommt.«

Bei den Randgruppen-Synästhetikern hat sich nun eine Reihe interessanter Eigenschaften ergeben, die einen weiteren Hinweis darauf geben, daß ein Prinzip der internen »Doppelrepräsentation« zusätzliche psychische Eigenschaften erschließen kann. So zeigt eine Reihe von diesen Probanden Eigenschaften erhöhter »Medialität« im Sinne von Wachträumen, Wahrträumen und visionären Erlebnissen, die in die Zukunft weisen und oft etwas Richtiges prognostizieren, wie es beispielsweise bei C. G. Jung in seiner Darsellung der »Synchronizität« (Briefwechsel mit dem Physiker W. Pauli) dargestellt wurde.[17] Außer dieser, den Probanden häufig allerdings etwas unheimlichen »Hellsichtigkeit«, von der sie eher ungern Gebrauch machen, führt der verstärkte »synästhetische« Zugriff zum eigenen Gefühlsleben aber auch zu einer verstärkten inneren »Absicherung«. An diesen Menschen fällt eine eigentümliche Form von »Angstfreiheit«, psychischer Stabilität und innerer Geborgenheit auf. Es geht eine innere Ruhe von ihnen aus, die für eine Art »fundamentaler innerer Geborgenheit im Selbst« spricht, ein Mangel an Hektik, eine Form von Stabilität, die auch dazu führt, daß diese Menschen nicht unerreichbaren Zielen nachjagen, sondern in dem erreichten Areal ihres Lebens glücklich sind.

Synästhesie im eigentlichen »neurologischen« Sinne ist sicherlich nicht erlernbar. Es handelt sich um eine Variante der neuronalen Organisation bei der corticalen Repräsentation semantischer Gehalte. Synästhesie im weiteren Sinne als eine Form innerer Wachheit im Hinblick auf die wechselseitigen Bezüge zwischen Wahrnehmungssystemen und insbesondere die Fähigkeit bildhafter

[17] C. G. Jung, »Synchronizität als ein Prinzip akausaler Zusammenhänge«, in: *Gesammelte Werke* Bd. 8, Olten 1991.

Wahrnehmung eigener Gefühlszustände kann man sich aber sicherlich aneignen.

Synästhesie wird damit zu einer Metapher für eine Lebensform, in der es eine Steigerung von Kreativität, mentaler innerer Absicherung und innerer Stabilität im Rahmen des Erreichten gibt. Synästhesie als Lebensform beinhaltet dann, den Gegenständen und sich selbst eine neue Form von Multidimensionalität, von Uneindeutigkeit, von Komplexität und Bedeutungshaltigkeit zuzubilligen – eine Art von Enttrivialisierung – und damit auch uns selbst einen dem Reduktionismus heilsam entgegenwirkenden Aspekt innerer Vielfalt: Denn Menschen gehen nicht darin auf, biologische Maschinen zu sein, die, wie der Darwin karikierende Essayist Samuel Butler schrieb, sich so erklären lassen: »Eine Henne ist nur die Art und Weise, wie ein Ei ein anderes Ei hervorbringt.« Was es heißt, ein Mensch zu sein, läßt sich vielmehr häufig eben gerade nicht dadurch erklären, daß gesagt wird: »Wir sind nichts anderes als ...«. Das Phänomen der Synästhesie kann uns lehren, diese »Hyper-Reduktionismen« zu vermeiden: Und Synästhesie als Lebensform kann Angst reduzieren, weil sie eine neue Dimension innerer Sicherheit, eine neue Form von Selbstvergewisserung und Absicherung im eigenen Selbst ermöglicht.

## 7. Gefühle und Traumbewusstsein

Wie kann man dem Traumbewußtsein als einem besonderen Bereich unseres Selbst nahekommen? Es scheint irgendwie kognitiv und doch nicht kognitiv zu sein. (Im deutschen Idealismus sprach man von der »intellektualen Anschauung«.) In welchem Verhältnis steht dieser Bereich zu anderen Phänomenen, die wir vielleicht besser verstehen? Anders gefragt: Dieses oben erläuterte »glaubende Fühlen« der Realität, gibt es dafür einen Beleg jenseits von Dichtung und Traum? Was sind das genau für Fühl- und Bewertungszustände, die darüber entscheiden, ob etwas für uns »wirklich« wird? Darüber weiß man noch sehr wenig. Überhaupt ist das »Innen«, das Fühlen, sind die Gefühlstöne, die Atmosphären, die Kontexte, die eigentlich unser Leben ausmachen, kaum erforscht, wie kürzlich eine Gruppe von Kognitionsforschern in den USA um Francesco Varela herausfand und sich der Phänomenologie zuwandte.[18] Erving Goffman hat hierzu gesagt, daß Personen immer fragen: »Was ist los?« Sie wollen die »Situation« verstehen, und um sie zu verstehen, müssen sie den Rahmen, den »Frame«, wie Goffman in

[18] F. Varela, *Kognitionswissenschaft – Kognitionstechnik*, Frankfurt a. M. 1990.

seinem Buch *Frame Analysis* gezeigt hat,[19] verstehen, den Kontext, auf den sie das Ganze »was los ist« beziehen können. Der Kontext aber ergibt sich nicht aus den Daten selbst – die können simuliert sein, Zitate sein –, sondern aus einem gefühlshaften, intern bewertenden Gesamtverständnis, das erst Realität schafft (also Vernunft).

Fragen wir in diesem Sinne nach der »Wirklichkeit des Traumes«, so erkennen wir, wie sehr wir gerade ihn nicht aus der Realität ausschließen dürfen. Er bedeutet in mancher Hinsicht sogar »Hyper-Realität«. In welcher Weise ist dies so? Ingeborg Bachmann spricht im Hinblick auf einen Wachtraum, ein imaginatives Erlebnis, davon: »Aus der Finsternis [...] rollen die Einbildungen und Nachbildungen, die Wahnbildungen und Wahrbildungen ans Licht, rollen heraus aus einem Kopf, kommen über einen Mund, der von ihnen spricht und behauptet und es verläßlich tut [...]. Ein Bild nur, von Zeit zu Zeit unter einer bestimmten Schädeldecke, die aufzuklappen auch wenig Sinn hätte, denn da wäre noch einmal nichts.«[20] In diesen wenigen Sätzen ist eine ganze Philosophie der Nichtreduzierbarkeit unserer Eigenwirklichkeit enthalten.

Vom Traum sagt sie: »Meine Tagrätsel sind größer als meine Traumrätsel, du merkst dann, daß es keine Traumrätsel gibt, sondern nur Rätsel, Tagrätsel, unverlautbare chaotische Wirklichkeit, die sich im Traum zu artikulieren versucht, die dir dann manchmal genial zeigt, in einer Komposition, was mit dir ist, denn anders würdest du's nie begreifen«.[21] Dies als Beleg für die Orakelfunktion des Traumes.

Träume können auf diese Weise auch lebensbestimmend werden.

So berichtet eine etwa 50jährige Patientin mit einer schweren Lebens- und Identitätskrise über einen Traum von einem »weißen Keller«. Dieser verändert ihr Leben vollständig. Das, was gewissermaßen vorher in den zuvor dunklen Keller gesperrt, verdrängt war, erscheint plötzlich weiß, erweitert sich zu einem umfassenden Lebensraum, wodurch sich ihre Beziehung zu ihrem Ehemann und der Familie wandelt, wobei sie glaubt, *dieser* habe sich total verändert, eine Auffassung, in der ich sie nur bestätigen konnte ...

Die Innenweltlichkeit des Traums und seine symbolische und oft prophetische für die Therapie prognostisch wichtige innere Wahrheit: Sie bezieht sich als »via regia«, als Königsweg im Sinne Freuds zum Unbewußten, auf einen Bereich, der uns naturwissenschaftlich noch weithin verschlossen ist. Der Psychologe Prof. Dörner in Bamberg meint zwar, man könne diese »Innerlichkeit« im Computer

19 Dt. Übs.: E. Goffman, *Rahmenanalyse*, Frankfurt a.M. 1977.

20 Bachmann, *Der Fall Franza*, 346.

21 Bachmann, *Der Fall Franza*, 411.

simulieren. Man muß da aber wohl Zweifel haben: Es scheint so, als suche jede Zeit ihre geeignete Metapher für unser Selbstsein. Vor über 2000 Jahren war diese Metapher der Lehmkloß, aus dem Gott den Menschen schuf. Heute ist es der Computer. Menschliches Selbstsein und Computersein sind aber noch himmelweit voneinander entfernt.

Gibt es nun nicht aber doch eine Möglichkeit, den Weg zum Innen nachzuzeichnen, die Welt der Dramen, von der Ingeborg Bachmann spricht, zu erleuchten? Wenn Philosophie, wie Robert Spaemann einmal in einer seiner Münchner Vorlesungen (1985) gesagt hat, die Weise der »radikalen Selbstverständigung« des Menschen ist, so muß sie doch gerade dieses »Innen« zu erfassen versuchen. Ich möchte deshalb abschließend sprechen über das Thema »Der mimetische Weg zum Innen«.

Wie beschreibt ein Maler wie van Gogh das »Innen«? In seinen Briefen an den Bruder Theo findet sich eine hierzu gehörige Passage: van Gogh ringt hier und quält sich mit den Fragen nach der »Einpassung« seiner seelischen Wirklichkeit in die »Tatsachen seines Lebens«. Im Juli 1880 schreibt er: »Mancher trägt ein großes Feuer in seiner Seele, und nie kommt jemand, um sich daran zu wärmen; die Vorübergehenden bemerken nichts weiter davon, als ein kleines bißchen Rauch, der oben aus dem Schornstein quillt, und dann gehen sie ihres Weges. Was soll man da tun?«[22] Dieses innere »Feuer«: Ich wäre kein Psychiater und Psychotherapeut, wenn ich das nicht sagen würde – es steht für das Psychische, das große Rätsel in uns, die menschliche Seele, über die wir so wenig wissen. Im folgenden soll der Versuch gemacht werden, deutlich zu machen, in welcher Weise psychische Domänen, sogenannten »Psychismen«, miteinander wechselwirken im Modus der sogenannten »Mimesis«.

## 8. Der mimetische Weg zum Innen

Einer der großen modernen Theoretiker der Theorie der Mimesis ist René Girard, der in verschiedenen seiner Werke, insbesondere aber in *Das Heilige und die Gewalt*[23], eine Theorie des mimetischen Geschehens entwickelt hat. Folgt man Girard, so ist die Pointe des Freudschen ödipalen Geschehens nicht das Ödipale als solches, das Begehren der Mutter, sondern die »mimetische« Rivalität mit dem Vater.

[22] V. van Gogh, *Als Mensch unter Menschen. Briefe I und II*, Berlin (Ost) 1959; hier Bd. I, 98.
[23] R. Girard, *Das Heilige und die Gewalt*, Frankfurt a. M. 1992.

In seinem Frühwerk von 1961, *Mensonge romantique et vérité romanesque*,[24] hat Girard eine, für seine gesamte Theorieentwicklung wesentliche Entdeckung ausgeführt, nämlich den Befund, in der Romanliteratur des 19. und 20. Jahrhunderts gebe es ein Phänomen des »mimetischen Begehrens«, das sich in Romanen von Stendhal über Flaubert bis Dostojewski und Proust (letztlich bis Camus) nachweisen lasse, wobei die betrachteten Romane eine eigentümliche Grundstruktur gemeinsam haben: Wie Gebauer und Wulf in ihrem Buch *Mimesis*[25] referieren, begehren nach Girard die Hauptpersonen einen anderen, wobei ihre Gefühle auf eine dritte Person, einen Vermittler, einen »Mediateur« gerichtet sind. Dabei analysiert Girard Stendhal in folgender Weise: »In den meisten Fällen des Stendhalschen Begehrens begehrt der Vermittler selbst das Objekt oder könnte es begehren: genau dieses Begehren, ob wirklich oder angenommen, macht das Objekt in den Augen des Subjekts unendlich begehrenswert.« Bevorzugtes Opfer dieses Mechanismus ist derjenige, der von Eitelkeit (Vanité) besessen ist: »Denn damit ein Eitler (Vaniteux) ein Objekt begehrt, reicht es aus, ihn davon zu überzeugen, daß dieses Objekt schon von einem Dritten begehrt wird, dem ein gewisses Prestige zugeschrieben wird. Der Vermittler ist hier ein Rivale.« Wünsche, Bedürfnisse, Vorlieben, Sehnsüchte werden also dargestellt als nicht etwas genuin Gegebenes, etwas intern durch Triebe oder Konstitution Hervorgebrachtes, sondern sie werden vielmehr »abgelesen«, sie werden durch mimetische Abhängigkeit von einem Dritten übernommen.

Somit läßt sich über den mimetischen Zugang zum Innen der Realität des anderen sagen: Vielleicht ist am wesentlichsten für die Realitätsauffassung (das Realitätsgefühl) das Tun, die konkrete Handlung, die darauf beruht, daß etwas gewollt, gewünscht wird, in Realität und damit in Befriedigung umgesetzt werden soll. Der Nachvollzug dieses Wünschens, dieses Wollens, ist der mimetische Zugang zum Andern im Sinne von Girard.

[24] R. Girard, *Mensonge romantique et vérité romanesque*, Paris (1961) 1985, 327.
[25] G. Gebauer/Ch. Wulf, *Mimesis – Kultur – Kunst – Gesellschaft*, Hamburg 1992.

# Contingency, Cause, and End

*Peter T. Geach (Leeds)*

In human activity we rely on various regularities in the world; we also rely on there being some contingency in the world, some course of events that may go *thus* or may go otherwise. We could not act responsibly without relying on foreseeable effects of our actions – we'd be in the predicament of Alice trying to play croquet with a live flamingo for a mallet and live hedgehogs curled up as balls. But equally we must have some contingencies to choose between; otherwise it would be as futile to act as to try to play croquet when the balls moved predictably regardless of what we did.

This mixture of necessary sequence and contingency was clearly made out by Aristotle, and his view was followed by a predominance of opinion in medieval philosophy. Since then there has developed a climate of opinion hostile to any recognition of contingency in nature. Aristotle was a pioneer in trying to construct a formal logic of contingency, *ta endechomena*, but by a singular perversity of interpretation, he too has been read as strictly deterministic. A view that God while ›binding nature fact in fate/Left free the human will‹ appears to have been by no means peculiar to Pope, but widely inculcated in Catholic seminaries. C. S. Lewis similarly expresses a view that ›Nature‹ is one great system set to go in a definite way by the Maker from the beginning, though ›penetrated‹ here and there by the minds and wills of men, which are somehow not part of the ›system‹. It will not be part of my task to investigate the attempts to make such views at least ostensibly self-consistent. The pontifical utterances of men like T. H. Huxley and John Tyndall supplied the authority of natural science; in the world of philosophy they were enormously influential, so that it would be unhesitatingly asserted that there is a complete causal determination of where a particular raindrop will land. Such assertions figure even in the writings of British Idealist philosophers who regarded natural science as concerned only with appearances and lacking claim to absolute truth. When challenged as to why anyone *should* think this way, people imbued with this sort of determinism would ask what evidence there is to the contrary.

To attain clear views about contingency and determination, I shall turn to two English philosophers of very divergent opinions, McTaggart and John Stuart Mill. From each of them an important lesson is to be learned.

McTaggart held the view that upon mere observation of regularities, no prognostication of the future can be grounded. It is particularly irrational to base on this observation conditional statements of what *would* happen or *would have* happened: how could such conditionals issue from recorded observation of what *did* happen? It is ironical that the more empirical a man's philosophy is the more willing he is to reduce ostensibly categorical statements about bodies or minds to complicated sets of conditionals.[1]

McTaggart emphatically dismisses many subjunctive conditionals from consideration: such *futuribilia* as Napoleon's conduct had he won the battle of Waterloo. Quite independently of any causal considerations, there is no place for such *futuribilia*; actuality can neither occur to a certain degree nor be relative to a »world« in the sense of some novelist's world. If we think away Napoleon's defeat at Waterloo, we are thinking away Napoleon himself, and all of his world, which is our world, the one and only world. It is like trying to think of a triangle as still being there with a trio of sides different from the actual boundary of that area.

Other considerations come in if we think not of concrete individuals (in his language, ›substances‹) but of repeatable characteristics. The occurrances of characteristics are not all loose and separate, between them there are entailments and exclusions, ›instrinsic determination‹. *Being red*, say, excludes *being green* but is compatible with any specifiable shape; the equality of two sides of a triangle requires the equality of two angles but not that of the third side. In such cases we may seem to have insight as to whether an ›intrinsic determination‹ does or does not hold. In other cases, e. g. as regards friction and heat, we have apparently no such insight, but McTaggart believes we may be confident that an ›intrinsic determination‹ holds. The epistemological difference between cases did not worry him; for good or ill, he was perhaps the least worried of all great philosophers as to how we know what we know.

For McTaggart, intrinsic determination is the key to causal propositions and to the very restricted class of subjunctive conditionals he accepted. For beheading a human body to cause death is a matter of one characteristic's intrinsically determining another: being X intrinsically determines being Y when X is *a human body's being one just beheaded* and Y is *being a moribund human body*. It is by reason

1 In writing here about McTaggart, I am relying solely upon his explicit treatment of subjunctive conditionals as such in vol. I of his *Nature of Existence* (Cambridge 1921–27). The chapter on Matter in the second volume of this work contains a puzzling passage (§ 370) in which he uses subjunctive conditionals to explain statements about material objects as recklessly as the crudest empiricist. Beyond reminding readers that McTaggart's vol. II was left only partly revised when he died, I shall not try to explain a passage that on the face of it is incompatible with the doctrine of vol. I.

of this intrinsic determination that we confidently affirm that if Churchill, or an Australian Archdeacon were beheaded, he would at once die.

Even if McTaggart's appeal to intrinsic determinations turns out not to give a satisfactory account of causality, there is certainly an element of truth in it. For an empiricist, the examples McTaggart appeals to may be explained away: to be sure intrinsic determinations are not a matter of *logical* entailments in a narrow sense of the word, but they are either distorted pictures of mere regularities that we trust in, or else a matter of linguistic rules that are convenient to adopt (like treason's not prospering because it is then no longer called ›treason‹). But this empiricist program seems not to work out.

Thinking about linguistic rules is now so complicated that any discussion here must be unsatisfactorily brief. All the same, it is perhaps worthwhile to point out that observance of a given linguistic rule may on the face of it depend on an intrinsic determination not itself explicable by linguistic rule. It is no use to say: Being red excludes being green because we have a rule of never *calling* the same thing ›red‹ and ›green‹: we could not adopt the practice unless no utterance could exemplify the type-words ›red‹ and ›green‹ simultaneously. Anglo-Saxon speakers had two words sounding almost the same, one meaning ›black‹, the other meaning ›white‹; unsurprisingly, the second word passed out of use (it gave rise to the surname ›Blake‹). In more complicated cases, the explanation ›all a matter of linguistic rules‹ is more hand-waving.

Neither ought we to be easily persuaded that it is a matter of blowing up what observably always *has been* so into something that *must* be so. *Pace* G. K. Chesterton, we do not live in a fairyland when certain spells are found to work. How do we know what has *always* been observed? If it once was true that all hitherto observed swans were white, how was this known? And do men gather grapes of thorns or figs of thistles? In contemporary philosophy, people are liable to say it might turn out that a living head contained sawdust instead of brains, though no odd behaviour appeared. Or that on a Twin Earth, creatures utterly manlike in appearance and behaviour had ›some complicated molecules‹ in their blood and in the fluid with which they quenched thirst. Readers or hearers are invited to join in the game and consider what consequences would follow about the life and knowledge and language of such ›men‹ and to discuss similar moral questions – what would be our duty toward a woman's offspring supposing she gave birth to a litter of puppies? I stay with a reply reminiscent of Dickens's Tommy Traddles: It isn't so, you know, so if you please, we won't suppose it.

For all the truth I seem to see in a position like McTaggart's, two aspects of it appear to me to destroy it as an account of causality. The first is the matter of what I think has been called overdetermination. If an individual's being at once A, B, and C intrinsically determines its being D, it may be the case that x's being A and B, or x's being B and C anyhow required x's being D. A man's drinking poison at 5.30 and his being in an bombed building at 5.45 may each determine his being dead by 6.00. But is there not still a question not answerable on this basis alone whether the poison or the bomb *actually* killed him? I think such questions are genuine, but I shall not point the way towards an answer: unless the distinction drawn here is shown to be spurious in all such cases, there is a gap in McTaggart's theory.

The second objection is the apparent defeasibility of reasoning from causal antecedents to consequents. It seems impossible to exclude the cropping up of some factor not so far taken into account which will *interfere with* or altogether *prevent* the result forecast from other factors. (The inference of equal angles from equal sides on the other hand is *not* defeasible by new information about the remaining side or angle.) This was one of the points made by Bertrand Russell in his famous essay *On the Notion of Cause*:[2] he concluded that that notion has no place in strict thinking, indeed that like the (British) monarchy it ›survives only because it is erroneously believed to do no harm‹. But I think what we have to jettison is not the ordinary unphilosophical notion of cause but an account of causality that requires *uniformity*, whether à la Hume or à la McTaggart.

If people who accept a uniformity-account of causality cheerfully talk about interference and prevention, that just shows how much inconsistency many minds tolerate. On the face of it, two alleged uniformities interfere with each other only by being inconsistent, and then they do not both hold good in our world.

Despite his deplorable education, J. S. Mill did not merely submit his intellect to inherited dogmas: a muddled but honest thinker, when he starts from an indefensible position, he is again and again drawn into a more tenable position without clearly realizing this.[3]

Mill begins by saying: »though two or more laws interfere with one another – and apparently frustrate or modify one another's operation, yet in reality all are fulfilled, the collective effect being the exact sum of the effects of the causes taken separately«. But of course, the effects alleged to be produced and then combined are not really produced at all – only the so-called combination is physically real. Let us suppose that a certain body, in the sole presence of a heating agent X, would rise in temperature by 25° in an hour, and in the sole presence of a refrigerating agent Y would undergo a drop in temperature of 10° in an hour. Then

2 B. Russell, »On the Notion of Cause«, in: *Proc. Arist. Soc.* 13 (1912/13), 1–26 [repr. in: *The Collected Papers of Bertrand Russell* vol. IV, London/New York 1992, 193–210].

3 My references to Mill will all be from Book III, Chapter X, of his *System of Logic*.

even if in the presence of both X and Y, the body rises in temperature by 15°, i. e. by 25°-10°, this rise of 15° is not physically compounded of a rise of 25° and a fall of 10°. For *ex hypothesi*, neither the rise of 25° nor any fall of temperature happened in that hour at all. We cannot regard what did happen as fulfilling two laws, which respectively state that in the presence of X, the body's temperature always rises by 25° and that in the presence of Y, the temperature always falls by 10°: in this instance, what ›always‹ happens *didn't* happen. And I have chosen a more favourable example than Mill's own one, that of a body in equilibrium under equal and opposite forces. For whatever Mill may think, a movement of *x* mm. west and then *x* mm. east just is not the same thing as not moving at all.

Mill's first attempt to escape is this: »Motion is but change of place, and at every instant the body is in the exact place it would have been in if the forces had acted during alternate instants instead of acting in the same instant (saving that if we suppose two forces to act successively which are in fact simultaneous we must of course allow them double the time)«. We may ignore the superficial muddle involved in Mill's talk of ›alternate instants‹, there being in fact no next instants in time. What matters is that alternate motions in opposite directions are not the same as rest, however short in space and time we suppose the motions to be. Similarly, and perhaps more clearly, an alternation of equal northward and eastward motions is never identifiable with a north-eastward movement along the diagonal, however short in space and time we suppose these motions to be. For the total length of the northward-and-then-eastward movement does not approach the length of the diagonal movement as a limit as the departures from the diagonal become shorter, but remains longer in the ratio of $\sqrt{2}$ to 1. It is *a fortiori* mere nonsense for Mill to say that »causes which compound their effects may be treated as if they produced simultaneously each of them its own effect, and all these effects co-existed visibly.« Only the eye of Mill's faith could see a body moving simultaneously and with equal velocity east and west, or even east and north. And here again, Russell saw clearly that a uniformity doctrine of causation is contradictory to elementary dynamics.[4]

In the very next paragraph, however, Mill imperceptibly slides into a different and I think more defensible position. He rightly says »we must be cautious not to express the laws in such terms as would render the assertion of their being fulfilled [...] a contradiction«. For example, if we are stating a law of motion, »we must say, not that the object moves, but that it *tends* to move, in the direction and with the velocity specified«. Now Mill does not mean »*tends* to move« in the sense of »most often does move« or »is most likely to move«, for, of course, and as Mill is

4 B. Russell, *Principles of Mathematics*, London [8]1964, § 451.

well aware, a body falling in the air is not at all likely to move in the way that the simple law of terrestrial gravity would (on Mill's formulation) say it *tends* to move – in fact, because of air-resistance, it never does so move. Nor does Mill mean by a tendency a mere matter of ›what *would* happen *if*‹, e. g. the way a body would fall in a perfect vacuum. His rejection of such a meaning is plain from his saying that »the body does not only move in that manner unless counteracted; it *tends* to move in that manner even when counteracted«. It seems to me, indeed, that to think of tendencies merely in terms of ›what *would* happen *if*‹ is incoherent – that is, if tendencies are to be thought of as causal tendencies, if we are to predict what actually happens from the tendencies involved in the situation. For what actually happens cannot be the resultant of a lot of things that would happen if only there were not other things that would happen if only there were not yet other things (or perhaps the first-mentioned things) that would happen if. ... At that rate, nothing would actually happen at all; just as in Dickens, no consent could actually be got out of the firm of Spenlow and Jorkins when Jorkins would consent if only his partner Spenlow would and Spenlow would consent if only his partner Jorkins would.

For Mill, a tendency is always something actual: a tendency to motion is not, of course, an actual *motion*, but it is already *something* actual in magnitude and direction, and it always makes some difference to what actually happens. If, for example, »we attempt to raise a body of three tons weight with a force equal to one ton«, the body will in fact not budge from its place, but nevertheless will be found »to press downwards with a force only equal to the difference of the two forces, and this will of course make an actual difference to the soil compressed, beneath the three-ton weight«. »In those sciences of causation which have an accurate nomenclature, there are special words which signify a tendency to the particular effect with which the science is conversant; thus *pressure*, in mechanics, is synonymous with tendency to motion, and forces are reasoned on not as causing actual motion but as exciting pressure«. We may wonder at Mill's referring specially to pressure (rather than tension, say) as synonymous with tendency to motion, but his general drift is obvious.

Mill is in fact here adumbrating a radically non-Humian account of scientific procedure, without being in the least aware that he has strayed from the Humian party line. On this account, scientific descriptions of natural phenomena do not purport to say what always actually happens. Rather, certain natural agents – bodies of certain descriptions – are brought into the account, and we infer what is going to happen from the causal tendencies of these natural agents. These tendencies in turn are inferred from the behaviour of the agents in other circumstances. For example, we pass from a knowledge of the behaviour of structural members to a knowledge of the stresses that are set up in them (which stresses are tendencies in Mill's sense), and from this again we infer how a structure put together in a given way will be deformed. This inference requires either physical isolation of agents or mental resolution of the joint effects of the tendencies. A tendency is specified by what would be its fulfilment – a pressure, say, by the compression that it would produce – and it would be absurd to make this connexion an inductively established one. If the expected behaviour is not realised, the scientific investigator looks for the interfering tendencies of some agent that has not been brought into the account. That is how men discovered the planet Neptune and the rare elements that ordinarily occur only as traces or impurities in other substances. If »so-and-so will happen unless something interferes« sounds like the vacuous »so-and-so will happen unless it doesn't«, that is due to Humian prejudices. A vacuous expectation can in no wise guide research, whereas the »unless something interferes« sort of expectation will lead, if disappointed, to a search for the interfering agent, which may well be successful.

Perhaps quite unaware, Mill was reverting to an Aristotelian way of thinking about teleology in organisms and inanimate nature. Aristotle's own development of his view is indeed not merely antiquated, full of lacunae and errors about scientific topics; there is a general and ubiquitous defect. As we shall see better in the sequel, Aristotle did not err when he compared the works of nature to the works of human art or skill, but he did err by often choosing as the human paradigm those arts which have enduring end-products, like architecture or painting, or productive crafts like shoemaking rather than music or drama or dance, whose end or rather point it would be ridiculous to imagine concentrated in the temporally last phase. In Greek, and equally in Latin or English or some other modern languages, it is easy to slide from one to another sense of (the word corresponding to) Greek *telos*: it would be easy to show this in Aristotle himself and in medievals who wrote of ›*finis*‹. (As it happens, Polish and German make it easier to express the distinction: German distinguishes *Ende* und *Zweck*, Polish *koniec* and *cel*.) Aristotle's astronomy and biology are less spoiled by this defect. He did not think of the sempiternal smooth motion of the heavenly bodies as aimed at a perfect terminal position; the same goes for the reproductive cycle of living things which he held to be sempiternal for each species. The point of these cycles was to imitate on lower levels the unceasing changeless energy of the Divine Life.

If we are careful to avoid this kind of error, it is far from clear that teleological thinking has no place in description of natural processes. Even in physics and chemistry, various descriptions have a teleological ring: if a body *is to* pass from point A to point B, then from among the various paths consistent with geometry (and with certain conditions, e.g. that the body shall remain on a certain rigid inclined plane), that one shall be followed which makes some quantity a minimum when calculated by integration. The like may be said about Le Chatelier's account of how disturbance of a system from equilibrium initiates a process ›towards‹ the restoration of equilibrium. (It is amusing to notice how Henri Poincaré once expressed himself as scandalized by this way of speaking!)[5]

I shall venture to hint that an objection in principle to thinking of teleology in the physical world may be actually harmful to fundamental physics. As a logician, I suspect that some workers in the field have surely lost their way: only thus can I speak of proposals to recast logic in the interest of atomic physics, or to accept ›complementary‹ theories that are to be asserted only severally, not conjointly. In time past, men of science posited phlogiston and the luminiferous ether as substances. For each of these substances, experiment and observation seemed to require the ascription of contrary properties: property X for one set of phenomena, the contrary property Y for another set. Providentially, formal logic was then in the doldrums: otherwise shyster logicians might have offered their services in defence of unsatisfactory theories – by enervating the logic that might have made theorists reconsider their position.

I need hardly point out how far biological descriptions are pervaded by ways of speaking that are on the face of it teleological. These are not just ways of speaking but ways of thinking that have heuristic value. Descartes systematically excluded teleology from his account of living nature, on the pretext that it was not for him to conjecture his Maker's aims. William Harvey on the contrary was continually asking himself *what for?* questions about processes and structures in the circulatory system, and he came to unterstand it far better than Descartes ever did. Not very long ago, J. Z. Young published a speculation as to how the pineal gland works in man: this was all predicated on the assumption that ›evolution‹ would not have ›allowed‹ the organ to survive if it and its internal secretion were now useless.

Such considerations are often opposed with misdirected zeal. A teleological description is construed as ascribing to some deity some contrivance of means to a limited end. J. B. S. Haldane said that at that rate one might as well postulate a plurality of godlings each favouring one kind! We are repeatedly told that teleological descriptions are only a manner of speaking; they could easily be eliminated and replaced by lengthy description of the way the *appearance* of teleology could arise by the working of natural selection. But there are so many

[5] H. Poincaré, *La science et l'hypothèse*, Paris 1902, 154.

ostensibly teleological processes and structures that in an immense number of cases, the alternative non-teleological description could barely be sketched; people who deny this are mostly just bluffing. It is not strange that anti-teleologists use such catchpenny titles as ›the blind *watchmaker*‹ and ›the *selfish* gene‹. If teleological language is as misleading as they say, why do they choose to employ it? It is of course merely a muddle or a debating trick to talk about ›denying evolution‹, ›fundamentalism‹, ›special creation‹, etc. etc., as a reason for dismissing teleology.

Description in terms of tendencies, such as Mill argued to be indispensable, is inevitably teleological. The relation of a tendency to its fulfilment cannot merely be a matter of invariable sequence, whether observed or inferred; and fulfilment of a tendency is logically equivalent to the carrying-out of a supposed fiat. I turn then to some considerations about the logic of fiats.

Some writers have maintained that there is no logic of imperatives: I shall not discuss their arguments, their thesis is manifestly wrong. Commands clearly can be inconsistent, either just by reason of their content or in the circumstances in which they are issued. Inconsistency of commands, like that of statements, may be hidden, may need to be brought out, and then we need logic. Neither for indicatives nor for imperatives is it anything but an ineptitude to regard the inconsistency of a set as a merely internal defect, not involving relation to the world; an inconsistency means falsehood in theory or bungling in practice.

Aristotle speaks of practical *syllogisms*, and contemporary writers likewise wrongly assimilate theoretical and practical consequences. The logical differences are in truth highly important; if we take a careful look at them, we shall see how thoughts about tendencies in nature conform to the logic of imperatives.

I have spoken of the drawing of consequences as defeasible when causal reasoning is concerned. So by contrast, we need to see in what sense theoretical reasoning is indefeasible. Certainly this does not mean logicians never make mistakes! Even errors of principle, wrong criteria of validity, may become part of an accepted doctrine. What indefeasibility means is that what follows logically from a class of theses still follows if premises are added. Further information can never oblige us to withdraw a conclusion unless by casting doubt on the premises.

It has indeed recently become clear that the predicates ›provable‹ and ›decidable‹ need to be made relative to some system. Mathematicians reach new results by devising new techniques of proof. Given a method of deduction, there will be questions not decidable by *that* method on the basis of the premises; but this very undecidability may be exploited to devise a stronger proof technique by which the question is decidable. – But all of this must not be allowed to muddle us about indefeasibility. Recourse to a stronger proof technique is not at all the same as adding a premise, for a proof technique is not a premise used in proof, as ought to have been clear from Lewis Carroll's article on Achilles and the Tortoise.[6] And use of a stronger proof technique can never invalidate conclusions reached by a weaker one.

The defeasibility of causal reasoning arises from features of imperative inference to which I now turn. This branch of logic is not nearly as well developed as indicative logic, but I think some things are now clear. As I said, fulfilment of a tendency may be regarded as fulfilment of a fiat, but the question *whose* fiat this is does not arise. As Aquinas said of God, *vult hoc esse propter hoc, sed propter hoc vult hoc* – the world is describable in terms of the fulfilment of fiats, but this does not mean God sets ends before himself and devises means to fulfil them. Nor do the fiats we use in our descriptions commit us to animistic ascription of desires to agents that we rightly regard as insentient.

However, the logic of imperatives becomes clear if we consider a human agent who is contriving means to his ends. It is not too difficult when doing this to avoid contaminating logic with psychology. This becomes easier if we speak of fiats or directives rather than commands. Grammatical imperatives figure in a variety of linguistic performances: praying, entreating, advising, giving instructions, etc. etc. The logic of imperatives must prescind from the differences between these language games, just as propositional logic prescinds form the various purposes of making a statement. It is a strange blunder to concentrate on commands, on their being obeyed or disobeyed, on the authority of the one issuing commands, and so on. We need not even consider the difference in person between the issues of an imperative and the one who executes it – a shopping list has the same role of a set of fiats whether it was the shopper or his wife who drew up the list.

With due precautions, let us now consider a human agent, N. N., who has to fulfil as set of directives A, B, C, ... For simplicity, I assume these directives all to be consistent. Now let us suppose N. N. to engage in practical reasonings as follows. D is a feasible directive whose fulfilment will guarantee the fulfillment of some of the directives A, B, C,..., and not rule out the fulfilment of any. N. N. adds D to the set, and seeks for a directive E standing in the same relation to the augmented set D, A, B, C,... as D bore to the set A, B, C,... N. N. proceeds in this way until he reaches a directive W which he can at once execute, thereby gaining some of his ends. There is an obvious resemblance here to the procedure

6 L. Carroll, »What the Tortoise said to Achill«, in: *The Peguin Complete Lewis Caroll*, London 1939.

anciently known as the *synthetic* rule, first formulated by pupils of Aristotle: in drawing conclusions from a set of premises, we may always add to the set conclusions already drawn, step by step. And given that we start with consistent premises, the synthetic rule can never land us in inconsistency.

There are, however, great differences between indicative and imperative reasoning. In the first place, with theoretical reasoning it can never be equally right to pass from premise A, B, C,... to a conclusion D *or alternatively* to a conclusion D' inconsistent with D. But in imperative reasoning such as I have sketched, it may be equally rational to add to the stock of premises a directive D or an incompatible directive D'; it may simply be *up to* N. N. whether it shall be D or D' that he uses in further deliberation and eventual action. At this point, the logic of imperatives expresses the element of *contingency* in Nature: the directives at whose fulfilment we may describe Nature as aiming may likewise be fulfilled in one way or another, as it *happens* (*etuche* in Aristotle).

The other feature of imperative reasoning as distinct from indicative reasoning is defeasibility. We imagined the agent N. N. beginning his deliberations with a set of consistent fiats A, B, C,... But now suppose that N. N., having brought his deliberation to an end with a fiat W expressing action he can immediately take, now adopts a new fiat Z when fulfilment is incompatible with action in accordance with W! In that case, N. N. will be self frustrating if he executes the fiat W. The fiat Z need not answer to some newly felt or forgotten need on N. N.'s part: some of these fiats we accept correspond to facts about our environment that we decide not to try to alter. As the Polish proverb says, you will not break through a wall with your head. What correspond to such fiats about accepting irremovable restraint on action are statements of boundary conditions in causal reasoning.

The logic of fiats has not yet, I think, been developed far enough to supply a good rationale for arriving at a policy that will reconcile the actions of parties whose fiat-premises are inconsistent. Leibniz was both logician and diplomatist, but such a combination of interests and talents is rare. Similar problems must arise if the activities of natural agents are to be described in terms of the fulfilment of tendencies or fiats which issue in *rerum concordia discors*. As regards human practical reasoning, negotiators may often agree on a policy even when they have divergent ends, because if the policy is *not* followed, both parties will be frustrated. But for the rationale in *theory*, we may have barely begun to find a formulation.

Still, it is here, I believe, that we must look for the casuistry of working out the resultant of conflicting natural tendencies. Thus I believe there is a strict parallelism between the defeasibility of practical reasoning by a fiat newly added as premise, and the defeasibility of causal reasoning when one takes into account a newly recognised causal-factor. To a modern mind, the maxim that every agent acts for an end may well be indigestible, but surely the maxim is not falsified if we change over to a linguistic key and say: To describe the behaviour of agents, active or passive, to sort out items of behaviour from the general flux, we must speak in terms of the fulfilment of tendencies. And this in turn is equivalent to description by means of the relations of directives.

# Ist Wahrheit »rechtfertigungstranszendent«?

*Friedrike Schick (Tübingen)*

Theorien der Aussagenwahrheit bewegen sich im Spannungsfeld zweier Extreme, die sich mit den Stichworten »Wahrheit an sich« und »Wahrheit für uns« umreißen lassen. Schon die klassische Alternative von Korrespondenz- versus Kohärenztheorien trägt diesen Gegensatz aus. Deren wechselseitiger Ausschluß läßt es zumindest so aussehen, als könnten wir nicht beides zugleich haben, Wahrheit nicht als uns zugewandt und zugleich unverrückt und unrelativiert als Verhältnis zu dem, was ist, festhalten. Gleichzeitig scheinen sie sich nicht recht gegeneinander verselbständigen zu können. Wo die Korrespondenztheorie Wahrheit ohne Reflexion auf das Fürwahrhalten und dessen Subjekte rein im Verhältnis von Urteilen zu deren weltlichen Gegenstücken – Tatsachen – bestimmt sieht, setzt sie sich dem Einwand aus, die Sprachvermitteltheit jener Gegenstücke zu verkennen. Wo umgekehrt die Kohärenztheorie die Wahrheit eines Urteils in dessen Passungsverhältnis zu anderen Urteilen sei es angezeigt, sei es definitorisch bestimmt sieht, muß sie sich fragen lassen, ob jene anderen Urteile dazu nicht ihrerseits als wahr vorausgesetzt werden müssen.

Das Spektrum von Wahrheitstheorien hat sich seitdem bereichert; allein der Gegensatz scheint unaufgelöst geblieben. In *Wahrheit und Rechtfertigung*, genauer in Kapitel 5 und Teilen von Kapitel 6, hat nun Jürgen Habermas eine Modifikation seiner Diskurstheorie in das wahrheitstheoretische Spektrum eingebracht, die diesen Gegensatz reflektiert und endlich aufzuheben verspricht.[1] Zwar segelt schon die unmodifizierte Diskurstheorie mit Bedacht zwischen den Extremen eines realistischen oder ontologischen und eines in Relativismus mündenden epistemischen Wahrheitsbegriffs: Sie nimmt in die Theorie von Wahrheit explizit den Rekurs auf das subjektive Fürwahrhalten auf, gestaltet diesen Rekurs aber wenigstens der Intention nach so, daß er keine Relativierung des Wahrheitsbegriffs nach sich zieht.

In *Wahrheit und Rechtfertigung* konstatiert Habermas selbst nun aber einen Änderungsbedarf der Diskurstheorie. Die im Rekurs auf die Logik des Diskurses erhobene Bestimmung von Wahrheit als berechtigte Behauptbarkeit bleibt nach seiner jetzigen Einschätzung hinter der mit Wahrheit konnotierten Unbedingt-

[1] J. Habermas, *Wahrheit und Rechtfertigung. Philosophische Aufsätze*, Frankfurt a.M. 1999.

heit zurück: »›Wahrheit‹ ist ein rechtfertigungstranszendenter Begriff, der auch nicht mit dem Begriff idealer gerechtfertigter Behauptbarkeit zur Deckung gebracht werden kann. Er verweist vielmehr auf Wahrheitsbedingungen, die gewissermaßen von der Realität selbst erfüllt werden müssen.«[2] Dieser Mangel führt ihn allerdings nicht zur Revision, sondern zu einer Ergänzung seiner Theorie. In die Lücke zwischen Rechtfertigung und Wahrheit springt der Verweis auf die Einbettung des theoretischen Diskurses in die Praxis. Aus der Erinnerung an ein praktisches Leben vor und nach der Theorie, das dieser Auftrag und Maßstab gibt, bezieht Habermas einen allgemeinen Rechtsgrund dafür, das unter idealen Diskursbedingungen Hervorgegangene zu behandeln, als ob seine Wahrheit definitiv gewiß wäre. Die Lücke wird also nicht geschlossen, vielmehr wird begründet, warum sie unter gewissen Bedingungen außer acht gelassen werden kann.

Ich nehme Habermas' Überlegungen zum Anlaß, den Kasus noch einmal aufzurollen, und zwar in drei – dem Gang seiner Überlegungen folgenden – Schritten. *Zuerst* werde ich zu Adam und Eva zurückgehen und fragen, worin genau der Mangel von Adäquationsvorstellungen liegt. Das Ergebnis wird sein: Die einfache Adäquationsvorstellung ist von Versionen zu unterscheiden, die ein sprach- und gedankenfreies Überprüfungsverfahren verlangen, und nur diese Versionen eröffnen den nicht mehr zu überbrückenden Gegensatz zwischen unseren epistemischen Möglichkeiten und der Wahrheit selbst. Dieser Punkt soll ausführlicher zur Sprache kommen, weil er nicht zuletzt die Konsequenz der Wende zu epistemischen Wahrheitstheorien in anderem Licht erscheinen läßt. *Im zweiten Schritt* wird diese Wende selbst im allgemeinen und dann spezifischer anhand von Grundzügen der Diskurstheorie betrachtet. Hier möchte ich vor allem zeigen, daß die Diskurstheorie von der Vergleichsversion der Adäquationsansicht einen Fehler erbt. Er besteht in der impliziten Negation des internen Zusammenhangs von Urteil und Wahrheit, und er konkretisiert sich in der Diskurstheorie in dem Versuch, die Bestimmung von Wahrheit auf dem Feld unseres Umgangs mit Aussagen zu lokalisieren. Die Folge dieser Reflexion in anderes ist die Trennung der Gründe, die im Diskurs beigebracht werden, von ihrem Ziel: einzusehen, ob es sich so verhält, wie das fragliche Urteil besagt. *Drittens* wird auf dieser Basis die Wendung betrachtet, die Habermas in *Wahrheit und Rechtfertigung* nimmt. Für diese Wendung soll gezeigt werden: Gäbe es den von Habermas konstatierten Mangel des theoretischen Diskurses, könnte ihm durch die Praxis nicht aufgeholfen werden. Tatsächlich liegt aber nicht ein Mangel des theoretischen Diskurses, sondern einer der bestimmten Theorie

[2] Habermas, *Wahrheit und Rechtfertigung*, 284 f.

desselben vor. In allen drei Schritten versuche ich, jene Prämissen zu finden und zu kritisieren, die das realistische und das epistemische Moment von Wahrheit in unvermittelbaren Gegensatz bringen. Meine Antwort auf die Titelfrage des Aufsatzes besteht also in einer Kritik der theoretischen Weichenstellungen, die Wahrheit überhaupt erst als rechtfertigungstranszendent erscheinen lassen.

## 1. Die Kritik des ontologischen Wahrheitsbegriffs

»Es besteht heute weitgehend Konsens darüber, daß sich Sprache und Realität auf eine für uns unentwirrbare Weise durchdringen. Was eine Tatsache ist, können wir nur im Rekurs auf eine Tatsachenaussage, und was wirklich ist, nur im Rekurs auf das, was wahr ist, erklären. Da sich die Wahrheit von Meinungen und Sätzen wiederum nur mit Hilfe anderer Meinungen und Sätze begründen oder bestreiten läßt, können wir – als Reflektierende – aus dem Bannkreis der Sprache nicht heraustreten. Dieser Umstand legt einen antifundamentalistischen Begriff von Erkenntnis und einen holistischen Begriff von Begründung nahe; und mit beiden scheint nur ein Kohärenzbegriff der Wahrheit verträglich zu sein.«[3]

In dieser Passage zieht Habermas die Summe der Kritik an Adäquationstheorien der Wahrheit. In dieser Kritik lassen sich vor allem zwei Argumente unterscheiden: Das eine operiert mit der Unmöglichkeit eines sprach- und urteilsfreien *Zugangs* zu Tatsachen. Das zweite setzt einen Schritt früher, beim *Begriff* der Tatsache selber an.

Beginnen wir mit dem ersten Argument: Was uns ihm zufolge auf die Seite eines epistemischen Wahrheitsbegriffs treibt, ist der Preis der Unzugänglichkeit von Wahrheit, der auf korrespondenztheoretische Auffassungen steht. Ausgeführt heißt der Gedanke: Wenn wir Wahrheit als Verhältnis der Übereinstimmung zwischen einem Urteil und dem relevanten Stück Wirklichkeit verstehen, dann kann die Überprüfung des Urteils nur in einem Vergleich desselben mit dem uninterpretierten, von sprachlichen und theoretischen Leistungen unberührten Stück Wirklichkeit bestehen. Ein solcher Vergleich ist aber aus bekannten Gründen nicht möglich – es gibt nicht jenes unmittelbare Gegebensein von Wirklichkeit, in dem nicht wir, sondern bloß und rein und unverstellt die Wirklichkeit das Wort nähme. Eine Bestimmung von Wahrheit, die in Verkennung der Sprachvermitteltheit unserer Welterschließung den Vergleich mit der Wirklichkeit an sich fordert, beschwört also notwendig Skepsis herauf. Wo das unvermittelte Gegebensein von Wirklichkeit gefordert, der Sache nach aber

3 Habermas, *Wahrheit und Rechtfertigung*, 286 f.

unmöglich ist, da wird Wahrheit für uns unentscheidbar. Die Konklusion scheint zu sein: Ausgerechnet seine ontologische Sättigung macht den Wahrheitsbegriff für uns leer, zu einem jenseitigen, unmaßgeblichen Maßstab, der für unsere Urteilspraxis geradesowenig eine Rolle spielt wie umgekehrt diese für die Erreichung von Wahrheit.

Daß der beschriebene Vergleich undurchführbar ist, glaube ich gerne. Was aber hat es mit der Konklusion und mit der ersten Prämisse auf sich, die einen notwendigen Zusammenhang zwischen der Adäquationsidee und der Vergleichsforderung statuiert? Um der Frage eine präzisere Fassung zu geben: Wenn wir mit Aristoteles der Meinung sind: »Zu sagen nämlich, das Seiende sei nicht oder das Nicht-Seiende sei, ist falsch, dagegen zu sagen, das Seiende sei und das Nicht-Seiende sei nicht, ist wahr«[4] – haben wir uns dann schon der Vergleichsforderung oder allgemeiner: dem Votum für ein unmögliches Verfahren der Wahrheitsfindung angeschlossen?

Beginnen wir mit einem einfachen Punkt: Daß Aristoteles' Formel Urteile allgemein der Wahr-Falsch-Alternative unterstellt, impliziert nicht die Unzugänglichkeit des Wahren. Soweit besagt sie nur: Indem wir urteilend darüber befinden, was ist, kann uns das Urteil mit dem, was ist, zusammenschließen oder auch nicht. Das hat sein epistemisches Seitenstück in dem unkontroversen Sachverhalt, daß der Auftritt, das Vorliegen eines Urteils noch nicht dessen Bewährung, dessen Bewahrheitung ist. Das hat nichts damit zu tun, daß wir nie herausfinden könnten, auf welcher Seite der Alternative wir mit diesem Urteil stehen. Wahr und falsch ist eben die allgemeine Alternative, die für Urteile aufgespannt ist; und wenn wir von einem Urteil nur dies Allgemeine – ein Urteil zu sein – festhalten, können wir folglich nur wissen, daß es wahr oder falsch ist, aber noch nicht, auf welche Seite es gehört.

Der eigentlich kritische Punkt scheint darin zu liegen, daß auf seiten des Antezedens nicht wieder ein *Sagen*, sondern ein *Sein* steht. Kritisch kann dieser Punkt allerdings nur dadurch werden, daß dieses Sein ein Sagen verdrängt, das an derselben Stelle in Frage kommt. Ein solcher Verdrängungswettbewerb findet aber gar nicht statt – jedenfalls nicht in dieser Formel. Er entsteht erst durch den Zusatzgedanken: Wenn die Wahrheit des Urteils erst noch von dem abhängt, was ist und was nicht ist, dann können wir nie herausfinden, ob ein Urteil wahr ist – *weil Sein ja nun einmal nicht Sagen ist.* Die Differenz von Sein und Sagen, die die Formel tatsächlich enthält, erscheint aber nur da als Problem, wo zuvor das unmittelbare Zusammenfallen beider gefordert ist. Diese Forderung ist aber ein Zuschuß des Kritikers und nicht in der Formel selber enthalten. Die Bedingung

4 Aristoteles, *Metaph.* IV 7; 1011 b 26f. (Übersetzung von H. Seidl, Hamburg $^{3}$1989).

im Sein und nicht im Sagen anzusiedeln, enthält also nicht das heimliche Desiderat, das Urteilen sein zu lassen und zu etwas ganz Anderem und Besserem zu greifen, das darin anders und besser wäre, das Sein selber sprechen oder das Sagen das Sein des Gesagten sein zu lassen.

Vielmehr enthält die Adäquationsformel selber einige Gegenmittel gegen diesen Fortgang, der Wahrheit zu einer nicht-feststellbaren Eigenschaft von Urteilen macht und darin vom Urteil trennt. Erstens kommt das, was ist oder nicht ist, darin vor als das, wovon wir sagen, daß es ist oder nicht ist, also als potentieller Inhalt eines Urteils und nicht als das in Urteilen nicht Faßbare. Zweitens drückt die Formel aus, daß das Urteil *als Urteil* – sei es nun wahr oder falsch – auf das, was ist und nicht ist, ausgerichtet ist, und zwar einfach dadurch, daß es ist, was es ist. Anders gesagt: Sie spricht das, was ist und nicht ist, aus als dasjenige, worum es im Urteil geht, und damit Wahrheit als internes Maß des Urteils.

Daß sich die Vergleichsforderung von der Aristotelischen Adäquationsformel genau in dieser letzten Hinsicht verabschiedet, zeigt sich auch, wenn wir die Implikationen der Vergleichsforderung näher betrachten. Vergleichen ist das Festhalten von Identität und Unterschied zweier unabhängig voneinander bestimmter Gegenstände. Das eine der Verglichenen ist, wie und was es ist – und als solches identifizierbar, beschreibbar, bestimmbar –, auch ohne Rekurs auf das andere. Bei dieser Unterstellung selbständiger Bestimmtheit und Bestimmbarkeit bleibt es auch da, wo einer der Vergleichsgegenstände nur zu dem Zweck auf die Welt kommt, Bild oder Repräsentant, Wiedergabe des ersten zu sein – wo also in die Ähnlichkeitsbeziehung die Asymmetrie von Original und Nachbild einzieht. Wiedergaben oder Bilder im primären, nicht übertragenen Sinn – Portraits, nachträglich erstellte Modelle etc. – sind mit dem, was sie abbilden, vergleichbar, weil sie an sich selber Züge haben, die dem Abgebildeten homogen und dabei unabhängig von diesem Bezug bestimmt sind. Die Nase von Karl dem Kahlen hat auf seinem Portrait geradesogut eine bestimmte Form und Farbe und Proportion wie im Gesicht des leibhaftigen Königs – darum muß niemand Karl den Kahlen gesehen haben, um sein Bild für sich genommen beschreiben zu können. Was er durch den Galeriebesuch allein nicht beurteilen kann, ist der Grad der Ähnlichkeit zwischen Original und Abbild. Dazu, aber nicht zur Erfassung des Bildes braucht er den König neben dem und abgesehen vom Bild des Königs.

Bei Urteilen verhält es sich in manchen Hinsichten analog, und diese Hinsichten lassen die Übertragung der Rede vom Vergleich auf den ersten Blick so naheliegend erscheinen. Für manche Urteile – Wahrnehmungsurteile – ist der Weg der Überprüfung derselbe wie für die Prüfung der Lebensähnlichkeit eines Bildes. Wenn ich wissen will, ob ein bestimmtes Wahrnehmungsurteil über die

Nase Karls des Kahlen zutrifft, besteht der Königsweg immer noch darin, hinzugehen und sich Karl den Kahlen *in natura* anzusehen. Zweitens sind Urteile, nicht anders als die ihren Originalen vergleichbaren Repräsentanten, für sich erfaßbar, ohne daß wir das mutmaßliche Verhältnis zu dem, wie es sich wirklich verhält, bereits abschätzen können müßten. Wir können ein Urteil erfassen, ehe wir wissen, ob es wahr ist.

Diese Identitäten sollten aber nicht darüber hinwegtäuschen, daß die Direkt-Inspektion Karls des Kahlen nur im zweiten Fall buchstäblich Teil eines Vergleiches ist und daß sich in der Frage der selbständigen Bestimmtheit Entscheidendes geändert hat.

Der Unterschied zum buchstäblichen Vergleich beginnt nicht erst damit, daß die geforderten »Originale« des Urteils für uns unzugänglich wären. Der Unterschied beginnt beim Urteil selbst: Das Urteil ist als dieses Urteil nicht mehr bestimmt, wenn wir eins der zwei Elemente: was wie bestimmt wird, fortlassen. *Jenseits* seines logischen Subjekts und jenseits seines Prädikats bleibt es nicht das Urteil, das es ist. *Mit* ihnen ist es aber schon auf das bezogen, was der Fall ist oder nicht. Das Urteil hat seine Identität nicht vor, sondern in der Bestimmung seines Gegenstandes. Es ist nicht logisch zuerst etwas für sich, das dann sekundär vergleichsweise auf etwas außer sich – etwas, dem es ähnlich sein, das es repräsentieren soll – bezogen werden könnte. Weil das so ist, weiß man auch sogleich, was der Fall sein muß, wenn ein gegebenes Urteil wahr sein soll; man weiß es einfach vom Urteil selber. Das Urteil selbst belehrt uns darüber, worauf es sich wie bezieht; damit kann es gar nicht mehr etwas sein, was *auch* so wäre wie das, von dem seine Wahrheit abhängt.

Diese Unterscheidung zwischen Urteilsprüfung und Vergleich ist nicht mit einem Plädoyer für die automatisierte Selbstbewahrheitung von Urteilen oder mit ontologischen Wahrheitsgarantien zu verwechseln. Es bleibt dabei: Das schiere Vorliegen eines Urteils ist kein Grund, es für wahr zu halten. Das Vorliegen eines Urteils nimmt uns nicht die Aufgabe der Prüfung seiner Wahrheit ab; aber die Aufgabe ist mit dem Vorliegen des zu prüfenden Urteils vollständig bestimmt. Diese interne Wahrheitsorientierung des Urteils gibt man preis, indem man als Verfahren der Wahrheitsfindung den Vergleich vorschlägt.

Gehen wir damit zum zweiten Argument gegen die Adäquationsansicht über. Der Kern dieses von Strawson[5] vorgestellten und von Habermas mitgetragenen Arguments besteht in Folgendem: Tatsachen sind keine Gegenstände. Wer sie als Gegenstände behandelt, begeht einen Typenfehler. Auf diesen Typenfehler ist

5 P. F. Strawson: »Wahrheit«, in: G. Skirbekk (Hrsg.), *Wahrheitstheorien*, Frankfurt a. M. [7]1996, 246–275, hier 250–260.

aber festgelegt, wer Wahrheit als Übereinstimmung des Urteils mit »etwas in der Welt« faßt. Durchgeführt lautet es: Wenn man fragt, worauf ein Urteil bezogen ist, dann ist die Antwort allein und offenkundig beim logischen Subjekt des Urteils zu suchen. An dieser Stelle und keiner anderen wird dasjenige genannt, wovon etwas ausgesagt wird. Abgesehen davon gibt es nichts in der Welt, worauf ein Urteil bezogen sein könnte. Nun steckt aber in allen korrespondenztheoretischen Auffassungen die Forderung nach einem *zweiten Bezugsobjekt* der Aussage. Womit ein wahres Urteil übereinstimmt, kann nämlich nicht der an Subjektstelle gegebene Gegenstand des Urteils sein. Strawson führt das an einem Beispiel vor: »Was ›die Aussage‹, daß die Katze die Räude hat, ›wahr macht‹, ist nicht die Katze, sondern der Zustand der Katze, d. h. die Tatsache, daß die Katze die Räude hat.«[6] Dieser Befund ist offenbar an der Zweigliedrigkeit des prädikativen Urteils orientiert: Die Angabe des Gegenstands der Aussage läßt noch offen, was von ihm ausgesagt wird. Bestenfalls (auch nicht: immer) tradiert die Nennung das Sein, die Existenz des fraglichen Gegenstands; aber auch Existenzurteile, Urteile der Form »a ist«, sind schwächer als prädikative Urteile, Urteile der Form »a ist F«. Die Angabe des Wovon ist der Auftakt des Urteils, nicht seine vollständige Bestimmung. Aufgrund dieses Gefälles zwischen Nennen und Bestimmen im Urteil muß zusätzlich zum schieren Sein und Gegebensein des Urteilsgegenstandes auch noch die prädikative Bestimmung, und zwar als die dieses Gegenstandes, also der Inhalt des ganzen Urteils auf die Seite der Welt transponiert werden, wenn es um »Wahrmacher« zu tun ist. Damit ist aber gegen den Ausgangspunkt verstoßen, demzufolge das konkurrenzlos einzige Bezugsobjekt eben der an Subjektstelle genannte Gegenstand ist.

Daß die Assimilation von Tatsachen an Gegenstände haltlos ist, gehört m. E. zu den Einsichten, die von Strawson zu lernen sind. Diese Assimilation verkennt den Umstand, daß die Grenze des Gegenstands, der logisches Subjekt eines Urteils ist, durch die Tatsache gar nicht überschritten werden muß und auch nicht überschritten werden darf, wenn der interne Zusammenhang von Tatsache und Urteilswahrheit gewahrt bleiben soll. Im Übergang von der Nennung zum Bestimmen, vom Sein zum bestimmten Sein eines Gegenstands, zum Konstatieren einer Tatsache, wird der Gegenstand nicht gewechselt; es tritt ihm kein zweiter, konkurrierender Gegenstand zur Seite. Das Hinausgehen des Prädikats über das Subjekt indiziert keinen Gegenstandswechsel, sondern den Schritt zu einer Bestimmung desselben Gegenstandes. Das ist an der Form prädikativer Urteile abzulesen: Die Kopula spricht ja gerade das Prädikat als zum Sein des Subjekts gehörig aus. Die Auffassung, Tatsachen seien Alternativgegenstände

[6] Strawson, »Wahrheit«, 252.

neben den logischen Subjekten, begeht also den Fehler, die Binnenunterscheidung eines Gegenstands und seiner Bestimmungen wie ein reales Getrenntsein, den Unterschied zwischen Gegenstand und bestimmtem Gegenstand als Verdopplung in zwei Gegenstände vorzustellen. Die Vergegenständlichung negiert zudem das interne Verhältnis von Aussage und Tatsache: Wäre der Zustand der Katze etwas, was im Ernst getrennt von Katzen vorliegt, dann wäre er eben als Zustand der Katze dementiert und damit auch nicht mehr diejenige Tatsache, mit der das Urteil übereinstimmen könnte.

Wie steht es nun mit der Reichweite dieses Arguments? Tangiert es auch noch eine nach Aristoteles' Muster gearbeitete Adäquationsvorstellung? Das scheint mir nicht der Fall zu sein. Kritisiert ist mit diesem Argument jede Ansicht von Wahrheit, die als Zugangs- und Prüfungsmodus den Vergleich fordert. Die Erinnerung daran, daß Tatsachen selbst propositional gegliedert sind, schließt ein, daß wir keine bestimmte Tatsache als Tatsache fixieren können, ohne zu urteilen; damit ist die allgemeine Bedingung eines Vergleichs verletzt, die in der selbständigen Bestimmtheit und Bestimmbarkeit der zu Vergleichenden besteht. Aber die Adäquationsformel selbst ist damit nicht berührt. Sie wird es erst, wenn ihr die genannten Zusatzbestimmungen unterlegt werden. Aber wir haben schon gesehen, daß diese Bestimmungen von ihr trennbar sind und nicht einmal mit ihr harmonieren. Übereinstimmung zwischen dem, was wir sagen, und dem, was ist, kann offensichtlich nicht mit der vergleichsweise erhobenen Gemeinsamkeit zweier Gegenstände identifiziert werden. Aber es ist eine ungedeckte Zusatzannahme, daß sie es müßte.

## 2. Der Wahrheitsbegriff wird epistemisch und diskursiv

Die Konsequenz der Kritik von Korrespondenzvorstellungen, die Habermas, offenbar zustimmend, nachzeichnet, fällt etwas anders aus. Sie besteht, wie schon zitiert, in der epistemischen Kehrtwendung, also darin, Wahrheit nun *statt* im Außenverhältnis zu wirklichen Gegenstücken im Verhältnis eines Urteils zu anderen Urteilen zu suchen. Es gilt, den als fiktiv durchschauten Vergleichspol, den Anker in der Wirklichkeit, durch die Verankerung eines Urteils in anderen Urteilen zu ersetzen. Der der Adäquationsformel nachträglich eingezeichnete Verdrängungswettbewerb zwischen Sein und Sagen wird also nicht von ihr unterschieden und nicht kritisiert, sondern fortgesetzt und vorläufig zugunsten der anderen Seite entschieden.

Das wirft zunächst ein Licht zurück auf die Kritik selbst. Um die Erinnerung an die propositionale Gliederung von Tatsachen zum Grund für diese Wende nehmen zu können, muß man die Kritik selbst so verstanden haben, als wären Tatsachen mit der Entdeckung ihrer propositionalen Gliederung unter Projektionsverdacht gestellt. Darin ist die Kritik der Vergegenständlichung mißverstanden als Nachweis der Haltlosigkeit einer Existenzannahme, die logisch immer noch möglich wäre. Es ist aber ein Irrtum, Tatsachen nun wie fiktive Gegenstände zu behandeln, und es ist auch ein Irrtum, anzunehmen, Tatsachen suspendieren zu können, ohne Aussagen mitzutreffen. Wenn – nicht die Vergegenständlichung der Unterscheidung von Gegenstand und Bestimmung, sondern – die propositionale Unterscheidung selber verdächtig bis haltlos sein soll, dann ist es die Aussage nicht minder. In Urteilen selbst sprechen wir Gegenständen Bestimmungen zu. Es braucht nicht erst eine besondere Theorie des Urteils und der Urteilswahrheit, um diese Differenz ins Spiel zu bringen; das besorgt schon das Urteil selbst. Die Meinung, Urteile könnten die Kritik der Tatsache unbeschadet überstehen, zehrt – nicht anders als die Vergleichsversion der Adäquation – davon, daß man die interne Struktur des Urteils vom Wahrheitsanspruch trennt.

Die Volte vom inkriminierten Grenzübertritt zurück ins Reich des Sprechens und Denkens, dieses »Anstatt«, schreibt so ausgerechnet die Unterstellung fort, die zusammen mit der Vergleichsidee verabschiedet sein sollte: Es bleibt *nolens volens* beim Dementi dessen, daß wir in Urteilen bei der Wirklichkeit sind und daß es im Urteil um Wahrheit geht. Es sieht so aus, als ob das Verhältnis einer Behauptung und eines Argumentes dafür *bloß* ein Passungsverhältnis zwischen zwei oder mehr Behauptungen wäre, *anstatt* ein Passungsverhältnis zwischen der Sphäre des Behauptens und der Wirklichkeit zu sein. Die Lehre, die wir ziehen sollen, ist die einer unüberwindbaren Befangenheit in Sprache, eines Zurückgeworfenseins auf Urteile – womit dem Urteilen unweigerlich der Mangel, nicht einmal die zweitbeste, sondern gleich eine Irr-Fahrt zu sein, angeheftet wird. Genau so muß es aussehen, wenn sich Korrespondenz und Kohärenz erst einmal zu exklusiven Alternativen gemausert haben.

Die kritische Abkehr von Korrespondenztheorien erscheint damit immer auch wie die Vertreibung aus dem Paradies, und der als unmöglich durchschaute Vergleich mit dem, was wirklich ist, bleibt das gar nicht heimliche Ideal des theoretischen Diskurses: »Epistemische Wahrheitsbegriffe tragen [...] der linguistischen Einsicht Rechnung, daß wir angesichts kontroverser Wahrheitsansprüche ausschließlich auf bessere Gründe angewiesen sind, weil uns der direkte Zugriff auf uninterpretierte Wahrheitsbedingungen verwehrt ist.«[7]

[7] Habermas, *Wahrheit und Rechtfertigung*, 289.

Zu solcher Enttäuschung besteht m. E. kein Anlaß; denn der Mangel der besseren Gründe ist einfach eine Folge der mit der Vergleichsvorstellung vorausgesetzten Trennung des Urteils von der Wahr-Falsch-Unterscheidung und nicht eine wirkliche allgemeine Bestimmung theoretischer Begründungen. Das zeigt sich, wenn man fragt: Was müssen eigentlich jene anderen Urteile leisten, wenn sie ein auf Wahrheit zu prüfendes Urteil stützen, bewahrheiten sollen? Wenn die anderen Urteile, organisiert in aufeinander bezogenen Begründungsschritten, ein gegebenes Urteil bewähren sollen, dann stehen sie unter keinem anderen Anspruch als dem, zu zeigen, daß es sich so verhält, wie das zu begründende Urteil besagt. Wenn zum Beispiel erschlossen werden soll, daß das Urteil »Der Mond ist Trabant der Erde« wahr ist, so werden die beigezogenen Urteile zeigen müssen, daß vom Mond gilt, Trabant der Erde zu sein. Von den anderen Urteilen ist gefordert, genau den Zusammenhang von Subjekt und Prädikat des Ausgangsurteils herzustellen, den dieses unmittelbar setzt. Ist die Argumentation erfolgreich, so ist jeder, der sie mitvollzieht, am Ende nicht nur belehrt hinsichtlich einer Eigenschaft des fraglichen Urteils, sondern hat auch – und zwar im selben Durchgang, durch dieselben Argumente – offensichtlich etwas über den Mond gelernt, über etwas also, was durchaus nicht zum System unserer Meinungen gehört, weder eine Meinung noch Eigenschaft einer Meinung ist.

Es ist also nicht der Fall, daß die Wendung zu Gründen und Gegengründen ein Sich-Abwenden von den wirklichen Gegenständen wäre, wie Habermas nahelegt.[8]

Ebensowenig muß mit dem Rekurs auf theoretische Gründe per se eine Relativierung der Geltung des begründeten Urteils eintreten, wie Habermas ebenfalls nahelegt.[9] Indem theoretische Gründe unter der Maßgabe stehen, zu zeigen, daß ein bestimmtes Urteil wahr ist, sind sie nämlich nicht nur eine Reflexion dieses Urteils in anderes, sondern ebenso dessen Reflexion in sich. Gewiß werden sich die Gründe vom Begründeten dem Inhalt nach unterscheiden müssen; aber ebenso gilt, daß diese anderen Inhalte, soll die Begründung als Begründung gelungen sein, nichts anderes als die durchgeführte Vermittlung zwischen den Polen des Ausgangsurteils sein müssen, die dessen Kopula unmittelbar beansprucht, aber eben darin nicht einlöst. Erschlossene oder begründete Wahrheiten sind damit nicht Urteile, die im Licht gewisser Gründe wahr sein können, es aber an sich oder im Licht anderer Gründe wiederum nicht

[8] Vgl. Habermas, *Wahrheit und Rechtfertigung*, 262: »Hier [im Diskurs; F. S.] wendet sich der Blick sozusagen von der objektiven Welt [...] ab und richtet sich ausschließlich auf unsere widerstreitenden Interpretationen von der Welt«.

[9] Vgl. Habermas, *Wahrheit und Rechtfertigung*, 288.

sind. Daß der Wahrheitsanspruch eines Urteils durch Gründe einzulösen ist, scheint mir damit an sich ebensowenig relativismusträchtig zu sein wie die Adäquationsformel selbst.

In seinem systematisierten Rückblick auf epistemische Wahrheitstheorien sieht Habermas das anders. Er stellt epistemische Theorien vor die Herausforderung, dem Umstand Rechnung zu tragen, daß »sich sogar glänzend gerechtfertigte Behauptungen als falsch herausstellen können«.[10] Nun sollte nach dem eben Gesagten der Glanz einer Rechtfertigung, die Falsches rechtfertigt, selbst nur ein täuschender Schein gewesen sein. Sobald dieser Zusammenhang bestritten ist, ist Wahrheitsfindung als immanentes Ziel theoretischer Begründungen negiert. Der mit der Vergleichsvorstellung vollzogenen Ausbürgerung von Wahrheit aus dem Urteil folgt so die Ausbürgerung der Wahrheitsfindung aus dem Reich der Gründe auf dem Fuß.

Ehe wir zusehen, wie Habermas sich in *Wahrheit und Rechtfertigung* der von ihm angemahnten Herausforderung stellt, bleibt zu betrachten, wie sich Habermas' Diskurstheorie selbst zu den bisher erreichten Befunden verhält. Gezeigt werden soll: Auch die Diskurstheorie vollzieht die beiden problematischen Züge. Sie verlagert Wahrheit aus der Binnenstruktur des Urteils und sie scheidet theoretische Begründungen von ihrer immanenten Wahrheitsorientierung.[11]

In der frühen, ausführlichen Darstellung seiner Wahrheitstheorie bestimmt Habermas Wahrheit wie folgt: »Eine Aussage ist wahr, wenn der Geltungsanspruch der Sprechakte, mit denen wir, unter Verwendung von Sätzen, jene Aussage behaupten, berechtigt ist.«[12] Die Berechtigung wiederum liegt genau dann vor, »wenn auch jeder andere, der in ein Gespräch mit mir eintreten könnte, demselben Gegenstand das gleiche Prädikat zusprechen würde.«[13]

Es sei dahingestellt, ob damit die Definition von Wahrheit oder eine von Definition abzuhebende Äquivalenz von Wahrsein und berechtigter Behauptbarkeit ausgesprochen sein soll.[14] Fest steht jedenfalls: Dem Rekurs auf das Recht von Behauptungen wird entscheidende explikative Kraft zugetraut. Wir lernen Wahrheit verstehen, indem wir der Logik des theoretischen Diskurses nachgehen: »Der Sinn von Wahrheit läßt sich daher mit Bezugnahme auf die

[10] Habermas, *Wahrheit und Rechtfertigung*, 288.

[11] Ich beziehe mich dabei auf J. Habermas, »Wahrheitstheorien«, in: *Wirklichkeit und Reflexion. Walter Schulz zum 60. Geburtstag*, hrsg. von H. Fahrenbach, Pfullingen 1973, 211–265.

[12] Habermas, »Wahrheitstheorien«, 218.

[13] Habermas, »Wahrheitstheorien«, 219.

[14] Vgl. dazu L. B. Puntel, *Wahrheitstheorien in der neueren Philosophie*, Darmstadt $^{3}$1993, 158–161 und Th. McCarthy, *Kritik der Verständigungsverhältnisse*, Frankfurt a. M. 1980, 344 f.

Pragmatik einer bestimmten Klasse von Sprechakten [konstatierende Sprechakte; F. S.] klären.«[15]

An dieser Explikation fällt zunächst auf, daß sie ihren Weg über die Reflexion der Aussage in anderes nimmt. Dieses Andere ist unser Umgang mit oder sind unsere Stellungnahmen zu Aussagen. Zwar wird Wahrheit selbst weiterhin als Qualifikation des *Inhalts* einer Behauptung geführt; aber begriffen werden soll sie über den *Akt* des Behauptens. Nun ist ein konstativer Sprechakt genau dadurch als solcher bestimmt, daß sein Inhalt nicht eine Bitte, ein Befehl, ein Fluch, sondern ein Urteil ist. Und die Besonderheiten der Sorte Geltungsanspruch oder Recht, die im Fall des Behauptens virulent sind, sind entsprechend dadurch spezifiziert, daß es um Urteile und deren Geltung geht. Damit stehen wir an einem Scheideweg: Entweder wir sehen der Zirkularität ins Auge, oder wir versuchen, das diskursive Tun unter Absehung von seinem Inhalt zu bestimmen. In beiden Fällen wird die Explikation scheitern: im ersten Fall durch Zirkularität, im zweiten Fall dadurch, daß sie ihr Explikandum nicht mehr erreicht. Sie kann ihr Explikandum Wahrheit nicht mehr erreichen, sobald der Grund des Rechts zur Behauptung von p nicht mit dem Beweis, daß p, identisch ist. Damit kann er aber nicht mehr identisch sein, sobald für die Bestimmung des Rechts die Abstraktion vom Inhalt gefordert ist.

Für den Diskurstheoretiker selbst stellt sich die Umstellung der Frage nach der Wahrheit auf die Frage nach der pragmatischen Logik theoretischer Diskurse natürlich nicht als müßiger Umweg oder Zirkel dar. Wenn es mit dieser Reflexion der Urteilswahrheit in anderes, d. i. in den Umgang mit Urteilen, ernst sein soll, dann ist im Ausgangspunkt das interne Maß des Diskurses zunächst einmal ausgesetzt. Mit der Explikation von Wahrheit in Termini gerechtfertigter Behauptbarkeit soll nun freilich nicht Wahrsein auf Fürwahrhalten regrediert sein. Vielmehr kümmert sich die Diskurstheorie ausführlich darum, den faktischen Konsens vom vernünftigen, bloß eingeräumte Behauptungsrechte von legitimerweise einzuräumenden Behauptungsrechten zu unterscheiden. Nicht jeder dahergelaufene Konsens kommt als Beglaubigung seines Resultats in Frage. Die Aufgabe besteht damit in der Suche nach Qualifikationen des vernünftigen Konsenses. Habermas löst sie schließlich mit der Angabe der formalen Eigenschaften des Diskurses, der zum vernünftigen Konsens geführt hat: der Chancengleichheit in allen Sprechaktdimensionen.[16]

Mit diesem Zug – und zwar schon durch die spezifische Fassung der Aufgabe

[15] Habermas, »Wahrheitstheorien«, 212.

[16] Die Ausführung dieses – hier nur angedeuteten – Gedankens findet sich in Habermas, »Wahrheitstheorien«, 239–260.

– vollzieht die Diskurstheorie nun auch die zweite Trennung, von der oben die Rede war: die Trennung der theoretischen Gründe von ihrem Ziel, Einsicht in das zu vermitteln, was ist und was nicht ist. Die Scheidelinie zwischen bloß akzeptierten und zu Recht akzeptablen Gründen, die durch normative Restriktionen des Diskurses gezogen werden soll, wäre leicht zu ziehen. Es gibt dafür genau eine »Norm«: ob die Gründe ihrem Inhalt nach ihr Beweisziel einlösen oder nicht. Dieses einfache Auskunftsmittel wird von der Diskurstheorie konsequenterweise nicht ergriffen. Der letzte und eigentliche Grund des Rechts einer Behauptung kann nicht mehr in der inhaltlichen Notwendigkeit des Arguments liegen, sobald Geltungsansprüche erst einmal von Inhalt und Verfassung des Urteils selbst getrennt worden sind. Daß Urteile in Beweiszusammenhängen organisiert auftreten, Urteile aus anderen Urteilen als wahr erschlossen werden können, erscheint dann nicht mehr als an sich seiende Bestimmung der Urteile und Schlüsse selbst. Die Wendung zur Logik des theoretischen Diskurses und zu dessen Verbindlichkeit stiftenden Normen sucht vielmehr dasjenige, was das Verhältnis von Aussagen zueinander erst zur Rechtfertigung erhebt. Die Diskurstheorie geht so davon aus und bleibt in ihrem Verlauf stets dabei, daß dieser Grund *neben* dem inhaltlichen Zusammenhang von Grund und Begründetem gesucht werden muß.

Die idealen Formaleigenschaften des Diskurses haben dann in der Theorie auch nicht nur den Stellenwert, Bedingungen dafür zu sein, daß das gute Argument gedacht, vorgetragen und als solches gewürdigt werden kann. Sie spielen die viel grundsätzlichere Rolle, Bedingung der Güte des Arguments selbst zu sein. Sie besetzen also den – zuvor von den Tatsachen geräumten – Posten des Grundes unbedingter Geltung. Das ist eine Fehlbesetzung des Postens: Bedingungen des Zutageförderns und Gehörfindens des guten Arguments unterstellen immer noch die interne Qualität von Argumenten und können sie nicht verleihen. So entsteht das Paradox, daß ausgerechnet die Diskurstheorie der Wahrheit, die stets auf den zwanglosen Zwang des besseren Arguments verweist, Argumente zugleich in Bausch und Bogen relativiert.

Der eben betrachtete Zug faßt sich schlagend in Habermas' Terminus der (idealen) »Rechtfertigungsbedingung« zusammen.[17] Wenn eine Rechtfertigung erst dadurch eine wird, daß abgesehen von ihr Bedingungen erfüllt sind, dann ist sie einfach als sie selbst noch gar nicht die Einlösung des Anspruchs auf Rechtfertigung gewesen – das ist die Seite der Entwertung theoretischer Gründe. Zugleich aber kann die Bedingung *als* Bedingung wiederum nicht Ersatz und nicht Teil der Rechtfertigung sein, denn Bedingungen setzen logisch dasjenige

[17] Vgl. etwa Habermas, *Wahrheit und Rechtfertigung*, 288.

voraus, dessen Bedingungen sie sind – das ist die Seite, nach der die Qualität des Ausgangs des Diskurses auch für die Diskurstheorie den Gründen selbst überantwortet bleiben muß. Es bleibt ein Widerspruch, Gründe für das Grund-Sein eines theoretischen Grundes zu suchen: Ist der Grund nicht durch sich selbst Grund, kann er es durch Einschiebung noch so vieler vermittelnder Instanzen nicht mehr werden.

Es ist also kein Wunder, wenn im Licht der Diskurstheorie jede Rechtfertigung – ungeachtet ihres Inhalts – *bedingt* aussicht. Das liegt dann nicht an der Endlichkeit des menschlichen Geistes, sondern daran, daß man Rechtfertigungsbedingungen gesucht hat.

## 3. Die pragmatische Rettung des ontologischen Moments und ihre Gründe

Nun kritisiert Habermas in *Wahrheit und Rechtfertigung* die bis dahin entwickelte Diskurstheorie selbst dafür, das Moment unbedingter Geltung noch nicht hinreichend erklärt zu haben; und er macht sich daran, dieses Moment durch Reflexion des Praxisbezugs in die Theorie einzutragen. Betrachten wir zuerst seine Kritik und dann seine Lösung.

Ein Kernstück der Diagnose des Mangels lautet: »Die Lücke zwischen Wahrheit und Rechtfertigung wird auch durch eine Idealisierung der Bedingungen für aktuelle Rechtfertigungsprozesse nicht geschlossen. Weil alle realen, in der Zeit ablaufenden Diskurse gegenüber Lernprozessen in der Zukunft provinziell bleiben, können wir nicht wissen, ob sich Aussagen, die uns heute selbst unter annähernd idealen Bedingungen als gerechtfertigt erscheinen, in Zukunft gegen Entkräftungsversuche tatsächlich behaupten können.«[18] Was der Diskurstheorie der Wahrheit in ihrer bisherigen Fassung damit fehle, sei die Erklärung, »was uns dazu *autorisiert*, eine als ideal gerechtfertigt unterstellte Aussage für wahr zu halten.«[19]

An dieser Diagnose ist zunächst bemerkenswert, daß sie als Kluft zwischen Rechtfertigung und Wahrheit verbucht, was dem Inhalt nach geradesogut eine Kluft zwischen real möglicher und idealer Rechtfertigung ist. In *Wahrheitstheorien* war zu lesen: »Eine deduktive Beziehung besteht zwischen dem Satz ›Die Behauptung, daß <p> ist berechtigt‹ und dem Satz ›<p> ist wahr‹.«[20] Ist die neue

[18] Habermas, *Wahrheit und Rechtfertigung*, 289 f.

[19] Habermas, *Wahrheit und Rechtfertigung*, 290.

[20] Habermas, »Wahrheitstheorien«, 213.

Diagnose zu verstehen als Widerruf dieser deduktiven Beziehung? Die Bestimmung des Mangels selbst spricht nicht dafür. Der Sache nach lautet der Befund nicht: Die Rechtfertigung kann durchaus in sich gerundet und vollkommen sein und das Gerechtfertigte dennoch falsch, sondern er lautet: Die Rechtfertigung bleibt notgedrungen hinter sich zurück. Die Endlichkeit theoretischer Diskurse in der Zeit weist die Rechtfertigung selber als unfertig oder umgekehrt als selbsttranszendierend aus.

Daß die Rechtfertigungstranszendenz von Wahrheit zugleich eine Transzendenz des Rechtfertigungsbedarfs gegenüber schon geleisteter Rechtfertigung ist, ist kein Zufall. Darin macht sich die interne Beziehung von theoretischen Gründen auf Wahrheit geltend. Ein Grund, der nicht die Wahrheit des zu Begründenden vermittelt, ist nicht als Grund in Ehren zu halten, sondern als unzureichender Grund kritisiert.

Indem die konstatierte Kluft zwischen Rechtfertigung und Wahrheit die Rechtfertigung als Rechtfertigung tangiert, ist über den theoretischen Diskurs selbst ein widersprüchliches Urteil gefällt. Er ist und er ist nicht die Realität von Rechtfertigung. *Er ist es*: Habermas hält ja daran fest, daß die Bewährung eines Urteils in diskursiv ausweisbaren Gründen liegt. *Und er ist es nicht*: Angesichts der Möglichkeit künftiger Einwände stellen sich gegebene Gründe grundsätzlich als bloß vorläufig dar.

Es ist auch kein Ausweg, an dieser Stelle zu sagen: Die wenn auch vorläufige Bewährung eines Urteils im Diskurs ist zwar nicht Wissen im strengen Sinn, aber darum doch nicht nichts. Das ist deshalb kein Ausweg, weil die Diagnose der Unabschließbarkeit, wenn überhaupt, dann für alle Stellungnahmen im theoretischen Diskurs gilt – einschließlich der reflektierenden ›Abstandsschätzungen‹, der Beziehung eines fraglichen Geltungsanspruchs auf seine Bewährungen.

An seiner uneingeschränkten Allgemeinheit zeigt sich der Wink mit möglichen Gegengründen jedoch zugleich als irrelevant. Denn er gilt auch noch für sich selbst, und er gilt auch noch für alle Gegengründe, die schon geltend gemachten ebenso wie für alle, die noch kommen mögen. Einwände stehen nicht minder unter Entkräftungsvorbehalt wie die Urteile, gegen die sie sich wenden, auch und gerade innerhalb der Diskurstheorie. Die Diskurstheorie nimmt auch sie zur Kenntnis als etwas, für das der, der sie vorbringt, Anspruch auf Geltung erhebt – und das Geltendmachen eines Anspruchs fällt für Kritik so wenig mit seiner Einlösung zusammen wie für das Kritisierte.

Der Verweis auf die Möglichkeit von Gegengründen gewinnt also jedenfalls keinen Stand *im* Diskurs. Für die Beurteilung irgendeines Standes eines theoretischen Diskurses wäre er nur relevant, wenn er selbst die Entkräftung bisher angenommener Gründe wäre. Das aber bringt er seiner inhaltsneutralen Allseitigkeit wegen nicht zustande. Der Verweis hebt sich damit selbst auf: Einerseits versetzt er alles, was bisher vorgebracht worden ist, und alles, was noch kommt, in den Stand des Problematischen, in den Ausgangszustand vor dem Diskurs zurück. Er läßt gewissermaßen mit einem Schlag die Luft aus jeder Debatte, gleichgültig, wie weit sie gediehen ist. Gleichzeitig soll die Debatte als vorläufig nur gelten im Licht *ihrer* immer möglichen, noch nicht erfolgten Fortsetzung. Die Gegengründe, um deren Möglichkeit es geht, können dazu nur solche sein, die tatsächlich widerlegende Kraft haben. Das Argument der nicht auszuschließenden Gegengründe treibt ein Doppelspiel von Ernst und Unernst mit den Gründen, das weniger die Rechtfertigungsimmanenz von Wahrheit als vielmehr sich selbst aufhebt.

Tatsächlich scheint mir die Unabschließbarkeit der Begründung nur der Reflex dessen zu sein, daß zuvor dem theoretischen Diskurs sein internes Maß entzogen worden ist. An sich haben widerlegende Gründe ihrem Inhalt wie ihrer Zahl nach durchaus ein Maß: an der theoretischen Position, gegen die sie gerichtet sind. Manchmal finden wir solche Gegengründe heraus, manchmal nicht. Daß wir uns aber nie und nie sicher sein könnten, alle möglichen Gegengründe ausgeschlossen zu haben – das folgt nur, wenn wir zuerst das *Faktum*, daß wir im Augenblick nichts für einen Gegengrund halten, mit der *Beglaubigung* der Ausgangsposition verwechseln und uns dann daran erinnern, daß es mit solcher Beglaubigung nicht weit her ist. Aber dieses Faktum ist nie ein Grund gewesen und wird dazu auch nicht durch Zusatzqualifikationen.

Wie sieht schließlich die Lösung aus, die Habermas für die angezeigte Kluft zwischen Rechtfertigung und Wahrheit, zwischen Rechtfertigung und Rechtfertigung entwickelt? Wie anfangs angedeutet, spielt in dieser Lösung der Praxisbezug eine entscheidende Rolle. Die Praxis kommt in zweifacher Weise ins Spiel: Zum einen führt Habermas das dem theoretischen Diskurs einbeschriebene Moment unbedingter Geltung selbst auf die Praxis zurück: Dort nämlich herrscht »die *praktische* Notwendigkeit, sich intuitiv auf unbedingt Für-wahr-Gehaltenes zu verlassen«.[21] Ebenso wurzelt die ontologische Aufladung unseres Wahrheitsverständnisses im handelnden Umgang miteinander und mit der Welt: In der Praxis setzen wir jene intersubjektiv eine und gegenüber den Subjekten selbständige Welt voraus, auf die wir uns dann auch als Theoretiker bezogen wissen.[22] Zum anderen liefert die funktionale Rückbeziehung der Theorie auf die

21 Habermas, *Wahrheit und Rechtfertigung*, 264.

22 Die Orientierung an einer meinungsunabhängigen Welt in der Theorie tritt hier auf wie eine Reminiszenz aus einer anderen, eben der praktischen Sphäre. Die Theoretiker vergessen über ihrer Konzentration auf Gründe und Gegengründe nie, daß sie ja auch – aber eben: *daneben* – auch noch Handelnde sind. (Vgl. Habermas, *Wahrheit und Rechtfertigung*, 262 und 294.) Als

Praxis den Rechtsgrund dafür, der internen Unabschließbarkeit des Diskurses zum Trotz den Diskurs auch einmal sein zu lassen und seine Resulate als gültige in die Praxis hinüberzunehmen. Aus der Sicht des Handelnden hat das intern ewige theoretische Verhandeln nämlich einen *äußeren Zweck*: die »›Entsorgung‹ von Handlungsunsicherheiten«:[23] Praktische Mißerfolge geben Anlaß, in der Praxis fraglos anerkannte Hintergrundüberzeugungen problematisch zu nehmen, d.h., ihren Geltungsanspruch auszusetzen und im theoretischen Diskurs zu prüfen – dies aber, wie gesagt, zu dem der Praxis entlehnten Zweck der Wiedergewinnung von Handlungsgewißheit. Und weil es *darum* ging, muß mit dem Hin und Her von Gründen auch wieder einmal Schluß sein – natürlich nicht zu jedem Preis, aber unter ansonsten idealen Diskursbedingungen eben schon. So gesehen »gewinnt die diskursive Einlösung von Geltungsansprüchen den Sinn einer Lizenz zur Rückkehr in die Naivität der Lebenswelt«.[24] Und so löst der Rekurs auf die Praxis das Rätsel, wie ein Geltungsanspruch, obwohl er doch in der Theorie bloß mit guten Gründen versehen worden ist, als vorbehaltlos wahr an die Handlungswelt zurückadressiert werden kann.

Die Praxis liefert also sowohl den Leitgedanken rechtfertigungstranszendenter Wahrheit, also den Maßstab, vor dem sich der Erfolg guter Gründe so relativ ausnimmt, als auch den Rechtsgrund, diese Rechtfertigungstranszendenz ihrerseits zu transzendieren und für wahr zu halten, was sich im Diskurs bewährt hat.

Habermas setzt mit dieser Wendung erstens die Externalisierung der Wahrheit gegenüber Urteil und Begründung konsequent fort – gerade da, wo es ihm darum geht, den Zusammenhang von Wahrheit und Rechtfertigung aufzuzeigen; und er radikalisiert zweitens die in der Diskurstheorie schon angelegte Zielverschiebung des theoretischen Diskurses:

*Erstens*: In der Frage, was uns eigentlich autorisiere, das (halb-)ideal Gerechtfertigte für wahr zu halten, kündigt sich die Fortsetzung des Programms der Suche nach Rechtfertigungsbedingungen auf höherer Stufenleiter an. Die Trennung der theoretischen Rechtfertigung von ihren Beweiszielen wird in der Diagnose festgeschrieben als Eigenart des Diskurses. Wenn erst die Ausweitung

solche kennen sie die Unterstellung der objektiven und einen Welt. Das beantwortet aber die Frage nicht, ob und wie dieselbe Unterstellung der Theorie selbst immanent ist. Ist sie es nicht, dann hilft die Reminiszenz an die praktische Sphäre gar nichts: Dann spaltet sich das theoretische vom praktischen Subjekt einfach ab und lebt das Subjekt praktisch mit einer Unterstellung, für die es theoretisch keinen Platz hat. Ist die Unterstellung der Theorie dagegen selbst immanent, dann braucht sie dazu keine Autorisierung durch die Praxis.

23 Habermas, *Wahrheit und Rechtfertigung*, 264.

24 Habermas, *Wahrheit und Rechtfertigung*, 292.

des Blicks auf die Praxis vor und nach der Theorie den Zusammenhang von Wahrheit und Rechtfertigung sichtbar machen soll, ist vorausgesetzt, daß jedenfalls die Theorie allein sich nicht wird helfen können.

Dann allerdings wird ihr die funktionale Einbettung in die Praxis auch nicht helfen. Unbestritten können wir im Handeln darauf gestoßen werden, daß die Welt ihren eigenen Kopf hat, und diese Erfahrung zum Grund des Übergangs in die Theorie machen. So hat die Theorie einen funktionalen Rückbezug auf die Praxis; wir wollen dann wissen, womit wir es zu tun haben, um es anschließend mit Aussicht auf Erfolg in unser Handeln aufnehmen zu können. Unbestritten ist auch die Möglichkeit, daß man sich für das Weiterhandeln aus pragmatischen Gründen mit plausiblen Vermutungen zufriedengibt. Das alles macht die Praxis vor und nach der Theorie noch nicht zum Lückenbüßer der Theorie. Wenn Gründe nicht und nie hinreichen, herauszufinden, was der Fall ist, dann nützt es nämlich auch nichts, Hammer und Meißel beiseite zu legen und in theoretische Debatten einzutreten. Der Theorie ist unterwegs ein Problem aufgeladen worden, das nicht durch Einbetten der Theorie in irgend etwas außer ihr gelöst werden kann, weil sie selbst widersprüchlich bestimmt ist, sobald Urteile und ihre Begründungen von Wahrheit getrennt worden sind. Unter diesen Vorzeichen hat auch der Diskurs nicht länger jene Nützlichkeit für die Praxis, die Wissen für sie hat: Als sein Resultat ist ja Nicht-Wissen festgeschrieben.

Das kann sich durch die Arbeitsteilung, die Habermas für Diskurs und Praxis vorsieht, nicht ändern. Wenn ich ihn recht verstehe, dann liefert uns die Theorie mit ihren Gründen das, worauf wir uns wieder verlassen können. Daß wir dieses Resultat dann aber auch wirklich als das behandeln dürfen, worauf wir uns verlassen können, hat ausdrücklich seinen Grund jenseits dieser Gründe, keinen innertheoretischen, sondern einen praktischen. Das widerspricht aber dem Ausgangspunkt der Theorie: Nachdem sich die unmittelbare Gewißheit in praktischem Scheitern schon zersetzt hat, ist es der Theorie überantwortet, zu klären, was ist und was nicht. Wenn es am Ende wieder Gewißheit gibt, dann als Resultat des Nachdenkens und vermittelt durch Argument und Gegenargument. Diese Zuständigkeit kann man der Theorie nicht wieder abnehmen unter Verweis auf praktische Gewißheitserfordernisse. Das heißt: Man kann es schon; aber nicht ohne theoretischen Gründen die Rolle zu bestreiten, die man ihnen im Übergang zur Theorie zugesprochen hatte. Es sei denn, die Rolle der Theorie ist von Anfang an anders bestimmt gewesen; und diese Umwidmung des theoretischen Diskurses ist in der pragmatischen Lösung tatsächlich enthalten.

Es hat sich nämlich *zweitens* in Habermas' Wendung die Bestimmung des Ziels des theoretischen Diskurses wie folgt verschoben: Genauer besehen ist nun nicht einfach Wissen der Zweck der Theoriebildung und -prüfung, sondern die

Wiederherstellung jener subjektiven Einstellung zu Urteilsinhalten, die im praktischen Scheitern gestört worden ist. Das Problem, das Mißerfolge im praktischen Umgang dann hinsichtlich der der Praxis implementierten Hintergrundüberzeugungen offenbaren, ist schon nicht einfach Nicht-Wissen gewesen, sondern die Erschütterung selbst. Wenn wir das in seiner Konsequenz für die Funktionsbestimmung der Theorie verfolgen, ergibt sich: Wissen ist praktisch nicht darin, daß es das Subjekt zum aufgeklärten Souverän der Dinge macht, sondern darin, dem Subjekt die Haltung fragloser Gewißheit zurückzugeben, ohne die es nun einmal nicht handelt. Die Früchte des theoretischen Diskurses scheinen nicht so sehr ihres Inhalts wegen nützlich, sondern in ihrem psychologischen Effekt auf das Subjekt qua Subjekt des Handelns.

Sollte wirklich die Wiederherstellung der *Haltung* des fraglosen Glaubens der von der Theorie erwartete Dienst sein, dann steht die Theorie mit ihren Skrupeln und Vorbehalten dagegen, Beliebiges zu glauben, ihrem Dienst immer auch im Weg. Man hat ihr damit einen Dienst angetragen, der unmöglich ihr Zweck sein kann. In dem Wink mit praktischen Gewißheitsbedürfnissen kommt Habermas am Ende dort an, wohin er Rorty sicher nicht hat folgen wollen: zu einer Ansicht, in der Wahrheit durch Funktionalisierung negiert worden ist.

## 4. Schluss

Ist Wahrheit nun also doch rechtfertigungstranszendent? Immerhin haben wir nun schon vier Kandidaten auf dem Posten des absoluten Rechtsgrundes für Fürwahrhalten gesehen: die durch Vergleich erhobenen Tatsachen, den Zusammenhang mit anderen Urteilen, die Tugenden des Diskurses und schließlich die praktische Notwendigkeit fester Überzeugungen. An jedem war etwas auszusetzen, und so ist der Posten vakant geblieben. Das läßt Zweifel daran aufkommen, ob dieser Posten überhaupt zu besetzen ist. Genau so etwas scheinen wir aber doch zu brauchen, wenn wir die Kluft zwischen Wahrsein und der Binnensphäre des Sagens und Argumentierens überbrücken wollen.

Ich habe keinen fünften Kandidaten anzubieten. Ich denke eher, daß die Antwort in der Kritik des Problems zu suchen ist, zu dessen Lösung die vier Kandidaten berufen waren.

Allen war gemeinsam, Wahrheit als sekundäres Außenverhältnis eines Urteils zu setzen, als ein Verhältnis, das das Urteil eingeht zuzüglich zu dem, was es für sich genommen ist. Diese Trennung hat einen negativen epistemischen Begleiter: Wenn Wahrheit nicht mehr die interne Bestimmung des Urteils ist, wenn das Urteil zur Wahrheit kommt wie die Jungfrau zum Kinde, dann kann man es

Urteilen auch nicht länger zutrauen, Wahrheitsbeweise für ihresgleichen zu sein. Wie ich zu zeigen versuchte, können sie in diese Rolle auch nicht mehr zurückkehren, wenn sie es definitiv aus eigener Kraft nicht können sollen.

Die Trennung der Binnenstruktur des Urteils von der Wahr-Falsch-Unterscheidung legt als einzige Möglichkeit ihrer Überwindung die Indifferenz von Sein und Sagen fest, die Auflösung des einen ins andere. Die zuletzt betrachtete pragmatische Wendung ist davon ebenso eine Variante wie die Suche nach letztgewissen Sätzen: Sie behandelt ja die *faktischen* Wirkungen – also das, was die Aussage jenseits ihres wahrheitsfähigen Inhalts ist – wie ein funktionales Äquivalent erwiesener Wahrheit.

Durch die beschriebene Externalisierung aber wird die Unversöhnlichkeit zwischen Wahrheit an sich und für uns überhaupt erst erzeugt. Nur mit ihr geraten Tatsache und Grund in Konkurrenz zueinander. Ohne diesen theoretischen Zuschuß scheinen die Adäquationsvorstellung auf der einen und die Vermittlung eines Urteils durch Beweise auf der anderen Seite weder skepsisverdächtig noch einander ausschließend zu sein. Ich ziehe daraus den Schluß, daß wir die genannten zusammenhängenden Grundzüge revidieren müssen, wenn wir wissen wollen, was Wahrheit ist und wie sie für uns wird. Aristoteles hat es schon einmal schöner gesagt: »Denn die Wahrheit suchen möchte hiernach nichts anderes sein als nach Vögeln haschen.«[25]

[25] Aristoteles, *Metaph.* IV 5; 1009 b 38 f.

# Die Wirklichkeit und der gute Wille. Über Tendenzen der Moralisierung kognitiver Gehalte

*Hermann Lübbe (Zürich)*

In der wissenschaftlich-technischen Zivilisation nimmt die Menge des praktisch relevanten Wissens zu, das unserer Primär-Erfahrung entzogen ist. Die relative Zuständigkeitsreichweite des Common sense nimmt ab. Das bewirkt Verunsicherungen, die moralisierend durch gute Gesinnung kompensiert werden.

Die Moralisierung von Wissenselementen öffentlicher Meinung, über die wir uns kollektiv auf unsere modernen zivilisatorischen Lebensvoraussetzungen beziehen, ist ein Vorgang von potentiell weitreichenden kulturellen und politischen Folgen. Man erkennt das, wenn man sich vergegenwärtigt, daß das Aufklärungszeitalter ein Modell meinungsbildender öffentlicher Erörterungen favorisiert hatte, das gerade von der moralischen Indifferenz der kognitiven Gehalte unseres Umgangs mit der Wirklichkeit ausging. Die Wirklichkeit ist doch ohnehin, wie sie ist. Eben deswegen müßte es uns doch, sofern es sich darum handelt zu wissen, wie sie ist, gleichgültig lassen, ob sie denn nun so oder vielmehr anders sei. Vollendet aufgeklärt ist, wer nichts kennt, was nicht wahr sein darf. Auf eine moralische Norm gebracht heißt das: Erkenntnispraktisch ist die Wahrheit und nichts als die Wahrheit anerkennungspflichtig.

Banalerweise hat das mit einer praktischen Indifferenz gegenüber dem, was nun einmal ist, wie es ist, nicht das geringste zu tun. Soweit die Verhältnisse im argen liegen und soweit wir zugleich zu ihrer Emendation in der Lage sind, wird die entsprechende Weltverbesserung zur moralischen Pflicht. Nichtsdestoweniger setzt aber gerade auch die Erfüllung dieser Pflicht rigorose Geltung jener Erkenntnismoral voraus, die uns zur Anerkenntnis dessen, was ist, unabhängig von unserem Wunsche befähigt, daß, was ist, nicht so, sondern anders sein möge. Gerade wer sich für verpflichtet hält, etwas zu ändern, ist rigoros verpflichtet, in seiner Beschreibung änderungsbedürftiger Zustände bei der Wahrheit zu bleiben, und diese rigorose Verpflichtung zur Wahrheit gilt überdies für die kognitive Beurteilung gegebener Handlungsmöglichkeiten nach verfügbaren Kräften und nach kalkulierbaren Wirkungen ihrer Mobilisierung. Kurz: Moralische Indifferenz im Verhältnis zu kognitiven Gehalten ist eine moralische Bedingung der rationalen Erfüllbarkeit moralischer Pflichten.

Eben aus diesem Grund ist Kants Programm zur Institutionalisierung von Aufklärungsprozessen, nämlich seine Schrift über den Streit der Fakultäten, nichts anderes als ein Vorschlag zur vollständigen Emanzipation der wissenschaftlichen Erkenntnispraxis aus behördlichen, kirchlichen oder sonstigen Vorgaben normativer Art, die einen Kanon anerkennungspflichtiger, also keinesfalls bestreitbarer Wahrheiten vorab festlegen möchten. Das Wort Gottes, gewiß, genießt einen öffentlichen, institutionalisierten Schutz seiner Geltung, für die Bekenntnisschriften gilt Analoges, und eine Theologische Fakultät ist daran gebunden. Für die Rechts- und Staatswissenschaftliche Fakultät gilt in ihrem Verhältnis zu den geltenden Gesetzen und ineins damit für die kognitiven Implikationen dieser Gesetze dasselbe und noch einmal für die Medizinische Fakultät hinsichtlich der Medizinalordnungen und Hygiene- sowie Quarantäne-Vorschriften, zu deren Beachtung in ihrer Rolle als künftiger Ärzte die Studenten anzuleiten sind. Es mag ja sein, ja es ist wahrscheinlich – so dachte Kant in Übereinstimmung mit dem intellektuellen 18. Jahrhundert –, daß die Bibel, wortwörtlich gelesen, allerlei kognitiv unhaltbare Annahmen über die Wirklichkeit enthält. Aber über das Curriculum des Konfirmandenunterrichts verfügt das Konsistorium und nicht die Theologische Fakultät, und die Außerkraftsetzung wirkungsloser, gar schadensträchtiger Gesetze ist Sache des wohlberatenen Königs und kein geeigneter Gegenstand von Demonstrationen der Professoren der Jurisprudenz. Aber da gibt es noch die Philosophische Fakultät als das institutionelle Ensemble aller freien Wissenschaften, die frei von Vorgaben geltender Texte auf Wahrheit und auf nichts als die Wahrheit verpflichtet die kognitive Tauglichkeit der Wirklichkeitsannahmen prüfen, die den Verbindlichkeiten des öffentlichen Lebens in Kirche, Recht und Polizey zugrunde liegen. Indem hier die Wissenschaftler ungeniert öffentlich sagen, was statt dessen der Fall ist, betätigen sie sich aufklärungspraktisch, und soweit sie nicht gehindert sind, das zu tun, wird es an wünschenswerten wohltätigen Rückwirkungen dessen auf Konsistorien, Staatsregierungen und Verwaltungen nicht fehlen.

Das Kantische Konzept der akademischen Institutionalisierung von Aufklärungsprozessen gehört natürlich historisch in den Kontext des Spätabsolutismus. Nichtsdestoweniger charakterisiert es die Aufklärung durch den fortdauernden Anspruch, kognitive Geltungsansprüche seien schrankenlos diskutabel zu halten. Vollendet aufgeklärt ist es, seine Wirklichkeitsannahmen uneingeschränkt der Kritik durch gut begründete Argumente auszusetzen, die für eine Änderung dieser Wirklichkeitsannahmen sprechen. Das Reich des Wissens ist mit dem Bereich des Diskutablen deckungsgleich.

Eben diese Aufklärungshypothese wird nun durch die Tendenz progressiver Moralisierung kognitiver Gehalte öffentlicher Meinung falsifiziert. Moralisierung des Wissens bedeutet nämlich, es indiskutabel zu machen. Der Einspruch gegen Meinungen, die als Meinungen moralisch für inakzeptabel gelten, lautet nämlich nicht »Du irrst Dich«. Er lautet vielmehr »Diese Meinung ist indiskutabel, und Du machst Dich unmöglich, wenn Du sie dennoch vertrittst«. Entgegen den Annahmen des Aufklärungszeitalters nimmt nun modernisierungsabhängig die Wahrscheinlichkeit zu, daß man mit öffentlichen Meinungsäußerungen nicht Zustimmung oder Widerspruch und somit aufklärungsträchtige diskursive Prozesse auslöst, vielmehr Verlegenheit, Empörung gar und im Endeffekt Ausschluß aus dem Kreis der als moralisch diskursfähig Anerkannten. Je freier die Meinung, je gesicherter ihr Rechtsschutz, um so unübersehbarer differenzieren sich Gesinnungsgemeinschaften heraus, die ihre Meinungsdivergenzen, statt kognitiv-begründungstheoretisch, moralisch qualifizieren.

Vor der Beschäftigung mit den modernitätsspezifischen Gründen der sich ausbreitenden Neigung, Meinungen anderer als moralisch indiskutabel zu qualifizieren, ist es nützlich, sich zu erinnern, daß die Unterscheidung des Diskutablen vom Indiskutablen ein traditioneller Bestandteil der Diskussionsphilosophie ist. Man solle, sagt Aristoteles im ersten Buch seiner *Topik*, »nicht jede These untersuchen, sondern nur solche, wo es zur Lösung obwaltenden Zweifels der Vernunft bedarf und nicht der Züchtigung oder der gesunden Sinne«[1]. Wenn etwa einer öffentlich in Frage stelle, daß man »die Götter ehren und die Eltern lieben« solle, so sei nicht die Präsentation der Gegenthese angemessen, vielmehr Zurechtweisung.

Es gibt also das Indiskutable. Im exemplarisch zitierten Aristotelischen Falle handelt es sich dabei nun allerdings gerade nicht um ein kognitives Element unseres Verhältnisses zur Wirklichkeit, vielmehr um religiöse und moralische Normen. Soziale Geltung solcher Normen besagt, daß der Verstoß wider sie sanktioniert ist, und eben das überträgt sich in plausibler, erläuterungsunbedürftiger Weise vom unmoralischen Handeln auf die öffentlich bekundete Meinung, daß man solches Handeln für richtig halte oder vorziehe. Wer solche Meinungen riskiert, macht sich unmöglich, gilt bestenfalls als Zyniker, der sich mit seinen Zynismen interessant machen will und den man entsprechend nicht

[1] Aristoteles, *Topik* I 11; 105 a 3–7.

ernst nimmt. So oder so bewirkt die skandalöse moralische Meinungsbekundung Selbstausschluß aus dem Kreis derer, die man für kompetent hält, an öffentlichen Erörterungen teilzunehmen. Weniger gravierend ist demgegenüber die Selbstdisqualifikation durch manifeste Wahrnehmungsdefizienz. Auf Irrtümer, denen Farbenblindheit zugrunde liegt, reagiert man ja nicht mit Aburteilen, vielmehr mit guten Ratschlägen, aber doch eben auch mit Ausgrenzung aus Öffentlichkeiten, zu denen der Zugang von der Erfüllung standardisierter, pragmatisch erforderlicher Kompetenzen abhängt. Man nehme Farbenblindheit als Metonym für disqualifizierende Diskussionsinkompetenzen jeglicher Art – dann ergibt sich in der Zusammenfassung als einer der Schlußsätze der Aristotelischen *Topik* die Empfehlung, man solle »nicht mit jedem disputieren und sich nicht mit dem ersten besten einlassen«[2].

Der Begriff diskursiver Öffentlichkeit, den uns die Aufklärung hinterlassen hat und der bis in den Gemeinschaftskundeunterricht hinein die öffentliche Meinung über Öffentlichkeit prägt, verändert sich und gewinnt an Realitätsfremdheit, wenn wir aus der Perspektive der zuletzt zitierten Aristotelischen Disputationsregeln uns die soziale Realität öffentlicher Debatten vom Schlagabtausch der Zwischenrufer in den Plenarsessionen unserer Parlamente bis hin zu den massenmedialen Talkshows vergegenwärtigen. Der Zwang zwingender Argumente manifestiert sich tatsächlich dann und wann. Schlechterdings herrschaftsfrei verläuft aber die Abfolge der Argumente keineswegs. Als Raum diskursiver Prozesse ist die Öffentlichkeit vielmehr Schauplatz permanenter Offenbarmachung des Indiskutablen. Das Unerhörte wird laut, das Lächerliche tut seine Wirkung, die Dummheit macht wortlos, und komplementär dazu hört man auch, wie mit einem einzigen Argument aus neuer oder auch traditionsbefestigter Einsicht der Nagel auf den Kopf getroffen und eine handlungsfähige Mehrheit gebildet wird. Verliefen diskursive Prozesse anders, so wären die zitierten Aristotelischen Regeln gegenstandslos, und die uns von der Demoskopie so eindrucksvoll präsentierte Phänomenologie der öffentlichen Meinung als eines über Anpassungsdruck, Selbstausschluß von Partizipationschancen und Disqualifikationen mittels Indiskutabilitätsfeststellungen verlaufenden Machtbildungsprozesses bliebe unverständlich. Die Aristotelischen Disqualifikationsregeln haben demgegenüber den Sinn der Konstituierung einer akademischen Sondergruppenmoral, die ihre kognitiv leistungsfähigere Disputationskunst durch verschärfte Abgrenzung vom Indiskutablen sichert.

Daß moralische Meinungsäußerungen, die von der herrschenden gemeinen Moral abweichen, disqualifizierend wirken, ist trivial. Nicht trivial ist, wieso sich

2 Aristoteles, *Topik* VIII 14; 164 b8ff.

just in modernen Öffentlichkeiten Tendenzen der Moralisierung, die Disqualifikationen erlauben und verlangen, in zunehmendem Maße auf kognitive Meinungsgehalte erstrecken. Um das verständlich zu finden, hat man sich zunächst noch einmal zu vergegenwärtigen, daß unbeschadet der Tatsache, daß Meinungen, über das, was der Fall ist, als solche nicht Meinungen über moralisch Gebotenes, Erlaubtes oder Verbotenes sind, nichtsdestoweniger moralisch bedeutsam sein können. Wenn denn nun erwiesen ist, daß Rauchen unsere Gesundheit gefährdet, so ist es eben diese Erkenntnis, deren öffentliche Mitteilung als Erkenntnis genügt, um warnend zu wirken und damit als Ermunterung, daraus doch endlich die praktischen Konsequenzen in entsprechender Erfüllung wohlbekannter Pflichten gegenüber uns selbst zu ziehen. Öffentliche Moral hat insoweit die Geltung als das Ensemble der Regeln, die uns sagen, was wir tun müssen, damit wir können, was wir doch nach unbestrittener gemeiner moralischer Meinung sollen – also im fraglichen Fall im eigenen Interesse wie im Interesse aller, die von uns abhängig sind, uns tunlichst gesund zu erhalten. Dabei wird man anzuerkennen haben, daß neue Einsichten über kausale Wirkungszusammenhänge, die der gemeinen Lebenserfahrung nicht ohne weiteres zugänglich sind, ihre Zeit brauchen, um sich herumzusprechen. Überdies ist plausibel, daß neue, alltagsferne Einsichten in Wirkungszusammenhänge sich versinnlichen müssen, um einen praktisch-moralischen Aufforderungscharakter zu bekommen. Dafür mag dann der Besuch einer anatomisch-pathologischen Ausstellung nützlich sein, in der plastinierte Lungen zur Schau gestellt sind – links eine Raucherlunge und rechts eine Nichtraucherlunge, und schon gewinnt schockartig das progressive Hüsteln eine neue, gewohnheitsvergällende Bedeutsamkeit. Irgendwann ist alsdann in der öffentlichen Meinung der Punkt passiert, jenseits dessen besorgnislose Reaktionen auf die Mitteilungen im öffentlichen Vortrag eines Lungenfacharztes, gar die inkompetente Bestreitung der fraglichen Wirkungszusammenhänge eine moralische Qualität annimmt. Sie gerät in den Ruch der Leichtfertigkeit, ja der Unverantwortlichkeit gegenüber allen, auf die die eigene Meinung prägend wirken könnte. Eben das heißt dann: Eine Kognition ist moralisiert. Ihre Bestreitung ist indiskutabel geworden, und wer sie dennoch bestreitet, wird abqualifiziert.

Dieser Vorgang ist von durchsichtiger diskursiver Rationalität. Er dementiert in wohlbestimmter Hinsicht, daß zwischen Sein und Sollen sich ein Hiatus auftut. Ein sogenannter naturalistischer Fehlschluß liegt nicht vor. Es wird auch gar nicht behauptet, daß Behauptungen über das, was der Fall ist, als solche bereits normativen Charakter hätten. Nichtsdestoweniger sind es gegebenenfalls diese Behauptungen, die in Verbindung mit einer orientierungspraktisch übergeordneten Verbindlichkeit Handlungsregeln konstituieren. Wer weiß, was er soll, aber noch nicht weiß, was er tun muß, damit er kann, was er soll, erfährt es gegebenenfalls, wenn ihm die Wirkungszusammenhänge bekannt gemacht werden, ohne deren Berücksichtigung die Erfüllung einer Norm gar nicht möglich wäre. Mit dem Grad der Komplexität unserer zivilisatorischen Lebensvoraussetzungen wächst der Common-sense-transzendente Anteil der kognitiven Bedingungen der Erfüllbarkeit unserer moralischen und gesetzlichen Pflichten. Damit wächst zugleich die Menge der Fälle, in denen bis in die Politik hinein der Streit um die angemessene Antwort auf die Frage, was denn zur gebotenen Emendation unserer Lebensumstände zu tun oder zu lassen sei, die Form eines Streits um die Wissensbedingungen der gesuchten Antwort annimmt. Gibt es statistisch ausweisbare Korrelationen zwischen elektromagnetischen Feldern, denen Menschen ausgesetzt sind, einerseits, und signifikant häufig auftretenden Erkrankungen eben dieser Menschen andererseits? Der Laie nimmt an, das müsse sich doch feststellen lassen, so daß wir auf eine Spur kognitiv aussichtsreicher Erforschung kausaler Wirkungszusammenhänge gelangten. Und weiter möchte man annehmen, daß wir gerade wegen der potentiell erheblichen praktischen Bedeutung einschlägigen Wissens unser Interesse darauf konzentrierten, zu erfahren, was sich denn hier nun über das, was der Fall ist, sagen lasse – sei nun dieses oder auch etwas anderes der Fall.

Mit der praktischen Relevanz des Wissens wächst die Verpflichtung zur kognitiven Indifferenz gegenüber diesem Wissen, das heißt die Verpflichtung zur Bereitschaft der Anerkennung dessen, was ist, unabhängig von der Erfreulichkeit oder Unerfreulichkeit unseres Wissens darüber. Im fraglichen Fall gilt ja sogar: Je unerfreulicher leider ist, was uns die Forschung gegebenenfalls wissen läßt, um so rigoroser gilt die Verpflichtung zur kognitiven Anerkennung der mißlichen Wahrheit.

Daß es ephemer komfortabel sein kann, sich am Schein der Wahrheit statt an den Fakten zu orientieren – das ist eine ebenso triviale wie fundamentale Einsicht. Illusionen, ja Lügen sind in gewissen Situationen geeignete Selbstbehauptungsmedien. Die Trauben sind sauer – so findet der Fuchs, dem sie zu hoch hängen. Bei Aesop war, wie man interpretieren muß, die befremdliche Behauptung des Fuchses nicht eine Selbsttäuschung zu Selbsttröstungszwecken, vielmehr eine Lüge, die sich an die Adresse eines Publikums von Tieren richtete, dem der Fuchs die Schadenfreude nicht gönnen mochte, die sie hätten, wenn sie ausgerechnet den schlauen Fuchs entbehren sähen, was er gern hätte. Nachchristlich und überdies durch Karl Marx, Friedrich Nietzsche oder Sigmund Freud trainiert, sehen wir überall Selbsttäuschungen wirksam, und entsprechend drängt sich uns die Vermutung geradezu unwiderstehlich auf, die These von der gesundheitspraktischen Unschädlichkeit von elektromagnetischen Feldern müsse wohl in erster Linie bei Handy-Herstellern oder auch bei den Betreibern von Starkstromleitungen verbreitet sein. Manifeste wirtschaftliche Interessen legen diese Vermutung nahe. Aber die Eigenschaft, nicht ein Subjekt dieser Interessen zu sein, wäre im Gegenzug auch nicht geeignet, die Meinung von der Schadensträchtigkeit elektromagnetischer Felder zu stützen.

So oder so: Wieso überläßt man die Beschaffung von empirischen Evidenzen zur Beantwortung der Frage nach den Wirkungen der fraglichen Felder nicht einfach emotionslos der Forschung? Tatsächlich geschieht das nicht. Dabei sind bereits einige Forschungsresultate verfügbar, die eine vergleichsweise stärkere Beeinträchtigung der Gesundheit von Bevölkerungsgruppen feststellen, die in unmittelbarer Nähe von Starkstromleitungen wohnen. Die Betreiber dieser Leitungen hätten somit Anlaß, an den Ergebnissen von Zusatzforschungen über etwaige kausale Zusammenhänge interessiert zu sein. Für die Technikfolgenwarner gilt aus anderen Gründen dasselbe. Dennoch äußerten sich diese Warner nicht erleichtert, vielmehr empört, als sie sich mit der keineswegs willkürlichen, vielmehr ihrerseits gesundheitswissenschaftlich basierten Vermutung konfrontiert fanden, der beeinträchtigte Gesundheitszustand der fraglichen Bevölkerungsgruppen könne seinen Grund in sozialen Lebensumständen haben, die unter Hochspannungsleitungen eher als in Wohnvierteln gehobenen Standards anzutreffen sind. Und abermals ließe sich erwidern, daß man sich doch auch im praktischen Umgang mit diesem Zusatzproblem zunächst einmal emotionsfrei dafür interessieren sollte, was denn insoweit tatsächlich der Fall sei – ob also und wie schichtenspezifische Lebensweisen sich im sozialstatistischen Durchschnitt gesundheitlich auswirken und ob und wie sich hier etwas in wünschenswerter Richtung pädagogisch oder auch gesundheitspolitisch beeinflussen lasse.

Indessen: Die emotionale Distanz im Verhältnis zu den kognitiven Voraussetzungen unserer Wirklichkeitsorientierung enthält die Zumutung, sich im praktischen Urteil, moralisch wie politisch, zurückhalten zu sollen. Sich damit zu begnügen, sich an das wirklich bereits verfügbare Wissen halten zu sollen, ist mit Verunsicherungsfolgen verbunden. Der gute Wille, der angesichts unleugbarer Übel doch eingreifen und handeln möchte, macht Erfahrungen der Frustration. Er sieht sich von Zögerern und Aufhaltern umstellt, die, statt Entscheidung und Handeln, zunächst einmal die Herbeischaffung solideren Wissens verlangen und vor dem Aufruf zur Tat ein theoretisches Kalkül der Erfolgsbedingungen dieser Tat.

Die progressive Moralisierung des Wissens ist eine Reaktion auf diese Lage. Die einfache Unterscheidung von Gut und Böse restabilisiert uns angesichts der Desorientierungsträchtigkeit einer zivilisatorischen Lage, die wegen der Komplexität der Wissensvoraussetzungen rationalen Handelns gewißheitsmindernd wirkt. Moralische Dezision durchhaut den schwer entwirrbaren Knoten moderner Lebensrealität. Die Menge dessen, was nicht wahr sein darf, das Indiskutable also, wächst entsprechend komplementär zum Komplexitätsgrad der kognitiven Prämissen moderner Lebensverbringung und damit zum Ausmaß von Diskussionsbedürftigkeiten. Der objektiv zunehmende Wissensbedarf erzeugt zugleich Aufklärungsresistenzen.

Nachdem wir medial über die Abholzung der Tropenwälder informiert worden sind und über einige für wahrscheinlich gehaltene klimatische Folgen dieses Vorgangs desgleichen, möchte jedermann gern seinen Beitrag zur Rettung der Wälder leisten und engagiert sich in seiner Kirchengemeinde unter dem Großziel der »Bewahrung der Schöpfung« gegen die geplante Tropenholzarmierung der Kanalbrücke im Dorf seitens der zuständigen Gemeindeverwaltung. Der Widerspruch des örtlichen Holzhändlers löst Empörung aus. Seine Geschäftsinteressen sind doch bekannt, auch verständlich, aber im gegebenen Handlungszusammenhang doch indiskutabel – meint man. Der Händler indessen macht geltend: Der Tropenwald ist tatsächlich höchst gefährdet – es sei denn, die Autochthonen am Amazonas oder auf Sumatra lernten, ihren Wald als Forstwirte zu nutzen, und dazu gehöre ein weltweiter Markt mit Absatzchancen für ihre Produkte bis in das hiesige Dorf hinein. Entsprechend leiste man einen zusätzlichen Beitrag zur Erhaltung des Waldes, wenn man nun auch noch die abgängigen Möbel des Gemeindehauses durch Tropenholzmöbel ersetze. Das sei zwar teuer, aber eben darin doch ein Opferbeitrag zur Verbesserung der Lebensumstände der Armen in der Dritten Welt einschließlich der Sicherung ihrer naturalen Lebensvoraussetzungen.

Es kommt hier nicht auf die materielle Prüfung der zitierten Argumente an. Der Witz der zitierten realen Exempel aus beliebigen aktuellen öffentlichen Diskursen ist, daß sie ineins Sinnwidrigkeit und Unvermeidlichkeit der Moralisierung kognitiver Prämissen praktischer Engagements in einer komplexen wissenschaftlich-technischen Zivilisation sichtbar machen. Die Reihe analoger Exempel ist beliebig verlängerungsfähig, und in ihrer Summe lassen sie uns die Naivität der Erwartung erkennen, daß mit der Expansion des Wissens eo ipso auch die Bereitschaft zur Akzeptanz dieses Wissens in Anerkenntnis der moralisch indifferenten Geltung seiner guten Gründe zunimmt.

Wieso lösten denn Eysenk und Jensen Empörung mit der Veröffentlichung vermeintlicher Forschungsergebnisse aus, wonach meßbare Intelligenz im sozialstatistischen Durchschnitt nach Rassenzugehörigkeit variiere? Die erklärte Nicht-Akzeptanz solcher Forschungsergebnisse wäre natürlich richtig, soweit ihre forschungspraktische Solidität zweifelhaft ist – sei es faktisch im vorliegenden Fall, sei es prinzipiell aus wissenschaftstheoretischen Gründen, die das gewählte Forschungsverfahren betreffen. In einem solchen Fall allerdings wäre zugleich Empörung eine übertriebene Reaktion. Fachinterne Disqualifikationen durch Rezensenten, die die Verletzung wissenschaftspraktischer Standards monieren, würde genügen. Was nichtsdestoweniger im fraglichen Fall die Empörung auslöste, liegt auf der Hand: Man vermutete, obwohl doch die Menschheit und mit ihr die Wissenschaft durch die Folgen der Herrschaft nationalsozialistischer Rassenideologie eines Besseren hätte belehrt sein sollen, die wissenschaftsinterne Renaissance eben dieses Rassismus. Insofern wäre denn die Empörung eine erfreuliche, ja zustimmungspflichtige Sache gewesen, und zweifellos betätigten sich die Studenten, die gegen Eysenk und Jensen demonstrierten, als bekennende Anti-Rassisten. Nichtsdestoweniger schoß hier der gute moralische Wille weit übers Ziel hinaus, indem er implizit als kognitive Voraussetzung für die Gleichheit aller Menschen in ihrer Menschenrechtssubjektivität die Gleichheit eben dieser Menschen in der Inhaberschaft gewisser meßbarer empirischer Eigenschaften verlangte. Daß meßbare Intelligenz ungleich verteilt ist, darf als trivial gelten. Wieso soll es dann indiskutabel sein, daß sie auch in Korrelation mit Rassenzugehörigkeiten ungleich verteilt sei? Es mag ja kognitiver Nonsens sein, daß das der Fall ist. Aber der Anspruch auf Gleichheit aller Menschen in der Inhaberschaft von Menschenrechten erführe dadurch keinerlei Stützung – es sei denn, man erhöbe die rassenindifferente Gleichverteilung von meßbarer Intelligenz zu einem Menschenrecht, was seinerseits Nonsens wäre. Man schwächte nämlich die unverbrüchliche Anerkennung der Gleichheit aller Menschen als Menschenrechtssubjekte, wenn man diese Gleichheit auf eine moralisierte kognitive Prämisse, nämlich auf ein Wahrheitsverbot, gründen wollte.

In guter Absicht gewisse Aussagen über die Wirklichkeit für unzulässig zu halten und so indiskutabel zu machen – diese diskursive Praxis des Umgangs mit moralisierten kognitiven Gehalten ist nicht nur auf dem Campus verbreitet. Justizbehörden sahen sich veranlaßt, in der Kriminalstatistik bei der Häufigkeitsverteilung der Kriminalität auf verschiedene Bevölkerungsgruppen nach Kriterien des Alters, des Geschlechts und der Regionalität einen Unterschied zwischen Inländern und Ausländern nicht zu machen – als ob es nicht wahr sein dürfe, daß auch über diesen Unterschied hinweg Kriminalität nicht gleichverteilt auftritt. Möchte man marginal verbreiteter Ausländerfeindlichkeit keine Argumente liefern? Das wäre ersichtlich eine sehr törichte politpädagogische Beflissenheit. Gerade beschwiegene unangenehme Tatsachen bauschen sich in der öffentlichen Meinung auf. Die moralisch indifferente Positivität der Fakten hingegen bringt schließlich zur Evidenz, daß man, wenn man sie ändern möchte, zunächst noch zusätzliche Faktenkenntnis nötig hätte, um erfolgreich zu sein – im fraglichen Fall Kenntnis des Anteils der Verstöße gegen Gesetze, die Zuwanderung und Aufenthalt von Ausländern regeln, an der Ausländerkriminalität insgesamt.

Natürlich weiß man, wieso es einen Gewerkschaftsführer empört, wenn ein Debattenredner auf das Faktum verweist, daß in etlichen hochentwickelten Ländern die Jahresarbeitszeit beträchtlich länger, dafür aber die Arbeitslosenrate sehr viel geringer ist. Man versteht auch, daß Schöpfungsbewahrungseifer Kirchentagsbesucher mit Unwillen auf die Mitteilung eines Experten reagieren läßt, der manifeste Klimawandel könne auch Ursachen, gegebenenfalls zusätzlich Ursachen haben, die mit den geophysikalischen Auswirkungen der zivilisatorischen Evolution in gar keinem Zusammenhang stehen. Es überrascht nicht, daß die Anhänger der Todesstrafe in den USA mit begründeten Vermutungen über den Justizmordanteil an den vollstreckten Todesstrafen ihre Schwierigkeiten haben. Anhänger der Fristenlösung im Abtreibungsrecht durften sich daselbst sogar mit der Auskunft an die Öffentlichkeit wagen, sie hätten mit der Präsentation von Zahlen über die Todesrate bei illegalen Abtreibungen massiv übertrieben. Wir sind es gewohnt, daß Sicherheitsexperten mit ihren Mitteilungen über Risiken, die nach statistischer Evidenz als unvermeidlich eingeschätzt werden müssen, als Zyniker gelten. Die Gründe für den sich ausbreitenden Unmut im Förderverein der Gesamtschule liegen auf der Hand, wenn der Gastredner die Trivialität traktiert, daß in egalitären Gesellschaften über unvermeidlicherweise ungleiche Formen der Chancengleichheitsnutzung die tatsächlich erreichten Kompetenzniveaus immer weiter auseinanderdriften. Es wäre tatsächlich unbillig zu erwarten, daß der Sozialpolitiker, der empfiehlt, die Folgen der demographischen Entwicklung für die Rentenversicherung durch geeignete neue Formen der Zuwanderung zu kompensieren, zugleich auch die Zahl der in Deutschland bis zur Mitte des neuen Jahrhunderts benötigten Zuwanderer benennt, wenn man eine vollständige einschlägige Kompensation wünschte – nämlich mehr als einhundertfünfundachtzig Millionen.

Kurz: Wir sind an die diskursiven Folgen der progressiv verlaufenden Moralisierung kognitiver Gehalte unserer praktischen Wirklichkeitsorientierung inzwischen gewöhnt. Die exemplarische Reihe von Verboten und Geboten, die sich auf Mitteilungen über Fakten beziehen, ist beliebig verlängerungsfähig, und sie wüchse noch einmal an, wenn man die geschichtspolitische Moralisierung öffentlicher Mitteilungen darüber, wie es wirklich gewesen ist, miteinbezöge. Es wäre nun gänzlich unproduktiv, sich zu diesem Bestand fortschreitender Moralisierung von Wirklichkeitsannahmen, die in der öffentlichen Meinung eine Rolle spielen oder auch spielen sollten, nun seinerseits moralisierend zu verhalten. Nützlicher ist es, sich die Unvermeidlichkeit des fraglichen Vorgangs verständlich zu machen. Erst dann ließe sich sagen, wie man sich rational auf ihn einstellen könnte.

Wieso also nimmt modernitätsabhängig unsere Bereitschaft zur moralisch indifferenten Anerkennung von Fakten ab, während doch zugleich unsere praktische Angewiesenheit auf Kenntnis dieser Fakten zunimmt? Die Antwort auf diese Frage sei abschließend noch einmal in Aufnahme des beiläufig dazu schon Gesagten zusammengefaßt. Zunächst nimmt mit der Verwissenschaftlichung unserer Zivilisation, das heißt mit der fortschreitenden Abhängigkeit unserer zivilisatorischen Lebensvoraussetzungen von forschungspraktisch erzeugtem Wissen die Common-sense-Transzendenz unserer kognitiven Lebensvoraussetzungen zu. Die relative Reichweite unserer Primär-Erfahrung nimmt ab. Komplementär dazu nimmt das Ausmaß des uns abverlangten Vertrauens in die Solidität der Expertenkompetenz zu. Die Vertrauenswürdigkeit wird nach der Verläßlichkeit ihrer Leistungen eingeschätzt. Zugleich wächst mit der Verwissenschaftlichung unserer Zivilisation der Anteil der Lebensrisiken, die wir ganz unabhängig von ihrer gegebenen oder auch nicht gegebenen Abwendbarkeit statt dem Naturlauf oder vertrautem menschlichen Versagen Expertenirrtümern anzulasten haben. Vertrauensabhängig sind wir zugleich enttäuschungsbedroht. Fachmännische Versicherungen werden skepsisbereit zur Kenntnis genommen, und bei wiederholten Malheurs erscheinen sie schließlich als unzulässig. Statistische Belehrungen über die sehr geringen Eintrittswahrscheinlichkeiten der fraglichen Unglücksfälle treffen beim Publikum unbeschadet des sich ausbreitenden Versicherungswesens auf eine immer noch kulturhistorisch bedingt mangelhaft ausgebildete Fähigkeit des rationalen Umgangs mit Risiken. Für die Verbesserung dieses Umgangs werden bei neu auftretenden Risiken Gewöhnungsfristen benötigt, und mit der wachsenden wissenschaftlichen und technischen Innovationsdynamik wächst die Wahrscheinlichkeit, daß wir uns von neuen Risiken bedrängt wissen, bevor noch die älteren gewöhnungspraktisch verarbeitet waren. Die Befindlichkeitsfolgen dieser Lage wirken zwangsläufig auf unser Verhältnis zu den kognitiven Prämissen der realen Lagen, die uns zu schaffen machen, zurück, und unsere Zweifel an der erkenntnispraktischen Solidität dieser Prämissen, die zu prüfen dem Laien ohnehin nicht möglich wäre, verwandeln sich in Zweifel an der Vertrauenswürdigkeit der Experten, die sie zu vertreten haben. Überdies nimmt mit der Komplexität risikoträchtiger Lagen die Wahrscheinlichkeit zu, daß auch die Experten ihrerseits sich in ihrer Beurteilung gar nicht einig sind – nach Kausalität, Risikoträchtigkeit und Prognose. Auf Erfahrungen mit solchem Expertendissens reagiert der Bürger mit Vertrauensentzug, und das ist, anthropologisch gesehen, eine rationale Reaktion. Die beruhigend gemeinte Versicherung, die Kollegen mit der abweichenden Ansicht der Dinge repräsentierten eine Minorität von fachintern geringer Geltung, bleibt, auch wenn sie zutrifft, gänzlich wirkungslos, weil man ja diese Versicherung einzig auf jenes

Vertrauen hin annehmen könnte, das sich schon durch das pure Faktum manifester Uneinigkeit unter den Fachleuten erschüttert fand. Hinzu kommt, daß die Betroffenheiten von der Gunst und Ungunst der Folgen und Nebenfolgen technisch umgesetzter und ökonomisch genutzter Wissenschaft sozial höchst ungleich verteilt sind. Die Versorgungssicherheit im Verbundsystem der Erzeuger und Verteiler elektrischer Energie schätzt ein jeder, aber das Leben im Schatten der Kühltürme und Wasserdampffahnen niemand. Für das Verhältnis zu den technischen Aggregaten alternativer Energieerzeugung gilt von den neuen Kleinkraftwerken, die Gebirgswasserläufe in eine kleine Stauseenkette verwandeln, bis hin zu den Windrädern dasselbe. Hinzu kommt noch, daß die soziale Homogenität der Kenntnis- und Bildungsstandards, von denen unsere Fähigkeiten zur Verarbeitung von Informationen und damit unsere Diskursfähigkeit abhängt, mit dem Niveau der insgesamt erreichbaren Bildungsmöglichkeiten nicht etwa zunimmt, vielmehr abnimmt. Selbst und gerade noch die Massenmedien, ohne deren Leistungen moderne Demokratien gar nicht funktionsfähig wären, bewirken ja nicht Gleichheit der Kenntnisstände. Sie sind ganz im Gegenteil ein besonders wichtiger Faktor für die zunehmende Ungleichheit in der Verteilung urteilspraktisch nutzbaren Wissens. Überdies tragen sie zur Moralisierung öffentlicher Auseinandersetzungen auch noch und gerade in ihren kognitiven Aspekten durch ihre Prangerwirkung bei, die dann und wann sogar gezielt eingesetzt wird.

Die insoweit vorgetragene Beschreibung und Analyse der Anreicherung moderner Öffentlichkeiten mit Elementen dessen, was man jeweils für indiskutabel hält, ist nicht kulturkritisch gemeint. Ihr Sinn ist vielmehr, sichtbar zu machen, daß die Evolution diskursiver Öffentlichkeit dem Aufklärungsideal progressiv verlaufender Konsensbildung mittels der zwanglosen Macht zwingender Argumente nicht folgt. Dabei ist das fragliche Aufklärungsideal nicht deswegen unerreichbar, weil es, allzu hoch gestellt, an unseren residualen Schwächen, Dekadenzen oder auch an unseren reaktionär interessierten Fortschrittsverweigerungen scheiterte. Es scheitert vielmehr an seiner Wirklichkeitsfremdheit, wobei der Grad dieser Wirklichkeitsfremdheit modernisierungsabhängig nicht etwa, wie unzulänglich auch immer, abnimmt, vielmehr zunimmt. Anders gesagt: Die tatsächlich einmal ausgesprochene Erwartung, »die Einrichtungen einer verwirklichten Demokratie« würden sein »wie verschwebende Netze, aus zerbrechlichster Intersubjektivität gewoben«, repräsentiert nicht etwa eine kühne Erwartung, vielmehr Kitsch.

Die skizzierten Moralisierungstendenzen, die moderne Öffentlichkeiten prägen, begünstigen institutionenpolitisch Einrichtungen direkter Demokratie. Aus der Perspektive von Traditionalisten aufgeklärter Reformstaatlichkeit absolutistischer wie repräsentativ-demokratischer Prägung hört sich das paradox an. Wie sollte sich denn anders auf die Herausforderungen einer wissenschaftlich-technischen Zivilisation antworten lassen als mit den fachlichen und organisatorischen Kompetenzen einer modernen Verwaltung unter den Rahmenbedingungen der Vorgaben eines wohlberatenen und überdies reichlich mit personaler Sachkompetenz ausgestatteten Parlaments? In den Organisationskonzepten der jüngeren technokratischen Tradition gilt ohnehin die Prämisse, daß in einer wissenschaftlich-technischen Zivilisation der Anteil der Sachanforderungen ständig zunimmt, auf die sich rational nicht mit Mehrheitsentscheidungen antworten läßt, vielmehr einzig mit Sachverstand in einem System fachlich spezifizierter Zuständigkeiten. Statt dessen machen sich bis in die Verfassungsrechtspolitik hinein Tendenzen der Anreicherung demokratischer Ordnungssysteme mit Volksrechten bemerkbar. Für die neuen deutschen Bundesländer zum Beispiel gilt das, und wo es Volksrechte aus älteren Traditionen gibt, werden sie, wie in Bayern, häufiger und engagierter in Anspruch genommen. Für Länder wie Kalifornien oder auch für die Schweiz gilt das unter anderen historischen Voraussetzungen ohnehin, und bereits das Beispiel der beiden zuletztgenannten Staaten macht evident, daß es sich bei den fraglichen plebiszitären Bewegtheiten nicht um demokratieromantische Relikte der Vormodernität handeln kann. Eher findet man hier Gründe für die Vermutung, daß die Freudigkeit in der Inanspruchnahme von Volksrechten komplementär zum Modernitätsgrad der zivilisatorischen Lebensvoraussetzungen anwächst.

Wieso ist das so? Eine der Antworten auf diese Frage könnte sein: Mit der Unsicherheit in der Bilanz des Für und Wider einer anstehenden Entscheidung, die sich auf Sachprobleme von sehr großer Komplexität bezieht, wachsen die Legitimitätsansprüche an die Entscheidung, die zu treffen ist, und eine Volksabstimmung ist das klassische Institut zur Verschaffung von Legitimität letzter Instanz. – Auch die unvermeidliche regionale und soziale Ungleichverteilung von Entscheidungsfolgen in komplexen Systemen begünstigt Formen der direkten Demokratie, evoziert vorweg schon Bürgerinitiativen und läßt an der Rationalität der Entscheidungen zentraler Instanzen zweifeln. Man hat das »Betroffenheitsdemokratie« genannt, und auf deren unbestreitbare Lästigkeiten pflegt man mit der abschätzigen Kennzeichnung »St. Florians-Prinzip« zu antworten. Das Gegenargument lautet: Die regional und sozial ungleiche Verteilung der Auswirkungen von zentral getroffenen Entscheidungen gehört zu den Kosten, die wir für die historisch beispiellosen Wohlfahrtserträge der modernen Zivilisation zu zahlen haben, und einzig über Bürgerinitiativen und Bürgerbeteiligungen vor Ort lassen sich diese Kosten ermitteln und legitimatorisch akzeptabel aufarbeiten.

Und schließlich: Wenn es denn richtig ist, daß mit der Komplexität der Sachprobleme der Moralisierungsgrad öffentlicher Auseinandersetzungen bis in die Erörterung von Sachfragen hinein zunehmen muß, wenn es entsprechend realistisch ist, zu vermuten, daß sich darüber die Chancen, zu einem Sachkonsens zu gelangen, verringern, wenn somit die Entscheidungen entlang den jeweils verfügbaren Vertrauensüberschüssen zu treffen sind, dann ist es rational, wenn diese Überschüsse sich unwidersprechlich in Abstimmungen zur Geltung bringen. Dabei ist die traditionsreiche Unterstellung, praktizierte Volksrechte seien ein Medium der Emotionalisierung und damit der Irrationalisierung der Politik, unzutreffend. Das genaue Gegenteil ist der Fall. Umfang und Intensität der Rezeption entscheidungsrelevanter Information wachsen mit den Chancen der Beteiligung an den Entscheidungsprozessen. Entsprechend liegt das Niveau der Informiertheit politischer Öffentlichkeiten in volksrechtsreichen Systemen höher als in Systemen der reinen demokratischen Repräsentation. In der Zusammenfassung bedeutet das: Ohne Volksrechte sind demokratische Öffentlichkeiten in hochentwickelten Gesellschaften nicht in der Lage, die Informiertheitsstände und Rationalitätsniveaus auszubilden, auf die hochentwickelte Gesellschaften bei ihrer politischen Selbststeuerung angewiesen sind.

# 2. Schritt:

# Die Prägung des Normativen

# Die Antinomie vom Lügner und der Satz des Protagoras

*Anton Friedrich Koch (Tübingen)*

Dreierlei soll im folgenden unternommen werden. Erstens soll gezeigt werden, daß die Antinomie vom Lügner – »Dieser Satz ist nicht wahr« – sehr tiefe Wurzeln hat: Sie liegen weder im Selbstbezug noch im Wahrheitsprädikat, sondern in der Negation und, noch tiefer, in unserer Aussagepraxis als solcher. Zweitens wird eine Distinktion im Bereich der Sachverhalte eingeführt, und zwar zwischen gewöhnlichen, propositionalen Sachverhalten und seltsamen, vorpropositionalen Sachverhalten. Letztere mögen *Ursachverhalte* heißen. Ich werde die These vertreten, daß der Lügner einen nicht nur seltsamen, sondern paradoxen Ursachverhalt bedeutet, den man *das Nichts* nennen kann. Drittens soll auf dieser Basis eine Interpretation des Satzes des Protagoras erwogen werden, der zufolge der Satz besagt, daß wir Menschen, und zwar als Polis-Wesen, unverzichtbar sind für die Stiftung eines fragilen logischen Raumes inmitten des Nichts.

## 1. Die Antinomie

Die griechischen Klassiker, Platon und Aristoteles, haben neben dem diskursiven Denken, der διάνοια, ein intuitives Denken, die νόησις, anerkannt. Die deutschen Klassiker, mehr als 2000 Jahre später, waren sich nicht mehr ganz so sicher. Kant hat die intellektuelle Anschauung, jedenfalls für die Theorie und für uns endliche Wesen, bekanntlich verworfen; Fichte und Schelling haben affirmativ mit ihr operiert; Hegel schließlich hat eine interessante Vermittlungsposition vertreten: Es gibt zwar die Noesis bzw. intellektuelle Anschauung, aber nicht als eine Art des Denkens neben dem diskursiven Denken, sondern vielmehr als ein intuitives Denken, das sich nur in einer diskursiven Artikulation besonderer Art vollziehen kann. Hegels Terminus für diese wesentlich diskursiv artikulierte Noesis lautet »Spekulation«; und ihre diskursive Artikulation geschieht in jener besonderen Diskursform, welche seit Platon »Dialektik« heißt.

Ich möchte in dieser Frage hier keine These vertreten, sondern nur zu bedenken geben, daß der Diskurs (die Dianoia, das diskursive Denken) für sich genommen gebrechlich und infolgedessen anlehnungsbedürftig ist – ein bißchen

Noesis könnte da nicht schaden; denn der Diskurs steht unter einer Norm, die er prinzipiell nicht erfüllen kann: unter der Norm der Widerspruchsfreiheit. Dieser Sachverhalt liegt seit alters offen zutage, aber wir nehmen ihn nicht gehörig zur Kenntnis. Er liegt zutage als die wohlbekannte *Antinomie vom Lügner*, etwa in Gestalt der Behauptung: »Dieser Satz ist nicht wahr«, die dann und nur dann wahr ist, wenn sie nicht wahr ist. Sie ist ihrer eigenen Negation logisch äquivalent; ihre Wahrheit ist ihre Falschheit.

Der Lügnersatz ist sehr einfach gebaut: Er besteht (1) aus dem Subjektausdruck »Dieser Satz«, der sich auf den Lügnersatz selber bezieht, (2) aus dem Prädikat »ist wahr« und (3) aus dem aussagenlogischen Negationsoperator »nicht«. Dies ergibt zwar drei Prima-facie-Möglichkeiten, den Herd der Antinomie zu lokalisieren, aber in keinem Fall einen Ausgangspunkt für ihre Behebung. Denn daß sich, erstens, der Subjektausdruck eines Satzes auf den Satz selber bezieht, ist gang und gäbe (etwa in dem wahren Satz: »Dieser Satz besteht aus sechs Wörtern«) und läßt sich, wie Gödel bewiesen hat, für halbwegs ernst zu nehmende Sprachen (solche, in denen die Arithmetik formulierbar ist) auch gar nicht vermeiden. Am Wahrheitsprädikat, zweitens, ist auch nichts Verdächtiges festzustellen, und die Negation, drittens, ist so basal wie der Diskurs selber. Alles scheint also darauf hinzudeuten, daß sich die Antinomie vom Lügner nicht vermeiden läßt, daß folglich der Diskurs als solcher mit einem Widerspruch behaftet ist.

Nun wissen wir natürlich, daß es einen Teilbereich unseres Diskurses gibt, der in besonders expliziter Weise unter der Norm der Widerspruchsfreiheit steht (mit Hegel könnte man sagen, daß er nicht nur »an sich« unter dieser Norm steht, sondern daß diese in seinem Fall auch »gesetzt« ist), nämlich die Mathematik, und daß daher keineswegs zufällig die theoretische Wissenschaft zur Mathematisierung tendiert. (Allerdings ist es dann auch wieder aufschlußreich, daß es beweisbar keinen Beweis der Widerspruchsfreiheit der Mathematik gibt.) Wir wissen ferner, daß und wie in der mathematischen Logik, näher in ihrer semantischen Teildisziplin, der Modelltheorie, der Widerspruch des Lügners vermieden wird. Das Standardverfahren dazu geht auf Tarski zurück, der die Modelltheorie begründet hat, und beruht auf dem Grundgedanken, daß eine formalisierte Sprache nicht ihr eigenes Wahrheitsprädikat enthält. Doch was sich für einen kleinen, künstlich eingerichteten Teilbereich des Diskurses bewerkstelligen läßt, gilt deswegen noch nicht für unseren Diskurs als solchen. Tarski selber war sich jedenfalls völlig im klaren darüber, daß der umfassende Diskurs, den wir in unseren natürlichen Sprachen pflegen, sein eigenes Wahrheitsprädikat enthält und daher widerspruchsvoll, nämlich mit der Antinomie vom Lügner behaftet ist.

Man kann auch zeigen, daß das Wahrheitsprädikat im Lügner in einem gewissen Sinn unwesentlich vorkommt, nämlich nur als ein technisches Mittel, um auf dem indirekten Wege des semantischen Aufstiegs einen Satz, λ, zu formulieren, der seiner eigenen Negation logisch äquivalent ist (und der in diesem Sinn gar nichts weiter ist als seine eigene Negation):

$$\lambda \leftrightarrow \neg(\lambda)$$

Läse man diese Äquivalenz als Definition, so würde ihre Entfaltung – denn einer solchen bedürfte es, weil sonst im Definiens das Definiendum wiederkehrte – in einen unendlichen Analyseregreß münden, an dessen transfinitem Ende nichts als unendlich viele Negationszeichen (und Klammern) zu stehen hätten:

$$\lambda \leftrightarrow \neg(\lambda) \leftrightarrow \neg(\neg(\lambda)) \leftrightarrow \neg(\neg(\neg(\lambda))) \leftrightarrow \neg(\neg(\neg(\ldots)))$$

Da wir aber als endliche Sprecher eine unendlich lange Negation, noch dazu ohne vorgegebenen Ausgangssatz, nicht formulieren können, müssen wir uns des semantischen Aufstiegs, d. h. des Umwegs über das Wahrheitsprädikat, bedienen, um zu sagen, was hier gesagt werden soll: »Dieser Satz ist nicht wahr.« Dies ist an anderer Stelle ausführlich erörtert worden.[1] Genüge es daher festzuhalten, daß die Antinomie in unser Denken nicht erst mit der Möglichkeit kommt, in einem Satz explizit auf diesen Satz Bezug zu nehmen, und nicht erst mit der expliziten Einführung eines Wahrheitsprädikates oder mit dessen zu freizügigem Gebrauch, sondern schon mit der aussagenlogischen Negation. Das aber bedeutet vielmehr, daß die Antinomie nicht erst in den Diskurs kommen muß, sondern von Anfang an in ihm und eines seiner Wesensmerkmale ist.

Aus einem Widerspruch folgt *quodlibet*: alles. Wenn wir daher einen Widerspruch nicht vermeiden bzw. nicht auflösen können, sondern unser Denken in ihm gefangen und festgehalten wird, verliert das Denken, so scheint es, alle Bestimmtheit. Jeder Gedanke wird jedem Gedanken logisch äquivalent, und wir können nichts Bestimmtes mehr denken. Eine solche logische Katastrophe – der logische GAU – tritt im Fall des Lügners glücklicherweise nicht ein, und zwar deswegen nicht, weil wir den Lügner offenbar in logische Quarantäne nehmen: Wir verhalten uns ihm gegenüber im Wortsinn inkonsequent, ziehen keine Konsequenzen aus ihm, lassen ihn logisch brachliegen, so daß die logische Unbestimmtheit auf ihn beschränkt bleibt und nicht auf unser Denken insgesamt übergreifen kann. Jedenfalls mögen wir das hoffen. Aber da der Lügner nun einmal der Beweis für die Inkonsistenz des diskursiven Denkens ist, können wir

[1] Vgl. A. F. Koch, »Die Selbstbeziehung der Negation in Hegels Logik«, in: *Zeitschrift für philosophische Forschung* 53 (1999), 1–29.

nie sicher sein, daß die Antinomie, die wir in ihrer Lügnergestalt zwar in logischer Quarantäne isoliert haben, uns nicht in anderen Gestalten aus unvermuteten Gegenden des logischen Raumes heimsucht und die Bestimmtheit unseres Diskurses bedroht. Wir sollten daher vielleicht Wittgensteins Ratschlag folgen und den Lügner als isoliertes Denkmal über all unsere Sätze stellen[2] – und zwar als ein Denkmal, das uns an die Gebrechlichkeit des Diskurses mahnt und das sozusagen ein *Memento mori* unseres diskursiven Denkens ist.

Jedenfalls müssen wir unser geläufiges Bild vom logischen Raum berichtigen. Der logische Raum ist kein dem Denken transparenter, zeitloser, unbegrenzter Bereich des Möglichen und Denkbaren (kein Inbegriff fertiger möglicher Welten), sondern ein unübersichtlicher, wandelbarer, begrenzter und stets gefährdeter Bezirk, den wir dem umgebenden logischen Chaos jeweils eine Zeitlang als Heimstatt unseres diskursiven Denkens abringen, eine Lichtung oder vielmehr Rodung im logischen Urwald, an deren Rändern das logische Chaos nagt und in deren Mitte die Antinomie stets aus der logischen Quarantäne ausbrechen und unser Denken und Handeln verderben kann (wie es beispielsweise im Nationalsozialismus geschah, der ja nicht in grauer Vorzeit, sondern im 20. Jahrhundert in einer scheinbar höchst rationalen, technisch und wissenschaftlich führenden Gesellschaft auftrat). Mitten im Leben sind wir als sterbliche Wesen vom Tod umfangen; mitten im Denken sind wir als diskursive Wesen der Antinomie ausgesetzt. Die Antinomie kann als Unfall auftreten, wie der Tod als Unfall auftreten kann; aber sie ist letztlich mehr als ein Unfall, nämlich unser Schicksal, wie auch der Tod unser Schicksal ist.

## 2. Propositionale und vorpropositionale Sachverhalte

Die Einheiten des Diskurses sind die Aussagesätze. Mittels ihrer erheben wir Wahrheitsansprüche bezüglich der Realität, und die Ausschnitte der Realität, auf die wir uns dabei zu beziehen meinen, können wir *Sachverhalte* nennen. Wenn ein Wahrheitsanspruch berechtigt und der entsprechende Aussagesatz wahr ist, dann *besteht* der entsprechende Sachverhalt, dann ist er, mit einem anderen Wort, eine *Tatsache*. Die Verlockung, die Realität als in Tatsachen zerfallend zu denken, die einzelne Aussagen wahr machen (und andere Aussagen falsch), ist groß. Ich denke, daß man ihr widerstehen sollte, habe aber nichts gegen die Rede von Sachverhalten und Tatsachen einzuwenden, solange sie als bloße Redensart

[2] Vgl. L. Wittgenstein, »Bemerkungen über die Grundlagen der Mathematik«, in: *Schriften* 6, Frankfurt a.M. 1989, 256.

gemeint ist, solange also klar bleibt, daß Sachverhalte nicht als Entitäten eigenen Rechtes, nicht an ihnen selber, sondern nur als nachgeordnete Entitäten, nur an substantiellen Einzeldingen ihr Bestehen bzw. Nichtbestehen haben. Kurz, wenn man nicht vergißt, daß die Welt die Gesamtheit der Dinge, nicht der Tatsachen ist, darf man – ohne Absicht auf Reifizierung – auch von Sachverhalten und Tatsachen reden. Für den Diskurs hat Quine völlig recht, daß das Seiende, auf das wir uns mittels seiner ontologisch festlegen, die Dinge bzw. Gegenstände sind, die in den Wertebereich unserer Variablen fallen müssen, wenn unsere Sätze wahr sein sollen.

Für die Noesis hingegen, wenn wir uns auf sie denn einmal einlassen wollen, verhält es sich ganz anders. Weil ihr die propositionale Gliederung in Subjekt und Prädikat abgeht, denkt (beansprucht) sie nicht etwas *von* etwas (τί κατὰ τινός), sondern einfachhin *etwas*. Sie kann daher, wie Aristoteles *Metaphysik* Θ 10 ausführt, nicht falsch sein, sondern ist wahr in einem Sinn von Wahrheit, der tiefer liegt als der Kontrast von Aussagewahrheit und -falschheit. Die Noesis erhebt keine *Ansprüche* auf Wahrheit und braucht daher keine Beweislasten oder Begründungspflichten zu übernehmen; sie *ist wahr* vor aller Möglichkeit des Irrtums und der Täuschung. Sie erfaßt Seiendes, indem sie es, wie Aristoteles sagt, gleichsam »berührt«.[3] Ihre Wahrheit ist daher nicht normativ, als epistemische Richtigkeit, zu verstehen, sondern ursprünglicher: als Unverborgenheit des Erfaßten für die erfassende Noesis, d.h. als ἀλήθεια in dem von Heidegger hervorgehobenen Sinn. Die Wahrheit der Noesis und die Unverborgenheit des von ihr erfaßten Sachverhaltes sind ein und dasselbe.

Der Diskurs erfaßt propositional gegliederte Sachverhalte, die nicht an ihnen selber, sondern an Einzeldingen bestehen, falls sie bestehen, und die, falls sie nicht bestehen, an Einzeldingen ihr Nichtbestehen haben. Die Noesis, wenn es sie gibt, erfaßt – und sei es, wie Hegel annimmt, durch propositionale Vermittlung hindurch – vorpropositionale Sachverhalte, die ihr Bestehen nicht an anderem, sondern an ihnen selber haben, die folglich bestehen und existieren müssen, um überhaupt erfaßt werden zu können. Ich werde sie der Kürze halber *Ursachverhalte* nennen (und hätte sie ebensogut *Urtatsachen* nennen können, weil sie nicht *nicht* bestehen *können*).[4] Zweifellos haben die Vorsokratiker unter dem

[3] Aristoteles, *Metaph.* Θ 10; 1051 b 24f.

[4] Auch für die αἴσθησις, die sinnliche Wahrnehmung, sind in der Philosophiegeschichte Ursachverhalte – sinnliche Ursachverhalte – als Inhalte bzw. Gegenstände angenommen worden, so etwa von Aristoteles die einem jeweiligen Sinn eigentümlichen Sensibilia (z.B. okkurrente Farbqualitäten für den Gesichtssinn) und von Hume die Sinneseindrücke. Bezüglich der einen wie der anderen sind wir den entsprechenden Theorien zufolge denn auch unfehlbar.

Seienden nicht primär die Einzeldinge und erst recht nicht propositionale Sachverhalte, sondern, grundlegender, Ursachverhalte verstanden. Erst Platon und Aristoteles haben die Unterscheidung zwischen Ursachverhalten, Einzeldingen und nachgeordneten propositionalen Sachverhalten (nicht unter diesen Bezeichnungen, versteht sich) herausgearbeitet. So wird in Platons Dialog über den Sophisten dieser als Verfertiger von täuschendem Schein bestimmt, eine Definition, gegen die sich der Sophist unter Berufung auf Parmenides wehrt, der gelehrt hatte, daß das Nichtseiende weder sei noch gedacht werden könne. Wenn das Nichtseiende aber nicht ist und demnach auch nicht erfaßt werden kann, dann kann es auch nicht als seiend ausgegeben werden. Also, schließt der Sophist, kann es keinen täuschenden Schein und keinen Verfertiger eines solchen geben.

Platon läßt den Fremden aus Elea entgegnen, daß es die unhintergehbare propositionale Gliederung der Aussage – selbst noch der kürzesten – ist, welche die Zweiwertigkeit der Aussage und die Irrtumsmöglichkeit garantiert. Dies war ein wichtiger Schritt in der Philosophiegeschichte, durch den klargestellt wurde, daß und inwiefern es Sachverhalte gibt, die nicht bestehen (keine Tatsachen sind): nämlich dank des propositionalen *Als* (das *im* Aussagesatz als Kopula explizit gemacht werden kann). Platon und nach ihm Aristoteles waren aber weit davon entfernt, die Möglichkeit irrtumsimmuner, vorpropositionaler Erkenntnis zu leugnen. Sowohl die Platonischen Ideen als auch die Aristotelischen substantiellen Formen sind Ursachverhalte, deren Existenz ihr Bestehen ist und die in intellektueller Schau irrtumsimmun erfaßt werden können. Andererseits sind sie freilich auch dem Aussagesatz, nämlich der Definition, zugänglich und vermitteln insofern den Kontakt zwischen vorpropositionaler Schau und propositionaler (diskursiver) Erkenntnis.

Betrachten wir nun noch einmal den Lügner. Es handelt sich um einen Aussagesatz; folglich drückt er einen *propositionalen* Sachverhalt aus, freilich einen antinomischen Sachverhalt, dessen Bestehen als Tatsache zugleich sein Nichtbestehen ist. Es scheint, daß an dieser Stelle der Diskurs sich in sich selbst verschließt und nicht mehr durchlässig ist für objektiv Der-Fall-Seiendes. Unser diskursives Denken kreist hier ohne bestimmtes Objekt in sich als ein undurchdringlicher Schein und wird in diesem Grenzfall absoluter Reflexion zu einem bloßen Zeichen – σῆμα – dessen, was sich nicht an ihm selber zeigen kann: des logischen Chaos außerhalb des Der-Fall-Seienden und Erkennbaren (d. h. außerhalb des logischen Raumes). Zugleich ist diese logische Singularität auch das Grab – wiederum σῆμα – des Diskurses, der hier seinen Schiffbruch erleidet und zu einem antinomischen Ursachverhalt regrediert.

Weil Parmenides diese – in zweifachem Sinn semantische – Regression nicht nur als eine mit dem Diskurs gesetzte Möglichkeit und einen Grenzfall, sondern als die ausschließliche Wirklichkeit des Diskurses ansah, sprach er diesem ab, denkendes Erkennen zu sein. Nur in der Noesis dringen wir durch zum Der-Fall-Seienden, das dann, wenn wir uns den Diskurs und die mit ihm gesetzte Möglichkeit der Negation versagen, freilich ganz homogen und undifferenziert Eines ist, das Seiende rein als solches und als Singularetantum.

Andererseits kann der Diskurs, wenn wir der Noesis wahres Erfassen des Seienden zutrauen, nicht völlig wahrheitsunfähig sein; denn immerhin versetzt er uns in die Lage, die Noesis und ihre Wahrheit zu thematisieren, und erweist sich ferner als unverzichtbar für die Rettung der Phänomene des Werdens und der Vielheit. Den Diskurs etwas höher bewertend, als Parmenides empfahl, wollen wir daher folgendes von ihm sagen: Er erstreckt sich zwischen zwei Polen, dem positiven Pol des singulären Seienden, das in der Noesis als affirmativer Ursachverhalt erfaßt wird, und dem negativen Pol eines paradoxen, nichtigen Ursachverhaltes, der sich dem Erfaßtwerden entzieht, weil sein Bestehen sein Nichtbestehen ist, der aber, wenn schon nicht leibhaftig im Denken erfaßt, so doch wenigstens als etwas prinzipiell Abwesendes im Denken *bedeutet* werden kann, nämlich durch den opaken Schein, der sich im Vollzug des Lügners einstellt. Der antinomische Schein des Lügners – das dem logischen Raum immanente Nichts – wird so zum Zeichen für den antinomischen Abgrund: für das äußere, transzendente Nichts, von welchem, wie Parmenides zu Recht sagt, keine Kunde kommt, weil es nicht im logischen Raum anwesend und unverborgen sein kann.

## 3. Zum Satz des Protagoras

Der Satz des Protagoras lautet: Πάντων χρημάτων μέτρόν ἐστιν ἄνθρωπος, τῶν μεν ὄντων ὡς ἔστι, τῶν δε μὴ ὄντων ὡς οὐκ ἔστι, zu deutsch: Aller Dinge Maß ist der Mensch, der seienden, daß (wie) sie sind, der nicht seienden, daß (wie) sie nicht sind.[5] Zur partiellen Interpretation des Satzes seien auf der Grundlage des Vorigen nun einige unzulängliche Thesen vertreten.

Erstens ist darauf zu achten, daß nicht gesagt wird, der Mensch sei Herr oder Erfinder oder Schöpfer der Dinge, der ihnen ihr Sein und Nichtsein zuteilt, sondern das Maß, an dem sich ihr Sein oder Nichtsein bemißt, wie sich an Körperteilen des Menschen, Elle und Fuß, die Länge, Breite und Höhe der Dinge bemißt. Nur soll anders als im Fall der räumlichen Größe für das Sein und

[5] Diels/Kranz 80 B 1.

Nichtsein der ganze Mensch das Maß der Dinge sein, so daß Maßeinheit und messende Instanz hier faktisch zusammenfallen. Zweitens müssen wir die ὄντα bzw. μὴ ὄντα, von denen die Rede ist, als Ursachverhalte auffassen – schon weil Protagoras vor und jedenfalls unabhängig von der Platonischen Entdeckung des propositionalen *Als* lehrte. Πάντα χρήματα sind dann weniger alle Einzeldinge, deren Inbegriff der physische Kosmos wäre, als vielmehr alle (Ur-)Sachverhalte, deren Inbegriff der logische Raum ist. Der Mensch würde demnach als die Maßeinheit für die Ausmessung des logischen Raumes in Anspruch genommen, anhand deren zu bestimmen ist, was der Fall ist und was nicht.

Das braucht noch keinerlei Relativismus einzuschließen, sondern könnte einfach auf die Heideggersche – im übrigen unscheinbare und weithin geteilte – These hinauslaufen, daß der Mensch und nur der Mensch *Seinsverständnis* hat. Oder denken wir an Wilfrid Sellars, der seinen szientifischen Realismus als Variation der Protagoreischen Formel vorträgt, nämlich lehrt, daß »die Wissenschaft das Maß aller Dinge ist, sowohl der bestehenden als auch der nichtbestehenden«[6]. Da die Wissenschaft von Menschen betrieben wird, ist dieses Diktum lediglich eine Spezifikation des Homo-mensura-Satzes; und Sellars ist alles andere als ein bekennender Relativist.

Dennoch weht ein Hauch von Relativismus vernehmlich durch den Satz des Protagoras. Wir kommen ihm auf die Spur, wenn wir uns der antinomischen Struktur des Diskurses besinnen und uns dann fragen, was es mit *dem* Menschen im Singular bzw. *der* (menschlichen) Wissenschaft auf sich haben mag. Aristoteles, des Relativismus unverdächtig, hat den Menschen einerseits bestimmt als ζῷον λόγον ἔχον, Lebewesen, das die Aussage (den Diskurs) hat.[7] Die Aussage aber ist, wie wir sahen, eine zweischneidige Gabe, zweiwertig nicht nur im harmlosen Sinn des Wahr-*oder*-falsch, sondern auch in dem paradoxen Sinn des Wahr-*und*-falsch. Eben deswegen läßt sie sich nicht zu einem Universaldiskurs, einem theoretischen Gesamtsystem der Welt, entfalten, denn damit würde die an sich vorhandene Inkonsistenz, statt (durch Inkonsequenz und Abstraktion) vermieden, vielmehr *gesetzt*. So hat denn Aristoteles den Menschen zweitens bestimmt als φύσει πολιτικὸν ζῷον,[8] d. h. als ein Lebewesen, zu dessen Natur es gehört, »in einem bestimmten geschichtlichen Gemeinwesen seine Wirklichkeit zu haben«,[9] was auch heißt, daß die Gattung Mensch ihre wesentliche Einheit nicht unmittelbar besitzt, sondern nur durch die Vermittlung kleinerer,

6 W. Sellars, *Der Empirismus und die Philosophie des Geistes*, Paderborn 1999, 72.

7 *Politik* I 2; 1253 a 10. Nach *Eth. Nicom.* I 6 ist der Mensch ein Wesen, dessen Funktion (ἔργον) es ist, gemäß demjenigen Teil seiner Seele tätig zu sein, der den Logos hat (1098 a 2f.).

8 *Politik* I 2; 1253 a 2f. Vgl. *Eth. Nicom.* I 5; 1097 b 11f.

9 R. Spaemann, *Grenzen. Zur ethischen Dimension des Handelns*, Stuttgart 2001, 268.

begrenzter Einheiten, πόλεις eben, in die sie zerfällt. Nur in einer je bestimmten »polisartigen Weise des Zusammenlebens« kann ein Mensch »zur Verwirklichung seiner Natur kommen«,[10] d.h., den auf Universalität hin angelegten Logos erwerben (oder vielmehr umgekehrt von ihm in Besitz genommen werden). Jede Polis – nicht nur im faktisch-historischen Sinn als antiker griechischer Stadtstaat, sondern im allgemeinen, ontologischen Sinn als räumlich, zeitlich, sprachlich umgrenzte menschliche Lebensform – ist eine Weise, der Inkonsistenz möglichst nachhaltig aus dem Wege zu gehen und einen begrenzten logischen Raum unterhalb der inkonsistenten Totale für das tätige Erheben von Wahrheitsansprüchen zu gewinnen. Die Poleis bzw. Lebensformen überschneiden sich einerseits (ideell), da sie allesamt zwischen dieselben Pole gespannt sind, nämlich (a) sich affirmativ auf das Seiende rein als solches – das Parmenideische All-Eine – beziehen und (b) den Widerspruch und die Antinomie sowohl enthalten als auch zu fliehen und zu meiden trachten. Andererseits sind sie aber insofern inkommensurabel, als es kein effektives Verfahren zur Vermeidung des Widerspruchs gibt, auf das sie alle eingeschworen werden könnten, es sei denn allenfalls die Mathematik. Die Mathematik aber und die mathematisch formulierten Wissenschaften sind nur Ausschnitte des allgemeinen Diskurses und bedürfen daher wesentlich der Einbettung in größere diskursive Zusammenhänge. (Daher kann derjenige Prozeß, den wir »Globalisierung« nennen, auch nicht den ganzen Menschen erfassen, sondern ist an die moderne Technik gebunden, in der die Mathematisierung als Aspekt unseres Weltbezuges manifest und dominant wird. Das Nichtmathematisierbare widersteht der Globalisierung. Insbesondere werden verschiedene Kulturen auch an verschiedenen Konzeptionen der Menschenrechte festhalten; und dies gilt selbst noch für die vielfältig miteinander verwobenen Kulturen und Staaten Europas. Sofern wir hoffen, daß diese verschiedenen Konzeptionen einer politischen Union nicht im Wege stehen, sind wir für den Grund der Hoffnung einerseits zwar auch auf europäische Gemeinsamkeiten, andererseits und letztlich aber auf den Einheitspunkt verwiesen, den die Noesis sowohl erfaßt als auch selber darstellt und den wir im Diskurs umkreisen und im spezifisch philosophischen Diskurs zu begreifen versuchen.[11])

[10] R. Spaemann, *Glück und Wohlwollen. Versuch über Ethik*, Stuttgart 1989, 25.

[11] Allerdings wäre an einen solchen Einheitspunkt eher die Erwartung eines Weltstaates als einer nur europäischen Union zu knüpfen. Aber einen Weltstaat dürften wir ob seiner Singularität gerade nicht mehr als Polis im Aristotelischen Sinn gelten lassen. Sofern er mehr – fester gefügt – wäre als eine Föderation souveräner Einzelstaaten, sollten wir uns ihn auch gar nicht wünschen. Die Tatsache im übrigen, »daß Deutschland als einziges Land der Welt jedem Bewohner dieses Planeten, der in bestimmte existenzbedrohende Bedrängnis gerät, einen

Der Satz des Protagoras lädt uns also ein, den Diskursrelativismus, der alles andere als eine Erfindung unserer Tage ist, ebenso in seiner relativen Berechtigung anzuerkennen, wie wir andererseits das Faktum der Vernunft anerkennen müssen, und beide zu einem notwendigerweise fragilen und wandelbaren Ausgleich zu bringen.[12] Aller Dinge Maß – der seienden, daß sie der Fall sind, der nicht seienden, daß sie nicht der Fall sind – ist der Mensch als eine jeweilige menschliche Polis oder Lebensform. Eine Polis bzw. Lebensform aber ist eine von unhintergehbar vielen Weisen des Den-Logos-Habens. Durch den Logos sind wir sowohl auf das Eine und Seiende der Noesis bezogen als auch dem Nichts ausgesetzt, von dem keine Kunde kommt, das wir also nicht erfassen, wohl aber – mittels des logischen Scheins antinomischer Sätze – als ein Sich-Entziehendes und gleichwohl Mächtiges (als die ursprüngliche στέρησις) bedeuten oder bezeichnen können.

So werden uns der Diskursrelativismus und der Vernunftabsolutismus als ständige Begleiter erhalten bleiben. Was variiert – in Weisen, die wir nicht zu antizipieren vermögen, sondern jeweils abwarten müssen –, ist der Ausgleich, den menschliche Lebensformen zwischen beiden Polen, sei es zum Segen, sei es zum

subjektiven Rechtsanspruch auf Sicherung seiner Existenz durch den deutschen Staat einräumt und so beansprucht, der antizipierte Weltstaat zu sein, ist beispiellos und eher ein historisch bedingtes Kuriosum als der wirkliche Beginn des Antizipierten.« (Spaemann, *Grenzen*, 529) Die unmittelbare historische Bedingung dieses Kuriosums ist natürlich die mörderische Gewaltherrschaft der Nationalsozialisten. Hinter ihr und wie fast die ganze deutsche Geschichte von ihr verdeckt, doch in der Verdeckung um so wirksamer, läßt sich indessen eine von weit her kommende, mächtigere Bedingung, wenn nicht erkennen, so doch als verkannte bezeichnen: die Tatsache, daß sich das deutsche Königreich zugleich als römisches Kaiserreich verstand und in dieser Eigenschaft einen faktisch nie eingelösten Universalanspruch erhob, der von dem faktisch ebenfalls nicht eingelösten Anspruch des »kleinen Häufchen[s] der ersten Christen« zehrte, daß »das Christentum die endgültige Religion für alle ist« (ebd.). Weil wir aus dieser langen Anspruchsgeschichte nicht von heute auf morgen freikommen, halten wir, getrieben von Vergangenem und Vergessenem, dafür, daß Deutschland und nur Deutschland den politisch Verfolgten der Welt ein subjektives Bleiberecht schuldet. Dem widerstrebt eine andere mächtige Tradition in uns, die des besonderen, »diutisc« gebliebenen bzw. germanisch in der Teilung des fränkischen Reiches wieder gewordenen, östlichen Reichsteiles. Sofern sich im ostfränkischen Reich Germanien reorganisierte, läßt sich der Widerstreit der Traditionen sogar zurückverfolgen oder zurückprojizieren in vorchristliche Zeiten, bis hin zu dem bekannten Konflikt in der Familie des Segestes. Dies alles ist unsere Sache, an der wir bis heute tragen. Es scheint, daß in der deutschen Geschichte der dem Menschen bzw. dem Logos zugehörige Widerstreit von Weltstaat und Polis besonders nachhaltig – und in der Vergangenheit auch besonders grausam – ausgetragen wird bzw. wurde.

12 Es ist dies das »für jede Ethik zentrale [. . .] Problem [. . .] des Verhältnisses der Absolutheit des Sittlichen und der Pluralität und Relativität geschichtlicher Ethosformen« (Spaemann, *Grenzen*, 145–160; hier: 147).

Fluch, immer wieder herstellen. Falls das nach Durchwursteln klingt, nach »muddling through«, wie die Angelsachsen sagen, so ist nichts dagegen einzuwenden. Sich durchwursteln gehört zur *conditio humana*.

# Der eigene Wille

*Wilhelm Vossenkuhl (München)*

Wir Menschen schätzen unseren eigenen Willen sehr und haben ganz entschiedene Vorstellungen von seiner Bedeutung für unsere Identität und Individualität. Diese Vorstellungen gehen aber von Voraussetzungen aus, die nicht in jeder Hinsicht zutreffen. Der eigene Wille ist weniger eigen und weniger individuell, als wir denken. In mancher Hinsicht ist *mein* Wille eher *unser* Wille oder derjenige von mir unbekannten anderen. Das heißt aber nicht, daß er nur eine nützliche Illusion wäre, die dazu diente, den Schein eines individualistischen Selbstbildes zur Wahrung meines Selbstvertrauens und meiner Selbstsicherheit aufrechtzuerhalten. In der philosophischen Tradition haben vor allem Kant und Hegel wesentliche, aber auch gegensätzliche Ansprüche an den eigenen Willen formuliert. Sie werden die folgenden Überlegungen ein gutes Stück begleiten. Das erste Wort sollen aber die Ansprüche haben, die wir aus naivem und zunächst recht überzeugendem Selbstinteresse an unseren Willen richten. Später werden wir dann die Mängel dieses Bildes vom eigenen Willen erkennen und einige Folgerungen daraus ziehen.

## 1. Identität und Autonomie

Was könnte – so dürfen wir vermuten – deutlicher und unverfälschter das Besondere und Unverwechselbare einer Person ausdrücken, als ihr eigener Wille. Wie beständig oder wechselhaft, wie stark oder schwach, wie klar oder unklar, gut oder schlecht dieser Wille auch sein mag, wir schreiben ihn der Person als das zu, was für sie und niemanden sonst steht. Der eigene Wille ist – so nehmen wir an – eine Art Fingerabdruck ihrer Individualität, dasjenige Merkmal ihrer Identität, das enger und unmittelbarer als jedes andere mit ihr verbunden ist. Wer jemand ist, so unser Gedanke, erkennen wir an seinem Willen. Denn die Person gilt uns als alleinige und einzige Ursache und Quelle des Willens. Deswegen, so nehmen wir an, führt uns der Wille einer Person direkt zu ihr selbst, zur Identität desjenigen, der will.

Der eigene Wille gilt aber auch als Merkmal der Autonomie, der Selbstbestimmung und Selbstverfügung einer Person. Deshalb können Personen für das zur Verantwortung gezogen werden, was sie wollten und taten. Selbst wenn jemand in der Lage sein sollte, sich seiner Verantwortung zu entziehen, wird ihm dies nur mit dem Nachweis gelingen, eigentlich etwas anderes gewollt zu haben. Die Erklärung, »das habe ich aber nicht gewollt«, verfängt nicht. Es muß schon überprüfbare Gründe – also Tatsachen – geben, die klar und deutlich zeigen, daß er wirklich etwas anderes wollte. Solche Tatsachen sind allerdings selten leicht zu erbringen.

Es scheint so, daß wir Menschen einander – innerhalb bestimmter Grenzen – gegenseitigen Respekt vor dem erklärten oder offensichtlichen eigenen Willen zubilligen. Wir gehen dabei gelegentlich sehr weit. Wenn jemand etwas will, was ihm selbst schaden kann und sogar sein Leben gefährdet, worunter aber niemand anderer leiden muß, billigen wir ihm zu, dies tun zu dürfen. Sonst gäbe es wohl keine Extremsportarten. Manche gehen sogar so weit, den Suizid als eine Art Letzten Willen anzuerkennen. Wir achten also die Autonomie der Person, was nichts anderes bedeutet, als daß wir ihren eigenen Willen – innerhalb bestimmter, aber umstrittener Grenzen – auch mit Konsequenzen respektieren, die wir selbst nicht billigen.[1]

Die Identität einer Person und ihre Autonomie sind offenbar direkt miteinander verknüpft. Es würde naheliegen, sie entweder miteinander restlos zu identifizieren oder wie Ursache und Wirkung getrennt zu deuten. Weder das eine noch das andere wäre aber richtig. Im Falle einer kausalen Deutung müßten wir uns zunächst fragen, was Ursache und was Wirkung sein sollte. Bewirkt die Identität einer Person ihre Autonomie oder umgekehrt? Wir müssen erkennen, daß Identität und Autonomie in keiner Richtung kausal zu verstehen sind. Nehmen wir an, die Autonomie wäre die Ursache und die Identität die Wirkung. *Wer* etwas will, wäre dann aus dem ableitbar, *was* er will und tut. Dies wäre aber unsinnig, weil sehr viele Individuen – wie die Statistiken für alles Mögliche und Unmögliche zeigen – dasselbe wollen, aber niemand deshalb behaupten wollte, sie seien dieselben Personen. Sie haben identische Wünsche, entscheiden sich auch für das gleiche, aber sind dennoch nicht dieselben. Aus der Gleichheit der Wirkungen ihrer Autonomie können wir nicht auf ihre jeweilige Identität schließen. Nehmen wir nun umgekehrt an, die Identität einer Person wäre die Ursache ihrer Autonomie. Dies wäre noch unsinniger. Wer jemand ist, zeigt sich doch nur, wenn jemand tatsächlich etwas will und tut. Die abstrakte Unterstellung, daß es sich um eine unverwechselbare Person handelt, trifft auf alle

[1] Die Diskussion um die Sterbehilfe, insbesondere um den Unterschied zwischen aktiver und passiver, zeigt, wie umstritten die Rolle und Bedeutung des eigenen Willens ist, wenn es um Leben oder Tod geht.

Personen zu und macht den Unterschied zwischen der einen Person und allen anderen nicht erkennbar. Da wir also nur indirekt aus dem, was eine Person will und tut, auf ihre Identität schließen können, wüßten wir im Falle der Identität als Ursache der Autonomie nur, wer jemand nicht ist. Wir könnten nämlich nur aus dem, was jemand nicht will, darauf schließen, wer diese Person nicht ist. Aus einer Wirkung dürfen wir nämlich aus logischen Gründen nicht direkt eine Ursache ableiten. Es herrscht, wie bei Poppers Fallibilismus, der *modus tollens*; der erlaubt uns nur, aus der Falschheit des *consequens* auf die Falschheit des *antecedens*, aber nicht aus der Richtigkeit des ersteren auf die Richtigkeit des letzteren zu schließen. Ergo können wir die Identität nicht als Ursache der Autonomie verstehen. Dann bliebe also noch als drittes die Identifikation der Identität mit der Autonomie. Dagegen spricht derselbe Grund, der ausschließt, daß die Autonomie die Ursache der Identität ist. Wir kommen also weder mit einer Identifikation noch mit einer kausalen Relation bei der Aufklärung der Beziehungen zwischen Identität und Autonomie weiter.

Die gegenseitige Abhängigkeit und gleichzeitige Verschiedenheit der Identität und Autonomie einer Person werden von niemandem ernsthaft bestritten. Dies liegt aber nicht an dem besonderen Interesse, das diesem Thema gewidmet würde. Abhängigkeit und Verschiedenheit werden selten oder gar nicht bedacht, weil es gewöhnlich um Autonomie geht, also entweder um die Befreiung von Bevormundung oder darum, jemandem für das, was er oder sie wollte und tat, die Verantwortung zuzuschreiben.[2] Die Frage nach der Identität des Wollenden gilt mit der Zuschreibung der Verantwortung als erledigt und wird nicht weiter beachtet. *Wer* derjenige ist, der etwas wollte, wird anhand dessen, *was* er wollte beurteilt. Das liegt, wie wir schon sahen, nahe. Die Verantwortung für Entscheidungen und Handlungen und die Rechenschaft, die Menschen für ihre Autonomie ablegen müssen, setzen voraus, daß es klar ist, wem sie zuzuschreiben sind. Nur wenn die Zuschreibung nicht erfolgreich oder zweifelhaft war, tritt die Frage nach der Identität der Person, um deren Wollen es geht, noch einmal in den Vordergrund. Andernfalls geht es nur noch darum, *was* die Person wollte. Autonomie setzt in diesem rechtfertigenden Sinn die Identität des Wollenden so ähnlich voraus wie eine Wirkung ihre Ursache. Sobald die Quelle des Wollens identifiziert ist und als Träger und Ursprung des Willens gilt, kann ihr Autonomie, also Selbstbestimmung zugeschrieben werden. Dann gilt, daß die Person die alleinige und ausschließliche Ursache dessen ist, was sie wollte. Was dies im Hinblick auf die Identität des Wollenden bedeutet, wird ebensowenig beachtet

[2] Dies entspricht der zeitgenössischen, etwa in der Medizinethik vorherrschende Auffassung von Autonomie, nicht derjenigen Kants, auf die ich später eingehe.

wie die eben beschriebenen logischen Schwierigkeiten, die damit verbunden sind, die Beziehung zwischen Identität und Autonomie kausal oder als Identität zu deuten. Die Autonomie einer Person wird dann ohne logische Skrupel so verstanden, als würde sie deren Identität einschließen. Das ist die – zumindest logische – Crux von Indizienbeweisen. Das Zeugnis eines Beobachters hilft dagegen aufgrund notorischer Irrtumsmöglichkeiten nur bedingt.

Die Autonomie des Gewollten schließt also die Identität des Wollenden so wenig ein wie eine Wirkung eine bestimmte Ursache. Wir können uns dies noch einmal an einem aus Schulzeiten wohlbekannten historischen Mordfall vergegenwärtigen. An den Iden des März im Jahre 44 v. Chr. wollten 23 römische Senatoren offenbar dasselbe, nämlich Gaius Julius Caesar ermorden. Sie wollten es zum Wohle der Republik in freier Selbstbestimmung. Jeder von ihnen stach – wie wir lesen können[3] – einmal zu, am Ende auch Caesars jugendlicher Freund Brutus. Aus dem gemeinsam Gewollten können wir aber nicht ohne weiteres auf die Identität derer schließen, die Cäsar ermordeten.[4] Wir können – wie wir bereits sahen – aus einer Wirkung indirekt auf eine Ursache schließen, die Identität der Ursache selbst können wir auf diese Weise aber nicht bestimmen. Wenn der eigene Wille wirklich das Signum einer Person ist und diese Person identifiziert, kann es nicht primär und vor allem nicht allein darauf ankommen, *was* diese Person will. Es wird darauf ankommen, *wie* die Person mit ihrem Wollen verbunden ist, in welchem Sinn sie und niemand sonst die Quelle oder Ursache ihres Wollens ist. Es wird also darauf ankommen, wie das Eigene des eigenen Willens genauer zu bestimmen ist. Da dies in der philosophischen Tradition der Moderne schon häufig getan wurde, lohnt es sich, einige wichtige historische Resultate dieses Nachdenkens zu betrachten. Nach den bisherigen Überlegungen müssen wir aber wohl davon ausgehen, daß der individualistische Glaube an die identifizierende Kraft des eigenen Willens tatsächlich naiv, zumindest aber problematischer ist, als es anfangs aussah.

[3] Plutarch, Lebensbeschreibungen IV, München 1965, 405f.; C. Suetonius Tranquillus, Die Kaiserviten (lateinisch-deutsch), hg. u. übers. v. Hans Martinet, Düsseldorf/Zürich 1997, 128–33.

[4] Wir wissen allerdings, wer zu jener Zeit im römischen Senat vertreten war. Das reicht aber für eine direkte Schuldzuschreibung nicht aus. Der zuverlässige Augenzeuge, der jeden einzelnen Mörder zustechen sah, ist dafür unersetzlich.

## 2. Konzepte der Selbstverursachung

Die gedanklichen und begrifflichen Wege von der sichtbaren und beschreibbaren Wirkung dessen, was eine oder mehrere Personen wollten, zu den Ursachen ihres Wollens, liegen nicht nur nahe, sondern haben auch Tradition. Die cartesianische Lehre von der mentalen Verursachung kommt der natürlichen Neigung zu dieser Ursachensuche entgegen und bietet auch gleich eine noch immer populäre Lösung an. Eine Person hat nach dieser Lehre einen direkten und privilegierten Zugang zu ihren geistigen Zuständen und damit auch zu ihrem Willen. Diese geistigen Zustände erfaßt die Person ohne weitere Vermittlung direkt und macht sie nach entsprechenden Überlegungen zu Ursachen ihrer Entscheidungen und Handlungen. Das Modell der Verursachung geistiger Akte, das Descartes entwickelte, wird bis heute von manchen Philosophen des Geistes[5] in einer denkbar eingängigen Version verwendet: Die inaktiven, aber irgendwie vorhandenen, geistigen Zustände,[6] die für eine Person charakteristisch sind, werden durch innere oder äußere Vorkommnisse erst einmal zu geistigen Ereignissen aktiviert. Als Ereignisse können sie dann die Ursachen von Handlungen, also von nichtgeistigen Ereignissen werden. Mentale Ursachen haben in diesem Modell auf mehr oder weniger direktem Wege physische Wirkungen.

Es gibt mehrere Gründe, mit dieser Auffassung mentaler Verursachung unzufrieden zu sein. Die einen sind philosophischer, die anderen psychologischer Natur. Mit mentaler Verursachung wird zum einen nicht erklärt, was die Identität der Ursache des Wollens ausmacht. Gerade das, was uns interessiert, wenn wir wissen wollen, wer etwas wollte, die Identität des Wollenden nämlich, wird nicht erklärt. Wir müssen hier kurz auf den lebhaft diskutierten Unterschied zwischen der Ersten und der Dritten Person Singular eingehen und an die verbreitete und zunächst auch durchaus naheliegende Meinung erinnern, daß die Erste Person Singular, also in diesem Fall ich (W. V.) selbst, einen besonders bevorzugten und ganz privaten Zugang zu ihren geistigen Zuständen hat, den eine Dritte Person Singular, also sie, nicht haben kann. Mir geht es hier zunächst nicht um die allgemeine Frage, ob es überhaupt einen privilegierten Zugang der Ersten Person Singular gibt, sondern allein darum, ob dieser Zugang dabei helfen kann, die Identität des Wollenden zu klären. Nehmen wir also an, es gibt einen privilegier-

[5] Ein klassisches modernes Beispiel dieser Verursachungslehre bietet D. Davidson u. a. in seinem Aufsatz »Actions, Reasons and Causes« in: ders., *Essays on Actions and Events*, Oxford 1980 (repr. 1990), 3–19.

[6] Ihre Einstellungen, Überzeugungen, Wünsche, Befürchtungen etc.

ten Zugang der Ersten Person Singular zu ihren eigenen geistigen Zuständen; dann ist der privilegierte Zugang, den diese Person zu ihren geistigen Zuständen hat, für sie selbst und vor allem im Hinblick auf ihre eigene Identität trivial, aber für den Beobachter, also die Dritte Person Singular, undurchschaubar. Diese Person kann z. B. meiner bloßen Äußerung eines Wunsches nicht entnehmen, ob es mein eigener Wunsch und nicht der eines anderen ist. Die Identität des Wünschenden bleibt also hinter der Identität des Sprechenden verborgen.[7] Mein privilegierter Zugang zu einem meiner vielen Wünsche z. B. erklärt also weder mir noch jemand anderem etwas.[8] Zum andern ist es – wie wir später sehen werden – keineswegs ausgeschlossen, daß ich mich selbst über die Autorschaft meiner Wünsche täusche. Schließlich ist es gänzlich unklar, wie mentale Ursachen physische Ereignisse bewirken und wie der kognitive Status dieser Ursachen zu verstehen ist.

Dazu hat die empirische Psychologie in jüngerer Zeit interessante Einsichten gewonnen. Sie laufen im Ergebnis darauf hinaus, daß der eben beschriebene privilegierte Zugang ein philosophisches Phantom ist. Die Wahrnehmung des eigenen Wollens und Handelns folgt offenbar – wie die Empirische Psychologie zeigt – denselben Prinzipien wie die Wahrnehmung beliebiger äußerer Ereignisse.[9] Wir kennen unsere eigenen Willensakte und Handlungen also nicht früher und nicht besser, als wir andere Ereignisse kennen, die wir nicht selbst verursachten. Das Wissen der Ersten Person ist also gegenüber demjenigen der Dritten nach den Befunden der Empirischen Psychologie nicht privilegiert.

Weniger enttäuschend als das cartesianische Modell, im Ergebnis aber ebenso unbefriedigend und dennoch lehrreich ist die Ursachenlehre Immanuel Kants. Er nimmt als überzeugter Determinist und Idealist gleich zwei Typen von Ursachen an, nämlich Freiheits- und Naturursachen. Die einen sorgen dafür, daß wir frei und autonom handeln können, die anderen integrieren uns in die Natur mit ihren unbeugsamen Gesetzen. Nicht enttäuscht werden wir von Kant, was die Klarheit des Determinismus angeht. Er sagt in aller Deutlichkeit, daß jede unserer Handlungen als physisches Ereignis nicht von uns als Subjekten mit Bewußtsein

[7] Wir unterstellen aus bloßer Gewohnheit, daß der Wunsch, den jemand äußert, auch sein eigener ist.

[8] Wittgenstein hat uns im übrigen darauf aufmerksam gemacht, daß wir so unvermittelt mit unseren geistigen Zuständen verbunden sind, daß wir sie nicht wissen können. Ich kann also nicht wissen, daß ich z. B. Zahnschmerzen habe; ich habe sie oder habe sie nicht. Wie überzeugend, aber auch problematisch diese Ansicht ist, zeigt Erich Ammereller in seinem Aufsatz »Die Autorität der ersten Person. Wittgensteins grundlegende Einsicht«, in: *Philosophisches Jahrbuch*, 106 (1999), 1–17.

[9] W. Prinz, »How Do We Know about Our Own Actions?«, in: *Voluntary Action*, hrsg. von Maasen, Prinz, Roth, Oxford 2001.

verursacht wird. Die externe, physische Verursachung ist jenseits unserer kognitiven Einflußnahme. Als geistige Wesen seien wir aber – so Kant – in unserem Handeln frei »von aller Naturnothwendigkeit«. Dann beschreibt Kant dieses Wesen, das gleichzeitig frei und determiniert ist: »Man würde von ihm ganz richtig sagen, daß es seine Wirkungen in der Sinnenwelt *von selbst* anfange, ohne daß die Handlung *in ihm* selbst anfängt.«[10] Er meinte, auf diese Weise den Widerspruch zwischen Determinismus und Freiheit aufgelöst zu haben. Wir können diesen Gedanken so deuten, daß wir mit unserem Willen zwar keinen Einfluß auf die Handlungen als Wirkung natürlicher Ursachen haben, aber doch Einfluß nehmen können auf bestimmte Ereignisketten, die uns dann als Handlungen zugerechnet werden. In gewisser Weise können wir die determinierten Ereignis- und Handlungsalternativen beeinflussen, sie bündeln und ihnen eine bestimmte Gestalt geben. Dann werden sie als *unsere* Handlungen uns selbst zurechenbar. Wir haben sie dann einerseits verursacht, andererseits aber nur vollzogen.

Dieses einerseits frei – andererseits determiniert ist mit einem künstlich anmutenden und kaum nachvollziehbaren Modell verbunden, das den Menschen gleichzeitig – in Kants Diktion – als »*Phaenomenon*«, als Naturwesen, und als »*Noumenon*«, als geistiges Wesen, begreift. Diese beiden konträren und unvergleichlichen Perspektiven lassen sich mit Mühe und gegen die vorherrschenden kantianischen Interpretationen verbinden, wenn wir annehmen, daß die Determination des Handelns als natürlichem Ereignisablauf kontingent, das geistige Geschehen aber nicht im gleichen Sinne kontingent, sondern vom Handelnden determiniert ist. Denken wir diesen von Kant im deterministischen 18. Jahrhundert gesponnenen Gedankenfaden noch ein wenig weiter. Es herrschen zwar Naturgesetze, die das körperliche und neuronale Geschehen determinieren. Was aber genau und im einzelnen geschieht unter den vielen naturgesetzlich gegebenen Möglichkeiten, ist für uns als Wollende und Handelnde nicht vorhersagbar. Wir kennen weder die Gesetze noch die Bedingungen genau, unter denen sie wirksam werden. Auf diesem Hintergrund erscheint uns das determinierte Geschehen kontingent, d. h., was immer geschieht, könnte nach allem, was wir wissen, auch anders sein. Wenn wir uns nun zu einer Handlung entscheiden, nehmen wir Einfluß auf dieses Geschehen, ohne daß dieser Einfluß selbst determiniert wäre. Vielleicht ist er es, aber wir wissen es nicht. Wir handeln also unter Unkenntnis der Gesetze oder Determinanten und sind insofern frei, etwas zu tun, was zumindest nach unserem Wissen nicht determiniert ist.

Dieser Versuch, die doppelte Ursachenlehre Kants plausibel zu machen, über-

[10] I. Kant, *Kritik der reinen Vernunft* B 569 (AA III 368).

brückt zwar *bona fide* die Schwierigkeiten einer Doppelverursachung des freien und gleichzeitig determinierten Handelns, erklärt aber nicht, wie die subjektive Einflußnahme auf das Handeln konkret aussehen könnte. Der cartesianische Dualismus ist auch noch in Kants Modell lebendig, und seine Probleme werden nicht geringer durch die doppelte Ursachenlehre. Aus heutiger Sicht ist es allerdings interessant und lehrreich, daß Kant dem deterministischen Teil der Handlungsabläufe keinen kognitiven Status zuschreibt. Wir haben also kein bewußtes Wissen von der natürlichen Verursachung, sondern allein von unserem Wollen. Dies ist – im Blick auf die neueren Einsichten der Empirischen Psychologie – der Vorzug von Kants Modell der Selbstverursachung gegenüber dem cartesianischen.

Ein weiterer Vorzug seines Modells macht es lohnend, sich noch ein wenig mit Kant zu beschäftigen. Ihm ist nämlich klar, daß die Autonomie des Wollens die Identität des Wollenden voraussetzt. Erkennbar wird dies an seinen Bemerkungen in der Vorrede der *Grundlegung zur Metaphysik der Sitten*, in denen er sich von früheren Moralphilosophien abgrenzt und die Notwendigkeit betont, den Willen selbst unabhängig vom dem, was gewollt wird, zu thematisieren. Er entwickelt das Konzept des »reinen Willens«, also eines Wollens *a priori*, und diesen reinen Willen legt er seiner Pflichtenlehre zugrunde. Damit löst er zwar einerseits das von mir betonte Interesse an einer Klärung des Zusammenhangs zwischen der Person und ihrem Wollen ein, tut dies aber auf eine Weise, die unsere Fragestellung am Ende nicht fördert. Der Grund für diese Einschränkung liegt auf der Hand. Kants Identifikation des Wollens mit der Person ist ein Modell *a priori* und identifiziert – gegen unser hier verfolgtes Interesse – keine bestimmte, sondern lediglich eine universal konzipierte Person, das begrifflich konstruierte moralische Subjekt. Interessant an diesem Subjekt ist allerdings, daß es nicht nur primär, sondern ausschließlich durch seinen Willen identifiziert wird. Wie diese in der Tradition einzigartige Identifikation des Subjekts durch den Willen aussieht, wollen wir uns nun genauer anschauen.

Der Universalismus Kants unterwirft den Zusammenhang zwischen der Identität und der Autonomie des Wollenden einer eigenen, anspruchsvollen praktischen Logik. Die Identität des moralischen Subjekts, das durch seinen reinen Willen bestimmt wird, ist nämlich eine notwendige und gleichzeitig eine hinreichende Bedingung seiner Autonomie.[11] Diese Willenslogik besagt, daß derjenige, der einen reinen Willen hat, sich allein dadurch jederzeit das moralische

[11] Kant versteht ›Autonomie‹ als die von individuellen, eigensüchtigen Interessen und Wünschen unabhängige Selbstgesetzgebung eines freien und vernünftigen Wesens durch den Kategorischen Imperativ.

Gesetz auferlegen wird. Seine Autonomie folgt notwendig und zwingend aus der Identität seines Willens. Dies ist eine Prognose, die – einzigartig in der praktischen Philosophie – mit dem Anspruch auf Notwendigkeit und Allgemeinheit vorhersagt, was ein Individuum tatsächlich tun wird, wenn es den universalen Ansprüchen des Moralsubjekts genügt. Natürlich muß diese Logik noch in jedem Einzelfall – wie der Kategorische Imperativ vorschreibt – von einer bestimmten Person mit einer Maxime, also einer allgemeinen Zielvorgabe ausgestattet werden, die dann universalisiert und zu einem allgemein geltenden Gesetz wird. Diesem Gesetz unterwirft sich diese Person dann, wenn es formal und inhaltlich gültig ist. An der strengen Folgerungsbeziehung zwischen der Identität des reinen Willens einerseits und der Autonomie des Gesetzes andererseits ändert sich dabei aber nichts. Es gilt das Gesetz: ›wenn eine Person einen reinen Willen hat, dann wird sie dem Moralgesetz folgen‹. Dieses ›wenn‹, also das Antecedens des eben formulierten gesetzlichen Zusammenhangs zwischen Identität und Autonomie, kann in dieser Deutung allerdings selbst nur kontingent sein. Nur dann, wenn eine bestimmte Person einen reinen Willen hat – und das hat sie zunächst gewöhnlich nicht –, kann das Gesetz wirksam werden. Es wird erst durch den zu einem bestimmten Zeitpunkt radikal veränderten Willen einer Person zu einem Gesetz, das so wie ein allgemein geltendes Naturgesetz wirkt.[12] Das notwendig und a priori geltende Gesetz hat also eine kontingente Bedingung.[13] Ohne die eben angedeutete Kontingenz wäre eine Nötigung des Willens einer Person, die das Moralgesetz bewirken soll, auch gar nicht nötig. Nur weil jene Person zunächst keinen reinen Willen hat, muß sie sich mit dem Moralgesetz zum sittlichen Handeln zwingen. Diese Koexistenz von kontingenten und gleichzeitig notwendigen Bedingungen, diese bedingte Unbedingheit der Autonomie ist im Rahmen der Argumente, die Kant uns anbietet, nicht wirklich nachvollziehbar.

Die Willenslogik Kants ist trotz dieser Unklarheiten zweifellos beeindruckend. Sie kann uns aber nicht dazu dienen, den eigenen Willen einer Person zu verstehen, die keinen reinen Willen hat. Der Grund ist einfach der, daß der eigene Wille einer Person gewöhnlich kein reiner Wille im Sinne Kants ist. Seine Willenslogik ist zu streng und schließt nicht nur zu viele, sondern alle Individuen mit ihrem jeweils unreinen Willen aus. Wenn die Identität einer Person allein durch ihren Willen notwendig eine bestimmte Art der Selbstbestimmung ein-

[12] Die sogenannte Naturgesetzformel des Kategorischen Imperativs lautet: »handle so, als ob die Maxime deiner Handlung durch deinen Willen zum *allgemeinen Naturgesetze* werden sollte« (*Grundlegung zur Metaphysik der Sitten*, AA IV 421).

[13] Die Autonomie Kants ist also aus der Perspektive einer individuellen Person im doppelten Sinn kontingent. Sie ist einerseits in die Kontingenz des Naturgeschehens, andererseits in die Kontingenz der individuellen Willensbestimmung eingebettet.

schließen würde, könnten wir einer Person nur dann, wenn ihr Wille rein und ihre Selbstbestimmung streng kohärent wären, einen eigenen Willen und eine diesem Willen entsprechende Verantwortung zuschreiben. Für die Konsequenzen eines inkohärenten Zusammenhangs zwischen unreinem Willen und Selbstbestimmung wäre dann niemand verantwortlich. Dies widerspricht nicht nur unserem Urteil, sondern hindert uns, die vielfach problematische Beziehung zwischen Willen und Selbstbestimmung überhaupt zu verstehen.

Wenn z. B. jemand wie Onkel Horace in Julien Greens *Jeder Mensch in seiner Nacht*[14] auf der einen Seite tugendhaft und ein religiöser Mensch sein will und es in gewisser Weise auch ist, auf der anderen aber während seines Lebens allen möglichen Lastern verfallen war, würden wir nicht zögern, ihm gleichwohl einen eigenen Willen zuzuschreiben. Auch der Wille, der schwach, widersprüchlich, laster- und wechselhaft ist, gehört zu einer Person und identifiziert sie. Es kommt auch nicht darauf an, ob sich jemand über seinen Willen täuscht und einem Trugbild seiner selbst anhängt. Einen eigenen Willen werden wir ihm dennoch zuschreiben. Auch der widersprüchliche, inkohärente und heteronome Wille ist – wie ich später verdeutlichen will – ein eigener Wille, für den außerdem auch eine bestimmte Person verantwortlich ist.

## 3. Das eigene Selbst

Kants Willenslogik wird von ihrer individualistischen und universalistischen Anlage daran gehindert, jemandem wie Onkel Horace einen eigenen Willen zuzuschreiben. Offenbar ist das Konzept eines sich selbst generierenden moralischen Subjekts nicht geeignet, die heteronome, nicht rein vernünftige Willensbestimmung als konstitutives Merkmal der Identität einer Person ernst zu nehmen. Das ist ihr Manko. Interessanterweise ist dieses Manko gepaart mit dem Gedanken, daß der nicht-reine Wille heteronom, also fremdbestimmt und in gewisser Hinsicht nicht der Person zuzurechnen ist. Er gehört zur determinierten, von hedonistischen Gesetzen beherrschten Natur und nicht zum freien Subjekt. Wir würden mit guten Gründen zögern, diesem Schema der Zurechnung und Trennung von gutem und schlechtem Willen zu folgen. Der Gedanke, daß unser Wille heteronom und nicht wirklich unser eigener ist, muß aber ernst genommen werden. Es ist – wie ich schon betonte – interessant, daß Kant diesem heteronomen, von Naturgesetzen beherrschten Wollen keinen kognitiven Status zuschreibt. In gewisser Weise wissen wir als Naturwesen nicht, was wir wollen,

[14] J. Green, *Jeder Mensch in seiner Nacht*, München 1995.

weil wir – wie Kant und viele vor und nach ihm glauben – hedonistisch determiniert sind und auf natürliche Weise nach unserem Glück streben. Wir wollen damit etwas, was uns zwar bewußt, aber weder in seiner kausalen Genese noch in seiner begrifflichen Struktur klar ist.

Kant hat diesen non-kognitiven, naturalistischen Aspekt des Willens der biologischen Natur des Menschen zugeschrieben. Er hat damit aber nur einen Aspekt der Heteronomie des Willens getroffen, für den wir in gewisser Hinsicht – zumindest in seinem deterministischen Rahmen – nichts können. Weitergehend und gleichzeitig realistischer als Kants Konzept des Willens ist der auf Hegel zurückgehende Gedanke des Selbst. Das Selbst ist, wie Hegel in seiner *Phänomenologie des Geistes* darlegt, sozial konstituiert. Die Einflüsse der sozialen Umwelt schlagen sich in dessen Wollen und Handeln nieder. Die Konstitution des eigenen Willens ist in diesem Konzept also keine Selbstverursachung, sondern ein Prozeß, in dem sich das Individuum zu einem Selbst bildet, das durch die anderen anerkannt wird. Anerkennung ist ein sozialer Entwicklungs- und Bildungsprozeß, in dem die einzelne Person geformt wird und sich mit und gegen die anderen Personen bestimmt und deutet. Charles Taylor spricht in diesem Sinn vom Menschen als einem Lebewesen, das sich selbst interpretiert.[15] Wesentlich in diesem Prozeß ist die sprachliche Artikulation, durch die der Wille in der sozialen Wirklichkeit präsent und wirksam wird. Die Artikulation ist aber nur derjenige Teil des Bildungsprozesses, der dem geistigen und damit – nach Hegel – auch realen Geschehen einen hör- und sichtbaren Ausdruck gibt.

Nur ein Selbst, das sich in einem wechselvollen sozialen Prozeß konstituiert hat, kann einen eigenen Willen haben. Es ist aber kein Wille, der allein oder primär selbstverursacht wäre. Das Schema von Kants Willenslogik wird – wenn man so will – von Hegel umgekehrt. Seine Richtung dreht sich um. Das Wollen wird dynamisiert und verliert seinen individualistischen Charakter. Konstitutiv für den eigenen Willen ist nicht das subjektive Wollen, sondern ein Prozeß, den Hegel als »Rückkehr aus dem Anderssein« beschreibt.[16] In dieser Rückkehr – nicht nur von den anderen Personen, sondern von der anderen mir begegnenden Wirklichkeit insgesamt – bildet sich, wie Hegel meint, das konkrete Selbstbewußtsein. Es ist, wie Hans-Georg Gadamer beschreibt, kein punktuelles Ich, sondern ein Bewußtsein, in dem die Differenz zwischen Ich und Wir, ja selbst diejenige zwischen dem Denken und der erscheinenden Wirklichkeit aufgehoben ist.[17] Das Selbst wird aber – wie Hegel sagt – nicht anerkannt, wenn es »das

[15] Ch. Taylor, »Self-interpreting Animal«, in: ders., *Philosophical Papers* vol. 1, 1985, 45–76.

[16] G. W. F. Hegel, *Phänomenologie des Geistes*, hrsg. von J. Hoffmeister, Hamburg [6]1952, 134.

[17] H.-G. Gadamer, »Hegels Dialektik des Selbstbewußtseins«, in: *Materialien zu Hegels Phänomenologie des Geistes*, hrsg. von D. Henrich und H. F. Fulda, Frankfurt a. M. 1973, 217–242.

Leben nicht gewagt hat«.[18] Es muß sich also behaupten, indem es sich dem Risiko des Lebens mit den anderen aussetzt und darin zu sich selbst findet.

Es scheint nun so, als würde mit der sozialen Konstitution des Selbst die Identität des Willens verloren gehen. Dies trifft in einer Hinsicht zu. Denn der Wille wird nicht mehr im Sinne der Selbstverursachung verstanden. Was eine Person will, führt also nicht mehr zu einer einzigen, solitären, allein in ihr selbst auffindbaren Ursache. Entsprechend kann diese vermeintliche innere Ursache, die sich als Phantom erwies, auch nicht als Identität einer Person gedeutet werden. Vielmehr gibt es viele Ursachen für das, was eine Person will, die ihren Ursprung jenseits dessen haben, was diese Person empfindet, weiß, tut und getan hat. Die meisten dieser Ursachen sind andere Personen, ihre Handlungen und Wünsche, aber auch Sachverhalte, Geschichten und Ereignisse, die der eigenen Person Grenzen setzen, ihr aber auch Möglichkeiten und Spielräume eröffnen. Im Prozeß der Selbstbehauptung unter den Risiken des Lebens gewinnt und entwickelt die Person erst ein Bewußtsein ihrer selbst. Sie erwacht aus einem bloßen Wahrnehmungsprozeß, der sich selbst nicht transparent ist, und kommt zu sich. Das Selbst ist das Eigene, das einzige, was der Person gehört und ihr im engeren Sinn zuzurechnen ist. Die Grenze zu anderen Personen ist aber – was das Wollen angeht – nicht hermetisch geschlossen, sondern offen und in jeder Richtung durchlässig. Was eine Person will, läßt sich kaum von dem unterscheiden, was eine andere will. Die Identität des Wollens ist sozial konstituiert. Es hat keinen Sinn mehr, von einer Autonomie des Wollens im individualistischen Sinn zu sprechen. Eine sozial konstituierte Identität schließt Selbstbestimmung im streng individualistischen Sinn aus. Die Differenz zwischen Selbst- und Fremdbestimmung wird aufgehoben.

Dieses Hegelsche Konzept des Selbst erklärt uns, daß der eigene Wille sozial produziert wird. Die Identifikation des Eigenanteils an der Produktion des eigenen Willens ist weit schwieriger als im Kantschen Modell. Beide Modelle haben Stärken und Schwächen. Die Stärke des Kantschen Modells ist, daß es die Identität des eigenen Willens bestimmt, seine Schwäche ist, daß es dazu eine Ursachenlehre benötigt, die nicht wirklich nachvollziehbar ist. Die Stärke des Hegelschen Modells ist, daß es kein statisches Ich, sondern ein Selbst annimmt, das sich in einem sozialen Prozeß der Anerkennung konstituiert. Die Schwäche dieses Modells ist, daß die Identität und Individualität des Selbst im sozialen Prozeß offen bleibt. Es bleibt unklar, was das Eigene des eigenen Willens ist. Das eine Modell trennt und isoliert die Person zu sehr von der sie umgebenden

[18] Hegel, *Phänomenologie des Geistes,* 144.

sozialen Welt, das andere integriert sie bis zur Ununterscheidbarkeit und Unkenntlichkeit.

## 4. Fremder und eigener Wille

Eine – im Anschluß an die eben angestellte historische Rückbesinnung naheliegende – hybride Verquickung der Ansätze Kants und Hegels wäre weder sinnvoll noch wirklich denkbar. Zum einen handelt es sich um historische Modelle, die für die Frage nach dem eigenen Willen einen heuristischen Wert, aber keine theoretische Verbindlichkeit haben. Zum andern stellen die beiden Ansätze wichtige, wenn auch gegensätzliche, Ansprüche dar, die wir mit dem eigenen Willen verbinden. Eine überzeugende Auffassung des eigenen Willens sollte den wichtigsten Ansprüchen beider Alternativen allerdings gerecht werden. Es gibt eine Art kantianischen Anspruch an den eigenen Willen, der unverzichtbar erscheint. Dies ist der Anspruch, die Identität eines Willens mit seiner Autonomie[19] zu verknüpfen, um seine Zuschreibung zu klären. Wir können nur auf diesem Weg Personen Verantwortung für das zuschreiben, was sie wollen und tun. Es gibt auch eine Art hegelianischen Anspruch an den eigenen Willen, der ebenso unverzichtbar erscheint. Es ist der Anspruch, daß es keine selbstverursachten Personen gibt, daß jede Person ein sozial konstituiertes Selbst ist, dessen Wille ebenso prozessual und allmählich gebildet wird wie es selbst.

Wenn wir jeden dieser Ansprüche für sich betrachten, erkennen wir rasch, daß Revisionen oder Ergänzungen des einen oder anderen dieser Ansprüche zu keinem vernünftigen und angemessenen Verständnis des eigenen Willens führen. Der Grund ist, daß das fremde und das eigene Wollen gar nicht so klar unterscheidbar sind, wie dies die klassischen Ansätze annehmen. Keiner der beiden klassischen Ansätze erklärt, wie sich die Grenzen zwischen dem eigenen und fremden Willen bewegen und verändern und was dann noch zum eigenen Willen gehört und was nicht. Wir stellen häufig fest, daß das, was andere wollen – durchaus im Sinne Hegels –, zu dem wird, was man selbst will. Wir erkennen aber andererseits auch, daß wir uns über das, was wir wirklich selber wollen, häufig täuschen. Der Aneignungsprozeß erklärt diese Selbsttäuschung nicht. Es ist daher sinnvoll, unabhängig von den historischen Ansätzen, einen indirekten Weg zu wählen und das eigene Wollen exemplarisch anhand bestimmter Probleme zu betrachten. Diese Probleme sollen die Verbindungen und Friktionen

[19] Auch wenn es dabei nicht um ›Autonomie‹ im Sinne Kants geht.

des eigenen Willens mit den fremden Willen, allgemein mit der sozialen Umwelt, aber auch mit der eigenen und der uns umgebenden biophysischen Natur in Umrissen erkennbar machen. Auf diese Weise soll klarer werden, wie sich mit dem eigenen Willen die Grenzen der eigenen Identität, der Selbstbestimmung und Verantwortung verändern können.

## 5. Das Aneignungsproblem

Es gibt ein Problem, das auf den ersten Blick keines zu sein scheint. Nennen wir es das ›Aneignungsproblem‹. Thesenartig formuliert besagt dieses Problem, daß jeder Wunsch, dem ich folge, dadurch daß ich ihm folge, mein eigener Wunsch ist. Dies scheint unproblematisch und ist es auch, solange es sich um Wünsche handelt, die ich bereits hatte und mit denen ich mich identifiziere. Es gibt aber auch Wünsche, denen ich folge, ohne sie vorher gehabt zu haben und ohne mich vollständig mit ihnen zu identifizieren. Sie werden von anderen an mich herangetragen oder mir aufgedrängt. Ich kann ihnen gerne oder nur unter Druck oder Zwang folgen. Sie werden dann meine eigenen, wenn ich ihnen freiwillig folge. Freiwilligkeit schließt Zwang nicht aus. Es geht hier also auch um Situationen, in denen ich unter Androhung von Gewalt bestimmte Handlungen vollziehe. Dabei eigne ich mir zwar nicht notwendig den Willen an, der mir gewaltsam aufgedrängt wird; ich lasse mich aber instrumentalisieren, wenn ich mich dem fremden Willen beuge und widerwillig nachgebe, um größeren Schaden von mir oder anderen abzuwenden. Die Grenze der Freiwilligkeit und damit auch die Unterscheidung zwischen dem fremden und dem eigenen Willen werden hier diffus. Zwang schließt Freiwilligkeit und damit Verantwortung erst – aber nicht in jedem Fall – aus, wenn menschliches Leben in Gefahr ist.

Diese letzte Einschränkung erscheint auf den ersten Blick unplausibel. Entlastet nicht jeder Zwang, der menschliches Leben gefährdet, denjenigen, der gezwungen wurde, von seiner Verantwortung für das unrechte Tun, das er selbst nicht wollte? Betrachten wir dazu zwei extreme Fälle von Zwang, bei denen jeweils das eigene Leben gefährdet sein kann. Im ersten Fall ist die Freiwilligkeit durch die Lebensgefahr ausgeschlossen, im zweiten nicht. Eine Frau, die vergewaltigt wird, eignet sich nicht den Willen des Vergewaltigers an. Es wäre verächtlich und zynisch, das Gegenteil zu behaupten. Eine Frau hat gewöhnlich keine physische Chance, sich erfolgreich zu wehren, und kann der Gewalt nicht entkommen. Dies ist ein Fall von Zwang ohne Freiwilligkeit. Wie ist es aber, wenn mich jemand zwingt, einem anderen zu schaden oder ihn gar zu töten? Selbst unter Lebensgefahr darf ich diesen mörderischen Willen nicht erfüllen.

Das Notwehrrecht hat hier zumindest moralisch eine Grenze.[20] Wenn ich dem Zwang zum Unrecht nachgebe und den anderen töte, habe ich mir den mörderischen oder bösen Willen angeeignet, indem ich mich ihm beuge, um mich selbst zu retten. Ich bin aber auch dann verpflichtet, einen Schaden von einer anderen Person abzuwenden, wenn mir dabei ein noch größerer Schaden entsteht. Die Rettung des eigenen Lebens ist in diesem Fall keine höhere Pflicht als die Rettung des Lebens des anderen.

Man sieht, das Aneignungsproblem ist tückisch und keineswegs harmlos. Es zeigt, daß nicht jeder Zwang die Aneignung des fremden Willens entschuldigt. Nicht einmal jeder mit Lebensgefahr verbundene Zwang schließt Freiwilligkeit aus. Es zeigt aber auch am Beispiel der Vergewaltigung, daß sich eine Person nicht in jedem Fall allein dadurch, daß sie sich dem fremden Willen beugt, sich diesen Willen auch aneignet. Das gleiche gilt für das, was Menschen unter Folter sagen und tun. Dagegen entschuldigt eine erpreßte Untat den Täter nicht. Erpressung schließt Freiwilligkeit nicht aus. Dies unterscheidet, was den eigenen Willen angeht, Erpressung von Folter.

Nun gibt es eigene Wünsche, denen ich folge, ohne daß dies ohne weiteres bemerkbar wäre. Nennen wir sie ›geheime‹ oder ›uneingestandene‹ Wünsche. Sie beherrschen oder beschäftigen mich, ohne daß dies in meinem äußeren Verhalten evident wäre. Andere Wünsche – Harry Frankfurt nannte sie »Wünsche zweiter Stufe«[21] – können diese Wünsche unterdrücken und unsichtbar machen. Geheime oder uneingestandene Wünsche beeinflussen meine Werturteile, mein Verhältnis zu anderen Menschen und meine Zielsetzungen. Deshalb sind es Wünsche, denen ich folge. Sie sind real, wirksam und bei genauem und längerem Beobachten des Handelns und Urteilens – zumindest indirekt – durchaus erkennbar. Es scheint so, als wäre das Aneignungsproblem bei dieser Art Wünschen nicht wirksam, weil ich ihnen nicht sichtbar oder ausdrücklich folge. Es kommt aber nicht darauf an, daß ich Wünsche eingestehe oder offen verfolge; ich kann sie dennoch haben und mich von ihnen leiten lassen. Uneingestandene oder geheime Wünsche können das Quentchen Schubkraft und Entschiedenheit erzeugen, das mich von meinem bisherigen Weg auf einen ganz anderen bringt. Auch geheime und uneingestandene Wünsche gehören also zu meinem eigenen Willen.

20 Soldaten wird nach einer befohlenen Tötung von Gefangenen vielleicht ein Befehlsnotstand zugebilligt, obwohl auch sie keine Befehle ausführen dürfen, die verwerflich sind und gegen das Kriegs- und Völkerrecht verstoßen.

21 H. G. Frankfurt, »Willensfreiheit und der Begriff der Person«, in: P. Bieri (Hrsg.), *Analytische Philosophie des Geistes*, Königstein/Ts. 1981, 287–302. Wünsche erster Stufe beziehen sich auf Handlungen, Wünsche zweiter Stufe beziehen sich auf Wünsche erster Stufe.

Eine weitere Dimension des Aneignungsproblems ist mit dem Wollen von Suchtkranken verbunden. Der pathogene Wille des Abhängigen läßt sich zwar eindeutig zuschreiben. Wir zögern aber zunächst, dem Süchtigen einen eigenen Willen zuzuschreiben, da er doch Opfer seiner Abhängigkeit ist. Ist es nicht so, daß der Süchtige seine Abhängigkeit lieber überwinden würde, als von ihr beherrscht und – wie er sich lebhaft vorstellen kann – zugrunde gerichtet zu werden? Dennoch müssen wir dem Süchtigen unterstellen, daß er sein Rauschmittel tatsächlich selber will.[22] Er muß nämlich einige Bedingungen erfüllen wollen, die es ihm erlauben, sich das Rauschmittel zu besorgen. Er wird gegen gesetzliche Bestimmungen verstoßen müssen oder Delikte begehen, die bei der Beschaffung von verbotenen Rauschmitteln unvermeidlich sind. Es wäre unsinnig, dem Süchtigen die Verantwortung hierfür zuzuschreiben, aber nicht für den Konsum des Rauschmittels selbst. Der pathogene Wille schließt Folgen ein, deren absichtliche Erfüllung der Süchtige zumindest in Kauf nehmen, in jedem Fall aber selbst wollen muß. In diesem weiten Sinn hat auch der Suchtkranke seinen eigenen Willen, selbst wenn er nicht frei sein sollte, sich diesem Willen erfolgreich und dauerhaft zu verweigern.

## 6. Starker Wille

Ein weiteres Problem nach demjenigen der Aneignung ist das des starken Wollens. In Form einer These lautet dieses Problem: Je stärker mein Wollen ist, desto authentischer ist es. Dem Gedanken, der diesem Problem zugrunde liegt, kann man den Titel ›Identität durch Intensität‹ geben. Auch in diesem Fall fällt es zunächst schwer, überhaupt ein Problem zu erkennen. Was sollte dagegen sprechen oder problematisch daran sein, daß mein Wille mit zunehmender Stärke auch um so mehr mein eigener Wille ist? Wir loben doch Menschen für ihre Willenskraft, mit der sie gegen alle Wahrscheinlichkeiten Unmögliches zuwege bringen. Die Bewunderung für einen Helden oder eine Heldin gilt deren geradezu übermenschlichem Wollen und dann auch deren Können unter extremen Bedingungen. Selbst mancher Verbrecher nötigt uns bei aller Verachtung für seine Taten einen gewissen Respekt vor seiner unbeugsamen Willenskraft ab.[23]

[22] H. Köhl beschreibt in seinem Aufsatz »Sucht und Selbstverantwortung. Philosophische Ansätze zu einer Suchtethik« [i. E.] Sucht u. a. auch als eine »Erkrankung des Willens«.

[23] Bei Menschen, die große Verbrechen und Mordtaten mit dem Opfer ihres eigenen Lebens begehen, schlägt der Respekt allerdings in Abscheu und Ekel, Entsetzen und Schrecken um.

Die Stärke des Willens ist aber – trotz aller Bewunderung – kein Gradmesser seiner Authentizität. Dabei ist es gleichgültig, ob das Wollen – wie bei Helden oder Heldinnen – gut oder – wie bei Verbrechern – schlecht und verwerflich ist. Held und Verbrecher sind nämlich nicht notwendig aus eigenem Willen besonders willensstark. Das mag an deren Charakter liegen, wenn sie etwa besonders angepaßt sind und ihre vordringliche Aufgabe darin sehen, mit aller Kraft das zu tun, was ihnen – von wem auch immer – aufgetragen oder befohlen wurde. Dabei muß Anpassung nicht in jedem Fall schlecht oder kritikwürdig sein. Es geht lediglich um die Frage der Authentizität. Der starke Wille kann ebenso abhängig und sklavisch sein wie der schwache. Seinem Erfolg und seiner Kraft läßt sich seine Authentizität nicht in jedem Fall ansehen. Eine Person kann sich einen fremden Willen aneignen und ihn über den bisherigen oder früheren eigenen stellen. Sie muß dies selbst nicht bemerken, weil sie beeinflußbar, unkritisch oder uneinsichtig ist. Die Hierarchie und Intensität der Wünsche gibt keinen zuverlässigen Aufschluß über deren Authentizität.

Es muß aber nicht unbedingt ein fremder Wille sein, den ich mit besonderer Kraft verfolge, um die These von der Identität durch Intensität in Frage zu stellen. Es kann auch der eigene Wille sein, dem ich mich gegen besseres Wissen beuge. Dieses philosophiehistorisch bekannte Problem trägt den eher verwirrenden Titel »Willensschwäche«.[24] Es handelt sich nicht eigentlich um eine Schwäche des Willens, sondern der Vernunft, die sich trotz ihrer Kenntnis guter Gründe nicht gegen das allzu starke irrationale Wollen durchsetzen kann. Ein Konflikt zwischen Wollen und Wissen oder zwischen Wille und Vernunft schließt zumindest eine Unvereinbarkeit oder auch einen Widerspruch bei der Bewertung eines Ziels und der Beurteilung seiner Rationalität ein. Ich weiß in einem solchen Fall, daß ein bestimmtes Ziel irrational, schlecht oder verwerflich ist, verfolge es aber dennoch mit aller Kraft.[25]

Wir denken hier erneut an den Suchtkranken.[26] Er will etwas, wovon er weiß,

[24] Aristoteles beschreibt das Phänomen der »Willensschwäche« (ἀκρασία) im Buch VII der *Nikomachischen Ethik*. Eine gute Übersicht über die zeitgenössisch wichtigen Aspekte und gleichzeitig überzeugende Argumente für die Möglichkeit der Willensschwäche gibt der Artikel von R. Audi, »Weakness of the Will and Practical Judgment«, in: *Nous* 13 (1979), 173–196.

[25] Es kommt an dieser Stelle nicht darauf an, ob man tatsächlich davon sprechen kann, daß die besagte Person die Gründe weiß, die gegen das sprechen, was sie will. Aristoteles bezweifelt dies in sokratischer Manier in dem eben zitierten Buch seiner *Nikomachischen Ethik*.

[26] Aristoteles hat selbst bereits das Problem der Willensschwäche mit dem der Sucht in Verbindung gebracht. R. Robinson weist in seinem Beitrag »Aristotle on *Akrasia*«, in: *Die Nikomachische Ethik* (Klassiker Auslegen 2), hrsg. von O. Höffe, Berlin 1995, 187–206 auf die Nähe zwischen dem ἀκρατής und medizinischen Problemen hin (ebd., 190).

daß er es – nüchtern betrachtet – nicht wollen sollte. Dies ist für das Phänomen der »Willensschwäche« typisch. Aber nicht jede Sucht trägt die Kennzeichen der »Willensschwäche«. Außerdem sind pathologische Anpassungen keineswegs auf Suchtkrankheiten beschränkt. Nicht nur Rauschmittel machen süchtig. Die Suche nach Geltung, Erfolg, Reichtum und Macht kann mit ähnlichen Folgen und Abhängigkeiten ebenso süchtig machen wie Rauschmittel. Jene Art rauschmittelfreier Sucht schließt keinen Widerspruch zwischen Wille und Vernunft bei der Bewertung der Ziele ein. Von einem verdeckten Widerspruch kann man wohl sprechen. Denn niemand sollte süchtig und abhängig werden, unabhängig davon, ob es sich um Rauschmittel, Geltung, Erfolg etc. handelt. Der nach Erfolg etc. Süchtige sollte erkennen, daß er sich in der Bewertung der Ziele seines Wollens täuscht. Er sollte es erkennen, aber das bedeutet, es müßte ihm erst einmal klar werden, daß er abhängig und fremdbestimmt ist. Dazu fehlen ihm vielleicht die geistigen und seelischen Kräfte. Erfolg und Mißerfolg werden ihn aber kaum zur selbstkritischen Einsicht veranlassen, im Gegenteil. Sie werden seinen Willen, seine ehrgeizigen Ziele zu verfolgen, eher stärken als schwächen.

Dies ist der Kern des Problems, das mit dem starken Willen verbunden sein kann, daß wir uns über den pathologischen Charakter unseres Wollens nicht nur täuschen können. Es kann uns verborgen bleiben, daß wir einem Willen folgen, der nicht eigentlich unser eigener ist. Befangen in Selbsttäuschung haben wir uns diesen Willen aber angeeignet und täuschen uns dauerhaft über dessen Herkunft, Wert und Charakter. Emma Bovary[27] zeigt in der für Flaubert durchaus nicht nur fiktionalen Wirklichkeit der französischen Provinz[28] des 19. Jahrhunderts, wie tief diese Selbsttäuschung über den eigenen Willen reichen kann. Sie meint, endlich ihren eigenen Willen zu tun, und täuscht sich doch nur über das, was sie und ihre Liebhaber wollen. Ihr vermeintlich authentischer Wille ist ein beklagenswertes Amalgam aus jugendlichen Träumen und den eigensüchtigen Suggestionen ihrer männlichen Umwelt. Die Stärke und Konsequenz ihres Wollens reichen bis zur Selbstvernichtung.

Es wäre falsch, lediglich auf degenerative und pathologische Erscheinungen des starken Willens hinzuweisen. Der Eigenwillige etwa hat durchaus nicht nur einen starken, sondern auch einen unangepaßten und von seiner Umwelt abweichenden Willen. Die Authentizität seines Willens steht nicht in Frage. Es ist dabei aber offen, was den Eigenwilligen zu seinem Dissens veranlaßt. Da er sich nicht nur entschieden für sein eigenes Wollen und seine Überzeugungen einsetzt, sondern auch gegen das, was andere wollen, stellt, können ihn auch Motive zu

[27] G. Flaubert, *Madame Bovary. Sitten der Provinz*, Zürich ³1987.

[28] Der Ort, auf den Flaubert angeblich Bezug nimmt, liegt in der Normandie und heißt Tôtes.

seiner Haltung bewegen, die eher einer von Verachtung und Überheblichkeit geleiteten habituellen Gegnerschaft zu anderen als einem überlegten eigenen Wollen entspringen. Dann ist seine Authentizität zumindest in Aspekten eine ästhetische Haltung, eine abweisende soziale Geste und eine auffällig gemeinte, affektierte und eitle Äußerungsweise. Auch der Eigenwillige formt seinen Willen schließlich in einem sozialen Bildungsprozeß und nicht für sich allein. Zur Not paßt er sich lediglich negativ und einfallslos der Mehrheit an, indem er sich gegen sie stellt und so seinen eigenen Willen hat. Der Eigenwillige kann aber auch, ohne in seine abweichende soziale Rolle verliebt zu sein, einfach mutig, geradlinig und ehrlich zu dem stehen und davon Zeugnis geben, wovon er überzeugt ist. Für jede andere Haltung müßte er sich selbst verachten, so schwer es ihm auch fällt, aufgrund seiner Überzeugungen einen entschiedenen und starken Willen zeigen zu müssen.

## 7. Schwacher Wille

Analog zum Problem des starken Willens gibt es das des schwachen. Wiederum in Form einer These lautet dieses Problem: Je schwächer mein Wollen ist, desto weniger ist es mir zuzurechnen. Auch diese These scheint zunächst unproblematisch zu sein. Wenn ich etwas nicht wirklich will und mich nur schwach damit identifiziere, schreibe ich mir diesen Wunsch auch nicht im vollen Umfang zu. Vielleicht habe ich mich auf etwas *nolens volens* eingelassen und am Ende festgestellt, daß es nicht wirklich das war, was ich wollte. Dann kann ich mich nachträglich davon distanzieren. Es mag auch sein, daß ich nicht nur weiß, daß ich mich auf etwas einlasse, was ich nicht wirklich will; ich lasse mich außerdem darauf ein, weil ich eigentlich etwas anderes will und mir aus meinem vordergründigen Wollen Vorteile erhoffe. Wir kennen dieses Phänomen unter dem Namen des »Mitläufers«. Es mag durchaus sein, daß ich etwas nicht wirklich wollte und mir den Wunsch auch nicht gänzlich zu eigen machte. Dennoch gilt das, was das Aneignungsproblem lehrt: Mein Wille mag noch so schwach sein, wenn ich ihm folge – und sei es nur als Mitläufer –, mache ich ihn doch zu meinem eigenen Willen. Ich kann mich verweigern und sollte es auch, wenn es nicht wirklich mein eigener Wille ist. Jedenfalls gilt nicht, daß mir ein Wollen mit zunehmender Schwäche auch um so weniger zugeschrieben werden kann.

Wir treffen beim schwachen Willen ähnliche Phänomene der Selbsttäuschung wie beim starken. Dank der veränderten Wertigkeit äußert sich die Selbsttäuschung nun aber als Unaufrichtigkeit und Unentschiedenheit. Graduell abgestuft begegnen wir erneut der »Willensschwäche«. Noch immer will ich etwas,

was ich vernünftig und nüchtern betrachtet ablehne; ich will es nur sehr unentschlossen und halbherzig. Die Selbsttäuschung entspricht hier keinem Mangel an Einsichtsfähigkeit, im Gegenteil. Die Einsicht ist da, es fehlt lediglich – wie überhaupt bei der Willensschwäche – die Konsequenz und Entschiedenheit. Es ist mir selbst und anderen gegenüber unaufrichtig zu meinen, daß ich mich mit einer schwachen Identifikation entschuldigen kann.

## 8. Heteronome Identität

Die drei Probleme der Aneignung, des starken und des schwachen Willens zeigen, daß nicht jede Art von Zwang die Zurechnung des fremden als eines eigenen Willens verhindert. Sie zeigen auch, daß der eigene Wille weder notwendig durch seine Stärke fundiert noch durch seine Schwäche relativiert wird. Die drei Probleme führen schließlich vor Augen, wie sich die Grenzen der Verantwortung und der Zurechnung verschieben können, aber nicht müssen. Die Abhängigkeiten von Süchten unterschiedlicher Art, aber auch Selbsttäuschung und mangelnde Einsicht heben die Selbstbestimmung und die mit ihr verbundenen Pflichten nicht auf. Überraschend ist, daß die Identität und Eigenheit des Willens nicht seiner Stärke oder Schwäche korrespondiert. Nicht weniger überrascht, daß die Eigenheit und die Zurechenbarkeit des Willens – sieht man von Folter und Vergewaltigung ab – nicht von seiner Herkunft abhängen. Es ist letztlich bis auf diese Formen menschenverachtender Gewalt unerheblich, ob ich oder ein anderer der Urheber oder die Quelle meines Willens ist. Entscheidend ist allein, ob und inwieweit ich diesem Willen folge. Durch mein Tun, aber auch durch die uneingestandene Orientierung etwa an geheimen Wünschen eigne ich mir einen Willen unabhängig von seiner Herkunft mit allen Konsequenzen an.

Wenn ich mich selbst über meinen eigenen Willen identifiziere, tue ich dies – wie diese Überlegungen verdeutlichen – sowohl mit Eigenem als auch mit Fremdem, jedenfalls auch mit Wünschen, deren Ursprung mir häufig nicht klar und bekannt ist. Der eigene ist mit dem fremden Willen, zumindest was die Entstehung angeht, bis zu einem gewissen Grad nicht nur verwechselbar, sondern auch unentwirrbar verquickt. Der Bildungs- und Aneignungsprozeß des Willens kommt wohl immer wieder vorläufig zu einem Abschluß. Dann identifiziere ich mich bewußt mit dem, was ich will, wie immer es zustande kam und rechne mir dies als eigenen Willen zu. Mein eigener Wille übt auf andere einen ähnlichen Einfluß aus wie deren Willen auf mich. Es kommt nicht auf die ohnehin nicht berechenbaren Quantitäten dieser wechselseitigen Einflußnahme an. Wesentlich ist, daß meine Selbstidentifikation auf das Bezug nimmt und sich aus dem speist, was ich in einer Phase meines Lebens will, wie immer dieser Wille zustande kam.

Auf dem Hintergrund der drei eben diskutierten Probleme sind die wesentlichen Ansprüche der Positionen Kants und Hegels jeweils für sich gesehen weder falsch noch widerlegt. Sie repräsentieren eben nur Aspekte dessen, was insgesamt als eigener Wille gelten kann. Wir identifizieren eine Person mit einem Willen und können auf das Interesse an der Zuschreibung dieses Willens nicht verzichten, weil wir den bloßen Willen nicht von der Verantwortung für das Gewollte trennen können. Selbstbestimmung setzt Identität voraus. Insofern folgen wir nach wie vor einem Grundgedanken Kants. Wir können aber niemandem einen Willen in der Überzeugung zuschreiben, daß er oder sie die alleinige oder primäre Quelle dieses Willens wäre, wie es das Kantsche Konzept des reinen und freien Willens suggeriert. Dennoch reicht auch ein schwacher, unentschlossener, widersprüchlicher, angepaßter, wankelmütiger und in diesem Sinne unfreier Wille für eine Zuschreibung und Identifikation aus. Insofern gilt der Gedanke Kants auch unter Bedingungen der Heteronomie, die er selbst nicht akzeptiert hätte.

Der von Hegel konzipierte soziale Bildungsprozeß des eigenen Willens wird von keinem der diskutierten Probleme in Frage gestellt. Wie die drei Probleme zeigen, ist dieser Prozeß aber wesentlich komplexer, vielschichtiger – und dialektischer –, als Hegel ihn beschrieb. Außerdem gehen das Individuum und seine Unverwechselbarkeit in diesem Prozeß nicht unter. Abstrakt gesehen liegt dies daran, daß die fremde, heteronome Bestimmung des Willens dessen Identität nicht gefährdet. Die Heteronomie ist das fehlende Verbindungsstück, das zumindest die wesentlichen Ansprüche von Kant und Hegel zu dem Bild verbindet, das ich vom eigenen Willen entworfen habe. Die Überzeugung, daß der eigene Wille das Besondere und Unverwechselbare einer Person ausdrückt, war zwar zu optimistisch und naiv, aber nicht gänzlich falsch. Der eigene Wille kann seine Eigenheit und Zurechenbarkeit nicht aus seiner Herkunft ableiten. Nicht die freie oder unfreie Genese des Willens begründet seine Identität, sondern seine Befolgung. Das Aneignungsproblem verdeutlicht dies. Wir können uns durch den Willen, dem wir folgen, sowohl verwechselbar als auch unverwechselbar machen. Dabei ist weder die Stärke des Willens für seine Unverwechselbarkeit noch seine Schwäche für die Verwechselbarkeit ursächlich. Es kommt darauf an, daß wir selbstkritisch auf die Übereinstimmungen und Abweichungen unseres Willens vom Wollen anderer achten. Der eigene Wille ist nicht das Gegenteil dessen, was die anderen wollen. Das Eigene ist ohnehin nicht das Gegenteil des Fremden oder Anderen, sondern ein Produkt aus Eigenem, Anderem und Fremdem. Der eigene Wille verbindet uns mit anderen Menschen und unterscheidet uns gleichzeitig von ihnen. Er ist der Raum unseres Bewußtseins, in dem wir unser Wünschen und Wollen im Prozeß der Bildung des eigenen Selbst entwickeln, uns aneignen oder verlieren. Dabei bleibt uns die Herkunft und Entstehungsgeschichte unseres Wollens gewöhnlich verborgen. Wir bemerken, der Intentionalität und zeitlichen Asymmetrie des Wollens entsprechend, vornehmlich die in die Zukunft gerichtete und zu wenig die in die Vergangenheit reichende Bedeutung unseres Willens. Mit der in die Zukunft gerichteten Intention des Willens können wir uns leichter in der Gewißheit wiegen, wir hätten in jenem anfangs beschriebenen naiven Sinn des exklusiven Selbstbesitzes und des Fingerabdrucks der eigenen Identität tatsächlich einen eigenen Willen. Die Blindheit gegenüber der Vergangenheit und Herkunft dessen, was wir wollen, verführt uns zu einem unkritischen Glauben an unseren eigenen Willen. Wenn wir diese Schwäche des eigenen Willens nicht durchschauen, gewinnen wir aus dem Bewußtsein dessen, was wir wollen, kein zuverlässiges Wissen darüber, wer wir wirklich sind.

# Gemeinwohl und geistiges »Schwarzfahren«. Zur Analyse der gegenwärtigen gespaltenen Moral

*Karl-Heinz Nusser (München)*

## 1. Der Leitwert des universalisierbaren Vorteils

Mit gespaltener Moral meine ich den heutzutage beobachtbaren Unterschied von Mikro- und Makromoral, von Binnen- und Außenmoral. Es gibt eine Binnenmoral für kleine Gruppen von Menschen, die uns etwas bedeuten, und eine Außenmoral, die vom Zeitgeist und von Ideologen beeinflußt ist.

Daß im engen Kreis der Familie die Moral authentisch erlebt wird, während im Bereich umfassender gesellschaftlicher Erfahrungen eine Unsicherheit über das eigentlich verbindliche und moralische Handeln besteht, hängt in der Gegenwart mit ungelösten Problemen zusammen, die aus den Bereichen ökonomischen und politischen Handelns und Denkens ins Erlebnisfeld des Menschen drängen. Es ist ein aus der Ökonomie stammender Trend, der manche Philosophen behaupten läßt, es gebe in der Außenmoral kein gemeinsames Ethos mehr, sondern jeder suche in dem von Ulrich Beck so genannten Zeitalter der Individualisierung nur noch seinen eigenen kostengünstigen Vorteil.

Nach dem Zusammenbruch weltanschaulicher Gegensätze zwischen westlicher Freiheit und östlichem staatssozialistischem Reglement scheinen alle Probleme verhandelbar und mit klugen Entscheidungen lösbar zu sein. Was sich für die Ebene des Verhandelns anbietet, sind die in den westlichen Demokratien bereits entwickelten Verfahren des Interessenausgleiches. Wenn sich dennoch dann ein Rest ungelöster Probleme einstellt, wie es zum Beispiel im Fall der Stammzellenforschung zu sein scheint, braucht man nur weitere Beratungs- und Entscheidungsgremien zu schaffen. Wenn alles verhandelbar ist, dann ist jedoch die Frage, wodurch irgendeine Entscheidung plötzlich einen definitiven moralischen Charakter bekommen soll, nicht beantwortbar. Jede Entscheidung, die der unterlegenen Minderheit nicht gefällt, kann dann zu Recht Gegenstand einer anzustrebenden Revision sein. Die Vermehrung von Gremien aber wird dieses Dilemma nur vergrößern und nicht beenden. Die Grundfrage, woher irgendeine

Elite das moralische Recht nehme, eine moralische Entscheidungsgewalt auszuüben, wird dadurch nicht beantwortet. Das Problem, das sich damit stellt, läßt sich auch anders formulieren. Es lautet dann: Was veranlaßt jemanden, dem Willen eines anderen zu folgen, beziehungsweise was legitimiert Herrschaft?

Ich nenne die drei Möglichkeiten, die der Grund des Folgens sein können: 1.) Gewalt in irgendeiner Form, 2.) weil es vorteilhaft ist und 3.) weil die Aufforderung aufgrund ihrer selbst einen Verpflichtungscharakter hat, der weder durch den Willen eines Herrschenden noch durch den des Gehorchenden zustande kommt. Es ist nun für die intellektuelle Situation der Gegenwart charakteristisch, daß von den drei genannten Möglichkeiten nur die zweite, die Akzeptanz eines Anspruches wegen eines einlösbaren Vorteils, ernsthaft diskutiert wird. Daß die Möglichkeit von Gewalt ausscheidet, ist unter argumentativen Voraussetzungen selbstverständlich. Die dritte Möglichkeit jedoch, die Akzeptanz aufgrund eines einleuchtenden Grundes, mit dem kein Vorteil verbunden ist, wird nicht ernsthaft diskutiert. Im Vordergrund sowohl des libertären Individualismus als auch des moralischen Individualismus steht ein Paradigma, das dem ökonomischen Denken entlehnt ist: die Zustimmung zu einer Absprache, die für beide Seiten vorteilhaft ist.

Ich werde im Folgenden die genannten Theorien kurz darstellen[1] und danach das alltägliche Handeln in der Normalität umreißen.

Gerechtigkeit in einem ganz allgemeinen Sinn besteht in einem richtigen Verhältnis der Menschen zueinander. Dieses mitmenschliche Verhältnis der Würde jedes einzelnen geht dem ökonomischen Vorteilsdenken voraus. Im ersten Teil zeige ich, daß eine Umkehrung dieses Verhältnisses zu Widersprüchen führt. Danach beschreibe ich die Alltagspraxis als Grundlage jeden Handelns. Diese Praxis setzt sich nicht nur aus der Summe individueller Güter zusammen, wie etwa im Investmentclub, sondern erfordert die Hervorbringung eines gemeinsamen Gutes.

## 2. Das Angebot des Kontraktualismus

Die Frage, welche Gründe uns veranlassen könnten, dem Willen eines anderen zu folgen, ist auch die Grundfrage des Kontraktualismus: Wie können die Menschen aus einem für sie lebensgefährlichen Naturzustand in ein gesichertes und friedliches Zusammenleben gelangen? Nach dem Kontraktualismus ist von einem

[1] Eine ausführliche Auseinandersetzung mit aktuellen liberalen Theorien findet sich in: K.-H. Nusser, »Maßstäbe der Gerechtigkeit« in: *Philosophische Rundschau* 48 (2001), 69–87.

Zustand auszugehen, in dem weder eine einhellig konsentierte Moral noch eine von allen akzeptierte Rechtsordnung gilt. Die nicht vorhandene regelhafte Ordnung wird durch ein Verfahren der Selbstbindung erzeugt. Die wechselseitige Übereinkunft im Naturzustand soll aus dem Wollen unserer menschlichen Kreativität entspringen, wobei wir uns selbst »in einem Akt der Reflexion für die Zukunft binden«.[2]

Die Reflexion gründet beim Urvater der Kontraktualisten, bei Hobbes, in der im Naturzustand gegebenen Gefahr des gewaltsamen Todes, deren absolute Vermeidung ein für jede Vernunft hinreichendes Motiv darstellt. Die wechselseitige Bindung besteht in dem Verzicht jedes einzelnen auf sein absolutes Recht zur Selbsterhaltung und in der Übertragung dieses Rechtes auf einen Souverän, der seinerseits Inhaber eines absoluten Rechtes verbleibt und dadurch mit potentiell absoluter Macht ausgestattet ist. Der so von allen eingesetzte Souverän ist Garant der Sicherheit und des Friedens. Die eigentliche Schwierigkeit der Argumentation besteht nun in dem Nachweis, daß der empirische Verlauf des Überganges zwingend ist, so daß alle auf ihre umfassenden Handlungschancen im Naturzustand verzichten, um dafür in Sicherheit leben zu können.

Das Problem spitzt sich zu in der Frage, wie – irrationale – Regelbrecher, sogenannte Schwarzfahrer, ausgeschlossen werden können. Dieses empirische Problem wird jedoch von den Kontraktualisten nie wirklich gelöst. Es wird einfach behauptet, daß die Verträge im Kontraktualismus »nie zu irgendeinem Zeitpunkt abgeschlossen worden« seien. Sie »gelten als immer schon abgeschlossen«.[3]

Wird jedoch das empirische Vertragshandeln im Sinne einer idealen Prüfung und Normierung durch einen jeden Partizipanten verstanden und nicht als ein Handeln unter Todesgefahr, dann stehen über den Hobbesschen Minimalismus hinaus auch weitere Normen zur Verfügung – eben solche, über die die Teilnehmer in einer idealen Beratungssituation Übereinstimmung erzielen können. Dies ist dann der Ausweg des modernen Kontraktualismus. Die von Hobbes konzipierte lebensbedrohende Naturzustandssituation, die zu einem Vorrang der Überlebensstrategie führte, wandelt sich nun in eine Beratungssituation, die für alle Normen offen ist, auf die die Teilnehmer sich argumentativ einigen können. Um die staatliche Verfassung auf der Basis der Gesellschaftsvertragsebene begründen zu können, muß gezeigt werden, auf welchen Normen die Forderungen der Menschenwürde und der damit zusammenhängenden Menschenrechte einschließlich der Forderung von sozialer Gerechtigkeit beruhen. Wolfgang Kersting

2 M. Hampe, *Gesetz und Distanz*, Heidelberg 1996, 116.

3 W. Kersting, *Die politische Philosophie des Gesellschaftsvertrages*, Darmstadt 1994, 31.

beschwört in diesem Zusammenhang »das souveräne, rationale und vernünftige Individuum«[4].

Moralische Grundsätze könnten nicht mehr aus dem Willen Gottes, der Absicht der Natur oder unveränderlichen menschlichen Wesensbestimmungen gewonnen werden. Ein Prinzip könne nur dann gelten, wenn es »als allgemein zustimmungsfähig ausgewiesen« werden könne, wenn also gezeigt werden könne, »daß alle Individuen sich auf dieses Prinzip geeinigt haben könnten«.[5]

Mit der Erklärung von Kersting aus der angeblichen »normativen Grundüberzeugung der modernen Gesellschaft« sind wir indes um keinen Schritt weitergekommen. Immer noch harrt unsere Frage, warum wir denn dem Willen eines anderen folgen sollten, der Beantwortung! Die bloße Forderung der rechtlichen Selbstbestimmung gleicher Individuen liefert noch keine Inhalte. Es ist nicht zu erkennen, wie moralische Prinzipien anders abgeleitet werden könnten als aus Einsichten in eine allgemeine menschliche Wesensnatur. Und gerade darum, wenn liberale Forderungen nach der Freiheit und dem rechtlichen Schutz des Individuums im Vordergrund stehen, muß die dafür nötige Voraussetzung, eine gemeinsame Kultur und Bildung, ebenso gewollt werden, in der das – wie Kersting formuliert – »souveräne, rationale und vernünftige Individuum« sich von den anderen und dem Allgemeinwohl begrenzen läßt, um sich dadurch erst entwickeln zu können.

Ich habe eingangs darauf hingewiesen, daß die in der Gegenwart geläufige Vorstellung, alles sei verhandelbar beziehungsweise durch Verhandlungen zum wechselseitigen Vorteil lösbar, dem Gebiet der Ökonomie entnommen ist. Es ist wichtig zu sehen, daß die Auffassung, alle moralischen Fragen seien verhandelbar, heutzutage über ökonomische Theorien und Erwartungen an das ökonomische Handeln in das Alltagsbewußtsein einsickern.[6] So wie im Verlauf des 19. Jahrhunderts Marx, Darwin, Büchner, Moleschott, Haeckel und Nietzsche die Massen ergriffen haben, beeinflussen heute ökonomische Theorien die Weltanschauung der Massen. Um welche ökonomischen Theorien handelt es sich hier? Wichtig in unserem Zusammenhang sind der Chicagoer Ökonom James Buchanan und sein deutscher Schüler Karl Homann. In ihren Lehren steht der Begriff des »souveränen Individuums« im Vordergrund. Deutlicher als bei anderen werden dessen eigentliche Wurzeln ohne Umschweife genannt: Es sind die ökonomischen Motive. Karl Homann erklärt in dem neuesten, zusammen mit

4 W. Kersting, »Der Markt – das Ende der Geschichte«, in: *Homo oeconomicus: Der Mensch der Zukunft*, hrsg. von N. Brieskorn und J. Wallacher, Stuttgart 1998, 124.

5 Kersting, »Der Markt – das Ende der Geschichte«, 120.

6 Ein genereller Zug der heutigen Werbung, eine Variante der 11. Feuerbachthese von Marx, lautet: »Verändern Sie die Welt zu Ihrem Vorteil!«

Andreas Suchanek verfaßten Lehrbuch *Ökonomik*, daß »die Bürger sich mit Hilfe des Staates eine institutionelle Ordnung zulegen, um allgemein erwünschte Interaktionen kostengünstig durchführen und allgemein unerwünschte unterbinden zu können«.[7] Zur Begründung der Legitimation des Staates und der Demokratie genügt das faktische »Wollen der Betroffenen selbst«.[8] Außer acht bleiben dabei der repräsentative Aufbau der Bundesrepublik Deutschland und die dem bloßen Mehrheitswillen entzogenen Grundwerte des Grundgesetzes.

Homann schlägt eine vertragstheoretische Begründung der Demokratie vor, bei der jeder einzelne Mensch Subjekt von Zwecksetzungen, das heißt des abzuschließenden Gesellschaftsvertrages ist. Auch James Buchanan spricht davon, daß jeder einzelne Mensch »die einzige Quelle von Werten« sei.[9] »Verbindliche Regeln gehen auf den Willen der und auf die Inkraftsetzung durch die Betroffenen zurück und haben daher den Status einer kollektiven Selbstbindung.«[10]

Der einzelne stimmt den Regeln im Hinblick auf seinen individuellen Nutzen zu. Institutionenlegitimation besteht dann in der faktisch bestehenden, fortdauernden und freiwilligen Zustimmung zu einer Regelordnung. Die Institution der Demokratie wird als ein Regelsystem gedacht, das den politischen Prozeß in bestimmter Weise ordnet. So wie auf dem Markt die Individuen innerhalb einer Regelordnung ihre Interessen verfolgen, tun sie dies auch in der Politik. Nicht jeder Markt entspricht jedoch den normativ ökonomischen Vorstellungen. Ein von Monopolen beherrschter Markt würde die Menschen nur mit Zwang binden. Bereits auf der Ebene des Marktes sind rechtliche Grenzen nötig, die von der staatlichen Ordnung gesetzt werden müssen.

Nach Buchanan ist die faktische freiwillige Zustimmung der betroffenen Individuen das entscheidende normative Kriterium für die Beurteilung des Markthandelns. Der Gedanke der wechselseitigen Vorteile, die sich auf dem Markt ergeben, wird von Buchanan und Homann auf die staatliche Verfassung übertragen. Dies geschieht in einer idealen Verfassungswahl, die einstimmig erfolgen soll und empirisch nie beobachtet werden kann; denn die politischen Wahlen finden ja innerhalb einer bereits bestehenden Verfassung statt. Diese ideale Wahl muß als immer schon geschehen unterstellt werden. Genau dies, so haben wir vorhin gesehen, hat Kersting zur Voraussetzung der Vertragstheorie erklärt.

7 K. Homann/A. Suchanek, *Ökonomik*, Tübingen 2000, 329.

8 Homann/Suchanek, *Ökonomik*, 186.

9 J. Buchanan, »Constitutional economics«, in: J. Eatwell, M. Milgate, P. Newmann (Hrsg.), *The New Palgrave* 1987, 585–588.

10 Homann/Suchanek, *Ökonomik*, 188.

Das vertragstheoretische Dilemma lautet dann folgendermaßen: Die Verfassungswahl existiert seit ewigen Zeiten und muß nur nochmals in der Zeit vollzogen werden. Warum aber soll gerade eine an der Marktfunktionalität ausgerichtete Verfassung gewählt werden? Wenn die Verfassung nicht ewig ist und empirisch gewählt werden muß, ergibt sich die Frage, ob sich die spezifische Beschaffenheit der Verfassung, »allgemein erwünschte Interaktionen der Bürger kostengünstig durchzuführen« – wie Homann gefordert hat –, rechtfertigen läßt. Der ökonomische Ansatz von Buchanan und Homann ist radikaler als der von Adam Smith in der Zeit des Manchesterliberalismus. Adam Smith konzipiert zwar einen uneingeschränkten ökonomischen Egoismus, der sich wie von selbst, beziehungsweise durch eine »unsichtbare Hand« zum Vorteil aller auswirken soll. Die Begründung des Staates leitet er jedoch nicht allein aus ökonomischen Interessen ab, wie dies von Buchanan und Homann vorgenommen wird. Das die Verfassung begründende Interesse ist in diesen Theorien eine abgeleitete ökonomische Präferenz. Andererseits wird es im Sinne einer originären Präferenz für die Freiheit als solche gedeutet.[11]

Offensichtlich ist es mit den Begriffen dieser modernen ökonomischen Theorie nicht möglich, Entstehung und Selbsterhaltung moderner demokratischer Staaten zu erklären. Denn warum sollten sich rationale Individuen, die auf die Mehrung des eigenen Nutzens bedacht sind, für eine demokratische Verfassung entscheiden? Der bloße ökonomische Nutzen kann auch durch eine despotische Verfassung besorgt werden, wie man am Beispiel Singapurs sehen kann. Auch der liberale Kant bestätigt, daß »die Glückseligkeit [der ökonomischen Nutzeninteressierten] unter einer despotischen Regierung viel behaglicher und erwünschter [als unter einer republikanischen] ausfallen mag«.[12]

Die Diskussion des Einflusses ökonomischer Theorien auf ein verkürztes gesellschaftliches Selbstverständnis hat gezeigt, daß das Selbstinteresse als Prinzip nicht zur Begründung einer demokratischen Verfassung ausreicht. Der Staat hat die normativen Aufgaben, den allgemeinen Wohlstand zu mehren und die Gerechtigkeit zu verwirklichen. Wenn Gerechtigkeit im richtigen Verhältnis der Menschen zueinander besteht, dann muß der Staat als die umfassendste Organisationsvoraussetzung für dieses Verhältnis auch für die Verwirklichung der Gerechtigkeit eine Verantwortung haben.

[11] Th. Petersen, *Individuelle Freiheit und allgemeiner Wille*, Tübingen 1966.

[12] I. Kant, *Metaphysik der Sitten*, AA IV, 437.

## 3. Die unveränderliche menschliche Wesensform und das Ethos des Alltags

Der geistige Ausflug zu den Lösungsangeboten heutiger Kontraktualisten und einer einflußreichen ökonomischen Theorie hat keine befriedigende Antwort auf die brennende Frage ergeben, woher irgendeine Elite das moralische Recht nimmt, eine moralische Entscheidungsgewalt auszuüben. Die Antwort, daß man dem Willen eines anderen dann folgen soll, wenn kostengünstige Ergebnisse erzielt werden, gilt gerade auch in privaten Situationen, die die Weichenstellungen des Lebens ausmachen, nicht uneingeschränkt. Und die Antwort der modernen Kontraktualisten, daß das »souveräne, rationale und vernünftige Individuum« selbst entscheiden solle, ist nicht mehr als ein gerne gehörtes Kompliment für Menschen, die in einer Demokratie leben. Es ist politisch korrekt, gibt aber keine Auskunft über die Prinzipien, die dabei angewendet werden sollen.

Die erste grundlegende Einsicht zur Gewinnung solcher Prinzipien besteht darin, daß jede Nutzenkalkulation, jedes Abwägen individueller Rechte von der Idee der Gerechtigkeit begrenzt wird und daß die Anerkennung dieses Prinzips einen philosophischen Diskurs und das richtige Vollziehen menschlicher Freiheit erst ermöglicht. Die Idee der Gerechtigkeit verhält sich nicht äußerlich zum individuellen freien Willen eines moralischen Individuums, das zu allererst ein moralisches Individuum wäre und sich dann noch überlegen könnte, ob es denn gerecht sein solle. Das richtige Verständnis der Idee der Gerechtigkeit muß sich auf das Individuum und die Gesellschaft beziehen.

Man kann diesen Gedanken auch so ausdrücken, daß die Aufgabe, als Individuum gerecht zu werden und in der Gesellschaft für Gerechtigkeit zu sorgen, in der unveränderlichen menschlichen Wesensform verwurzelt ist. Jeder Diskurs, jede Beratung eines ethischen Gremiums hat nicht darin ihr Recht, bestimmte moralische Ergebnisse anderen vorzuschreiben, daß individuelle kompetente oder von politischen Verfahren her legitimierte Persönlichkeiten an ihm teilnehmen. Ein solches Recht eines gewaltfreien Diskurses ergibt sich überhaupt nur, insofern die Beratenden anerkennen, daß es ethische Inhalte und Prinzipien gibt, die unabhängig von den Interessen der Menschen rein aufgrund ihrer selbst Achtung verdienen, so wie Kant von der Achtung gesprochen hat, die man gegenüber dem Sittengesetz haben müsse.

Für die heutige Fragestellung bedeutet dies, daß sich nicht nur in einem demokratischen Sinne freie Individuen gegenüberstehen, die dann aufgrund von Beratungen zu moralischen Ergebnissen kommen, sondern daß sie das gute Leben als gerechtes, und das heißt nicht nur als ökonomisch gerechtes, sondern als schlechthin gerechtes wollen müssen. Die erste prinzipielle Konsequenz aus dieser Annahme ist die Einsicht, daß es zum guten Leben keine externen Kosten geben darf, beziehungsweise daß dem guten Leben gegenüber keine externen Kosten geltend gemacht werden dürfen.[13] Damit wird eine absolute Grenze für Nutzenerwartungen von modernen Technologien gesetzt. Das Gute als Vorgabe für den Diskurs ist somit nicht nur abstrakt, sondern bezieht sich auf die konkrete Lebensform von allen Teilnehmern.

Ich möchte noch eine weitere Konsequenz aus der Anwendung der Idee der Gerechtigkeit angeben. Daß wir diese Idee wieder so ernst nehmen, verdanken wir in der Gegenwart John Rawls. Daß wir diese Idee jedoch anders verstehen müssen als er, ist das Ergebnis jahrzehntelanger Diskussionen über seine Theorie. Einen Unterschied zu Rawls habe ich schon erwähnt, nämlich den, daß wir die Idee der Gerechtigkeit nicht der entscheidungstheoretischen Nutzenabwägung nach-, sondern vorordnen müssen. Ein weiterer Unterschied besteht darin, daß die Qualifikation für die Teilnahme am ethischen Diskurs nicht auf die positivrechtliche demokratische Bürgerqualität zurückgeht, daß man etwa faktisch als Mensch unter einer demokratischen Verfassung lebt und einen Bürgerstatus hat, sondern daß man als freies Individuum die Idee des Guten und einer guten Lebensform gewählt hat. »Gute Lebensform« heißt nichts anderes, als daß ich und die anderen gleichursprünglich sind.

Demokratie als Faktum ist philosophisch gesehen kein ausreichender normativer Ausgangspunkt, wie der Philosoph Richard Rorty gemeint hat, so daß man, wenn man Demokratie hat, auch auf Philosophie verzichten könne. Gerade die Grundlagen demokratischer Anerkennung und Beratung bestehen in der philosophisch zu gewinnenden Einsicht, daß es Wahrheiten gibt, die nicht Ergebnisse eines Interessenausgleichs sein können, weil sie *über* den partikularen Interessen stehen müssen.

Welcher philosophische Anspruch wird mit diesen Bemerkungen eingeführt? Muß jeder ein Sokrates sein, um die Frage nach dem Gerechten stellen zu können? Nun, in gewisser Weise schon. Aber dies ist kein elitärer Anspruch, weil eben jeder Mensch in gewisser Weise ein Sokrates ist, beziehungsweise sein soll. Sokrates hat keine besonderen Voraussetzungen in Anspruch genommen, um die Frage nach dem Gerechten zu stellen. In diesem Sinne kann jeder Mensch das Gerechte ohne theoretische Hilfe als das Natürliche und Wesensgemäße erkennen.

Und damit bin ich bei der privaten Tugend, die die Wurzel für die Entstehung des Gemeinwohls ist. »Privat« bedeutet nicht den abschließenden Gegensatz zur

[13] R. Spaemann, *Glück und Wohlwollen*, Stuttgart 1998.

Kommunikation und zum öffentlichen Handeln, so etwa wie Wittgenstein von einer Privatsprache sprechen würde. Private Tugend bedeutet das im Alltag eingebettete Handeln, wie es im Normalfall möglich ist und stattfindet. Insbesondere die Familie ist der Ort der Einübung der Tugenden. In den normalen Handlungszusammenhängen des Alltages handeln wir ganz unspektakulär gerecht. Im Verkehr, zu Fuß oder mit anderen Verkehrsmitteln, respektieren wir die Fortbewegung anderer Verkehrsteilnehmer. Rücksichtnahme auf andere ist kompatibel mit dem eigenen Fortbewegungsinteresse. In der Firma oder auf der Universität kooperieren und konkurrieren wir mit anderen zur Erfüllung der gesetzten Aufgaben. Das Studieren an der Universität ist ein Streben nach optimaler eigener Leistung im Wettstreit mit anderen. Der Alltag enthält nicht nur eine strenge Wechselseitigkeit des Nutzens, wie es uns die Vertreter ökonomischer Theorien suggerieren möchten, sondern auch die eigene Bereitschaft zu gerechtem Handeln sowie die Erwartung des gerechten Handelns anderer. Ein Mensch, der seine Pflichten im Alltag erfüllt, kann als tugendhaft bezeichnet werden.

Der handelnde Mensch des Alltags wird verkürzt, wenn er nur als nutzenkalkulierendes Subjekt verstanden wird. Die jedes Vertrauen ausschließende Nutzenabwägung der Spieltheorie, die von dieser als Grundsituation der Gesellschaft unterstellt wird, ist in Wirklichkeit das Konstrukt einer Extremsituation. Sie entspricht nicht dem Alltag.

Woher kommen die Regeln des Alltags? Woher kommt unsere Alltagsmoral?

Der pragmatische Philosoph Richard Rorty meint, daß das, was man unter einem anständigen Menschen versteht, »relativ zu historischen Bedingungen ist« und von »einem kurzzeitigen Konsens darüber abhängt, welche Einstellungen normal und welche Handlungsweisen gerecht oder ungerecht sind«.[14]

Damit greift Rorty zu kurz. Warum gab es denn während der Zeit des Nationalsozialismus Solidarität mit verfolgten Juden? Nach der damals von den Nationalsozialisten für allgemein gültig verkündeten Moral waren die Juden ein Ungeziefer, das ausgerottet werden mußte. Warum haben dann Menschen in Deutschland – besonders aber in Dänemark und Italien – entgegen dem offiziellen Trend und den historisch geltenden nationalsozialistischen Regeln des Alltags den Juden geholfen? Nach Rortys Meinung sind dabei Solidaritätsgefühle wirksam, die davon abhängen, »welche Ähnlichkeiten und Unähnlichkeiten uns besonders auffallen«, so daß ein bestimmter Jude gerettet wird, weil er »Mitbürger von Mailand oder Jütland, ein Mitglied derselben Gesellschaft, ein

[14] R. Rorty, *Kontingenz, Ironie und Solidarität*, Frankfurt a.M. 1989, 305.

Kollege, ein Clubmitglied im selben Boccia-Club oder einfach Schicksalsgenosse als Vater oder Mutter kleiner Kinder ist«.[15]

Nach Rorty sollten Solidaritätsgefühle davon abhängen, welche Ähnlichkeiten und Unähnlichkeiten uns besonders auffallen, »was vom Scheinwerferkegel eines historisch kontingenten abschließenden Vokabulars erfaßt« werde.[16] So beredt hier Rorty für seine These, daß es keine historischen Bedingungen gebe, plädiert, so wenig wird man ihm zustimmen können. Wenn verfolgten Juden geholfen wurde, dann doch wohl aus der Einsicht heraus, daß es unschuldige Menschen sind und daß man unschuldige Menschen nicht umbringt. Die Alltagsmoral enthält ungeschriebene, aber gleichwohl universell geltende Gesetze, die von allen genutzt werden. Nach einer jahrtausendealten Weisheit ist jeder verpflichtet

- Tote zu bestatten;
- die Götter zu ehren;
- die Eltern zu achten;
- den Irrenden den Weg zu weisen;
- niemandem, der darum bittet, Feuer oder einen Trunk Wasser zu verweigern;
- den Wohltätern gegenüber sich dankbar zu erweisen.

Diese von Rudolf Hirzel[17] zusammengestellten ungeschriebenen Gesetze repräsentieren den Kern eines alltäglichen Ethos, das mehr oder weniger vollständig zu allen Zeiten gilt. Wenn in der modernen Industriegesellschaft der Markt als der produktive Bereich funktioniert, dann eben auch, weil im nicht-produktiven Bereich, das heißt im Alltag, Achtung vor dem Eigentum des anderen, Ehrlichkeit, Vertrauen – also eben diese jahrtausendealten Gebote – als selbstverständlich anerkannt und eingeübt sind. Das ökonomische liberale Argument, daß man bei kriminellen Verstößen gegen die Marktregeln lediglich entsprechende Gesetze und Polizei benötige, verkennt, daß durch bloße Kontrolle und erzwingende Gewalt kein moralisches Alltagsbewußtsein und kein Ethos herstellbar wäre. Durch den moralischen Alltag und die Sitte ist der Gegensatz von rein individualistischen Ansprüchen und mit Macht zu erzwingenden gesellschaftlichen Rollen immer schon überwunden. Vom moralischen Alltagsbewußtsein und von

[15] Rorty, *Kontingenz, Ironie und Solidarität*, 307.
[16] Rorty, *Kontingenz, Ironie und Solidarität*, 309.
[17] R. Hirzel, *Agraphos Nomos*, Leipzig 1900.

der Sitte her sind dann auch die Fragen nach der Gerechtigkeit in der Gesellschaft oder nach der Legitimität des Staates zu beantworten.

Bei den modernen Kontraktualisten und beim moralischen Liberalismus von Rawls herrscht die Methode der konstruktiven Ableitung vor. Moralische Regeln und Prinzipien werden konstruiert. Die Methode der Konstruktion erfordert es, daß von geltenden sozialen Regeln und eingespielten individuellen Verhaltenserwartungen abstrahiert wird. Die Vielfalt der geltenden moralischen Regeln wird von den Konstruktivisten als Pluralismus bezeichnet, auf dem man keine gemeinsame Rechtsmoral aufbauen könne. Die aufgrund von natürlicher Begabung und sozialen Startbedingungen vorhandene ungleiche Güterausstattung wird als »Lotterie der Natur« perhorresziert. Daß die Gerechtigkeit dann erst über eine konstruktive Theorie eingeführt werden soll, führt zu einem naturlosen Spiritualismus. Wenn Gerechtigkeit als das richtige Verhältnis der Menschen zueinander dem individuellen Vorteilswollen als Maß vorausliegt, dann kann sie nicht völlig unabhängig von der natürlichen Verteilung der Begabungen und Talente, »die dem individuellen Vorteilswollen ebenfalls vorausliegen«, gedacht werden.

Die konkrete Person mit all ihren Vorteilen, Vorzügen und Eigenheiten ist Träger der gesellschaftlichen Ordnung. Eine politische Philosophie, die die völlige Abstraktion von den gesellschaftlichen Rollen verlangt, um radikal gleiche Subjekte einer möglichen Neuordnung der Gesellschaft zu denken, ist ebenso falsch wie jene Theorie, die die politische Gemeinschaft nach Art eines Investmentclubs denkt. Hier bestünde das Ziel der Gemeinschaft in der Mehrung des jeweiligen individuellen Gewinns. Die Gemeinschaft wäre nicht mehr als die Summe des individuellen Gewinnstrebens. *Versteht man die Gesetze als eine Anordnung der Vernunft im Hinblick auf das Gemeinwohl, dann muß dem Begriff des Gemeinwohls eine eigene Bedeutung zukommen.* Nur diejenige Anordnung der praktischen Vernunft, die die natürlichen Interessen aller Individuen unter Wahrung der Gerechtigkeit miteinander verbindet, verdient den Namen des Gesetzes.

Zur Klärung der Reichweite und Grenze dieses Begriffes der Praktischen Vernunft muß man sich seine beiden Bestandteile klarmachen. Das eine, uns eher vertraute Prinzip sind vernünftige Individuen, die zu einem gemeinsamen Resultat gelangen wollen. Das andere, durch exzessiv-liberale Theorien ausgeblendete Prinzip ist jedoch das Gut des Gemeinwohls, das ebenso vorrangig zu den Zielen der Individuen gehört. Anders als beim Investmentclub ist bei einem Streichquartett der bezaubernde Klang erst das Resultat des Zusammenspiels und nicht des individuellen Spiels, wie es im privaten Üben möglich ist.

In der Konsequenz bedeutet dies, daß die praktische Vernunft in ihrer Funktion als Ableitung normativer Prinzipien für die Demokratie weder allein von der

Wahlfreiheit beziehungsweise Willkürfreiheit der Bürger noch auch allein von dem Begriff einer »gleichen Freiheit der Bürger« ausgehen kann. Es ist nicht so, daß Bürger in einen wertneutralen Diskurs eintreten und erst dann und dadurch zu einem Ergebnis kommen könnten. Dies ist der Fall beim wissenschaftlichen Diskurs, der außer seinem eigenen Verfahren keine Werte voraussetzt. In den politischen Diskurs treten jedoch die Teilnehmer mit unverzichtbaren ethischen Einsichten ein, nämlich mit der Annahme der unaufgebbaren Würde der Einzelperson und der Annahme des unaufgebbaren Rechts der Gemeinschaft. Beides, die Wahrung der Rechte des Individuums und der Rechte der Gemeinschaft, umschreibt das, was man die gemeinsame Lebensform oder das Gute für den Menschen nennen könnte. Die These, daß alles verhandelbar oder daß erst über einen voraussetzungslosen, herrschaftsfreien Diskurs ethische Prinzipien und Inhalte zu beschließen wären, ist positivistischer Individualismus. Das Recht wird in diesem Falle nicht durch einen allmächtigen Souverän gesetzt, sondern durch unumschränkte Individuen, die eine Regel nur anerkennen, wenn sie einen Vorteil enthält.

Auch die Ableitung der Prinzipien der praktischen Vernunft über den Begriff der *»gleichen Freiheit«* führt zu einem widersprüchlichen Ergebnis. Wie kann eine »gleiche Freiheit« gedacht werden *vor* der gesetzlichen Konkretisierung und unter alleinigem Rückgriff auf die individuelle Selbstbestimmung, also unter Ausschluß einer Gemeinschaft der Freiheiten, in der sie in Wechselwirkung stehen? Doch nur dann, wenn die eigene individuelle Freiheit absolut gesetzt wird. Die eigene Freiheit und die des anderen müssen gleichursprünglich gedacht werden. Wenn die Freiheit des anderen aus einem Ableitungszusammenhang aus dem Grund der eigenen Freiheit gewonnen wird, ist er meiner Willkür ausgeliefert. Wenn ich dem anderen die gleiche Freiheit einräume, die ich für mich selbst beanspruche,[18] dann ist er, etwa wenn er weniger stark, weniger intelligent, weniger gerissen ist, das Opfer des Rechts meiner Stärke. Die Explikation der Menschenrechte durch das Recht auf Freiheit und Gleichheit läßt sich somit nicht aus einem selbstreflexiven Begriff »gleicher individueller Freiheit« ableiten, sondern aus der Vorgabe des Guten der gemeinsamen menschlichen Natur.

## 4. Individueller Vorteil und Schutzlosigkeit des Humanen

Mit der Bestimmung der praktischen Vernunft als einem Erhaltungszusammenhang der Individuen, der unter Wahrung der Gerechtigkeit erfolgen muß, ist ein

[18] U. Steinvorth, *Gleiche Freiheit*, Berlin 1999, 40.

normatives Prinzip geliefert, das eine Spaltung der Moral verhindert. Das persönliche Gedeihen darf nicht in einen Gegensatz zum Gedeihen des ganzen Komplexes von Sozialbeziehungen gebracht werden. Individuelle Güter sind mit gemeinsamen verflochten. Wir werden nur zu unabhängigen praktisch überlegenden Subjekten, weil wir von einer sozialen Praxis getragen werden, für die die Normen des Nehmens und Gebens konstitutiv sind. Die sozialen Beziehungen, von der Sorge der Eltern über die Erziehungs- und Bildungssysteme, denen wir unsere Unabhängigkeit als praktisch handelnde Subjekte verdanken, bringen uns in die Rolle von Schuldnern. Wenn wir von Krankheiten und Behinderungen verschont geblieben sind, schulden wir denen, die darunter leiden, Hilfe und Solidarität. Das Unglück der anderen hätte das unsrige sein können und unser Glück das ihrige. Am klarsten ist diese solidarische Verflechtung der Praxis von Alasdair MacIntyre herausgearbeitet worden: »Jeder von uns erlangt daher das für ihn Gute nur und insofern«, so heißt es bei ihm, »als andere das für uns Gute zu ihrem Guten machen, und das nicht, weil wir einen Pakt auf Gegenseitigkeit eingehen und uns ausrechnen, daß sie uns nur dann helfen, wenn wir ihnen helfen.«[19]

In Phasen der Entwicklung oder Beeinträchtigung wird uns geholfen, Tugenden zu erwerben und auszuüben, so daß wir Menschen werden, die das für andere Gute zu ihrem Guten machen. In jeweils verschiedener Hinsicht überwiegt entweder das für das Individuum oder das für die Gemeinschaft Gute. Das Individuum kann das für es Gute nur anstreben, indem es zunächst die Güter der Gemeinschaft zu seinen eigenen macht. Das Gut jedes einzelnen Individuums ist aber mehr als das gemeinsame Gut.[20]

Das Argument der gemeinsam eingeübten Praxis, die dann auch Voraussetzung für wirtschaftliches Handeln ist, hebt eine von den Vertragstheorien her bekannte Unterscheidung auf. Nach David Gauthier unterscheiden wir Beziehungen, die zum Vorteil der jeweiligen Parteien geschaffen wurden, sogenannte Vertragsbeziehungen, von Beziehungen, die auf Mitgefühl beruhen und affektive, freiwillig eingegangene Bindungen darstellen.[21]

MacIntyre macht darauf aufmerksam, daß diese Unterscheidung künstlich ist, daß wir, wenn wir auf geschäftlicher Basis handeln, aus der menschlichen Dimension des Helfens aufgrund von Mitgefühl nicht entlassen sind. Wir kaufen zwar vom Bäcker unsere Brötchen und profitieren dabei vom Egoismus des Bäckers, der die Brötchen backt, um Geld zu verdienen, sollte jedoch der Bäcker

[19] A. MacIntyre, *Die Anerkennung der Abhängigkeit*, Hamburg 2001, 128.

[20] MacIntyre, *Die Anerkennung der Abhängigkeit*, 129.

[21] D. Gauthier, *Morals by Agreement*, Oxford 1987, 286.

bei unserem Betreten des Ladens einen Herzinfarkt erleiden, so müßten wir ganz auf der Ebene des Mitleids und des Helfens handeln. Freilich würde unsere Verpflichtung vernünftigerweise zunächst darin bestehen, daß wir einen Krankenwagen rufen würden. Sollte dies jedoch nicht möglich sein, so wäre unter Umständen ein viel größeres Maß von Hilfe unsere Pflicht. Der Praxiszusammenhang, den MacIntyre anspricht, verschwindet in der Gegenwart des Sozialstaates im entsprechend ausgebauten sozialen Netz. Was früher das gerechte Verhalten des barmherzigen Samariters war, ist heute gesetzliche Pflicht jedes Verkehrsteilnehmers zumindest was die erste Hilfeleistung betrifft. Institutionell gesehen, treten an die Stelle privaten Tugendhandelns gesellschaftliche Organisationen der Solidarität. Zu erwähnen sind hier die Sozialversicherung, die Sozialhilfe und andere professionelle Dienste, denen die Versorgung bei individuellen Notlagen übertragen wurde.

Die Bürokratisierung und institutionelle Abkoppelung des Helfens läßt den Zusammenhang von individuellem Geben und Nehmen aus dem Blick verschwinden. Die entsprechenden Tugenden der Bürger sedimentieren und verkrusten sich in objektiven Organisationen. Wenn heutzutage festgestellt werden muß, daß sich die Schere zwischen Notlagen und Unterstützungsressourcen durch verschiedene Umstände weiter öffnet, dann liegt die Abhilfe nicht nur in im Abstellen von faktischem Schwarzfahren, sondern auch in der Kritik des, wie ich es nennen möchte, verbreiteten geistigen Schwarzfahrens, das den gesellschaftlichen Zusammenhang nur unter dem Gesichtspunkt kostengünstiger Vorteile betrachtet.

Die Praxis des Zusammenlebens ist keine wechselseitige Verrechnung von Vorteilen, sondern die Anerkennung und Förderung des gemeinsamen Gutes, das für alle das gemeinsame Gut ist: für die ganz Jungen und die ganz Alten, für Querschnittsgelähmte und Taubstumme, für Embryonen und Todkranke, für Arbeiter und für Intellektuelle, eben für alle.

Es ist eine Illusion zu glauben, daß die demokratischen Staaten in Zukunft freier wären, wenn die an der gemeinsamen Praxis zu orientierende Bürgermoral durch die moralische Orientierung am Muster der ökonomischen Freiheit ersetzt würde. Die gesellschaftlichen Kämpfe würden zunehmen und die Herrschaft schlecht und tyrannisch werden.

# Welche Werte prägen den Kapitalmarkt? Zur Ethik der Spekulation

*Peter Koslowski (Indianapolis und Witten/Herdecke)*

Man kann den Kapitalmarkt als einen Fall der Normativität des Wirklichen deuten. Ein Bedürfnis nach Kapital und damit Finanzmitteln für die Finanzierung von Unternehmen und Projekten schafft sich einen eigenen Markt, auf dem Kapital in seiner abstraktesten Form als verbriefter, an einer öffentlichen Börse handelbarer Unternehmensanteil gekauft und verkauft wird, und dieser ausgebildete Markt bringt Normen des Handelns und des Handels in diesem Markt, Normen des Austauschs und der Beratung für den Tausch hervor, die im Wechselspiel von faktischer Entwicklung des Kapitalmarkts und normativen Vorgaben der Ethik und der Gesetzgebung des Rechts entstehen. Im folgenden sollen einige Aspekte der Normativität des Wirklichen in dem immer wichtiger werdenden Markt für Kapital erörtert werden.

## 1. Historische Erfahrungen mit der Spekulation

Die enormen Schwankungen der Börse und die durch sie bewirkten Wechsellagen von plötzlichem Reichtum oder plötzlicher Armut der Teilnehmer an diesem Markt sind nicht eine Erfahrung der letzten Jahre, sondern älter. Die Beschreibung einer solchen Erfahrung der Hausse an der Börse finden wir in dem Bericht eines Zeitzeugen:

> »Plötzlich entdeckten Leute eine Insel der Sicherheit: Aktien. Das war die einzige Form der Geldanlage, die irgendwie der Geschwindigkeit [der Inflation] standhielt. Nicht regelmäßig und nicht alle im gleichen Maße, aber sie schafften es ungefähr schrittzuhalten. Also ging man und kaufte Aktien. Jeder kleine Beamte, jeder Angestellte, jeder Schichtarbeiter wurde Aktionär. Man bezahlte seine täglichen Einkäufe, indem man Aktien verkaufte. An Zahltagen gab es einen allgemeinen Ansturm auf die Banken und die Aktienkurse schossen himmelwärts wie Raketen. Die Banken waren von Reichtum aufgeschwemmt. Unbekannte neue Banken schossen wie Pilze aus dem Boden und machten ein reißendes Geschäft. Täglich verschlang die ganze Bevölkerung

den Börsenbericht. Manchmal stürzten einige der Aktien, und mit ihnen stürzten Tausende schreiend dem Abgrund entgegen. In jedem Laden, jeder Fabrik, jeder Schule wurden einem Aktientips zugeflüstert.

Den Alten und Weltfremden ging es am schlechtesten. Viele wurden zum Betteln getrieben, viele zum Selbstmord. Den Jungen, Flinken ging es gut. Über Nacht wurden sie frei, reich, unabhängig. Es war eine Lage, in der Geistesträgheit und Verlaß auf frühere Erfahrung mit Hunger und Tod bestraft, aber Impulshandeln und schnelles Erfassen einer neuen Lage mit plötzlichem ungeheurem Reichtum belohnt wurde. Der einundzwanzigjährige Bankdirektor trat auf, wie auch der Primaner, der sich an die Börsenratschläge seiner etwas älteren Freunde hielt. Er trug Oscar-Wilde-Schlipse, organisierte Champagnerfeste, und unterhielt seinen verlegenen Vater.

Unter soviel Leid, Verzweiflung und Bettelarmut, gedieh eine fieberhaft, heißblütige Jugendhaftigkeit, Lüsternheit und ein allgemeiner Karnevalsgeist. Jetzt hatten auf einmal die Jungen und nicht die Alten das Geld; und überdies noch hatte seine Natur sich so geändert, daß es seinen Wert nur wenige Stunden hielt, und es wurde ausgegeben wie nie vorher oder seither; und für andere Sachen als solche, für die alte Leute ihr Geld ausgeben.«

Die Wirklichkeit der Börse schafft eine neue Normativität. Sie verlangt Tugenden, die dem Althergebrachten widersprechen: Flinkheit, Impulshandeln, Geistesgegenwärtigkeit, schnelles Erfassen. Ihre Tugenden lösen alte Tugenden wie Verlaß auf frühere Erfahrung, ja altes Wissen ab, und zwar in einer Weise, daß der Verlaß auf frühere Erfahrung mit Hunger und Tod bestraft, das schnelle Erfassen einer neuen Lage mit plötzlichem ungeheurem Reichtum belohnt wird. Was hatte zu einer solchen Entwicklung geführt?

»Schon bald nach dem Ruhrkrieg schoß der Dollar auf 20 000, hielt eine Weile an, kletterte auf 40 000, zögerte kurze Zeit, und fing dann an, mit kleinen periodischen Schwankungen stoßweise die Zehntausende und Hunderttausende abzuleiern. Keiner wußte genau, wie es geschah. Wir folgten augenreibend dem Vorgang, als ob es sich um ein bemerkenswertes Naturphänomen handelte. Der Dollar wurde Tagesthema, und dann plötzlich sahen wir uns um und erkannten, daß das Ereignis unser Alltagsleben zerstört hatte.

Wer ein Sparkonto, eine Hypothek, oder sonst eine Geldanlage besaß, sah sie über Nacht verschwinden. Bald machte es nichts aus, ob es sich um einen Spargroschen oder um ein Großvermögen handelte. Alles wurde ausgelöscht. Viele Leute wechselten schnell ihre Anlagen, nur um zu sehen, daß es überhaupt nichts ausmachte. Bald wurde es klar, daß etwas geschehen war, das

alle ihre Vermögen verlorengehen ließ und ihre Gedanken auf etwas viel Dringlicheres richten ließ.
Die Lebensunterhaltskosten hatten angefangen davonzujagen, denn der Händler folgte dem Dollar dicht auf den Fersen. Ein Pfund Kartoffeln, das noch am Vortage 50000 Mark gekostet hatte, kostete heute schon 100000 –; ein Gehalt von 65000 Mark, das man am vorigen Freitag nach Hause gebracht hatte, reichte am Dienstag nicht aus, um ein Paket Zigaretten zu kaufen.
Was sollte geschehen? Plötzlich entdeckten die Leute eine Insel der Sicherheit: Aktien.«[1]

Haffner beschreibt die erste große Inflation von 1923, der die Aktienspekulation als Reaktion auf eine totale Entwertung des Geldes folgte. Diese Inflation von 1923 und den späteren Börsenkrach hatte nur Deutschland zu erleiden, während der Börsenkrach und die Wirtschaftskrise von 1929 alle Länder betrafen. John Maynard Keynes hat bereits 1919[2] darauf hingewiesen, daß die Forderungen an Deutschland aus dem Vertrag von Versailles Deutschland in den Untergang treiben mußten, da sie dem Land weit mehr Güter entzogen, als dieses zur Sicherung der Subsistenz seiner Bewohner produzieren konnte.[3] Keynes' Warnung hatte keine Beachtung gefunden, und die Inflation von 1923 war nur das Sichtbarwerden des Eintretens seiner Voraussage, daß Deutschland nicht mehr in

[1] S. Haffner, *Geschichte eines Deutschen. Die Erinnerungen 1914–1933*, Stuttgart/München 2000, 55–57.

[2] Vgl. J.M. Keynes, *Die wirtschaftlichen Folgen des Friedensvertrages*, München/Leipzig1921; ders., *Der Friedensvertrag von Versailles* [1920], Berlin 1921.

[3] Vgl. Keynes, *Der Friedensvertrag*, 19–24: »Das deutsche Wirtschaftssystem vor dem Kriege fußte auf drei Hauptfaktoren:
1. *Überseehandel*, verkörpert durch die Handelsflotte, Kolonien, ausländische Kapitalsanlagen, Export und die überseeischen Verbindungen der Kaufleute;
2. der Ausbeutung von *Kohle und Eisen*, worauf die deutsche Industrie beruht;
3. Deutschlands *Verkehrs- und Zollsystem*.
Von diesen dreien war der erste Faktor, wenn auch nicht der unbedeutendste, so doch der empfindlichste. Der Vertrag zielt nun auf die systematische Zerstörung aller drei Faktoren ab, aber besonders auf die der ersten zwei.
Deutschland hat den Alliierten alle Schiffe seiner Handelsmarine abgetreten über 1600 Bruttotonnen, die Hälfte der Schiffe zwischen 1000 und 1600 Tonnen und ¼ seiner großen Fischerkähne und Boote. Diese Übergabe bezieht sich nicht nur auf Schiffe, welche die deutsche Flagge führen, sondern auch auf solche, die Deutschen gehören und unter anderer Flagge segeln, und ferner auf alle Schiffe, die im Bau begriffen sind oder auf hoher See fahren. Weiter muß Deutschland, wenn dies verlangt wird, für die Alliierten solche Schiffstypen, wie von diesen angeordnet, bis zu 200000 Tonnen jährlich durch 5 Jahre hindurch bauen, deren Wert Deutschland auf seine Schuld für die Wiedergutmachung gutgeschrieben wird. So wurde die deutsche Handelsmarine vom Meere weggefegt und kann sich für viele kommende Jahre

der Lage sein werde, die Versorgung seiner Bevölkerung mit den überlebensnotwendigen Gütern zu sichern.

Aus dieser Erfahrung zweimaliger Inflation und zweimaligen Börsenkrachs sind die beiden Traumata der deutschen Wirtschaftsgeschichte – Inflation und Entwertung von Unternehmensanteilen – entstanden. Das Mißtrauen gegen den Kapitalmarkt und die sogenannte »Spekulation« sind seitdem endemisch.

»Ja, mein Vater war einer von denen, die die Zeit nicht verstanden, oder nicht verstehen wollten [...] Er begrub sich hinter dem Leitspruch ›Ein preußischer Beamter spekuliert nicht‹ und kaufte keine Aktien. Damals hielt ich das für ein außerordentliches Beispiel von Engstirnigkeit, das schlecht zu seinem

nicht mehr in einem solchen Maße erholen, um den Anforderungen seines eigenen Handels zu entsprechen.
Deutschland hat den Alliierten alle seine Rechte und Titel über seine überseeischen Besitzungen abgetreten. Diese Abtretung bezieht sich nicht nur auf die Oberhoheit, sondern erstreckt sich unter ungünstigen Bedingungen auf das Staatseigentum, welches inklusive Eisenbahnen ohne Zahlung übergeben werden muß. Zum Unterschiede von ähnlichen Fällen, die in der jüngsten Zeit zu einer gleichen Praxis Veranlassung gaben, wurde auch das Eigentum und die Personen deutscher Nationalität, abgesondert von ihrer Regierung, empfindlich getroffen. Nicht nur deutsche Oberhoheit und deutscher Einfluß sind von allen ihren früheren überseeischen Besitzungen ausgemerzt, sondern die Personen und das Eigentum der dort ansässigen deutschen Staatsbürger oder solcher, die in diesen Gebieten Besitz haben, sind ihrer gesetzlichen Rechte und ihrer gesetzlichen Sicherheit beraubt.
Die Maßnahmen, wie sie hier hinsichtlich des privaten Eigentums von Deutschen in den außerdeutschen Kolonien gekennzeichnet wurden, sind in gleicher Weise auf privates deutsches Eigentum in Elsaß-Lothringen anwendbar, mit Ausnahme solcher Fälle, in denen die französische Regierung Ausnahmen glaubt gewähren zu sollen.
Die Enteignung deutschen privaten Eigentums ist jedoch nicht auf die deutschen Kolonien und auf Elsaß-Lothringen beschränkt. Die zusammenfassende Wirkung einer Reihe von verwickelten Maßnahmen, welche in meinem Buche einzeln besprochen wurden, ermächtigen die Alliierten, *Deutschland nach ihrem Belieben auszurauben* (was noch nicht ganz vollbracht ist) und ihm alles wegzurauben, was es außerhalb seiner eigenen Landesgrenzen, wie sie im Vertrage festgelegt wurden, besitzt. Nicht nur seine überseeischen Kapitalsanlagen sind zu beschlagnahmen und seine Verbindungen zu zerstören, sondern der gleiche Vorgang der Ausmerzung wird von den Gebieten seiner früheren Verbündeten und von seinen unmittelbaren Nachbarn zu Lande aus bewerkstelligt.
Die obigen Maßnahmen beziehen sich auf Deutschlands äußeren Reichtum. Jene bezüglich Kohle und Eisen sind insofern wichtiger, als sie in ihren schließlichen Folgen Deutschlands innere industrielle Wirtschaft und seinen Geldwert direkt berühren. Das deutsche Reich ist eigentlich auf Kohle und Eisen viel mehr als auf Blut und Eisen aufgebaut gewesen. Die geschickte Ausbeutung der großen Kohlenfelder an der Ruhr, in Oberschlesien und im Saardistrikt machten die Entwicklung der Stahl-, chemischen und elektrischen Industrien erst möglich, die Deutschland zu einer ersten industriellen Nation des europäischen Festlandes stempelten. Ein Drittel der deutschen Bevölkerung lebt in Städten von mehr als 20000

Charakter paßte, denn er war einer der klügsten Männer, die ich gekannt habe. Heute verstehe ich ihn besser.«[4]

Trotz der Geringschätzung der Spekulation[5] wird im großen Stil an den großen Börsen der Industrieländer »spekuliert«, und es ist schwer vorstellbar, daß die gesamte Spekulationstätigkeit nur ein Mißverständnis oder ein bloßes Spiel sein könnte, wenn man von einer Normativität des Wirklichen und auch der wirklichen Wirtschaftspraxis in Märkten ausgeht.

Stellt man die Frage, welche Wirklichkeit den Kapitalmarkt prägt und welche Werte sie hervorbringt, wird man den im Kapitalmarkt wie überall im menschlichen Austausch anzutreffenden Schleier der Gier und Bereicherung durchstoßen müssen. Es ist einer der Einwände gegen den Kapitalmarkt, daß er Gier

Einwohnern und eine solche industrielle Konzentration ist nur möglich auf dem sicheren Unterbau von Kohle und Eisen. Deutschlands Kohlenförderung zu treffen, war daher für jene, welche seine wirtschaftliche Zerstörung herbeizuführen suchten, der Schuß ins Schwarze.
Die Kohlenklauseln des Friedensvertrages gehören zu jenen Bedingungen, die die Unmöglichkeit seiner technischen Durchführung am ehesten klarmachen und sich damit selbst richten.
Wenn Deutschland durch die Ergebnisse der Volksabstimmung die Kohlenbezirke von Oberschlesien einbüßt, hat der Friedensvertrag ihm solche Gebiete genommen, welche fast ein Drittel der gesamten Kohlenversorgung vorher lieferten.
Die restliche Kohle, die Deutschland verbleibt, muß nach dem Buchstaben des Friedensvertrages 10 Jahre hindurch für die berechneten Verluste, die Frankreich durch die Verwüstungen in seinem nördlichen Teile erlitten hat, als Wiedergutmachung geliefert werden.
Diese Lieferungen sollen 20 Millionen Tonnen in jedem der ersten 5 Jahre, und dann 8 Millionen jährlich nicht überschreiten. Deutschland hat außerdem 10 Jahre hindurch jährlich 7 Millionen Tonnen an Frankreich zu liefern, 8 Millionen an Belgien und 4 ½ Millionen bis 8 ½ Millionen Tonnen an Italien.
Ich bin der Ansicht, daß Deutschland nur etwa 60 Mill. Tonnen für seine eigenen Wirtschaftszwecke zurückbehält, während der Bedarf im Inlande für die ihm gebliebenen Gebiete sich auf 110 Millionen Tonnen beläuft. Deutschland müßte also, um die vom Friedensvertrag geforderte Kohlenmenge auszuführen, den Hauptteil seiner Industrie stillegen und zur Landwirtschaft zurückkehren. In diesem Falle würden Millionen Menschen der gegenwärtigen Bevölkerung weder Arbeit noch Brot erhalten, eine Erleichterung durch Auswanderung wäre auch nicht möglich. Dabei ist gar nicht berücksichtigt worden, daß die Bevölkerung eines Landes sich Jahr für Jahr zu einer Ausfuhrmenge verpflichten soll, die viele von ihr zum Verhungern, ja geradezu zum Tode verurteilt. Das ist eine menschliche und politische Unmöglichkeit. Menschen werden papierenen Diktaten nicht gehorchen, um durch sie ums Leben zu kommen. *Die Kohlenparagraphen des Friedensvertrages sind nicht ausführbar und werden es niemals sein.*«

4 Haffner, *Geschichte eines Deutschen*, 58.

5 Die Abneigung gegen die Spekulation trifft im allgemeinen die wirtschaftliche wie die philosophische und theologische Spekulation. Beide werden meist als bloße Spekulation, die eben keinen Nutzen habe, abgelehnt. Vgl. zum Problem der philosophischen Spekulation P. Koslowski, *Philosophie der Offenbarung. Antiker Gnostizismus, Franz von Baader, Schelling*, Paderborn u.a. 2001.

und Bereicherung in besonderer Weise fördere und daß die Spekulation Gier und fehlenden Wirklichkeitssinn hervorrufe.

Der einzige Wert des Kapitalmarkts, so sagt man, sei der Barwert, der Cash value. Zunächst ist es nicht zu leugnen, daß es an der Börse um den Cash value von Aktien und Unternehmensanteilen geht. Dies heißt aber, es geht um den Barwert von Investitionen in die Zukunft, von Antizipationen zukünftiger wirtschaftlicher Produkte und Tätigkeit.

Der amerikanische Pragmatismus stellte die Frage nach dem Wert der Wahrheit, wohl die berühmte Pilatus-Frage: »Was ist Wahrheit?« persiflierend. Was ist der Wert der Wahrheit, und da sich der Wert letztlich in Barwert oder Cash value zeigt, stellte der Pragmatismus die Frage: »What is the cash value of truth?« Wenn sich die Wahrheit im pragmatischen Nutzen zeigen muß, muß sich die Wahrheit des Kapitalmarkts und der Börse besonders in ihrem Nutzen, nämlich im Cash value zeigen. Wahrheit im wirtschaftlichen Sinne ist es, die richtige Strategie, die die Bedürfnisse des Konsumenten trifft, zu ergreifen. »Wahrheit« oder Richtigkeit im Markt ist die richtige Antizipation von Konsumentennachfrage und daher die richtige Antizipation der aus der erfolgreichen Erfüllung von Bedürfnissen folgenden Erträge von Investitionen und Strategien. Diese haben immer ein spekulatives Element, da wir nicht wissen können, was die Menschen in der Zukunft haben wollen. Wir können es nur antizipieren. Die richtige Strategie zeigt sich in dem Barwert, den sie erzeugt. Die richtige Voraussage zahlt sich an der Börse und im Kapitalmarkt mehr aus als irgendwo sonst, weshalb jeder versucht, die richtige Voraussage zu treffen. Der Cash value der Wahrheit der Börse ist besonders hoch, das Verlustrisiko ist es ebenso.

## 2. Werte und Wertungen

Der Begriff Wert stammt aus der Sprache des Kaufmanns. Er kennt den Marktwert, den Barwert, den Wiederbeschaffungswert und ähnliches. Mit den verschiedenen Werten werden verschiedene Bewertungen ein und desselben Objektes wiedergegeben. Die Übertragung des Wertbegriffs auf die Ethik bereitet deshalb Schwierigkeiten, weil durch den ethischen Wert etwas ausgedrückt werden soll, was gerade den Subjektivismus transzendiert, nämlich objektive Werte, dies aber in der Sprache subjektiver Bewertungen, eben der Werte, geschieht. Dem Wertbegriff haftet deshalb stets etwas Willkürliches, Subjektives an.

Er kann deshalb nicht allein im Zentrum des Rechts und der Ethik stehen, sondern muß in der Ethik von Regeln, Pflichten und Tugenden flankiert werden.

Regeln bilden die Ordnung eines Institutionszusammenhangs. Eine Ordnung ist nichts anderes als eine Menge, ein Set, von Regeln. Pflichten bilden die zwingenden Verpflichtungen, die aus Regeln und Rollenerwartungen folgen, und Tugenden oder Werte bestimmen die Einstellungen und den Geist des Handelns. In diesem Sinn weist der Kapitalmarkt wie jeder Markt Regeln auf, begründet Pflichten, begrüßt Tugenden und wird durch Werte gefördert, aber er gründet nicht in moralischen Werten.

Nur Organisationen können es für ihre Mitglieder zur Pflicht machen, bestimmte Werte zu haben, Märkte können dies nicht, weil sie primär Koordinationsinstitutionen für subjektive Bewertungen und Werte sind.[6] So kann etwa die Frankfurter Börse es den an ihr akkreditierten Händlern als Organisationsmitgliedern der Frankfurter Börse zur Pflicht machen, bestimmte Werte in ihrem Handeln zu Orientierungsmarken ihrer Geschäftstätigkeit zu machen, sie kann aber nicht die Teilnehmer an der Börse selbst, die Verkäufer und Käufer, auf bestimmte Werte verpflichten. Der Kapitalmarkt wird durch Regeln und Pflichten, durch rechtliche und ethische Regeln und Pflichten, bestimmt und erst daraus abgeleitet durch Werte.

Eine andere Frage ist, ob die Finanzberater und Finanzvermittler, deren Rolle im Kapitalmarkt immer wichtiger wird, über die Befolgung der Regeln und Pflichten des Rechts hinaus bestimmte Werte im Kapitalmarkt übernehmen müssen.

Werte sind, über den ökonomischen Wertbegriff hinausgehend, Einstellungen, Vorzugsregeln und Wertvorzugshandlungen. Sie bestimmen die Identität einer Organisation und den Geist des Handelns in Organisationen, vor allem in formal nicht geregelten Bereichen und Grauzonen, die nicht durch wohldefinierte Regeln und Pflichten beschrieben werden können. Identifikation und Orientierung sind daher die Merkmale von Werten.[7]

Werte sind Formulierungen allgemeiner Einstellungen in Organisationen, nicht aber in Märkten und Staaten. Eine Organisation kann Werte verpflichtend machen, weil der Eintritt in die Organisation freiwillig ist und das Organisationsmitglied auch einer anderen Organisation, die diese Werte nicht verpflichtend macht, beitreten könnte. Für Staaten trifft dies nicht zu. Deshalb ist auch die Rede von der »Wertordnung des Grundgesetzes« problematisch. Der Bürger eines Staates kann nur darauf verpflichtet werden, die Gesetze einzuhalten. Er

6 Vgl. P. Koslowski, *Gesellschaftliche Koordination. Eine ontologische und kulturwissenschaftliche Theorie der Marktwirtschaft*, Tübingen 1991.

7 Vgl. J. Wieland, *WerteManagementSystem*[ZfW]. *Prinzipien und Bausteine für Nachhaltigkeit in der Unternehmensführung* [Manuskript].

kann nicht verpflichtet sein, sich die Wertordnung dieser Gesetze zu eigen zu machen. Trotzdem ist es nicht sinnlos, von einer Wertordnung zu sprechen, die hinter den Gesetzen steht und etwa auch die Gesetzesabsicht prägt. Verpflichtend können aber diese Werte als Identifikation mit der Gesetzesabsicht nicht gemacht werden.

Die Pflichterfüllung kann durch die Übernahme von Werten in menschlichen Organisationen erleichtert werden. Durch das sogenannte »organizational commitment«, der »Einsatz für und die Identifikation mit der Organisation« wird die Leistungserstellung innerhalb der Organisation befördert. Trotzdem kann das Recht im letzten nur die Erfüllung der Pflicht, nicht aber die Übernahme von Werten hinter Gesetzen zur »Gesetzespflicht« machen. Der Kapitalmarkt ist ein Markt und keine Organisation. Unterschiedliche Werte gehen in ihn ein. Einige Investoren werden »socially responsible investing« verfolgen, andere Investoren werden weniger hochstehende moralische Ziele verfolgen. So gibt es »Ethical Fonds«, die strengere moralische »Werte« an die Firmen, in die sie investiert sind, stellen, und andere Fonds, wie etwa in den USA die »Morgan Funshares«, die ihren Anlegern versichern, daß sie vor allem in Alkohol, Tabak und Spielcasinos investieren.

Rechtspflichten beinhalten allerdings auch Sorgfaltspflichten, die bestimmte Einstellungen und Werte vielleicht zur Voraussetzung haben. Insbesondere in der Ethik der professionellen Berufe wie demjenigen des Arztes, des Anwaltes u. ä. werden von den Mitgliedern dieser Berufe Sorgfaltsleistungen erwartet, die bestimmte Einstellungen und Werte voraussetzen. Diese gesteigerten Rechts- und Sorgfaltspflichten sowie die Pflicht, sich die diese Berufspflichten befördernden Werte des Berufsstandes zu eigen zu machen, betreffen aber bestimmte wohldefinierte Berufsgruppen, nicht alle Bürger. Der Bürger der Bundesrepublik Deutschland hat sich seine Rechtspflichten zu eigen zu machen, nicht die gesamte »Wertordnung des Grundgesetzes«.[8] Die Internalisierung einer gesamten Wertordnung von jedem Bürger zu verlangen ist entweder totalitär oder romantisch.

Die Pflichten von Teilnehmern an Organisationen oder anderen Institutionen werden im allgemeinen durch den Zweck der Institution, an der sie teilnehmen, bestimmt.[9] Es ist daher nach dem Zweck des Kapitalmarktes zu fragen und

[8] Der Staat kann dies von seinen Organisationsmitgliedern, den Staatsbediensteten, aber nicht von allen Bürgern verlangen. Gleichwohl kann er die Identifikation der Bürger mit der Wertordnung ihres Staates fördern.

[9] Der Staat hat in diesem Sinn keinen Organisationszweck und keine Organisationswerte, weil er keine Zweckorganisation ist. Er ermöglicht, daß andere, Individuen und Organisationen, in ihm ihre Zwecke verfolgen können.

welche Pflichten aus seiner Zwecksetzung folgen. Wenn man den Zweck des Kapitalmarkts in der entwickelten Gesellschaft untersucht, wird man auf drei Hauptfunktionen geführt: Der Kapitalmarkt soll Unternehmen mit den Finanzmitteln und dem Kapital versorgen, das sie für Investitionen in langfristige Investitionsprojekte benötigen. Er soll andererseits dem Sparer Möglichkeiten geben, seine Ersparnis produktiv einzusetzen und zum Investor zu werden, und erfüllt damit die Anlagefunktion. Er ist schließlich, und dies ist eine Funktion des Kapitalmarkts, die in der jüngsten Zeit verstärkt in den Vordergrund tritt, der Markt für Unternehmenskontrolle, für »corporate control«, in dem Investoren über ihre Investitionen das Management großer Firmen kontrollieren und unter Druck setzen, eine angemessene Leistung zu erbringen. Fällt ein Managementteam in einem Großunternehmen in seiner Leistung zurück, so wird es in der Übernahme durch andere Unternehmen oder Investoren ausgetauscht.

Die Gewichtungen zwischen den Zwecken des Kapitalmarkts können sich wandeln. Das Recht legt in diesem Wandel die Regeln des Kapitalmarkts fest, kodifiziert sie und macht sie justitiabel. Werte sind dagegen nur bedingt justitiabel. Sie können vor Gericht nicht eingeklagt werden, dennoch erfüllen sie eine Funktion als Hintergrundorientierung des Handelns, sozusagen als »Geist des Handelns«. Die Teilnehmer am Kapitalmarkt können auf Regeln und Pflichten festgelegt werden, nicht aber zwingend auf bestimmte Werte. Trotzdem können Tugendwerte als freiwillige Selbstverpflichtung zusätzlich übernommen werden. Bereits in der Rechtsphilosophie und Ethik Kants ist dieses Problem, wie sich Rechtspflichten und Tugenden zueinander verhalten, thematisiert worden. Kant spricht von Rechtspflichten und Tugendpflichten, was Schleiermacher zu der Kritik veranlaßte, Kant sage erst, daß Pflichten nur solche seien, die unbedingt verpflichtend sind und daher nur Rechtspflichten umfassen können, dann spricht er aber auch von Tugendpflichten als unvollkommenen Pflichten, sich eine Tugend oder Einstellung zur Pflicht zu machen.[10]

Werte sind Einstellungen und Vorzugshandeln, die sich zu eigen zu machen unvollkommene Pflicht ist. Zur vollkommenen Pflicht werden sie erst, wenn man als Mitglied einer Organisation von dem Organisationsträger auf sie im Rahmen des Arbeitsvertrages verpflichtet wird, und auch nur, soweit der Organisationsträger im Rahmen der allgemeinen Gesetze dazu berechtigt ist.

[10] Vgl. P. Koslowski, *Prinzipien der Ethischen Ökonomie. Grundlegung der Wirtschaftsethik und der auf die Ökonomie bezogenen Ethik*, Tübingen $^{2}$1994.

## 3. Welche Werte sollten das Handeln von Finanzdienstleistern im Kapitalmarkt bestimmen?

Erhebliche ethische Problemlagen ergeben sich aus der Vertrauensstellung von Finanzdienstleistern, die als Treuhänder und Makler für Anleger auftreten. In dem Maße, in dem die Altersvorsorge der Menschen aus den staatlichen Sozialversicherungen in kapitalgedeckte Privatversicherungen übergeht, wird den Finanzdienstleistern als Beratern und Vermittlern eine immer größere Rolle zukommen. Die Finanzdienstleister müssen die Menschen, die nach einer Altersvorsorge streben, sachgerecht und fair beraten. Der Finanzdienstleister steht in einem treuhänderischen Verhältnis zu seinem Auftraggeber, aus dem sich gesteigerte Pflichten und eine Garantenstellung des Dienstleisters und ein Vertrauensvorschuß des Treuhandgebers ergeben. Der Treuhandnehmer hat zunächst die negative Pflicht, jede persönliche und private Vorteilsnahme aus dem Treuhandverhältnis zu unterlassen. Er hat weiter die Pflicht, Sorgfalt und Treu und Glauben zu wahren. Es ergibt sich daher die Frage, ob eine besondere Verpflichtung der Finanzdienstleister auf bestimmte Werte im Kapitalmarkt notwendig und sinnvoll ist.

Die Notwendigkeit einer gesteigerten Professionalisierung der Finanzdienstleister entsteht aus der Tatsache, daß sie das Vermögen anderer verwalten und ihre Entscheidungen von größter Bedeutung für die zukünftige Daseinssicherung ihrer Klienten sind. Die Rolle des Finanzdienstleisters ist derjenigen des Arztes vergleichbar, bei dem aufgrund des erhöhten Risikos seines Handelns für das Leben und die Gesundheit des Patienten eine gesteigerte Sorgfaltspflicht und Garantenstellung gesetzlich festgelegt ist. Im Bereich der Finanzdienstleistungen geht es nicht um Leben und Tod, aber um weitreichende Folgen für die Lebensgestaltung der Menschen. Dies würde einerseits eine Professionalisierung dieser Berufe und eine stärkere Festlegung auf bestimmte Werte als Bedingungen pflichtgemäßen Handelns erforderlich machen. Andererseits sollte es auch vermieden werden, alle Finanzdienstleister für alle Kunden in dieselbe Garantenstellung durch Gesetzeszwang zu bringen, da diese zweifellos die Finanzdienstleistung verteuern würde und mancher Kunde bereit ist, das Risiko aus der geringeren Garantenstellung des Finanzdienstleisters selbst zu tragen.

Was spricht für eine Professionalisierung und stärkere Festlegung von Finanzdienstleistern auf bestimmte Werte? Zunächst ist aus der Geschichte der Ethik bekannt, daß die Entwicklung einer Berufsethik oft der erste Schritt ist, um den Berufsgruppen, die eine höhere Anerkennung ihrer Tätigkeit als Profession suchen, diese zu verschaffen. Durch eine Berufsethik zeigt ein Berufsstand, daß er im öffentlichen Interesse ist. Tatsächlich vollzieht sich im Bereich der Finanzdienstleistungen eine solche »Ethisierung« und Professionalisierung. Bestimmte Gruppen schließen sich zusammen, streben eine Zertifizierung ihrer Tätigkeit an und organisieren sich in Assoziationen, die Gütezeichen und ähnliches vergeben. Alle Berufsethiken oder Ethikkodizes betonen die Verpflichtung eines Berufsstandes auf das allgemeine Wohl und machen die auch justitiable Zusage, daß sie sich an solchen Idealen wie Integrität, Objektivität, Kompetenz, Sorgfalt, Vertraulichkeit und der Vermeidung von Interessenkonflikten orientieren.[11]

Es ist hier hervorzuheben, daß Berufsverbände oder Fachgesellschaften und Vereinigungen unter Gütesiegeln Organisationen darstellen, die weiterreichende Forderungen und damit auch weiterreichende Wertorientierungen von ihren Mitgliedern verlangen, als diese vom staatlichen Recht und den Regeln des Marktes verlangt werden. Die Mitglieder dieser Verbände verpflichten sich als Organisationsmitglieder auf eine stärkere Wertorientierung, als sie außerhalb der Organisation gilt. Sie unterwerfen sich auch den Sanktionen, die diese Organisationen bei Verletzung der Selbstverpflichtung auf die Werte der Organisationen einsetzen. Die Sanktionsbewehrtheit solcher Verbände ist von großer Bedeutung, weil sie es dem Kunden oder Nachfrager der Dienstleistungen dieser Verbände ermöglicht, eine gewisse Sicherheit über die Regelbefolgung zu erlangen. Es ist zu erwarten, daß im deutschen Kapitalmarkt eine Entwicklung in Richtung einer stärker professionalisierten und von Berufsverbänden überwachten Ethik der Finanzdienstleistungen einsetzen wird, die in den USA und Großbritannien bereits weit vorangeschritten ist. Der Transfer von Pensionsleistungen aus der Sozialversicherung in die private Altersvorsorge im Kapitalmarkt wird diesen Prozeß auch in den kontinentaleuropäischen Ländern vorantreiben. Der Berufsstand, der von der Privatisierung der Altersvorsorge und von der »Riester-Rente« am meisten profitieren wird, wird derjenige der Finanzberater, Finanzmakler und Finanzdienstleister sein.

## 4. Welche Werte sollten den Kapitalmarkt bestimmen?

Bevor man die Frage nach der Gesinnung und den Werten von Akteuren in institutionellen Zusammenhängen stellen kann, muß die Frage nach den Normen im engeren Sinn, den Regeln und Pflichten eines institutionellen Zusammenhangs gestellt werden. Um die Regeln und Pflichten bestimmen zu können, ist zu

[11] Vgl. J.R. Boatright, *Ethics in Finance*, Malden, Mass./Oxford 1999, 44 und R.A. Gorlin (Hrsg.), *Codes of Professional Responsibility*, Washington D.C. [3]1994.

fragen, was richtiges Recht in dem in Frage stehenden Bereich ist. Die Frage nach der Rechtsidee oder dem richtigen Recht ist, folgt man der Rechtsphilosophie Radbruchs, durch drei Prinzipien zu beantworten: durch die Frage nach dem Zweck des Institutionenbereichs, der geregelt werden soll, durch die Idee der Gerechtigkeit als formaler Gerechtigkeit und Rechtsgleichheit aller in dem in Frage stehenden Bereich Tätigen und drittens durch das Prinzip der Rechtssicherheit, das fordert, daß die in dem institutionellen Bereich Tätigen konstante Erwartungen bilden können in bezug auf die Fortdauer des Rechts und die Kontinuität der Rechtsprechung. Ohne Erwartungskonstanz in bezug auf Rechtsnormen ist kein wirkungsvolles Recht und keine angemessene Ethik möglich.[12]

Wendet man diese Prinzipien auf den institutionellen Zusammenhang des Kapitalmarktes an, so ist zunächst nach dem Zweck des Kapitalmarktes zu fragen. Ein solch komplexes Gebilde wie der Markt für Kapital und Unternehmenskontrolle erfüllt im allgemeinen mehrere Zwecke, die auch noch in einem gewissen Spannungsverhältnis zueinander stehen können. Die drei oben bereits genannten Zwecke oder Funktionen des Kapitalmarkts können wie folgt weiter differenziert werden: 1. die Sparfunktion: Der Kapitalmarkt nimmt Ersparnis auf; 2. die Vermögensfunktion: Der Kapitalmarkt dient der Aufbewahrung von Kaufkraft über längere Zeitperioden; 3. die Liquiditätsfunktion: Der Kapitalmarkt bietet Anlegern die Möglichkeit, ihre Finanzanlagen wieder in Bargeld umzuwandeln, um somit jederzeit über liquide Finanzmittel zu verfügen; 4. die wirtschaftspolitische Funktion des Kapital- und Geldmarktes: Durch Kapitalmarktpolitik und Geldpolitik kann die Regierung die Konjunktur und die gesamtwirtschaftliche Nachfrage steuern.[13] Durch eine Erhöhung oder Verringerung der Geldmenge wirkt die Regierung erhöhend oder verringernd auf die Nachfrage nach Aktien und damit auf die Aktienkurse ein. Ein Steigen oder Sinken der Aktienkurse wiederum erhöht oder verringert die Konsumausgaben der Wirtschaftssubjekte, weil die Konsumausgaben vom individuellen Vermögen der Wirtschaftssubjekte beeinflußt werden. Wenn die Aktienkurse hoch sind, verfügen die Anleger über ein höheres Vermögen und werden *ceteris paribus* größere Konsumausgaben tätigen. Bei einem durch die Verringerung der Geldmenge und die damit einhergehende Erhöhung des Zinssatzes induzierten Sinken der Aktienkurse werden die Wirtschaftssubjekte weniger konsumieren, weil sie sich weniger wohlhabend fühlen. Über die Geldmenge und den Zinssatz

[12] Vgl. G. Radbruch, *Rechtsphilosophie*, Stuttgart [8]1973.

[13] Vgl. zu den Funktionen des Kapital- und Geldmarktes P. S. Rose, *Money and Capital Markets. Financial Institutions and Instruments in a Global Marketplace*, Boston u. a. [7]2000, 6 ff.

kann die Regierung daher auf den Wert des Aktienvermögens und auf die durch den Vermögenswert beeinflußte Konsumrate der Wirtschaftssubjekte einwirken und die Konjunktur dämpfend oder ankurbelnd beeinflussen.

Im Kapitalmarkt steht der Zweck der effizienten Allokation von Kapital im Zentrum. Die Frage, wo Kapital investiert werden soll, ist für jede Gesellschaft von größter Bedeutung. Sie schließt die Frage ein, in welche Projekte, Technologien, Regionen die Gesellschaft investiert und welche Zukunftsinvestitionen eine Chance bekommen. Da der Investor *ex ante* entscheidet, welche Entwicklung er für richtig und wünschenswert hält, ist seine Entscheidung immer mit hoher Unsicherheit belastet. Der Verbraucher im Markt entscheidet dagegen *ex post*, was ihm an dem Angebot von Firmen, die ihre Entscheidung in der Vergangenheit getroffen haben, gefällt und was daher die richtigen Entscheidungen der Unternehmen waren.

Grundsätzlich stehen einer Gesellschaft drei gesellschaftliche Entscheidungsmechanismen für die Kapitalallokation zur Verfügung: Sie kann die Allokationsentscheidung entweder den Banken überlassen oder der staatlichen Investitionsentscheidung einer zentralverwalteten Wirtschaft oder einem eigenen Markt, auf dem Investoren und Unternehmen ihre Pläne und ihre Erwartungen koordinieren. Es ist offensichtlich, daß ein Kapitalmarkt als Koordinationsmechanismus für die Allokation von Kapital einer demokratischen Gesellschaft mehr entspricht als die Koordination durch Großbanken oder durch zentrale Wirtschaftslenkung.[14] Der Kapitalmarkt erweist sich wie andere Märkte als ein Mittel, wirtschaftliche Macht zu streuen und zu kontrollieren, da er Wettbewerb zwischen Kapitalanbietern und Kapitalnachfragern schafft. Er ist zudem offen für neue Konzepte und bietet dem Neuen, Unbekannten, auch dem Außenseiter, eine Chance.

Wenn der Kapitalmarkt diese Funktion übernehmen soll, bedarf es jedoch eines hohen Maßes an Spekulation. Die Spekulation ist aus zwei Gründen im Kapitalmarkt unvermeidlich, ja wünschenswert. Zum einen kann über zukünftige mögliche Erträge bis zu einem gewissen Grad nur spekuliert werden, da die zukünftige Nachfrage nach Produkten und Gütern heute noch nicht bekannt sein kann. Es handelt sich um ein auch aus der philosophischen und theologischen Spekulation bekanntes Phänomen, daß die spekulative Erkenntnis dort einsetzt, wo vollständige Information und vollständige Empirie nicht möglich sind, wo aber auch nicht völlig auf Empirie verzichtet werden kann. Vielmehr wird aus

[14] So auch O. von Nell-Breuning, *Grundzüge der Börsenmoral*, Freiburg i. Br. 1928, 9 und O. von Nell-Breuning, »Volkswirtschaftlicher Wert und Unwert der Börsenspekulation«, in: *Stimmen der Zeit* 114 (1928), 46–56, hier 52.

bruchstückhafter Erfahrung und unvollständiger Empirie auf einen größeren Zusammenhang geschlossen. Die Börsenspekulation ist daher nicht nur ein Spiel und Zockertum, sondern eine auf unvollständiger Information und Empirie gründende Antizipation zukünftiger Entwicklung, welche die Antizipation der Antizipationen der anderen Spekulierenden und ein Element des Spiels einschließt.

Im Kapitalmarkt ergeben sich zwei zentrale Unsicherheiten, die Unsicherheit über die künftigen Erträge von Unternehmen und die Unsicherheit über die zukünftige Entwicklung des Wertes von Unternehmen und Unternehmensanteilen. Entsprechend zielt auch die Spekulation sowohl auf die richtige Antizipation der Unternehmenserträge oder – im Falle der Aktiengesellschaft – Dividenden als auch auf die richtige Antizipation der Entwicklung des Aktienwertes oder der Aktienkurse.

Zum andern ist die Spekulation aber auch notwendig, um jene Handelsvolumina von Aktienanteilen zu schaffen, die notwendig sind, um die Liquiditätsfunktion des Kapitalmarkts zu erfüllen. Die Stärke des Aktienmarktes ist es, daß die langfristigen Investitionen in Unternehmen von den Aktionären jederzeit wieder, wenn auch nicht immer mit Gewinn, liquidiert und in Bargeld umgewandelt werden können. Diese Liquidation von langfristigen Investitionen und ihre Umwandlung in Bargeld ist aber nur möglich, wenn es eine berufsmäßige Spekulation und einen berufsmäßigen Aktienhandel gibt, weil anders der Investor Gefahr liefe, im Falle seines Verkaufswunsches auf kein Kaufangebot zu stoßen.[15]

Aus beiden Gründen, aufgrund der unvermeidlichen Unsicherheit über künftige Unternehmenserträge und aufgrund der Notwendigkeit, Liquidität im Markt für Unternehmensanteile zu schaffen, ist die Spekulation im Aktienmarkt unvermeidbar, und man kann keinen effizienten Kapitalmarkt ohne Spekulation haben. Von daher müssen Ressentiments gegen die Börsenspekulation relativiert werden. Es ist nicht ohne Grund, daß in Deutschland in der Zeit des Nationalsozialismus gegen die Spekulation polemisiert wurde und Teile des Kapitalmarkts, etwa der Markt für Optionen, verboten wurden.

Die Spekulation ist nützlich und entspricht dem Zweck des Kapitalmarkts, sie sollte deshalb nicht behindert werden. Äußerungen des deutschen Finanzministers Hans Eichel im Herbst 2001, daß man die Spekulation unterbinden müsse, finden in den Funktionsbedingungen der Kapitalmärkte keine Rechtfertigung. Auch die von der deutschen Regierung und der Deutschen Telekom sowie

[15] Vgl. auch P. Koslowski, *Ethik der Banken und der Börse. Finanzinstitutionen, Finanzmärkte, Insider-Handel*, Tübingen 1997.

der Deutschen Post behauptete und dem Publikum unterbreitete Möglichkeit einer Volksaktie ist aus dieser Sicht zu kritisieren. Da der Aktienmarkt notwendig spekulativ ist, kann es keine Volksaktie, die der Spekulation und Unsicherheit über die Zukunft nicht unterworfen wäre, geben. Jede Aktie, auch die Aktie von ehemaligen staatlichen Monopolbetrieben wie der Telekom oder der Post, unterliegt dem Kursrisiko und den Schwankungen der Börse.

Es wäre sinnvoller gewesen, das Ziel der Entwicklung eines Volkskapitalismus statt dasjenige der Ausgabe von Volksaktien anzustreben. In einem demokratischen Gemeinwesen ist es wünschenswert, daß möglichst viele Menschen an den Entscheidungen über Investitionen und Unternehmen und damit über zukünftige wirtschaftliche Strategien teilnehmen und möglichst das gesamte volkswirtschaftliche Wissen einer Nation und die individuellen Einschätzungen aller Wirtschaftssubjekte in den Kapitalmarkt eingehen. In diesem Sinne ist das Ziel eines »Volkskapitalismus«, dem der Kapitalmarkt dient, durchaus anstrebenswert. Um die Funktion der effizienten Steuerung der Kapitalallokation zu erreichen, ist jedoch gerade nicht die Konzentration auf einige wenige »Volksaktien« wünschenswert, sondern eine möglichst breit gestreute Investitionstätigkeit in die Aktien vieler innovativer und vor allem auch kleiner Unternehmen.

Wenn man die Zwecke oder Funktionen des Kapitalmarktes zusammenfaßt, so ist deutlich, daß die effiziente Lenkung des Kapitals in investive Zwecke unter der Bedingung der Informationseffizienz und der Liquidität, der jederzeitigen Umwandlung der Investition in liquide Mittel, im Zentrum der Kapitalmarktsfunktionen stehen.[16]

Damit wird auch die Frage beantwortbar, welche Werte im Kapitalmarkt neben dem »Wert« der Mehrung des Barwertes der Investition Berücksichtigung finden müssen. Um Informationseffizienz und Liquiditätsfunktion zu erfüllen, müssen möglichst viele Anbieter und Nachfrager auf einem Markt tätig sein, um die Volumina von Angebot und Nachfrage so groß werden zu lassen, daß echte Märkte für Unternehmensanteile und Unternehmensstrategien entstehen. Ebenso muß eine ausreichende Liquidität bestehen, damit Investoren nicht in ihre Investitionen »eingeschlossen«, »locked in«, sind.[17] Andererseits erfordert der Zweck der Vermögenserhaltung im Kapitalmarkt und der Aufbewahrung von

[16] Vgl. auch G. Picot: »M&A aus Sicht der Kapitalmärkte«, in: ders., *Handbuch Mergers & Acquisitions*, Stuttgart 2000, 33–52.

[17] Boatright, *Ethics in Finance*, 116 weist darauf hin, daß die fehlende Liquidierbarkeit von großen Aktienbündeln ein Problem für große Pension-Funds sein kann, weil diese häufig nicht in der Lage sind, ihren Protest gegen schwache Managementteams durch Verkauf der Anteile an deren Gesellschaften zu formulieren. Sie müssen daher das Management direkt durch Einfluß auf die Unternehmensführung beeinflussen und im Unternehmen investiert bleiben.

Kaufmitteln, daß die Wertschwankungen der Vermögenstitel im Kapitalmarkt nicht zu große Amplituden annehmen. Man wird also im Kapitalmarkt Wert darauf legen, daß einerseits die Entscheidungen im Kapitalmarkt schnell und wendig das Kapital in die jeweils beste Verwendung führen, daß andererseits aber auch nicht unnötige Wertschwankungen auftreten, die den Sparer und Investor verunsichern und aus dem Kapitalmarkt treiben.

Die Mobilität des Kapitals, seine effiziente Allokation einerseits und die Bedingungen der Stabilität und Liquidität des Kapitalmarkts andererseits stehen in einem gewissen Spannungsverhältnis, das auch die Spekulation bestimmt. Die Börsenspekulation muß zum einen jede auch geringfügige Veränderung der Ertragschancen von Investitionen aufspüren und im Markt zur Darstellung bringen, sie muß zum anderen es aber auch vermeiden, künstliche Wertfluktuationen hervorzurufen, die keine Basis in den »Substanzwerten« der Börse besitzen. Daraus ergibt sich, daß die Spekulation einerseits hochspekulativ sein soll und geringste Unterschiede von Wertdifferentialen herausfinden muß, andererseits aber keine künstlichen Volatilitäten erzeugen soll. In der Ausrichtung der Werte der Kapitalmarktteilnehmer entsteht hier ein Verhältnis der Spannung zwischen der spekulativen Beweglichkeit und dem Streben nach Reduktion von Volatilität durch »richtige« Börsenspekulation.

Es darf jedoch nicht übersehen werden, daß die Börsenspekulation solche spekulativen Antizipationen belohnt, die unwahrscheinliche Wertsteigerungen richtig antizipiert haben. Indem der Kapitalmarkt dies tut, belohnt er jedoch zugleich die hochspekulative Spekulation, welche die Preisfluktuationen dämpft und Volatilität aus dem Markt nimmt.

Die Spekulation kann allgemein als das Phänomen der Preisarbitrage zwischen verschiedenen Zeitpunkten angesehen werden. So wie die räumliche Arbitrage aus Preisunterschieden an verschiedenen Orten gewinnt, gewinnt die zeitliche Arbitrage der Spekulation aus Preisunterschieden zwischen verschiedenen Zeitpunkten. Indem etwa ein Kaufmann aufgrund seines Wissens über Preisunterschiede zwischen zwei Städten Waren aus der Stadt mit einem niedrigen Preis

Ein Pension-Fund wie CalPERS (California Public Employees' Retirement System), der Einlagen im Wert von 80 Mrd. Dollar verwaltet, tut sich schwer, ein Aktienpaket von General Motors im Wert von 1 Mrd. Dollar ohne Kursverlust an der Börse zu verkaufen. – Die Veränderung der Form des Kapitalismus vom Privateigentümer-Kapitalismus zum »Pension-Fund-Kapitalismus« läßt sich an folgenden Zahlen ablesen: »In 1970, individuals held more than 72 percent of shares, while institutional investors (pensions, mutual funds, insurance companies, and private trusts and endowments) accounted for about 16 percent. By 1990, the holdings of institutions had risen to more than 53 percent, with private and public pension funds owning approx. 28 percent of the equities of US firms« (zitiert nach: Boatright, *Ethics in Finance*, 114).

und hohem Angebot in die andere Stadt mit hohem Preis und niedrigem Angebot transferiert,[18] sorgt er für einen Ausgleich zwischen den Preisen an den verschiedenen Orten und zieht aus dieser volkswirtschaftlich nützlichen Handlung seinen Gewinn. Die Spekulation arbitragiert zwischen den Wertschwankungen verschiedener Epochen im Zeitablauf. Der Spekulierende, der à la hausse spekuliert, nimmt an, daß dasselbe Unternehmen, das er heute kauft, in der Zukunft mehr wert sein wird. Solange er mit der allgemeinen Meinung spekuliert, wird er keine besonderen spekulativen Gewinne machen, spekuliert er dagegen gegen die herrschende Meinung, so wird sein Spekulationsgewinn erheblich sein; dann übernimmt er jedoch zugleich eine preisstabilisierende Rolle, da er zum späteren Zeitpunkt für ein größeres Angebot der betreffenden Aktie sorgen wird, welches den Preis nicht noch höher steigen läßt, sondern preisdämpfend wirkt. Die Normativität des Wirklichen ist hier insofern wirksam, als das Interesse der Spekulation, an der wahren unwahrscheinlichen Antizipation zu gewinnen, mit dem Interesse des Marktes an einer Stabilisierung der Aktienkurse Hand in Hand geht. Nur wenn die Spekulation stets an volatilitätsmehrenden Strategien verdiente, verstieße sie gegen die Normativität des Wirklichen.

Von dieser positiv zu bewertenden, stabilisierenden Spekulation ist die Spekulation, die die Preisfluktuationen erhöht und damit destabilisierend wirkt, zu unterscheiden. Die meisten Formen dieser destabilisierenden Spekulation sind jedoch vom Recht ausgeschlossen, da sie im allgemeinen auf Insiderwissen beruhen, dessen Nutzung rechtlich nicht zulässig ist. Es wird häufig übersehen, daß destabilisierende Spekulation nur dann risikoarm ist, wenn der Spekulierende über Insiderwissen verfügt.[19] Tut er dies nicht, ist er wie alle anderen den Risiken der Kursentwicklung unterworfen. Seine Anreize, destabilisierend zu spekulieren, werden durch das hohe Risiko dieser Spekulation gedämpft.

Leider wirkt die Normativität des Wirklichen nicht in der gleichen Weise zwischen dem Finanzberater und seinem Kunden, dem nicht-professionellen Investor. Der Berater muß durch seine treuhänderische Stellung verpflichtet werden, im besten Interesse des Kunden und nicht in seinem eigenen besten Interesse zu handeln. Jede andere Form des Handelns des Finanzberaters stellt ein Brechen der Treuhänderbeziehung dar. Im Kapitalmarkt ist diese Gefahr vor allem virulent in der Versuchung des Finanzdienstleisters, »churning«, »twisting« oder »flipping« mit dem Kunden vorzunehmen. »Churning« (wörtl. »buttern«) ist

[18] Thomas von Aquin, *Summa theologiae* II-II, qu. 77, art. 3 (4) diskutiert diese Frage und billigt der Arbitrage ausdrücklich eine wichtige moralisch gerechtfertigte wirtschaftliche Funktion zu.

[19] Vgl. zum Problem des Insider-Handels Koslowski, *Ethik der Banken und der Börse*, 61–90.

das exzessive Handeln von Aktien, das nur Kommission für die Bank oder den Makler, aber keinen Nutzen für den Kunden erzeugt. Aktien- und Handelsempfehlungen, die zu »churning« führen, verletzten die Verpflichtung des Maklers als Treuhänder, nur geeignete Investitionen zu empfehlen und die mit ihnen verbundenen Risiken zu offenbaren.

Einen Sonderfall stellen die nicht-professionellen »Day-Trader« dar, die nicht von ihren Beratern, sondern von sich selbst »gebuttert« werden. Nach Untersuchungen des Bundesaufsichtsamtes für Wertpapierhandel verlieren die meisten Day-Trader durch ständiges Kaufen und Verkaufen derselben Aktien ihr Kapital, weil sie ständig wachsende Kommissionsbeträge für ihren Handel an die Online-Banken bezahlen.[20]

»Twisting« ist das Ersetzen eines Versicherungsvertrages durch einen neuen, der aber keine wirkliche Verbesserung für den Versicherten, sondern nur Provision für den Versicherungsmakler und damit Kosten für den Versicherten erbringt; »flipping« ist das Ersetzen eines Kreditvertrages durch einen oder mehrere neue, der ebenfalls dem Kreditnehmer eine Verbesserung seiner Schuldnerlage verspricht, ohne daß diese wirklich eintritt, weil nur der Kreditmakler an den Provisionen verdient.

Alle drei Phänomene des churning, twisting und flipping sind ein Bruch des Treuhänderverhältnisses und eine Pflicht- und nicht nur Wertverletzung des Finanzdienstleisters. Diese Pflichtverletzung kann nicht nur durch die ethische Wertorientierung des Finanzdienstleisters bekämpft werden, sondern sie muß justitiabel gemacht und von der Sanktion des Rechts bewehrt, also durch Schadensersatzleistung und gegebenenfalls Strafe des Finanzdienstleisters geahndet werden. Allerdings gilt dies nur dort, wo ein explizites treuhänderisches Verhältnis zustande gekommen ist. Wo der Kunde auf ein solches verzichtet und nach der Maxime »Caveat emptor«, »es hüte sich der Käufer«, handeln *will*, kann er im nachhinein nicht eine gesteigerte Treuhänderpflicht des Finanzdienstleisters geltend machen.

[20] So der Leiter der Abt. III des Bundesaufsichtsamtes für Wertpapierhandel G. Birnbaum, »Einflussfaktoren am Kapitalmarkt: Autoritäten, Paragrafen, Leitbilder« [Vortrag auf der Tagung »Ethik des Kapitalmarkts« des Deutschen Netzwerks Wirtschaftsethik u. a. am 12. Oktober 2001 im Siemens Forum München].

## 5. Mergers and Acquisitions: der Kapitalmarkt als Markt für Unternehmenskontrolle und der Wert des Wettbewerbs zwischen Managementteams

In der neuesten Entwicklung des globalen Kapitalmarktes tritt zunehmend hervor, daß es die Funktion des Kapitalmarktes als Markt für Unternehmensanteile ist, nicht nur die Allokation von Kapital, sondern auch diejenige von Managementfähigkeiten und -wissen in der besten Verwendung zu sichern. Der Kapitalmarkt ist nicht nur der Markt für Kapital, sondern auch derjenige für »corporate control«, für Unternehmenskontrolle. Die durch den Erwerb der Mehrheit der Unternehmensanteile gesicherte Unternehmenskontrolle tritt im Kapitalmarkt der Gegenwart im Vergleich zur Funktion der Kapitalallokation verstärkt in den Vordergrund. Der Besitz der Mehrheit der Aktien eines Unternehmens verschafft die Kontrolle über dieses Unternehmen. Der Erwerb von 51 v. H. der Anteile stellt gegenüber dem Erwerb von 49 v. H. regelmäßig einen Quantensprung dar, der sich auch in einem erhöhten Preis niederschlägt. Die Unternehmenskontrolle wird zunehmend entweder über Fusionen oder über den Kauf der Mehrheit der Unternehmensanteile auch gegen den Willen des Managements der Zielfirma durchgeführt.

Zunächst ist die Frage zu stellen, warum in der Gegenwart eine Zunahme von Mergers and Acquisitions (M&A) zu beobachten ist. Die Globalisierung der Weltwirtschaft ist ein Motor für M&A. Durch den Kauf von anderen Firmen gewinnt die übernehmende Firma für ihr Netzwerk Vorteile. Die Netzwerkvorteile durch die Integration ganzer neuer Firmen, die als Firmeneinheiten nach der Fusion häufig bestehen bleiben, nehmen im Vergleich zur klassischen vertikalen Integration oder zur Effizienzsteigerung durch Größengewinne oder economies of scale in ihrer Bedeutung zu.

Der Kauf von Entwicklungsstufen von Produkten und Verfahren durch den Kauf der Firmen, die im Besitz dieses Know-hows sind, führt zu einer Verkürzung von Entwicklungszeiten. Auch eine ganz neue Form des Ausnützens von Zeitzonen ist möglich: Im Bereich von Forschung und Entwicklung kann 24 Stunden am Tag global an denselben Projekten gearbeitet werden, wenn eine Firma verschiedene Firmen mit Forschungs- und Entwicklungsaktivitäten in allen Zeitzonen erwirbt.[21] Durch Unternehmensankäufe oder -verkäufe kann ein Unternehmen Anpassungen der Unternehmensstruktur, -größe und -grenze

[21] Vgl. S. A. Jansen, *Mergers and Acquisitions. Unternehmensakquisitionen und -kooperationen. Eine strategische, organisatorische und kapitalmarkttheoretische Einführung*, Wiesbaden [3]2000, 5 f.

vornehmen, die durch den eigenen Aufbau von Unternehmensdivisionen innerhalb der alten Organisation größere Zeit verlangen würden. Damit wird auch die Grenze des Unternehmens fließender und variierender. Auch die Komplexität von Produkten macht zunehmend den Zukauf statt die Eigenentwicklung nötig, nicht zuletzt, um auch hier Zeit zu sparen.

Andererseits wird gegen die zunehmenden, feindlichen und freundlichen Übernahmen eingewendet, daß die wenigsten Unternehmensübernahmen gelingen. Studien der Consulting-Firmen Price Waterhouse und A. E. Kearny zeigen für den Zeitraum von 1996–2001, daß weltweit 40 000 Fusionen im Gesamtwert von 5 Billionen Dollar stattgefunden haben. 80 v. H. dieser fusionierten Unternehmen erwirtschafteten nicht die Kapitalkosten der Transaktion, 30 v. H. wurden wieder entflochten oder verkauft. A. E. Kearny schätzt die Rate des Mißerfolgs auf 60–75 v. H.[22] Diese Zahlen sind nicht notwendig ein Argument gegen feindliche Übernahmen, da sie nicht die Wirkung der Übernahmedrohung auf Firmen, die nicht übernommen wurden, beinhalten. Die Möglichkeit und Drohung des Übernommenwerdens beinhaltet eine Art Generalprävention gegen das Bequemwerden von Managementteams, bei der nicht die tatsächliche Anzahl der erfolgten und dann erfolgreich oder erfolglos werdenden Fusionen und Übernahmen, sondern die allgemeine Prävention von »shirking«, des Bequemwerdens des Managements die entscheidende Wirkung ist.

Wie sind daher sogenannte feindliche Übernahmen (hostile take-overs) wirtschaftsethisch zu beurteilen? Für den wirtschaftlichen und ethischen Wert von Mergers and Acquisitions ist die Frage nach der Legitimität der feindlichen Übernahme zentral. Ist die feindliche Übernahme als »feindlicher« Vorgang abzulehnen, oder dient sie dem Zweck des Kapitalmarkts, die Kapitalallokation und die »Kontrolle der Unternehmenskontrolle« zu sichern? Die zentrale Legitimation für die feindliche Übernahme liegt in dem Recht der Eigentümer eines Unternehmens, ihre Eigentumsanteile an denjenigen zu verkaufen, der ihnen den höchsten Preis für diese Unternehmensanteile bietet, oder, wenn der Eigentümer der Mehrheitsanteilseigner ist, in seinem Recht, das Management auszutauschen, wenn er zu der begründeten Ansicht gelangt, daß das Management dem Unternehmen schadet oder nicht die maximale Wertschöpfung des Unternehmens realisiert.

Aus dieser Logik des Eigentumsrechts folgt, daß das Management des Zielunternehmens bei einer Übernahmedrohung entsprechend dem Eigentümer-

22 N. Schweikart, »Der getriebene Chef. Shareholder value über alles – Das US-Modell setzt sich durch«, in: *DIE ZEIT* Nr. 20 (10. Mai 2001), 26.

oder Shareholder value-Prinzip kein Angebot ablehnen darf, das den Aktionären eine Verkaufsmöglichkeit zu einem Kurs oberhalb des gegebenen Aktienkurses bietet. Abwehrmaßnahmen, die diese Verkaufsmöglichkeit der Eigentümer hindern oder unterbinden, müssen daher unter dem Gesichtspunkt der Wertvernichtung beurteilt werden, weil sie den Eigentümern die Möglichkeit nehmen, ihr Eigentum, nämlich die Unternehmensanteile, zu einem höheren Wert zu verkaufen. Die Berechtigung von feindlichen Übernahmen im Falle einer unzureichenden Leistung der Unternehmensleitung des Zielunternehmens steht daher außer Frage.

In Deutschland wird gegen das Eigentümer- oder Shareholder value-Prinzip[23] häufig das Konsensprinzip aller im Unternehmen Tätigen, aller Stakeholder, geltend gemacht. Es wird auch auf das Mitbestimmungsprinzip in deutschen Großunternehmen verwiesen, das den Arbeitnehmervertretern ein Mitspracherecht in der Unternehmensführung sichert.

Das anglo-amerikanische Modell setzt dagegen auf die von außen kommende Kontrolle des Managements und des Unternehmens durch die Shareholder. Hinter diesem Modell stehen durchaus realistische Annahmen über die Gefahren, denen die Unternehmen durch die Stakeholder ausgesetzt sind. Es sind Situationen denkbar, in denen das Management und die Arbeitnehmer eine Situation bevorzugen, die ihnen ein leichteres Leben auf Kosten der Eigentümer ermöglicht, indem sie den Wert des Unternehmens aufzehren und den Eigentümern oder Aktionären keine oder zu geringe Dividenden oder Erträge zahlen. Geht man davon aus, daß alle Organisationsmitglieder auch versucht sind, sich ein angenehmes Leben im Unternehmen zu machen, und daß diese Tendenz vom Eigentümer von außen verhindert wird, ist erkennbar, daß die Kontrolle des Unternehmens durch die Shareholder notwendig ist.

Unter den Erklärungshypothesen für feindliche Übernahmen stellt besonders die Free Cash Flow-Hypothese von Jensen auf die Gefahr des Bequemwerdens des Managements in reifen Unternehmen und Branchen ab.[24] In reifen Branchen kommt es zu hohen Free Cash Flow-Positionen, also zu hohen Einnahmen aus Erlösen und Abschreibungen, die zur effizienten Allokation des Kapitals an die Aktionäre ausgeschüttet und von diesen in alternative Projekte anderer Firmen investiert werden sollten. Es liegt aber im Interesse der Manager, diese Einnahmeströme im Unternehmen zu belassen. Sie erhöhen dadurch die Freiheitsgrade

[23] Vgl. P. Koslowski, »Shareholder Value und der Zweck des Unternehmens«, in: *Shareholder Value und die Kriterien des Unternehmenserfolgs*, hrsg. von P. Koslowski, Heidelberg 1999, 1–32.

[24] M. C. Jensen, »Agency Cost of Free Cash Flow, Corporate Finance, and Takeover«, in: *American Economic Review* 76 (1986), 323–329.

ihres Handelns, weil die Kapitalmarktkontrolle schwächer wird. Die Drohung der feindlichen Übernahme reduziert diese Neigung des Managements, Gewinne im Unternehmen zu thesaurieren, die auch eine Tendenz bewirkt, den Umsatz ohne Rendite auf Kosten des Gewinns und damit die Einkommen des Managements, die an der Umsatzleistung gemessen werden, auf Kosten der Dividende auszudehnen. Man kann dies auch als das allgemeine Phänomen beschreiben, daß Menschen, wenn sie etwas aufgebaut haben, sich berechtigt fühlen, sich zurückzulehnen und weniger hart zu arbeiten. Dies ist natürlich nicht im Interesse der Institutionen, für die sie etwas aufgebaut haben. Andererseits entsteht hier die Notwendigkeit, im Falle der feindlichen Übernahme die Aufbauleistung und den Anteil des Managements an dem Mehrwert des Unternehmens, soweit sie nicht durch den Managerlohn abgegolten wurden, durch Entschädigungszahlungen zu kompensieren. Die häufig vorgebrachte Kritik an hohen Abfindungszahlungen an Manager, die durch feindliche Übernahmen abgelöst werden, ist daher zu relativieren.

Ein weiteres Argument für die Notwendigkeit, feindliche Übernahmen zu gestatten, ist das Argument, daß die Aktionäre im allgemeinen, gerade bei den großen anonymen Aktiengesellschaften, nicht ständig im Unternehmen anwesend sind und ihre Interessen geltend machen können und daher nur über das Recht, das Management abzusetzen, ihre Übervorteilung verhindern können.

Im deutschen Modell der Unternehmensführung wird dagegen davon ausgegangen, daß der Konsens der beteiligten Gruppen aufgrund des Konsenses das für das Unternehmen Beste und die optimalen Entscheidungen sichert. Dissens zwischen den im Unternehmen tätigen und beteiligten Gruppen wird hier als ein Zeichen der Krise und der unzureichenden Führung angesehen, während Konsens ganz im Sinne einer Konsenstheorie der Wahrheit die Richtigkeit der Entscheidungen sichert.

Es ist unschwer erkennbar, daß hier weitreichende philosophische Unterschiede in der Konzeption von »governance«, von Regierung, Steuerung und Verfassung vorliegen, die bis in die politische Verfassungsdebatte reichen. Im deutschen oder auch kontinentaleuropäischen Verständnis von republikanischer Regierung und Verfassung ist die Idee der Selbstregierung durch Konsens das leitende Modell, im anglo-amerikanischen Republikanismus der Gedanke der Regierung durch Repräsentation von Gruppen und der Ablösung von konkurrierenden politischen Regierungsteams und von wirtschaftlichen Managementteams durch den von außen kommenden und entscheidenden Wettbewerb um den Wähler und den Shareholder.

Konsens sichert nicht die Wahrheit der im Konsens gefällten Entscheidungen. Es ist ein Konsens von bestimmten Stakeholder-Gruppen zu Lasten anderer

Stakeholder denkbar, es ist aber auch eine Situation denkbar, in der sich alle Stakeholder in einer Firma über den tatsächlichen Zustand der Firma und ihre Leistungsfähigkeit Illusionen machen, die nur durch die Möglichkeit, von außen den »Schein« des Konsenses durch den Wettbewerb von alternativen Managementteams zu durchbrechen, behoben werden kann.

In der gegenwärtigen Debatte um corporate governance und die Unternehmensverfassung sowie über die Rolle des Kapitalmarkts stehen innerhalb der Europäischen Union Grundsatzfragen über das Modell des corporate governance zur Entscheidung an. Die EU-Kommission hat Deutschland aufgefordert, die Take-over-Direktive der Kommission in Gesetzgebung und Rechtsprechung durchzusetzen. Diese Direktive fordert eine stärkere Unternehmenskontrolle durch feindliche Übernahmen und die Abschaffung wettbewerbshindernder Gesetze. So sollen etwa Regelungen wie das Volkswagen-Gesetz, die dem Land Niedersachsen als staatlichem Eigentümer besondere Rechte einräumen, abgeschafft werden. Es ist von philosophischem Interesse, daß der Kommissar für Wettbewerb der Europäischen Union, Mario Monti, die Ansicht vertritt, daß die Europäische Union keinen Unterschied zwischen Unternehmen machen kann, die im Privatbesitz sind, und solchen, die in staatlichem Besitz sind. Staatliches Eigentum an Unternehmen dürfe keinen Wettbewerbsvorteil mehr verschaffen, weil dieser den Wettbewerb zwischen privaten und halbstaatlichen Unternehmen verzerre.[25]

Man kann diese Forderung von zwei Seiten betrachten. Man könnte einwenden, daß die EU-Kommission damit die vor allem in Deutschland besonders betonte Unterscheidung von Staat und Gesellschaft[26] in Frage stellt, indem sie die Sonderstellung des Staates innerhalb der gesellschaftlichen Gruppen leugnet und dem Unternehmen, an dem der Staat beteiligt ist, keinerlei Sonderstellung im Vergleich zum vollständig privaten Unternehmen mehr einräumt. Andererseits kann auf diesen Einwand geantwortet werden, daß die Privilegierung des Unternehmens, an dem der Staat beteiligt ist, gerade die Unterscheidung von Staat und Gesellschaft aufhebt, indem sie eine dritte Mischform politisch-wirtschaftlicher Steuerung schafft, die weder dem Marktprinzip des Wettbewerbs, der Konsumentensouveränität und des Gewinnprinzips noch der ausschließlich auf der Wählersouveränität gründenden politischen Repräsentation folgt. Die halbstaatlichen Unternehmen, die weder ganz dem Wettbewerb unter-

[25] So Mario Monti auf der Jahrestagung des Vereins für Socialpolitik am 27. September 2001 in Magdeburg.

[26] Vgl. P. Koslowski, *Gesellschaft und Staat. Ein unvermeidlicher Dualismus*, mit einer Einführung von R. Spaemann, Stuttgart 1982.

worfen noch vollständig gemeinnützig sind, weil sie ja Gewinn machen, über dessen Verwendung dann auch häufig politisch entschieden wird, gehören weder ganz zum Staat noch ganz zur Gesellschaft und verzerren tatsächlich den Wettbewerb im Bereich der Wirtschaft der Gesellschaft, indem sie Privilegien gegen ihre privatwirtschaftlichen Konkurrenten geltend machen können.

Die Dynamik des Binnenmarktes der Europäischen Union weist hier in dieselbe Richtung wie die Dynamik des globalen Marktes. Innerhalb der EU ist es schwer zu vermitteln, warum Volkswagen wegen der Tatsache, daß das Land Niedersachsen einen großen Aktienanteil an ihm hält, gegenüber französischen Konkurrenten wie Peugeot oder Renault, die zum Teil ebenfalls in staatlichem Besitz sind, Wettbewerbsvorteile haben soll. Vom Standpunkt der Unterscheidung von Staat und Gesellschaft kann es um der Sicherung der wesentlichen Staatsfunktionen willen sinnvoll sein, die Mischform der halbstaatlichen, halbgesellschaftlichen Aktiengesellschaft zugunsten vollständig privatisierter Aktiengesellschaften und vollständig in Staatsregie durchgeführter Funktionsunternehmen abzulösen.[27]

Stellt man die Frage, welche grundlegenden Werthaltungen und welche Identifikationen mit Grundprinzipien hinter der Streitfrage um die Zulässigkeit und Unzulässigkeit feindlicher Unternehmensübernahmen stehen, so wird man auf den Gegensatz von Konsens und Wettbewerb, Selbstkontrolle und Kontrolle von außen geführt. Das deutsche Modell der Unternehmensführung setzt auf das Konsensprinzip und die Selbstkontrolle der Stakeholder. Es weist dem Kapitalmarkt eine untergeordnete Rolle in der Kontrolle der Unternehmensführung zu. Die wesentliche Kontrolle des Unternehmens soll als Selbstkontrolle der Stakeholder innerhalb des Unternehmens durchgeführt werden. Das anglo-amerikanische Modell geht dagegen davon aus, daß Konsens nicht notwendig Leistungsfähigkeit beinhaltet, weil die Hervorhebung des Wertes des Konsenses auch zu einem Sichbefriedigen der am Diskurs Beteiligten mit ihnen gefälligen Lösungen führen kann.

Es spielen hier auch kultur- und konfessionsbedingte Traditionen hinein. In der puritanischen, kalvinistisch-protestantischen Tradition ist ein stärkeres Mißtrauen gegenüber der Selbstkontrolle und Selbsteinschätzung der Individuen vorhanden als in der lutherisch-protestantischen und der katholischen Tradition. Dieser Differenz entsprechen auch die Unterschiede im Modell des Repu-

27 Ein schwieriges Problem stellt die Beurteilung der Sonderstellung der Landesbanken und Sparkassen in Deutschland dar. Die Verbilligung von Kredit für Klein- und mittelständische Unternehmen durch die Staatsgarantie für die Einlagen dieser Banken kann nützlich sein. Andererseits werden die Lasten dieser Verbilligung dadurch vom Steuerzahler bezahlt, der vielleicht gleichgültig gegenüber der Struktur der Finanzinstitutionen im Finanzmarkt ist.

blikanismus, die aus den Ideen, die die amerikanische, und aus denjenigen, die die französische Revolution geprägt haben, hervorgegangen sind. Nach dem anglo-amerikanischen, puritanischen Modell können die Betroffenen aufgrund der Verzerrung der menschlichen Erkenntnis durch ihr Selbstinteresse – oder theologisch: durch ihr von der Erbsünde geprägtes Wollen – ihre Leistung nicht selbst beurteilen. Das identitätsdemokratische Modell des Republikanismus, der Regierung und des corporate governance geht dagegen davon aus, daß gerade im Konsens das wahrheitsgenerierende Element politischer und anderer Leitungsprozesse liegt.

Besonders kritikwürdig ist die identitätsphilosophische Deutung der Demokratie als Einheit von Regierenden und Regierten, die von Hegel bis Habermas die deutsche und kontinentaleuropäische politische Philosophie und ihr Verständnis von Regierung bestimmt. Ihr liegt die Grundannahme zugrunde, daß so, wie das absolute Subjekt Hegels sich als Objekt bewußt wird, sich das Subjekt des Volkes im Objekt des Staates gegenständlich und bewußt wird.[28] Aus dieser vermeintlichen Identität von Subjekt und Objekt der Macht folgert das identitätsphilosophische Denken, daß das Sich-Objektivwerden des Volkes im Staat sich im Konsens vollzieht, daß dieses Sich-Objektivwerden des Volkes zur Identität von Volk und Staat, Autor und Adressat des Rechts führt und daß durch diese Identität politische Herrschaft aufgehoben und in Selbstregierung überführt wird. Diskurstheoretische Theorien des corporate governance übertragen dieses konsens- und identitätstheoretische Modell der politischen Regierung auch auf das Unternehmen und seine Lenkung und fordern den Diskurs der Stakeholder des Unternehmens als Prinzip der Unternehmenskontrolle.[29]

Vom Standpunkt der allgemeinen Anthropologie der Selbstinteressiertheit des Menschen und seiner fehlenden Objektivität sich selbst gegenüber bleibt die Diskurstheorie unterhalb der Komplexität der Probleme der Kontrolle von Macht. Die im Korporatismus beobachtbare Tendenz zu Absprachen und Koalitionen einflußreicher Interessen- oder Stakeholder-Gruppen erfordert die Betonung des Gedankens der Kontrolle politischer und wirtschaftlicher Macht durch

[28] Vgl. J. Habermas, »Die postnationale Konstellation und die Zukunft der Demokratie«, in: J. Habermas, *Die postnationale Konstellation*, Frankfurt a. M. 1998, 100: Durch den Übergang zur Volkssouveränität ermöglicht es der Nationalstaat der Gesellschaft, politisch »auf sich selbst« einzuwirken. Nach K. A. Schachtschneider, *Res publica res populi. Grundlegung einer allgemeinen Republiklehre. Ein Beitrag zur Freiheits-, Rechts- und Staatslehre*, Berlin 1994, 4 gründet die Republik auf einer »Verfassung der Herrschaftslosigkeit«.

[29] So in Arbeiten zu einer diskurstheoretischen Wirtschafts- und Unternehmensethik im Umkreis von Horst Steinmann. Vgl. hierzu A. G. Scherer, *Die Rolle der Multinationalen Unternehmung im Prozeß der Globalisierung*, Heidelberg (Ethische Ökonomie. Beiträge zur Wirtschaftsethik und Wirtschaftskultur, Bd. 7) [im Erscheinen].

Wettbewerb und durch von außen überprüfende Individuen oder Institutionen. Feindliche Übernahmen sind eine der möglichen Kontrollmechanismen gegen falsche Konsensformen und Koalitionen des Managements und der Interessengruppen im Unternehmen. Sie sollten daher im deutschen Recht der Unternehmensverfassung gefördert und nicht behindert werden. Eine größere Kontrolle des Managements deutscher Großunternehmen durch konkurrierende und mit der Übernahme drohende Managementteams würde zu einer Leistungssteigerung der Unternehmen führen. Dies schließt nicht aus, Mitbestimmung als Form der Repräsentation der Arbeitnehmer in der Unternehmensführung beizubehalten. Die Mitbestimmungsregeln heben das Eigentümer- oder Shareholder value-Prinzip nicht auf, sondern bestätigen explizit das Mehrheits- und daher Letztentscheidungsrecht der Eigentümer im Aufsichtsrat der Aktiengesellschaft. Im Verbund mit dem Kontrollprinzip der feindlichen Übernahme kann das Mitbestimmungsprinzip als Repräsentationsprinzip nicht als Konsensprinzip – die Leistung des Unternehmens steigern. Die Mitbestimmung als Repräsentation der Arbeitnehmer steigert die Lernfähigkeit der Organisation und erfüllt auch eine Befriedungsfunktion bei Konfliktsituationen innerhalb des Unternehmens. Die Synthese des anglo-amerikanischen Prinzips des Kapitalmarktes als Markt für corporate control und des deutschen Prinzips der Mitbestimmung als Repräsentation der Arbeitnehmer in der Unternehmensführung ist möglich sowie für das Unternehmen erkenntnis- und leistungssteigernd und daher mit hoher Wahrscheinlichkeit dem reinen Kapitalmarktmodell ohne Mitbestimmung überlegen. Die Normativität des Wirklichen dürfte das Unternehmensrecht der EU in die Richtung einer solchen Synthese drängen.

# Lebensnotstand – Ende der Normativität? Untersuchung einer Grauzone im Unrecht des Tötens*

*Weyma Lübbe (Leipzig)*

»Der Sinnspruch des Notrechts heißt: ›Not hat kein Gebot (necessitas non habet legem)‹; und gleichwohl kann es keine Not geben, welche, was unrecht ist, gesetzmäßig machte.« Kant, *Metaphysik der Sitten*

## 1. Das Problem

Als »Lebensnotstand« sei hier eine Situation bezeichnet, in der absehbar ist, daß von mehreren Personen mindestens eine sterben muß, während zugleich nicht feststeht, wer bzw. wie viele das sein werden; dies kann vielmehr durch Handeln oder Unterlassen gesteuert werden. Der paradigmatische Fall aus der Reflexionsgeschichte zum Thema, seit Pufendorf ausführlicher kommentiert, ist das »Brett des Karneades«: der Fall der beiden Schiffbrüchigen, die um die Planke kämpfen, die nur einen trägt.[1] Neuerdings dagegen ist der Weichenstellerfall[2] bzw. im englischen Sprachraum »the trolley problem«[3] beliebter. Hier geht es um das Umlenken eines außer Kontrolle geratenen Schienenfahrzeugs von einem Opfer oder einer Opfergruppe auf eine andere. Mit dem Wechsel des Standardbeispiels

* Für Hinweise und schriftliche Kommentare danke ich Christoph Fehige, Jan Joerden und Jens Lehmann.

1 Siehe E. Weigelin, »Das Brett des Karneades«, in: *Der Gerichtssaal* 116 (1942), 88–98; J. Hruschka, »Rechtfertigungs- und Entschuldigungsgründe: Das Brett des Karneades bei Gentz und bei Kant«, in: *Goltdammer's Archiv für Strafrecht* 138 (1991), 1–10; H. Koriath, »Das Brett des Karneades«, in: *Juristische Ausbildung* 1998, 250–257; W. Küper, *Immanuel Kant und das Brett des Karneades: das zweideutige Notrecht in Kants Rechtslehre*, Heidelberg 1999, mit weiteren Nachweisen bes. 29–33. Es sind mehrere, für die normative Beurteilung ggf. nicht unerhebliche Varianten des Falls denkbar.

2 Klassisch H. Welzel, »Zum Notstandsproblem«, in: *Zeitschrift für die gesamte Strafrechtswissenschaft* 63 (1951), 47–56; hier 51.

3 Klassisch J. J. Thomson, »Killing, letting die, and the trolley problem«, in: *The Monist* 59 (1976), 204–217. Weitere Nachweise bei E. Rakowski, »Taking and saving lives«, in: *Columbia Law Review* 93 (1993), 1063–1156; hier 1064, Anm. 1.

ist zugleich eine Blickverschiebung verbunden: Wer Opfer des Schienenfahrzeugs wird, entscheidet ein nicht in Gefahr befindlicher Dritter, während im Plankenfall die Betroffenen selbst etwas tun können, um die Gefahr von sich abzuwenden. Nur hierfür scheint der alte Satz gemünzt, den Kant bei Gelegenheit der Stellungnahme zum Karneades-Fall den »Sinnspruch des Notrechts« nennt[4]: »necessitas non habet legem«, »Not kennt kein Gebot« – d.h., der in der Not Befindliche kennt kein Gebot. Für die Verteilung oder auch Umverteilung von Lebenschancen durch Dritte dagegen werden bekanntlich normative Vorgaben ausführlich diskutiert – vom Verbot der aktiven Umlenkung der Gefahr im Weichenstellerfall über Maximierungsregeln unterschiedlicher Art (etwa: rette so viele Menschenleben, oder Lebensjahre, wie möglich) bis hin zu den Kriterienkatalogen von Rationierungsprogrammen und den differenzierten Punktsystemen, denen die Verteilung knapper Spenderorgane folgt.

Genau besehen ist freilich der Fall der knappen Spenderorgane einer, bei dem private Manöver der Betroffenen zur Erhöhung ihrer Überlebenschancen auf Kosten anderer (zum Beispiel eine Manipulation der Warteliste) nicht grundsätzlich ausgeschlossen sind. Kaum jemand wird ohne weiteres bejahen, daß für solche Fälle die Analogie des Kampfes um die Planke gelten soll. Aber wo genau liegt der Unterschied? Wie interagiert das Prinzip »Not kennt kein Gebot« mit dem Bedürfnis, Knappheit geordnet zu verwalten? Diese Frage soll im folgenden im Hinblick auf das geltende Recht, näherhin im Hinblick auf § 35 StGB, den sogenannten entschuldigenden Notstand, behandelt werden. Zum Verständnis der Lage ist es jedoch hilfreich, zunächst auf die Reflexionsgeschichte zum Thema einzugehen.

## 2. Die Sprengkraft der Notstandstheorien

Der »Sinnspruch des Notrechts«, den Kant zum Karneades-Fall heranzog, findet sich im *Decretum Gratiani*[5] in einem Kontext, in dem es um die Voraussetzungen des Spendens von Sakramenten geht; von Lebensnotstand ist nicht die Rede. Rechtsgeschichtlich dominiert in der zunächst kasuistischen, wenig grundsätzlichen Behandlung des Notstandsthemas der Fall des Diebstahls in Hungersnot. Selbst dort, wo der Bestohlene lediglich einen Vermögensschaden erleidet, wird der Satz aus dem *Decretum Gratiani* nicht durchweg mit strafbefreiender

[4] I. Kant, *Die Metaphysik der Sitten* (ed. Weischedel), 343.

[5] Teil des *Corpus Iuris Canonici*, von dem Bologneser Mönch Gratian um 1140 gesammelt und kommentiert. Die betreffende Stelle ist: Secunda pars, causa I, qu. I c. 39.

Wirkung anerkannt. Den Karneades-Fall macht, wie erwähnt, erst die ausführlichere Behandlung des Notstandsthemas durch Pufendorf zum Schulfall. Eine in der anschließenden Debatte sich entwickelnde Position billigt dem, der die Gefahr mit Todesfolge für den anderen von sich abwälzt, zwar nicht die Rechtmäßigkeit seines Handelns zu, aber einen Entschuldigungsgrund – und damit Straffreiheit. Diese Differenzierung findet Eingang in die Strafrechtsdogmatik und hat sich in den aktuell geltenden Vorschriften zum Notstand über zahlreiche Kontroversen im einzelnen hinweg durchgesetzt.[6] Als Grund der Entschuldigung wird heute zumeist – in unterschiedlichen Formulierungen – angegeben, der Täter sei psychisch unfähig, sich zum rechtmäßigen Verhalten zu motivieren, bzw. es sei »unzumutbar«, dies von ihm zu verlangen.

Neben der Entschuldigungslösung sind zwei historische Ansätze zu erwähnen, die für Fälle des Lebensnotstands in einem radikaleren Sinne ein Ende der Normativität behauptet haben, nämlich die Position von Hobbes und die von Johann Gottlieb Fichte. Hobbes äußert sich zwar, soweit mir bekannt ist, nicht gezielt zu den klassischen Beispielen des Lebensnotstands. Aber die fundamentale Bedeutung, die er dem Recht auf Selbsterhaltung im staatsphilosophischen Kontext und damit, in seinem System, für die Begründung der Unterscheidung von Recht und Unrecht überhaupt[7] zuerkennt, erlaubt einschlägige Folgerungen, die auch durch Zitate belegbar sind. Die Selbsterhaltung ist bei Hobbes bekanntlich das Motiv dafür, den Vertrag abzuschließen, der aus dem Naturzustand herausführt. Daher kann der Vertrag nicht den Verzicht auf das zur Selbsterhaltung Erforderliche umfassen. Zwar betrifft die Mehrzahl der einschlägigen Formulierungen bei Hobbes den Fall der Selbstverteidigung gegen gewaltsame Angriffe, z.B.: »a Covenant not to defend my selfe from force, by force, is alwayes voyd«.[8] Insoweit mag es fraglich erscheinen, ob Hobbes den Wegfall jeglicher vertraglicher Verpflichtung auch für den Fall behaupten will, in dem (im *status civilis*) die Rettung aus einer Lebensgefahr nicht in der Verteidigung gegen einen Angreifer besteht, sondern selbst ein Angriff ist. Da aber das Recht auf das zur Selbsterhaltung Erforderliche sich im Naturzustand, wie

[6] Zur älteren Rechts- und Reflexionsgeschichte des Notstandsthemas K. Janka, *Der strafrechtliche Notstand*, Erlangen 1878. Als Überblick W. Küper, Art. »Notstand I (strafrechtlich)«, in: *Handwörterbuch zur deutschen Rechtsgeschichte* Bd. 3, hrsg. von A. Erler und E. Kaufmann, Berlin, 1064–1072. Überblick über die der heutigen Kodifizierung (1975) vorausgehende Diskussion bei K. Bernsmann, *»Entschuldigung« durch Notstand. Studien zu § 35 StGB*, Köln 1989, 12–19 (dort weitere Nachweise).

[7] Th. Hobbes, *Leviathan*, ed. C.B. MacPherson, London 1968, 188: »Where there is no common Power, there is no Law: where no Law, no Injustice«.

[8] Hobbes, *Leviathan*, 199.

Hobbes ja ausdrücklich bemerkt, »even to one anothers body«[9] erstreckt, also zur Umwälzung einer natürlichen Gefahr auf einen anderen ohne weiteres berechtigt, muß dasselbe, wie es scheint, auch im *status civilis* gelten. Denn der soll ja das Recht auf Selbsterhaltung nicht begrenzen, sondern lediglich erfolgversprechender verwirklichen. Die Begründung, die Hobbes für die zuerst zitierte Passage gibt, umfaßt denn auch ohne Einschränkung alle Fälle der Lebensgefahr: »For [...] no man can [...] lay down his Right to save himselfe from Death [...] the avoyding whereof is the onely End of laying down any Right.«[10]

Etwas anders verfährt die unter dem Stichwort »Exemtionstheorie« bekannte Stellungnahme Fichtes:[11] Die Rechtslehre, so hat Fichte zuvor abgeleitet, fragt danach, wie »mehrere freie Wesen, als solche, beisammen bestehen [können]«. Diese Frage setze die *Möglichkeit* des Beisammenbestehens voraus. Wo aber die Natur diese Möglichkeit zurückgenommen habe, »fällt auch die Frage nach dem Rechte ganz und gar weg«. Das Notrecht sei daher, wie Fichte formuliert, »das Recht, sich als gänzlich exemt von aller Rechtsgesetzgebung zu betrachten«. Fichte bezieht sich im übrigen einleitend auf den Karneades-Fall, gibt aber (nicht ohne eine spitze Bemerkung gegen das kasuistische Vorgehen der Tradition) für den Situationstypus, um den es beim Notrecht gehe, eine generelle begriffliche Kennzeichnung. In diese Kennzeichnung nimmt er das Merkmal auf, daß, »wenn nicht einer von beiden aufgeopfert wird, beide zugrunde gehen« (im Beispiel: es findet kein von der Planke-Stoßen statt, woraufhin beide versinken). Dieser Umstand ist jedoch kein generelles Merkmal des Lebensnotstands. Die rechtswissenschaftliche Kasuistik hat den hier von Fichte formulierten Sonderfall später mit der Kategorie der »Gefahrengemeinschaft« gefaßt. Diese Kategorie wird gelegentlich auch in der normativen Behandlung von Konstellationen unterschieden, in denen ein sogenannter Unbeteiligter hineingezogen wird, d.h. jemand, der bei Unterbleiben einer Notstandshandlung unbeschädigt bliebe.[12] Fichtes Begründung für die Exemtion erlaubt es jedoch nicht, das Notrecht auf den Sonderfall der Gefahrengemeinschaft zu beschränken. Denn sie gilt genauso gut für Fälle, in denen die natürliche Gefahr nur einen trifft, der sich dann auf

9 Hobbes, *Leviathan*, 190.

10 Hobbes, *Leviathan*, 199.

11 J. G. Fichte, *Grundlage des Naturrechts nach Principien der Wissenschaftslehre*, hrsg. von I. H. Fichte, Berlin 1971 (Fichtes Werke, Bd. III), 252f.

12 Vgl. die differenzierte Kasuistik bei Bernsmann, *»Entschuldigung« durch Notstand*, 43ff., die zugleich zeigt, daß die Abgrenzung zwischen beiden Falltypen (Bernsmann nennt den letzeren »sekundäre Gefahrengemeinschaft«) u.a. wegen ggf. involvierter unterschiedlicher Risikohöhen keine scharfe ist.

Kosten eines anderen rettet. Auch hier ist die Möglichkeit des Beisammenbestehens entfallen.

Im übrigen begrenzt Fichtes generelle Kennzeichnung das Notrecht auf Notstandslagen, die »durch blosse Naturcausalität« entstanden sind und nicht dadurch, »daß der eine den anderen angegriffen». Aus dem Kontext ergibt sich, daß Fichte hier eine Abgrenzung gegen Notwehrfälle im Auge hat, aber seine Unterscheidung ist nicht erschöpfend. Es kommt auch vor, daß eine Notstandslage durch ein schuldhaftes Verhalten eines der Beteiligten entsteht, ohne daß dieses Verhalten den Charakter eines Angriffs auf den anderen hätte. Im Beispiel: Einer der Teilnehmer an der Bootstour hat pflichtwidrig seine Rettungsweste nicht eingepackt; beim Untergang des Bootes ergreift er in der Not die Weste des Nachbarn. Zu diesem Zeitpunkt jedenfalls ist die Möglichkeit des Beisammenbestehens entfallen – aber nicht durch bloße Naturkausalität. Ob Fichte diese Konstellation ausnehmen wollte, muß mangels ausdrücklicher Differenzierung offenbleiben. Die Ausnahme stünde in Übereinstimmung mit der heutigen Rechtslage, die bei Selbstverschulden (wörtlich: bei »selbst verursacht[er]« Notlage)[13] nicht entschuldigt. Hobbes' Ansatz, das ist deutlich, gestattet eine solche Einschränkung nicht.

Wendet man sich nach alledem Pufendorf zu,[14] ist man zunächst enttäuscht: Allerlei Beispiele, allerlei Einschränkungen und Abwägungen, aber keine systematische Begründung, aus der man dann etwa auch ableiten könnte, welche Lösungen Pufendorf für die von ihm nicht explizit behandelten Fallvarianten vorsieht. Pufendorf berichtet zunächst, die Selbsterhaltung werde »so hoch veranschlagt, daß sie in zahlreichen Fällen [...] von der Einhaltung der allgemeinen Gesetze befreit«. Damit habe der Gesetzgeber vermutlich »die menschliche Natur vor Augen gehabt [...], die es mit sich bringt, daß der Mensch nicht anders kann, als das zu meiden und aus dem Weg zu räumen, was zu seiner Vernichtung führen würde.« Im übernächsten Satz heißt es dann ganz ohne Rückbezug auf die Frage der Motivierbarkeit: »Anders ist es nur, wenn ein solcher Fall kraft ausdrücklicher Anordnung oder nach der Natur der Angelegen-

[13] Daß die Anknüpfung an die bloße Verursachung im aktuellen Gesetzestext (§ 35 StGB) zu weit ist, wird allgemein anerkannt. Näheres z. B. bei C. Roxin, *Strafrecht. Allgemeiner Teil* Bd. 1, München ³1997, 845–848 (5. Abschnitt, § 22, Rn. 44–51).

[14] Siehe S. von Pufendorf, *Über die Pflicht des Menschen und der Bürgers nach dem Gesetz der Natur*, hrsg. und übersetzt von K. Luig, Frankfurt a. M. 1994, Kap. 5, bes. §§ 18 ff. Der einschlägige Abschnitt VI »De iure et favore necessitatis« in: S. Pufendorf, *De iure naturae et gentium libri octo* [lat. und engl.], Oxford/London 1934 (The classics of International Law 17), 2. Buch ist ausführlicher, aber nicht in relevanter Hinsicht verschieden.

heit vom Gesetz mit umfaßt ist« – dies müsse durch Beispiele erläutert werden.[15] Bereits hieraus und dann auch aus der Kasuistik wird deutlich, daß an eine grundsätzliche Bedingtheit der Fortgeltung von Normen durch ihre Vereinbarkeit mit der Selbsterhaltung der ihnen Unterworfenen in keiner Weise gedacht ist. So wird zum Beispiel für den Fall der Knappheit von Nahrungsmitteln erklärt, der Eigentümer dürfe von dem Notleidenden nicht in die gleiche Gefahr gebracht werden, in der er sich selbst befinde. Dieser selbstverständliche Rekurs auf Eigentumsverhältnisse ist auf dem Hintergrund der Lektüre von Hobbes, bei dem solche Rechte gegenüber dem Recht auf Selbsterhaltung einen ganz abgeleiteten Status haben, überraschend. Aber bei Pufendorf wird das Notstandsthema gar nicht unter dem Titel eines Rechts auf Selbsterhaltung abgehandelt, sondern unter dem Titel der Pflichten gegen sich selbst. Diese ergeben sich zusammen mit allen anderen Pflichten aus den normativen Vorgaben dessen, der das Leben geschenkt hat. Den Pflichten gegenüber anderen sind sie in keiner Weise grundsätzlich vorgeordnet. Normen, an deren Einhaltung einem geordneten Gemeinwesen gelegen sein muß, können daher ohne weiteres auch unter Einschränkung der Pflicht zur Selbsterhaltung fortgelten. Tatsächlich erklärt Pufendorf unter anderem, daß der einzelne durch die Obrigkeit bis hin zum Opfer seines Lebens verpflichtbar sei, wenn es »eine große Zahl« zu retten gelte.[16]

Im Vergleich mit Pufendorf fällt die Sprengkraft der Hobbesschen oder auch der Fichteschen Position um so deutlicher ins Auge. Knappheiten, die den Verlust von Leben involvieren, sind, wenn diese Autoren recht haben, nicht geordnet verwaltbar. Freilich ist, wie im folgenden nun noch am Beispiel Kants entwickelt werden soll, auch eine Entschuldigungslösung alles andere als harmlos. Zunächst, vorweg, eine Erläuterung zur strafrechtlichen Systematik: Das geltende Strafrecht unterscheidet den Entschuldigungsgrund des § 35 StGB von den Rechtfertigungsgründen. Dazu gehört zum Beispiel die Notwehr (§ 32), aber auch der sogenannte rechtfertigende Notstand, § 34. Liegt ein Rechtfertigungsgrund vor, hebt er das Unrechtsurteil, das eine Handlung prima facie trifft, auf;

[15] Pufendorf, *Über die Pflicht des Menschen*, 67f.

[16] Pufendorf, *Über die Pflicht des Menschen*, 60 (Kap. 5 § 4): »Oft ist weiter die Lage so, daß das Leben einer großen Zahl von Menschen nicht gerettet werden kann, wenn sich nicht andere für sie einer Lebensgefahr aussetzen. Daher kann der Bürger unter Androhung schwerster Strafe durch die Obrigkeit verpflichtet werden, eine derartige Gefahr auf sich zu nehmen.« Siehe auch ebd., 68 (Kap. 5, § 18): Es kann »nicht nur Gott allein, sondern, wo es die Bedeutung der Sache erfordert, auch die Staatsgewalt uns eine so strenge Verpflichtung auferlegen, daß wir eher den Tod auf uns nehmen müssen, als auch nur einen Fingerbreit von dieser Verpflichtung abzugehen«.

die Handlung ist dann rechtmäßig. Nach herrschender Lehre darf man sich aber auf § 34, der die Rechtfertigung von Notstandshandlungen auf Gesichtspunkte der Güterabwägung stützt, im Falle von Tötungsdelikten nicht berufen. Denn der Wert des menschlichen Lebens sei der Güterabwägung nicht zugänglich. Daher bleibt dem Täter im Lebensnotstand nur die Berufung auf die Entschuldigung des § 35. Die Entschuldigung bewirkt lediglich Straffreiheit, während das Unrechtsurteil aufrechterhalten wird.

Die Unterscheidung von Rechtfertigung und Entschuldigung findet sich in unterschiedlichen Terminologien und wohl auch Bedeutungen bereits in den Naturrechtslehren der Aufklärung.[17] Die bekannte Passage aus Kants *Metaphysik der Sitten*, deren Deutung als Entschuldigungslösung im Sinne des heutigen § 35 hier freilich nicht behauptet werden soll,[18] lautet so:

> »Dieses vermeinte Recht soll eine Befugnis sein, im Fall der Gefahr des Verlusts meines eigenen Lebens, einem anderen, der mir nichts zu Leide tat, das Leben zu nehmen [...]. Es ist klar: daß diese Behauptung nicht objektiv, nach dem, was ein Gesetz vorschreiben, sondern bloß subjektiv, wie vor Gericht die Sentenz gefället werden würde, zu verstehen sei. Es kann nämlich kein *Strafgesetz* geben, welches demjenigen den Tod zuerkennete, der im Schiffbruche, mit einem andern in gleicher Lebensgefahr schwebend, diesen von dem Brette, worauf er sich gerettet hat, wegstieße, um sich selbst zu retten. Denn die durchs Gesetz angedrohete Strafe könnte doch nicht größer sein, als die des Verlusts des Lebens des ersteren. Nun kann ein solches Strafgesetz die beabsichtigte Wirkung gar nicht haben; denn die Bedrohung mit einem Übel, was noch *ungewiß* ist (dem Tode durch den richterlichen Ausspruch), kann die Furcht vor dem Übel, was *gewiß* ist (nämlich dem Ersaufen), nicht überwiegen. Also ist die Tat der gewalttätigen Selbsterhaltung nicht etwa als *unsträflich (inculpabile)*, sondern nur als *unstrafbar (impunibile)* zu beurteilen«.[19]

[17] Vgl. die Nachweise bei Hruschka, »Rechtfertigungs- und Entschuldigungsgründe«.

[18] Die Bezeichnung als »Entschuldigungslösung« dient hier nur der Abgrenzung gegen die Positionen, die bereits das Unrechtsurteil entfallen lassen. Die Deutung der Kant-Stelle ist umstritten; Nachweise bei W. Küper, »Tötungsverbot und Lebensnotstand. Zur Problematik der Kollision ›Leben gegen Leben‹«, in: *Juristische Schulung* 21 (1981), 785–794; hier 786 Anm. 8; sowie bei Hruschka, »Rechtfertigungs- und Entschuldigungsgründe«, 10 Anm. 34. Zur Erörterung der Stelle im historischen Zusammenhang mit den Parallelstellen aus der »Gemeinspruch«-Schrift und den Vorlesungsnachschriften ausführlich Küper, *Immanuel Kant und das Brett des Karneades*.

[19] Kant, *Metaphysik der Sitten* (ed. Weischedel), 343.

Das ist eine heikle Begründung. Genaugenommen ist ja jeder Fall, in dem ein Gesetz gebrochen wird, ein Fall, in dem die Furcht vor der möglichen Bestrafung beim Täter nicht zu überwiegen vermochte. Man denke an den reichen Junggesellen, der die dreißig Mark, die das Falschparken vor der Oper kostet, regelmäßig und gerne riskiert, um dem lästigen Straßenbahnfahren zu entgehen. Solche Kostenkalkulation, die der Norm die Wirkung entzieht, pflegt man nicht zum Anlaß zu nehmen, den Täter zu entschuldigen. Das mag nun daran liegen, daß in allen Fällen, außer eben beim Lebensnotstand, entweder Auswirkungen der Entschuldigung auf andere mögliche Täter zu befürchten wären, bei denen das Gesetz eine präventive Wirkung immerhin hat, oder (wenn es denn gar keine hat) die Strafe so heraufgesetzt werden kann, daß das Gesetz eine Wirkung bekommt. Kant leitet denn auch die Straffreiheit speziell der Notstandstat aus der *Unmöglichkeit* einer präventiven Wirkung des Gesetzes ab. Ebenfalls denkbar, aber dem Wortlaut der Stelle wenig angemessen ist die Deutung, Kant habe nicht das kostenkalkulierende, sondern das von Todesfurcht überwältigte, also das unzurechnungsfähige Individuum vor Augen gehabt. Seine Ableitung der Straffreiheit hätte freilich nicht so prinzipiell gewirkt, wenn er sie auf die Voraussetzung gestützt hätte, daß der Mensch in Lebensgefahr nicht zurechnungsfähig ist. Statt dessen bedient Kant sich der weniger empirisch klingenden These, daß der sichere Tod im Verhältnis zum angedrohten Tod nicht das kleinere Übel sein könne. Unexpliziert bleibt die zum Ausschluß der Präventionswirkung zusätzlich erforderliche Voraussetzung, daß der Notstandstäter sich zum Gesetz stets nach Maßgabe der Abwägung der Übel verhalte – also so wie der oben erwähnte Junggeselle, der statt »Hier ist Parken verboten« »Hier kostet Parken dreißig Mark« hört. Auch diese Voraussetzung ist eine empirische. Hobbes hatte sie so formuliert: »For man by nature chooseth the lesser evill.«[20]

Wir kommen darauf zurück, wie das Strafrecht verfahren müßte, wenn es sich die Nichtmotivierbarkeit des Täters in der einen oder anderen Deutung als Entschuldigungsgrund konsequent hätte zu eigen machen wollen (anders nämlich, als es wirklich verfährt). Jedenfalls ist bei Kant, wie schon bei Fichte, ersichtlich, daß der vorgebrachte Entschuldigungsgrund nicht nur im Falle der Gefahrengemeinschaft greift, sondern auch im Falle des Abwälzens der Gefahr auf einen Unbeteiligten – und übrigens, ganz ebenso, auch auf mehrere Unbeteiligte.[21] Im Ergebnis, nämlich im Umfang der Straffreiheit, unterscheidet sich eine so begründete Entschuldigung also kaum von den oben als »radikal«

[20] Hobbes, *Leviathan*, 199.

[21] Die Frage, ob Selbstverschulden den Entschuldigungsgrund aufhebt (man denke an den Fall mit der Rettungsweste), ist wie bei Fichte nicht explizit behandelt. Die Verschuldensfrage

bezeichneten Positionen, die schon das Unrechtsurteil entfallen lassen. Bei der Entschuldigungslösung bleibt die Situation zwar gesetzlich geregelt, untersteht also dem Urteil des Strafgesetzes und ist nicht etwa ein Stück Naturzustand. Aber das Gesetz befindet, der Täter habe im Anschluß an naturzustandstypisches Verhalten mit Sanktionen nicht zu rechnen. Es enthält sich also der Praxis, die in anderen Fällen die Worte »Tötung ist Unrecht« mehr als bloße Worte sein läßt. Auch hier, so läßt sich schließen, wird eine geordnete Verwaltung von Knappheiten, die das Leben betreffen, gegen Selbstbedienung nicht mit strafrechtlichen Mitteln geschützt. In den Details des heutigen § 35 und, mehr noch, in den Kommentaren und Lehrbüchern sieht das, wie man sich denken kann, anders aus. Der folgende Abschnitt gibt einen Eindruck, was dort statt dessen geschieht.

## 3. Domestizierungsversuche im Strafrecht

Die entscheidende Passage aus § 35 lautet folgendermaßen: »Wer in einer gegenwärtigen, nicht anders abwendbaren Gefahr für Leben, Leib oder Freiheit eine rechtswidrige Tat begeht, um die Gefahr von sich, einem Angehörigen oder einer anderen ihm nahestehenden Person abzuwenden, handelt ohne Schuld. Dies gilt nicht, soweit dem Täter nach den Umständen, namentlich weil er die Gefahr selbst verursacht hat oder weil er in einem besonderen Rechtsverhältnis stand, zugemutet werden konnte, die Gefahr hinzunehmen.«[22]

Zunächst fällt zu Satz 1 auf, daß die Schuldbefreiung auch bei weniger erheblichen Gütern als dem Leben sowie beim Handeln zugunsten anderer eintritt. Um existentielle Güter sowie um nahestehende Personen muß es sich immerhin handeln. Satz 2, die sogenannte Zumutbarkeitsklausel, benennt neben der oben bereits erwähnten Ausnahme dessen, der die Notlage selbst herbeigeführt hat, das »besondere Rechtsverhältnis«. Die Frage, wer in einem solchen Verhältnis steht, wird meist kasuistisch beantwortet. Der Polizist und der Soldat sind die am häufigsten genannten Beispiele, aber auch ein privatrechtliches Verhältnis, wie es zum Beispiel die besondere Schutzpflicht des Bergführers

ändert natürlich nichts an der Abwägung der Güter in der Notstandslage. Aber die Androhung der Todesstrafe bei Selbstverschulden kann, im Beispiel gesprochen, den Täter davon abhalten, seine Rettungsweste zu Hause zu lassen, also die Notstandslage hereizuführen. Eo ipso verhindert das eine Notstandstat. Die Strafandrohung hätte also präventive Wirkung.

22 Das Zitat gibt den Hauptteil des Abs. 1 wieder. Dessen letzter Halbsatz und der nachfolgende Abs. 2 enthalten Zusätze zur Strafmilderung und zum Irrtum des Täters über die Notstandsvoraussetzungen.

begründet, gilt als subsumierbar.[23] Immerhin: Der Organkranke (jedenfalls der unverschuldet Organkranke), der sich ein Transplantat mit Gewalt verschafft, scheint sich dem Wortlaut nach auf § 35 berufen zu können; ebenso etwa ein auf dem sinkenden Ozeanriesen zurückbleibender Passagier,[24] der eine Schnellfeuerwaffe ergreift und die fünzig Insassen des letzten ausgelaufenen Rettungsboots niedermäht, um das Boot zu seiner eigenen Rettung zu verwenden. Satz 2 ist freilich so formuliert, daß die beiden mit dem Wörtchen »namentlich« eingeführten Ausnahmen als Beispiele auftreten. Die Berufung auf sonstige Umstände, in denen es zugemutet werden kann, die Gefahr zu ertragen, ist damit in einer Art Generalklausel zugelassen.

Bereits den gesetzlich vorgegebenen Ausnahmen läßt sich entnehmen, daß die (im Gesetz selbst nicht genannte) ratio der Entschuldigung nicht die der fehlenden Motivierbarkeit des Normadressaten sein kann. Im *Leipziger Kommentar* wird freilich gerade dies als der »Grundgedanke« der Norm bezeichnet: Er laute, daß »die Möglichkeit, sich rechtmäßig zu motivieren, wegen des Selbsterhaltungstriebs oder der engen persönlichen Beziehung typischerweise auf ein für einen strafrechtlichen Schuldvorwurf nicht mehr ausreichendes Maß vermindert ist«. Der übernächste Satz erläutert, daß dabei nicht die *Unmöglichkeit* rechtgemäßer Motivation unterstellt werde. Das zeige sich an den Ausnahmen, bei denen zugemutet werde, was »beim gewöhnlichen Normadressaten entschuldigend wirkt«.[25] Unklar bleibt, wieso bei den Ausnahmen, obgleich sie am Selbsterhaltungstrieb bzw. gegebenenfalls an der engen persönlichen Beziehung nichts ändern, die Motivierbarkeit für den Schuldvorwurf plötzlich ausreichen soll. Der Grad der Motivierbarkeit ist offenbar nicht dasjenige, was den Schuldvorwurf steuert – und also nicht der eigentliche Grundgedanke der Norm. Das Gesetz scheint vielmehr davon auszugehen, daß der Normadressat grundsätzlich – und daher insbesondere dort, wo man auf die Wirkung eines Verbots keinesfalls

[23] Die generelle Formulierung im *Leipziger Kommentar* (LK) lautet, es müsse sich um Personen handeln, »die eine über eine gewöhnliche Garantenstellung hinausgehende berufliche oder berufsähnliche Schutzfunktion für andere wahrnehmen, die typischerweise mit erhöhten Gefahren für sie selbst verbunden sind. Rechtsnatur (öffentlich-, privatrechtlich) und Art der Begründung des Rechtsverhältnisses (Gesetz, Gewohnheitsrecht, Verwaltungsakt, Vertrag usw.) sind unerheblich.« LK § 35 (Hirsch), Rn. 53; siehe auch die Liste von Beispielen in Rn. 54.

[24] Freilich nicht gerade der Reeder der Titanic, der um des geplanten Geschwindigkeitsrekords willen die Unterausstattung des Schiffes mit Rettungsbooten veranlaßt hatte. Es sei an die eindrückliche Szene aus dem bekannten Hollywood-Film erinnert, in der der Zuständige, den wissenden Blicken eines zurückbleibenden Besatzungsmitglieds ausgesetzt und vor Scham vergehend, in einem der letzten zu Wasser gehenden Boote seiner Rettung entgegensinkt.

[25] LK § 35 (Hirsch), Rn. 3.

verzichten und den Rechtsgehorsam daher zumuten *möchte* – durch das Verbot auch motivierbar ist. Zu klären bleibt, warum man den Rechtsgehorsam nicht immer zumuten möchte bzw. welches die Gesichtspunkte der Abgrenzung sind.

Wegen der mit den Ausnahmen zugestandenen prinzipiellen Motivierbarkeit des Täters wird der Aspekt der besonderen psychischen Belastung heute meist mit einem zweiten Aspekt kombiniert, der das Maß der Schuldminderung im Normalfall sozusagen voll machen soll: Es sei bei zu entschuldigenden Notstandstaten auch das Unrecht der Tat vermindert – freilich nicht bis zur Rechtfertigung, aber doch graduell.[26] Das soll deshalb so sein, weil die Tat im Unterschied zu einer nicht durch eine Notlage bedingten Rechtswidrigkeit (zum Beispiel einer Tötung aus Mißgunst gegenüber einem erfolgreicheren Konkurrenten) nicht nur ein rechtlich schützenswertes Gut verletze, sondern auch eines erhalte oder darauf jedenfalls gerichtet sei. Ersichtlich quantifiziert diese Position das Unrecht der Tat nach Gesichtspunkten der Güterabwägung und müßte deshalb erklären, weshalb dieser Gedanke in § 35 unrechtsmindernd wirken kann, während beim rechtfertigenden Notstand, also in § 34, die Abwägung von Leben gegen Leben strikt ausgeschlossen wird. Unter den sonstigen Schwächen dieses Ansatzes sei hier nur die wichtigste noch genannt: Es wird allgemein zugestanden, widerspricht nicht dem Wortlaut der Norm und ist von der Rechtsprechung wiederholt bestätigt worden, daß grundsätzlich auch dann entschuldigt wird, wenn der Täter zur Rettung seines Lebens mehrere Personen tötet.[27] Das wäre nicht begreiflich zu machen, wenn es zusätzlich zur verminderten Fähigkeit, sich rechtstreu zu verhalten, eines verminderten Unrechtsgehalts der Tat im erläuterten Sinne bedürfte.

Einige Autoren stützen wegen der zahlreichen Inkonsistenzen der herrschenden Theorie die Entschuldigung nicht mehr auf eine Kombination von reduziertem Unrecht und reduzierter Fähigkeit des Täters zur Rechtstreue. Nach Claus Roxin soll der eigentliche Grund kriminalpolitischer, aus dem Zweck des Strafens hergeleiteter Art sein. Er liege darin, daß ein »generalpräventives Bedürfnis zur Abschreckung anderer wegen der Seltenheit dieser Situationen

[26] Vgl. den die üblichen Einwände einschließenden Überblick bei K. Bernsmann, *»Entschuldigung« durch Notstand*, 204–213 (mit weiteren Nachweisen).

[27] Z.B. LK § 35, Rn. 62: »Disproportionalität scheidet andererseits immer dann aus, wenn es sich bei der drohenden Gefahr um eine Lebensgefahr handelt, da das Rechtsgut Leben sich als höchster Wert der Rechtsordnung jeder Relativierung entzieht [...]. Daher ist auch entschuldigt, wer zur Abwehr einer konkreten und gegenwärtigen Lebensgefahr die Tötung mehrerer Menschen verursacht«; G. Jakobs, *Strafrecht*. Allgemeiner Teil, Berlin ²1991, 572 (20. Abschn., Rn. 8): »[...] insbesondere kann auch die Tötung mehrerer Personen zur Erhaltung des Lebens einer Person entschuldigt werden«.

kaum besteht«.[28] Aber soll wirklich die pure Seltenheit einer Lage ein Grund sein, die in solcher Lage erfolgenden Normverstöße nicht zu bestrafen? Dann würden sich noch weitere Ausnahmen von der Durchsetzung des Tötungsverbots empfehlen. Man sollte etwa den entschuldigen, der seinen Ururgroßvater tötet. Denn es steht nicht zu besorgen, daß massenhaft Ururgroßväter getötet werden, wenn man die Täter straffrei stellt. Ich unterstelle, daß dieses Beispiel abschreckend ist; es ist das nicht nur im Blick auf die Getöteten (wie wenige es auch sein mögen), sondern gerade auch in kriminalpolitischer Hinsicht. Es stellt nämlich einen Angriff auf die Geltung des allgemeinen Tötungsverbots dar, wenn man die Tötung in besonderen Fällen entschuldigt und das mit dem Hinweis auf die bloße Seltenheit dieser Fälle begründet, anstatt zu erläutern, wieso gerade diese Fälle Entschuldigung *verdienen.*

Autoren, die das Fehlen eines generalpräventiven Bedürfnisses auf den bloßen Ausnahmecharakter von Notstandslagen stützen, zehren also von den Abgrenzungsbemühungen derer, die das Notstandsprivileg tatsächlich aus dem Notlagencharakter begründen.[29] Die Situation krankt freilich daran, daß die traditionellen Begründungen sämtlich »überschießend« sind: Sie entschuldigen, beim Wort genommen, das im Notstand handelnde Individuum auch dort, wo ein »generalpräventives Bedürfnis« ganz unabweisbar wird. Das ist besonders dann der Fall, wenn Knappheitslagen länger anhalten und nicht nur vereinzelte Personen betreffen – so etwa bei unserem Organfall und auch bei sonstigen anhaltenden Versorgungsmängeln, die medizinische Ressourcen oder etwa auch Lebensmittel betreffen. Wer das »generalpräventive Bedürfnis« als entscheidenden Auslegungsgesichtspunkt für den Umfang der Zumutbarkeit eingeführt hat, treibt bei diesen Fällen keinen großen argumentativen Aufwand mehr. So schreibt Günther Jakobs: »Leitender Gesichtspunkt ist stets, ob bei einer Entschuldigung der betreffende Lebensbereich rechtlich organisierbar bleibt, mit anderen Worten, der generalpräventive Aspekt.«[30] Daher sei »bei allgemeiner Not jedermann solange verpflichtet, sich mit den ihm zugewiesenen Subsidien zu

[28] Roxin, *Strafrecht*, I, 828–829 (5. Abschnitt, § 22, Rn. 6); hinzu komme, daß »die Täter solcher Taten auch spezialpräventiver Einwirkung nicht bedürfen«.

[29] Deutlich zeigt sich das etwa auch bei Jakobs, *Strafrecht*, der die Frage der Zumutbarkeit des Normgehorsams rein strafzweckorientiert behandelt und dann zum Grund der Entschuldigung bei § 35 nicht mehr zu sagen weiß, als daß »der Konflikt« ohne Strafe erledigt werden könne, wenn die Lage, in der der Täter handle, »als eine Sondersituation definiert werden kann« (Jakobs, *Strafrecht*, 10 [1. Abschnitt, Rn. 12 ]), »der Konflikt als Zufall erledigt [...] werden kann« (ebd., 570 [20. Abschnitt, Rn. 4]) etc. Weshalb denn eigentlich dies geschehen kann, wenn jemand in Lebensgefahr vorsätzlich getötet hat, wird nicht erläutert. Vgl. auch das Zitat in Anm. 33.

[30] Jakobs, *Strafrecht*, 570 (20. Abschnitt, Rn. 4).

begnügen, wie der Staat überhaupt noch die Verwaltung der Not leistet«, und überhaupt indizierten »geregelte Verfahren zur Lösung des Konflikts die Sonderpflicht, außerhalb der eröffneten Verfahren die Gefahr zu ertragen«.[31] Ungeklärt bleibt, warum das allgemeine Tötungsverbot nicht bereits ein Aspekt der rechtlichen Organisation »des betreffenden Lebensbereichs« *ist*. Die Einhaltung des Tötungsverbots bleibt ja in den Fällen des § 35 rechtlich gefordert; die Tötung ist Unrecht. Es gibt insoweit eine Regel zur Verwaltung der Not. Warum indiziert sie nicht, daß, wer zu seiner Rettung töten müßte, die Gefahr zu ertragen hat? Oder warum sollte das Tötungsverbot dies nur bei »allgemeiner« und nicht auch bei spezieller, d. h. wenige Personen betreffender Not indizieren? Das Tötungsverbot enthält nichts davon, daß es auf einige wenige Tote nicht ankomme.

Als letztes Beispiel seien die Abgrenzungsbemühungen des *Leipziger Kommentars* betrachtet, die substantieller sind. Als Jedermannsgefahren gelten dem Kommentar »mit Erkrankungen oder Schwangerschaft und Geburt verbundene *gewöhnliche Gesundheitsrisiken* oder auch Situationen allgemeiner *Sozialnot*, so etwa in Kriegs- oder Nachkriegszeiten [...], insbesondere bei Versorgungsschwierigkeiten oder gar bei einer Hungersnot«. Weiter heißt es: »Wäre dem Einzelnen hier die Berufung auf § 35 gestattet, würde ein Kampf aller gegen alle die Bewältigung der Notsituation unmöglich machen [...]. Gerade die Aufrechterhaltung einer diese Gefährdungen für alle minimierenden Ordnung verlangt vielmehr das Ertragen der Belastungen und einen strafrechtlichen Schutz dagegen, daß nicht einzelne ihre persönlichen Chancen durch Eingriff in die Chancen anderer zu mehren versuchen. – Eine Gefahr i. S. der §§ 34 und 35 liegt erst dann vor, wenn dem einzelnen [...] bei Versagung einer Entschuldigung ein *Sonderopfer* abverlangt würde. [...] Ein solcher Fall ist beispielweise anzunehmen, wenn Bezugsregelungen ungerechtfertigte Benachteiligungen enthalten.«[32] Ich kommentiere dies Satz für Satz.

Was ist zunächst gemeint, wenn behauptet wird, daß der Kampf aller gegen alle die »Bewältigung der Notsituation« verhindere? Mit der »Bewältigung« kann nur das Überleben gemeint sein. Für einige, zum Beispiel für den Organkranken, der auf der Warteliste zu weit unten steht, um eine Chance zu haben, bedeutet das geregelte Verfahren freilich gerade den sicheren Tod. Korrekterweise müßte die Formulierung also etwa lauten, der Kampf aller gegen alle verhindere, daß »möglichst viele« die Notlage bewältigen. Analoges gilt für den nächsten Satz, der behauptet, daß die Aufrechterhaltung der Ordnung die Gefährdungen »für alle minimiert«. Wäre dem wirklich so, müßte man sich um die Abschreckung von

[31] Jakobs, *Strafrecht*, 574 (20. Abschnitt, Rn. 14).
[32] LK § 35, Rn. 19.

der Tat nicht weiter bemühen. Nicht einmal ein Hobbesianer käme auf die Idee, die Ordnung zu stören. Der Kommentar verlangt dann weiter einen strafrechtlichen Schutz dagegen, daß »einzelne ihre persönlichen Chancen durch Eingriff in die Chancen anderer zu mehren versuchen«. Sollte das generell gelten, dann gäbe es keine entschuldigte Notstandstat. Die nachfolgenden Bemerkungen zum »Sonderopfer« zeigen jedoch, daß die Mehrung der eigenen Chancen (also die Notstandstat) gestattet sein soll, wenn der Täter ansonsten eine »ungerechtfertigte Benachteiligung« erlitte. Nun ist natürlich derjenige, der sterben muß, wo nicht alle sterben müssen, in einem bestimmten Sinne stets benachteiligt. Ein Sonderopfer in *diesem* Sinne läßt sich im Lebensnotstand nur vermeiden, wenn man dafür sorgt, daß keiner überlebt. Das ist sicherlich nicht gemeint. Eine Lage, bei der einige überleben und andere nicht, kann also nicht per se als ungerechtfertigt gelten. In welchem Sinne beruht aber dann in den klassischen Notstandsfällen, etwa im Plankenfall, die Situation auf einer ungerechtfertigten Bezugsregelung, so daß die Tat entschuldigt werden könnte? Das einzige, was hier den Namen »Bezugsregelung« allenfalls verdient, scheint das Tötungsverbot zu sein. Zu den *ungerechtfertigten* Regelungen würde der Kommentar es sicher nicht zählen wollen. Denn es trägt ja das Rechtswidrigkeitsurteil, das über den Täter, der sich auf § 35 beruft, in jedem Falle verhängt wird. Wieso also soll entschuldigt sein, wer diese Regel durchbricht, indem er den anderen von der Planke stößt?

## 4. Das Argument der Effizienz und das Argument der Gleichheit

Ich versuche zunächst, die argumentative Lage zu rekapitulieren. Wir haben gesehen, daß der am häufigsten herangezogene Entschuldigungsgrund, die These von der mangelnden Fähigkeit des Täters, sich zum rechtmäßigen Handeln zu motivieren, »überschießend« ist: Er entschuldigt, ebenso wie die Positionen von Hobbes und Fichte, mehr, als man offenbar entschuldigen möchte. Die Domestizierungsversuche müssen also diese These zurücknehmen; dann aber bleibt unklar, weshalb überhaupt entschuldigt wird. Der Versuch, strafzwecktheoretisch zu begründen, warum in bestimmten (seltenen) Fällen nicht gestraft wird, kann nur gelingen, wenn erklärt wird, was das Besondere an diesen Fällen ist – dasjenige, das bewirkt, daß die straflose Tötung in gerade diesen Fällen die Geltung des Tötungsverbots nicht beeinträchtigt.

Zwei Argumenten, die nicht alle Notstandslagen über einen Leisten schlagen, sind wir immerhin begegnet. Das erste war das der partiellen Unrechtsminderung. Um zu erklären, warum eine Tötung im Notstand nicht gleich behandelt zu werden verdient wie eine sonstige rechtswidrige Tötung, zieht es den Gesichtspunkt der Güterabwägung heran. Dieses Argument, für sich genommen, differenziert zwischen Notstandstaten mit positivem Gütersaldo (entschuldigt) und Notstandstaten mit negativem Gütersaldo (nicht entschuldigt). Es ist bekannt, warum dieses Argument nicht offensiv, sondern nur hilfsweise und unter möglichster Vermeidung des Ausdrucks »Güterabwägung«[33] herangezogen wird: Die Maxime »Der Zweck heiligt die Mittel« soll, wenn es ums Leben geht, unanwendbar bleiben. Das Sterben dieser und das Überleben jener Personen sollen nicht saldierbar sein, da es im Rechtsstaat, anti-utilitaristisch, nicht auf ein über Personengrenzen hinweg aggregiertes Gesamtwohl, sondern auf die Person als Zweck an sich selbst ankommt. Aus eben diesem Grund verweigern die Kommentare und Lehrbücher ja die Rechtfertigung der Tötung im Lebensnotstand nach § 34 und weisen umgekehrt zu § 35 entschlossen darauf hin, daß es für die Entschuldigung nicht darauf ankomme, wie viele Personen der Täter tötet – fünf, fünzig oder fünf Millionen. Solche Zahlenbeispiele spart man sich freilich. Wenn das aber gilt, dann scheint auch das »präventive Bedürfnis«, das sich beim drohenden Zusammenbruch staatlicher Verteilungssysteme meldet, kein schlagender Grund mehr zu sein, den Täter nicht zu entschuldigen. Denn wir sahen ja, daß diejenigen, die von der Aufrechterhaltung der Ordnung profitieren, viele sind – aber nicht alle.

Das zweite differenzierende Argument war die These, es komme für die Entschuldigung darauf an, ob der Täter in seiner Lage eine Benachteiligung durch eine ungerechtfertigte Bezugsregelung geltend machen könne. Dieses Argument differenziert anders als das Argument der Güterabwägung. Es achtet irgendwie – wie im einzelnen, war nicht ganz klar – auf Gleichheit, nicht auf

[33] Vgl. die eigenartige, auch noch den Begriff der Unrechtsminderung vermeidende Formulierung bei Jakobs, *Strafrecht*, 589 (20. Abschnitt, Rn. 41) zum sogenannten Euthanasiefall (Ärzte wirkten weisungsgemäß an der Verlegung von geistig behinderten Anstaltsinsassen in die Vernichtungslager mit; dabei retteten sie einen Teil der Betroffenen, indem sie sie weisungswidrig von den sogenannten Verlegungslisten strichen; der Fall ist, da es sich nicht um die Rettung des eigenen Lebens oder des Lebens Nahestehender handelte, kein Fall des § 35, sondern wird als sogenannter »übergesetzlicher entschuldigender Notstand« behandelt): »Anders verhält es sich bei existentiell bedeutsamen Gütern: Ohne Sonderzuständigkeit des Gutsinhabers kann ihre Aufopferung nie beansprucht werden. Aber trotzdem ist die zweckvolle Aufopferung des sowieso verlorenen existentiellen Guts in einer Notlage ein ebenso situationsadäquates (d.h. nicht willkürliches) Verhalten, wie es die – rechtlich geforderte (!) – Duldung des Verlusts aller gefährdeten Güter wäre. Die Tat kann deshalb aus der Notsituation und am Täter vorbei erklärt werden.« Woher ist hier der Maßstab der »Situationsadäquanz« genommen, da er ausdrücklich nicht dem Recht entnommen ist?

Gütersaldi; so sehr auf Gleichheit offenbar, daß dort, wo alle im überfüllten Rettungsboot sitzen, alle untergehen müssen, weil ja keiner benachteiligt ist.

Soviel zur Rekapitulation des Vorigen. Ich will nun eine Geschichte erzählen, die helfen soll, die Stärken der beiden zuletzt referierten Argumente zu kombinieren. Was dabei mit den Schwächen passiert, bleibt dann zu kommentieren. Die Geschichte hat auch den Vorteil, daß sie andeutet, wie allenfalls auf Hobbes geantwortet werden kann. Stellen wir uns folgende Situation vor: A, B, C und D, die mit etwa gleichen Körperkräften begabt sind und alle den *Leviathan* gelesen haben, befinden sich auf einem langsam sinkenden Schiff. Das kleine an Bord befindliche Beiboot kann nur drei Personen tragen. A stellt nüchtern fest: »Da bleibt uns wohl nur der Kampf aller gegen alle.« B fügt hinzu, daß das Boot, labil wie es ist, dabei wahrscheinlich sinken wird. Die Überlebenschancen stehen also schlecht. Besser stünden sie, so sinniert C, nämlich 3 zu 1 für jeden, wenn man sich verabreden könnte, die Plätze im Boot durch Los zu verteilen. Gewiß, erwidert A, aber dazu könne man sich leider nicht verabreden. Denn »no man can [...] lay down his Right to save himself from Death«.[34] Hier schaltet D sich ein: Er verstehe nicht, weshalb sie sich nicht verabreden könnten, zu losen. Hobbes lehre: »[...] the motive, and end for which this renouncing, and transferring of Right is introduced, is nothing else but the security of a mans person, in his life.«[35] Und A habe ja zugegeben, daß jeder von ihnen sicherer fahre, nämlich seine Überlebenschancen erhöhe, wenn er sich bereit erkläre, die Plätze durch Los zu verteilen. Die anderen denken einen Moment lang nach, und dann erklären sich alle mit dem Losen einverstanden. Sie losen, und D verliert. »No man can lay down his Right« usw. beginnt er zu rufen, stürzt auf das Rettungsboot zu, wird von den anderen gepackt und über Bord geworfen, und während er im Wasser versinkt, hört er sie eine letzte Hobbes-Stelle rezitieren: »For that which could not hinder a man from promising, ought not to be admitted as a hindrance of performing.«[36]

Zur Kommentierung: Diese Geschichte berichtet, wie die in Seminardiskussionen üblichen Geschichten von Hinauswürfen aus überfüllten Rettungsbooten, von der Tötung einer Person zum Zwecke der Rettung anderer. Die Geschichte endet auch mit einem positiven Gütersaldo: drei Überlebende, ein Toter. Aber der übliche Widerwille gegen die utilitaristische Mißachtung von Personengrenzen will sich nicht einstellen. Das liegt daran, daß, wer die Legitimität des Vorgangs verteidigen möchte, auf das Argument des positiven Güter-

[34] Hobbes, *Leviathan*, 199.

[35] Hobbes, *Leviathan*, 192.

[36] Hobbes, *Leviathan*, 196f.

saldos nicht einmal hilfsweise angewiesen ist. Er kann sich ganz auf das Argument stützen, daß alle, auch der Tote, dem Vorgang vorweg ihre autonome Zustimmung erteilt hatten. Aber beschreiben wir dies noch genauer: D hatte ja, genau genommen, nicht zugestimmt, daß er getötet, nämlich über Bord geworfen werden solle, wenn er beim Losen verliert. Zugestimmt hatte er einer Bezugsregelung bezüglich der Plätze im Rettungsboot. (Ich bezeichne diese Zustimmung als »ex ante-Konsens«.) Zur Tötung kommt es erst im Zuge der Durchsetzung dieser Bezugsregelung gegen den Widerstand des D. Sollte man aber dann nicht besser den Widerstand des D – also seinen Griff nach dem Rettungsboot, nachdem er beim Losen verloren hat – als die eigentliche Notstandstat bezeichnen? Und zwar als eine nicht entschuldigte Notstandstat, weil D ja (im Sinne der zitierten Passage aus dem *Leipziger Kommentar*) nicht geltend machen kann, er sei aufgrund einer ungerechtfertigten Bezugsregelung in seine Lage geraten? Und ist dann nicht die zur Abwehr dieser Notstandstat erforderliche Tötung des D durch die anderen drei lediglich die *Abwehr* einer rechtswidrigen Tat – und nicht etwa selbst die rechtswidrige Tat, deren Entschuldigung durch § 35 geprüft werden müßte? Man sieht, was die Zuteilung der Plätze im Rettungsboot durch das Losverfahren leistet: Sie hebt die nunmehr legitimen Eigentümer der Plätze quasi in die Rolle derer, die im Boot schon sitzen und daher (nach geltendem Notwehrrecht) einen Angriff auf das Boot als einen Angriff auf ihr Leben, d. h. als einen Tötungsversuch abwehren dürfen. Phänomenologisch freilich sieht der Griff des D nach dem leeren Boot nicht wie ein Tötungsversuch und sein Überbordgeworfenwerden daher auch nicht wie eine Notwehrhandlung aus.

Nun hatten wir oben – im Anschluß an die Ausführungen des *Leipziger Kommentars* über gerechtfertigte Bezugsregelungen, die verhindern, daß man sich auf das Notstandsprivileg berufen kann – folgendes unterstellt: In den klassischen Schulfällen zum entschuldigenden Notstand (bei denen von einem stattgefundenen Losverfahren nicht berichtet wird) sei das einzige, was den Namen »Bezugsregel« allenfalls verdiene, das Tötungsverbot. Das ist jedoch nicht ganz richtig. Es ist nämlich bereits eine Bezugsregel am Werk gewesen, wenn man die fragliche Tat als Tötung im Notstand klassifiziert anstatt als Tötung in Notwehr. Wer den, der sich auf die Planke gerettet hat, herunterstößt, der (so heißt es) tötet im Notstand, ist also nur entschuldigt. Wer auf der Planke sitzt und den, der sich als zweiter herandrängt, mit einem Messer abwehrt, der (so heißt es) wehrt eine Notstandstat (also eine rechtswidrige Tat) ab und tötet daher in Notwehr, ist also gerechtfertigt.[37] Indem das Recht nur den zweiten als Notwehrtäter klassifi-

[37] Vgl. § 32 Abs. 2 StGB: »Notwehr ist die Verteidigung, die erforderlich ist, um einen gegenwärtigen rechtswidrigen Angriff von sich oder einem anderen abzuwenden.«

ziert, entscheidet es implizit die Frage, wem die Planke gehört, zu Gunsten des zuerst Gekommenen. *Diese* Bezugsregel hat nicht die Dignität des Tötungsverbots – aber sie steuert das Urteil darüber, welche Tötung rechtens ist.[38] Wer den zuerst Gekommenen von der Planke stößt, kann deshalb geltend machen, er stelle gar nicht das Tötungsverbot in Frage; er stelle lediglich in Frage, daß es im Lebensnotstand darauf ankommen solle, wer sich zuerst auf die Planke gerettet hat. Ebenso kann etwa derjenige, der bei Knappheit von Penicillin oder auch bei Lebensmittelknappheit zu stehlen beginnt und dabei auch das für die Eigentümer Überlebensnotwendige stiehlt, geltend machen, er stelle lediglich in Frage, daß es im Lebensnotstand darauf ankommen solle, wer genügend Geld zum Bezahlen der knappen Ressource hat.

Wer so argumentiert, ist kein Hobbesianer. Er macht nicht geltend, daß ihm Normativität nichts sage, wenn es um das eigene Überleben geht. (»Geltend machen«, nämlich in einem Rechtfertigungskontext als Argument verwenden, kann man das auch nicht, wie Hobbes wohl wußte.) Wer wie oben argumentiert, verlangt lediglich besondere, speziell: nicht an historisch kontingente Besitzverteilungen angebundene Verfahren für die Ressourcenverteilung im Lebensnotstand. Daß das nicht als unbillige Forderung gilt, zeigt sich am sozialpolitischen Sonderstatus medizinischer Güter ebenso wie etwa an der Suspendierbarkeit von Eigentumsrechten in Katastrophenlagen. Die Bezugsregelungen, zu denen es dann kommt, sind im übrigen, wie die Praxis zeigt, keineswegs notwendig

[38] Eine abweichende Meinung gesteht Notwehr nur zu, wenn der Angriff nicht nur rechtswidrig, sondern auch schuldhaft ist; siehe Jakobs, *Strafrecht*, 12. Abschnitt, Rn. 16; H. Koriath, »Das Brett des Karneades«, 253 f (mit weiteren Nachweisen). Der scheinbare Widerspruch mit dem Wortlaut des § 32 könne aufgelöst werden, wenn man unterstelle, daß bereits der Angriffsbegriff die volle Zurechenbarkeit der Tat, also die Schuldhaftigkeit des Täters einschließe. Die Unterscheidung von Aggressiv- und Defensivnotstand, auf die dann zur Herleitung der Gegenwehrbefugnisse zurückgegriffen wird, führt jedoch zu einem mit der herrschenden Meinung übereinstimmenden Endergebnis: Wer den anderen von der Planke stößt, handelt wegen Unzuständigkeit des Opfers für die Konfliktsituation im aggressiven Notstand, d. h. Tötung ist (nach § 34 StGB) nicht gerechtfertigt, da das geschützte Gut das angegriffene Gut nicht wesentlich überwiegt; aber sie ist nach § 35 entschuldigt. Gegen den Angriff scheidet von seiten des auf der Planke Sitzenden (da der andere entschuldigt handelt) zwar Notwehr aus, aber er kann sich im defensiven Notstand verteidigen: Dazu wird § 228 BGB, der die Verteidigung gegen eine durch eine Sache drohende Gefahr regelt, analog herangezogen. Im defensiven Notstand ist, da das verteidigte Gut das beeinträchtigte nicht überwiegen muß, erforderlichenfalls auch Tötung gerechtfertigt. Auch bei dieser Lösung ist also nur die Tötungshandlung dessen, der noch nicht auf der Planke sitzt (oder von zwei auf der Planke Sitzenden als erster angreift), rechtswidrig und damit Unrecht.

Losverfahren, und sie sind auch nicht so egalitaristisch wie Losverfahren.[39] Das liegt daran, daß Gleichheit nicht das einzige ist, was zählt. Auch Effizienz zählt, d. h. jeder ist, ex ante, an einem Verfahren interessiert, das ihm möglichst große Überlebenschancen sichert. Das legitime, ex ante von allen geteilte Interesse an einer effizienteren Lösung ist es ja auch, das in den Fällen der Gefahrengemeinschaft die Lösung, es sollten alle zugrunde gehen, so überaus unplausibel macht. In unserem Fallbeispiel, wo das Schiff langsam sinkt, die Beteiligten notstandstheoretisch geschult sind und die egalitäre Lösung nicht drastisch ineffizient ist, ist alles ganz einfach. Im Bereich der Verteilung medizinischer Güter ist es nicht so einfach. Immerhin läßt sich, ex ante, sehen, daß es drastisch ineffizient wäre, jedem zu gestatten, eine nach langen, leidlich »herrschaftsfreien« Debatten beschlossene gesundheitspolitische Bezugsregelung nach Maßgabe seiner persönlichen Gerechtigkeitsvorstellungen zu unterlaufen. Das Notstandsprivileg ist dann vielleicht nur das Substitut einer gerechten Regelung für diejenigen Fälle, in denen ex ante und ex post so nahe beieinander liegen, daß gar keine Zeit für Konsensbeschaffung bleibt.

## 5. Der Sonderfall der Ressource, die der Körper selber ist

Die vorgetragene Position zum Verständnis des Notstandsprivilegs beruht darauf, daß zwischen einem Widerspruch gegen den Satz, Tötung (sc. die nicht durch einen Rechtfertigungsgrund gedeckte Tötung) sei Unrecht, und dem Widerspruch gegen eine kontingente Ressourcenverteilung unterschieden wird. Der letztere Widerspruch, wie gesagt, scheint legitimer als ein Widerspruch gegen das Tötungsverbot. Dennoch könnte man darauf bestehen, daß derjenige, der die Ressource kontingenterweise *hat* (nennen wir ihn A), in diesem Haben nicht zu stören sei, wenn die Störung erkennbar den Tod des A zur Folge habe – also Tötung sei. Anders gesagt: Man könnte darauf bestehen, daß Widersprüche gegen das Haben einer Ressource, so legitim sie unter diesen Umständen sein mögen, eben ungehört bleiben müssen, wenn keine Zeit bleibt, sie anders als durch eine Tötungshandlung zu Gehör zu bringen. Aber das scheint mir nicht überzeugend. Denn es ist nicht erwiesen, daß es sich bei einer solchen Tötung um

[39] Eine weitestgehend auf Effizienz bedachte und daher utilitaristisch *wirkende* Praxis ist zum Beispiel die sogenannte Triage: die Sortierung von Patienten in Dringlichkeitskategorien beim Massenanfall Verwundeter. Für eine Rekonstruktion mit Hilfe des Konzepts des ex ante-Konsenses siehe W. Lübbe, »Veralltäglichung der Triage? Überlegungen zu Ausmaß und Grenzen der Opportunitätskostenorientierung in der Katastrophenmedizin und ihrer Übertragbarkeit auf die Alltagsmedizin«, in: *Ethik in der Medizin* 13 (2001), 148–160.

**Absender:**

Vorname, Name

Straße

PLZ/Ort

e-mail-Adresse

Ich habe diese Karte folgendem Buch entnommen:

Ich wurde auf dieses Buch aufmerksam durch:

Mit der Rücksendung dieser Karte erkläre ich mich damit einverstanden, daß ich in Ihre Informationskartei aufgenommen werde.

Bitte als Postkarte freimachen

Antwort

**Klett-Cotta**
**Leser-Service**
**Postfach 10 60 16**

**70049 Stuttgart**

Unrecht handelt (freilich auch nicht, daß es sich nicht um Unrecht handelt). Die Frage, ob A, der die Ressource hat, sie *zu Recht* hat, ist zugestandenermaßen offen – es blieb keine Zeit, sie zu klären. Als ebenso offen muß daher die Frage gelten, ob die Tötungshandlung des B Angriff (ungerechtfertigte Tötung) oder Gegenwehr (gerechtfertigte Tötung) ist. Indem A auf der Planke sitzt, verhindert er, daß B sich dort postieren kann. Solange nicht geklärt ist, wem von beiden die Planke zusteht, ist auch nicht geklärt, ob die Tatsache, daß A sich dort postiert hat (oder daß er dort bleibt), nicht ein Anschlag auf das Leben des B ist.

Der bloße Verweis auf die aktuelle Passivität des A erledigt die Frage m. E. nicht zu seinen Gunsten. Die These ist dabei, daß, wer aktuell passiv ist, kein »Angreifer« sein (bzw. keinen »Anschlag« auf ein anderes Leben ausüben) kann.[40] Ein Angriff auf einen aktuell Passiven könnte dann niemals als Gegenwehr klassifiziert werden. Leuchtet das auch für den Fall ein, in dem jemand im Gebirge – aktuell gewiß ebenso passiv wie der auf der Planke sitzende A – die einzig mögliche Abstiegsstelle blockiert und so das Leben anderer Bergsteiger in Gefahr bringt? Das Beispiel zeigt m. E., daß eine plausible Antwort auf die Frage, ob das bloße »Dortsein« eines Körpers mit *Gegen*wehr beantwortet werden darf, mit der Plausibilität eines Rechts der betreffenden Person auf den von ihrem Körper eingenommen Raum variiert. M. E. kann daher im Plankenfall die Lage nicht so beschrieben werden, daß B, *indem* er seinen Widerspruch gegen die Kontingenz der Ressourcenverteilung in Form einer Tötungshandlung äußert, *eo ipso* Unrecht begeht. Vielmehr sollte man zugeben, daß die Frage, ob seine Tötung Unrecht ist, ungeklärt ist – ebenso ungeklärt wie die Ressourcenfrage.[41]

In Fällen, in denen genügend Zeit bleibt, kann die Ressourcenfrage, wie wir sahen, geklärt werden, indem man gemeinsam ein Verfahren beschließt, das zu

[40] Vgl. z. B. Koriath, »Das Brett des Karneades«, 252f, der den Angriffsbegriff in Übereinstimmung mit der herrschenden Meinung als “Bedrohung eines Rechtsgutes durch menschliches Verhalten« definiert und dann feststellt: »Zu den wenigen unstrittigen Dingen gehört die Überzeugung, daß Verhalten ›positives Verhalten‹, nicht ›reines Nichtstun‹ bedeutet«; und nochmals (254) bei der Behandlung der (dann zu verneinenden) Frage, ob der Stoß gegen den passiv (bei Koriath: *mit*) auf der Planke Sitzenden eventuell Notwehr sein könne. Die Frage, ob ein Stoß gegen den Passiven defensiver Notstand, also Gegenwehr gegen eine »durch [ihn] drohende Gefahr« im Sinne des § 228 BGB sein könnte, behandelt Koriath leider nicht explizit. Am Ende seines Textes wird gleichwohl die normative Berechtigung der Tatsache, daß ggf. der zufällige Besitz der Planke über die Rechtfertigung entscheidet, in Zweifel gezogen (Koriath, »Das Brett des Karneades«, 257). M. E. läßt sich dieses Resultat nur vermeiden, wenn man die These aufgibt, daß gegen einen Passiven keine Gegenwehr möglich ist.

[41] Bei dem hier Entwickelten handelt es sich nicht um einen rechtsdogmatischen Regelungsvorschlag. Die strafrechtliche Systematik sieht diese Konstruktion nicht vor, und es mag gute Gründe geben, es dabei zu belassen.

einer Bezugsregel führt. Tatsächlich hat es solche Beschlüsse historisch nicht nur zur Verteilung von Gegenständen gegeben, die als »Ressourcen« zu betrachten allgemein üblich ist. Es ist auch diejenige Ressource schon auf diese Weise verteilt worden, die unter bestimmten Umständen der je eigene Körper darstellt. A. W. B. Simpson hat das in seinem Buch *Cannibalism in the Common Law* im Detail belegt – das Buch schildert die »custom of the sea« der britischen Seeleute im 19. Jahrhundert bei Fällen anhaltender Nahrungsmittelknappheit nach Schiffbruch.[42] Es klingt bis zur Absurdität unplausibel, in solchen Fällen die Tötung als »Gegenwehr« (nämlich gegen die fortgesetzte Beanspruchung einer Ressource) zu bezeichnen. Das liegt daran, daß nach unserer Rechtstradition ein ex ante-Konsens zu einem Losverfahren die Ressource Körper nicht rechtswirksam umverteilen kann. Zwar kennt das Strafrecht bei Eingriffen in den Körper den Rechtfertigungsgrund der Einwilligung. Er rechtfertigt zum Beispiel gegebenenfalls die Körperverletzung, die der Chirurg an dem Patienten auf dem Operationstisch begeht. Das gilt im Prinzip auch für hochriskante Operationen. Aber eine Einwilligung, sich töten zu lassen, rechtfertigt den Tötenden (in Deutschland) bekanntlich nicht: § 216 StGB stellt die Tötung auf Verlangen unter Strafe, und unter das in diesem Paragraphen vorausgesetzte »ausdrückliche und ernstliche Verlangen des Getöteten«, daß die Tat begangen werde, ließen sich die Kannibalismus-Fälle ohnehin nicht subsumieren. Und was eine eventuelle vertragliche Verpflichtung durch die Zustimmung zum Losverfahren angeht, so besteht sie nicht, weil das Recht Verträge dieser Art für »sittenwidrig« erklärt.[43]

Das Buch von Simpson schildert freilich gerade eine Sitte. Simpsons detailliert recherchierte Darstellung des berühmten Mignonette-Falls lebt davon, daß deutlich wird, daß der Täter, Tom Dudley, in Orientierung an einer »custom of the sea« handelte oder doch handeln wollte,[44] deren Geltung ihm nicht fraglich war. Diese Sitte setzte zwar ein explizites Losen zu gleichen Bedingungen, aber

[42] A. W. B. Simpson, *Cannibalism and the Common Law. A Victorian Yachting Tragedy*, London 1994.

[43] Vgl. auch § 228 StGB: »Wer eine Körperverletzung mit Einwilligung der verletzten Person vornimmt, handelt nur dann rechtswidrig, wenn die Tat trotz der Einwilligung gegen die guten Sitten verstößt.« Zum ganzen Problemkomplex D. Sternberg-Lieben, *Die objektiven Schranken der Einwilligung im Strafrecht*, Tübingen 1997.

[44] Ob im Mignonette-Fall tatsächlich vor der Tat gelost wurde, ist nicht geklärt. Wahrscheinlicher ist, daß das Opfer, das im Unterschied zu den anderen drei Bootsinsassen bereits im Sterben lag, ohne Losentscheid getötet wurde. Es ist jedoch belegt, daß Dudley losen wollte, d. h., daß er die Einhaltung des von der Sitte vorgesehenen Verfahrens wiederholt vorgeschlagen hat. Siehe Simpson, *Cannibalism and the common law*, bes. 60–66.

offenbar nicht ein strikt *freiwilliges* Mitmachen beim Losverfahren voraus.[45] Die Intuition, die uns sagt, die Ressource, die der eigene Körper ist, lasse sich im Interesse einer effizienteren Regelung nicht umverteilen, scheint also nicht universell, d. h. nicht situationsinvariant stabil zu sein. Vielleicht gibt es hier eine Normativität des Wirklichen in dem Sinne, daß die Intuitionen über das adäquate Verhalten sich ändern, wenn in einer (Sub-)Kultur Situationen drastischer Ineffizienz des eigentlich zur Sicherung des Lebens gedachten Tötungsverbots regelmäßig auftreten. Im Zuge der angelsächsischen einschlägigen Grundlagendiskussion sind Überlegungen in dieser Richtung inzwischen detaillierter entwickelt worden.[46] Mit Utilitarismus oder Konsequentialismus in einem Sinne, der Güter über Personengrenzen hinweg aggregiert und im Interesse der Gütermaximierung einzelne Personen ohne Rücksicht auf Erfordernisse der Verteilungsgerechtigkeit zum Mittel der Zwecke anderer macht, ist das nicht identisch. In klar geschnittenen Fällen kann man das genau unterscheiden. Aber kaum eine wirkliche Situation, wie gesagt, ist klar geschnitten.

45 Vgl. bereits Pufendorf, *Über die Pflicht des Menschen*, 69 (Kap. 5 § 20) für den Fall des zu vollen Rettungsboots: »Und wer sich der Gefahr, daß ihn das Los trifft, zu entziehen versucht, kann wie jemand, der auf den Untergang aller sinnt, auch ohne Losentscheid über Bord geworfen werden.«

46 Siehe E. Rakowski, *Equal Justice*, Oxford 1991, bes. 335 ff. (Kap. 14.2 »Permissible killing in a just society«) sowie Rakowski, »Taking and Saving Lives« 1066: »An explicit statutory statement making the choice-of-evils or necessity defense available to defendants who kill when the preceding conditions are met would therefore be desirable.« Die angegebenen Bedingungen setzen keinerlei eingeschränkte »Motivierbarkeit zum rechtmäßigen Verhalten« auf seiten des Täters voraus, vielmehr soll die Tötung selbst rechtmäßig sein.

3. Schritt:

# Die Verwirklichung des Normativen

# Was ist geistige Macht?

*Walter Schweidler (Bochum)*

Es ist ein Spezifikum der menschlichen Schöpfungen, daß sie ihre sinnlich faßbare Gestalt im Umgang mit einem Unsichtbaren erlangen, welches als ihre Identität wesentlich mitbestimmender Faktor konstitutiv in sie eingeht. »Dreißig Speichen sind vereint in einer Nabe«, so lautet die berühmte Versinnbildlichung dieses Umstands im *Daodejing* des Laozi: »An ihren leeren Stellen liegt es, daß Wagen zu gebrauchen sind. Ton wird gebrannt und es entsteht ein Krug daraus. – An ihren leeren Stellen liegt es, daß Krüge zu gebrauchen sind. Türen und Fenster werden gemeißelt. – An ihren leeren Stellen liegt es, daß Zimmer zu gebrauchen sind.«[1] Das Rad wird nur zum Rad durch das Nichts in seiner Mitte, der Krug zum Krug durch die Leere in seinem Inneren, und das Haus bildet den Raum, in dem es seinen Bewohnern zu »hausen« erlaubt, gerade nicht durch den Stoff, aus dem es besteht, sondern durch die Leere, die dieser Stoff, indem er sie begrenzt, erst als dasjenige schafft, was sie durch ihn und er durch sie ist. Die konstruktive Funktion des Leerraums, die der Mensch vielleicht von Nest und Höhle anderer Lebewesen abgeschaut hat, ist doch spätestens mit der Erfindung der Null – die wohl in Mesopotamien stattfand, als man eine Leerstelle, mit der man Zäsuren und Grenzen im System der vorher verwendeten Zahlschrift markiert hatte, selbst als ein innerhalb dieser Schrift zu bezeichnendes Zeichen in sie eingehen ließ[2] – zum kreativen Multiplikator seiner geistigen Leistungen geworden. Etwas und Nichts sind keine abstrakten Gegensätze, sondern Operatoren des Umgangs mit der Selbstbezüglichkeit kulturell geschaffener Ordnungssysteme. Ihre Instrumentalisierung eröffnet den Zugang zu einem spezifisch menschlichen Unsichtbaren, das dem Sichtbaren an uns und an der Welt nicht wie ein unsichtbares Etwas gegenübergesetzt ist, sondern ihm als Bewegungsprinzip der Entwicklung und Verschiebung es umgrenzender Identitäten und Differenzen innewohnt.

Wenn man den Begriff »Metaphysik« als die Benennung derjenigen Weise unseres Denkens versteht, die uns den Zugang zu der *Problematik* eröffnet hat, die für unser Selbstverhältnis aus dem Geschehen der Grenzverschiebung zwi-

[1] Laotse, *Tao Te King. Nach den Seidentexten von Mawangdui*, Frankfurt a.M. 1995, 170.
[2] Vgl. G. Ifrah, *Universalgeschichte der Zahlen*, Frankfurt a.M./New York $^{2}$1991, 421ff.

schen Sichtbarem und Unsichtbarem fortwährend entspringt – und also nicht als Kennzeichnung eines bestimmten Strangs geschichtlich lokalisierbarer und weltanschaulich fundierter Vorschläge, in denen man die »Lösung« dieser Problematik und ihre womöglich definitive Bewältigung zu suchen hätte –, dann läßt sich jenes spezifisch menschliche Unsichtbare, das es immer nur relativ auf unser Verhalten zum schon Sichtbaren an uns gibt, durchaus als der Bereich des »Metaphysischen« definieren. Es ist allerdings von ausschlaggebender Bedeutung, den Perspektivismus dieser Definition präzise festzuhalten: *Das* »Metaphysische« ist dasjenige, was uns durch die Hindernisse zugänglich wird, in die uns *unsere Denkweise* namens »Metaphysik« führt. Wenn wir vom »Bereich des Metaphysischen« sprechen, dann darf dieser also nicht selbst mit einem statisch gegebenen »Bereich von Unsichtbarem«, etwa von Ideen, Formen, Werten oder Geistern, identifiziert werden, der zum Sichtbaren komplementär wäre; sondern dieser Bereich bildet sich als das dynamische Spektrum von Verschiebungen, in die unsere Weise hineinführt, die Komplementarität zwischen dem Sichtbaren und dem sichtbar zu machen, was uns zu sehen erlaubt. Bernhard Waldenfels hat einmal in einer Charakterisierung der indirekten Rede als spezifischen Gegenstandes philosophischer Sprachreflexion den Zusammenhang zwischen dem uns Sichtbaren und dem uns so spezifisch Unsichtbaren so ausgedrückt: »Das Un-, das in [...] Momenten der Unsichtbarkeit und Unsagbarkeit auftritt, bezeichnet keine Negation, die eine Setzung in ihr Gegenteil verkehrt, sondern eine Erfahrung des Entzugs, in der etwas abwesend anwesend ist.«[3]

Eine metaphysische Interpretation dieses Gedankens wird bei der Frage ansetzen, inwiefern diese Erfahrung des abwesenden Anwesens gerade dasjenige nachvollziehbar macht, was dem Menschen seine unvergleichliche Eigenart, seine »Natur« gibt. Das spezifisch menschliche Unsichtbare wird in dieser Erfahrung des Entzugs thematisch als *das in allem uns Sichtbaren niemals direkt erfaßbare spezifisch Menschliche an ihm – als »allem«*; es meldet sich als die indirekt wirkende Dynamik unseres eigenen Sehens, die gegen unseren Willen oder auch als der »blinde Fleck« des »Unbewußten unseres Bewußtseins« in das Sichtbare eingeht, wenn wir uns auf es als Inbegriff von »allem«, was zu ihm gehört, beziehen.

Waldenfels liegt eine metaphysische Interpretation jener »Erfahrung des Entzugs« fern; jedenfalls aber bildet für ihn die Dynamik des spezifisch menschlichen Unsichtbaren das Bewegungsprinzip der philosophischen Reflexion, insofern er dieser die Aufgabe stellt, die »*leibhaftige Grenzerfahrung* [...], die in der Kon-

[3] B. Waldenfels, *Vielstimmigkeit der Rede. Studien zur Phänomenologie des Fremden* Bd. 4, Frankfurt a.M. 1999, 13.

frontation mit dem Fremden immer wieder über die Ordnungsgrenzen hinausführt«,[4] zum Leitfaden der Rekonstruktion unseres Selbstverhältnisses zu machen. Wir können unsere Eigenheit in Abgrenzung gegen das Andere nicht – jedenfalls philosophisch nicht – dadurch bestimmen, daß wir unsere »Stellung im Kosmos« *terminologisch* fixieren, daß wir uns also in Abhebung von Anderem, das nicht wie wir ist, beschreiben, sondern wir müssen die Abgrenzung des Eigenen gegen das Andere und insofern die Dynamik von Ein- und Ausgrenzung selbst als Motor einer Bewegung begreifen, die den Ort, an den sie uns jeweils führt, zum *topologischen* Konstituens dessen macht, was es überhaupt heißt, ein »Selbst« zu sein.[5] Die Frage, *wie* wir uns vom Anderen abgrenzen, ist von der Frage, von *wo* aus wir dies tun, unablösbar, und insofern ist die Perspektive, aus der heraus »alles« so geordnet wird, daß das ordnende Wesen als Teil in ihm auftaucht, indirekt im gesamten Gefüge der Ordnung anwesend; sie, diese Perspektive selbst – und also nicht nur das sie einnehmende Wesen –, direkt im Gefüge zu lokalisieren, ist jedoch unmöglich, so daß die Frage, woher sie eigentlich stammt, mit der Erschütterung des Gefüges selbst einhergeht. »Dieser Unruheherd«, so das metaphorische Resümee bei Waldenfels, »bezieht seine Nahrung daraus, daß der Ort, an dem die Ordnungsgrenzen gezogen werden, weder innerhalb der Ordnungen noch außerhalb ihrer anzusiedeln ist, sondern innerhalb und außerhalb zugleich.« Und weiter mit Hilfe eines nun nicht mehr metaphorischen Grundbegriffs, dem Begriff des »Fremden«: »Die Fremdheit wohnt nicht jenseits der Grenzen einer Ordnung, sie haust in ihr.«[6] Das Unsichtbare, das unsere Eigenheit im Umgang mit allem Anderen mitkonstituiert, gehört nicht zu uns als ein uns im Unterschied zu anderen Wesen Verfügbares, sondern als die Grenze, die uns gerade durch unsere Abgrenzung gegen das Andere auch im Verhalten zu uns selbst unweigerlich gezogen wird.

Ist es aber ein sinnvolles Unterfangen, das, was Waldenfels hier das »Fremde« nennt, mit unserem »Metaphysischen« zusammenzudenken? Denkt die Metaphysik das Spezifikum des menschlichen Selbstseins nicht seit jeher als das eines Wesens, das sich »als bloßer Teil eines Ganzen» oder auch »als bloßer Fall eines Gesetzes» in einem statisch geordneten Kosmos so identifiziert, daß das, was »für uns« aufgrund unserer endlichen Perspektive fremd bleiben mag, doch als »an sich« vertraut und von jenem Geist, der uns im Philosophieren zugänglich wird, durchschaut erscheint? Genau ein solches Bild vom statisch gegebenen und geistig durchschauten Kosmos mußte nach Waldenfels aus den Angeln gehoben

[4] Waldenfels, *Vielstimmigkeit*, 188.
[5] Vgl. Waldenfels, *Vielstimmigkeit*, 192.
[6] Waldenfels, *Vielstimmigkeit*, 198.

werden, damit das menschliche Selbstverhältnis als das dynamische Geschehen der *Selbstabgrenzung* überhaupt in den Blick kommen konnte, als das es »bei Kant und seinen Nachfolgern«[7] dann zum Ausgangspunkt eines Philosophierens gemacht wurde – eines Philosophierens, das sich eben von der »Grenz*problematik*« her versteht. Demnach wäre es nicht das Spezifikum der menschlichen *Natur*, sondern ein bestimmtes und seinerseits in der menschlichen Entwicklung topologisch, das heißt *geschichtlich* lokalisierbares Ereignis, welches uns mit dieser Grenzproblematik konfrontiert, ja welches sie eigentlich erst aufgeworfen hat, nämlich der Bruch mit der vormodernen Vorstellung eines geschlossenen Kosmos und einer dem Chaos entgegengesetzten Gesamtordnung. Die »Erschütterung des Ordnungsgefüges« in der frühen Neuzeit ist es, die ihn nach Waldenfels herbeigeführt hat und die sich als deren wesentlich geschichtlicher Grund noch »unmittelbar an der Grenzproblematik ablesen läßt«.[8] Diesem Bruch ist zwar bei Hegel selbst noch einmal eine dynamische Konzeption von Metaphysik entwachsen, die sich von einem seine Bewegung in ihrer Vollendung konstituierend durchschauenden Geist her begreifen will. »Der in sich ruhende Kosmos, der jedem Ding seine Grenzen vorschreibt, wird von der Unruhe des Geistes erfaßt.«[9] Aber die philosophische Entscheidung, vor die wir uns nach Waldenfels gestellt sehen, wenn wir mit dieser Situation umgehen wollen, ist doch die zwischen der Aufhebung der Unruhe in einem sie transzendierenden Geist, worin sich letztlich die Zuflucht zu »älteren Ordnungsformen«[10] manifestieren würde, und der philosophischen Entfaltung jener Unruhe in den Grundstrukturen der Grenzproblematik als des eigentlichen Bewegungsprinzips unseres Selbstseins. Der Begriff der Metaphysik scheint angesichts dieser Lage nur im Kontext der ersteren Alternative seinen Platz zu haben. Liegt, so gesehen, in der metaphysischen Annahme eines menschlichen Selbstverhältnisses, zu dem ein spezifisches, also durch die *Natur* seines Trägers konstituiertes Unsichtbares gehört, implizit eine *ideologische* Entscheidung, nämlich die Entscheidung für einen *als ungeschichtliches Denken verkappten geschichtlichen Rückschritt* hinter die Situation, aus der sich die Problematik der unser Selbstsein prägenden Selbstabgrenzung erst ergeben hat?

Nun, wenn die Frage nach der metaphysischen Dimension spezifisch menschlicher Selbstabgrenzung nicht in einem Streit um Worte enden soll, dann muß sie als die Frage nach der Angemessenheit spezifisch metaphysischer Denkfiguren

[7] Waldenfels, *Vielstimmigkeit*, 194.
[8] Waldenfels, *Vielstimmigkeit*, 193.
[9] Waldenfels, *Vielstimmigkeit*, 194.
[10] Waldenfels, *Vielstimmigkeit*, 199.

für den Umgang mit den Reflexionsproblemen gestellt werden, die sich ergeben, wenn wir eben das tun, was Waldenfels der Philosophie zur Aufgabe macht, wenn wir also die Grenzerfahrung jenes Fremden, das sich uns gerade in der Konstitution unserer Ordnungssysteme entzieht, denkend zu umgrenzen versuchen. Diese Reflexionsprobleme haben nach Waldenfels wesentlich den Charakter von *Paradoxien*, in denen sich das spezifisch menschliche Verhältnis von Selbst- und Fremdbezüglichkeit jeder Auflösung in die Strukturen eines umgreifenden Kosmos oder einer unabänderlichen Gesetzlichkeit widersetzt. Insbesondere handelt es sich hier um die Paradoxien der »Selbstbezüglichkeit des Abgrenzungsereignisses«[11] und die der »Selbstbezüglichkeit, die in dem *Sich* der Abgrenzung zutage tritt und gleichzeitig zur Ein- und Ausgrenzung führt«,[12] sowie um die Steigerung dieser Paradoxien, die sich ergibt, »wenn wir uns vergegenwärtigen, daß der erste Aspekt der selbstbezüglichen Abgrenzung und der zweite Aspekt der Selbsteingrenzung und Fremdausgrenzung sich ineinanderschieben in Form eines *Fremdbezugs im Selbstbezug*«.[13] Kann man mit diesen Paradoxien dergestalt umgehen, daß der durch sie aufgeworfene Aspekt der Fremdheit als Motor der Bewegung unseres Selbstverhältnisses bewahrt und keineswegs im Programm eines seine eigene Totalität oder Gesetzlichkeit durchschauenden Geistes aufgehoben wird – und daß gleichwohl oder sogar bedingt dadurch eben diese Fremdheit bzw. dieses Fremde als dasjenige in den Blick kommt, was in metaphysischer Perspektive die »menschliche Natur« genannt wird, jene Natur also, die in der Metaphysik durchaus nicht ohne paradoxen Anklang als *der Inbegriff dessen* gedacht wird, *was im Übersteigen, im Transzendieren seiner selbst zu sich kommt*?[14]

Versuchen wir daher in einem ersten Schritt, die von Waldenfels genannte Paradoxie der *Selbstbezüglichkeit des Abgrenzungsereignisses* mit einem derart

[11] Waldenfels, *Vielstimmigkeit*, 196.

[12] Waldenfels, *Vielstimmigkeit*, 197.

[13] Waldenfels, *Vielstimmigkeit*, 198.

[14] Dies würde freilich voraussetzen, daß als »metaphysisch« auch jene neuzeitliche Konzeption gewertet und gewichtet wird, die das »Übersteigen« unserer Natur als einen zu dieser Natur wesentlich antithetischen Schritt begreift, also als ein Überwinden; so daß das uneinholbar Fremde an uns als geistigen bzw. als Kulturwesen zugleich als ein Überwundenes und stets von neuem Drohendes erscheint, das uns ursprünglicher und dennoch feindlicher innewohnt als alles, wozu wir uns rational zu verhalten vermögen. Wenigstens als Hinweis auf die hier zu verfolgende Problematik könnte dienen W. Schweidler, »What is Positive Freedom?«, in: *Obirin Review of Internationale Studies* 11 (1999), 7ff, insbes. 14ff. Vgl. zu der dort angesprochenen Kontroverse auch meinen Aufsatz »Die Menschenrechte als metaphysischer Verzicht«, in: W. Schweidler, *Das Unantastbare: Beiträge zur Philosophie der Menschenrechte*, Münster 2001.

gefaßten Begriff der menschlichen Natur zusammenzudenken. Diese Paradoxie ergibt sich nach Waldenfels daraus, daß Selbstabgrenzung sich prinzipiell in Form eines *Ereignisses* vollzieht, das nicht seinerseits innerhalb des Ordnungsgefüges, als das sich die vollzogene Abgrenzung darstellt, darstellbar ist. Die Art und Weise unserer Grenzziehung wohnt unexplizierbar den Strukturen inne, innerhalb derer wir uns selbst als uns von allen anderen abgegrenzte Wesen identifizieren; sie, diese Art und Weise unserer Grenzziehung, fungiert als das eigentliche Geschehen, das in allen vorgefundenen, thematisch werdenden Grenzen unserem Zugriff entzogen wird, nicht weil es sich in einem Bereich jenseits dieser Grenzen abspielen würde, auf den wir erst noch zu reflektieren hätten, sondern weil es mit dem identisch ist, worin keine Grenze Gegenstand der Reflexion sein kann, nämlich mit dem Ereignis des Ziehens der Grenze selbst, mit dem also, was zu jeder grenzziehenden Reflexion als die konstitutive spontane Rückseite des sie tragenden Geschehens so komplementär ist wie die beiden unverschmelzbaren und untrennbaren Seiten eines Blattes komplementär zueinander sind. »Das Ziehen einer Grenze, die etwas von anderem sondert«, so Waldenfels, »*entzieht sich* dem Blick und dem Zugriff; es dauert nur fort als Spur des Ereignisses der Grenzziehung. Darin gleicht es dem Vertragsabschluß, der nicht in die Vertragsmaterie eingeht, oder dem Versprechensakt, der nicht zum propositionalen Gehalt dieses Aktes gehört«.[15] Gerade in diesem Selbst*ent*zug aber liegt der unweigerliche Selbst*be*zug, mit dem dieses Urgeschehen jedem seiner Erzeugnisse innewohnt: Es verweist durch den aus ihm hervorgegangenen Zusammenhang der Glieder auf das, was nicht Teil und nicht Ganzes des aus ihm hervorgegangenen Gefüges ist; es verweist durch die Ordnung des Hervorgegangenen – »durch« nicht im kausalen, sondern im Sinne von »durch sie hindurch« – auf sich, das Hervorgehen selbst. Es verweist auf sich, indem und nur indem es sich entzieht. »Der *Selbstbezug der Grenzziehung liegt in diesem Selbstentzug.*«[16]

Was soll zur Rekonstruktion dieses Zusammenhangs der Naturbegriff beitragen? Gehört er nicht paradigmatisch auf die Seite der thematisierten, der schon gezogenen Grenze, des vorausgesetzten Ordnungsgefüges, und ist er somit nicht selbst eines der charakteristischen Zeugnisse der Fremdheit, die im Entzug des Ziehens der fungierenden Grenze liegt – und eben damit kein mögliches Instrument des philosophischen Umgangs mit ihr? Nun, die Gegenfrage, auf die hier alles ankommt, lautet natürlich: *Welcher* Naturbegriff? Kants Definition der

[15] Waldenfels, *Vielstimmigkeit*, 196.
[16] Waldenfels, *Vielstimmigkeit*, 198.

Natur als Inbegriff der gesetzlich geordneten Erscheinungen[17] oder das Laplacesche Modell des Uhrwerks[18] lassen für ein wie immer geartetes Ineinanderspiel zwischen der fungierenden Instanz, die für die Grenzen des Natürlichen konstitutiv ist, und der Natur des Wesens, als dessen Leistung sie sich darstellt, keinen Raum. Sie implizieren eine strikte Disjunktion zwischen der geordneten Natur und dem Quell der ihre Ordnung generierenden Spontaneität. Dieser Begriff der Natur als des durch Gesetze geordneten Bereichs der quantitativ meßbaren Gegenstände bzw. Erscheinungen ist zweifellos ein Produkt jener »frühneuzeitlichen Erschütterung« metaphysischer Ordnungsgefüge, von der Waldenfels spricht. Wenn dieser Erschütterung eines zum Opfer gefallen ist, dann ist es freilich gerade ein durchaus paradox aufgeladener Topos, nämlich der Topos der »Natur des Menschen« als einer Natur, die in der Überwindung ihrer selbst zu sich kommt; wo er ernsthaft in Erinnerung gelangt,[19] werden die Produkte der Erschütterung und damit insbesondere der durch Descartes, Bacon und Hobbes geprägte kausalistisch verfaßte Begriff der »Natur« selbst erschüttert.

Eine ganze Spur solcher erschütternder Erinnerung an das durch die Erschütterung Verdrängte läßt sich anhand des Ringens mit der Herausforderung

[17] I. Kant, *Kritik der reinen Vernunft* B 446: Natur im »substantiven« Sinn ist der »Inbegriff der Erscheinungen, so fern diese vermöge eines dauernden Princips der Causalität durchgängig zusammenhängen«.

[18] Vgl. zu dessen philosophischer Relevanz E. Cassirer, *Zur modernen Physik*, Darmstadt $^{6}$1987, 134 ff.

[19] Charakteristischerweise kommt die »Natur des Menschen« bei Kant dort wieder ins Spiel, wo er Normen zu begründen unternimmt, die zu der gesetzlichen Ordnung, durch welche nach der kritischen Definition doch »die Natur« ganz allgemein konstituiert wird, in Disjunktion stehen, deren Eigenart jedoch nur relativ auf ein Wesen bestimmt werden kann, dem, weil es selbst zur »Natur« gehört, ein Vermögen namens »Metaphysik« zugeschrieben werden muß, das es befähigt, diese Normen eben durch seine Identifikation mit allen anderen seiner Art zu konkretisieren und zu implementieren. Eine Metaphysik (der Sitten) »zu *haben* ist selbst *Pflicht*, und jeder Mensch hat sie auch, obzwar gemeiniglich nur auf dunkle Art in sich« (I. Kant, *Metaphysik der Sitten*, Rechtslehre, Einleitung AB 10 f). Das Gegenstück zu dieser Selbstbezüglichkeit der philosophischen Theorie in der Thematisierung ihrer Begründungsquelle besteht dann in der fundamentalen Ambiguität des Naturbegriffs, aus der bei Kant die beiden Seiten der doppelten Normativität, durch welche die menschliche Personalität definiert ist, erst miteinander kompatibel werden: »Die Natur hat gewollt, daß der Mensch [...] keiner anderen Glückseligkeit, oder Vollkommenheit, teilhaftig werde, als die er sich selbst, frei von Instinkt, durch eigene Vernunft, verschafft hat« (*Idee zu einer allgemeinen Geschichte in weltbürgerlicher Absicht* A 390). Der Geist hat demnach doch eine Geschichte hinter sich, die Geschichte eines die Natur verlassen habenden und dennoch ganz vermöge einer fundamental naturbezogenen Kategorie, nämlich als Gattung bestimmten Verbandes spezifischer, und zwar vernünftiger Lebewesen.

verfolgen, mit der das frühneuzeitliche Konzept der Natur schon von David Hume mit eben der auf seiner Basis nicht mehr einholbaren Problematik der Selbstbezüglichkeit menschlicher Selbstabgrenzung konfrontiert worden ist, also anhand des Ringens mit dem »Induktionsproblem«. Mit seiner Frage, auf welchen Beweisgang sich der Schluß von ähnlichen Ursachen auf ähnliche Wirkungen gründe, dem das gesamte Gefüge unseres empirischen Wissens – und damit unser »System der Natur« – sich verdankt, thematisierte Hume die als Organisationsfaktor unserer Naturgliederung fungierende Grenzziehung zwischen den Ereignisarten des Kosmos, die sich unserer Aktivität namens »Induktion« verdankt; und mit seiner Antwort, nämlich daß sich jener Schluß auf überhaupt keinen Beweisgang, sondern auf »eine Art natürlicher Instinkte« gründe, die ebenso unvermeidlich entstünden wie Liebes- oder Haßgefühle und die ihre Macht beibehalten werden, »solange die Menschennatur sich gleichbleibt«,[20] postulierte er indirekt, vielleicht unbewußt, aber mit unerbittlicher Konsequenz das Programm einer naturalistischen Antimetaphysik, die man allerdings, wenn man die Eindimensionalität des in diesem Postulat vorausgesetzten Naturbegriffs festhalten will, korrekter eine materialistische Metaphysik nennen muß. Denn wenn, wie sich aus dem Kontext von Humes Theorie der Erfahrung ergibt, die menschlichen Verhaltensweisen Regelmäßigkeiten derselben Art folgen wie die aller Lebewesen, wenn also »Natur« die Bezeichnung für ein homogenes Geflecht einander gegenseitig ausgrenzender Ereigniskomplexe ist, dann besteht die einzig mögliche wissenschaftliche Einlösung des Humeschen Postulats in einer empirischen Erklärung der spezifisch menschlichen Art der Gewinnung empirischer Erkenntnis, das heißt der erfolgreichen Induktion – und damit in der Freilegung der Naturregelmäßigkeiten, aufgrund derer wir zu wahrer im Gegensatz zu falscher empirischer Erkenntnis gelangen. Da aber nach Humes Kausalitätskonzeption die Theorie, die diese Erklärung bietet, selbst die Wirkung jener Ursachen ist, mit denen sie durch eben diese Naturregelmäßigkeiten gesetzlich verknüpft ist, wären mit den Gründen der Gewinnung spezifisch menschlicher Erfahrungserkenntnis implizit auch alle jemals erreichbaren Inhalte solcher Erkenntnis, wäre also denjenigen, die über diese Theorie verfügen, der Gesamtzusammenhang der Natur ein für allemal gegeben – gerade so wie dem Laplaceschen Geist, dessen Standpunkt ja nur das dialektische Abziehbild jener Verabsolutierung des homogenen und kausalistischen Naturbegriffs der frühen Neuzeit ist, die sich als Gegenstand potentiell unveränderlichen und vollständigen empirischen Wissens postuliert.

Auf dem Weg über Rudolf Carnaps Postulat einer »Weltformel« im Zentrum

[20] D. Hume, *Eine Untersuchung über den menschlichen Verstand*, Stuttgart 1967, 54f., 67.

eines definitiv abgeschlossenen Konstitutionssystems aller wissenschaftlichen Begriffe ist dieses metaphysische Projekt bei Carnaps Schüler Willard van Orman Quine schließlich zu seiner evolutionistischen Wiedererweckung gekommen. Nach Quine läßt sich das Induktionsproblem als die Frage reformulieren, warum unsere, also die mit Hilfe menschlicher Sinnesorgane vorgenommene »subjektive Qualitätengliederung« mit »der des Kosmos« so harmoniere, daß sich unsere Induktionen meist als richtig erweisen und wir insbesondere in der Lage sind, die Welt, in die wir doch als ein winziger Teil hineingehören, in Ereignisarten zu gliedern, zwischen denen wir in Form mathematisch formulierbarer Gesetzmäßigkeiten eine exakte Zuordnung herzustellen vermögen, die uns schließlich von aller äußerlichen Orientierung an den Oberflächenphänomenen befreit und uns Zugang zu den objektiven Grenzziehungen verschafft, die die Struktur des Universums bestimmen.[21] In der Antwort schließt Quine sich Humes Annahme an, daß Induktion eine Form natürlichen Instinktverhaltens des Menschen ist, und erwartet die Lösung des Problems von der zuständigen Naturwissenschaft, der Biologie: »Darwin wirft ein wenig Licht ins Dunkel. Wenn die angeborene Qualitätengliederung des Menschen ein in den Genen verankerter Wesenszug ist, dann wird am ehesten die Gliederung, die die erfolgreichsten Induktionen geleistet hat, durch natürliche Selektion dominiert haben. Kreaturen, die in ihren Induktionen permanent falsch liegen, haben eine tragische, aber lobenswerte Tendenz, zugrunde zu gehen, bevor sie ihre Art reproduzieren.«[22]

Für Quine ist die Berufung auf Darwin also gleichbedeutend mit dem Rückgang auf die »natürliche Selektion«: Genau in dieser Komplizierung verstellt ihm sein Naturbegriff den Blick auf die entscheidende metaphysische Dimension, auf die Grenzproblematik. Denn sein Naturalismus wird jetzt entweder metaphysisch trivial, oder er schlägt wieder in den Standpunkt des Laplaceschen Geistes um. *Entweder* er zieht Darwin nur für die Erklärung des Erfolgs *richtiger* und des Mißerfolgs *falscher* Induktionen heran; das läuft auf die metaphysisch triviale Erkenntnis hinaus, daß die Wahrheit überlebensdienlich ist. Und damit sind eigentlich Explanandum und Explanans des ursprünglichen Humeschen Projekts vertauscht worden: Die Gesetze der natürlichen Selektion erklären nicht die Differenz zwischen richtigen und falschen Induktionen, sondern die Tatsache, daß wir richtig induzieren können, erklärt unser Überleben. Die Differenz zwischen Wahrheit und Falschheit wird nicht ihrerseits noch aus diesen Gesetzen erklärt, sondern bleibt deren Anwendung als eigenständige Fragestellung voraus-

21 Vgl. W. O. Quine, »Natürliche Arten«, in: ders., *Ontologische Relativität und andere Schriften*, Stuttgart 1975, 172 ff.

22 Quine, »Natürliche Arten«, 173.

gesetzt. Bleibt es dabei, dann ist »Natur« im hier verwendeten Sinne des Begriffs metaphysisch irrelevant. *Oder* es geschieht der eigentlich radikale Schritt, indem wir von der Theorie der natürlichen Selektion die Freilegung derjenigen genetischen oder sonstigen Evolutionsgesetzmäßigkeiten erwarten, aufgrund derer wir abzuleiten vermögen, *wie* menschliche Wesen zu richtigen Induktionen gelangen und *worin* die Differenz zwischen wahrer und falscher Naturerkenntnis besteht. So ist es tatsächlich bei Quine: Er postuliert als das naturwissenschaftlich zugängliche Bindeglied zwischen naturwissenschaftlichem Wissen und der Natur sogenannte »theoretische Arten« – beispielsweise »die Art, die aus allen positiv geladenen Teilchen besteht«.[23] Wahre Erkenntnis, also beispielsweise die Entdeckung der Gesetze des Atomkerns, ist die Freilegung der Strukturen, die diesen theoretischen Arten zugrunde liegen. Die »Darwinsche« Lösung des Induktionsproblems würde demnach darin bestehen, daß wir eines Tages die theoretischen Arten, die unserem erfolgreichen Induzieren zugrunde liegen, entdecken würden – und damit die Gesetze des natürlichen Überlebens, die uns zu wahren im Unterschied zu falschen Annahmen über die theoretischen Arten veranlassen. Dann müßten wir die so gefundenen Gesetze auch prognostisch verwerten und aus ihnen all *unser künftiges Wissen* ableiten können. An dieser Folgerung wird die Absurdität der ganzen Strategie offenkundig. Jetzt wissen, was man künftig erst wissen wird: Das ist ein Ungedanke. Denn es geht hier ja nicht um so etwas wie die Voraussage, daß aufgrund bekannter Naturgesetze künftig etwas, beispielsweise ein Planet, empirisch entdeckt werden müsse; es geht nicht um die Folgerungen aus schon erlangtem Wissen, sondern um die Gewinnung künftigen Wissens selbst. Und diese Idee ist Ausdruck metaphysischer Konfusion. Was wir wissen werden, können wir nie erfahren, sonst wüßten wir es schon. Ein Laplacescher Geist freilich wüßte alles, aber für ihn gäbe es eben darum kein *künftiges* Wissen.

Das erste Ergebnis bei unserem Versuch, die Paradoxien der Selbstabgrenzung mit dem Topos des »Natürlichen« zusammenzudenken, ist also negativ: Legen wir das »frühneuzeitliche«, homogenisierende Naturkonzept zugrunde, demgemäß alle natürlichen Wesen einer sie letztlich umfassenden Gesetzmäßigkeit unterliegen, jenes Konzept, aufgrund dessen man sich von der Entschlüsselung der »Information«, die im Programm der Entwicklung biologischer Arten codiert ist, Aufschluß über die »Natur« bestimmter Lebewesen erwartet, dann sehen wir uns, wenn wir das Ereignis thematisieren, das dem uns wiederum einbegreifenden Ordnungsgefüge unsichtbar innewohnt, vor die Wahl zwischen zwei Alternativen gestellt: Entweder das Unsichtbare ist als – in *diesem* Sinne –

[23] Quine, »Natürliche Arten«, 177.

»natürlicher« Faktor zu rekonstruieren, das heißt als eine allgemeine Naturgesetzlichkeit, die gerade keine spezifisch menschliche in irgendeinem Sinne ist, in dem es auf die Grenzen zwischen dem Menschlichen und dem Nichtmenschlichen ankäme – oder wir müssen dieses unsichtbare Konstituens unseres Selbstseins selbst als Abgrenzungsleistung gegenüber »der« Natur überhaupt begreifen, deren theoretische Aufdeckung im Prinzip mit der vollständigen Überwindung der Grenzen, die uns im Verhalten zu uns zu allem Anderen gezogen sind, damit aber auch mit der Überwindung der Paradoxien zusammenfiele. Selbstabgrenzung wäre in beiden Fällen als Exekution eines Machtgeschehens zu denken, das sich gegen das spezifisch Menschliche an uns durchsetzt. Diese ausweglose Alternative rührt aber nur daher, daß hierbei von »Natur« nur im Sinne eines Reduktions-, nicht aber eines Distinktionskonzeptes die Rede ist. »Die Natur« ist hier die Sammelbezeichnung für einen Inbegriff vorhandener Entitäten, die sich aufgrund einer sie alle umfassenden Gesetzlichkeit noch einmal in Arten gliedern, deren eine die menschliche ist. Das Natürliche am Menschen ist dann das, was er mit allen anderen natürlichen Wesen teilt und dem das Geistige, wenn es denn das sein soll, was ihn von allem Anderen unterscheidet, entgegengesetzt werden muß.

An seiner philosophischen Wurzel, bei Aristoteles, hat der Begriff »Natur« aber gerade nicht die Bedeutung eines Reduktionskonzepts, sondern φύσις wird dort bestimmt als das, was »von sich aus sich zeigt«,[24] als die jedem durch seine μορφή, seine Formursache bestimmten Seienden eigene Weise, sich seiner Art gemäß zu verhalten. Eben an dieser Stelle weist Aristoteles den Versuch, die mit dem Naturbegriff bezeichnete Gliederung des Seienden »beweisen«, das heißt sie aus einer noch fundamentaleren Bedingung her ableiten zu wollen, geradezu als den Inbegriff ihres Mißverstehens scharf zurück. In unserer adverbialen Verwendung des Wortes »natürlich« als Instrument der Berufung auf das, was sich von selbst versteht, ist das epistemische Pendant zu dieser ontologisch irreduziblen Grundbedeutung bis heute bewahrt. »Natur« in diesem Sinne ist nicht Reduktions-, sondern umgekehrt Distinktionsprinzip; das heißt, »Natur« ist nicht primär ein Bereich von Objekten, die es gibt, sondern Natur ist, was ein Wesen *hat*. Die Natur eines Wesens zeigt sich, indem dieses sich seiner Art gemäß von Wesen unterscheidet, die von anderer Art sind. Heidegger hat diese von Aristoteles systematisch entfaltete Bedeutung des Naturbegriffs, die dann von

[24] Aristoteles, *Physik* II 1; 193 a in der Übersetzung von Martin Heidegger, »Vom Wesen und Begriff der φύσις«, in: ders, *Wegmarken*, Frankfurt a. M. [2]1978, 260.

Cicero[25] und Boethius[26] als eine unter mehreren, aber diesen anderen Bedeutungen gegenüber doch eindeutig selbständige weiter tradiert worden ist, die »griechische« genannt und in bezug auf sie apodiktisch erklärt, »daß die Unterscheidung von ›Natur und Geist‹ schlechthin ungriechisch ist«[27]. Wie man zu einer derartig weitgehenden These auch stehen mag, jedenfalls ist diese Grundbedeutung des Wortes diejenige, die es uns erlaubt, in einem präzisen Sinne von der »menschlichen Natur« zu sprechen – nämlich als der Eigenart, gemäß derer sich die Angehörigen der Art Mensch von denen aller anderen natürlichen Arten unterscheiden und nichtsdestoweniger mit ihnen zusammen in jenes Gesamtgeflecht integriert sind, das wir in Absetzung gegen Artefakte als das natürliche bezeichnen.

Wenn wir »Natur« als Distinktions- und nicht als Reduktionskonzept, als Habens- und nicht als Objektbegriff verstehen, dann sind wir gerade nicht gezwungen, das Geistige als dasjenige, wodurch menschliches Selbstsein konstituiert wird und wodurch wir uns von allem, das kein solches Selbstsein hat, abgrenzen, dem Natürlichen entgegenzusetzen. Hier ist der Ort, an dem die metaphysische Tradition sehr wohl einen paradoxen Aspekt gerade in jenem einzigartigen Kern der menschlichen Konstitution angesetzt hat, durch den wir uns von allen anderen natürlichen Wesen unterscheiden. Wenn das Charakteristische an der menschlichen Natur darin besteht, daß sie, um mit sich in Einklang zu bleiben – und das heißt wesentlich, um sich von der Natur *aller* anderen Wesen abzugrenzen –, sich auf ein Anderes als sich selbst hin »übersteigen« muß –, dann muß dieses Andere eines sein, das *in Entsprechung* zu ihr die Natur *aller* Wesen *übersteigt*. Wie die beiden mit dieser Zuordnung verbundenen Grundaspekte: der des »Übersteigens« und der des »Entsprechens« nun wieder einander zuzuordnen sind, das kann man durchaus als die vorwärtstreibende Grundfrage der Metaphysik bezeichnen. Und genau im Umgang mit dieser Frage läßt sich die Problematik der Selbstabgrenzung und ihrer Selbstbezüglichkeit im metaphysischen Horizont der »menschlichen Natur« verstehen. Metaphysisch muß das sich im Selbstbezug der Grenzziehung, mit der sich uns die uns einbegreifende Welt gliedert, Entziehende als ein Ereignis gedacht werden, das zwar einerseits aus den Grenzen, die sich als das Resultat seines Sichentziehens bilden, prinzipiell nicht rekonstruierbar ist, ja das gerade als das aus diesen Grenzen und durch sie Ausgeschlossene den einzigen Aspekt bildet,

[25] Vgl. dazu M. Forschner, *Über das Glück des Menschen*, Darmstadt 1993, 71.

[26] Vgl. dazu R. Spaemann, *Personen. Versuche über den Unterschied zwischen ›etwas‹ und ›jemand‹*, Stuttgart 1996, 37ff.

[27] Heidegger, *Wegmarken*, 241.

unter dem diese überhaupt noch subsumiert werden können; es muß sich aber andererseits doch als eines darstellen lassen, in dem sich das Verhältnis, aufgrund dessen wir als die Angehörigen der Spezies Mensch uns von allen anderen natürlichen Wesen unterscheiden, wiederfindet – oder besser gesagt: wiederereignet. Und die Spur dieses Wiederereignens, *die Spur des Übergangs unserer spezifisch menschlichen in die Art, in welcher bzw. auf welche wir alles Natürliche an uns überschreiten*, muß sich durch unser Dasein als ein sich aus sich selbst immer neu sowohl fortschreibendes als auch überwindendes Verhältnis der Entsprechung ziehen, in dem wir allem, das wie wir zur Welt gehört, noch einmal gegenüberstehen.

Der Begriff, mit dem unser Anspruch, dieser Spur zu folgen, traditionellerweise expliziert wird, ist der Begriff der *Wahrheit*. Die Differenz zwischen wahrer und falscher Erkenntnis bildet den Inbegriff des sich durch unser Dasein hindurch zu bilden im Begriff befindlichen Geschehens unserer spezifisch menschlichen Abgrenzung gegen alles Andere und gegen alles Natürliche an uns und allem anderen. Weil dieses Geschehen ein kulturell konstituierter Übergang ist, der doch aus der Natur heraus erfolgt, stellt es durchaus einen Vorgang der Anpassung eines in die Welt integrierten Wesens an die es übergreifenden und einbeziehenden Strukturen dar. So gesehen, ist die menschliche Selbstabgrenzung ein Vorgang der Anpassung der Angehörigen einer natürlichen Art an anderes Natürliches und auch an das Natürliche an ihnen selbst. Was jedoch an diesem Grenzgeschehen prinzipiell nicht mehr natürlich ist, ist, daß es sich von *allem* abgrenzt. In diesem Anspruch wurzelt seine gesamte Dynamik, sowohl diejenige, die es immer wieder über sich hinauszuschreiten zwingt, als auch diejenige, die es in die Paradoxien seiner Selbstbezüglichkeit stürzt. Eben darum, weil das Abgrenzungsgeschehen sich auf alles richtet, kann es selbst in allem, was ihm durch die Grenzziehung zwischen Wahrem und Falschem als deren Resultat zugänglich wird, prinzipiell nicht auftauchen. Es kommt sich selbst nur als dem auf die Spur, das sich allem als das es zum Ganzen fügende Fremde entzieht. Aber zugleich folgen die Wesen, denen diese Art, sich von allem abzugrenzen, eigentümlich ist, dabei, insofern sie sich eben durch sie von allen andersgearteten natürlichen Wesen unterscheiden, *ihrer* Natur. Denn kein anderes natürliches Wesen paßt sich den es übergreifenden und einbeziehenden Strukturen dadurch an, daß es sich »allem« anpaßt. Wer so redet, als sei »die Natur« ein großer Konstrukteur, in dessen Plan sich die einzelnen Arten und Lebewesen, indem sie sich auf ihre Weise verhalten, hineinfügen würden, der redet anthropomorphistischen Unsinn. In der Beschwörung jener angeblichen »Evolution«, die alles, was sich in der Natur zeigt, noch einmal »eingerichtet« haben soll, in der Vorstellung, jede natürliche Art sei ein Ergebnis ihrer Anpassung an ein programmiertes

»Gesamtgefüge der Natur«, spukt wieder das Bild von einem diesem Gefüge enthobenen Geist, dem es als solches überschaubar und einzusehen wäre, ja in *dessen* urtümlichem Programmierungsakt eigentlich die einzige, allumfassende »natürliche« Leistung bestünde. Wenn Metaphysik wesentlich in der Verteidigung des Distinktionskonzeptes von »Natur« besteht, dann wendet sie sich gerade gegen eine derartige *»natura naturans«*. Es ist nicht ein naturüberhobener Geist, sondern es ist ein natürliches Wesen, aber auch *nur* dieses eine, das sich an »alles« anzupassen vermag, nämlich der Mensch. Die aristotelische Kennzeichnung der Eigenart der menschlichen Seele besagt eben dies: *anima est quodammodo omnia.*[28]

Bis hierher, bis zum Gedanken der in der Grenzziehung zwischen Wahrem und Falschem sich selbst transzendierenden Natur des Menschen, kann man den paradoxen Aspekt des menschlichen Selbstseins als sich in der Abgrenzung gegen Anderes entziehender Selbstbezüglichkeit im Geistbegriff der metaphysischen Tradition wiederfinden, und zwar über deren geschichtliche Brüche und Zäsuren hinweg. Die Paradoxien, die sich ergeben, wenn wir die Gliederung der Welt so zu denken versuchen, daß das diese Gliederung konstituierende Ereignis innerhalb des durch sie gebildeten Gefüges lokalisiert werden kann, sind von Anfang an ein entscheidendes Bewegungsmoment der Reflexionsprobleme gewesen, im Umgang mit welchen sich jener metaphysische Begriff des Geistes, von dem aus das Selbst des Menschen bestimmt wurde, konkretisiert hat: von Platons Ringen mit dem Problem, daß man die Ideen als die Prinzipien der Ähnlichkeit der Dinge nicht selbst noch einmal als durch Ähnlichkeit verbunden denken könne, im Dialog *Parmenides*[29] über des heiligen Thomas Definition des göttlichen Wesens als *similitudo rerum omnium*[30] und damit als des prinzipiell nicht wirkursächlich zu denkenden Grundes der alle innerweltliche Ursächlichkeit erst konstituierenden Ordnung bis zu der nicht zuletzt aus der Auseinandersetzung mit diesem thomasischen Lehrstück hervorgegangenen[31] Denkfigur des »Gottesstaates« bei Leibniz – dem nachmaligen »Reich der Geister« bei Kant –, mit welcher eine menschliche Freiheitsordnung, innerhalb derer jedem Individuum von seinesgleichen der größtmögliche Spielraum gelingender Entfaltung zugestanden wird, als die innerweltliche Repräsentation des Ursprungsprinzips der Welt gedacht wird, nämlich des freien Entschlusses des göttlichen Geistes zur Selbstbegrenzung seiner Vollkommenheit, die als das allem Geschaffenen Entzo-

[28] Vgl. Aristoteles, *De anima* III 4; 429 b.

[29] Vgl. Platon, *Parm.* 130 C ff.

[30] Thomas von Aquin, *Sum. Theol.* I. a.15,2 ad 3.

[31] Vgl. zu diesem Zusammenhang R. Spaemann, *Reflexion und Spontaneität. Studien über Fénelon*, Stuttgart ²1990, 232.

gene das negative Band darstellt, durch welches es indirekt zum Ganzen eines Kosmos verbunden ist.[32] Ja, man kann sogar sagen, daß mit dem Topos eines spezifisch menschlichen Unsichtbaren die ontologische Dimension des paradoxen Selbstseins als Motiv der Verknüpfung zwischen Menschsein und Sein überhaupt neu zur Geltung gebracht wird, die von »Kant und seinen Nachfolgern« gegenüber der vorherigen Tradition eher vernachlässigt wurde, nämlich die Dimension der *Zeit* als ontologischer Vermittlung von Eigenheit und Unabschließbarkeit. Als die Verknüpfung des endgültig entschiedenen Aspekts mit sich identischen Selbstseins mit der ontologisch gleichwohl selbständigen Perspektive seines Unabgeschlossenseins ist die Zeit etwa im Gedanken der *creatio continua* gedacht worden, den erst Kant aus dem Spektrum der philosophischen Themenstellungen verdrängt hat. Die geistige Optimierungsperspektive, die den Grund des Vorzugs der wirklichen Welt im Unterschied zu allen möglichen Alternativen und damit zugleich den Grund ihrer Existenz bildet, bezeichnet Leibniz in der *Theodizee* als »das Band [...], das die Zukunft mit der Vergangenheit wie das Anwesende mit dem Abwesenden verknüpft«[33]. Wesen, denen das, was sie sind, nur als das realisierbar ist, was sie nie ganz sein können, passen sich den Erfordernissen des sie umschließenden Weltganzen gerade dadurch an, daß sie es selbst unter dem Aspekt betrachten, unter dem es, dieses Ganze also, eine *Zeitgestalt* ist, deren Identität sich in bezug auf ein Neues bestimmt, das eben durch den Status, innerhalb dessen diese Bestimmung erfolgt, noch oder schon aus ihr ausgeschlossen ist.

Liegt in der Erinnerung an die ontologische Bedeutung der Temporalität immer noch ein verbindender Faktor, so ist doch nichtsdestoweniger mit dem *Begriff* der Zeit nun die Grenze möglicher Annäherung an den Geistbegriff der metaphysischen Tradition erreicht. Derselbe Topos des spezifisch menschlichen Unsichtbaren, der den Rückgang auf die Distinktionsleistung des Naturbegriffs dieser Tradition erforderlich machte, verbietet die Übernahme ihres Konzepts von Zeit, jedenfalls soweit es diese Distinktionsleistung konterkariert. Die Identifikation des Unsichtbaren mit dem Zeitlosen, die in der Tat für den traditionellen Geistbegriff charakteristisch ist, hat ihren Grund in der Unfähigkeit, eine nichtnatürliche, also kulturelle Zeit zu denken, eine Zeit, die sich der natürlichen – oder auch *den* natürlichen Zeiten – eben nicht als ihre Antithese entgegensetzt, sondern als ihnen entwachsende, sich ihnen aus ihnen heraus entziehende

[32] Vgl. dazu meinen Aufsatz, »Die göttliche Freiheit«, in: Schweidler, *Das Unantastbare*, insbes. Abschn. 5 ff.

[33] G. W. Leibniz, »Die Theodizee. Von der Güte Gottes, der Freiheit des Menschen und dem Ursprung des Übels«, in: *Philosophische Schriften* Bd. II/1, Darmstadt 1985, Vorwort. Vgl. *Theodizee* I § 62.

Perspektive überlagert. Würde die Grenzziehung zwischen dem Wahren und dem Falschen, die uns unsere Natur auf einen die Natur aller anderen Wesen übergreifenden Zusammenhang hin zu überschreiten erlaubt, gleichbedeutend damit sein, daß wir die Zeit transzendieren, dann hieße das, daß in dem geistigen Ordnungsgefüge, das durch diese Grenzziehung entsteht, nicht nur unsere Natur, sondern auch deren Träger, also *wir selbst untergingen*. Dann wäre das Unsichtbare, *aufgrund* dessen es möglich wird, uns im Ereignis der Grenzziehung zwischen Wahrem und Falschem auf spezifische Weise von allem Anderen zu unterscheiden, eigentlich der Träger dieser Unterscheidung, das Subjekt selbst, *dem* sie möglich wird. Dann wäre jede gelingende Wiederholung und Fortschreibung des Ereignisses der Grenzziehung zwischen Wahrem und Falschem immer auch zugleich ein Akt der Abgrenzung zwischen dem sie tragenden unsichtbaren, zeitenthobenen Subjekt und dem zeitlich lokalisierbaren Geschehen, durch welches es sich uns, den Menschen, erschlossen hat. Gerade die Zeitlichkeit dieser wiederholenden Fortschreibung ist es jedoch, worin allein wir das spezifisch menschliche Unsichtbare, das Geistige wahrzunehmen vermögen.

Der zweite Schritt des Versuchs, das paradoxe Selbstsein als Inbegriff des spezifisch Menschlichen zu denken, führt somit zu jener Selbstbezüglichkeit, die nicht im Abgrenzungsereignis als solchem, also nicht in dem Verhältnis, in das sein Träger durch es zu allen anderen Wesen gelangt, zutage tritt, sondern, wie Waldenfels sagt, »in dem *Sich* der Abgrenzung«[34] selbst. Wenn wir die Abgrenzung, von der hier die Rede ist, weiterhin als die Grenzziehung zwischen Wahrem und Falschem denken wollen, dann heißt dies, daß sich im Geschehen dieser Grenzziehung noch einmal Grenzen innerhalb seiner, innerhalb dieses Geschehens bilden, die durch die Differenz zwischen Wahrheit und Falschheit nicht adäquat rekonstruierbar und für diese dennoch konstitutiv sind. Bei diesen Grenzen handelt es sich um spezifisch *diachrone*, einer nicht mehr natürlichen, sondern kulturellen Zeitordnung entspringende Grenzen. Der Übergang vom Nichtwissen zum Wissen ist nicht der Übergang in den Standpunkt eines Geistes, welcher die Grenze zwischen Wahrem und Falschem noch einmal zu überblicken vermöchte, sondern er ist immer wesentlich *der Übergang vom bisherigen in den künftigen Verlauf des Geschehens dieser Grenzziehung*. Er findet innerhalb einer Zeit statt, deren Etappen sich dem Wesen, das die Grenze zwischen Wahrem und Falschem zieht, nicht deshalb entziehen, weil diese Grenze einem ihm fremden Bereich entstammte, sondern umgekehrt deshalb, weil es die spezifisch seinige, das heißt die von ihm als einem *endlichen* Wesen gezogene Grenze ist. Das für ein endliches Wesen spezifische Unsichtbare bildet

[34] Waldenfels, *Vielstimmigkeit*, 198.

sich als der Reflex des Standpunktes, von dem aus es eben *als endliches* seine Perspektive *auf alles* entfaltet. Die spezifisch menschliche Perspektive ist die Perspektive auf alles, aber von einem sich gerade durch alles hindurch seiner Einholung entziehenden Standpunkt aus. Das heißt: Erkennende Wesen begegnen, indem sie sich zum Ganzen dessen verhalten, was ist, *im Verhältnis zu sich als Erkennenden* auch *einem uneinholbar Fremden*, das sich ihnen gerade im Gelingen ihres Erkennens, ja als dessen unvermeidliche Zeitgestalt entzieht und das sie immer nur indirekt, als Verteidigung gegen den Versuch, es sichtbar zu machen, thematisieren können.

Die indirekte Thematisierung dieser von einem begrenzten Standpunkt auf »alles« gerichteten Perspektive steckt jenes weite Feld ab, in dessen Bestellung ein gewichtiger Teil der philosophischen Neuansätze des zwanzigsten Jahrhunderts übereingekommen ist und auf dem sie inhaltlich und prinzipiell gebündelt werden müssen. Die zentrale Einsicht, die uns hierbei vor falschen Grenzziehungen bewahren wird, ist, daß die Linse, in welcher sich diese verschiedenen Strahlen bündeln lassen werden, nicht die der »Antimetaphysik« ist, sondern daß im Gegenteil der ihnen in fundamentalen Aspekten gemeinsame Topos des spezifisch menschlichen Unsichtbaren eine wesentliche thematische Verbindung zu jener »physis« herstellt, die der Begriff »Metaphysik«, richtig verstanden, voraussetzt und die in der naturalistischen Antimetaphysik des zwanzigsten Jahrhunderts verfehlt worden ist. Auf dem so bestellten Feld eröffnet sich nicht nur die gleiche Höhe, in der die beiden Geistesriesen dieser Epoche, Wittgenstein und Heidegger, einander im Blick auf den blinden Fleck der Philosophie begegnet sind, auf diesem Feld fließen nicht nur die beiden großen methodologischen Ströme zusammen, in die sich über die Jahrzehnte des analytischen Abarbeitens am Positivismus und des phänomenologischen Traums vom Reinen und Unmittelbaren das einzig sichtbare Produkt philosophischer Lust, der Schweiß der selbstkritischen Selbstüberwindung ergossen hat; nein, dieses Feld ist sogar weit genug, endlich die kulturelle Fortpflanzungsbarriere umgehbar werden zu lassen, deren Niederringung über Verwandtschaft und Feindschaft in der Welt des einundzwanzigsten Jahrhundert entscheiden könnte, die Barriere zwischen den beiden großen Richtungen der Menschheitszivilisation, der östlichen und der westlichen. Manches spricht dafür, daß sich das spezifisch menschliche Unsichtbare von seiner Trugerscheinung als weltüberhobener Geist nur in einer Denkbewegung loslösen kann, die uns auch gegenüber der Fiktion einer alles Vergängliche quasi rückwärts durchstreichenden Heilsmacht eines weltauslöschenden Nichts philosophisch die Augen öffnet.

In abgrenzender Aufnahme des Geistbegriffs der metaphysischen Tradition läßt sich das uneinholbar Fremde, in dem wir im Geschehen der Abgrenzung zwischen Wahrem und Falschem uns selbst begegnen, mit dem Begriff der »geistigen Macht« kennzeichnen. Humboldt spricht in seiner Abhandlung über »Sprachbau und Entwicklung des Menschengeschlechts«[35] von »Geisteskraft« und »geistigen Kräften«, die uns unser Innerstes zugleich erfahren lassen und die doch »zugleich ein unabhängiges, äusseres, gegen den Menschen selbst Gewalt ausübendes Daseyn«[36] haben, die also, wie es im *Faust* heißt, das Beste dieses Innern mit sich fortziehen. Es ist der wesentlich *nichtintentionale* Aspekt des Verhaltens zu diesen Kräften, den man noch präziser als mit dem Kraft- mit dem Machtbegriff fassen kann, und zwar nicht zuletzt auch deshalb, um den Abgrund zu verdeutlichen, der die geistige von der faktischen Macht, von der Gewalt unüberbrückbar trennt. Paradigma solcher Geisteskräfte sind für Humboldt die menschlichen Sprachen. Unsere Sprache ist es, wodurch allein wir die Grenze zwischen Wahrem und Falschem um »alles« ziehen zu können sicher sein können, und doch ist gerade auch sie es, wodurch um die Ordnung, in der uns »alles« zugänglich wird, sich Grenzen anderer, eigener Art ziehen, in deren Überschreiten die Entwicklung des Menschengeschlechts eine ist, die uns als seinen Angehörigen weder individuell noch kollektiv einholbar sind. In der intentional nicht operationalisierbaren Sicherheit, über diese Grenzen hinaus zu sein, erfahren wir eigentlich unsere Natur; sie ist es, in der, wie Humboldt von der Sprache sagt, »jeder Einzelne am lebendigsten fühlt, dass er nichts als ein Ausfluss des ganzen Menschengeschlechts ist«[37]. Wir werden das Sichtbare und das Sagbare niemals dergestalt vor Augen liegen haben oder in Sprache fassen können, daß sich in den es umschließenden und strukturierenden Grenzen nicht zugleich jenes Gesicht abzeichnen würde, in dessen Konturen wir als menschliche Wesen uns nicht nur von allem anderen abheben, sondern auch von dem an uns, was wir durch unsere Weise, uns zu allem zu verhalten, *über uns selbst aussagen*, ohne es noch einmal kontrollieren zu können. Damit sind wir an dem Punkt, den die dritte der von Waldenfels entwickelten Paradoxien der Selbstabgrenzung markiert: Dort, wo wir die Grenze zwischen dem Wahren und dem Falschen nur so zu ziehen vermögen, daß die Grenzziehung uns selbst noch einmal in das durch sie geknüpfte Ordnungsnetz einzugehen zwingt, dort also, wo zwar nicht das Abgrenzungsereignis, wohl aber das sie tragende Wesen innerhalb des Gesamtfeldes der aus ihm hervorgegangenen Resultate *un*willkürlich sichtbar wird, dort ist der eigentliche Ort des »*Fremdbezugs im Selbstbezug*«.[38] Dieser Ort

[35] W. von Humboldt, *Werke in fünf Bänden* Bd. III (ed. Flitner/Giehl), Darmstadt ⁵1979, 390, 392.

[36] Humboldt, *Werke* III, 392.

[37] Humboldt, *Werke* III, 439.

[38] Waldenfels, *Vielstimmigkeit*, 198.

in seiner Unverfügbarkeit ist es, den wir mit dem Machtbegriff zu markieren haben. Es ist der Ort, an dem die Macht, aufgrund derer wir »alles« erkennen zu können sicher sind, uns denen, die durch eben diese Macht über uns hinaus sind, *zu erkennen zu geben zwingt.*

Aber, so wird man fragen, ist der Machtbegriff, wenn er schon nicht im Dienst der Antimetaphysik steht, nicht trotzdem durch sein Nietzscheanisches Erbe zumindest mit einer zentrifugalen Tendenz behaftet, die vom Kern metaphysischer Fragestellungen weg und an den Rand der Extreme führt? Kann das, was dem Geist vermöge des Machtbegriffs hinzugedacht werden soll, in andere Richtung führen als in die des Konstruktivismus, Subjektivismus und Relativismus? Genau das Gegenteil ist der Fall, und man kann den Begriff in unserem Kontext gar nicht besser präzisieren als in der Abgrenzung gegen die mit dieser Frage implizierten Mißverständnisse. Von *diesem* Grenzgeschehen her erhalten dann auch die drei Begriffe, die im Mittelpunkt der metaphysisch inspirierendsten Ansätze der zweiten Hälfte des zwanzigsten Jahrhunderts gestanden haben, ihr inneres Band, nämlich die Begriffe *Chiasma*, *Paradigma* und *Person.*

Den *chiasmischen* Aspekt der Grenzziehung zwischen dem Wahren und dem Falschen gäbe es nicht, wenn der Geist selbst das Subjekt wäre, das diese Grenze zieht. Dann wäre Erkenntnis gerade nicht das, wovon her sich die paradoxe Struktur des menschlichen Selbstseins verstehen ließe. Denn die Paradoxie unseres Selbstverhältnisses besteht doch gerade darin, daß ein in die Welt integriertes Wesen ihr gleichwohl als eines gegenübertritt, das sich zu allem an und in ihr verhalten zu können beansprucht. Würden wir im Erkennen nicht nur unsere Natur, sondern die Welt selbst transzendieren, dann höbe sich in dem so erreichten Standpunkt die Paradoxie auf. Allerdings höbe sich damit auch der genuine Anspruch auf, der im Begriff des Erkennens selbst enthalten ist. Denn etwas zu erkennen bedeutet, es *als es selbst*, als *dasjenige, das es ist*, zu erkennen. Genau darin besteht das Spezifikum des Erkennens, das es von allem Abbilden, Nachahmen oder Wiedergeben abhebt und aufgrund dessen sich eben der Mensch von einem Spiegel, einer Wasserfläche, einem Fotoapparat oder einem Computer unterscheidet. Diesen spezifischen Unterschied gäbe es nicht, wenn Erkenntnis ein Geschehen wäre, welches allein auf der Seite des erkennenden Wesens stattfindet. Dann bestünde Erkenntnis in einer Konstruktion, die auch durch die Beschwörung des sie durchführenden Konstrukteurs, darin etwas »als« es »selbst« zu erfassen, nichts anderes als das in ihr Konstruierte zu enthalten beanspruchen könnte. Daß Erkenntnis ein Übergang ist, bei dem Etwas einem Anderen, der nicht von seiner Art ist, doch »als es selbst« begegnet, kann letztlich nur bedeuten, daß das Erkannte in diesem Übergang selbst anwesend ist, daß er ebenso seiner wie der es Erkennenden und also ein gegenläufiger, zwei Bewegungsrichtungen überkreuzender Übergang ist. Wir müssen also im Erkennen uns selbst in irgendeiner Weise *aus der Perspektive des Erkannten* begegnen. Direkt ist das zwar unmöglich, weshalb der metaphysische Anspruch, daß wir als Menschen die Welt so zu erfassen vermögen, wie sie ist, niemals im naturwissenschaftlichen Sinne zu beweisen wäre. Indirekt aber erlaubt uns gerade die zeitliche und also endliche Konstitution unseres Selbstseins zumindest, unser Erkennen als *ein Geschehen zu thematisieren, durch welches sich eine Perspektive auf uns eröffnet, die ohne es nicht zustande kommen würde, die in ihm mit Sicherheit anwesend ist und die wir gleichwohl in ihm nicht einzunehmen imstande sind, ja die durch es gerade von uns ausgeschlossen wird.* In dieser Perspektive treten wir uns im Erkennen immer auch als Wesen gegenüber, denen nicht etwa – wie es wäre, wenn unsere Erkenntnis so etwas wie die kumulativ wachsende Teilhabe an der Perspektive eines allüberschauenden Geistes wäre – ein Rest an Erkennbarem fremd *bleibt*, sondern die sich, gerade indem sie erkennen, selbst fremd *werden.*

Wo geschieht das konkret? Nun, es geschieht dort, wo wir als Erkennende auf eine ganz bestimmte Weise wahrnehmbar werden, die es nur für erkennende Wesen geben kann, nämlich die *geschichtliche* Weise. Die Wahrheit ist keine Geschichte, aber sie hat eine Geschichte und sie bringt sie hervor. Heidegger sprach von der »Seinsgeschichte«, Wittgenstein von dem Weltbild, das »ich nicht habe, weil ich mich von seiner Richtigkeit überzeugt habe«, sondern das »der überkommene Hintergrund« ist, »auf welchem ich zwischen wahr und falsch unterscheide«[39]. Aber nirgendwo sind die geistigen Mächte, die unser Erkennen prägen, präziser gekennzeichnet worden als in Kuhns Theorie der Paradigmen und des Paradigmenwechsels.[40] Gerade in der Formel, auf die wir »alles« bringen, sagen wir etwas aus, das es ohne sie nicht gäbe und das doch in sie nicht eingehen kann, etwas also, das wir niemals kontrollieren können. Wir sagen darin etwas *über uns* aus. Eines Tages wird man uns so sehen, wie wir uns durch unsere Weisen des Sehens sichtbar gemacht haben, so wie wir heute auf die Träger früherer Weltbilder zurückblicken. Als geistesgeschichtlicher und ideologiekritischer Topos ist diese Einsicht natürlich nicht neu. Aber von dort aus, wo Kuhn sie hineingetragen und verankert hat, aus der Mitte des naturwissenschaftlichen Wahrheitsanspruchs, eröffnet sie einen chiasmischen Aspekt von ontologischer Brisanz. Ist nicht dieses Fremde, das wir an uns wahrnehmbar zu machen mit Sicherheit nicht umhin können, gerade das Geschehen, in dem allein jenes andere Fremde, das wir als Wirkliches zu berühren und mit dem uns wirklich zu vereinigen wir im Erkennen doch sicher sind, als es selbst in uns

[39] L. Wittgenstein, *Über Gewißheit*, Frankfurt a. M. 1970, § 94.

[40] Th. S. Kuhn, *Die Struktur wissenschaftlicher Revolutionen*, Frankfurt a. M. $^{2}$1976.

eingeht? Vom hebräischen Wort für »Erkennen« bis zu Merleau-Pontys Rede vom »Sein der Promiskuität«[41] als dem Ort, an dem sich die Integration ansichfürsich vollziehe, ist diese Deutung, in der das Erkennen eher ein Wiedergebären als ein Spiegeln oder Repräsentieren ist, immer bewahrt worden. Natürlich werden wir als solche schließlich zurückbleibenden Hülsen, als geschichtlich-kulturell geprägte Träger eines geistigen Loses wiederum nur für andere, spätere *Menschen* wahrnehmbar; aber das, *was* diesen dann wahrnehmbar wird, gibt es ja zuvor als ein jetzt schon, aber *nicht für uns* Wahrnehmbares. Wenn Erfahrung von Sein darin besteht, das, was man nicht selbst ist, dazu zu bringen, sich darzubieten, erfährt dann das von uns Erkannte nicht, indem wir uns durch den Prozeß seines Erkennens hindurch als geschichtliche Wesen darbieten, nicht ebenso unser Sein wie wir ihres? In diesem Gedanken wurzelt Merleau-Pontys Begriff des Chiasma als »Austausch zwischen mir und der Welt, [...] zwischen dem Wahrnehmenden und dem Wahrgenommenen: was als Ding beginnt, endet als Bewußtsein des Dinges, was als ›Bewußtseinszustand‹ beginnt, endet als Ding.«[42] Wie weit man diesem Gedanken auch zu folgen bereit sein mag, die Richtung, in die er führt, *wenn* man ihm folgt, ist jedenfalls nicht die subjektivistische, sondern gerade die dieser entgegengesetzte.

Der nichtintentionale Aspekt, den der Machtbegriff besser als jeder andere hervorzuheben vermag, ist entscheidend, wenn wir die Relativität der Paradigmen im Sinne Kuhns mit dem Wahrheitsanspruch zusammendenken wollen, der die metaphysische Interpretation der menschlichen Natur trägt. Den Überkreuzungspunkt beider stellt gerade jenes Fremde dar, dessen Fremdsein Quine für überwindbar hielt. Was Kuhn von Quine trennt, ist ja keineswegs der Darwinsche Blickwinkel, sondern lediglich der Sinn für die Eigenart des Tieres, auf die er im Philosophieren richtet, nämlich für die Eule der Minerva. Der Begriff der geistigen Macht ist in einem ganz spezifischen Sinne ein *Reflexionsbegriff*: Er bezeichnet ein Vermögen, das sich uns prinzipiell nur als verlorenes, überwundenes zeigen kann, so daß seine metaphysische Thematisierung immer relativ auf die Perspektive eines den Blick zurück eröffnenden Überwindungsgeschehens bleibt. Und in dieser Perspektive entfaltet sich erst die eigentliche, nämlich die metaphysische Herausforderung des Darwinschen Paradigmas, die nicht über-, sondern unterschätzt wird, wenn man philosophische Probleme, wie Quine, gar nicht als philosophische, sondern als naturwissenschaftliche gelten lassen will. Nach Kuhn entscheidet sich der Kontakt zwischen Theorie und Erfahrung nicht aufgrund der uns noch verborgenen Gesetzmäßigkeiten des

[41] M. Merleau-Ponty, *Das Sichtbare und das Unsichtbare*, München 1986, 319.

[42] Merleau-Ponty, *Das Sichtbare und das Unsichtbare*, 274.

biologischen Lebens, sondern in einem von diesem durch einen Sprung getrennten Geschehen *sui generis*. »Irgendwo«, so schrieb schon 1936 Ernst Cassirer in seiner Kritik am dogmatischen Empirismus, »müssen wir im Fortgang der Erkenntnis eine echte ›*Mutation*‹ anerkennen, die zu etwas Neuem und Selbständigem hinüberführt«[43]. Die philosophische Pointe Darwins liegt, wenn irgendwo, dann in seiner Heranziehung für die Rekonstruktion des diachronen Charakters genau dieser Art von »Mutation«; und eben darum geht es bei Kuhn. Ob eine Theorie sich als diejenige durchsetzt, die wir als wahr annehmen müssen, das entscheidet sich nach Kuhn prinzipiell nicht direkt, sondern indirekt, das heißt in ihrer Durchsetzung gegen konkurrierende Theorien. Die Erfahrung ist dabei zwar der Bezugspunkt, an dem sich der Erfolg der Theorie im Wettbewerb mit ihrer Alternative ausrichtet; aber die Kriterien, die über den Erfolg entscheiden, also etwa Kriterien wie Quantifizierbarkeit, Einfachheit, Fruchtbarkeit und – auf eine Kurzformel gebracht – Weltbildverträglichkeit, sind nicht selbst aus der Erfahrung ableitbar, sondern sie entstammen einem komplexen, kulturell konstituierten Erkenntnisprozeß, der durch die Paradigmen geprägt ist, nach denen wir über die Frage der Bewährung oder Widerlegung von Theorien entscheiden müssen. Wenn es bei dieser Entscheidung und damit im Überlebenskampf von Theorien überhaupt um die Differenz von Wahrheit und Falschheit gehen soll, dann kann nur das Wesen, auf dessen Natur diese Differenz daseinsrelativ ist, als die ausschlaggebende Selektionsinstanz gedacht werden, die diesen Überlebenskampf von allem unterscheidet, was in der nichtmenschlichen Natur stattfindet. Richtig ist natürlich, daß jede Theorie durch eine bessere künftige widerlegt werden kann; aber wenn das geschieht, dann aufgrund *wahrer Erkenntnis* derjenigen Wesen, die sich die alte zugunsten der neuen, besseren Theorie aufzugeben gezwungen sehen. Wir wissen niemals sicher, ob die neue Theorie, auf deren Basis wir die Ergebnisse einer bisherigen Theorie als widerlegt betrachten müssen, Bestand haben wird; aber wir wissen sicher, daß uns nur wahre Einsicht in die Unwahrheit der neuen Theorie dazu bringen kann, zu einer weiteren überzugehen, und so fort. In jedem Übergang von einer alten, widerlegten zu einer neuen, widerlegbaren Theorie sind alle künftigen Übergänge derselben Art, ist also die gesamte spezifisch menschliche Weise, die Grenze zwischen Wahrheit und Falschheit zu ziehen, indirekt anwesend.

Wo aber wird sie uns als sie selbst faßbar? Wie kann in eine Theorie das eingehen, was uns unseres durch sie vermittelten Zugangs zur Wirklichkeit vergewissert? Im Rahmen von Kuhns Paradigmenbegriff gibt es nur eine Antwort: *In ihrer Überwindung durch die neue Theorie*, das heißt *in dieser neuen Theorie*

[43] Cassirer, *Zur modernen Physik*, 191.

*selbst und nirgendwo sonst.* Indem sie ihre Macht über uns erlangt, vollzieht sich das, woran sich uns die geistige Macht der alten, überwundenen allein darzustellen vermag. Das aber heißt: Die geistige Macht des neuen Paradigmas ist im alten anwesend als der Inbegriff der Aktivitäten, die darauf gerichtet sind, das alte zu bestätigen – und in dem Scheitern dieser Aktivitäten. Beschreiben im Sinne Quines, also zum Inhalt einer von uns erstellten Theorie machen, können wir das künftige Wissen, das unsere jetzige Theorie ablösen wird, niemals. Wir beschreiben dieses uns entzogene Neue immer nur ungewollt, nicht-wollend, indem wir das Alte an Prüfsteinen profilieren, an denen es schließlich scheitert. Wir »beschreiben« es in dem Sinne, wie eine Rakete ihre Umlaufbahn oder der Mond eine Sichel beschreibt, das heißt, wir beschreiben sie, indem sie sich in unserem Rücken den Aktivitäten entwindet, deren Inbegriff darin besteht, sie auszuschließen. Hierin zeigt sich die prinzipiell nichtintentionale Basis des Umgangs mit geistiger Macht: Wir können sie nur als die erfahren, die uns im Überwundenwerden durch sie gegeben wird. Damit steht sie in vollständiger Disjunktion zu faktischer Macht, das heißt, sie ist prinzipiell uninstrumentalisierbar. Sie ist, ebenso wie unser Begriff von ihr, wie alle philosophischen Begriffe und wie alles Würdige im menschlichen Leben, letztendlich *nutzlos.*

Mit dem Begriff des Würdigen berühren wir abschließend die Bedeutung, die das spezifisch menschliche Unsichtbare für die Konstitution der humanen Praxis hat. Daß die Menschenwürde »unantastbar« sei, heißt ja bekanntermaßen nicht, daß sie nicht verletzt werden könnte. Bestünde die Würde des Menschen in Eigenschaften menschlicher Individuen oder in deren Kombination, dann wäre ihre Verletzung mit ihrer Beseitigung identisch. Die Aussage »Die Würde des Menschen ist unantastbar» wäre dann ein Zynismus. Genauso wäre sie aber zynisch, wenn sie sich nicht doch immer auf die einzelnen Angehörigen der menschlichen Art bezöge; dann könnte man die Verletzung und Vernichtung angeblichen »unwürdigen« menschlichen Lebens sogar noch als indirekten Dienst am Abstraktum »würdiges Menschsein« hinstellen. Es muß sich hier also um eine Aussage handeln, die sich sehr wohl auf die einzelnen Angehörigen der menschlichen Art, nicht aber auf deren Eigenschaften bezieht. Ihr Inhalt wird sofort klar, wenn man den Ort bestimmt, an dem sie sich innerhalb unserer Diskurse plaziert. Dieser Ort ist nicht der des naturwissenschaftlichen, sondern des *rechtlichen* Diskurses. Rechtsbegriffe sind im Wesen Verbotsbegriffe, »*Verhinderung* eines *Hindernisses der Freiheit*«, wie Kant sagt[44]. Der Begriff der Menschenwürde ist in seinem Wesen ein Verbotsbegriff, und die Aussage »Die Würde des Menschen ist unantastbar« ist eigentlich eine performativ selbstbezügliche

[44] Kant, *Metaphysik der Sitten*, Rechtslehre AB 35.

Reklamation der Nichttransformierbarkeit ihres Inhalts in einen anderen als den rechtlichen Diskurs. Was verbietet sie uns? Wenn sie sich nicht auf Eigenschaften bezieht, kann sie sich nur auf Beziehungen, also auf ein *Verhältnis* beziehen, in dem der, dem sie etwas verbietet, zu allen anderen Wesen steht, auf die sie sich bezieht. Und wer sind diese Wesen? Genau auf diese Frage ist sie die Antwort: *Alle Menschen.* Sie verbietet dem, für den sie gilt, das heißt sie verbietet jedem Menschen, die Würde eines anderen Angehörigen der menschlichen Art in Frage zu stellen. Eine solche Infragestellung ist praktisch ebenso möglich wie theoretisch, insbesondere auch durch die Heranziehung oder Verwertung wissenschaftlicher Forschungsergebnisse zum Zweck der Unterscheidung zwischen würdigem und unwürdigem oder hinsichtlich seines »Würdegrades« abgestuften menschlichen Lebens. Der Begriff der Menschenwürde gewinnt seine Bedeutung somit allein durch seine Bezeichnung der Macht, die derjenige, für den die Aussage gilt, nur in der Form des Respekts vor der entsprechenden Macht aller anderen Angehörigen seiner Art wahrzunehmen vermag. Das aber ist exakt die Eigenart der geistigen, der Geistesmacht. Wenn wir Menschen Würde zuschreiben, dann drücken wir damit die Sicherheit aus, daß alle Angehörigen der menschlichen Art sich unwiderruflich von allem anderen unterscheiden. Diese Sicherheit ist die praktische Seite des spezifisch menschlichen Unsichtbaren und entzieht sich folglich ebenso jedem Einbezug in die Ordnung, welche sich als das Resultat unseres Umgehens mit ihm ergibt; sie für etwas wissenschaftlich Begründbares zu halten, wäre ein katastrophaler Kategorienfehler, weshalb die begriffliche Unterscheidung, mit der wir sie allein zu fassen vermögen, die strukturell konstitutive Grenzziehung am Boden des *rechtlichen* Diskurses ist, nämlich die Differenzierung zwischen *Person* und *Sache.*

Der Unterschied zwischen ›etwas‹ und ›jemand‹ stellt das Paradigma einer Abgrenzung dar, die prinzipiell nicht terminologisch konkretisierbar ist. »Rein numerische Identität«, so heißt es in Robert Spaemanns Theorie der Person, »läßt sich nur topologisch fassen«.[45] Mit dem Begriff der Person thematisiert die Metaphysik exakt die Antithese zu allem, was sich »als bloßer Teil eines Ganzen« oder auch »als bloßer Fall eines Gesetzes« rekonstruieren ließe. Eine Person mit ihrem Namen anzusprechen und sie nicht durch eine Kennzeichnung zu markieren, sind zwei Pole des unteilbaren Respekts vor dem Abstoßungsverhältnis, in dem jeder von uns als die Person, die er ist, allein durch seine Distanz zu allen anderen Personen und niemals als Summe seiner Eigenschaften oder Erlebnisse identifizierbar wird. Wenn wir im Kontext der philosophischen Reflexion jenes Abstoßungsverhältnisses die Würde der Person als die geistige Macht bezeich-

[45] R. Spaemann, *Personen*, 48.

nen, die jedes menschliche Wesen jedem anderen seiner Art gegenüber zum Rechtswesen macht, dann hat der Machtbegriff auch hier gerade keinen relativistischen Impetus. Er hat vielmehr wiederum die perspektivische Funktion, uns auf den Zusammenhang aufmerksam zu machen, der zwischen der Würde des Menschen und seiner Natur besteht. Wenn das Geschehen, durch das unsere Natur zu sich kommt, indem wir uns auf einen Horizont hin überschreiten, den wir als endliche Wesen niemals einholen können, *auch* ein Machtgeschehen ist, dann ist es denkbar, daß wir die Herrschaft über dieses Geschehen verlieren können, und zwar genau dadurch, daß wir uns in ein intentionales, instrumentelles Verhältnis zu unserer Natur versetzen. Unsere Würde ist *nur eine, wenn auch einmalige Form von Macht*, das heißt, sie ist geistiger, aber ebenso natürlicher Art. Sich unserer Natur zu bemächtigen, hieße sich unser zu entledigen.

# Die Trinität – das christliche Tremendum und Fascinosum Gottes

*Leo Card. Scheffczyk (München)*

Robert Spaemann gehört zu den nicht gerade zahlreichen Philosophen, die nicht nur eine »betroffene Neigung« (K. Jaspers) zum Theologen und seiner Sache bezeigen, sondern die für diese Sache auch eine interessierte Offenheit bekunden und ihr mit religionsphilosophischem Ingenium zugewandt sind. Deshalb kann es nicht unbegründet sein, dieser ihm gewidmeten Sammlung eine Untersuchung beizusteuern, die eine Frage des Glaubens unter philosophischem Aspekt erörtert. Damit ist nicht nur eine lehrhaft-theologische Erörterung der Trinität intendiert, die heute bezeichnenderweise als angeblich theoretische Fassung des Geheimnisses zusehends in die Kritik gerät, sondern auch die Grundlegung einer spirituellen Wertung des Geheimnisses. Es geht um den Nachweis, daß das jeder Religion eigene Tremendum und Fascinosum in der Trinität am besten gewahrt und jedem starren Monotheismus überlegen ist. An Stelle der theoretischen Erklärung wird heute eine sogenannte praxeologische Deutung des Mysteriums empfohlen. Diese hat ihre historischen Wurzeln in dem Wort oder in dem Verdikt Immanuel Kants, der das berühmte Urteil fällte: Aus der Dreifaltigkeitslehre läßt sich nichts fürs *Theoretische* machen, weil, wie er meinte, »Gott [nur] in einer dreifachen spezifisch moralischen Qualität gedient sein [will]«,[1] d. h., der Bezug auf »Heiligkeit«, auf »Wohlwollen« und »Gerechtigkeit« gewahrt werden müsse.[2] *Eine theoretische* Einstellung würde aus der Trinität ein »für die menschliche Fassungskraft unfähiges Geheimnis« machen.[3]

Da die moderne Theologie vielfach, ohne es zu wissen und zu sagen, vom Deutschen Idealismus abhängt, und zwar selbst von dessen entgegengesetzten Entwürfen (nämlich von der Geistphilosophie Hegels und von der Philosophie Karl Marx'), wird verständlich, warum diese sogenannte praxeologische Fassung der Trinität gegenwärtig dominiert, was der Aufnahme eines eigentlich spirituellen Aspektes ungünstig ist. Das läßt sich an einem ihrer Initiatoren deutlich

[1] I. Kant, *Religion innerhalb der Grenzen der bloßen Vernunft* [›*Religionsschrift*‹], B 215 (ed. Vorländer, Leipzig ⁵1950, 158).

[2] *Religionsschrift*, B 213 f (158).

[3] *Religionsschrift*, B 215 (159; vgl. 163–165 und 227 f.).

nachweisen, nämlich an dem protestantischen Theologen Jürgen Moltmann, der die Trinität vom Gedanken des Kreuzes Christi her erklären möchte. Das geschieht mit Hilfe eines sogenannten »operationellen Denkens«, das auch die Lebenspraxis beeinflussen und verändern soll. Danach setzt die Trinität eine Entzweiung in Gott selbst voraus, welche sich geschichtlich im Kreuz Christi vollauf offenbart und zugleich versöhnt, danach aber als Geist der Liebe in einer lieblosen Welt zur Wirkung kommt. Mit diesem Geist sollen sich vor allem die Verlassenen, die Ausgestoßenen, die Elenden unter den Menschen identifizieren können. Die Trinität ist so kein dem Verstehen nahezubringendes und erst recht kein zu betrachtendes oder anzubetendes Geheimnis, sondern sie ist das in Gott angelegte Kreuzesgeschehen, in dessen Dynamik sich der Mensch zur Verbesserung der Welt einfügen muß.[4]

Auch Hans Urs von Balthasar, der in seiner Ästhetik zur Schau der aus sich selbst einleuchtenden Wahrheit einlädt,[5] wendet sich gegen die angeblich nur auf das theoretische Verstehen bedachte traditionelle (augustinisch-thomasische) Trinitätslehre und sucht sie ebenfalls durch eine praxeologische zu ersetzen. Sie geht, in Anlehnung an den russischen Sophiologen Sergei N. Bulgakow, ebenfalls von einem dramatischen Vorgang schon in Gott aus, nämlich von einer Kenose des Vaters gegenüber dem Sohn, in welcher sich der Vater an den Sohn total verliert, so allen Schmerz der Welt in einem »Voropfer« vorausnehmend, das sich zur Gottverlassenheit des Sohnes am Kreuze steigert. Diese Kenose drückt dem ganzen Weltprozeß den Stempel eines in Gott beginnenden Dramas auf, das am Kreuz vollendet und durch den Geist der Liebe zur Versöhnung gebracht wird.[6]

In diesen Modellen, die ganz auf die Einbeziehung der Trinität in den Weltprozeß und auf ihre praktische soteriologische Wirkung ausgerichtet sind, entschwindet der Trinität an sich das Geheimnishafte und damit ebenso das Anbetungswürdige. In diesem Sinne stehen sie einer kontemplativen, sich zur Mystik erhebenden Schau entgegen.

Trotzdem darf dieser Aspekt, in dem die Theologie eigentlich erst ihre Spitze erreicht, nicht aufgegeben werden, weil damit zugleich die Preisgabe des eigentlich Religiösen verbunden wäre. So erweist sich das Beharren auf der religiös-spirituellen und kontemplativen Betrachtung der Trinität für die gegenwärtige Situation, die auch durch ein Schwinden des eigentlich Religiösen gekennzeich-

4 J. Moltmann, *Der gekreuzigte Gott. Das Kreuz Christi als Grund und Kritik christlicher Theologie*, München ²1973, 228–236. Vgl. dazu L. Scheffczyk, *Der Gott der Offenbarung* (Katholische Dogmatik III, hrsg. von L. Scheffczyk und A. Ziegenaus), Aachen 1996, 405–408.

5 H. Urs v. Balthasar, *Neue Klarstellungen*, Einsiedeln 1979, 12.

6 H. Urs v. Balthasar, *Theodramatik* IV, Einsiedeln 1983, 466f. Vgl. K.J. Wallner, *Gott als Eschaton*, Wien 1992, 369ff.

net wird, geradezu als notwendig. Dieses Religiöse ist hier mit dem klassischen Begriffspaar des *Tremendum et Fascinosum* wiedergegeben.

## 1. Das Religiöse als Tremendum und Fascinosum

Es könnte überraschen, daß hier für die Betrachtung der Trinität die aus der heute weithin neutralistischen Religionswissenschaft stammende Kennzeichung des Tremendum und Fascinosum, zusammengefaßt im »Numinosum«, gewählt wird. Man weiß, daß sie in neuerer Zeit besonders von Rudolf Otto herangezogen[7] und mit dem neuentdeckten Begriff des »Heiligen« zusammengebracht wurde. Dieses Heilige ist aber keine moralische Kategorie, sondern eine eigene Sphäre des Göttlichen, in der sich dieses als das ganz Andere, das Majestätische, das alles Überragende und eben deshalb als das den Menschen einerseits Erschreckende, aber andererseits auch als das ihn Anziehende, kundgibt. In Ottos Verwendung nimmt der Begriff, identisch mit dem Numinosum, freilich etwas Irrationales[8] an, weshalb ihm gegenüber von der katholischen Theologie immer auch eine gewisse kritische Reserve entgegengebracht wurde. Aber man darf bei dieser Kritik nicht vergessen, daß der Begriff des Numinosen auch im christlichen Denken verwurzelt ist und schon bei Augustinus eine ausgeprägte Stellung hat. Hier ist die Aussage in den *Confessiones* richtungweisend: »Wer kann es begreifen, wer erzählen? Was ist das, was je und je mir aufblitzt, mir das Herz trifft, ohne es zu versehren? Beides - ich erschrecke, ich entbrenne: erschrecke darüber, weil ich dem so ungleich bin, ich entbrenne danach, weil ich so sehr ihm gleiche.«[9] Es ist die überwältigende Erfahrung des Heiligseins an Gott, das den Menschen in der Gottesfurcht, dem Anfang aller Weisheit (*Ps.* 110,10; *Spr.* 1,7), in die Knie zwingt, das ihn dennoch auch wieder zu Gott erhebt in der Anbetung und im selbstvergessenen Lobpreis.

Beim Tremendum-Fascinosum handelt es sich um ein religiöses Urphänomen, das dem religiösen Leben niemals gänzlich abhanden kommen darf, will es nicht dauernd in einem Vorhof des Göttlichen stehenbleiben, ohne je in das Heiligste zu gelangen. Das christliche Denken wird deshalb den Vorwurf des Irrationalismus nicht fürchten, weil es um das Überrationale, das Übernatürliche, weiß, das hier als Maßstab anzuerkennen ist. Dabei wird freilich der Doppelbegriff im christlichen Verständnis eine gewisse Neubewertung erfahren. So wird das

[7] Vgl. R. Otto, *Das Heilige*, Breslau 1917.

[8] Otto, *Das Heilige*, 75–79.

[9] *Confessiones* XI 9, 11 (Übers. J. Bennhart).

Tremendum hier nicht mit dem Dämonischen zusammengebracht werden, das es in den Naturreligionen besitzt. Aber auch das Fascinosum darf nicht mit der Form mystischen Erlebens gleichgesetzt werden, bei welchem der Mensch vom Göttlichen wie im *raptus* hingerissen wird. Es genügt, hier einfach die Spannung zwischen Gottesfurcht und Gottesliebe, zwischen Gottesferne und Gottesnähe ausgedrückt zu finden.

## 2. Zur Bestimmung des Geheimnisses

Dieses Überrationale enthält in sich das Geheimnis Gottes, das Mysterium. Es ist, wenn man es nicht nur als theoretisches Lehrmysterium versteht, sondern auch als den gläubigen Menschen betreffende Realität anerkennt, der eigentliche Gegenstand des Erschreckens und des Entbrennens, der Furcht und des Entzückens, dessen der Gläubige inne wird. Darum gilt es auf der Vorstufe dieses Gedankens über das Tremendum-Fascinosum, das für den christlichen Glauben vor allem in der Trinität gelegen ist, das Wesen des Mysteriums überhaupt ein wenig zu beleuchten, was heute auch kein ernsthafter Gegenstand des Nachdenkens mehr ist. Karl Rahner bringt das Geheimnis fast gänzlich mit der Unbegreiflichkeit Gottes zusammen, die aber wegen der Selbstoffenbarung Gottes zugleich auch zur innersten Wirklichkeit unseres Daseins wird.[10] Rahner versteht das Geheimnis Gottes rein formal als Unbegreiflichkeit, von der alle anderen Geheimnisse gleichsam aufgesogen werden, so daß sie als solche, als einzelne, gar nicht mehr hervorgehoben werden müssen. So kommt es beim Menschen eigentlich mit den konkreten Geheimnissen, auch mit der Trinität, zu keiner förmlichen Konfrontation, zu keiner spannungsvollen Beziehung, zumal alle Offenbarungsgeheimnisse aufgrund des sogenannten übernatürlichen Existentials im Menschen angelegt sind, so daß sie auch wieder verständlich werden.[11]

Demgegenüber ist es doch begründet, das Geheimnis vor allem inhaltlich zu fassen und von verschiedenen, spezifischen Mysterien zu sprechen. Daraus ergibt sich für das allgemeine Verständnis des Mysteriums,[12] daß es zuerst als Ausdruck des dem Menschen gänzlich überhobenen, ihn überragenden, ihm unfaßlichen

[10] K. Rahner, »Über den Begriff des Geheimnisses in der katholischen Theologie«, in: *Schriften zur Theologie* IV, Einsiedeln 1960, 51–99.

[11] Vgl. L. Scheffczyk, *Grundlagen des Dogmas* (Katholische Dogmatik I, hrsg. mit A. Ziegenaus), Aachen 1997, 215–222.

[12] Vgl. dazu M. J. Scheeben, »Die Mysterien des Christentums«, in: *Gesammelte Schriften* II, hrsg. von J. Höfer, Freiburg 1941, 36 ff. u. ö.

Seins und Wesens Gottes anerkannt werden muß, das dem Menschen aufgrund seiner Endlichkeit nicht zugänglich ist, das in »unzugänglichem Licht wohnt« (*1 Tim.* 6,16) und das dem Menschen seine Geringheit, geradezu seine Nichtigkeit und Unwertigkeit aufzeigt, und dies auch nach erfolgter Offenbarung des göttlichen Geheimnisses. In all dem ist der Grund für das dem Geheimnis anhaftende Tremendum gelegen.

Aber andererseits kann der Mensch als Geschöpf des geheimnishaften Gottes dem Mysterium nicht in bloßer Gegensätzlichkeit und gänzlicher Unbegreiflichkeit gegenüberstehen. Die schon in der Schöpfung gelegene Abbildlichkeit des Menschen zu Gott, welche durch die gnadenhafte Offenbarung noch weiter erhoben wird, bringt das Geschöpf auch in eine Beziehung zum Schöpfer, die sich vor allem beim geistigen Geschöpf in einer Betroffenheit von dem Geheimnis erweisen wird. Aber die Betroffenheit schafft Staunen, das Staunen das Streben nach Erkenntnis, das erst dort zum Stillstand kommt, wo – nach dem Goethewort – das höchste Glück des denkenden Menschen erreicht ist, nämlich: »das Erforschliche erforscht zu haben und das Unerforschliche ruhig zu verehren«. So kann das Mysterium in der Tat auch im christlichen Bereich als das den Menschen Distanzierende und ihn zugleich auch Anziehende an Gott erkannt werden, das der christlichen Existenz vor Gott eine eigentümliche Dynamik, aber auch eine Dramatik im unerfüllbaren Streben nach dem Geheimnis verleiht, welches zuletzt dennoch kein Scheitern erbringen muß.

Für diesen dialektischen Sachverhalt gibt es auch unbezweifelbare biblische Zeugnisse. Sie beginnen mit der eigentümlichen Namengebung des Gottes Israel, mit seiner Selbstkennzeichnung als desjenigen, der dem Volk in *Unwandelbarkeit* nahe sein wird (*Ex.* 3,15),[13] was sogleich auch eine Distanz aufreißt; sie setzen sich fort in der Patriarchengeschichte, in welcher Jakob (*Gen.* 28,17) bei der Jahweerscheinung ein Gefühl des frommen Schauderns und der Bestürzung zum Ausdruck bringt.[14] Ihr Zentrum haben solche Bekundungen des Erschreckens und doch auch wieder des Angezogenseins vom Numinosen Gottes im Trishagion des *Jesaja* 6, das von den Kirchenvätern trinitarisch gedeutet wurde. In ihm ist die Erfahrung des Propheten bezüglich der überwältigenden Größe Gottes bezeugt, vor der sich der Prophet seiner Nichtigkeit bewußt wird, aber doch nach seiner Reinigung von Gott berufen wird.[15]

[13] J. Schildenberger, *Die Religion des Alten Testamentes: Christus und die Religionen der Erde* III, hrsg. von F. König, Freiburg ²1961, 472.

[14] G. v. Rad, *Das erste Buch Mose* (Das Alte Testament Deutsch 2/4, hrsg. von V. Herntrich und A. Weiser), Göttingen 1958, 248.

[15] Artikel »Heilig« (R. Scoralick/W. Radl), in: *Neues Bibel-Lexikon*, hrsg. von M. Görg und B. Lang, Lfg. 6, 86–89.

Diese Zeugnisse finden im Neuen Testament ihre Fortsetzung, etwa bei den ersten Wunderberichten aus dem Leben Jesu, so bei der Totenerweckung der Tochter des Jairus, wo die dem Geschehen Beiwohnenden einen »numinosen Schrecken« erfahren.[16] Besonders deutlich klingen solche Erfahrungen bei den Erscheinungen des Auferstandenen vor den Jüngern an, die von »Angst und Schrecken« erfüllt sind (*Lk.* 24,37) und doch wissen, »daß es der Herr war« (*Joh.* 21,12). Wer aber einwenden möchte, daß es sich hier um einzigartige Offenbarungsereignisse handele, die man nicht ohne weiteres für die Kategorie der Erfahrung des Numinosen heranziehen sollte, der sei auf die schlichte Glaubensaussage des Paulus am Ende des Abschnitts über die Stellung »Israels in der Heilsgeschichte« verwiesen, auf *Röm.* 11,33–36, wo Paulus angesichts der Unergründlichkeit der göttlichen Heilsplanung in den Lobpreis ausbricht: »O Tiefe des Reichtums, der Weisheit und der Erkenntnis Gottes. Wie unergründlich sind seine Entscheidungen, wie unerforschlich seine Wege.« Dieser Text ist auch in die Liturgie aufgenommen. Er erscheint als Lesung in der ersten Vesper des Dreifaltigkeitssonntags.

Freilich läßt sich erkennen, daß alle die genannten Beweisstellen sich, streng genommen, nur auf den einen Gott und auf das Geheimnis des göttlichen Seins als solchem richten. Wer sie dennoch mit dem Trinitätsgeheimnis zusammenbringt, unternimmt einen theologischen Versuch, stellt sozusagen ein Theologoumenon auf, das weiter reicht als die verbindlichen Glaubensaussagen, das aber die Bedeutung des Trinitätsglaubens doch erhellen und die christliche Frömmigkeit anregen kann.

Dazu ist allerdings ein Gedanke zu erörtern, der die Steigerung des Geheimnischarakters beim Übergang vom Eingottglauben zum Trinitätsglauben aufzeigt. Es kann in einem geschichtlich angelegten Beweisgang erwiesen werden, daß der Eingottglaube, der starre Monotheismus, merkwürdigerweise den Menschen zuletzt nicht vor das Geheimnis Gottes stellt, daß demnach der monadische Gott kein Letztes an Geheimnishaftigkeit darbietet, sondern daß er zunächst den Menschen nach etwas noch Tieferem, Abgründigerem fragen läßt, mit dem er sich dann aber in bemerkenswerter Gegensätzlichkeit zum Geheimnis sogar rational verständigen und in ein Einvernehmen setzen kann.

Der Beweisgang kann bei jenen theistischen Denkern ansetzen, die das Trinitätsgeheimnis nicht erkannten oder es wenigstens nicht besonders hervorkehrten, weil sie gleichsam schon von dem einen Gott fasziniert wurden und an

[16] So J. Ernst, *Das Evangelium des Markus* (Regensburger Neues Testament, hrsg. von J. Eckert und O. Knoch), Regensburg 1981, 165.

ihm ihr Genüge fanden, was allerdings, wie gezeigt werden soll, zuletzt scheiterte.

## 3. Das Verfehlen des Mysteriums beim Vorherrschen des Einheitsgedankens im Unitarismus

Als erstes Beispiel für einen solchen Verlust des Mysteriums darf hier der auch das christliche Denken stark beeinflussende Neuplatoniker Plotin († 269) genannt werden. Für den frommen, mystisch angehauchten Plotin ist Gott das Höchste und das schlechthin Eine, das in radikalem Gegensatz und in absoluter Überhobenheit zu allem Vielen steht, welches als Geteilt- und Getrenntsein Kennzeichen der Geschöpfe ist. Das Eine ist von keinem menschlichen Begriff, Gedanken oder Wort zu erfassen, weil es über dem Sein steht, das wir allen unseren Gedanken und Worten voraussetzen müssen. So kann der Mensch nach Plotin von Gott in einer rein negativen Theologie nur sagen, was er *nicht* ist. Man kann dieses Eine nicht einmal »Gott« nennen, weil damit etwas Seiendes ausgesagt ist. Es muß deshalb sogar mehr als Gott sein.[17] Andererseits muß das Viele in der Welt von diesem Einen abhängig sein. Die Erklärung dieser Abhängigkeit leistet der Gedanke der Emanation, des Ausfließens des Einen in das Viele. Dieses Geschehen wird mit Hilfe einer Vielzahl von Zwischenstufen und Zwischenwesen erklärt, so daß das Eine trotz allen Überseins doch wieder nach alter griechischer Manier allen Dingen innewohnt, woran sich das Ganze als eine Spielart des Panentheismus erweist.

Dabei vertritt das unaussagbare Eine sichtlich das Moment des Tremendum, Sehnsucht und Rückkehr des Vereinzelten zum Einen aber steht für das Fascinosum. Nun aber führt Plotin den entscheidenden, der Mystik verhafteten Gedanken ein, daß dieses überweltliche Eine zwar niemals erkannt wird, jedoch in der Selbstbesinnung des Menschen, vor allem in der Kontemplation, in der Ekstase, schauend erfahren werden kann, so daß der Mensch schließlich mit dem Einen sogar eins wird, in ihm aufgeht, sich in seiner Vereinzelung in ihm verliert, wenn auch der irdische Mensch dabei nicht vergöttlicht wird. Aber für die Welt insgesamt besagt dieser »Rückweg«, daß das Göttliche mit der Schöpfung am Ende wieder zusammenfällt und das Tremendum aus dem Zusammenhang hinausfällt.

Spekulationen über den einen Gott und seine Geheimnishaftigkeit sind auch im Christentum unternommen worden, unter dem Einfluß von Plotin besonders

[17] Plotin, *Enn.* VI 9, 6, 40 (ed. Harder/Theiler).

bei Dionysius Ps.-Areopagita (5. Jahrhundert), der ebenfalls bei dem Bewußtsein von der ungeheueren Distanz Gottes zur Welt und zum Menschen ansetzt. Gott ist für den Areopagiten ὁ πάντων ἐπέκεινα, der über alles Sein Hinausliegende.[18] Auch für ihn heftet sich der beherrschende Gedanke auf das »Urgöttliche« oder »Übergöttliche« an Gott, das »ungeteilt in den geteilten[...] unvermischt und vervielfältigt anwesend ist«.[19] In Verbindung mit dem Lichtgedanken läßt er die Strahlung der göttlichen Gutheit in hierarchischer Stufenordnung auf alles Seiende ausfließen. Er ist wesenhaft die Energie des Guten, das »bonum sui diffusivum«, das wie die Sonne naturhaft und gleichsam notwendig leuchtet und die Dinge als Lichtgestalten emanativ aus sich hervorgehen läßt. Trotzdem vermag der Mensch auf dem Weg der Reinigung, der Erleuchtung und Einigung »zu dem überseienden Strahl der göttlichen Dunkelheit [...] hinaufgeführt« zu werden,[20] woraufhin er mit dem Geheimnis eins wird. Die Trinität wird zwar unter den vielen Namen Gottes auch genannt, aber sie bleibt ohne jede systembildende Bedeutung.[21] Das wahrhaft Göttliche liegt tiefer. Es ist der naturhafte Urgrund in der Tiefe.

Diese Gedanken von der alle geheimnisvoll überragenden göttlichen Einheit gehen seit dem frühen Mittelalter weiter, etwa bei Scotus Eriugena († 877). Der Ire denkt so stark von der göttlichen Natur her, die wesentlich als schaffende Natur verstanden wird, daß ihr auch die göttlichen Personen als Weltprinzipien unterworfen sind. Der Logos wird so als Inbegriff der Ideen der Dinge verstanden, der Heilige Geist als Austeiler und Vervielfältiger der Ideen in die Einzelwesen. Der geheimnisvolle unsagbare Gott wird am Ende unter Heranziehung der Trinität in einer kosmischen Kreisbewegung zur rationalen Einsicht gebracht.[22]

Solche dominierende Einheitsauffassungen gehen weiter über Thierry von Chartres († um 1150) bis hin zu Meister Eckhart († 1327) und Nikolaus von Cues († 1464). In der mystischen Theologie Eckharts herrscht ebenfalls der Gedanke vor, daß Gott »etwas Höheres als das Seiende« ist.[23] Als solcher ist er

18 *De mystica theologia* I, 3 (Corp. Dionys. II, ed. Heil – Ritter, Berlin/New York 1991 [PTS 36], 143).

19 *De divinis nominibus* II, 11 (Corp. Dionys. I, ed. Suchla, Berlin/New York 1990 [PTS 33], 135f).

20 *De mystica theologia* I, 1 (Corp. Dionys. II, 142).

21 Vgl. O. Semmelroth, »Gottes überwesentliche Einheit. Zur Gotteslehre des Ps.-Dionysius Areopagita«, in: *Scholastik* 25 (1950), 209–235.

22 *De divisione naturae (Periphyseon)* II, 1; II, 22 (ed. Sheldon-Williams, Dublin 1972, 4ff; 84ff).

23 *Qu. Par.* I n.12 (LW V, 47).

wie beim Ps.-Areopagiten »ewige Verborgenheit«[24], weshalb alle Benennungen seines Wesens den Gottliebenden als nichtig gelten müssen, auch die Personbezeichnungen. Wonach sich das gottgleiche Seelenfünklein deshalb sehnen müsse, ist »ein Nichtgott, ein Nichtgeist, eine Nichtperson«.[25] Trotz aller Geheimnishaftigkeit ist es also dem von sich selbst leer gewordenen Menschen möglich, in der grundlosen Tiefe der Gottheit zu versinken und so ihr Geheimnis zu erfassen, aber an der Trinität vorbei. So spricht Hans Urs von Balthasar von einer »deutlichen Unterwanderung des ganzen trinitarischen Prozesses entsprechend einem (neuplatonischen) Trend zur absoluten Unizität«[26].

An dieser Stelle scheint es angebracht, ein wenig innezuhalten und, nach dem kursorischen Überblick über die auf den unitarischen Gott wie auf sein Tremendum und Fascinosum fixierten Gedanken, tiefer nach dem Sinn und der inneren Motivation dieser Spekulationen zu fragen. Darauf läßt sich wohl antworten: Sie gehen alle von dem einen überweltlichen Gott und seinem Gegensatz zur Welt aus, ein Gegensatz, der im Neuplatonismus sogar einen Dualismus in sich birgt. Dann jedoch scheint den Philosophen und Theologen des Unitarismus dieser eine, individuelle, gegenständliche Gott nicht zu genügen. So treibt es sie merkwürdigerweise zur Suche nach etwas noch Tieferem, noch Allgemeinerem und Grundlegenderem, als es der eine Gott darzubieten vermag.

Aus irgendeinem Unwillen und Ungenügen an dem subjekthaften (aber deshalb noch nicht eindeutig personalen) einen Gott, der offenbar dem Tremendum, das der religiöse Mensch Gott gegenüber empfindet, nicht genügt, suchen sie nach einem apersonalen göttlichen Urgrund oder nach einem »Übergott«, der das Tremendum besser zu verkörpern scheint und dem Geheimnishaften nähersteht. Diesem im Urgrund verborgenen Göttlichen entspricht eine notwendig hervorquellende Welt mit dem leib-geistigen Menschen, in die sich der Urgrund emanationistisch ergießt, dabei aber zugleich die Schöpfung wie auch den Menschen in einer Rückbewegung an sich zieht, so daß die Welt in dieses Eine auch wieder zurückfließt und in ihm aufgeht. Von dem Schüler Plotins, Proklos († 485), ist es am deutlichsten gesagt, daß alles Geschöpfliche wieder zum Ausgangspunkt zurückkehrt. So wird aber aus dem Ganzen eine rein philosophische Erklärung des Weltprozesses, die, wie bei dem davon beeinflußten Hegel, überhaupt kein Geheimnis an sich hat, sondern eine logische Erklärung

[24] *Pred.* 22 (DW I, 382).

[25] Fr. Pfeiffer, *Meister Eckhart*, Göttingen [3]1914, 320.

[26] v. Balthasar, *Theodramatik* IV, 406.

bietet, aus der auch der Geist des Fascinosum entschwunden ist; denn die Logik hat kein Verhältnis zum Fascinosum.

Der Sinn und die Motivation dieses Unitarismus läßt sich noch leichter erschließen an einem modernen Beispiel, das der evangelische Philosoph und Theologe Paul Tillich († 1965) in seinem Werk darbietet. Auch er wollte, freilich aus anderen Gründen, vom monotheistischen Gott Abstand nehmen. Die Gründe liegen in der angeblich nichtssagend gewordenen Gottesvorstellung des Theismus, der nach Tillich mehr Metaphysik enthält als wahre Religiosität. Tillich schwebte deshalb, ähnlich wie den Alten, ein »absoluter Gott« vor, den er auch einen »Gott über Gott« nannte unter typischem Übergehen des Trinitätsgeheimnisses. Aber er endete mit diesem Entwurf schließlich bei einer totalen Immanentisierung und Vermenschlichung Gottes: Der von ihm gefundene »Gott über Gott« wurde im Menschen der »Mut zum Sein« oder »das, was uns unbedingt angeht«,[27] also wiederum nur ein natürliches Gesetz, ein ethischer Imperativ, ein philosophischer Gedanke. So scheint es das Schicksal des philosophisch-theologischen Unitarismus zu sein, das Ungenügen eines monadischen Eingottglaubens zu erkennen, aus dieser Erkenntnis einen tieferen oder höheren Gottesglauben zu folgern, der auch dem Tremendum Gottes gerecht wird, aber schließlich das Tremendum zu verfehlen und bei einem naturalistischen Weltgesetz zu landen.

Die weitere Frage, die dieser ersten anzuschließen ist, darf sich dann dem christlichen Trinitätsgeheimnis zuwenden und lauten: Was ergeben diese an dem einen göttlichen Wesen hängenden Gottesvorstellungen, wenn man sie mit der Wahrheit vom trinitarischen Gott in Vergleich setzt? Es fällt zunächst auf, daß dieses höchste, transzendente Eine, dieser von allem getrennte Urgund und Quell letztlich doch nach Art einer Naturkraft gedacht wird wie eben die leuchtende Sonne. Sie wird zwar im ersten Ansatz als das absolut Andere gegenüber dem Vielen und dem Geschöpflichen gesetzt, aber im weiteren Verlauf der Erklärung des Gott-Weltverhältnisses wird dieses Andere doch in allem Geschaffenen als gegenwärtig verstanden, was, theologisch gesprochen, *panentheistisch* gedacht ist. Aber am Ende kippen diese mystischen Eingottvorstellungen doch um in das Vereinigtwerden des einzelnen mit dem Einen und Ungeteilten. Dies besagt in weiterer Konsequenz, daß dieser naturhafte Gott, streng genommen, nicht als personaler Gott verstanden ist. Darum ist auch das Verhältnis zu den Geschöpfen im Ursprung, beim Schöpfungsakt, keine eigentliche freie und aus personaler Liebe hervorgehende Setzung. Gott schafft so, wie die Sonne leuchtet oder wie ein Quell sprudelt.

[27] P. Tillich, *Systematische Theologie* I, Stuttgart [3]1956, 19f.

Zuletzt ist hier bei aller mystischen Übertreibung des Einen, des ἕν, die für das Tremendum steht, das Einigungsmoment, das Moment des Fascinosum, so stark entwickelt, daß das Geheimnis verlorengeht. Das Eine, das Überwesentliche, in das alles wieder einmündet, hebt die Transzendenz Gottes auf. Das Ganze wird zu einem Naturprozeß, der zwar paradox ist, d.h. der normalen Einstellung widersprechend; wenn er aber erfolgt, ist er geradezu einsichtig.

Das führt noch zu einer weiteren Erkenntnis bezüglich des unitarischen Gottes. Dieser in höchster Höhe oder im tiefsten Abgrund existierende Eine entbehrt in letzter Hinsicht der wirklichen Geheimnishaftigkeit. Als bloße Spitze einer Pyramide oder als die Eins in der Zahlenreihe, die in allen Zahlen enthalten ist, liegt dieses Eine immer im Bereich des Möglichen, wenn nicht sogar des Notwendigen. Daran ist es zuletzt auch gelegen, daß diese monistischen Entwürfe, mögen sie die Spitzen oder den Grund als noch so hohes oder tiefes Geheimnis ansetzen, zuletzt doch zu einer Rationalisierung der göttlichen Wahrheit gelangen und das Tremendum in ein rationales Verstehen überführen.

Diese Erkenntnis stellt uns vor die Aufgabe, gegenüber diesem Unitarismus, der das Tremendum/Fascinosum ohne Trinität zu erhellen versucht, doch mit diesem Versuch scheitert, nicht nur die Überlegenheit des Trinitätsgeheimnisses gegenüber allen monistischen Modellen nachzuweisen, sondern auch positiv zu zeigen, daß in ihm allein das Geheimnis als Tremendum/Fascinosum, als Inbegriff des religiösen Grunderlebens erhalten bleibt.

Hier können wir an die Spitze der folgenden Gedanken eine Aussage des hl. Bonaventura setzen, in der er hochgemut behauptet, daß das höchste Gut »nicht richtig erfaßt werden kann, wenn man es nicht als dreifaltig und eins zugleich denkt. Die erhabenste Selbstmitteilung muß aber wirklich und innerlich, substantiell und persönlich, naturhaft und willensmäßig, frei und notwendig, fehlerlos und vollkommen sein.«[28] Wichtig erscheint hier vor allem die Betonung des personalen Momentes, in dem eigentlich alle anderen Momente wie Freiheit, Willensmäßigkeit (Liebe) und Mitteilsamkeit eingeschlossen sind.

## 4. Die Erhaltung des göttlichen Mysteriums im trinitarischen Denken

Diesem folgenden Nachweis, der natürlich nur auf der Grundlage des bereits angenommenen Glaubens erfolgen und nicht ein philosophischer oder logischer Beweis sein kann, könnte freilich gleich am Anfang der Einwand begegnen, daß

[28] *Itinerarium mentis in Deum* VI, 2 (Opera omnia V, 310b).

die großen monotheistischen Religionen tatsächlich nur den einen persönlichen Gott kennen und trotzdem zur Anerkennung eines gewissen Tremendum/Fascinosum gelangen. Bezüglich des jüdischen Glaubens wurde dies in der Einführung dieses Referates selbst schon erwähnt, allerdings ohne nähere Differenzierung des jüdischen Gottesverständnisses, die deshalb jetzt in Kürze nachgeliefert werden muß.

Dazu darf gesagt werden, daß im Verhältnis Israels zu dem einen, allmächtigen Gott und Bundesherrn, dem Gesetzgeber und Vergelter, das Moment des Unnahbaren, des Transzendenten, des gewaltig Herrscherlichen überwiegt, obgleich Jahwe sein Volk auch liebt und es als seinen Sohn anerkennt (*Ex.* 4,22 f.; *Dt.* 32,6; *Hos.* 11,1). Aber Israel kennt diese Liebe nicht als die in das Innerste des Menschen eindringende Kraft, welche den Menschen zum Kind Gottes macht. Dieses Gottesbild wirkt auch auf das Menschenbild zurück, das in seiner Freiheit überbetont wird, so daß der Gnade nur die Anregung des freien Willens zugebilligt wird, was, gnadentheologisch betrachtet, dem Semipelagianismus nahekommt. So wenig man deshalb sagen darf, daß das Alte Testament in seiner Gottesvorstellung eine Religion der Furcht gewesen sei, so wenig darf man es auch als Religion der Liebe bezeichnen, die etwa die Wahrheit vertritt: »Gott ist Liebe« (*1 Joh.* 4,16). Das kann Gott nämlich nur sein, wenn er in sich selbst als interpersonale Liebe, d. h. trinitarisch gedacht wird. Das hat das Alte Testament nicht erkannt, auch wenn es als prophetische Religion auf dem Weg zu dieser Erkenntnis steht.[29]

Anders ist dagegen über den Islam zu urteilen. Für die Muslime ist zwar Allah, der einzige Gott, auch der Erbarmer, aber den Vaternamen billigt der Islam Allah nicht zu.[30] So kennt der Islam auch keine eigentliche Hingabe Gottes an den Menschen, und auch die Hingabe des Menschen an Gott, der Inbegriff des Islam, ist keine innere Übergabe an die Person Gottes, sondern nur eine Unterwerfung unter seinen Willen. Die personale Wirklichkeit, die sich in Freiheit und Liebe darstellt, ist im Islam, außer vielleicht in seiner Mystik, wenig entwickelt. Vom christlichen Standpunkt her ist darüber zu urteilen, daß dieses in *Ermangelung* einer wahren Interpersonalität eines trinitarischen Gedankens geschieht; denn, geschichtlich gesehen, ist der Personbegriff in das Denken unter dem Einfluß der Trinitätslehre hineingekommen.

Das Fehlen des radikalen vollendeten christlichen Liebesmomentes in Gott bei

[29] Vgl. Schildenberger, *Die Religion des Alten Testamentes*, 512–521.

[30] J. van Ess, »Gottesbild und islamische Mystik, Menschenbild und Gesellschaft. Islamische Perspektiven«, in: *Christentum und Weltreligionen*, hrsg. von H. Küng u. a., München 1984, 121.

den beiden Religionen läßt sich vom christlichen Glauben her näherhin daraus erklären, daß Gott *in sich selbst* nicht als Liebe verstanden wird. Nur ein Sein, das in sich selbst Liebe, geistige Hinwendung in Selbsthingabe an den anderen ist, kann sich auch erst nach außen als Selbsthingabe offenbaren. Freilich wäre hier die Einrede möglich, daß Gott als einzelne liebende Person auch ernst genommen würde, wenn man ihn mit der Selbstliebe ausstattete, wie sich ja auch der Mensch selbst lieben kann und muß. Aber das Phänomen der menschlichen Selbstliebe ist nicht zu isolieren, es hat nur Sinn, wenn diese Liebe als Unterart der »caritas« verstanden wird, die, von der Liebe zu Gott betroffen, auch das eigene Selbst bejaht und auf die Glückseligkeit ausrichtet. Die wahre Selbstliebe erfordert also ebenfalls die tiefere Beziehung zu einem Du, dem Du Gottes. Wenn Selbstliebe aber gänzlich abstrakt genommen wird, fehlt ihr tatsächlich ein Moment personaler Liebe, das ist die Hingabe. Schwerlich ist der Ausdruck zu verifizieren, daß jemand seine Person sich selbst hingeben oder gar opfern könnte. Die hingabevolle Liebe ist nur zwischen Personen möglich.

Hier kommt es dann zu einem ersten Einstieg oder Überstieg des christlichen Denkens zum trinitarischen Gott, indem man ihn als sich verschenkende personale Liebe versteht. Sie gehört dem Personsein wesensnotwendig hinzu, weil die Person als »In-sich-Sein« auch des anderen bedarf, wie das »Ich« auf das »Du« angewiesen ist. So verweist uns schon das menschlich-personale Liebesgeschehen auf das Trinitätsgeheimnis als auf ein innergöttliches Liebesgeschehen, das nur zwischen Personen statthaben kann.

Diese Erkenntnis läßt sich auch an ihrem Gegensatz begründen. Wenn man die Person in ihrem Selbstand auch als Beziehung und Liebe zum anderen versteht, dabei aber *Gott einpersönlich* oder nur als *Natur* denken würde wie die Neuplatoniker, dann müßte Gott diesen anderen in der Welt und im Menschen suchen. Mit diesem Ansatz verfällt man der Notwendigkeit, Gott die Beziehung zu einem endlichen Sein, zur Welt oder zum Menschen zu vindizieren, was sich an den diskutierten Versuchen aus dem Bereich des Neuplatonischen als ständige Gefahr ergab. Der Gedanke von der Notwendigkeit der Schöpfung stand bei diesen Versuchen ständig Pate. Daraus ergibt sich im Umkehrschluß: Wenn Gott Person ist und Personalität eine Relation zu anderen Personen einschließt, dann kann sich diese Beziehung nur auf einer gottgleichen, übergeschöpflichen Ebene abspielen, dann kann es sich nur um Beziehungen zwischen göttlichen Personen handeln. Das ist als Schlußfolgerung in gewisser Weise sogar einsichtig. Was freilich nicht einsichtig erscheint und sich gleich wieder als Einwand anmeldet, ist der Umstand, daß diese Beziehungen gerade auf drei Personen beschränkt sind.

An dieser Stelle drängt sich erstmals etwas von der unergründlichen Geheimnishaftigkeit der Trias auf, die aber doch mit einer gedanklichen Überlegung aufgehellt werden kann. Sie zielt auf die Erkenntnis, daß eine wahre personale Beziehung, auch wahre Liebe, immer in einem Dritten gründet, in dem die Verbindung gefestigt wird. So gründet wahre Freundschaft in der Anerkennung geistiger Werte, eheliche Liebe in der Anerkennung der Würde des geschlechtlich geschaffenen Menschseins als solchem. Es gibt in personaler Gemeinschaft immer ein drittes verbindendes Gut, welches das Mitsein miteinander bestätigt, bekräftigt und sogar begründet. Diese Erkenntnis inspirierte jene bemerkenswerten Erklärungsversuche aus der Viktorinerschule, vor allem bei Richard von St. Viktor († 1173).

Dieser richtet sich auf den verstehbaren Sachverhalt, daß die beiden ersten Personen die Lust des Geliebtwerdens, die sie gegenseitig erfahren, nicht für sich selbst behalten können, weil sonst dieses ihr Erleben des Geliebtwerdens egoistisch würde. Damit ihre gegenseitige Liebe rein und selbstlos bleibe, müssen sie die Lust daran einem Dritten schenken. Dieses Dritte ist ein neues Gut gegenüber der zwischen beiden ausgetauschten Liebe. Es ist die Reinheit oder das Edelmütige der Liebe, das die beiden ersten Personen aneinander bindet und sie so erst richtig zusammenschließt, woraus dann erst selige Gemeinschaft entsteht. In der Tat ist auch das Streben der liebenden Personen nach einer sie umfangenden Gemeinschaft, nach einer *communio*, ein aus der Realität entnommener Erklärungsgrund dafür, daß Personeinheit sich ausweitet zur umfassenden Gemeinschaft, für die die Dreiheit in Gott steht.

Aus der Analogie der personalen Liebesbewegung läßt sich auch die Bedeutung der Dreizahl erhellen. Einem vernunftgemäßen Glauben wird sich dabei zuerst die Annahme nahelegen, daß diese Liebesbeziehung, die ja zugleich eine Liebesbewegung ist, einen Ausgangspunkt und einen Anfangsterminus haben müsse. Das bestätigt der Trinitätsglaube mit der Benennung der Person des Vaters, welcher der ursprungslose Ursprung der innergöttlichen Dynamik ist. Mit dieser Festlegung des Ursprungs ist alle religionsgeschichtlich-unitaristische Suche nach einem Urgrund, nach einem »Gott hinter Gott« oder »über Gott«, die ja doch nur zur unmöglichen Vorstellung eines »werdenden Gottes« führen kann, abgetan, aber zugleich auch ein innergöttlicher Liebesprozeß begründet.

In diesem gibt sich der Vater so gänzlich an den Sohn, daß er in ihm sein vollkommenes personales Gegenüber findet und ihn als sein Abbild und sein Wort erfaßt. Diese trinitarische Ausrichtung des Gottesgedankens ist freilich geheimnishaft, aber sie ist frei von dem Widerspruch der unitaristischen Urgrund-Spekulation. Das Geheimnishafte erfährt noch eine Steigerung, wenn man in das Mitsein von Vater und Sohn noch eine zweite Lebensbewegung oder Produktion hineinnimmt. Auch dieser Vorgang ist in Analogie zu einem wechselseitigen personalen Liebesgeschehen zu deuten, aus dem nämlich immer auch eine neue Kraft der Beglückung und der Beseligung hervorgeht, in welcher sich die Liebesbegegnung in höchstmöglicher Weise vollendet, aber auch ihre Festigung und Besiegelung erfährt. Da diese Bewegungen seitens des Vaters wie seitens des Vaters und des Sohnes jeweils eine totale Auszeugung und Hauchung darstellen, sind sie einmalig und nicht mehr wiederholbar, woraus sich die Dreizahl der Personen ergibt.

Aber das eigentliche Geheimnis des trinitarischen Lebens liegt noch tiefer – in der uns vom Glauben nahegelegten Wahrheit, daß diese interpersonalen Beziehungen ein einziges individuelles Wesen oder Sein oder Leben ausmachen. Vereinfachend und ohne Hinzunahme der theologischen Fachtermini ausgedrückt, liegt das Mysterium in dem Umstand, daß der eine Gott sein Einssein in dieser Differenzierung lebt, die sich zur Höhe von drei Personen auftürmt, und daß umgekehrt diese drei Personen in allem eine vollkommene Lebens- und Wesenseinheit bilden, ja sogar einander durchdringen, so daß sie nichts voneinander unterscheidet als die eigentümliche Art und Weise ihres Ursprungs und ihres Zueinanderstehens. Daraufhin muß die Theologie den Ausdruck der »Person«, der immer noch für das Geheimnis der angemessenste bleibt, obgleich selbst ein Augustinus mit ihm Schwierigkeiten hatte, als bloße Beziehung, als Relation deuten, ihm dann aber das In-sich-selbst-Stehen zubilligen, ihm also Subsistenz verleihen. Darum haften die Personen nicht dem göttlichen Wesen an, sie sind in sich stehende Selbstbeziehungen dieses göttlichen Seins oder Lebens, sie sind dreifach unterschiedene Besitzweisen dieses einen Wesens, das so gewaltig an Sein und Leben ist, daß es gleichsam nur in einer dreifachen Besitzweise ausgeschöpft und ausgelebt werden kann.

Will man daraufhin eine analoge Zusammenfassung des Trinitätsglaubens geben, so läßt sich sagen: Trinität, das ist ein unendlicher Strom des sich hingebenden, des empfangenden und sich weiter mitteilenden Lebens, ein gewaltiges Pulsieren von quellhafter, im Logos zur Gestalt gewordener und im Heiligen Geist zur Seligkeit gesteigerter Liebe, ein mitreißendes Gespräch von Wort und Antwort und beglückender Zustimmung, ein dynamischer Austausch zwischen personalen Zentren, die auseinander hervorgehen und sich doch wieder zusammenschließen, dies alles aber auf der Höhe des Personalen, so daß die Unterschiedenen zueinander »Du« und miteinander »Wir« sagen können. Das aber hat die nicht genug zu bestaunende Folge, daß auch wir zu den göttlichen Personen »Du« sagen dürfen.

Daraus erwächst für den Menschen ein einzigartiges, geheimnishaftes, aber doch wirkliches Gottesverhältnis, das nicht in einem distanzierten Gegenüber zu einer göttlichen Monas besteht, sondern in einem Hineingenommensein in das

Hingegebensein von Vater und Sohn und in die beseligende Liebe zwischen beiden, die der Heilige Geist ist. Es ist ein Hineingenommensein in die *communio* der göttlichen Personen.

Die Liturgie, die nicht den reflektierenden, sondern den gelebten Glauben bezeugt, erschließt uns den Sinn dieses Geheimnisses in einfacher Weise. Sie spricht vor allem (so am Dreifaltigkeitssonntag) von der »*beata*« und »*sancta*« trinitas. Dabei ist die »*beatitudo*« der Ausdruck für den Reichtum des dreieinigen innergöttlichen Lebens, das die Seligkeit, die absolute Vollkommenheit und Vollendetheit des göttlichen Seins ausmacht, die offenbar in einer starren göttlichen Monas nicht verwirklicht sein kann; die »*sanctitas*« aber ist Ausdruck des ontologischen Heiligseins, das aller Kreatur überhoben ist und so auch zur Kennzeichnung des Tremendum wird.

Wenn man in dieser Weise das »ganz Andere«, das Gewaltig-Geheimnisvolle der trinitarischen Lebensfülle und Seligkeit im Glauben angenommen hat, meldet sich freilich auch die Gefahr an, daß diesem Blick in unerschwingliche Höhen das Anziehende, das Attraktive, das den Menschen Ansprechende dieses Gottes, eben das Fascinosum, entschwinden müßte. Aber tatsächlich besteht die Gefahr nicht, weil der trinitarische Gott nicht in der weltfernen Entrücktheit einer bloß immanenten Trinität existiert, sondern weil er sich als trinitarischer in der Heilsgeschichte offenbart hat. Vom Geheimnis der heilsgeschichtlichen Trinität her gewinnt aber das Mysterium seine einzigartige Anziehungskraft, wird aus dem Tremendum das Fascinosum, das den Menschen nicht nur anzieht, sondern sich ihm mitteilt und ihn zuletzt in sich hineinzieht, was bei einem *deus solitarius* auch wieder nicht möglich wäre.

Die heilsökonomische Trinität, die ihren Ursprung in der Sendung des Sohnes hat und ihre Vollendung in der Ausgießung des Heiligen Geistes findet, bringt dem Gläubigen nicht nur die Trinität als Wahrheit des heiligen, in sich seligen Gottes gleichsam anschaulich nahe, sondern sie setzt ihn auch in eine lebensmäßige Beziehung zu diesem Gott in jeder seiner Personen, die ihrerseits in einer Liebesverbindung stehen und diese auf den Menschen gnadenhaft übertragen.

Gedanklich differenziert und objektiv gemäß der Heilsordnung betrachtet, beginnt diese Verbindung beim Sohne und bei seiner Mittlerschaft zum Vater, die sich aus seinem Charakter als Wort des Vaters ergibt. Vor allem als menschgewordener logoshafter Mittler bringt er uns die göttliche Wahrheit und Offenbarung nicht nur in seinen Worten nahe, die in der Heiligen Schrift ewig weiterklingen, er erfaßt uns vollwirklich in seiner Menschenfreundlichkeit, erreicht uns in seiner opferbereiten, bis ans Kreuz gehenden Liebe, entzückt uns in der Schönheit seiner gottmenschlichen Harmonie, beschenkt uns mit seiner Gesinnung, von der Paulus im Christushymnus des Philipperbriefes sagt: »Seid so gesinnt, wie

Christus Jesus gesinnt war« (*Phil.* 2,5–8). Aber es entsteht damit nicht nur eine moralisch-gesinnungsmäßige Einheit mit Christus, sondern auch eine seinshafte Anteilnahme am Logoshaften der Person Christi, die ja, wie Paulus *Eph.* 3,19 sagt, »durch den Glauben in unseren Herzen wohnt«. Durch die Einwohnung prägt sich das Sohnsein Gottes ins menschliche Sein ein und läßt es zum Kind Gottes und zum Adoptivsohn des Vaters werden. Verfolgt man die Innigkeit dieser Verbindung mit dem Sohn noch eine Stufe höher in den mystischen Bereich hinein, dann wird man gewahr, daß sie hier bis zur Höhe einer Brautschaft mit dem Sohn und gleichsam einer Ehe gesteigert erscheint, die ihren Urtypus im Verhältnis Marias zu Christus besitzt.

Dabei ist nicht zu vergessen, daß dem Sohn die Vermittlungsfunktion zum Vater zu eigen ist. Die Vereinigung des Menschen mit dem Sohn selbst setzt dementsprechend auch eine Dynamik frei, von welcher der Mensch auf den Vater hin bewegt, ihm entgegengetragen wird. Auch das ist zunächst ein erkenntnismäßiger Vorgang, den der Sohn vermittelt, wie er selbst im Johannesevangelium sagt: »Wer mich gesehen hat, hat den Vater gesehen« (*Joh.* 14,9). Aber das Sehen oder Erkennen des Vaters ist wiederum nicht nur ein intellektuelles Geschehen, sondern eine lebensmäßige Annäherung und Angleichung an den Vater. Wie der Sohn innertrinitarisch aufgrund der Zeugung eine assimilative Tendenz zum Vater betätigt, so überträgt er diese auf den begnadeten Menschen. Dieser nähert sich deshalb dem Vater im kindlichen Vertrauen an, erfährt von ihm her eine tiefe Geborgenheit und erfüllt im Lichte seines Antlitzes die Würde der wahren Sohnschaft. Dabei muß trotzdem der Gedanke festgehalten werden, daß der Vater in der Trinität der geheimnisvolle Urquell bleibt, der dem Geschöpf immer in einer letzten Distanz gegenübersteht. Darum besagt die Beziehung zum Vater, die der Sohn stiftet, immer auch eine Vertiefung der kreatürlichen Unterwürfigkeit unter den Vater, damit eine selige Abhängigkeit, die niemals in plumpe Vertraulichkeit wechseln kann, sondern immer auch von pietätvoller Ehrfurcht bestimmt ist.

Aus diesem Zusammenhang fällt auch Licht auf die Beziehung des begnadeten Menschen zur Person des Heiligen Geistes. Der Heilige Geist ist ja nach dieser Erklärungsweise der Trinität aus dem Wesen der personalen hingebungsvollen Liebe, die zwischen dem Liebenden (dem Vater) und dem Geliebten (dem Sohn) besteht, die Aufgipfelung der wechselseitigen Liebe selbst, welche die tiefste Einheit der beiden Liebenden stiftet, bekräftigt und besiegelt. Das in der Trinität Außergewöhnliche und Geheimnisvolle liegt nun darin, daß diese Liebe als Kraft und Sein wiederum die höchste Verwirklichungsform des Seins annimmt, die eben mit einer Person gegeben ist. Darum ist der Heilige Geist in der Trinität die heilige Liebe und die Mitteilsamkeit in Person.

Die Mitteilsamkeit in Person wird auch dem Gläubigen zu eigen, womit die besondere Verbundenheit zu den einzelnen Personen begründet wird. In der subjektiven Ordnung des Heils, bei der individuellen Verwirklichung des Heils, ergibt sich daraus die Folgerung, daß die Verbindung zum Heiligen Geist sogar die erste ist, welche der Mensch eingeht. Der Geist allein kann es zuwege bringen, den naturhaften Geist des Menschen auf die Höhe des Göttlichen, zur übernatürlichen Geistigkeit, zu erheben, was nach der Heiligen Schrift in einer Umprägung und in einer neuen Schöpfung (*2 Kor.* 5,17) geschieht, die der Heilige Geist im Innern des Menschen vollzieht. Für die menschliche Person erweist er sich damit, ähnlich wie in der Trinität, als die innerste, die beseelende und beseligende Macht. Sein Verhältnis zum glaubenden Menschen wird zur Innigkeit des Ausdrucks gesteigert, nach welchem der Heilige der »Gott in uns« ist. In seiner Kraft führt er auf dem individuellen Heilsweg den Menschen zu Christus hin. Er bewirkt so eine Verbindung mit den anderen Personen, die treffend mit dem Ausdruck wiedergegeben wird: Der menschgewordene Logos ist trinitarisch der »Gott mit uns«, der wirkliche Immanuel. Dieser vollführt die Bewegung zum Vater, der für uns immer der »Gott vor uns« oder der »Gott über uns« bleibt.

Bedeutsam aber ist in diesem Zusammenhang auch die Erkenntnis, daß diese Verbindung mit den göttlichen Personen nicht nur einmal, etwa bei der Bekehrung des Menschen und bei seiner Begnadung geschieht, so daß sie danach als ruhend und als in der Vergangenheit zurückliegende Grundlage des individuellen Heilslebens betrachtet werden müßte, was eine gänzlich unzutreffende Annahme wäre. Es handelt sich hier, wiederum ähnlich wie in der Trinität selbst, nicht um statische Beziehungen, um in sich ruhende Relationen, sondern um Vorgänge, um dynamisches Geschehen, um Hervorbringungen und Produktionen. Darin ist der Heilige Geist einer der lebendigen Führer und Geleiter zum Sohn; dieser aber ist als der menschgewordene Logos der unaufhörliche Vermittler zum Vater, der uns dem Vater nahebringt. Es ist also der Bezug zu den drei göttlichen Personen ein dauerndes bewegtes Geschehen und Werden, das den Geist des Gläubigen, nicht ohne dabei die Vermittlung durch die Sakramente außer acht zu lassen, in das differenzierte Zusammenleben der drei Personen hineinnimmt.

Es kommt hierbei zu jenen eigenpersönlichen Beziehungen, die das menschliche Gottverhältnis zu einem spezifischen Austausch mit den göttlichen Personen erheben und es aus dem bloßen Gegenüber zu einer göttlichen Monas weit herausheben. An dieser Stelle zeigt sich wiederum die trotz der größeren Geheimnishaftigkeit höhere Fruchtbarkeit des Trinitätsgeheimnisses gegenüber dem neuplatonischen überwesentlichen Einen, in das der Mensch auch nach Eckhart wie in einer ausgebrannten Wüste versinkt. Der Trinitätsgläubige bleibt immer Person und in einem unterschiedlichen und damit auch variantenreichen Kontakt mit jeder der drei Personen.

Da diese in ihren Beziehungen aber eine Gemeinschaft bilden, nimmt der Gläubige eben auch Anteil an ihrer seligen Gemeinschaft, an der *communio*, die ein monadischer Gott wiederum gar nicht ausbilden kann. Dazu fehlt ihm vor allem die eine entscheidende Möglichkeit, welche die heilsökonomische Trinität initiiert: Das ist die Sendung und Menschwerdung des Sohnes. Ein unitarischer Gott kann nicht Mensch werden, weil ihm die dazu notwendige innertrinitarische Motivation der innergöttlichen Liebe fehlt. Die, absolut geurteilt, nicht gänzlich unmögliche Menschwerdung eines solipsistischen Gottes, die bezeichnenderweise die rein monotheistischen Religionen nicht kennen, könnte nur in der Weise der Notwendigkeit und damit der Abhängigkeit Gottes von der Welt gedacht werden im Verlust der transzendenten Gottheit Gottes.

Vermittels der Einheit von immanenter und heilsökonomischer Trinität ist das religiöse Urphänomen des Tremendum/Fascinosum in der dem menschlichen Denken angemessensten Weise zum Ausdruck gebracht. Es gewährt dem Gläubigen nicht nur eine »*aliqua intelligentia*« seines Glaubens, es führt ihn vielmehr auch zu staunender Ergriffenheit vor dem Geheimnis und zur höchsten Form des religiösen Lebens, zur selbstlosen Anbetung der Herrlichkeit Gottes, auf die in einer Zeit einer sich verbreitenden humanistischen Zweckreligiosität immer nachdrücklicher hingewiesen werden muß.

# Wie Vernunft uns handeln macht

*Thomas Buchheim (München)*

»Als wäre es nicht höchste Freiheit, den eigenen Verstand und Willen auf die vollkommenste Weise zu gebrauchen und also den Verstand von den Dingen zur Erkenntnis, den Willen aber vom Verstand zur Umarmung der wahren Güter zwingen zu lassen.«[1]

Zweifel an einer etwaigen ›*Normativität des Wirklichen*‹ dürften eine kräftige Wurzel in der Angst vor Entmündigung unseres Vermögens zu freier Selbstbestimmung haben, wie sie von Leibniz – durchaus nicht ängstlich – hier paradox als höchstmögliche Freiheit beschworen wird. Da wir Menschen jedoch infolge der Hoffnung auf wahre Erkenntnis und Wissenschaft weniger dagegen einzuwenden haben, daß unser Verstand von den Dingen zur Erkenntnis »gezwungen« werde, legen wir den Schnitt zwischen uns und die faktische Wirklichkeit lieber in uns selbst und das Verhältnis zwischen Erkennen und Wollen, indem wir zwar das eine auf gewisse Weise noch gebunden an die Objektivität der Dinge sein lassen, während das andere vollends frei nur mehr von selbstgesetzten Normen autonom gelenkt wird.

Dennoch sollen Erkenntnisvermögen und Vernunft nicht gänzlich funktionslos für den Charakter unseres Wollens und Handelns sein, weshalb die Vernunft eine praktische Abteilung erhält, mit der sie das moralisch oder werthaft Richtige vom Unrichtigen zu unterscheiden vermag und das dafür gehaltene erste von beiden aus freien Stücken dem Willen als Gesetz oder Norm des Handelns auferlegt.

Da das Normative auf diese Weise säuberlich vom Faktischen getrennt wird, entsteht jedoch auf der anderen Seite das Problem, wie es, von der Vernunft als richtig angenommen, dem Wollen zur bindenden Verpflichtung werden und schließlich im dadurch verursachten Handeln faktische Folgen zeitigen kann. Wir wollen nicht nur unsere Freiheit unbezwungen von den Tatsachen dieser Welt erhalten, sondern wir möchten durch eine freibleibende Einsicht in die Vernünftigkeit und Richtigkeit gewisser Normen auch Tatsachen schaffen und die Welt zum Guten verändern können. Ein nicht unwesentliches Stück der

[1] G. W. Leibniz, *Confessio philosophi. Ein Dialog*, hrsg. von O. Saame, Frankfurt a. M. 1967, 86.

Frage nach der problematischen Normativität des Wirklichen ist deshalb ausgefüllt von der anderen, wie die Vernunft es anstellt, in Anerkennung von Normen ein Sollen via Handlung umzumünzen in tatsächliche Weltveränderungen.[2] Wie also macht die Vernunft uns handeln?

Drei exemplarische Antworten möchte ich ins Auge fassen,[3] Antworten, die zugleich alle Extreme einer möglichen Lösung des Problems durchmessen. Nämlich erstens die Antwort Kants: Die Vernunft macht uns handeln auf eigene Faust ohne Beihilfe faktisch vorhandener, »sinnlicher« Antriebe. Zweitens die Antwort Humes: Die Vernunft tut das Fragliche überhaupt nicht, sondern verstärkt und lenkt anderweitig vorhandene Antriebe des Handelns in eine bestimmte Richtung, so daß es einen von ihr beeinflußten Verlauf nimmt. Drittens die Antwort des Aristoteles: Vernunft reicht zwar nicht von allein aus, um Handlungen zu verursachen, aber sie vermag durch die spezifisch *praktische* Spielart ihrer Einsichten so sehr in das Getriebe unseres Strebens einzugreifen, daß eine insgesamt neuartige, handlungswirksame Form vernünftigen Strebens zustande kommt.

Gewiß sind die Auffassungen von der Natur des Menschen, seinen Handlungen und der Vernunft in allen drei Modellen so unterschiedlich, daß ein Vergleich nahezu unmöglich scheinen könnte. Jedoch konkurrieren sie alle darum, die plausibelste Antwort auf ein und dieselbe für uns nun einmal sich stellende Frage zu geben: Wie kann eine uns moralisch gerechtfertigt erscheinende Überzeugung dazu gelangen, auch die bestimmende Ursache des manifesten, äußeren Verhaltens eines Menschen zu sein? Der bezüglich dieser

[2] Meine Frage ist nicht so sehr die, die heute nach allen Richtungen diskutiert wird (vgl. zur Übersicht z. B. *Ethics and Practical Reason*, hrsg. von G. Cullity und B. Gaut, Oxford 1997; ferner T. M. Scanlon, *What We Owe to Each Other*, Cambridge, Mass. 1998, bes. Part I: »Reasons and Values«), ob ein Streben oder Verlangen den von der praktischen Vernunft anerkannten Normen bereits zugrunde liegen muß oder ob umgekehrt die Vernunft ein Sollen, samt guten Gründen, ihm zu folgen, und damit ein genuin moralisches Streben generieren kann, sondern auf welche Weise es – wenn die Vernunft wie und warum auch immer ihr Wörtchen gesprochen hat – dahin kommen kann, daß wir *wirklich* in ihrem Sinne initiativ werden. Denn oft scheint die Vernunft, scheinen uns sogar unsere subjektiv zurechtgelegten Gründe manches anzuraten, ohne daß es sozusagen zum Durchschlag kommt in unserem wirklichen Leben. Mein Interesse gilt also der eher ›metaphysisch‹ zu nennenden Frage nach der Art und Weise des *Brückenschlags* zwischen Vernunft und sinnlicher Existenz und wie er von verschiedenen klassischen Philosophien bewerkstelligt wurde; dies aber um zu zeigen, auf was man bei allen guten Gründen für die Moral doch achten muß, um nicht an ihren Ansprüchen zu scheitern.

[3] Es sind dieselben drei Positionen, die als prinzipiell verschiedene Ansätze ethischer Begründung auch im Zentrum der gegenwärtigen moralphilosophischen Debatten stehen; siehe dazu instruktiv und übersichtlich G. Cullity und B. Gaut, »Introduction«, in: dies., *Ethics*, 1–27.

Frage über drei Stufen beschriebene Rückweg zu Aristoteles will weniger die Behauptung aufstellen, daß die Antike der wahren Antwort am nächsten kam, als vielmehr klar machen, daß für je autonomer und unabhängiger vom Faktischen wir unsere Vernunft halten, sie um so weniger das Zeug besitzt, unser irdisches Dasein wirklich zu bestimmen.[4]

## 1. Kant

Die scheinbar eindeutigste Antwort, die auf die Frage gegeben werden kann, wie Vernunft uns handeln macht, stammt von Kant: Die reine Vernunft ist für sich allein und als solche *praktisch*, d. h. handlungswirksam in jedem vernünftigen, obwohl zugleich endlichen Wesen. Für sich allein praktisch zu sein, bedeutet einerseits, daß sie ohne Vermittlung von sinnlichen Trieben und Neigungen selbst ein »Interesse« verfolgt,[5] d. h. an und für sich begehrt oder strebt; doch bedeutet dasselbe andererseits auch, daß eigentlich nicht die Handlungswirkung der Vernunft als solche einer weiteren Begründung bedürftig oder fähig wäre, sondern vielmehr die offensichtliche Tatsache, daß sie, als universale und ewige Instanz im Menschen, die sie ja ist, doch nicht immer und, wie es scheint, kaum je unser Handeln anleitet.

> »Es gibt also entweder gar kein oberes Begehrungsvermögen oder *reine Vernunft* muß für sich allein praktisch sein, d. i. ohne Voraussetzung irgend eines Gefühls, mithin ohne Vorstellungen des Angenehmen oder Unangenehmen, als der Materie des Begehrungsvermögens, die jederzeit eine empirische Bedingung der Prinzipien ist, durch die bloße Form der praktischen Regel den Willen bestimmen können.«[6]

Soll reine Vernunft auch in einem endlichen Wesen unmittelbar handlungswirksam sein, so muß ihre Wirkung in einem prinzipiell sinnlichen und vom

[4] Ein Zusammenhang, auf den Robert Spaemann immer wieder aufmerksam gemacht hat; vgl. z. B.: »Die Bedeutung des Natürlichen im Recht«, wieder abgedruckt in: R. Spaemann, *Grenzen. Zur ethischen Dimension des Handelns*, Stuttgart 2001, 137–145; hier 143: »Menschen sind nicht Geister, die von innen eine Maschine bewegen. Sie sind Lebewesen, und das heißt: Ihre Subjektivität ist nicht reine, transzendentale Freiheit, die sich einer Welt äußerer Fakten gegenüber befände. Wäre dem so, dann wäre das Entstehen einer Handlungsmotivation ganz unverständlich.«

[5] I. Kant, *Kritik der praktischen Vernunft* A 141; 144.

[6] Kant, *Kritik der praktischen Vernunft* A 44 f.

Einzelsubjekt abhängigen Verhaltenskontext Unterschiede setzen können, obwohl sie von sich her unsinnlich ist und selbst nur objektiv allgemeine Strukturen – das universal gültige moralische Gesetz – aufweist. Die Schwierigkeit für Kant besteht also darin, erstens die Brücke der objektiv allgemeinen Vernunft unmittelbar zum Handeln eines einzelnen aufzuzeigen (wenn auch nicht zu begründen) und zweitens klar zu machen, wie trotz ihrer Verschiedenartigkeit reine Vernunftbestimmung und sinnliche Verfassung überhaupt konkurrierende und zugleich unterschiedlich motivierende Ansprüche an das Handeln eines Menschen stellen können.

### *1.1 Die Doppelrolle des »Gefühls der Achtung«*

Die Antwort Kants auf das erste Problem besteht im Prinzip darin, daß die reine praktische Vernunft in jedem von uns eine gewissermaßen subjektivierte Seite besitzt – das Gefühl der »Achtung«, in welchem ihre Gesetze in Form von berechtigten Imperativen bewußt sind, die somit einen beständig anwesenden Keim von Tätigkeit oder Handlung (einen Willen)[7] in jedem Menschen begründen:

> »Die Anerkennung des moralischen Gesetzes aber ist das Bewußtsein einer Tätigkeit der praktischen Vernunft aus objektiven Gründen, die bloß darum nicht ihre Wirkung in Handlungen äußert, weil subjektive Ursachen (pathologische) sie hindern. Also muß die Achtung fürs moralische Gesetz auch als positive aber indirekte Wirkung desselben aufs Gefühl [...], d.i. als *Triebfeder* zu Befolgung desselben [...] angesehen werden«.[8]

Das zweite Problem aber wird dadurch gemeistert, daß eben derselbe Gemütszustand der Achtung in einer *doppelten* Beziehung zum Selbstverständnis des Subjekts steht:[9] zum einen zu unserer »Selbstliebe« als ein Gefühl des Schmerzes oder der Unlust durch die Einschränkung unserer sinnlichen Triebe und Neigungen sowie durch die »Niederschlagung« oder »Demütigung« des Hanges,

[7] Vgl. Kant, *Kritik der praktischen Vernunft* A 96: »Die objektive Realität eines reinen Willens, oder, welches einerlei ist, einer reinen praktischen Vernunft ist im moralischen Gesetze a priori gleichsam durch ein Faktum gegeben; denn so kann man eine Willensbestimmung nennen, die unvermeidlich ist.«

[8] Kant, *Kritik der praktischen Vernunft* A 140f.

[9] Grundlegend dazu: D. Henrich, »Ethik der Autonomie«, in: ders., *Selbstverhältnisse. Gedanken und Auslegungen zu den Grundlagen der klassischen deutschen Philosophie*, Stuttgart 1982, 6–56, bes. 36ff.

diese zur obersten Maxime unseres Handelns zu machen;[10] zum anderen aber und gleichzeitig steht jener Gemütszustand auch in Beziehung zum Bewußtsein des unbedingt gebietenden Gesetzes selbst als einer rein intelligiblen, d. h. von aller Sinnlichkeit unabhängigen Kausalität in uns, welche uns bei Befolgung des Gesetzes eine darauf gegründete, moralische »Selbstbilligung« verspricht, die uns über die ganze Welt der Sinnlichkeit erhaben macht.[11]

So kulminiert in ein und demselben Gemütszustand die gesuchte Konkurrenz zwischen Sinnlichkeit und Vernunft und hat zugleich die Struktur eines *Urteils* oder *Gerichts* der Vernunft im doppelten Sinne, nämlich als Anerkennung einer Pflicht einerseits und als Verurteilung jeden Hanges zur Selbstschätzung unabhängig vom Gesetz andererseits.[12] Anderswo bezeichnet Kant diese »unausbleibliche Tatsache« oder Gegebenheit eines Urteils im Menschen als das »Gewissen«.[13] Gewissen zu haben oder angesichts der besagten Gegebenheit des Urteils der Vernunft zu handeln, bedeutet freilich noch nicht, ihm auch Folge zu leisten, sondern nur, *in seinem Bewußtsein* zu handeln – sei es im Stande der Selbstverachtung oder der Selbstbilligung. Wir entscheiden uns nicht zwischen

[10] Kant, *Kritik der praktischen Vernunft* A 129 f.: »Die reine praktische Vernunft tut der Eigenliebe nur Abbruch, indem sie solche, als natürlich, und noch vor dem moralischen Gesetze, in uns rege, nur auf die Bedingung der Einstimmung mit diesem Gesetze einschränkt; [...] Aber den Eigendünkel schlägt sie gar nieder, indem alle Ansprüche der Selbstschätzung, die vor der Übereinstimmung mit dem sittlichen Gesetze vorhergehen, nichtig und ohne alle Befugnis sind.«

[11] Vgl. z. B. Kant, *Kritik der praktischen Vernunft* A 143 f.

[12] Vgl. Kant, *Kritik der praktischen Vernunft* A 133 und 134: Kant meint, daß der »Vorzug« und das größere »Gewicht des objektiven Gesetzes« »durch die Wegschaffung des Gegengewichts [der Antriebe der Sinnlichkeit], im Urteile der Vernunft, hervorgebracht wird« – d. h., daß das Urteil der Vernunft sich *zugleich auf beide* Ansprüche, die oberste Maxime des Handelns abzugeben, bezieht, nämlich auf die der Sinnlichkeit *in Vergleichung* mit denen der Vernunft selbst, nur daß sie sie der einen »abschlägt« (A 134), denen der anderen aber eben dadurch »Ansehen verschafft«. Dieter Henrich (»Ethik der Autonomie«, 37 f.) vertritt demgegenüber die Auffassung, daß das Urteil »ganz ›auf der intellektuellen Seite‹ des sittlichen Lebens« zu verorten sei und hier die Wegräumung des Hindernisses der Vernunft »einer Erhöhung ihrer Energie gleichstellt« (als aus der Achtung folgende Erhebung). Jedoch führt er gerade dadurch Kant in die weiterhin diagnostizierte Aporie, daß demgemäß die Einheit des sittlichen Bewußtseins nur die ganz »formale des Zusammenfassens von Akten ist, die selbst gar nicht aufeinander bezogen sind« (ebd., 38). Sie sind aber nach meinem Verständnis von Beginn an eben dadurch aufeinander bezogen, daß beide ihren Anspruch auf Besetzung der obersten Maxime des Handelns in einem Menschen anmelden, der durch jenes Urteil in der geschilderten Weise beschieden wird.

[13] Vgl. I. Kant, *Metaphysik der Sitten* AA VI, 400: »Gewissen ist die dem Menschen in jedem Fall eines Gesetzes seine Pflicht zum Lossprechen oder Verurteilen [seiner selbst] vorhaltende praktische Vernunft. Seine Beziehung also ist nicht die auf ein Objekt, sondern bloß aufs Subjekt (das moralische Gefühl durch ihren Akt zu affizieren); also eine unausbleibliche

Sinnlichkeit und Vernunft als zwei gleichberechtigt wahrgenommenen Ansprüchen an unsere Willkür, sondern zwischen einem Leben in Selbstverurteilung oder aber Leben im »Selbstzwang«, unserer wahrgenommenen Pflicht auch nachzukommen.[14] Die praktische Vernunft in uns verfolgt also mit ihm, dem Urteil, notwendiger Weise ein eigentümliches, so betrachtet natürlich für sich selbst voreingenommenes *Interesse*, das sie auf diese Weise in ihrem Urteil auch selbst vertritt.

Durch diese Konzeption vermeidet Kant es sowohl, das Inkommensurable von Vernunft und Sinnlichkeit für eine neutrale Abwägung doch zuerst kommensurabel zu machen, als auch, sich auf eine sonst fällige Meta-Begründung dafür einlassen zu müssen, warum die inneren Gründe der Vernunft denen der Sinnlichkeit vorzuziehen seien.

Alles Erklärte zusammenfassend schildert die komplexe Doppelung im Gefühl der Achtung z.B. folgendes Zitat, dessen Gedanke, wie bei Kant gerade an wichtigen Stellen üblich, ohne solche vorangeschickten Erläuterungen nahezu undurchdringlich ist:

> »Die negative Wirkung auf Gefühl (der Unannehmlichkeit) ist, so wie aller Einfluß auf dasselbe, und wie jedes Gefühl überhaupt, pathologisch. Als Wirkung aber vom Bewußtsein des moralischen Gesetzes, folglich in Beziehung auf eine intelligibele Ursache, nämlich das Subjekt der reinen praktischen Vernunft, als obersten Gesetzgeberin, heißt dieses Gefühl eines vernünftigen von Neigungen affizierten Subjekts zwar Demütigung (intellektuelle Verachtung), aber in Beziehung auf den positiven Grund derselben, das Gesetz, zugleich Achtung für dasselbe, für welches Gesetz gar kein Gefühl stattfindet, sondern im Urteile der Vernunft, indem es den Widerstand aus dem Wege schafft, die Wegräumung eines Hindernisses einer positiven Beförderung der Kausalität gleichgeschätzt wird. Darum kann dieses Gefühl nun auch ein *Gefühl* der Achtung fürs moralische Gesetz, aus beiden Gründen zusammen aber ein *moralisches* Gefühl genannt werden.«[15]

Tatsache, nicht eine Obliegenheit und Pflicht.« Gewissen ist nach Kant nicht noch einmal die Pflicht, seinen Pflichten nachzukommen, sondern die Selbstwahrnehmung des Subjekts im Verhältnis zur Pflicht. Diese Wahrnehmung ist eben das Lossprechen im Falle der Befolgung und Verurteilung im Falle der Verweigerung einer Pflicht.

14 Kant, *Kritik der praktischen Vernunft* A 149: »die Überwindung einer solchen [Begierde] kostet dem Subjekt immer Aufopferung, bedarf also Selbstzwang, d.i. innere Nötigung zu dem, was man nicht ganz gerne tut«.

15 Kant, *Kritik der praktischen Vernunft* A 133 (meine Hervorhebung). – Damit setzt Kant eine Spitze gegen Hume und die Philosophie des sogenannten »moral sense«, indem die be-

### *1.2 Hinreichende Triebfedern und Subjekt des Handelns*

Hiernach ist klar, daß die Tätigkeit der Vernunft in jedem Menschen eigentlich immer im Gange ist, d.h. nicht noch eigens begründet, sondern vielmehr *angenommen* wird,[16] daß jedoch ihr Durchschlagen in der sinnlichen Existenz des Menschen sozusagen suspendiert bleibt, bis eben das Gefühl der Achtung, dem kein Mensch sich gänzlich entziehen kann[17] und das seinen Eigendünkel insofern immer »schwächt«,[18] im moralischen Gesetz tatsächlich den »Gegenstand der *größten* Achtung«[19] erblickt und somit »die Neigungen und den Hang, sie zur obersten praktischen Bedingung zu machen, d. i. die Selbstliebe, von allem Beitritte zur obersten Gesetzgebung ausschließt.«[20]

Der zuletzt beschriebene Akt der menschlichen Willkür, durch den ein Mensch sich entweder zum Guten (für das Gesetz) oder zum Bösen (wider es) entscheidet, ist jedoch gar nicht Gegenstand der Betrachtung in der *Kritik der praktischen Vernunft*, sondern es wird nur davon ausgegangen, daß das moralische Gesetz für sich allein eine hinreichende Triebfeder des Handelns *werden* könne.[21] Der Vollzug einer Wahl durch die Willkür des Menschen ist demgegenüber Gegenstand der Untersuchung erst in der *Religionsschrift*.[22] Es kommt also im gegenwärtigen Zusammenhang allein darauf an, daß das moralische Gesetz als eine *merkliche* und *möglicherweise hinreichende* Triebfeder im Menschen an sich immer vorhanden sein muß, genauso wie – neben und in Konkurrenz mit ihr – die Triebfedern, die seine natürliche Selbstliebe als ein sinnliches Wesen kenn-

schriebene Gemütslage nicht deshalb ein Gefühl heißen kann, weil sie Moralität zum Gegenstand eines Fühlens machte, sondern weil das Bewußtsein, das Moralität erkennt, auf seiner Kehrseite an negative Gefühle in bezug auf die eigenen Triebe gekoppelt ist.

16 Es ist dies das berühmte und nach Kant prinzipiell unbegründbare »Faktum der Vernunft«: s. z.B. Kant, *Kritik der praktischen Vernunft* A 96; zur Unbegründbarkeit vgl. bes. A 77–79.

17 S. z.B. Kant, *Kritik der praktischen Vernunft* A 132: »Also demütigt das moralische Gesetz unvermeidlich jeden Menschen, indem dieser mit demselben den sinnlichen Hang seiner Natur vergleicht«; vgl. ferner ders., *Die Religion innerhalb der Grenzen der bloßen Vernunft* [= ›*Religionsschrift*‹] B 52: »die Triebfeder zum Guten«, »die in der Achtung fürs moralische Gesetz besteht, haben wir nie verlieren können«.

18 Kant, *Kritik der praktischen Vernunft* A 130.

19 Kant, *Kritik der praktischen Vernunft* A 130 (Hervorhebung von mir).

20 Kant, *Kritik der praktischen Vernunft* A 132.

21 Genauer gesagt wird untersucht, »auf welche Art das moralische Gesetz Triebfeder werde, und was, indem sie es ist, mit dem menschlichen Begehrungsvermögen, als Wirkung jenes Bestimmungsgrundes auf dasselbe vorgehe« (*Kritik der praktischen Vernunft* A 128).

22 S. z.B. Kant, *Religionsschrift* B 34; 46f. Vgl. dazu Th. Buchheim, »Die Universalität des Bösen nach Kants *Religionsschrift*«, in: *Kant und die Berliner Aufklärung* (Akten des 9. Internationalen Kant-Kongresses in Berlin 2000), hrsg. von V. Gerhardt, R. Horstmann und R. Schumacher, Berlin/New York 2001, 652–661.

zeichnen. Das Vorhandensein der erstgenannten besteht nämlich, wie gezeigt, in der Achtung, und diese ist schon immer da als ein unausrottbarer Teil der »Anlage des Menschen zum Guten«, wie Kant sie später in der *Religionsschrift* bezeichnet.[23]

Wenn es nun infolge dieser Erklärung zwei bereits fertige und voneinander unabhängige Triebfedern des Handelns im Menschen gibt, so müssen strenggenommen – wie der Text Kants es an mehreren Stellen deutlich widerspiegelt – auch *zwei* bereits in Tätigkeit oder wenigstens im Tätigkeitsansatz begriffene, dabei in ihren Tendenzen sich überlagernde *Subjekte* in ihm sein: ein sozusagen rein moralisches und ein bloß sinnliches.[24] So hieß es im zuletzt angeführten Zitat, daß dem »Subjekt der reinen praktischen Vernunft« das erklärte moralische Gefühl als Achtung und Erhebung merklich werde, während es andererseits dem »vernünftigen von Neigungen affizierten Subjekt« zur pathologisch gefühlten Demütigung gereiche. Wichtig war Kant dabei gerade (und mußte ihm sein), daß nicht das (jederzeit pathologische) *Gefühl* vom Subjekt der reinen Vernunft auch empfunden und umgekehrt nicht die *Achtung* des Gesetzes ihm vom neigungsaffizierten, d.h. sinnlichen Subjekt als solchen entgegengebracht werde, weil sonst das moralische Gesetz trotz seiner reinen Vernunftnatur nur auf dem passend vorbereiteten Boden eines Gefühlslebens des Menschen würde Platz greifen können.[25] Die These von der Handlungsmächtigkeit reiner Vernunft für sich allein zieht demnach die Separierung jeweils auch für sich handlungskräftiger Rumpfsubjekte im Menschen aus unmittelbar einsichtigen Gründen und unvermeidlicher Weise nach sich.

Auch in anderen Passagen des Abschnitts über die Triebfedern der reinen praktischen Vernunft erkennt man eine solche interne Doppelung von mehreren, notwendigerweise unabhängig voneinander zum Handeln antreibenden Subjekten oder Personalitäten wieder.[26] Denn alles, was »zureichende« Triebfeder des Handelns sein können soll, das bedarf keiner weiteren Ergänzung mehr, um

23 Kant, *Religionsschrift* B 18f.; 48f.

24 Eine deutlich von Paulus vorgeprägte Lagebeschreibung des Menschen (*Röm.* 7,19–24): »Nicht was ich will, das Gute, tue ich, sondern was ich nicht will, das Böse, das tue ich. Wenn ich aber, was ich nicht will, tue, dann vollbringe nicht ich es, sondern die in mir wohnende Sünde. Also finde ich an mir, der ich das Gute will, ein Gesetz, so daß mir das Schlechte anhaftet. Denn ich freue mich am Gesetz Gottes gemäß dem inneren Menschen, erblicke aber ein anderes Gesetz in meinen Gliedern, das dem Gesetz meiner Vernunft widerstreitet und mich gefangennimmt im Gesetz der Sünde, das in meinen Gliedern ist. – Ich armer Mensch!«

25 Wie es bei Hume und in der Tradition der moral sense-Philosophie der Fall ist, von der sich Kant auf diese Weise insgesamt abgrenzen möchte (s. den nächsten Abschnitt).

26 Z.B. Kant, *Kritik der praktischen Vernunft* A 155: An eine höhere Ordnung der Dinge knüpft uns nach Kant »die Persönlichkeit, d.i. die Freiheit und Unabhängigkeit von dem Mechanism der ganzen Natur, doch zugleich als ein Vermögen eines Wesens betrachtet, welches eigentüm-

handelnd zu sein, sondern höchstens der Entfernung eines Hinderungsgrundes. Jedoch kann die Entfernung von etwas nicht füglich ein Subjekt der Handlung erst hervorbringen, so daß eben – wie es auch der Fall zu sein scheint – ihr Subjekt schon vor der Entfernung des anderen in geheimer Weise komplett war. Wenn dies aber für beide Triebfedern gilt, so waren es in Wirklichkeit zwei.

In die gleiche Richtung deutet die Unterscheidung von »homo noumenon« und »homo phaenomenon«[27] oder von intelligiblem und empirischem Charakter des Menschen, die ein wohlbekanntes Lehrstück aus Kants kritischer Auflösung der Antinomie zwischen Natur und Freiheit darstellt.[28] Es ist allerdings so lange möglich, dies als eine reine façon de parler anzusehen, als man nicht zugeben muß, daß eben beide unabhängig voneinander Ausgangspunkt von *Handlungen* sein können. Zum Vorteile Kants ist nämlich hervorzuheben, daß nach seiner Auffassung eine vollendete und moralisch zurechenbare *Handlung* jedenfalls erst dann gegeben ist, wenn und indem der Mensch durch die subjektive Willkür eine *Ordnung* zwischen den Triebfedern in der Maxime seines Handelns hergestellt, also sich selbst als eine moralisch einheitlich bestimmte Gesinnung konstituiert hat.[29] Dennoch muß Kant im Kapitel über die Triebfedern, wie gezeigt, manchmal so sprechen, als sei eben die reine Vernunft für sich allein schon handelnd oder mindestens tätig, wie umgekehrt auch die Triebe und Neigungen einen von der Vernunft unabhängig in Gang kommenden natürlichen Mechanismus darstellen. Die Schwierigkeit ist darauf zurückzuführen, daß ›zureichende Triebfeder des Handelns‹ zu sein und ›tatsächlich wirksamer Grund eines Handelns‹ zu sein zwei nicht klar zu unterscheidende Kennzeichnungen derselben Gegebenheit in einem Handelnden sind.

Mit Blick auf diese Unklarheit muß man an Kant die Frage richten, wie wesentlich es denn für die reine Vernunft als eine »für sich allein praktische« Instanz im Menschen ist, die Schleuse seiner sinnlich affizierten Willkür auch tatsächlich zu durchqueren? Ist es ihr nämlich wesentlich, so handelt sie am Ende doch nicht mehr *rein*; ist es ihr aber äußerlich, so *handelt* sie früher, als sie darf, um nicht für einen Vernunft-Homunculus neben dem Trieb-Homunculus im

lichen, nämlich von seiner Vernunft gegebenen reinen praktischen Gesetzen, die Person also, als zur Sinnenwelt gehörig, ihrer eigenen Persönlichkeit unterworfen ist, so fern sie zugleich zur intelligiblen Welt gehört«. Dasjenige, dem etwas unterworfen ist, kann offenbar nicht zugleich abhängig vom Unterworfenen sein, so daß man für dieses Verhältnis *zwei* braucht, die beide je ein Subjekt für mögliche Handlungen sind.

[27] Kant, *Metaphysik der Sitten* AA 239.

[28] Siehe bes. die nachfolgende »kritische Beleuchtung der Analytik« (Kant, *Kritik der praktischen Vernunft* A 159 ff.; ferner ders., *Kritik der reinen Vernunft* B 566 ff./A 538 ff.).

[29] Vgl. z. B. Kant, *Religionsschrift* B 34.

kompletten Menschen erkannt zu werden. Faßt man die beiden Triebfedern als getrennte Quasi-Subjekte im Menschen auf, so wird die subjektive Willkür sogar zu einem *Dritten* zwischen ihnen. Sind dagegen die Triebfedern für sich genommen gar nicht wirksam, sondern erst via der sich entscheidenden Willkür, dann kann weder die Vernunft ohne Rücksicht auf das Triebleben des Menschen noch dieses ohne den Anspruch der Vernunft hinreichend begriffen werden.

So radikal und eindeutig also die zunächst gegebene Antwort ist, die Kant auf die Frage bereithält, wie Vernunft uns handeln macht, so ist sie doch nur schwer abzuwehrenden Anfechtungen ausgesetzt: Sie kann offenbar nur dadurch aufrechterhalten werden, daß die Vernunft vollendeter Initiativen fähig ist, ohne im geringsten auf die Mithilfe von Trieben und Neigungen, also sinnliche Verhältnisse angewiesen zu sein. Denn andernfalls wäre sie eben doch nicht für sich *allein* praktisch und damit ihre Umsetzung ins Handeln wiederum generell gewissen empirischen Bedingungen unterstellt. Andererseits kann die Kantische Konzeption vernunftbestimmten Handelns eben deshalb nicht ohne Anerkennung separater Handlungskeime oder mindestens separater Subjekte der Wahrnehmung (als Achtung und Gefühl) in jedem Menschen und damit zuletzt – in der von Kant selbst gezogenen Konsequenz – nicht ohne (praktisch gewisse) Behauptung der Realität zweier Welten, der übersinnlichen oder intellektuellen und der erscheinenden, mechanisch bestimmten, konsequent durchgeführt werden.

Es wäre m. E. philosophisch naiv, Kantische Vernunftmoral ohne diese praktisch-metaphysische Grundlage akzeptieren zu wollen. Denn man müßte unvermeidlicher Weise scheitern an der dann doch gegebenen Unselbständigkeit der Vernunft als nicht mehr *allein* hinreichender subjektiver Grund eines ihr gemäßen Handelns. Aber schon in der Vorrede zur *Kritik der praktischen Vernunft* gesteht Kant den zugrunde zu legenden metaphysischen Grundsatz seines praktischen Selbstverständnisses ein; daß wir nämlich *im Wesen* frei und Glieder einer intellektuellen Welt seien, die nur gleichsam der Irritation durch eine an sich wesenlose Erscheinung ausgesetzt sind:

> »Die Vereinigung der Kausalität, als Freiheit, mit ihr, als Naturmechanism, davon die erste durchs Sittengesetz, die zweite durchs Naturgesetz, und zwar in einem und demselben Subjekte, dem Menschen, fest steht, ist unmöglich, ohne diesen in Beziehung auf das erstere als Wesen an sich selbst, auf das zweite aber als Erscheinung [. . .] vorzustellen. Ohne dieses ist der Widerspruch der Vernunft mit sich selbst unvermeidlich.«[30]

[30] Kant, *Kritik der praktischen Vernunft* A 10 Fn.

Dabei ist, wie oben angeführt, der Ausdruck »in ein und demselben Subjekt« hier durchaus prekär und bedarf, um nicht uneins mit sich zu bleiben, bereits der vollendeten praktischen Durchsetzung des Subjekts der reinen praktischen Vernunft gegen das der Sinnlichkeit. Die Kantische Konzeption scheint also nur dann ohne Widerspruch der Vernunft mit sich selbst aufzugehen, wenn wir *tatsächlich* bereit sind, uns *unserem Wesen nach* als Bürger einer intelligiblen Welt, der die sinnliche als wesenlos unterworfen ist, zu verstehen.

Ich will nicht behaupten, daß dies ausgeschlossen sei, sondern nur, daß es heute sogar unter Kant-Begeisterten nicht gerade verbreitet ist, sich selbst im Ernst so zu verstehen. Solange man sich jedoch als ein auch an und für sich sinnen- und damit körperverhaftetes Wesen versteht und dennoch durch Vernunft in seinem Handeln bestimmbar sein möchte, muß man offensichtlich nach wie vor nach anderen als der Kantischen Lösung des Problems Ausschau halten.

## 2. Hume

»Reason is wholly inactive, and can never be the source of so active a principle as conscience, or a sense of morals.«[31]

Die Vernunft ist nach Hume generell das Vermögen, das Wahre oder Falsche in unseren Vorstellungen, d. h. den »Ideen« zu betrachten. Um fähig zu sein, sich mit der Wahrheit in Übereinstimmung zu setzen, darf sie keinen eigenen Impetus ins Spiel bringen, sondern muß sich ganz der Ansicht, die die Dinge ihr in ihren Vorstellungen bieten, überlassen können. Was aber für die theoretische Vernunft das Wahre und Falsche, das heißt im praktischen Feld richtig und verfehlt. Die Frage ist nur, inwieweit dieser terminologische Unterschied auch die Beschaffenheit und Funktionsweise der Vernunft selbst tangiert und verändert. Hume scheint, nach dem obigen Zitat, der Auffassung zu sein, daß das Praktische insgesamt nur eine unreine Verbindung des bloß theoretisch bleibenden Vernünftigen einerseits mit ebenso puren Momenten und Einsprengseln des Fühlens und Empfindens andererseits ist, daß also eine *genuin* praktische Vernünftigkeit gar nicht existiere.

Die Vernunft ermittelt Wahrheit, indem sie entweder Vorstellungen vergleicht (»comparing of ideas«), d. h. in Beziehung zueinander betrachtet, oder kraft ihrer Verknüpfung in Kausalverhältnissen auf die Gegebenheit eines Faktums schließt (»inferring of matter of fact«). Weil dies nach Hume die einzigen Operationen

[31] D. Hume, *A Treatise of Human Nature*, ed. L. A. Selby-Bigge, rev. P. H. Nidditch, Oxford 1978, 458.

der Vernunft sind, müßte, wenn die normative Kraft der Moral oder eines Sollens auf die Vernunft zurückginge, sie entweder in einer der möglichen Relationen zwischen verschiedenen Ideen (nach Hume: Ähnlichkeit, Gegensätzlichkeit, Grad und Proportion) bestehen oder eine eigene Art von entdeckbarer, nicht weiter zurückführbarer Qualität in der Wirklichkeit sein:

»If the thought and understanding were alone capable of fixing the boundaries of right and wrong, the character of virtuous and vicious either must lie in some relations of objects, or must be a matter of fact, which is discovered by our reasoning. This consequence is evident. As the operations of human understanding divide themselves into two kinds, the comparing of ideas, and the inferring of matter of fact; were virtue discover'd by the understanding; it must be an object of one of these operations, nor is there any third operation of the understanding, which can discover it.«[32]

### *2.1 Die praktische Sekundarität der Vernunft nach Hume*

Es ist deutlich zu erkennen, daß Vernunft nach Hume von vornherein nur ein entdeckendes, d.h. theoretisch die Dinge betrachtendes und sie beschreibendes Vermögen ist. Aus keiner Beschreibung von Dingen, wie sie liegen, läßt sich aber, wie Hume anschließend deutlich macht, jemals ein Wollen in bestimmter Richtung oder ein uns aufforderndes Sollen gewinnen. Vielmehr haben die Auffassungen der Vernunft nur in *Begleitung* und im *Gefolge* von Gefühlen, die anderweitigen Ursprungs sind,[33] eine moralische Bedeutung.[34]

Um in der Beschreibung einer rein theoretisch-objektiv aufgefaßten Sachlage – z.B., daß die Aussaat eines Baumes ihm durch ihr Heranwachsen schließlich die

32 Hume, *Treatise*, 463.

33 Vgl. R.M. Kydd, *Reason and Conduct in Hume's Treatise*, New York 1964, z.B. 153: »it follows logically from his view that reason is only the mediate cause of action. [...] He grants that reason has considerable powers once it is operative, and his persistent remarks that these powers are ultimately a negligible factor in the control of our conduct can be attributed only to the view that reason is never operative as an independent variable, but that it is both brought into operation and guided in its operation by some passion which does not itself come under its control.«

34 Durch eine geeignete begleitende ›Diät‹ von Gefühlen, Eindrücken und Überzeugungen kann Vernunft auf mehrerlei Wegen also nur eine *indirekte* und *vermittelnde* Steuerung unseres Handelns bewirken. Siehe dazu auch D. F. Norton, *»David Hume«. Common-Sense Moralist, Sceptical Metaphysician*, Princeton 1982, z.B. 98ff; 108f; 126ff. Vernunft kann, via Überzeugung, in Gefühle »inkorporiert« werden (sogenannte »calm passions«), die dann wiederum gegen andere Gefühle streiten – vgl. Kydd, *Reason and Conduct*, 146ff. und A. C. Baier, *A Progress of Sentiments. Reflections on Hume's* Treatise, Cambridge, Mass. 1991, 159ff.

Lebensgrundlage entzieht – das Verhalten der »Undankbarkeit« zu erkennen, bedarf es *zusätzlich* der Unterstellung eines Wollens als Ursache solchen Verhaltens, während jedoch die die Gebenheiten beschreibenden Relationen sich völlig gleich bleiben. Deshalb wird hier nicht eine besondere Relation der Undankbarkeit *entdeckt*, sondern das Gegebene wird vor dem Hintergrund unseres Wollens und unserer moralischen Überzeugungen als ein Verhalten dieser Art nur interpretiert.

Immerhin vermag die Vernunft ihre Auffassungen von wahr und falsch in Verbindung mit bestimmten gegenwärtigen Eindrücken zu lebhafteren Überzeugungen (beliefs) zu verstärken,[35] so daß sie durch deren Einsatz einen steuernden Einfluß gegenüber anderweitig vorhandenen Gefühlen geltend machen kann.[36] Was immer wir jedoch nach Hume aufgrund von Überzeugungen erschließen mögen (wie z. B. die Existenz eines Wertes oder einer Norm an sich), das ist, weil schon Überzeugungen nicht unabhängig vom Gefühl und darauf gegründeter Gewohnheit zustande kommen, auch selbst nicht ohne deren Voraussetzung,[37] also nicht eine reine Vernunftidee.

Ebensowenig wie man der Beschreibung einer Sachlage, die Wollen und wertendes Gefühl nicht schon enthält, nach Hume einen moralischen Wert oder eine Willenstendenz abgewinnen kann, ist es möglich, in einer üblicherweise als moralisch angesehenen Angelegenheit statt einer komplexen Relation zwischen einschlägigen, gewöhnlich dem moralischen Urteil unterliegenden Elementen, ein *ursprüngliches*, d. h. von sich aus moralischen Wert darstellendes »matter of fact« wahrzunehmen, das die Vorlage zu einer einfachen Idee der Vernunft abgeben würde. Als Beispiel läßt Hume die Handlung des vorsätzlichen Mordes ins Auge fassen und fragt, ob daran andere Tatsachen zu entdecken seien, als bestimmte Willenseinstellungen, Leidenschaften, Motive und Gedanken. Die Antwort lautet nein, nämlich insbesondere nicht so etwas wie der Charakter, ein

[35] S. z. B. Hume, *Treatise*, 103: »belief is a more vivid and intense conception of an idea, proceeding from its relation to a present impression.«

[36] Vgl. *Treatise*, 119: »Nature has, therefore, chosen a medium, and has neither bestow'd on every idea of good and evil the power of actuating the will, nor yet has entirely excluded them from this influence. Tho' an idle fiction has no efficacy, yet we find by experience, that the ideas of those objects, which we believe either are or will be existent, produce in a lesser degree the same effect with those impressions, which are immediately present to the senses and perception. The effect, then, of belief is to raise up a simple idea to an equality with our impressions, and bestow on it a like influence on the passions.«

[37] Sehr deutlich wird dieser Punkt im »Abstract« von Hume formuliert: »[The mind] not only conceives it [sc. an object of belief ], but *feels* something different in the conception of it from a mere reverie of the imagination. [...] Belief therefore, in all matters of fact arises only from costum, and is an idea conceived in a peculiar *manner*« (Hume, *Treatise*, 653 f).

sittliches Übel oder moralische Verdorbenheit zu sein. Dies vielmehr bemerkten wir nur in unserer eigenen Einstellung zu einer solchen Tat, nicht jedoch im Objekt der Betrachtung (der betreffenden Handlung). Diese unsere Einstellung zu ihm als ein Übel sei folglich nicht Ausdruck der Betrachtung durch unsere Vernunft, sondern der Bewertung in unserem Gefühl:

> »The vice entirely escapes you, as long as you consider the object. You never can find it, till you turn your reflexion into your own breast, and find a sentiment of disapprobation, which arises in you, towards this action. Here is a matter of fact; but 'tis the object of feeling, not of reason. It lies in yourself, not in the object.«[38]

An dieser Bemerkung Humes ist hervorzuheben, daß er offenbar Tatsachen, die im Betrachtenden während der Betrachtung von etwas durch die Vernunft auftreten, nicht als »matter of fact« im verlangten objektiven Sinne gelten läßt. Wenn der betrachtete Mord einer wäre, den der Betrachtende selbst beginge und dabei dasselbe »sentiment of disapprobation« verspürte, wäre die Irrelevanz eines solchen Faktums für das betrachtete Objekt aber durchaus nicht klar. Doch was mit uns selbst in Ausübung unseres Vernunftvermögens vor sich gehen mag, zählt für Hume, so scheint es, (ganz anders als für Kant) nicht als ein zur objektiven Lage der Dinge gehöriges Faktum. Zweitens kann eine solche nicht-objektive Tatsache für Hume offenbar niemals unmittelbar eine Idee der Vernunft sein, sondern ist primär präsent nur als Gegenstand des Gefühls, also lebendiger Eindruck oder »impression«. Als solches ist dieses Gefühl durchaus wirksam und motivierend, entspringt aber nicht der Vernunft, sondern der besonderen und jederzeit parteiischen Ökonomie und Interessenlage unseres Daseins und Strebens.

Wenn Hume nicht voraussetzen würde, daß die Vernunft allein ein theoretisches Vermögen in uns ist, dann könnte er sich freilich (wie das Beispiel Kants zeigt) nicht gewiß sein, daß jenes »matter of fact« im Betrachter, also das »sentiment of disapprobation« nicht gerade doch der Tätigkeit unserer Vernunft zu danken sei, eine Tätigkeit derer kein anderes Wesen außer vernunftbegabten überhaupt fähig wäre.[39] Man könnte an dieser Stelle durchaus auf den Gedanken verfallen, daß Kant, wenn er solche Passagen las, Hume zwar zum Teil zustimmt,

[38] Hume, *Treatise*, 468f.

[39] Vgl. Kydd, *Reason and Conduct*, 162: »We can conclude then that, although some of the functions which Hume allows to reason seem to presuppose a desire to reason for its own sake as their cause, yet he neither did recognize the existence of such a desire nor could he have found any good reasons for saying that such a desire should exist.«

nämlich darin, daß moralische Verhältnisse keine Gegenstände objektiver Erkenntnis sein können, jedoch teilweise auch entschieden von Hume abweicht, indem nach seiner Auffassung die Vernunft als ein und dasselbe Vermögen in uns nicht nur theoretische, sondern eben auch genuin praktische Leistungen zu vollbringen hat.

Es lohnt sich, für einen Augenblick zu betrachten, wie sonst – wenn nicht durch die Vernunft – nach Hume jenes erwähnte Gefühl der Mißbilligung oder, im positiven Fall: der Billigung in uns hervorgerufen wird.[40] Es handelt sich dabei um Lust- bzw. Unlustgefühle einer besonderen Art, die nur unter speziellen Umständen auftreten.[41] Diese Umstände beziehen sich auf die Bewertung von Eigenschaften, die für den Umgang zwischen uns selbst und anderen (unser Wohl und Wehe betreffend) relevant sind; und zwar so, daß wir bei ihrer Beurteilung einen künstlich von unserer eigenen Situation distanzierten, d. h. generalisierenden Standpunkt einnehmen:

> »'Tis only when a character is considered in general, without reference to our particular interest, that it causes such a feeling or sentiment, as denominates it morally good or evil.«[42]

Die ursprüngliche Quelle des betreffenden Lustgefühls kann auf diese Weise ein durchaus privater und auf unsere intimste Umgebung bezogener Eindruck sein, zur moralischen Billigung bzw. Mißbilligung wird dergleichen erst, wenn er vermittels der allgemeinen und verallgemeinernden »*Sympathie*« zwischen den Menschen jene erwähnte Unabhängigkeit von mir selbst und den Nächsten erhalten hat:

> »But however directly the distinction of vice and virtue may seem to flow from the immediate pleasure ore uneasiness, which particular qualities cause to ourselves or others; 'tis easy to observe, that it has also a considerable dependence on the principle of *sympathy* so often insisted on. We approve of a person, who is possess'd of qualities *immediately agreeable* to those, with whom he has any commerce; tho' perhaps we ourselves never reap'd any pleasure from them. [...] 'Tis impossible men cou'd ever agree in their sentiments and judgements, unless they chose some common point of view, from which they

[40] Vgl. zu dieser Frage detailliert W. Schrader, *Moral Sense. Ethik und Anthropologie in der englischen Aufklärung*, Hamburg 1984, 171 ff.

[41] Vgl. Norton, *David Hume*, bes. 112–120.

[42] Hume, *Treatise*, 472.

might survey their object, and which might cause it to appear the same to all of them.«[43]

Zwar involviert ein moralisches Urteil auf diese Weise doch Vernunft, nämlich die, die uns auf einen solchen generelleren, unparteiischen Standpunkt erhebt. Doch sind deren Wirkungen auf unser Gefühl indirekt, da sie nur via einer allgemeinen Distanzierung unserer Gefühlslage und Empfindungen einen steuernden Effekt auf uns ausüben können.[44]

### 2.2 *Die Trennung von Repräsentation und Motivation – ein empiristisches Vorurteil*

Aus welchem Grund will Hume der Vernunft nur eine betrachtende, allgemein distanzierende, nicht auch eine strebende oder motivierende Funktion bei der Begründung von moralischen Regeln zugestehen? Daß in ein und demselben Vermögen so verschiedene Aufgaben vereinigt wären, meint Hume ausschließen zu müssen, weil er in diesem Fall vielmehr das theoretische Grundvermögen der Vernunft, durch ihre Ideen die Dinge repräsentieren und sich so in Übereinstimmung mit den Verhältnissen der existierenden Realität bringen zu können, in seiner Möglichkeit bedroht sähe. Denn dann wäre Vernunft in der Lage, an den Verhältnissen, die sie *betrachtet*, durch Hervorrufung von Trieb und Gefühlen zugleich unmittelbar etwas zu *verändern*. Die repräsentationale Qualität unserer Vernunftleistungen bedarf nach Hume der strengen Ebenentrennung von den realen Qualitäten der objektiven Wirklichkeit, wenn anders wir das Vermögen wahrer Erkenntnis als Übereinstimmung des einen mit dem anderen nicht preisgeben möchten:

»A passion is an original existence, or, if you will, modification of existence, and contains not any representative quality, which renders it a copy of any other existence or modification. When I am angry, I am actually possest with the passion, and in that emotion have no more a reference to any other object, than when I am thirsty, or sick, or more than five foot high. 'Tis impossible, therefore, that this passion can be oppos'd by, or be contradictory to truth and reason; since this contradiction consists in the disagreement of ideas, consider'd as copies, with those objects, which they represent.«[45]

[43] Hume, *Treatise*, 590f.
[44] Vgl. Hume, *Treatise*, 583.
[45] Hume, *Treatise*, 415.

Alles kann nur entweder eine Kopie von etwas anderem sein oder selbst etwas, das wirksam ist im Gefüge derjenigen Realität, die wir durch Kopien von ihr erkennen können. Gefühle sind Realität und als solche blind gegenüber der die Vernunft tragenden Unterscheidung von wahr und falsch, d. h. von realitätsgetreuer oder realitätsverfälschender Repräsentation der Wirklichkeit. Vernunft wiederum kann kein Gefühl in Gang setzen oder zum Erliegen bringen, außer insofern es selbst auf Urteilen basiert, die wir als wahr oder falsch anerkennen. Diese aber sind Glaube und nicht reine Vernunft. Zwar konnte es zunächst so scheinen, als stelle »belief« für Hume eine Ausnahme von dieser strengen Scheidung dar, ist er doch eine, wie Hume sagt, in lebhafterer Weise konzipierte Vorstellung – so lebhaft, daß er für Hume einem Gefühl durchaus Paroli bieten kann. Jedoch ist diese Lebhaftigkeit des Glaubens wiederum nur *geborgt* von Eindrücken, die uns der Wahrheit der betreffenden Ansicht besonders sicher sein lassen. Fallen jene Eindrücke hinweg, so auch das Fürwahrhalten und mit ihm die Lebhaftigkeit dieser Idee, so daß wir nach wie vor nichts genuin zur Handlung Treibendes außerhalb des Gefühls finden.

Wäre es anders, müßten wir durch das bloße Kopien-Haben in der Lage sein, das Kopierte zu verändern – was vielleicht denkbar ist, jedoch dem Vermögen der Wahrheit, wie Hume es zu verstehen scheint, äußerst abträglich wäre. Es gibt Kopien (Ideen), durch die wir Realität erkennen können, und es gibt »ursprüngliche Existenz« (original existence), deren Stücke in uns »impressions« heißen, über die wir in die Realität verwickelt sind. Die Art unseres Verwickeltseins können wir zwar lenken, d. h. eigentlich nur graduell abschwächen oder intensivieren durch unsere Erkenntnisleistungen, wie oben geschildert; aber wir können nicht *kraft der Erkenntnis* in den Zusammenhang des Erkannten auch verwickelt sein, ohne wiederum die Kopie zu einem Element der Ebene des Kopierten zu machen. Deshalb gibt es letztlich überhaupt keine direkte Koalition oder Opposition zwischen erkennender Vernunft und motivierendem Gefühl:

> »A passion must be accompany'd with some false judgement, in order to its being unreasonable; and even then 'tis not the passion, properly speaking, which is unreasonable, but the judgement. The consequences are evident. Since a passion can never, in any sense, be call'd unreasonable, but when founded on a false supposition, or when it chuses means insufficient for the design'd end, 'tis impossible, that reason and passion can ever oppose each other, or dispute for the government of the will and actions.«[46]

[46] Hume, *Treatise*, 416.

Das ist konsequent gedacht. Doch hängt dies alles an der Voraussetzung, daß unsere Perzeptionen, die entweder bloß repräsentationale oder nur motivationale Episoden in uns sind, als *primäre Gegebenheiten* den Ausgangspunkt aller Überlegungen für ihre verschiedenartigen, aber nur nachträglich erfolgenden Überlagerungen und Verschachtelungen mit- und ineinander darstellen. Daß Repräsentation *selbst* für sie funktionale Elemente von Gefühl enthalten könnte und umgekehrt Gefühle *als solche* etwas anderes ›präsentieren‹ und damit durchaus repräsentationale Komponenten haben können, wird von Hume a limine ausgeschlossen. Eine solche Auffassung setzte auch entgegen seiner Ansicht voraus, daß kein mentaler Gehalt, keine Idee oder Impression für sich genommen ohne die *Einheit des ganzen Subjekts*, das sie ›hat‹, bestehen kann. Erst so nämlich wäre eine frühere, allen Wahrnehmungen und Gedanken zugrundeliegende Instanz gegeben – eben der Mensch als ganzer – der sie alle, auf diese oder jene Weise seine Vermögen kombinierend, hervorbringt und so zum einen Erkenntnis, zum anderen Affiziert- und Beeindrucktwerden von Wirklichem auf je verschiedenen Wegen des Tätigseins realisiert.

Gegen die zuletzt geschilderte Denkmöglichkeit steht natürlich der skeptische Empirismus Humes,[47] der es nicht zuläßt, von als solchen unerkennbaren Substanzen zu reden, die das Verschiedene und Heterogene in sich verbinden und zu einem machen könnten,[48] sondern der höchstens bereit ist, das, was als verschieden und voneinander unabhängig auftritt, jeweils für sich eine »Substanz« zu nennen:

> »I have already prov'd, that we have no perfect idea of substance; but that taking it for *something, that can exist by itself*, 'tis evident every perception is a distinct substance.«[49]

Deshalb ist der Ausweg, eine so oder so ausgeführte Tätigkeit oder Handlung *desselben Subjekts* als Grund sowohl unserer Erkenntnisse wie auch unserer Gefühle und Wahrnehmungen anzusehen, für Hume gänzlich verschlossen:

> »'Tis the same case, if instead of calling thought a modification of the soul, we shou'd give it the more antient, and yet more modish name of an *action*. By an

[47] So ähnlich lautet auch das Fazit Kydds, *Reason and Conduct*, S. 163: »Hume's own particular version of the slave-of-the-passions doctrine was not the necessary consequence of his views on reason and on action, but rather of his extreme empiricist theory of the self.«

[48] Vgl. Hume, *Treatise*, z. B. 190–201 in bezug auf äußere Dinge; ebd. 232 ff. in bezug auf Seele und Geist.

[49] Hume, *Treatise*, 244; vgl. ebd. 233.

action we mean [...] something, which, properly speaking, is neither distinguishable, nor separable from its substance, and is only conceiv'd by a distinction of reason, or an abstraction. [...] the word, action, according to this explication of it, can never justly be apply'd to any perception, as deriv'd from a mind or thinking substance. Our perceptions are all really different, and separable, and distinguishable from each other, and from every thing else, which we can imagine; and therefore 'tis impossible to conceive, how they can be the action or abstract mode of any substance.«[50]

Während Kant, wie gesehen, durch übertriebene Ansprüche in bezug auf die Reinheit der Vernunft ihre Tätigkeit in uns einem sozusagen eigenen Subjekt übertragen muß, das dem der Sinnlichkeit gegenübertritt, verzichtet Hume von vornherein darauf, perzeptiven Vorkommnissen zusätzlich die Einheit eines empfindenden und tätigen Subjekts unterzulegen. Der eine denkt *überhaupt kein* Subjekt jenseits seiner mentalen Zustände, die ihm als suisuffiziente Bausteine einer empirisch zu deutenden Realität erscheinen; der andere *mehr als eins*, die zu vereinen eine erst noch zu vollbringende »paradoxe Forderung«[51] an das praktische Dasein, nicht eine schon eingetretene Wirklichkeit ist.

Wir sind aber bereits da als handelnde Einheiten mit vernünftigen Vermögen ebenso wie als sinnlich affizierbare Körper. Akzeptiert man diesen Realismus in bezug auf die eigene, äußere Existenz in beiderlei Formen, dann muß die Vielheit der inneren Zustände schon immer gebunden sein an die Einheit von etwas, das da *ist*, ohne selbst ein solcher Zustand zu sein; und zweitens müssen all unsere Fähigkeiten – auch die vernünftigen –, wenn sie überhaupt Einfluß besitzen sollen, ihn auf das Ganze dieser Einheit besitzen, nicht nur auf ihr vernunftbestimmtes Sein.

## 3. Aristoteles

Auch nach Meinung des Aristoteles vermag die Vernunft nicht schon von sich aus in bestimmter Richtung zu bewegen, sondern sie liefert eine in Ruhe bleibende Erkenntnis von Sachverhalten, indem sie sie in einem Zug mit Erfassung ihres *Gegenteils* zeigt und nur so zu scharfer Abhebung bringt. Deshalb geht ein jedes »Vermögen mit Vernunft« immer auf *beide* Gegenteile zugleich: »Ursache dafür ist, daß die Wissenschaft ein *logos* ist, derselbe *logos* aber die Sache

[50] Hume, *Treatise*, 244f.

[51] Kant, *Kritik der praktischen Vernunft*, Vorrede, A 10.

zugleich mit ihrer Privation zur Deutlichkeit bringt, wenn auch nicht auf dieselbe Weise.«[52] Und aus demselben Grund muß das *bewegende* Prinzip in der Seele generell separat von der Vernunft gehalten werden, »so daß die Seele beide [Gegenteile] von demselben Prinzip aus in Gang setzt, indem sie sie mit Bezug auf dasselbe zusammenhält.«[53] Genauso hebt Aristoteles auch in dem Abschnitt über die bewegende Kraft der Seele aus *De anima* hervor: »Wir sehen generell, daß der, der ärztliches Wissen hat, [noch] nicht heilt, so daß *etwas anderes* zuständig ist für das Tun gemäß einer Wissenschaft, nicht aber diese selbst.«[54]

Im ganzen gesprochen kommt nach aristotelischer Sicht der Dinge eine Auffassung der Vernunft im Handeln nicht dadurch zum Ausschlag, daß sie selbst zur Initiative würde (wie bei Kant), sondern indem sie die Stelle besetzen kann, von der aus die Seele generell initiativ wird. Daß sie indessen einen solchen Platz im Getriebe der Handlungsauslösung einnehmen kann, bedeutet (anders als bei Hume), daß weder vernünftige noch sinnliche Determinationen je für sich abgeschlossene Vorkommnisse innerhalb einer Seele sind, die nun, heterogen bleibend, miteinander in weiteren solchen Vorkommnissen assoziiert werden müßten, sondern daß sie sich wechselseitig zu neuartigen geistigen Zuständen einer Person ergänzen können.

### *3.1 Die Formbarkeit des Strebens und seine Umsetzung in Bewegung*

Sofern ein denkendes Wesen auch ein sich bewegendes Wesen, d.h. beseelter *Körper* sein soll, ist es nach Aristoteles notwendig, der Vernunft etwas anderes beizugesellen, damit aus ihr Bewegung, sprich: Handlung in eine bestimmte Richtung hervorgehen kann. Dies andere nennt Aristoteles »Streben« (ὄρεξις).[55] Streben ist verbunden mit Lust und Schmerz, aber nicht unmittelbar in Form ihrer Wahrnehmung, sondern eine auf Lustvolles bzw. Schmerzhaftes *aus gewisser Entfernung* bezogene Verhaltensweise, um sie aufzuheben bzw. zu sichern. Das hießt, Lustvolles wird verfolgt (διώκειν) und Schmerzhaftes gemieden (φεύγειν).[56]

Lustvolles bzw. Schmerzhaftes kann zwar auch direkt wahrgenommen werden – dann sind Verfolgen und Meiden unmittelbar gleich Genuß oder Leiden; aber erst wenn sie als geschieden vom aktuellen Zustand des Lebewesens durch die *Vorstellung* (φαντασία) präsentiert werden, sind Verfolgen und Meiden ein *Streben* im eigentlichen Sinn, d.h. gehen einher mit einem dadurch ausgelösten

52 Aristoteles, *Metaph.* IX 2; 1046 b 8f.

53 Aristoteles, *Metaph.* IX 2; 1046 b 21f.

54 Aristoteles, *De anima* III 10; 433 a 4–6.

55 Z.B. Aristoteles, *De motu* 7; 701 a 34–36

56 Vgl. Aristoteles, *De motu* 8; 701 b 33–36.

*Bewegungsverhalten* des Lebewesens. Denn jedes Streben verlangt nach einer *Änderung* im Verhältnis zum Erstrebten; dieses muß deshalb auch schon vorher eine gewisse Anwesenheit im Strebenden haben, die eben durch die Vorstellung gewährleistet wurde. Denn Vorstellung ist nicht selbst eine Wahrnehmung, sondern Nachhall[57] oder zurückgelassene Spur von Wahrnehmung, wie Aristoteles definiert: »eine unter Wirkung aktueller Wahrnehmung zustandekommende Bewegung, die ihr ähnlich ist.«[58] Eine Vorstellung steht deshalb auch dann noch zu unserer Disposition,[59] wenn wir vom Gegenstand der aktuellen Wahrnehmung entfernt sind. Aus diesem Grund gibt es ein Streben überhaupt nicht ohne Vorstellung:

> »Generell ist das Lebewesen in der Hinsicht bewegungsfähig, in der es strebefähig ist; strebefähig wiederum ist es nicht ohne Vorstellung. Alle Vorstellung aber ist von entweder der Vernunft oder der Wahrnehmung zugehöriger Art.«[60]

Weil Vorstellung die genannte doppelte Einschlägigkeit besitzt, nach der sie sowohl vernünftige wie sinnliche Züge tragen kann, kann sie die erwähnte *Stelle der Vermittlung* bieten, durch deren Besetzung die Vernunft handlungswirksam wird.[61] Denn auch die Vernunft oder das Denken in uns ist, wie Aristoteles des öfteren hervorhebt, sogar *notwendig* begleitet von Phantasien, die den Gedanken

[57] Zum Begriff der *phantasia* vgl. die ausgezeichnete Arbeit von V. Caston, »Why Aristotle Needs Imagination« [›*Imagination*‹], in: *Phronesis* 41 (1996), 20–55, hier 47: »Phantasia is, in effect, an echoing of the initial stimulation in the sense organs: a side-effect, like the original stimulation in character, but unable to compete with fresh, incoming stimulations.«

[58] Aristoteles, *De anima* III 3; 428 b 11–14; vgl. auch die grundlegende und viel Klärung bietende Studie von D. Frede, »The Cognitive Role of *Phantasia*« [=›Phantasia‹], in: *Essays on Aristotle's* De Anima, hrsg. von M. C. Nussbaum und A. Oksenberg Rorty, Oxford 1992, 279–295, hier 281: »*Phantasia*, thus, does not have a faculty of its own but is ›parasitic‹ on sense-perception«; wenn auch die Rolle der *phantasia* bei einer von Frede angenommenen retentionalen Synthesis der Wahrnehmungen nach Kantischem Modell für die aristotelischen Belange als etwas übertrieben erscheint (vgl. 282–284).

[59] »Der Zustand [der Vorstellung] ist zu unserer Disposition, wann wir wollen«, das unterscheidet sie von der Meinung ebenso wie von der Wahrnehmung (s. Aristoteles, *De anima* III 3; 427 b 14–21).

[60] Aristoteles, *De anima* III 10; 433 b 27–30.

[61] Vgl. hierzu Frede, »Phantasia«, bes. 288–290; außerdem, mit Konzentration auf die Funktion der *phantasia* bei der Entscheidung von Handlungen, M. Canto-Sperber, »L'imagination dans la philosophie de l'action« [=›Philosophie de l'action‹], in: *Corps et âme. Sur le* De anima *d'Aristote*, hrsg. von G. Romeyer Dherbey und C. Viano, Paris 1996, 441–462, bes. 447–453; 456f. die Analyse der φαντασία βουλευτική aus Aristoteles, *De anima* III 11; 434 a 5–10.

im Gewand sinnlicher Größen darstellen[62] und die folglich in einen sinnlich definierten Kontext wie den der Bewegungsauslösung durch Streben eintreten können.[63]

Ja, man kann sagen, daß das Vermögen der Vorstellung eben dazu erfunden werden mußte, die verschiedenen Fakultäten der Seele, die Aristoteles mit guten Gründen unterscheidet, auch wieder koalitionsfähig zu machen, damit aus vielen heterogenen Beiträgen doch nur *eine* bestimmt gerichtete Bewegung des ganzen Körpers hervorgehen kann. Fortbewegung und Handlung müssen in ihrer Richtung entschieden sein, Zustände der Seele und Vorstellungen dagegen nicht.[64] Während aber für einen Seelenzustand der beseelte Körper nach Aristoteles nur eine generelle Existenzbedingung darstellt,[65] ist für die Fortbewegung (Fliehen oder Verfolgen) und die vollendete Handlung das Verhalten des ganzen Individuums sogar Teil ihrer *inhaltlichen* Beschreibung, d.h. ihrer Definition.

In diesem Punkt unterscheiden sich die Ansichten des Aristoteles zum Thema

[62] »Denken ist nicht möglich ohne Vorgestelltes (φάντασμα) [...] Der Denkende, auch wenn er gar keine Quantität denkt, stellt sich doch eine vor Augen, denkt es nur nicht *als* Quantität. [...] Warum es so ist, daß man nichts ohne das Kontinuierliche denken kann und selbst das, was nicht in der Zeit ist, nicht ohne Zeit, ist eine andere Frage. Ausdehnung und Bewegung jedenfalls faßt man notwendig durch das auf, wodurch auch die Zeit, und das Vorgestellte ist ein Zustand der [allen Sinnen] gemeinsamen Wahrnehmung« (Aristoteles, *De memoria* 1; 449 b 31–450 a 11); s. außerdem z.B. Aristoteles, *De anima* III 7; 431 a 14–17. Für eine Analyse dieser Passage und eine genauere Einschätzung ihrer Bedeutung für den Begriff des Denkens bei Aristoteles s. M. V. Wedin, *Mind and Imagination in Aristotle*, New Haven/London 1988, 113ff.

[63] Vgl. Frede, »Phantasia«, 289: »The soul would not be moved towards anything if it could not envisage it under a concrete aspect.«

[64] Hierin besteht der Kern des Unterschieds zwischen Humes und Aristoteles' Auffassungen zur Frage, die im übrigen, wie jedem leicht ersichtlich, sehr vieles gemein haben: Für Aristoteles bilden Vorstellungen und Perzeptionen niemals für sich allein genommen abgeschlossene »Existenzen« (wie für Hume); daher bedürfen sie, um (im tatsächlichen Handeln) realitätsmächtig zu sein, nur einer geeigneten Anreicherung und *Sättigung* durch das Gefühl, nicht aber einer prinzipiell Neues hinzubringenden *Konfiguration* mit Gefühlen und anderen Vorstellungen. Eine Handlung ist für Hume ein besonderes *Aggregat* von Perzeptionen, für Aristoteles die ihre Einheit manifestierende *Äußerung* einer Substanz.

[65] In diesem Punkt unterscheidet sich die aristotelische Sichtweise radikal von der Humes; vgl. die berühmte ›Ryle-Passage‹ im I. Buch von *De anima*, der die *Nicht-Selbständigkeit* von Seelenzuständen ganz generell feststellt: »Zu sagen, die Seele sei im Zorn, ist genauso, wie wenn jemand sagen wollte, die Seele webe oder baue ein Haus. Besser ist es, nicht zu sagen, die Seele habe Mitleid oder lerne oder denke, sondern der Mensch dank seiner Seele. Das ist nicht so zu verstehen, als wäre die Bewegung in jener, sondern teils bis hin zu ihr, teils von ihr ausgehend, etwa die Wahrnehmung von diesen Dingen aus [zu ihr] oder die Erinnerung von ihr aus bis zu den entsprechenden Bewegungen oder Ruhezuständen in den Wahrnehmungsorganen« (*De anima* I 4; 408 b 11–18).

am meisten von denen Humes, für den Perzeptionen sogar ein Vorrecht haben, schon für sich selbständige Substanzen zu sein. Zustände der Seele sind nach Aristoteles niemals aparte Existenzen, die in Assoziationen nur nachträglich verknüpft werden können, sondern sie bilden, weil nicht für sich Selbständiges, *unmittelbar* Vereinigungen, Kontraste und Zwischentöne des Fühlens und Empfindens der Person.[66] Dabei kommen sie alle überein im Grundcharakter der »Vorstellung«,[67] d. h. der inneren Präsentation von sinnlichen Charakteristika, Attraktionen und Abstoßungen, kurz: dem ganzen Nachhall einstiger Wahrnehmungen (nicht Kopien, wie nach Hume, sondern Fortwirkungen, d. h. »Bewegungen« oder »Veränderungen«). Angst gepaart mit Aggressivität oder Liebe mit begründeten Sorgen um die Zukunft von jemandem usw. – wer wollte in der beliebig erweiterten Präsenz solcher Zustände ein Problem erblicken? Problematisch wird es erst, wenn ein Lebewesen entweder die Flucht ergreift oder zur Attacke übergeht, jemanden entweder bedenkenlos unterstützt oder vor den Folgen seines Handelns warnt. Denn das kann es nicht mehr zugleich tun. Die Einheit des Tätigen ist hier nicht mehr nur zugrundeliegendes Subjekt, sondern zugleich eine Entschiedenheit und Abgeschlossenheit implizierende Komponente im Charakter der Tätigkeit.[68]

Aus dem dargelegten Grund ist die Frage der Bewegungsauslösung durch die Seele für Aristoteles eng verquickt mit dem Problem der Mehrheit und Diversität von Seelenteilen, das er in *De anima* gerade dort mit Vorliebe aufwirft und erörtert, wo die Seele als Prinzip der Bewegung behandelt wird.[69] Denn weder dürfen verschiedene Teile jeweils für sich (handlungseffektiv) streben, sollen sie nicht Gefahr laufen, das Wesen zu zerspalten, noch kann einer für sich allein der strebende Teil sein, weil sonst kein anderer am Streben beteiligt wäre und das Wesen prinzipiell in die Lage käme, in die es sich ohnehin oftmals manövriert findet: vor seinen eigenen Aktionen wie vor einem unbegreiflichen Rätsel zu

66 Verschmolzen und miteinander vermischt werden können Vorstellungen zwar auch nach Hume (s. z. B. *Treatise*, 624), aber dies nur dadurch, daß unsere Einbildungskraft neue Vorstellungen aus ihnen macht. Das ist bei Aristoteles nicht unbedingt und in jedem Fall so.

67 Vgl. Caston, »Imagination«, 41: »Imagination, association, memory, expectation, reasoning, deliberation, desire, action, the passions, and dreams all require the operation of another mental state Aristotle calls ›phantasia‹«.

68 Zur Abgeschlossenheit als wesentlichem Charakteristikum unseres Handelns vgl. R. Spaemann, »Einzelhandlungen«, in: *Zeitschrift für philosophische Forschung* 54 (2000), 514–531, hier 516: »Das Ganze [des Lebens] verhält sich vielmehr zu den Teilen überhaupt nicht quantitativ, sondern die Person ist jeweils als Ganze in ihren einzelnen Handlungen präsent und stellt sich in ihnen dar«; wären Handlungen nicht »identifizierbare individuelle Einheiten«, so könnten sie als solche gar nicht sittlich beurteilt werden (ebd. 518).

69 Siehe Aristoteles, *De anima* III 9; 432 a 22-b 5; vgl. ebd. III 10; 433 a 1–13.

stehen. Verantwortlich zu sein für das eigene Handeln, wäre ohne Vorstellungsvermögen in der genannten Funktion schon aus sozusagen seelentechnischen Gründen ein Ding der Unmöglichkeit.

Sind sie dagegen alle (außer unmittelbar dem vegetativen Teil) verbunden mit Vorstellung, dann kann die eine nicht nur konkurrieren mit der anderen, sondern dann können sie auch über ein gemeinsames Maß miteinander vereinigt werden und so ein einträchtiges Streben bilden als diejenige Instanz der Seele, aus der die Bewegung hervorgeht:

> »Die der Wahrnehmung zugehörige Vorstellung kommt, wie gesagt, auch den anderen Lebewesen zu, die überlegungsgekoppelte dagegen nur den vernunftbegabten; denn ob man so oder so handeln wird, das ist bereits eine Operation der Vernunft; und notwendigerweise ist es durch *eines* zu messen, denn das Größere verfolgt man. So daß man also *eine aus vielen* Vorstellungen machen kann.«[70]

Die Vorstellung vermittelt zwischen dem Sinnlichen und dem Vernünftigen, und die Vernunft muß sinnliche Melodien anstimmen, um in dieser Terminologie das Streben des Menschen ihr selbst homophon zu machen[71] – statt umgekehrt. Das wird möglich durch die Vorstellung, weil sie einerseits all unserem Denken einen Ausdruck in sinnlichen Größen an die Hand gibt,[72] andererseits die sinnliche Spur der Wahrnehmung in unserer Seele aufbewahrt. Vorstellung ist der gemeinsame Nenner, in dem die diversen, ja heterogenen Tätigkeiten einer differenzierten Lebendigkeit, wie es Ernährung, Wahrnehmung und Denken nach Aristoteles zweifellos sind,[73] als verbunden oder zumindest relevant füreinander begriffen werden können: Denken und Wahrnehmen zum Beispiel sind durch sie eins als überlegtes Streben, und dieses, dank der Verknüpfung mit Lust und Schmerz, die in wesentlicher Beziehung zur körperlichen Konstitution stehen,[74] steht wiederum in Verbindung auch mit der vegetativen Grundtätigkeit des Lebendigen überhaupt. Die Diversifizierung und Spannweite seelischer Ver-

[70] Aristoteles, *De anima* III 11; 434 a 5–10.

[71] Siehe z. B. Aristoteles, *Eth. Nicom.* I 13; 1102 b 26–28.

[72] So ist z. B. die »rechte Vernunft« in der Ethik als »Mitte zwischen Zuviel und Zuwenig« in bezug auf handlungseinschlägige Gefühle und Einzelumstände definiert, eine solche Mitte aber ist nach Aristoteles eine »*sinnliche*« Bestimmtheit des betreffenden Handelns (s. *Eth. Nicom.* II 9; 1109 b 20–24).

[73] Ihre große Verschiedenheit hebt Aristoteles mehr als einmal ausdrücklich hervor: *De anima* I 5; 411 a 26-b 19. II 2; 413 b 11–16. III 9; 432 a 22-b 2. III 10; 433 b 1–4 u. a.

[74] Z. B. Aristoteles, *De anima* III 12; 434 b 16–18.

mögen muß so verfaßt und durch andere aufgewogen werden, daß nicht die primäre Bestimmung der Seele im Lebewesen, nämlich seine Einheit zu gewährleisten, in Gefahr gerät.[75] Zwar wird das Gut, das dem Lebendigen durch seine Tätigkeiten zugänglich wird, um so reichhaltiger, zu je unterschiedlicheren Aktivitäten ein Leben befähigt ist; doch wird auch die Wiederüberwindung der Diversität, ein um so mehr Anfälligkeiten ausgesetzter Balanceakt – jedenfalls solange wir körperlich existieren und auf die Beschaffenheit des Körpers Rücksicht nehmen müssen. Fast resigniert klingt es, wenn Aristoteles in der Ethik einmal feststellt:

> »Nicht ein und dasselbe kann immer lustvoll für uns sein, weil unsere Natur nicht einfach ist, sondern auch etwas anderes darin ist – weshalb wir Vergängliche sind. Wenn daher das eine tätig ist, so ist dies der anderen Natur wider die Natur; sind aber beide gleich stark, dann ist das Getane weder schmerzhaft noch lustvoll.«[76]

Bevor ich die Frage nach dem Wirksamwerden der Vernunft im Handeln mit Bezug auf die Ethik des Aristoteles noch weiter verfolge, ist kurz zu erklären, wie Aristoteles nun, von der beschriebenen Instanz des Strebens ausgehend, reale Bewegungsauslösung denken kann: Als Vorstellung in Beziehung auf Lustvolles und Schmerzhaftes ist das Streben selbst immer sinnlich und auf einzelnes, d. h. die sinnliche Welt, ausgerichtet. Lustvolles und Schmerzhaftes aber ist nach Aristoteles prinzipiell gekoppelt an Hitze- und Kältewellen im physiologischen Kontext des Körpers,[77] die wie eine automatische Hydraulik weitere, sich verstärkende Bewegungen zur Folge haben.[78] Je nachdem, worin wir also Lustvolles bzw. Schmerzhaftes erblicken, setzen wir uns so oder so in unterschiedliche Bewegungen, die wiederum Bestandteil unserer Handlungen sind. So ergibt sich nach Aristoteles eine Art notwendiger Wirkungskette, die erst am Ort der *phantasia*, wenn überhaupt irgendwo, ihre Freiheitsgrade gewinnt:

> »So ist zu erklären, daß man sozusagen gleichzeitig denkt, man solle gehen, und tatsächlich geht – wenn nichts anderes hindert; denn die Glieder des Organismus bestimmen geeignete [physiologische] Zustände, das Streben die

75 So die bekannte Folgerung aus der Definition der Seele in Aristoteles, *De anima* II 1; 421 b 6–9.

76 Aristoteles, *Eth. Nicom.* VII 15; 1154 b 21–24.

77 Aristoteles, *De motu* 8; 701 b 34–702 a 1.

78 »Wie Automaten, die bewegt werden, indem eine kleine Bewegung zustande kommt« (Aristoteles, *De motu* 7; 701 b 2).

Zustände, die Vorstellung das Streben; sie aber kommt entweder durch Vernunft oder durch Wahrnehmung zustande.«[79]

### 3.2 *Die zwei Aufgaben »rechter Vernunft«*

Die entscheidende Frage für das Handeln und damit für die Ethik ist nach aristotelischer Auffassung die, welche lust- und schmerzbesetzten Phantasien wir haben und wieviel Vernunft wir ihnen sozusagen zumuten können.[80] Denn es nützt uns nichts, wenn wir in reiner Vernunft immer die richtigen Handlungsprojekte entwerfen, aber die sie begleitenden Vorstellungen nicht auch eins werden können[81] mit denen der mächtigsten Strebungen, die wir am initiativen Ende unserer Seele hegen. Denn hier, so warnt Aristoteles noch im Zusammenhang von *De anima*, geht es nicht allein um die Frage, was gut ist, sondern vielmehr auch um die, was mir als gut erscheint:[82]

> »Vernunft ist zwar immer richtig, doch Streben und Vorstellung sowohl richtig als auch nicht richtig. Deswegen bewegt zwar immer das Objekt des Strebens, aber dies kann entweder das Gute oder das *erscheinende* Gute sein; nicht jedes, sondern nur das Gut der Handlung.«[83]

In der *Nikomachischen Ethik* betont Aristoteles ganz allgemein, daß das Objekt des Strebens mit dem tatsächlich Guten nur identifizierbar ist modulo des So-auch-Erscheinens für einen einzelnen.[84] So daß also in jedem Fall die Phantasie eines Menschen so zubereitet und trainiert werden muß, daß die Vorstellungen der Vernunft mit denjenigen synthetisiert zu werden vermögen, die ausreichend lustbesetzt sind, um Initiative freizusetzen:

> »Drei Dinge zur Wahl und ebensoviele zur Vermeidung – das sich Gehörende, das Nützliche und das Lustvolle, bzw. ihr Gegenteil, das Ungehörige, Schäd-

[79] Aristoteles, *De motu* 8; 702 a 15–19.

[80] »Die Tugenden drehen sich um Handlungen und Empfindungen und jeder Handlung folgt Lust und Schmerz; deswegen ist es wohl so, daß die Tugend sich um Lust und Schmerz dreht« (*Eth. Nicom.* II 2; 1104 b 13–16; vgl. insgesamt 13–28 s.u.).

[81] »Wenn aus ihnen [gemeint sind ›Ansichten‹, d.h. akzeptierte Vorstellungen] *eine* zustande kommt, dann ist notwendig, daß die Seele hier [sc. beim Schließen] die Folgerung behauptet, während sie im Felde des Tuns unverzüglich *handelt*« (Aristoteles, *Eth. Nicom.* VII 5; 1147 a 26–28).

[82] Auch Canto-Sperber, »Philosophie de l'action«, S. 458f. sieht von *De anima* aus hierin den entscheidenden Bezug zum Thema der aristotelischen Ethik.

[83] Aristoteles, *De anima* III 10; 433 a 26–29.

[84] Aristoteles, *Eth. Nicom.* III 6; 1113 a 22–26.

liche und Schmerzhafte – sind es, in denen der Tugendhafte richtig liegt, während der Verdorbene fehlt. Vor allem aber gilt das für die Lust, denn sie ist allen Lebewesen gemeinsam und begleitet jeglichen Gegenstand einer Wahl – denn auch das sich Gehörende und das Nützliche *erscheinen* als lustvoll. Außerdem ist sie von klein auf mit uns allen aufgewachsen. Deshalb ist es so schwer, diese dem Leben eingefärbte Empfindung abzustreifen, wo wir doch, die einen mehr, die anderen weniger, die Handlungen messen am Maßstab von Lust und Schmerz. Darum ist es nötig, alle Anstrengung auf sie zu konzentrieren. Freude und Schmerzempfinden sind für die Frage des gut oder schlecht Handelns keine Kleinigkeit.«[85]

In der für gewisse Züge durchlässigen *Maske* der Lust erscheint uns auch das Nützliche und sogar moralisch Gebotene erst erstrebenswert und tunlich. Die Phantasie muß diese Maske jeweils dem Richtigen aufsetzen können. Was richtig ist, sagt ihr die Vernunft durch ihre begleitende Vorstellung.

Aus dem geschilderten Grund gibt es nach Aristoteles *zwei* Weisen des Versagens der Vernunft vor dem Anspruch der Tugend. Die eine durch verfehltes oder verqueres Denken, wenn man z. B. denkt, selbst mehr bekommen zu müssen als andere in vergleichbarer Position. Dies ist ein schlechter Habitus des Vernunftvermögens selbst in solchen Angelegenheiten und heißt dementsprechend Verdorbenheit (κακία) oder altmodisch Laster, im Beispiel die Ungerechtigkeit. Demgegenüber ist im anderen Fall das Vermögen, moralisch richtig zu denken, intakt, erfüllt aber dennoch nicht seine allgemeine Funktion, nämlich den Menschen rundum, d. h. auch in seinem Handeln zu beherrschen; dies z. B., wenn man sich trotz der begründeten Einsicht, daß einem eigentlich nicht mehr zusteht, doch rasch und vor den anderen noch etwas sichert. Aristoteles spricht in solchen Fällen von »mangelnder Herrschaft« (ἀκρασία) oder, mit einem in der modernen Diskussion des Phänomens eingebürgerten Begriff: Willensschwäche,[86] die also auch dann stattfinden kann, wenn jemand z. B. ein gerecht denkender Mensch ist. Das Beispiel des Aristoteles ist die Verführung durch Süßes, obwohl jemand weiß, daß er nichts Süßes zu sich nehmen darf:

[85] Aristoteles, *Eth. Nicom.* II 2; 1104 b 30–1105 a 7.

[86] Grundlegend zum Thema in der aktuellen Diskussion ist D. Davidson, »How is Weakness of the Will Possible?«, wieder abgedruckt in: ders., *Essays on Actions and Events*, Oxford 1980, 21–42; Davidsons Exposition des Themas geht weit über Aristoteles hinaus, jedoch ist seiner kurzen Skizze der aristotelischen Auffassung davon (vgl. 28: »he tried to solve our problem by distinguishing two senses in which a man may be said to know (or believe) that one thing is better than another«) m. E. zuzustimmen.

> »Wenn nun die allgemeine Ansicht vorhanden ist, die verbietet zu naschen, aber auch die andere, daß alles Süße Lust macht, und wenn ›dies ist süß‹ aktuell erfaßt wird und zudem eine Begierde da ist, dann sagt die eine, daß dieses Etwas zu meiden ist, während doch die Begierde sich exekutiert (denn sie kann jedes Glied in Bewegung setzen).« [87]

Es ist klar, daß für die Frage, wie die Vernunft uns handeln macht, gerade die zweite Weise des Verfehlens der Tugend besonders aufschlußreich ist. Denn an ihr kann man sehen, was es umgekehrt bedeutet, wenn eine Regel der Vernunft im Handeln zur Durchsetzung kommt: daß der zur Herrschaft berufene Gedanke nicht an den das Streben leitenden Phantasien abgleitet.

Wichtig nach Aristoteles ist es, die zweite Art des Versagens ebenfalls der *Vernunft* anzulasten, nicht etwa dem sinnlichen Streben oder der obsiegenden Begierde, da eben die Vernunft die generelle und, wenn man so will, naturgegebene Aufgabe hat, das Herrschende im Menschen zu sein:

> »Daher kommt es, daß man auf gewisse Weise aufgrund der Vernunft und einer entsprechenden Ansicht willensschwach ist, aber nicht einer solchen, die der rechten Vernunft an sich entgegengesetzt wäre (denn entgegengesetzt ist die Begierde, nicht die Ansicht), sondern einer akzidentell entgegengesetzten. Deshalb sind wilde Tiere nicht willensschwach, weil sie keine Auffassung des Allgemeinen haben, sondern nur auf Einzelgegebenheiten bezogene Vorstellung und Gedächtnis.«[88]

[87] Aristoteles, *Eth. Nicom.* VII 5; 1147 a 31–35. Ich folge der Auffassung des Sachverhalts bei Aristoteles, wie sie z. B. von M. Woods, »Aristotle on *Akrasia*«, in *Studi sull' etica di Aristotele*, hrsg. von A. Alberti, Neapel 1990, 227–261, bes. 257 ff. vertreten wird: Um ein und dieselbe situative Prämisse (dies ist süß) bewerben sich sozusagen zwei allgemeine: eine, die verbietet und der rechten Vernunft Ausdruck verleiht, und eine, die die vorhandene Begierde im allgemeinen gelten läßt (alles Süße macht Lust). Der akratische Zustand verhindert, daß die Prämisse der allgemein verbietenden Vernunft mit der Situationsprämisse unangefochten *eins* wird: »So, in cases of akrasia a single belief does not result from the two premisses« (ebd., 258). Zwar stiftet die fällige Konklusion eine Verbindung zwischen beiden, aber nicht eine, die eine echte und ungeteilte Überzeugung in ihm begründet: »I suggest that it is in fact the conclusion of the practical syllogism, that is, so to speak, incompletely drawn. Aristotle says that the person who acts akratically does in fact get as far as saying something like ›This ought not to be tasted‹. The reason that action does not follow is that this does not express a genuin piece of knowledge on his part« (ebd. 260). Zum letzten vgl. Aristoteles, *Eth. Nicom.* VII 5; 1147b 11–17.

[88] Aristoteles, *Eth. Nicom.* VII 5; 1147 a 35 – b 5.

Was ist das für eine rechter Vernunft akzidentell entgegengesetzte Ansicht? Nach meinem Verständnis eine solche,[89] die zwar einer sittlich richtigen Überlegung Ausdruck gibt, ohne dabei jedoch einzukalkulieren, wie sie tatsächlich zur Synthese mit den das eigene Streben leitenden Vorstellungen von Lust und Schmerz gebracht werden könne; ein vernünftiger Gedanke, dessen begleitende Phantasien nicht eins werden können mit denen, die nun einmal da vorhanden sind, wo mein exekutives Streben entspringt. Eine solche Vernunft ist, um Aristoteles' eigenen Ausdruck zu gebrauchen, nicht »*politisch*« genug, um ihren Herrschaftsanspruch gegenüber dem Streben durchzusetzen, sondern meint, »despotisch«, d. h. aufgrund einer natürlich etablierten hierarchischen Verkettung herrschen zu können.[90] Das erweist sich aber als Irrtum. Vielmehr ist es jederzeit Aufgabe der Vernunft, nur kraft politischer oder souveräner Autorität das Streben zu beherrschen; deshalb ist es auch ihr Fehler, wenn sie das nicht in Rücksicht zieht.

Die Vernunft im ethischen Felde hat *zwei* Aufgaben zu bewältigen, von denen die zweite, obwohl Aristoteles sie in die »praktische Wahrheit und Vernunft«[91] ausdrücklich einbezieht, meistens für eine vernunftfremde Aufgabe, nämlich die der gewohnheitsmäßigen Abrichtung unseres Strebens gehalten wird:

> »Was im vernünftigen Denken Bejahung und Verneinung, das ist im Streben Verfolgen und Vermeiden. Daher muß, wenn die ethische Tüchtigkeit ein Habitus der Entschlußfassung ist, diese aber ein Streben aufgrund von Überlegung, sowohl der Gedanke wahr als auch das Streben richtig sein und, wenn die Entschlußfassung im Tugendsinne recht sein soll, dasselbe vom

[89] Häufig wird die Auffassung vertreten, es sei einfach der allgemeine Satz ›alles Süße macht Lust‹ gemeint, welcher dem allgemeinen Verbot zu naschen akzidentell entgegengesetzt sei (vgl. z. B. D. Wiggins, »Weakness of Will, Commensurability, and the Objects of Deliberation and Desire«, in: *Proceedings of the Aristotelian Society* 1979, 251–277, hier 260. Chr. Horn, *Antike Lebenskunst. Glück und Moral von Sokrates bis zu den Neuplatonikern*, München 1998, 174). Doch ist dann zu fragen, warum man in diesem Fall überhaupt noch »aufgrund der Vernunft« fehlt; denn die Begierde wirkt auch ohne die allgemeine Auffassung, die ihr entspricht, ist aber zugleich der rechten Vernunft direkt entgegengesetzt. Die Rolle der allgemeinen Lust-Prämisse ist vielmehr die, die konklusive Einheit zwischen dem allgemeinen Verbot zu naschen und der situativen Prämisse (dies ist süß) *mürbe* zu machen (dies ist zu naschen verboten, obwohl es die Lust auf seiner Seite hat).

[90] »Die Seele herrscht über den Körper zwar mit despotischer Herrschaft, die Vernunft über das Streben jedoch kraft politischer oder königlicher Autorität« (Aristoteles, *Politik* I 5; 1254 b 4–6).

[91] Aristoteles, *Eth. Nicom.* VI 2; 1139 a 26 f.; siehe das folgende Zitat im Haupttext.

ersten gesagt und vom zweiten verfolgt werden. Sie also [die Entschlußfassung] ist die Vernunft und Wahrheit als praktische.«[92]

Nach diesem Satz, berühmt wie kaum ein anderer für die Prinzipien der aristotelischen Ethik, ist es eindeutig, daß die Gewährleistung der Übereinstimmung des Strebens mit den Auffassungen der Vernunft selbst eine Aufgabe der Vernunft als praktischer sein muß und erst dann Wahrheit im praktischen Sinne erreicht wird. Es ist somit nicht so, wie manchmal vermutet, daß der strebende und von sich aus »unvernünftige« Teil der Seele verantwortlich dafür ist, ob er »auf die Vernunft hört« oder nicht, wie Aristoteles sich gelegentlich ausdrückt,[93] sondern er ist es zwar, der »hört« oder »gehorcht« – aber nur unter der Bedingung, daß ihm die Vernunft in angemessener Weise entgegenarbeitet. Diese Flexibilität aufzubieten, ist Sache der Vernunft und – in derjenigen ihrer Tugenden ausgedrückt, die dafür zuständig ist – der Klugheit (φρόνησις). Die φρόνησις berücksichtigt im vorhinein die Beschaffenheit unserer eigenen oder anderer Leute handlungskräftiger Phantasien, um sie den als richtig erkannten sittlichen Prinzipien kompatibel und dienstbar zu machen. Deshalb kann ein vernunft*unbeherrschter*, willensschwacher Mensch niemals »klug« heißen,[94] selbst wenn er die richtigste sittliche Einsicht besitzt. Zu antizipieren und einzukalkulieren, wie etwas ankommen oder sich auswirken wird bei anderen und anderem – seien es andersdenkende Menschen oder nach anderen Gesetzen funktionierende Abläufe wie z.B. die eigenen Begierden –, gehört zu den genuinen Fähigkeiten der Vernunft. Davon muß man Gebrauch machen, will jemand sittlich richtig auch im praktisch vollendeten, nicht nur im vernunftessentiellen Sinn *denken*. Ohne Klugheit gibt es keine vollendete Moralität der Vernunft, so könnte man mit anti-kantischer Pointierung sagen, jedoch gilt auch umgekehrt, wie Aristoteles selbst hervorhebt,[95] daß Klugheit sich an kategorische Prinzipien gebunden weiß, deren Imperative auszusprechen ihr charakteristisches »*telos*« gegenüber gewöhnlicher Einsicht ist.[96] Ohne das wäre sie also ebenfalls nicht, was sie doch zu sein verspricht, nämlich eine sittlich relevante *Tugend*.[97]

[92] Aristoteles, *Eth. Nicom.* VI 2; 1139 a 21–27.

[93] Siehe vor allem Aristoteles, *Eth. Nicom.* I 13; 1102 b 13–1103 a 3.

[94] Vgl. Aristoteles, *Eth. Nicom.* VII 11; 1152 a 7–10.

[95] Die φρόνησις ist nicht nur »praktisch«, sondern auch »architektonisch« (Aristoteles, *Eth. Nicom.* VI 8; 1141 b 21–23), d.h. sie ordnet kraft ihres Festhaltenkönnens an als wahr eingesehenen Prinzipien der Sittlichkeit an, wie im einzelnen zu handeln ist; vgl. ferner ebd. VI 10; 1142 b 31–33 und die folgende Fn.

[96] Siehe bes. Aristoteles, *Eth. Nicom.* VI 11; 1143 a 6–10.

[97] Vgl. Aristoteles, *Eth. Nicom.* VI 5; 1140 b 16–25.

*Wie* sie indessen kategorische Prinzipien den Erfordernissen der sinnlichen Existenz anpassen kann, ohne sie preiszugeben, darin besteht gerade ihre Kunst, die nicht feste Regeln noch eindeutige Explikation und damit Lehrbarkeit zuläßt.[98]

An exponierter Stelle in der *Metaphysik* stellt Aristoteles ein Methodenprinzip für Erkenntnisgewinnung auf, von dem er sagt, es gelte analog auch für den Handlungskontext, d. h. für das Gebiet der Ethik: Wie man zum eigentlich Erkennbaren nur fortschreiten könne, indem man bei dem, was für den einzelnen schon erkennbar ist, ansetzt und dieses sukzessive umwandelt in das, was der Sache nach erkennbarer ist, so auch müsse man »im Feld der Handlungen aus dem, was dem jeweiligen Menschen gut dünkt, das überhaupt Gute gut machen für ihn.«[99] Das ist nicht nur pädagogisch zu verstehen, sondern gilt für jeden, der im Handeln nach dem Guten strebt: Nicht vorbei an den eigenen Phantasien erhebt man das, was wirklich gut ist, zum Gegenstand des Strebens, sondern indem man das, was einem zu erstreben möglich ist, allmählich höheren Ansprüchen der Vernunft anverwandelt.

Das kann man tun, sagt Aristoteles, selbst wenn man mit schlechten Phantasien, die einem schlechte Zielsetzungen vorgeben, geboren oder groß geworden ist. Obwohl jemand vielleicht nicht ad hoc Herr seiner Phantasien ist, ist er doch, so meint Aristoteles, auf jeden Fall Herr von Entschlüssen (προαιρέσεις), die auf bestimmte Handlungen gerichtet sind, ohne daß ihnen sogleich tragende Bedeutung für die Art und Weise seines Lebens zukämen. Derartige Entschlüsse muß er so zu fassen lernen – und sei es von anderen, die klug sind –, daß *wirklich* Handlungen dabei herausspringen, die nicht auf einmal, aber Stück für Stück auch seine Vorstellungen von Gut und Schlecht verwandeln, so daß sie ebenso langsam für vernünftigere Ziele empfänglich werden.

> »Jemand könnte die These vertreten, daß alle auf das ihnen erscheinende Gut gerichtet sind, man jedoch nicht Herr seiner *Phantasie* ist, sondern einem so, wie man beschaffen ist, auch das entsprechende Ziel erscheint. Wenn nun

[98] Genau diese Vermittlungsfunktion markiert Aristoteles durch den Begriff der εὐβουλία, die, obwohl fast deckungsgleich mit der φρόνησις selbst, die praktische Vernunft besonders in Erfüllung ihrer zweiten Aufgabe bezeichnet, d. h. nicht der Erfassung der Prinzipien, sondern ihrer Einhaltung bei der Anpassung an die praktisch sinnlichen Bedingungen des Handelns; vgl. insbes. *Eth. Nicom.* VI 10. Siehe hierzu genauer: Th. Buchheim, »Wohlberatenheit und die Rolle des *logos* für die Vortrefflichkeit des Menschen. Zur rhetorischen Anthropologie des ›Maßes der Dinge‹«, in: *Rhetorische Anthropologie. Studien zum Homo rhetoricus*, hrsg. von J. Kopperschmidt, München 2000, 113–133.

[99] Aristoteles, *Metaph.* VII 3; 1029 b 5–8.

jeder auf irgendeine Weise ursächlich für seinen eigenen Habitus ist, dann ist er es auch irgendwie für seine Phantasie.«[100]

Für einen Habitus ist man jedoch nur indirekt und aufgrund langwieriger Akkumulation von entsprechenden Handlungsweisen ursächlich, nach dem aristotelischen Prinzip: »die bestimmt gewidmeten Tätigkeiten bringen eine entsprechende Beschaffenheit [des Tätigen] hervor«,[101] während man über die Einzelhandlung »vom Prinzip bis zum Ziel Herr der Lage ist, sofern man ihre einzelnen Umstände bewußt auffaßt.«[102] Denn das Prinzip der einzelnen Handlung ist nach Aristoteles die Entschlußfassung (προαίρεσις), deren Prinzip wiederum das Ziel eben der Handlung ist: »Prinzip der Handlung, im Sinne des Bewegungsursprungs, nicht des Ziels, ist die Entschlußfassung, während das der Entschlußfassung das Streben und die rationale Erfassung des Ziels ist.«[103] Hier kann man sozusagen einen künstlichen Einstieg in die Beeinflussung seiner selbst nehmen, denn die Strecke zwischen rationaler Erfassung des Ziels und Entschlußfassung als Prinzip der Handlung muß man *selbst erst ausfüllen* durch das Überlegen und Zurategehen mit sich und anderen.[104] Es bedarf dabei oft listiger

[100] Aristoteles, *Eth. Nicom.* III 7; 1114 a 31–b 3.

[101] Aristoteles, *Eth. Nicom.* III 7; 1114 a 7. Vgl. ebd. II 1; 1103 a 21f.

[102] Aristoteles, *Eth. Nicom.* III 7; 1114 b 31f.

[103] Aristoteles, *Eth. Nicom.* VI 2; 1139 a 31–33. – Vgl. Aristoteles, *De anima* III 10; 433 a 15–17.

[104] Vgl. bes. Aristoteles, *Eth. Nicom.* III 5; 1112 b 15–34. Entscheidend ist das Verständnis des letzten Satzes: »Es scheint also, daß der Mensch Prinzip seiner Handlungen ist; das Überlegen geht über die *durch ihn selbst* zu vollbringenden Dinge, während die Handlungen auf anderweitige Ziele gerichtet sind. Denn das Ziel ist nicht Gegenstand des Überlegens, sondern die Mittel und Wege zum Ziel.« Hier wird nicht, wie oft gemeint, die Entscheidung des Menschen depotenziert in bezug auf die Wahl von Zielen, sondern vielmehr konzentriert auf das, was wirklich noch zur aktuellen Disposition der Entschlußfassung steht: Wie kann *ich* es anstellen, daß ein vorgenommenes Ziel durch *mein* Handeln wirklich wird? Das aber ist die Frage, die im Text vorher schematisch erörtert wird: inwieweit es *uns möglich* ist, ein vorgenommenes Ziel wirklich durch eigenes Aufgebot an Tätigkeit zu realisieren. Wenn wir z.B. an moralischen Bedenken im einzelnen scheitern, dann ist das auch eine Art von Unvermögen, das vorgenommene Ziel *durch unser Handeln* wirklich zu machen. Über die Gründe der Auswahl oder Vornahme von Zielen steht hier überhaupt nichts, wohl aber an anderen Orten, auf die im Haupttext z.T. hingewiesen wurde; darüber entscheidet vielmehr im schlimmsten, weil unfreiesten Falle die private Lust, die wir in Verschiedenes setzen, oder im besseren Fall eine gute Ethik, die wir gelesen haben und die uns bestimmte vernünftige Ziele zu haben empfiehlt. Auch inwieweit es wirklich vernünftig ist, bestimmte Ziele zu haben (etwa für das Glück eines Menschen wie mich), kann nach diesem Schema Gegenstand einer *prohairesis* sein; und sie könnte so ausgehen, daß ich die Ziele ehrlichen Sinns für vernünftig halte, ohne sie in mir handlungswirksam machen zu können.

Umwege und langwieriger Anstrengungen in bezug auf Entschlüsse zu einzelnen Handlungen, um so eine Art von relevanten Phantasien langsam unschädlich zu machen, zu verändern oder auszutreiben. Doch ist es *möglich*, besonders dann, wenn man die Sache wichtig genug nimmt und bei der Entschlußfassung andere Menschen mit anderen Vorstellungen einbezieht.[105] Zwar werden wir mitunter sagen ›du hast leicht reden, denn du hast nicht solche Perspektiven, Gelüste oder Anwandlungen wie ich‹; dennoch sind wir kraft des in der Vernunft möglichen, noch unverbindlichen Austausches über Gut und Schlecht[106] distanziert genug von unseren Vorstellungen, um etwas anderes, als wir von alleine täten, auszuprobieren. Wir müssen es ja nicht sofort in schwieriger Situation und mit der vollen Last der Folgen tun, sondern können es zunächst auf eher spielerischem Terrain versuchen, wo es uns trotz unserer schlechten habituellen Verfassung wenig an entgangener Lust oder zugemuteten Schmerzen abverlangt.

Gerade weil die praktische Vernunft *zwei* Aufgaben erfüllen muß, um ins Handeln einzufließen, kann sie andererseits genügend Distanz zu den Neigungen und lustbesetzten Phantasien unserer Seelen wahren, um das Streben auf solchen verschlungenen Wegen zu modifizieren. Das Problem der Willensschwäche markiert zugleich die für Aristoteles und auch meiner Meinung nach einzige Möglichkeit für die Vernunft, demjenigen, was nicht ohnehin schon unserer Ansicht entspricht, zur Durchsetzung im Handeln zu verhelfen. Dies aber kann wenigstens manchmal den Maßstäben der Vernunft mehr gemäß sein als unseren natürlich geerbten Neigungen qua Sinnenwesen.

[105] Vgl. Aristoteles, *Eth. Nicom.* III 5; 1112 b 10–12: »Ratgeber ziehen wir zu wichtigen Angelegenheiten hinzu, wenn wir uns selbst mißtrauen, die Verhältnisse nicht genügend klar zu erkennen.«

[106] Nach Aristoteles ist dies die Hauptfunktion der Vernunft in praktischer Hinsicht: »Die Vernunft (*logos*) ist zur Mitteilung des Vorteilhaften und Schädlichen da und deswegen auch des Gerechten und Ungerechten. Dies nämlich ist im Vergleich zu den anderen Lebewesen den Menschen eigentümlich, daß sie allein die Wahrnehmung des Guten und Schlechten, Gerechten und Ungerechten etc. besitzen. Gemeinschaft in diesen Dingen aber schafft den Haushalt und die Polis« (Aristoteles, *Politik* I 2; 1253 a 14–18).

# Verzeihung des Unverzeihlichen? Mut zur Paradoxie bei Ricœur, Derrida und Løgstrup

*Klaus-M. Kodalle (Jena)*

## 1. Einleitung – mit Robert Spaemann

*Verzeihung* ist kein Zentralbegriff philosophischer Ethik. Meine Überzeugung, daß es durchaus angebracht wäre, ihn als einen fundamentalen philosophischen Begriff zur Geltung zu bringen, habe ich in verschiedenen Abhandlungen dargelegt.[1] Unter den Philosophen in Deutschland, die im philosophischen Diskurs tonangebend sind, ist Robert Spaemann einer der wenigen, der sich in eindringlichen Überlegungen diesem Thema gewidmet hat.[2] Verzeihung ist für Spaemann Manifestation eines untergründigen Wohlwollens: Im Geist der Verzeihung weigern wir uns, jemanden auf seine Verfaßtheit-*jetzt* festzulegen, anders gesagt: ihn bei seinem Wort so zu behaften, als sei dieses schlechthin unabänderlich. Nach Spaemann verfahren wir dem anderen gegenüber nur human,

[1] K.-M. Kodalle, *Verzeihung nach Wendezeiten? Über Unnachsichtigkeit und mißlingende Selbst-Entschuldung* (Jenaer philosophische Vorträge und Studien, Bd. 12), Erlangen und Jena 1994; ders., »Diesseits der Logik des Moralismus: Vom ›Geist‹ der Verzeihung bei Kierkegaard, Nietzsche, Scheler, Dostojewski und Camus«, in: *Kierkegaard Revisited* (Kierkegaard Studies – Monograph Series 1), Berlin/New York 1997, 387–409 (ebenfalls abgedruckt in: *MUT. Forum für Kultur, Politik und Geschichte* Nr. 306, Febr. 1998, 76–95); ders. »Die Dimension des Unermeßlichen. Aufhebung der vermessenen Moralität« [zu Kant], in: Ch. Hubig (Hrsg.), *Cognitio humana – Dynamik des Wissens und der Werte* (XVII. Deutscher Kongreß für Philosophie Leipzig, 23.–27. Sept. 1996), Berlin 1997, 106–130; ders., »Der ›Geist der Verzeihung‹. Zu den Voraussetzungen von Moralität und Recht« [bei Hegel], in: *Recht – Macht – Gerechtigkeit* (VWGTh, Bd. 14), hrsg. v. J. Mehlhausen, Gütersloh 1998, 606–624; ders. »Vom ›Geist‹ der Verzeihung. Systematische Überlegungen zum metaphysischen ›Hintergrund‹ der Moralität«, in: *Vom Zentrum des Glaubens. FS Dietrich Braun*, Rheinfelden 1998, 289–296; ders., »Überforderung? Zum Schuldverständnis bei Jaspers und Schweitzer«, in: *Mythos und Glaube. FS für Giorgio Penzo*, hrsg. v. H. M. Baumgartner, F. Ferrarotti, C. Scilironi, Brescia 1998, 83–101; ders., »Gabe und Vergebung. Kierkegaards Theorie des verzeihenden Blicks«, in: *Subjektiver Geist. Reflexion und Erfahrung im Glauben*, hrsg. v. K.-M. Kodalle u. A. M. Steinmeier, Würzburg 2002, 71–86.

[2] R. Spaemann, *Glück und Wohlwollen. Versuch über Ethik*, Stuttgart $^{2}$1990, 239–254.

»wenn wir ihn nicht vollkommen ernst nehmen. Einen Menschen vollkommen ernst nehmen, heißt ihn vernichten. Denn vollkommen ernst genommen zu werden, überfordert uns. Die Vernunft eröffnet uns eine Dimension, von der wir zugleich erkennen, daß sie von uns nicht ausfüllbar ist. Niemand ist sich selbst vollkommen transparent, noch ist er es den anderen gegenüber.«

Aus dieser Grundauffassung sind kommunikativ die Konsequenzen zu ziehen. Die Spaemannsche Konsequenz lautet: Im Geist der Verzeihung erlauben wir es dem anderen gleichsam, das Versprechen nicht zu halten, das er doch als vernünftiges Wesen *ist*.

Eine solche fundamentalphilosophisch verwurzelte, mithin nicht-okkasionelle Nachsichtigkeit näher zu ergründen, ist auch ein Anliegen von Jacques Derrida und Paul Ricœur. Ihre Überlegungen möchte ich im folgenden aufgreifen, um zu demonstrieren, aus wie verschiedenen Inspirationen und Intuitionen sich das Bemühen um eine philosophische Theorie des Verzeihens speist. Als ›Dritten im Bunde‹ ziehe ich den dänischen Philosophen und Theologen Knud E. Løgstrup heran. Wohl gehört es in Deutschland inzwischen zum guten Ton, Anregungen aus der philosophischen Szene Frankreichs nicht zu ignorieren; Denker aus den nördlichen Randzonen Europas indessen werden leicht übersehen und überhört.[3] Immerhin hat kein anderer Denker die philosophische und theologische Diskussion in Dänemark mit einer ähnlichen Ausstrahlungskraft beherrscht wie Løgstrup! Und es wird sich zeigen, daß seine Überlegungen zum Thema an Eindringlichkeit und Subtilität den französischen und deutschen nicht nachstehen.

## 2. Paul Ricœur

Paul Ricœur, der sich so gründlich mit der »Fehlbarkeit des Menschen«, mit dem Bösen und mit der Schuld auseinandergesetzt hat, hat wichtige Versuche unternommen, Umrisse einer Ethik zu formulieren, die geprägt ist durch das, was der Philosoph die ›Logik der Überfülle‹ nennt.[4] Für den Nachweis der Über-

[3] Als Fellow am Kopenhagener *International Kierkegaard Research Centre* habe ich 1999/2000 an der Universität Kopenhagen Vorlesungen zur hier erörterten Thematik gehalten; in den anregenden Gesprächen mit Kollegen und Studenten wurde mir die Bedeutung Løgstrups – der sich als Kierkegaard-*Kritiker* hervorgetan hat – wieder in Erinnerung gerufen.

[4] Ich beziehe mich im weiteren auf folgende Texte Ricœurs: *Liebe und Gerechtigkeit*, hrsg. von O. Bayer, Tübingen 1990; *Das Rätsel der Vergangenheit: Erinnern – Vergessen – Verzeihen*

zeugungskräftigkeit dieser Gedankengänge ist eine Voraussetzung des Offenbarungsglaubens zunächst einmal nicht erforderlich, wenngleich es unübersehbar ist, daß die Inspirationen des Neuen Testaments hier in das Medium der Philosophie übersetzt werden. Schließlich kann man an die ethischen Empfehlungen der Bergpredigt auch anknüpfen, ohne den Glauben an eine bestimmte Offenbarungsgestalt vorauszusetzen.

Im Grunde geht es darum, ausgehend vom *Verständnis des Daseins als Gabe*, die praktische Vermittlung zwischen Liebe und Gerechtigkeit situationsspezifisch herauszuarbeiten. Die angesprochene Logik der Überfülle ist keineswegs ein Unternehmen jenseits der Rationalität, sondern wird mit Ricœur verstanden als eine schwierige und im Endlichen nie end-gültig einlösbare Aufgabe der Vernunft, schrittweise zusätzliche Grade von Mitleid und Güte in alle Medien der sozialen Interaktion einzuführen.[5]

Der Gerechtigkeitsdiskurs ist bekanntlich an Reziprozität orientiert. So scheint zunächst ein unaufhebbares Spannungsverhältnis zur supra-moralischen Logik der Überfülle zu bestehen. Doch diese Spannung muß gerade auf der Ebene des Gerechtigkeitsdiskurses und seiner Entsprechungslogik fruchtbar gemacht werden. Mag es auch so sein, daß es der Liebe eigentümlich ist, die Äquivalenzlogik der Gerechtigkeit zu *übertrumpfen*, so entbirgt sich doch ihr humaner Sinn nur dann, wenn sie als supra-moralische Kraft die Medien der Gerechtigkeit *transformiert*. Die goldene Regel wird nicht außer Kraft gesetzt, sondern im Zeichen der Großmütigkeit neu interpretiert.[6] Der ehrwürdig-provokative Text sei in Erinnerung gerufen: »Liebet Eure Feinde, tut Gutes denen, die Euch hassen; segnet die, welche Euch fluchen; bittet für die, welche Euch beleidigen! Den, der Dich auf den Backen schlägt, biete auch den anderen dar, und dem, der Dir den Mantel nimmt, verweigere auch den Rock nicht! Jedem, der Dich bittet, gib, und von dem, der Dir das Deine nimmt, fordere es nicht zurück!« (*Luk* 6,27–30). Die Lebenszeugnisse derer, die mit diesem Impuls ihr eigenes Leben durchformt haben – Franz von Assisi, Gandhi und Martin Luther King werden von Ricœur erwähnt –, mögen uns allen vor Augen stehen; doch ist nicht zu übersehen, daß eine solche »Übermoral«, wo sie zur alles beherrschenden Perspektive im Sinne einer Verallgemeinerung und Verrechtlichung würde, der allgemeinen Unmoral eine Gasse schlüge und nackte Feigheit begünstigen könnte. Deshalb ist mit Ricœur darauf zu bestehen, daß jene

(Essener Kulturwissenschaftliche Vorträge II), Göttingen 1998; darin 131–156: Kapitel IV »Vergessen und Verzeihen«; »Schuld, Ethik und Religion«, in: *Concilium* 6 (1970), 384–393. Wieder abgedruckt in: ders., *Hermeneutik und Psychoanalyse*; *Le Juste*, Paris 1990.

[5] Ricœur, *Liebe und Gerechtigkeit*, 67.

[6] Ricœur, *Liebe und Gerechtigkeit*, 54.

Übermoral einen möglichen humanen Sinn erst dann im Dasein entbergen wird, wenn sie in engster Beziehung zu den Grundsätzen der Moralität und den Forderungen der Gerechtigkeit gehalten wird:

> »In dieser wechselseitigen lebendigen Spannung zwischen der Logik der Überfülle und der Logik der Entsprechung gewinnt die letztere aus ihrer Konfrontation mit der ersten die Fähigkeit, sich über ihre perversen Interpretationen zu erheben. Ohne das Korrektiv des Liebesgebotes würde die goldene Regel in der Tat ständig im utilitaristischen Sinne gedeutet, dessen Kurzform ›do ut des‹ hieße, ich gebe, *damit* Du gibst. Das Gebot ›Gib, *weil* Dir ja gegeben wurde‹ korrigiert das *Damit* der utilitaristischen Maxime und bewahrt die goldene Regel vor einer immer noch möglichen perversen Interpretation.«[7]

Nur auf den ersten Blick ist diese *Logik der Überfülle* also der *Entsprechungslogik* der Alltagsethik völlig entgegengesetzt. Worauf es ankommt, ist, die »Ökonomie der Gabe« aus der Perspektive der Überfülle so zu übersetzen, daß durchsichtig wird, inwiefern in einer Gesellschaft tatsächlich Strukturen erreichbar sind, in denen das Gefühl gegenseitiger Abhängigkeit demjenigen der Uneigennützigkeit untergeordnet wird.[8] In diesem Deutungshorizont hätte sich jeder als *Schuldner* des anderen zu fühlen – jedoch so, »daß die Begriffe der Anerkennung, der Solidarität, der gegenseitigen Verschuldung nur als instabiles Gleichgewicht vor dem Hintergrund der Dialektik zwischen Liebe und Gerechtigkeit angesehen werden können«.[9] Ich verstehe das so: Das Schon-Gewährtsein der Vergebung *grundiert* die Akzeptanz der Behauptung einer gegenseitigen Verschuldung.

Die Rede von einer Logik der Überfülle läuft immer Gefahr, entweder als überschwenglich oder als banal, d. h. als gedankenlose Sentimentalität abgetan zu werden. Und tatsächlich stimmt es ja auch, daß die Liebe eine andere Sprache spricht als die Gerechtigkeit. Gegenüber dem Banalitäts- und dem Überschwenglichkeitsverdacht liegt mithin alles daran, verständlich zu machen, inwiefern »Verzeihung« ein Reflex der Liebe *auf dem Niveau des Gerechtigkeitsdiskurses* ist, so daß *diesem* ethischen Sprachgebrauch ein normativer Status zukäme, »der dem des Utilitarismus oder gar des Kantischen Imperativs vergleichbar ist«.[10]

Diese Überlegungen Ricœurs nehmen ganz konkret Bezug auf die *ethische*

[7] Ricœur, *Liebe und Gerechtigkeit*, 57; 59.
[8] Ricœur, *Liebe und Gerechtigkeit*, 39.
[9] Ricœur, *Liebe und Gerechtigkeit*, 39.
[10] Ricœur, *Liebe und Gerechtigkeit*, 9.

*Praxis*. Aber angesichts der Entschuldungsbedürftigkeit unserer Geschichte(n) und der Unwiderruflichkeit des Todes der Gekränkten und Erniedrigten drängt sich erst recht die Frage auf, wie »Verzeihung« den *Umgang mit Geschichte* beeinflußt bzw. beeinflussen sollte oder könnte. Ricœur hat dazu wichtige Anregungen beigesteuert.[11] Es geht um die Pflicht des Gedenkens und um den Kampf gegen das Vergessen. Dabei stellt Ricœur nicht in Abrede, daß es »einen rechten Gebrauch des Vergessens« gibt und man sogar »ein Lob des Vergessens«[12] anstimmen könne!

*Unerbittlich* kann man mit Ricœur jenen unweigerlichen, naturwüchsigen Prozeß des Vergessens nennen, der die Spuren gelebten Lebens, die dem Gedächtnis eingraviert sind, zu nivellieren und zu verwischen droht. (Mit Aristoteles, *Physik* IV, möchte Ricœur geradezu von einer *bösartigen* Wirkung der Zeit sprechen.) Gegen dieses zerstörende Vergessen setzt Ricœur, paradox, das bewahrende Vergessen. Das Vergessen ruft, gleichsam platonisch, eine Anstrengung zur Wiedererinnerung hervor! Wir reden über Erinnern doch nur vor dieser Folie eines immer schon geschehenden Verfallenseins an das Vergessen. Wo diese Erinnerungsarbeit umgangen wird, droht *Wiederholungszwang*: Ricœur spricht von »›Agieren‹ anstelle von ›Erinnerung‹«[13]. Auf jeden Fall muß man sich klarmachen, daß diese gegenläufigen Prozesse nicht voll beherrschbar sind. Wir stoßen auf *pathologische* Konstellationen des Gedächtnisses und Gedenkens. Gerade das kollektive Gedächtnis von Gruppen/Nationen erscheint als Spielball pathologischer Phänomene:[14] Eine gewisse Dynamik der »Triebabfuhr« begünstigt gleichsam das Vergessen und führt zu einer verzerrenden Symbolik der Entladungen kollektiv-psychischer Energien. Diese pathologischen Befunde sind übrigens nicht einfach zu bekämpfen, sie müssen vielmehr, um bearbeitbar zu sein, überhaupt erst einmal zugestanden werden!

Eskapistisch ist demgegenüber jenes (passive) Vergessen, in dem sich das Bemühen niederschlägt, wegzusehen, die Konfrontation mit der Geschichte zu vermeiden, sich z. B. ganz bewußt nicht informieren zu wollen.[15] Freilich ist einzuräumen: Erinnern ist *immer selektiv*. Wer sich an *alles* erinnern wollte oder müßte, bräche unter dieser Last zusammen. »Ein lückenloses Gedächtnis wäre

[11] Ricœur, »Vergessen und Verzeihen«, 131–156. – Neuerliche ausführliche und vertiefende Darlegungen zur Problematik des Verzeihens finden sich auch in: P. Ricœur, *La Memoire, L'Histoire, L'o-ubli*, Paris 2000; der Epilog zu diesem Werk ist überschrieben »Le Pardon Difficile« (591–656).

[12] Ricœur, »Vergessen und Verzeihen«, 131.

[13] Ricœur, »Vergessen und Verzeihen«, 137.

[14] Ricœur, »Vergessen und Verzeihen«, 138.

[15] Ricœur, »Vergessen und Verzeihen«, 139.

eine unerträgliche Last für das wache Bewußtsein«.[16] Die Selektivität hängt mit der Struktur des Erzählens, mit der sogenannten »narrativen Kohärenz«, zusammen. Umgekehrt gibt diese Selektivität immer auch Anlaß zur Kritik. Doch selbst das Berechtigte solcher Kritik kann nichts daran ändern, daß dem Vergessen eine durchaus »wohltätige Funktion« nachgesagt werden darf.[17] Keine Historiographie ohne einen »vernünftigen Gebrauch des Vergessens«.[18] Je geringer der Mut zu dieser Selektivität des *befreienden* Vergessens ist, desto lähmender wird das Verhältnis zur Geschichte. Die Kräfteverhältnisse der jeweiligen Gegenwart bedingen das Urteil über das Vergangene. Aber hier ist nun wiederum eine Differenzierung angebracht: Es gibt nun ein leichtes (präziser sogar: leichtfertiges) Vergessen und ein schweres.[19] Das schwere Vergessen – das Vergessen, das es sich schwer macht – vollzieht die Verzeihung, indem es nicht das schuldhafte *Ereignis* dem Vergessen anheim gibt, sondern dessen *Bedeutung* als lähmende Schuld gleichsam entmächtigt. Freilich gerät die Darstellung damit in die Täter-Opfer-Dialektik hinein, denn ›eigentlich‹ ist natürlich nur das Opfer befugt zu verzeihen. Der Urheber des Unrechts hingegen kann nur um Verzeihung *bitten* – und muß immer mit dem Risiko der Zurückweisung seiner Bitte rechnen.[20] Die Rede vom Verzeihen stößt mithin auf die *Erfahrung des Unverzeihlichen.* Dieses Unverzeihlichen gewärtig zu sein, schützt davor, sich auf pervertierte Formen des Verzeihens, nämlich auf das »leichte Vergessen«, einzulassen. »Wenn das Verzeihen zur Heilung des verletzten Gedächtnisses beitragen soll, muß es durch die Kritik des leichten Vergessens hindurchgegangen sein.«[21] So bildet sich ein Verzeihen aus Nachsicht heraus. Es ist abzuheben vom »Verzeihen aus Selbstgefälligkeit«, das der Kritik verfällt, weil es sich eskapistisch der Pflicht des Erinnerns entzieht, und vom »Verzeihen aus Wohlwollen«, welches das Streben nach Straffreiheit nur unterstützt, indem es sich das *Ringen* um Gerechtigkeit gänzlich zu ersparen trachtet.[22]

Ricœur sieht keinen anderen Weg, das authentische Verzeihen zu erörtern, als die Befassung mit der schwierigen *Dialektik der Gabe.*[23] Sie führt vor Augen, daß die Gegenseitigkeit des Tausches in einer *Akzeptanz der Asymmetrie* überholt

[16] Ricœur, »Vergessen und Verzeihen«, 140.
[17] Ricœur, »Vergessen und Verzeihen«, 144.
[18] Ricœur, »Vergessen und Verzeihen«, 142.
[19] Ricœur, »Vergessen und Verzeihen«, 144.
[20] Ricœur, »Vergessen und Verzeihen«, 145.
[21] Ricœur, »Vergessen und Verzeihen«, 145.
[22] Ricœur, »Vergessen und Verzeihen«, 147.
[23] Ricœur, »Vergessen und Verzeihen«, 148ff.

wird. Am Gebot der Feindesliebe macht Ricœur deutlich, daß jede Hoffnung auf Gegenleistung für obsolet zu erachten ist. Und doch wird dadurch die Erwartung nicht diskreditiert, womöglich werde ja der Feind eben doch *durch* dieses Verhalten bewogen, eines Tages von der Feindschaft abzulassen. Denn Verzeihung hat doch allemal unterschwellig ihren Sinn in der Wiederherstellung des Bandes der Gegenseitigkeit.[24]

Wenn in der Tugend der Bescheidenheit das Entgegennehmen seine Peinlichkeit verliert und in der Tugend der Großmut dem Empfänger Achtung widerfährt, »macht die Gegenseitigkeit des Gebens und Nehmens der Asymmetrie einer Gabe ohne Gegenleistung ein Ende«.[25] – Obwohl ein Verbrechen nicht wiedergutzumachen ist, und ebensowenig als Ereignis auszulöschen ist, läßt sich im Modus des Verzeihens die Vergangenheit überholen – es wird gleichsam zum »Unvordenklichen«.[26] Ricœur bedient sich schlußendlich einer etwas blumigen Wendung: »Das Verzeihen verleiht dem, was in der Erinnerungsarbeit und in der Trauerarbeit harte *Arbeit* bleibt, den Geschmack der Gnade.«[27]

In seinem Buch *Le Juste* ist Ricœur der Frage nachgegangen, ob eigentlich die Instanzen, die sanktionieren, rehabilitieren, Verzeihung gewähren, stets dieselben sind.[28] Selbstverständlich ist es das Eigentümliche der Struktur eines *Prozesses* im Rechtsstaat, zwischen der privaten und der öffentlichen Empörung und ihrem Ruf nach Rache einerseits und der Gerechtigkeit andererseits einen Bruch herbeizuführen. Auch wenn Strafe verordnet wird, muß diese Entscheidung in klarer Distanz zu den Forderungen derer stehen, die empört sind und nach Rache verlangen. Auch das klare, nach mündlicher Verhandlung gefällte Schuldurteil hat seinen Sinn in der Suspendierung der Rache. Allerdings darf man sich auch nichts vormachen. Die juristisch-legitimierte Bestrafung stellt vielleicht die Ordnung wieder her – aber sie heilt nicht das verletzte Leben.[29] Und auf alle Fälle wird man der Rechtsstrafe einen Sinn nur zusprechen können, wenn – wie schon Hegel es erfaßt hat – der schuldig Gesprochene sich fair behandelt weiß, indem er *als* vernünftiges und verantwortliches Subjekt, als Autor seiner Handlungen, angesprochen wurde. Denn darin ist Hegel recht zu geben: Nur ein vernünftiges Wesen ›verdient‹ Strafe. Und das wird ratifiziert im Akt der

[24] Ricœur, »Vergessen und Verzeihen«, 151.
[25] Ricœur, »Vergessen und Verzeihen«, 152.
[26] Ricœur, »Vergessen und Verzeihen«, 155.
[27] Ricœur, »Vergessen und Verzeihen«, 156.
[28] Ricœur, *Le Juste*, 194.
[29] Ricœur, *Le Juste*, 199.

Annahme der Strafe durch den straffällig Gewordenen.[30] Voraussetzung dieser Annahme ist das Bekenntnis *»Ich hätte auch anders handeln können.«*

*»Ich hätte auch anders handeln können.«* Dies ist kein Satz zur Beschreibung eines sogenannten objektiv überprüfbaren Sachverhalts, sondern es handelt sich um einen *performativen* Satz, in dem ein Mensch, der womöglich entsetzt erkennt, daß er schuldig geworden ist, sich zu seiner Verantwortung bekennt und im Rückblick auf die Tat *Freiheit* als *auctor* der Handlungen beansprucht. Das *Bild*, das dieser Mensch *vor* der Konfrontation seiner selbst mit den Handlungsfolgen von sich hatte, erweist sich also als revisionsbedürftig. Zum Zeitpunkt t-2 – also anläßlich des Rückblicks – sieht es anders aus als zum Zeitpunkt der Entscheidung t-1; und doch stellt das Subjekt mit seiner Verantwortungsübernahme – »Ich hätte auch anders handeln können« – die Einheit zwischen diesen beiden Selbst-Bildern wieder her. »Die Zukunft der Sanktion und die Vergangenheit der begangenen Handlung werden in der Gegenwart des Sich-Bekennens zusammengebunden.« »Weil ich mein Sollen erkenne, erkenne ich auch mein Gekonnthaben.«[31] Ricœur kann sich – so verstanden – mit Kants berühmter strenger Formel »Du kannst, denn Du sollst« ganz einverstanden erklären.

Wenn die von Kant bis Ricœur umkreiste Konstellation von Verschuldung und Freiheit die menschliche Verfassung zutreffend kennzeichnet, ist eine Erläuterung der Erfahrung des Gewährens und Empfangens von Verzeihung als bleibendes Element dieser Konstellation unerläßlich, sofern Selbsterneuerung der Freiheit als »Leidenschaft für das Mögliche« (Kierkegaard) aus dem Freiheitsverfall heraus überhaupt möglich sein soll. Paul Ricœur hat einen Aspekt der Selbstbestimmung herausgestellt, der deutlich werden läßt, warum für viele das Angewiesensein auf Verzeihung *peinlich* ist. Man meint gewöhnlich, Kern der bösen Handlung sei eine Übertretung des Gesetzes; in deutlicher Anspielung auf Kant denunziert Ricœur aber den Willen, der *nach dem Gesetz* leben will, geradezu als Ausdruck des Bösen! *Diese* Gestalt des Willens, als bloßer Formalismus der Regelerfüllung, sei besonders tödlich, weil sie »am meisten im Verborgenen bleibt: Schlimmer als Ungerechtigkeit ist Selbstgerechtigkeit«[32].

Auffällig ist das Zögern Ricœurs, die *Amnestie* in eine zu große Nähe zur *Gnade* zu rücken.[33] Amnestie und Verzeihung lassen sich nicht zur Deckung bringen. Wohl sprechen gute Gründe dafür, die Zerissenheit der sozialen Ge-

[30] Ricœur, *Le Juste*, 201.

[31] Ricœur, »Schuld, Ethik und Religion«, 388.

[32] Ricœur, »Schuld, Ethik und Religion«, 392.

[33] Ricœur, »Vergessen und Verzeihen«, 205.

meinschaft durch das institutionalisierte, gleichsam verordnete Vergessen zu heilen, aber man darf sich nicht darüber täuschen, daß dies eine eher ›verzweifelte‹, fast magische Maßnahme ist, für die ein Preis zu zahlen ist: eben die Außerkraftsetzung der Pflicht des Erinnerns.

Keineswegs steht das Verzeihen im Widerspruch zur Erinnerungsarbeit. Das Verzeihen erst verleiht dem Eingedenken dessen, was geschehen ist, wahrhaft Zukunft. Ricœurs Argumentation läuft darauf hinaus, die ›Logik‹ der Verzeihung von der Ordnung des Juridischen ganz zu trennen, in der trotz aller Brechungen des Geistes der Rache die ›Logik‹ der Äquivalenz vorherrscht und nicht die asymmetrische »Logik der Überfülle«[34] – gemäß der »Ökonomie der Gabe«.[35]

## 3. Jacques Derrida

Verzeihung läßt sich nicht ohne Substanzverlust in Prozesse der Normalität – im Zeichen der Ordnung des Rechts oder der Politik – integrieren; Verzeihung ist gebunden an die Erfahrung von Ausnahme-Situationen und ist insofern prinzipiell weder auf anderes reduzierbar, noch geht es in anderem auf.

»Gabe« und »Tausch« markieren auch für Derrida *das* Spannungsverhältnis. Ständig sind wir geneigt, die Gabe unter Prinzipien des Tausches zu beugen, indem wir geradezu zwanghaft überlegen, wie eine Gabe zu erwidern sei – denn wir wollen nichts schuldig bleiben, wenigstens nicht *in the long run*. Ist diese Vereinnahmung der Gabe durch den Tausch, durch die Tauschmentalität, unvermeidbar? Ist sie mit Tendenzen des Daseins geradezu schicksalhaft verflochten? Derrida will das nicht ausschließen.[36] Es könnte sein, daß wir die Gabe (das reine Geben) vollziehen möchten – und es doch ständig durch Tauschprojektionen dementieren, insofern die Vernunft selbst ›geprägt‹ ist von Strukturen des Symmetrischen, von Komplementärem und von Äquivalenzbedürfnissen. Die Vernunft liefert Gründe, das Geben und Vergeben aber ist grundlos. Stellen wir uns gänzlich in den Horizont der Vernunft, ist die Gabe qua Vergebung ein Fremdkörper. »Aufs Ganze gesehen gibt es keine Gabe für die Vernunft« (105). »Die Gabe, wenn es sie gibt, müßte jenseits von allem passieren: vor allem und

[34] Ricœur, »Vergessen und Verzeihen«, 206f.

[35] Zu diesem Themenkomplex sind auch noch zu nennen: P. Ricœur, »Erinnerung und Vergessen«, in: ders., *Erinnerung – Entscheidung – Gerechtigkeit*, Ulm 1999 (Bausteine zur Philosophie 13, übersetzt von P. Welsen), 11–30 sowie ders., »Gerechtigkeit und Rache« (ebd., 31–41).

[36] Vgl. J. Derrida, *Falschgeld. Zeit geben I*, München 1993, 103. Auf diesen Text beziehen sich die folgenden Verweise in Klammern.

nach allem [...], aber vielleicht passiert sie, damit etwas passiert« (105). Wir ahnen, daß das Geben schon ›gegeben‹ sein muß, ehe die Vernunft ihre Kontroll- und Ausgleichsanstrengungen unternimmt. Im Versuch der vernünftigen *Erfassung* entzieht sich die Gabe, obwohl ohne sie die Vernunft ein leerer selbstreflexiver Prozeß wäre. Daß ›Geben‹ seliger denn ›Nehmen‹ ist, verrät etwas von dem hier anvisierten Vorrang, zeigt aber auch an, daß es sich womöglich doch nur um einen Gegen-Satz zur alltäglichen Praxis handelt, die ›vom Stamme Nimm‹ ist. Jene Einräumung könnte Ausdruck einer »kalkulierten und nichtexzessiven Generosität« sein, einer »rentablen Gabe« also, das heißt: einer »ausgewogenen Mischung von Realität und Ideal« (111). Beherrschendes Kalkül, eingrenzende Bemessung also und Bestimmung ›bedingungsweise‹ depotenzieren den Vorgang des Gebens und Ver-Gebens, dem an sich *Maßlosigkeit* oder *Übermaß* eigen ist. Derrida: »Die Gabe sollte, wenn es sie gibt, den Rand überborden« (122), ja die Wirklichkeit von »Rand« und »Grenze« geradezu *vergessen* lassen.

Nicht ignorieren möchte ich den Hinweis Derridas, es gelte zu überlegen, was passiert, wenn man – obwohl man doch eigentlich aufs Recht-haben aus ist – dem anderen in einem Gespräch Recht *gibt* – ein Akt, der wie ein Abschied vom Eigensten nicht selten schwer fällt und der womöglich die Ordnung der kalkulierenden Vernunft »auf seiten der Werte von Unrecht und Vergebung überbordet« (123). Schließlich ist uns geläufig, daß wir mit dem Recht-Geben nicht gerade *freigebig* umgehen, daß es im Dialog *immer* auch um *Zugeständnisse* geht, in denen wir der oder dem anderen »Glauben« entgegenbringen und »Glaubwürdigkeit« als Person attestieren! (199) Wer rein die Wahrheit *über sich* sagt, *liefert sich dem anderen aus*, tendenziell auf Gedeih und Verderb – nicht selten auf Vergebung hoffend, aber auch das Risiko der dann im Raum stehenden Nicht-Vergebung eingehend. Wenn Rechthaberei im Akt des Rechtgebens praktisch aufgehoben wird und die Subjekte sich *wechselseitig* recht geben, eröffnet sich vielleicht erst der Raum eines Geheimnisses der Kommunikation, der die fundamentale Entfremdung überwindet, indem er ent-fremdet (vgl. 199).

Die *Paradoxalität* ist nicht vermeidbar, die darin besteht, daß ich doch die *Intention* habe, zu geben. Paradox ist diese Bedeutungsstruktur, weil »alles, was aus dem intentionalen Sinn hervorgeht, die Gabe damit [bedroht], sich zu bewahren, noch in der Verausgabung bewahrt zu werden« (161). Irgendwie müssen Freiheit der Intention und Unwillkürlichkeit des Zufälligen zusammenstimmen: zum Beispiel als Zufall einer durchaus asymmetrischen *Begegnung*, die einen Akt oder eine Haltung der Vergebung, also einer schenkenden bedingungslosen Verausgabung, hervorruft. In einer Welt des *do ut des* hat das *Ausnahmecharakter.*

Es entspricht der *Struktur* der Gabe, daß Vergebung als in sich grundloser

Vorgang nicht darauf aus sein darf, Verbindlichkeiten und Verpflichtungen zu schaffen, Konditionen in die Welt zu setzen oder Entschädigungserwartungen zu signalisieren. Damit würde – um in vertrauten theologischen Termini zu reden – die Gnade vergesetzlicht und vom Opferkalkül absorbiert. Säkularistisch gesprochen: Sie würde der tausch- und vertragsmäßigen Zirkulation und Berechnung unterworfen (178). Aber wenn man so maßlos verausgabt, wird dann der Empfänger nicht schier überfordert, weil er im Akzeptieren der überwältigenden Gnade zur Passivität verurteilt ist? Gerät er damit nicht in eine Falle? (188) Wenn eine solche überraschende Zuwendung »rein und frei von möglicher Wiederaneignung bleibt, dann benennt die Überraschung jenen Augenblick von Wahnsinn, der die Zeit zerreißt und alle Berechnung abbrechen läßt« (189).

Alles in allem darf die maßlos-grundlose Gabe nicht *zu* spektakulär sein! Sie sollte »genügend überraschend« sein, »um ohne Aufschub in Vergessenheit zu geraten«: »Und wenn dieses Vergessen über alle Präsenz hinausgeht, dann geht es um die Gabe als Bleibendes ohne Gedächtnis, ohne Permanenz und ohne Konsistenz, ohne Substanz und ohne Subsistenz; es geht um jenen Rest [...] jenseits des Seins, ἐπέκεινα τῆς οὐσίας: Das Geheimnis dessen, wovon man nicht sprechen, aber auch nicht mehr schweigen kann« (189). Auch das fordernde Sollen wird sistiert: Es geht um ein »Sollen jenseits des Sollens«, also: jenseits der Moralität eines guten Willens und seiner gesetzesorientierten Intentionen; auch der Begriff der Freiheit, der zu dieser Praxisdimension gehört, wird im Geist der Vergebung aufgehoben. Wer hier mit Gründen kommt und also Vernunft in diese Prozessualität hineinbringen will, d.h. »die Vernunft der Gabe ausspricht«, der »unterschreibt [...] das Ende der Gabe« (190). Erahnbar wird so, warum Derrida von der *apokalyptischen* Struktur der Gabe redet: »Man kann einer Entschuldigung würdig sein, aber muß eine Vergebung sich nicht über die Würdigkeit hinaus erstrecken? Muß eine echte Vergebung [...] nicht vom Fehler und vom Verbrechen freisprechen, selbst wenn letztere bleiben, was sie sind?« (208)

Vorhersehbar ist der Einwand: »Manche sind doch *von Natur aus* freigebiger als andere!« Gegen diese Naturalisierung der Gabe besteht Derrida darauf, die Freigebigkeit dürfe nicht *Motiv* und *wesentlicher Charakter* der Gabe sein: »Man kann *mit* Freigebigkeit geben, aber man darf nicht *aus* Freigebigkeit geben, um diesem ursprünglichen Antrieb zu gehorchen, den man Freigebigkeit nennt.« »Die Gabe, wenn es sie denn gibt, muß gegen oder ohne die Natur gehen und gleichfalls [...] mit jeder Ursprünglichkeit [...] brechen. Folglich ebenso sehr mit deren Gegenteil, dem Artifiziellen« (207). Kann man demnach sagen: Gabe und Vergebung seien jene *Vermittlungsleistungen*, die nicht-intentional einen Verständigungsprozeß gelingen lassen – *wenn* er denn gelingt?

Die von Derrida immerzu verwendete Metapher der *Spur* ›paßt‹ nirgends so wie bei der Problematik der Vergebung. In *direkter* Artikulation schafft Vergebung/Verzeihung eine Dynamik in den Kommunikationsverhältnissen, die durch die verschiedenen geheimen Strategien der Selbstbehauptung – auch noch auf den Wegen der Selbstrechtfertigung und der Selbstentschuldung – infiziert ist. Danach gilt: *Gabe* verlangt nach Gegen-Gabe. Wer letztere nicht leisten kann, bleibt mit Unbehagen, ja Frust zurück. Oder er wird denunziert, weil er *bedenkenlos* nimmt/empfängt. Die Spuren – Empfehlungen zur Lesart indirekter Präsenzen – *verweisen* auf Vergebung, ohne sie *identifizieren* zu können – aber genau dies *muß* ja auch nicht sein!

Die Dynamik von Gabe und Gegengabe, also die Logik des Tausches, ist nicht *dezisionistisch-plakativ* zu durchbrechen. Entweder es passiert etwas Maßloses: ein ›überbordendes Vergessen‹ und ›vergeßliches Überborden‹, im Zeichen dessen, was Derrida »überleben« (135) nennt, oder die Logik und Ökonomie der Selbstbehauptung bleibt *ungebrochen* in Kraft. Die gebende Instanz ›muß‹ sich selbst dem Vergessen anheimgeben. *Überfülle* als grundlose Verausgabung kennzeichnet den exzessiven Ursprung und die »undenkbare Möglichkeit der Gabe« (138).

Wenn wir emphatisch von ›Ereignissen‹ reden, dann meinen wir ein geschichtliches *Datum*, einen überbordenden Sinn – eine *Gegebenheit* –, die nicht durch die erzählenden Rekonstruktionen vollständig eingefangen, determiniert werden kann (160). Höchstens, daß sich dieser Sinn hinter dieser Fassade versteckt, besser: als Spur in ihr irgendwie kenntlich bleibt. Wäre da nicht dieser *Anstoß* einer überraschenden, unverhofft uns zufallenden Gegebenheit – wir würden die Geschichte ja gar nicht erzählen. Allerdings: Was zufallsbedingt *erscheint*, wird im konstruierenden Erzählvorgang tendenziell eingeebnet in den allgemeinen Geschichtsverlauf. Derrida:

> »Das Ereignis und die Gabe, das Ereignis als Gabe, die Gabe als Ereignis müssen einfallartig, unmotiviert – zum Beispiel interesselos – sein. Entscheidend wie sie sind, müssen sie das Raster zerreißen und das Kontinuum einer Erzählung unterbrechen, zu der sie gleichwohl auffordern; sie müssen die Ordnung der Kausalitäten stören: augenblicklich. Sie müssen augenblicklich, auf einen einzigen Schlag, das Glück, den Zufall, das Wagnis, die τύχη mit der Freiheit des Würfelwurfs, mit dem Gabenwurf des Gebers oder der Geberin in Verbindung bringen. Die Gabe und das Ereignis gehorchen nichts anderem – außer Prinzipien von Unordnung, das heißt Prinzipien ohne Prinzip. Auf jeden Fall, wenn die Gabe oder das Ereignis, wenn das Ereignis der Gabe einem System wirksamer Ursachen gegenüber unerklärlich bleiben soll, dann ist dies nicht die Auswirkung von nichts; es ist überhaupt keine

Wirkung mehr, selbst wenn es, im doppelten Sinne des Wortes, Gaben*effekte* gibt« (160f.).

In den letzten Jahren hat Derrida nachdrücklich eingeschärft, daß diese Grundsatzüberlegungen von erheblicher Tragweite sind für das Feld der Politik und die Bewältigung der Schuld in der Geschichte. Die Rede ist bei ihm vom Erbe der abrahamitischen Religionen, das in der Rhetorik der Verzeihung durchscheint. Diese konfliktreiche Tradition, die, historisch betrachtet, einzigartig ist, sieht er »auf dem Wege zu einer Universalisierung«. Die geradezu inflationäre Beteuerung von Entschuldigung, Bedauern, Amnestien, Verjährungen subsumiert er unter dem schlagkräftigen Titel »Theater des Pardons«:

> »In all den Szenen der Reue, des Geständnisses, des Verzeihens oder der Entschuldigungen, die sich auf dem geopolitischen Schauplatz seit dem letzten Krieg und seit einigen Jahren noch schneller vermehren, sieht man nicht allein Individuen, sondern ganze Gemeinschaften, Berufsgenossenschaften, Vertreter kirchlicher Machtstrukturen, Souveräne und Staatsoberhäupter um ›Vergebung‹ bitten. Sie tun dies in der Sprache Abrahams, die (im Falle Japans oder Koreas z.B.) nicht die der vorherrschenden Religion ihrer Gesellschaft ist, aber die bereits zum universalen Idiom der Rechts, der Politik, der Ökonomie und der Diplomatie geworden ist: und zugleich wirkende Kraft und Symptom dieser Internationalisierung. Das Wuchern solcher Szenen der Reue und der Bitte um ›Vergebung‹ verweist zweifellos auf eine *universelle* Dringlichkeit des Gedächtnisses: *Man muß* sich der Vergangenheit zuwenden; und diesen Akt des Gedächtnisses, der Selbst-Anklage, der ›Reumütigkeit‹, [...] *muß man* zugleich über die juristische Instanz und diejenige des National-Staates hinausführen.«[37]

Derrida kann sich des Eindrucks nicht erwehren, die Globalisierung der Vergebung ähnele »einer ungeheuren Szene« laufender Bekenntnisse, einer virtuell christlichen Konvulsion-Konversion-Konfession, einem Christianisierungsprozeß, der die christlichen Kirchen nicht mehr zu brauchen scheint.

Halten wir fest: Derrida macht ganz klar, daß in diesen politisch-strategischen Vollzügen der Ausnahmecharakter der Verzeihung verschliffen wird, ja, daß man sich des Eindrucks nicht erwehren kann, er werde zuweilen allein schon durch die

[37] J. Derrida, »Jahrhundert der Vergebung. Verzeihen ohne Macht – unbedingt und jenseits der Souveränität«, in: *Lettre International* Nr. 48 (Frühjahr 2000), 10–18, hier 10. Die nachfolgenden Verweise in Klammern beziehen sich auf diesen Text.

Plazierung im Raum der Öffentlichkeit pervertiert. Aber er besteht zugleich darauf, in all diesen Artikulationen *breche sich* eine Inspiration, eine Vision, die doch in jedem einzelnen Akt des Verzeihens in die Normalität einbricht! Noch die verschliffensten Formen dieser Art von Reuebekundungen bilden demnach eine schwache Spiegelung dessen, was sie durch ihre Funktionalisierungsaspekte zugleich diskreditieren.[38]

Derrida findet die Korrespondenz zu dem Außer-Gewöhnlichen der Verzeihung in der (nur scheinbar) säkularen Verständigung der Völker Europas, so etwas wie »Verbrechen gegen die Menschheit« dem Verschleiß des geschichtlichen Vergessens dadurch zu entziehen, daß man sie in einem performativen Akt für »unverjährbar« erklärt.

Weil alle Nationalstaaten im Grunde aus Gewalt hervorgegangen sind und in Gewaltakten gründen, die in den Gründungsgeschichten und -mythen verborgen werden, aber doch aus ihnen zu entziffern sind, verwundert es nicht gar so sehr, daß den Staatschefs bis in die jüngste Vergangenheit eine Art Immunität zugebilligt wurde, auch wenn an ihren Händen Blut klebte. Angesichts dieser von den Völkern hingenommenen Realität stellt es einen enormen Einschnitt dar, daß in den neuesten Rechtsentwicklungen die Staatschefs nicht mehr als unantastbar gelten. Selbstverständlich wird dieser Eindruck getrübt, wenn dieses neue internationale Recht nur die verbrecherischen Staatschefs kleinerer Staaten betrifft, während die Repräsentanten der Weltmächte sich davon de facto ausgenommen wissen. So zeigt sich gerade hier die Perversität der Souveränität.

In der Veralltäglichung des Verzeihens nimmt im Grunde jedermann »das Trughafte, das mechanische Ritual, die Scheinheiligkeit, das Berechnende oder das Nachäffen« wahr. Aber Derrida sieht auch wiederum nüchtern, daß sich in all diesen zweideutigen Bekundungen eine Einsicht abzeichnen könnte, der wir uns überhaupt erst stellen müssen: daß wir nämlich alle Erben zumindest von Personen oder Ereignissen sind, »die auf wesentliche, innerliche und unauslöschliche Weise durch Verbrechen gegen die Menschheit gezeichnet sind.« Schlüsselbegriffe wie »Menschenrechte« oder »Verbrechen gegen die Menschheit« sind im Kontext solcher bluttriefenden Konvulsionen überhaupt erst an das Licht der Öffentlichkeit gelangt. In dieser genetischen Perspektive drängt sich dann der Gedanke jener eigentümlichen Solidarität der Menschheit in der Schuld

[38] In seinem Buch *Ich entschuldige mich. Das neue politische Bußritual*, Berlin 2001, beschreibt Hermann Lübbe an Hand vieler Beispiele die neue Gepflogenheit führender Politiker, die Geschichte gewordenen Untaten der eigenen Nation vor den Nachkommen der Opfer öffentlich zu bekennen. Ohne Zweifel werden hier zentrale Elemente religiöser Sprache in die Politik übertragen, und Hermann Lübbes Ausführungen ist anzumerken, daß ihm diese Vorgänge nicht geringes Unbehagen bereiten.

auf: Niemand auf der Erde ist dann noch unschuldig – »und folglich niemand mehr in der Position des Richters oder Schiedsrichters« (10).

1964 entschied man in Frankreich, daß Verbrechen gegen die Menschheit als unverjährbar zu gelten haben. Nach Derrida stellte diese Entscheidung einen unerhörten Einschnitt dar. Damit habe man »an eine Art von Jenseits des Rechts im Recht appelliert« (17). Was aber unverjährbar ist, das »verweist in Richtung der transzendentalen Ordnung des Unbedingten, des Vergebens und des Unverzeihbaren in Richtung einer Art von Geschichtslosigkeit, ja sogar von Ewigkeit und Jüngstem Gericht, das die Geschichte und die endliche Zeit des Rechts übersteigt« (17).

Selbst dort, wo Vergebung/Verzeihung beschworen wird, um aus einer Extremsituation der Zerrissenheit des Kollektivs herauszugeraten und Versöhnung als »Normalisierung« anzustreben, erhebt sich Derrida nicht über diese Funktionalisierungen, sondern konstatiert nur deren eigennützigen unreinen Charakter, der aber, wie es scheint, im politischen Feld auch wiederum unvermeidlich ist. Denn »rein« verstanden ist Verzeihung/Vergebung natürlich weder normal noch normativ, noch normalisierend: »Sie *sollte* Ausnahme und außergewöhnlich bleiben, als Erprobung des Unmöglichen: als ob der gewöhnliche Lauf der historischen Zeitlichkeit unterbrochen würde« (10).

Es mag sein, daß man zu dem Urteil kommen muß, daß die Verbrechen im 20. Jahrhundert alles vorstellbare Maß überstiegen haben. Daß der Ruf nach Vergebung aber so laut erschallt, hängt für Derrida wohl damit zusammen, daß das extrem grausame Verbrechen nicht mehr im Verborgenen bleiben kann: Das quasi universale Bewußtsein ist so informiert wie niemals zuvor – und entsprechend sind die Schlupflöcher, sich der Belastung des Gewissens zu entziehen, verstopft.

Das Thema »Verzeihung« ist lange vor Derrida und Ricœur in Frankreich von Vladimir Jankélévitch in eindringlichen Analysen und Stellungnahmen aufgegriffen worden. Sein Buch *Le Pardon* von 1967 ist ein Meilenstein in der Ausarbeitung einer Theorie über den Geist der Verzeihung. Dennoch besteht Anlaß, sich mit Derrida gegen Jankélévitch und andere (wie Hannah Arendt) zu wenden. In dem Buch *L'imprescriptible (Das Unverjährbare)* von 1974 spricht sich Jankélévitch nämlich entschieden dagegen aus, den Diskurs über Verzeihung auf Verbrechen gegen die Menschheit und gegen die Menschlichkeit auszudehnen. Schließlich könne man nur verzeihen, wenn die Verbrecher um Verzeihung gebeten haben. Wer aber, wie die Massenmörder des Dritten Reiches, die Vergehen gar nicht eingesteht und keinerlei Reue zeigt, kann auch der Verzeihung nicht teilhaftig werden. – Es verwundert nicht, daß Derrida gegen diese *bedingungsmäßige Tausch-Logik* Bedenken vorbringt. Denn das Verzeihen ist dort am reinsten, wo es sich als vorlaufend (und gerade darin nicht als vorläufig) erweist: wo es nämlich auch dem gewährt wird, der *nicht* bereut und *nicht* um Verzeihung bittet (11). Ob einer – oder gar eine ganze Gruppe – im Innersten bereut (hat) oder nicht, läßt sich ohnehin nur schwer (wahrscheinlich gar nicht) feststellen. Man wird also das Nicht-Bereuen *behaupten* müssen, um guten Gewissens das Verzeihen zu verweigern. Ich stimme dem Protest Derridas gegen eine solche Bedingungslogik zu.

Wenn die *Shoah* das schlechthin Unsühnbare ist, ist das Verzeihen Jankélévitch zufolge fehl am Platze, geradezu sinnlos. Aber schon die Behauptung, das Vergehen müsse doch einen Sinn haben – Versöhnung z. B., Erlösung, Sühne –, gilt Derrida als verdächtig. Jankélévitch hingegen sieht die Verzeihung in engster Korrelation zur Strafe! Im Rechtsstaat und in rechtlicher Gesinnung gehen wir ja tatsächlich davon aus, daß einem Verbrechen eine angemessene Strafe zukommt. Wo hingegen das Verbrechen so ungeheuerlich ist, daß die Bestrafung völlig disproportional wäre, kann von »Wiedergutmachung« keine Rede sein und damit auch nicht von Sühne. Das Unsühnbare oder Nichtwiedergutzumachende ist demnach für Jankélévitch auch das Unverzeihbare. Von Vergebung kann deshalb für ihn nur die Rede sein, wo Sühne und Strafe als möglich eingeschätzt werden. Die Möglichkeit der Verzeihung ist demnach das strenge Korrelat der Möglichkeit des Strafens.

Hannah Arendt hat das nicht anders gesehen:

> »So stellt die einzige echte Alternative des Vergebens die Strafe dar, insofern ihnen beiden eigentümlich ist, daß sie etwas zu beenden suchen, was ohne diesen Eingriff endlos weitergehen würde. Es gehört zu den elementaren Gegebenheiten im Bereich der menschlichen Angelegenheiten, daß wir außerstande sind zu verzeihen, wo uns nicht die Wahl gelassen ist, uns auch anders zu verhalten und gegebenenfalls auch zu bestrafen, und daß umgekehrt diejenigen Vergehen, die sich als unbestrafbar herausstellen, gemeinhin auch diejenigen sind, die wir außerstande sind zu vergeben.«[39]

In *Le Pardon* hatte Jankélévitch den Akt des Verzeihens auf luzide und maßstabsetzende Weise beschrieben, ohne den Gedanken einer solchen Symmetrie zwischen Strafe und Vergeben ausschlaggebend werden zu lassen. Das geschieht erst in *Das Unverjährbare*. Hier heißt es nämlich: »Das Verzeihen ist in den Todeslagern gestorben.«

Derrida kehrt den Spieß gegen die Argumentation Jankélévitchs um. Hatte er

[39] H. Arendt, *Vita acitva oder Vom tätigen Leben*, Stuttgart 1960, 236.

zuvor die Formulierungen hinsichtlich des bedingungslosen, maßlosen Verzeihens selbst als aporetisch bezeichnet, so weist er nun darauf hin, daß die von Jankélévitch (und Arendt) vorgebrachte Einstellung selber widersprüchlich ist. Denn der Schuldige, der zutiefst bereut und um Vergebung bittet, hat sich ja bereits gewandelt! Auf ihn bezogen von Vergebung zu sprechen, ist selbst in gewisser Hinsicht sinnlos, weil überflüssig: »Man würde einem anderen als dem Schuldigen selbst vergeben« (12). Und er fährt fort: »Muß man nicht vielmehr, damit es Vergebung gibt, sowohl dem Vergehen als auch dem Schuldigen *als solchem* dort vergeben, wo das eine wie das andere, so unumkehrbar wie das Böse, wie das Böse selbst beharren und noch einmal fähig wären, sich zu wiederholen, unverzeihbarerweise, ohne Veränderung, ohne Besserung, ohne Reue oder Versprechen?« Diese Zuspitzung mag dem gesunden Menschenverstand in der Tat verrückt erscheinen, den Philosophen gar als »Wahnsinn des Unmöglichen« gelten. Aber was in der Perspektive *maßloser* Verzeihung ver-rückt wird, ist der Diskurs der Normalität selbst! Hier treffen nämlich zwei Typen des Diskurses aufeinander: die Regel und die Ausnahme. Das Verzeihen, wo es denn passiert und gelingt, mutet an wie eine Revolution, die »den gewöhnlichen Verlauf der Geschichte, der Politik und des Rechts überrascht.« Das Verzeihen ist »vielleicht die einzige Sache, die wie eine Revolution passiert.« Dieses schlechthin Heterogene eignet sich nicht dazu, in die Normalität eingefügt zu werden. Wo dies – wie vielfach zu beobachten ist – doch geschieht, wo das Verzeihen in politische Verhandlungen, Kalkulationen und Transaktionen eingefügt wird und gleichsam auf die Ebene hypothetischer Imperative gerückt wird, ist dem reinen Begriff und reinen Verständnis des Verstehens die Sprengkraft genommen. Und doch geht es Derrida *nicht* darum, solche Transformationen in die Normalität hinein einfach zu denunzieren. In *gebrochener Form* schimmert das Unverfügbare der Gabe der Verzeihung auch durch diese strategischen Machenschaften hindurch!

Derrida selbst verweist auf französische Phänomene – etwa auf die Rhetorik der nationalen Versöhnung bei de Gaulle, Pompidou und Mitterand, denen es darum ging, Schuld und Verbrechen der Vergangenheit unter der Okkupation oder während des Algerienkrieges auszulöschen und nationale Einheit, Versöhnung, zum Beispiel durch Amnestie, zu erreichen: Man müsse eben auch zu vergessen wissen. – Bezogen auf die Amnestie von 1951 schreibt Derrida: »Man mußte all die Antikommunisten in die Nationalgemeinschaft zurückrufen, die nur einige Jahre zuvor noch Kollaborateure waren und Gefahr liefen, sich durch eine zu strenge und durch eine zu wenig vergessende Reinigung aus dem politischen Feld ausgeschlossen zu sehen.« Unübersehbar lagen diesen Initiativen in Zeiten des Kalten Krieges stets auch strategische und politische Berechnungen zugrunde (12f.). Es ist immer dasselbe: Die Sorge gilt der Zerrissenheit der

Nation. In Südafrika ist diese Sorge ja mit Händen zu greifen: Ohne die Politik einer nationalen Versöhnung wäre das Land durch Racheakte in Schutt und Asche gelegt worden. Aber Derrida macht eben zu Recht darauf aufmerksam, daß Amnestie hier eher der »Einstellung des Verfahrens« gleichkommt als der Vergebung – auch wenn Bischof Desmond Tutu als Präsident der »Wahrheitskommission« es für angebracht gehalten hat, die Sprache dieser Institution zu christianisieren. »Mit soviel gutem Willen wie Konfusion« führe Tutu das Vokabular der Sühne und Vergebung ein (13). Derrida beschreibt den doppeldeutigen Charakter des Status der »Wahrheitskommission«, der nämlich – so wie die Rede Tutus selbst – »zwischen einer nichtstrafenden und nicht wiedergutmachenden Logik der ›Vergebung‹ [...] und einer gerichtlichen Logik der Amnestie schwankt«. Die Heterogenität zwischen den Ordnungen der Vergebung und den Ordnungen der Justiz wird in diesem spannungsvollen Unternehmen mißachtet, und damit kommen Vermischungen und Mißbräuche zustande, in denen eine quasi automatische Vergebung vorgetäuscht wird, um sich der Gerechtigkeit zu entziehen.[40] Das ist, so scheint es, unvermeidlich, wo nicht *exklusiv* das Opfer und der Schuldige einander konfrontiert sind, sondern ein Dritter interveniert (13).

Betont man die Heterogenität, den Ausnahmecharakter, dann muß man klarstellen, daß das Vergeben auf der Ebene der gerichtlichen Gerechtigkeitssuche, auf der Ebene des Rechts und der Politik, nicht zu verorten ist. Im strengen Sinne des Wortes kann allein das Opfer vergeben. Selbst der Nächststehende kann nicht für den Toten sprechen. Derrida: »Wer hätte das Recht, im Namen verschollener Opfer zu vergeben?« (14) Und doch bleibt Verzeihung als maßlose und bedingungslose »Gabe der Gnade«, die nicht im Tausch verrechnet werden darf, dem öffentlichen Raum zumindest ›eingeschrieben‹; sie ist in der Lage, den kalkulatorischen Diskursen eine gewisse Richtung vorzugeben, sie im Sinne einer überschüssigen zweckfreien Kommunikation einzufärben. Hier erweist sich Derrida als Freund der Vermittlung, wenngleich er klarstellt, daß allein der *Unbedingtheitscharakter* der Verzeihung die Kraftquelle aller Vermittlungen ist. Er schreibt: »Wenn man will – und das ist notwendig –, daß die Vergebung wirkungsvoll, konkret, historisch wird, wenn man will, daß *sie* ankommt, daß sie stattfindet, indem sie die Dinge verändert, ist es notwendig, daß ihre Reinheit sich auf eine Reihe von Bedingungen aller Art (psychologischer, politischer etc.)

40 Derrida zitiert die (schon oft wiedergegebenen) Worte der Frau eines Opfers: »Eine Kommission oder eine Regierung kann nicht vergeben. Ich allein könnte es eventuell tun, ich bin nicht bereit zu vergeben – oder für das Vergeben.«

einläßt.«[41] Das Bezugsfeld, das überhaupt all diesen *Versuchen* einen Sinn verleiht, ist die »bestimmte Idee der reinen und bedingungslosen Vergebung«.

Man könnte, Derrida folgend und sich an Adorno erinnernd, das Verzeihen auch als das »Nichtidentische« qualifizieren. »Das Verzeihen ist also verrückt, es muß sich, aber hellsichtig, in die Nacht des Unverständlichen versenken« (14). So wird es, vor-bewußt, zu einer ›Initialzündung‹, über die man sich im Augenblick des Vollzuges überhaupt nicht Rechenschaft geben kann. Sobald dann ein Raum eröffnet ist, in dem sich Opfer und Verbrecher begegnen, miteinander sprechen und eine Verständigung suchen, ist bereits eine Szene der Versöhnung zumindest eröffnet, auf der das *geläufige* Verzeihen statthaben kann. Und hier kommen dann natürlich auch sofort Zweck-Bindungen des Kommunikationsvorgangs unbewußt oder bewußt zur Geltung, ja – nicht selten – zur Sprache. Es ist dann die Aufgabe des Philosophen, diese Verzweckungen, die noch von der Unbedingtheit der Gabe zehren, nicht zu denunzieren, aber sie in ihrem aporetischen Charakter freizulegen und zu verdeutlichen. Auf diese Weise können blinde Flecken im Verantwortungsgefüge beseitigt werden.

Man wird dann wohl sagen müssen, daß *jede* Art von Reflexion das Unbedingte unweigerlich transformiert und in historische Bedingungsgefüge verwickelt. Das Unverfügbare der Verzeihung im Sinne ihrer maßlosen Unbedingtheit impliziert im übrigen auch, daß man geschichtlich verdichtete Schuldverhältnisse, zeitweise oder im Blick auf den ganzen Gang der endlichen Geschichte, als *unlösbar* akzeptieren muß. Die Rhetorik einer unbedingten Forderung – du *mußt* verzeihen – ist hier völlig unangebracht. Verzeihung bedenken wir im Zeichen einer absoluten Zufälligkeit: Das Absolute fällt zu – oder nicht. Wer solche Abgründe mit den normalen Diskursen gleichschalten wollte, könnte dies unbenommen tun – aber würde damit der Komplexität der menschlichen Existenz schwerlich gerecht. »Man kann sich vorstellen, daß jemand, Opfer des Schlimmsten, bei sich selbst, bei den Seinen, in seiner Generation oder in der vorhergehenden Generation fordert, daß ihm Recht widerfährt, daß die Verbrecher vor ein Gericht gestellt werden, durch einen

[41] Das außer-gewöhnliche Recht des Souverän zu begnadigen mutet insbesondere in demokratischen Rechtsordnungen wie ein Fremdkörper an. Handelt es sich doch offenkundig um eine Macht jenseits der Gesetze, um die Inanspruchnahme einer Ausnahme. Derrida zumindest stellt einfach lakonisch fest: »So wie es immer der Fall ist, gehört das transzendentale Prinzip eines Systems nicht zum System. Es ist ihm fremd wie eine Ausnahme« (14). Da ist es kein Wunder, daß die Ausübung des Begnadigungsrechts sehr häufig als Ungerechtigkeit empfunden wird. Der innenpolitische Gegner dessen, der die Begnadigung ausspricht, wird leicht Gründe ausfindig machen können, die eine *strategische* Zielsetzung unterstellen und damit das Zweckfreie des Begnadigungsaktes in Zweifel ziehen. (Das ließe sich besonders gut an der Begnadigungspraxis der amerikanischen Präsidenten demonstrieren.)

Gerichtshof verurteilt und verdammt werden – und dennoch in seinem Herzen vergibt« (17). Und damit ist natürlich auch gesagt, daß man es akzeptieren muß, wenn jemand sich strikt weigert zu vergeben. Es ist lächerlich, daraus moralische Vorwürfe zu konstruieren. Das Verzeihen ist auch gegenüber der Moral absolut. Alles, was die normalen Diskurse übersteigt und – wie der Aufklärer Kant nicht gezögert hätte es zu formulieren – ein Geheimnis bleibt (wie das radikal Böse, das Geheimnis der Möglichkeit der Freiheit, das Rätsel des Vergebens), löst im philosophischen Normaldiskurs Unbehagen aus. Dabei ist es doch Aufgabe der Philosophie, diese im Normaldiskurs nur *aufblitzende* geheimnisvolle Erfahrung zu respektieren und sie sprachlich zu umkreisen – gleichsam als Exekution des Widerstandes gegen die nivellierende Integration dieser Vor-Gaben im öffentlichen Raum und in den Diskursen des ›Man‹ (auch des philosophischen).

Auch ein Opfer oder einer, der im Namen des Opfers vergibt, gelangt im Akt der Vergebung sehr leicht in die Position einer *Überlegenheit*, die Derrida *obszön* dünkt (18). Um diese Versuchung auch der »edlen und starken Seele« außer Kraft zu setzen, müßte man an eine *Vergebung ohne Macht* denken, an eine Trennung von Unbedingtheit und Souveränität. Derrida jedenfalls bezeichnet diese Aufgabe als »Traum für das Denken« (18).

## 4. Knud E. Løgstrup

Am Ende der seinerzeit vielgelesenen Schrift *Die ethische Forderung*[42] geht Løgstrup auf das Problem der Verzeihung ein. Seine so selbstverständlich-unspektakulär formulierten Auffassungen haben zuweilen überraschende Pointen und geben zu denken.

Als erste Pointe halte ich fest: Jegliche Moralisierung bzw. Pädagogisierung verdirbt den inneren Sinn der Verzeihung.[43] Die Eroberungsabsichten der Moral sind permanent-latent und müssen immer wieder neu zurückgewiesen werden. Was das im einzelnen bedeutet, wird noch zu erörtern sein. Auffällig und prüfenswert ist des weiteren auch die These, das Verzeihen des Verzeihlichen sei theoretisch wie praktisch eigentlich uninteressant.[44] Daß es nicht ganz so einfach

[42] K. E. Løgstrup, *Die ethische Forderung*, Tübingen $^{3}$1989. Ich beziehe mich hier auf folgende weitere Texte Løgstrups: *Schöpfung und Vernichtung: Religionsphilosophische Betrachtungen*, Tübingen 1990; *Norm und Spontaneität. Ethik und Politik zwischen Technik und Dilettantokratie*, Tübingen 1989.

[43] Løgstrup, *Schöpfung und Vernichtung*, 281.

[44] Man muß ja nicht gleich – wie Løgstrup, *Schöpfung und Vernichtung*, 234 – behaupten, es sei geradezu unsinnig.

ist, wird ja sofort deutlich, wenn man fragt, wer eigentlich festlegt, was »verzeihlich« und was eigentlich »nicht mehr verzeihlich« ist. Schon bei zwei Beteiligten können hier die Perzeptionen weit auseinandergehen. Deshalb ist es an dieser Stelle naheliegend, *zunächst* diese Qualifizierung *verzeihlich/unverzeihlich* auf sich beruhen zu lassen und das *criterium fundamentale* zu benennen, das die ganze Angelegenheit aufhellt: Das Verhältnis zwischen den Beteiligten muß von einem wirklichen *Bruch* der Beziehungen betroffen sein. Løgstrup interessiert also jene tiefreichende Verletzung, die einen radikalen Bruch des gegenseitigen Verhältnisses zur Folge hat; im Vorgang der Verzeihung wird – auf einer neuen, vielleicht sogar solideren Basis – dieses Verhältnis wieder hergestellt. Das führt Løgstrup zu der paradoxen Wendung, daß »nur wirklich unverzeihliche Dinge verziehen werden können«.[45] Was man sich illusionslos klarmachen muß: Dieser Vorgang der Wiederherstellung der Beziehung im Modus der Verzeihung ist schlechthin *ungesichert*. Niemand kann *wissen*, ob dieser – von der naturwüchsigen Reaktionsweise aus gesehen – irrationale *Vertrauensvorschuß* wirklich den Effekt haben wird, die Beziehung zu heilen und zu regenerieren. So unvorhersehbar das Ereignis der Verzeihung ist, so unvorhersehbar ist es, ob es wirklich zur Versöhnung führt.

In der Perspektive dieses Denkansatzes ist es außerdem wichtig zu unterstellen, daß der Vorgang der Verletzung/Kränkung auch hätte unterbleiben können, die Forderung des Sittlichen also erfüllbar gewesen ist. Wäre ›man‹ wirklich der Überzeugung, ein Mensch sei einer *unerfüllbaren* Forderung gegenüber »unzureichend gerüstet« gewesen – Løgstrup spricht von der »Inkongruenz zwischen der Forderung und der Natur und den Kräften des Menschen«[46] –, so machte die Rede von Verzeihung gar keinen Sinn.

Ich habe im letzten Satz das ›man‹ in Anführungszeichen gesetzt, um anzudeuten, daß erst noch überlegt werden muß, wer denn hier über diese Inkongruenz befindet! Das ist doch objektiv gar nicht feststellbar! Wenn es die »Umstehenden« sind, die aus einer längst eingetretenen Distanz heraus *urteilen*, so ist die *Behauptung*: »hier liegt Inkongruenz vor«, selbst Ausdruck der Verzeihungsbereitschaft! Das Urteil »Kongruenz« würde dann anzeigen: Hier soll *nicht* entlastet werden! Und so steht es auch – um auf das Entscheidende zurückzukommen – mit der Zuschreibung »verzeihlich/unverzeihlich«.

Einige weitere Beobachtungen, die Løgstrup gemacht hat, verdienen es, in unseren Überlegungen ›aufgehoben‹ zu werden. Da ist zum einen die Betonung der Tatsache, daß Verzeihung weniger in Absichtserklärungen und Mitteilungen

[45] Løgstrup, *Schöpfung und Vernichtung*, 234.
[46] Løgstrup, *Schöpfung und Vernichtung*, 234.

gründet als vielmehr in einem authentischen *Verhalten.*[47] Die direkte Versprachlichung hingegen läuft Gefahr, den Verzeihungsbedürftigen zum ›Opfer der Großspurigkeit und Gefühlsseligkeit‹ zu machen, so daß derjenige, der auf Verzeihung angewiesen ist, es eigentlich *vorziehen* müßte, »Gegenstand des Hasses oder der Übelnahme zu bleiben!« Diese – nachvollziehbare – *Skepsis gegenüber dem Eindeutigkeitsverlangen und Eindeutigkeitsgestus,* der in der intentionalen Rede sich ausdrückt, baut also darauf, daß »Verzeihung« gelingender *indirekt* zum Ausdruck kommt – und zwar nicht zuletzt auch in der Gestalt von Zurechtweisungen und Verurteilungen! Das müsse der Empfänger der Zuwendung schon erspüren – ob die Verurteilung eine ›liebende‹, neue Horizonte der Gemeinsamkeit eröffnende ist oder aber eine, die den anderen abschreibt und die Gemeinsamkeit definitiv aufkündigt. Wer unbedingt auf einer Versprachlichung wie »ich vergebe Dir« besteht, der will Eindeutigkeit, wo keine zu haben ist, der gerät in die Falle einer in die Irre führenden Sicherheit und läuft so Gefahr, »der Anmaßung und der Sentimentalität des anderen zum Opfer zu fallen«. Was in dem *Begehren nach Eindeutigkeit der Verzeihungszusage* sich kundgibt, ist nichts anderes als ein Mangel an Vertrauen.[48]

Das »Deuten« im Horizont *antizipierenden* Vertrauens läßt sich nicht umgehen: »Unsere gegenseitigen persönlichen Beziehungen haben keine definitiven Manifestationen, sondern wir sind darauf angewiesen, in Vertrauen und Deutung zu leben.«[49] Daß z. B. *in* der Zurechtweisung eine Spur der Vergebung wahrgenommen wird, ist nicht demonstrierbar oder eindeutig auszumachen – es ist somit nur im Vor-Sprung des stets enttäuschbaren Vertrauens zu erfassen. Und derjenige zerstört gerade dieses feine Gewebe, der es auf die Probe stellen möchte. In diesen Prozessen kommt eine existentielle Dimension in den Blick, die wir nicht gern zugeben: daß gerade »Abhängigkeit die Menschlichkeit unseres Daseins konstituiert«.[50]

Wo Schuld für meßbar und damit zumeßbar erachtet wird, läßt sie sich auch »abtragen«.[51] Es ist offensichtlich, daß wir uns für jene *radikale* Schuld inter-

47 Løgstrup, *Schöpfung und Vernichtung,* 240.

48 Mit der Intimitätsdichte nimmt die Fähigkeit ab, Schuld einzugestehen und Verzeihung zu erbitten! »Einem Menschen gegenüber, der einem fremd ist, kann man oft eher eine Schuld eingestehen, als einem, mit dem man eng verbunden ist, dem man viel verdankt und der einem viel bedeutet. [. . .] Je mehr einem der andere bedeutet, desto stärker steht die eigene Moralität auf dem Spiel« (Løgstrup, *Norm und Spontaneität,* 132 f).

49 Løgstrup, *Schöpfung und Vernichtung,* 240.

50 Løgstrup, *Norm und Spontaneität,* 119.

51 Løgstrup, *Norm und Spontaneität,* 140.

essieren, die sich einer Vermessung entzieht und in dieser Maßlosigkeit die Heillosigkeit einer Krisensituation vor Augen führt.

In *Norm und Spontaneität* hat Løgstrup eine Beobachtung hinzugefügt, die zur Komplexitätssteigerung beiträgt: Auch nach einem schwerwiegenden Schuld-Einbruch geht das Leben weiter und stellt neue Herausforderungen, die Bewährungsproben gleichkommen. Werden diese bestanden und stabilisiert sich auf diese Weise das Ich, so ergibt es sich fast von selbst, daß die vergangene Schuld mit fortschreitender Zeit immer leichter anmutet – bis sich schließlich die bagatellisierende Einbildung festsetzt, die vergangene Schuld ließe sich gewiß wieder gutmachen.[52] Es ist also – gegenläufig – eine eigentümliche mit der christlichen Tradition verbundene Entscheidung, auf der *Unwiederherstellbarkeit* zu beharren – gegen alle Verharmlosungstendenzen des *leichten* Vergessens (wie Ricœur das genannt hatte). Das läuft keineswegs auf die These hinaus, der Mensch stehe *total* im Bann der Schuld, die auch seine sonstigen Daseinsvollzüge infiziere. Auf der Unwiederherstellbarkeit des einmal Angerichteten bestehend, ist der Mensch doch für die *souveränen Daseinsäußerungen* (zu denen wie die Liebe das Verzeihen gehört) aufgeschlossen. Allerdings geht es hier um Daseins-*vollzüge*. Wo die theoretische Arbeit die *Substantialisierung der Person* betreibt, wittert Løgstrup verkehrte Entlastung: Das diene doch nur dem Zweck, »dem Selbst eine Sphäre zu schaffen, wo es ohne Schuld ist – womit es zwar für Einzelhandlungen der Vergebung bedarf, aber nicht im totalen Sinne darauf angewiesen ist, von der Vergebung zu leben«[53].

Auch wenn Verzeihung in ihrem Vollzug *unermeßlich* ist, so ist sie doch nicht *grenzenlos*. Wer angesichts der Not ins Elend Gestoßener gar keine *Hemmung* verspürt, dem/den Täter(n) zu vergeben, der hat womöglich nur sehr oberflächlich von jenem Elend Kenntnis genommen. Eine Hemmung bedeutet nicht, daß sich eine(r) befugt dünken dürfte, definitiv und apodiktisch zu deklarieren, was unverzeihlich ist. Aber die Hemmung verhindert die *Leichtfertigkeit* der Verzeihung und macht bewußt, daß die berechtigten Einwände – auch die nur noch zu unterstellenden Einwände! – der Opfer zu achten sind.[54]

Der Kontrast mit der Verzeihungshaltung und -praxis Jesu bringt die nirgends apodiktisch plazierbare *Grenze des Verzeihens* trefflich ans Licht: Jesus verkündigte tatsächlich eine *bedingungslose* Vergebung – ohne Furcht davor, das Leiden der Betrogenen und Gekränkten zu bagatellisieren und den/die Täter leichtfertig zu entlasten. Diese bedingungslose Vergebung ist nach Løgstrup ethisch nur haltbar

[52] Løgstrup, *Norm und Spontaneität*, 123.
[53] Løgstrup, *Norm und Spontaneität*, 125.
[54] Løgstrup, *Schöpfung und Vernichtung*, 288 ff.

im Vertrauen der kosmisch ausgerichteten Naherwartung des kommenden Gottesreiches, in welchem Gott den Unterdrückten aufrichten und ihm das Leben, um das er betrogen wurde, auf ewig zurückgeben wird.[55] Dies war – so ist Løgstrup überzeugt – bei Jesus kein Glaubens*konstrukt*, sondern *unmittelbare* Gewißheit.[56] In Jesu Dasein, so spricht der Glaube, war Gott machtvoll anders gegenwärtig als in *unserem* Leben – eben genau so, wie das Dasein eigentlich von Gott her gedacht ist.[57] *Uns* hingegen ist diese starke Gewißheit, die sich in *spontaner* Verzeihung äußert, verschlossen.[58]

Die mit dem Namen Jesu verbundene *radikale* Verzeihungshaltung also ist nicht ethisch, sondern eschatologisch fundiert. Aber die Konsequenzen sind dann um so radikaler: Kompromißformeln, die der Selbstbehauptungsnatur noch Spielräume gestatten und eine Einschränkung der Liebesforderung andeuten, sind dann hinfällig. Das besagt nach Løgstrup, »daß jede Begrenzung der Liebesforderung, die den eigenen Forderungen zum Leben einen gerechten Platz geben soll, ein Nein zu Gottes Vergebung bedeutet«.[59] Diese radikale Vergebung in göttlicher Perspektive nun soll in ihrem *Ereignis*-Charakter aufgefaßt und nicht als Wesensaussage Gottes expliziert werden. Nur so sei zu gewährleisten, daß die Gnade nicht als Selbstverständlichkeit – weil *notwendig* aus Gottes Wesen fließend – verrechnet wird.[60]

Auch in diesem Horizont sind *definitive* Manifestationen der Gnade nicht zu erwarten. Selbst die Berufung auf Jesus verhilft da nicht zu größerer Sicherheit. Wieder bleibt nur, sich in einem ganz individuellen Entschluß, im Vertrauen, auf diese eigenartige Vermittlung einzulassen.[61]

## 5. Schlusssatz

Über alle *Aktualisierung* von Verzeihungsvorgängen hinaus bleiben wir – nennen wir es ruhig: *ontologisch* – auf Verzeihung *angewiesen*; wir leben ja im Grunde immer auch auf Kosten anderer, deren Leben wir gar nicht kennen. Seelisch

55 Løgstrup, *Schöpfung und Vernichtung*, 288.
56 Løgstrup, *Schöpfung und Vernichtung*, 290.
57 Løgstrup, *Schöpfung und Vernichtung*, 276.
58 Deswegen ist auch die Wahrscheinlichkeit so groß, daß wir diese Art des Glaubens aus eigener innerer Kraft nicht durchhalten und mithin auf die stärkende Rückbindung an Gemeinde und Kirche angewiesen sind (Løgstrup, *Schöpfung und Vernichtung*, 290).
59 Løgstrup, *Die ethische Forderung*, 237.
60 Løgstrup, *Die ethische Forderung*, 237.
61 Løgstrup, *Die ethische Forderung*, 242.

überleben wir, indem wir dies verdrängen und uns ›leichtfertigem Vergessen‹ anheimgeben. Die einzige Alternative dazu wird seit Platon (*Phaidon*) umkreist: ›irgendein‹ Glauben daran, daß unseren Opfern Aufrichtung zuteil wird. Vermutlich ist es so, daß wir uns angesichts von Skepsis und Fragilität der Vernunft für diesen Glauben immer wieder neu entscheiden müssen. Nicht ohne Grund spricht Sokrates-Platon von einem *Wagnis*. Die hier behandelten Autoren stimmen darin überein, daß ein philosophischer Diskurs über die Paradoxie der Verzeihung Entscheidendes den Impulsen der jüdisch-christlichen Tradition verdankt.[62] Ich habe es gewagt, andernorts vom Verzeihen als ›geheimer Mitte der Ethik‹ zu sprechen. Bei Derrida fand ich eindrückliche Parallelformulierungen. Da ist die Rede von einer »Ethik jenseits der Ethik«, die »vielleicht der unauffindbare Ort des Vergebens«[63] wäre.

[62] Løgstrup insistierte übrigens, »anders als im rituellen Bekenntnis zu einem Ritual [werde] sich diese Entscheidung kaum äußern können« (Løgstrup, *Schöpfung und Vernichtung*, 290).
[63] Derrida, »Jahrhundert der Vergebung«, 12.

# Le droit de punir

*Paul Ricœur (Chatenay Malabry)*

S'il est un tourment permanent de la philosophie morale, étendue au droit et à la justice pénale, c'est bien celui que suscite le droit de punir. On voudrait ici examiner les raisons de ce tourment. Énoncé dans sa brutalité, c'est le scandale intellectuel attaché au trait le plus visible de la peine, à savoir l'aspect de souffrance infligée par l'institution judiciaire au coupable condamné, souffrance qui paraît s'ajouter du dehors à celle éprouvée par la victime du préjudice, du dommage, du tort.

Je propose une grille simple de lecture pour nous orienter dans nos embarras. Je partirai de quelques doctrines philosophiques choisies en raison de leur caractère emblématique de phare à l'approche des écueils. Ces doctrines ne reflètent pas nécessairement l'état des législations, encore moins celui des mœurs, mais un état de la discussion à un niveau élevé de vigilance critique. Le trait le plus frappant de la situation du problème est à cet égard son état d'éclatement. Le scandale de la peine brille comme un soleil noir sur le continent morcelé de la formulation de la question: pourquoi punir? Platon, Aristote, Kant et Hegel, que nous convoquerons dans un ordre où la chronologie importe moins que la variété des points de vue, non seulement n'apportent pas la même solution au problème de la peine, mais ils ne voient pas la difficulté au même endroit. Je propose de rapporter cette diversité de problématiques à la pluralité apparemment irréductible des pôles de référence dans l'exercice du droit pénal: le coupable, la victime, la loi, deux partenaires et un tiers. Au choix de ces trois pôles correspond chaque fois la désignation privilégiée de la lésion morale et juridique qui demande que justice soit rendue: on aura tour à tour la culpabilité du côté de l'accusé, le préjudice du côté de la victime, la transgression pour la loi. En outre, à cette diversité d'atteintes correspond une diversité de finalités: la réhabilitation pour le coupable, la réparation pour la victime, la rétribution pour l'infraction à la loi. C'est cette triade de corrélations que je vois diversement illustrée par la suite des théories philosophiques appliquées au droit de punir. On prendra chaque fois pour pierre de touche de l'analyse la capacité de ces doctrines à reconnaître et éventuellement à résoudre le scandale de la peine. La voie sera alors dégagée pour l'exploration de quelques tentatives contemporaines, tour à tour spéculatives et pratiques, pour résoudre ou réduire le scandale de la peine. *In fine* on parcourra à nouveau, mais dans l'ordre inverse, les pôles de référence du droit de punir: loi, victime, accusé – en vue de dégager leurs ressources de convergence eu égard au scandale de la peine. Tel sera notre parcours: de la justice violente à la justice non violente.

## 1. Platon: le coupable et la thérapie de l'âme

Platon restera à jamais le penseur qui, ayant centré son attention sur le mal de l'âme que constitue l'injustice, donne pour finalité à la peine le soin de guérir l'âme au prix de la souffrance. Il a ainsi imposé à la suite de ses successeurs un niveau de résolution de l'aporie de la peine qui ne sera jamais rejoint ni par la théorie, ni par la pratique.

C'est pourtant lui qui, au Livre I de *La République*, dénonce la peine plutôt qu'il ne la justifie. Le propos qu'on va dire tranche sur l'assurance de ton du *Gorgias*. La question posée dans le *Gorgias* est de savoir si »on peut être heureux en faisant le mal et en vivant dans l'injustice«.[1] Impossible, dit Socrate: »Ceci posé, est-ce un bonheur pour le coupable de payer sa faute et de subir son châtiment?«[2] Non, certes. Mais pourtant il l'est, »surtout s'il ne paie point ses fautes et n'en subit pas le châtiment«.[3] Il y a donc quelque chose d'avantageux à être châtié, à savoir que »qui paie sa faute est débarrassé par là de la méchanceté de son âme«.[4] La justice est à l'intempérance et à l'injustice ce que la médecine est à la maladie, la plus belle des deux étant encore la justice. De même qu'il est avantageux de souffrir pour être guéri de maladie, il l'est pour être délivré du plus grand des maux: »La justice ainsi rendue, en effet, oblige à devenir plus sage et plus juste et elle est comme la médecine de la méchanceté«.[5] Donc celui qui garde son injustice »au lieu d'en être délivré est l'homme le plus malheureux de tous«.[6] Telle a été et telle restera la tentative la plus audacieuse de résolution sans reste de l'aporie de la peine: son caractère propre de beauté et de bonté sous l'angle du seul avantage du coupable, sans égard ni pour la loi, ni pour la victime.

C'est sur cet arrière-plan qu'il faut replacer la discussion de Socrate avec Polémarque.[7] Si l'on admet qu'à des amis on doit faire le bien, à des ennemis ne convient-il pas de faire du mal? La supposition de la distinction entre amis et

[1] Platon, *Gorg.* 472 D.
[2] Platon, *Gorg.* 472 D.
[3] Platon, *Gorg.* 472 E.
[4] Platon, *Gorg.* 477 A.
[5] Platon, *Gorg.* 478 D.
[6] Platon, *Gorg.* 470 D.
[7] Platon, *Rep.* I, 332 A–335 A.

ennemis est complétée par celle que les premiers sont bons et les seconds méchants. Faut-il alors faire du mal aux méchants, leur nuire? Que doit-on aux méchants ennemis? Je lis la question décisive: »Est-ce donc, repris-je, le fait d'un homme juste de faire du mal à un homme quel qu'il soit?«.[8] La supposition de l'ami bon et de l'ennemi méchant était un piège destiné à laisser apparaître le »tout homme«. C'est lui qui est en cause dans la peine. Se creuse alors la question-torpille: »Mais, si l'on fait du mal aux chevaux, deviennent-ils meilleurs ou pires? Pires – Relativement à la vertu des chiens ou à celle des chevaux? – À celle des chevaux. – Et les chiens, s'il leur est fait du mal, ne deviennent-ils pas pires relativement à la vertu des chiens, et non à celle des chevaux? – Nécessairement. Et pour les hommes, camarades, ne faut-il pas dire que si on leur fait du mal ils deviennent pires relativement à la vertu des hommes? – Si, assurément. – Mais la justice n'est-elle pas la vertu des hommes? – Il faut l'admettre aussi. – Par conséquent, cher ami, ceux d'entre les hommes à qui l'on fait du mal deviennent fatalement plus injustes«.[9] Conclusion: »En aucun cas il n'est juste de faire du mal à quelqu'un«.[10] Il n'y a plus ainsi ni amis ni ennemis, ni bons ni méchants. L'important est »de ne faire de mal à personne«.[11]

La question léguée par Platon à un lecteur d'aujourd'hui est de savoir si une justification de la peine peut être produite qui ne prenne pas en compte le condamné. Cette question, la première posée dans notre enquête historique, sera seulement la dernière convoquée sur le trajet de la justice restauratrice.

## 2. Aristote: la victime et la vengeance

Avec Aristote le changement de front est remarquable. Avec Platon la question était: que faire du coupable? Avec Aristote s'annonce une autre question: que faire pour la victime? Dans l'ouverture de cette question une écoute attentive est demandée pour la vengeance, cette pratique millénaire dont la victime est le pivot.

Il est remarquable que ce soit dans la *Rhétorique*, l'ouvrage qu'Aristote a consacré à l'art de l'usage public de la parole, dans l'assemblée, au tribunal, aux jeux et aux funérailles – qu'une appréciation positive est faite de la colère, sur laquelle pourrait se greffer une certaine reconnaissance de la fonction régulatrice

[8] Platon, *Rep.* 335 B.
[9] Platon, *Rep.* 335 B-C.
[10] Platon, *Rep.* 335 E.
[11] Platon, *Rep.* 335 E.

de cette vengeance vers laquelle se tourne la colère. La colère, en effet, est appréhendée par la rhétorique au cœur du lien social au plan des relations interpersonnelles. Elle se donne comme une passion qui certes fait suite à une douleur mais dont l'élan la dirige contre quelqu'un en particulier, l'offenseur. Celui-ci a marqué par divers signes son intention de nuire à la réputation notoire de l'offensé: »admettons que la colère est le désir impulsif et pénible de la vengeance notoire d'un dédain notoire en ce qui regarde notre personne ou celle des autres, ce dédain n'étant pas mérité«.[12] Toute une sémiotique du mépris est ici engagée, l'offenseur signifiant par des paroles, des gestes, des outrages (ὕβρις) variés, sa supériorité prétendue, sans nécessairement en tirer avantage, pour le simple plaisir. Suit une énumération, sans complaisance ni approbation, des situations où nous nous mettons habituellement en colère et des personnes contre qui nous nous irritons.

C'est alors comme échange symbolique que la colère s'inscrit dans cette région médiane des passions susceptibles de tenir compte des avis raisonnables et à travers eux des leçons de l'expérience commune, à mi-chemin des passions sauvages et de la conduite rationnelle, comme il est dit au Livre I de l'*Éthique à Nicomaque*.[13] À cette sphère appartiennent d'autres passions proches de la colère, comme la honte déjà nommée et l'indignation (νέμεσις), cette peine ressentie à propos des malheurs immérités; Aristote n'hésite pas à les dire honnêtes: »injuste est en effet ce qui arrive contrairement au mérite, et c'est précisément pourquoi nous attribuons l'indignation aux dieux«.[14] Le mérite joue ici le rôle axiologique assigné à la réputation dans le cas de la colère. Le lecteur d'aujourd'hui se trouve ainsi autorisé à relire les pages sur la colère et la vengeance en termes d'échange symbolique susceptible de revêtir une valeur morale.

À la faveur de ce rapprochement de textes, couvrant l'espace de sens qui s'étend entre la colère, comme désir de vengeance, et la justice corrective, se trouve évoquée bien plus qu'une stratégie opportune de discours, une régulation sociale par la vengeance, susceptible encore aujourd'hui de nous interpeller dans la perspective qui est ici la nôtre des apories de la peine. Qu'il soit parlé avec faveur de la vengeance dans la proximité du discours éthique et politique ne saurait rester inaperçu si l'on a présent à l'esprit le procès de la vengeance qui traverse la culture et la littérature grecque depuis Homère jusqu'au dernier des grands tragiques, Euripide et sa Médée furieuse et sanguinaire.

Nous devons à l'ethnographie contemporaine la réhabilitation mesurée de ce

[12] Aristote, *Rhet.* II; 1378 b 30.
[13] Aristote, *Eth. Nicom.* I, 13; 1102 b 37.
[14] Aristote, *Rhet.* II, 9; 1386 b 13.

qui a été une pratique instituée au niveau de multiples cultures que l'on ne saurait tenir pour barbares, inhumaines, si certaines sont archaïques. La comparaison résultant de l'enquête [15] permet de dessiner ce qu'on peut appeler le paradoxe de la »justice vindicatoire« autrement dit de la juste vengeance. L'idéal-type peut être construit dans les termes suivants:

1) au départ un tort souffert qui va plus loin qu'un dommage matériel, qu'une atteinte physique: c'est un tort moral, une atteinte à l'honneur, en tant qu'estime mesurée à l'aune des normes partagées par le groupe de référence de type familial au sens large, disons une atteinte à la réputation;
2) une réaction à chaud, la colère, qui est une passion, un ressentiment dirigé contre l'agresseur;
3) le désir de vindicte contenu dans la colère, par quoi la passion de colère se transforme en intention active;
4) la vengeance effective, à terme plus ou moins éloigné, comprise comme paiement en retour.

C'est la logique de ce paiement en retour qui fait toute la différence avec la peine judiciaire sous la logique de l'infraction. Les ethnologues proposent d'y voir la figure négative, mais symétrique, de la logique de l'échange qui équilibre le don avec le contre-don. De même que le contre-don égalise des gains, des bienfaits, la vengeance égalise des pertes, des méfaits. C'est cette restitution entre égaux qui rendait pensable la punition. Ce sera précisément une question de savoir, si une fois rejetée cette logique de la vengeance, la peine construite sur la base de l'infraction à la loi, elle-même définie dans le cadre de l'État et administrée sous l'autorité de la puissance publique, retrouvera une justification, c'est-à-dire satisfera au sens de la justice qui préside à l'institution judiciaire. En tant que sous-système de l'échange, égalisant les méfaits, la peine avait une intelligibilité potentielle qui était celle d'une restitution entre égaux. C'est en vertu de cette intelligibilité potentielle que des civilisations entières ont pu admettre que ne pas se mettre en colère, ne pas vouloir se venger, ne pas tenter d'exécuter ce désir colérique de vengeance était en tant que tel un acte injuste, honteux, mauvais.

Mais si l'ethnologie nous autorise à reconnaître dans la justice vindicatoire un système qui a fonctionné et qui n'a pas épuisé ses ressources de régulation sociale, l'histoire de notre culture occidentale ne transmet pas seulement les traces laissées dans notre mémoire par ce modèle en forme d'archaïsme ou de survivance; elle nous lègue aussi le dossier d'une âpre querelle dont l'enjeu est de savoir si la

[15] *La Vengeance*, texte réuni et présenté par Raymond Verdier, Ed. Cujas, 1980 (4 vol.).

vengeance peut se préserver de son glissement à la violence, si ce glissement est excès, démesure, par rapport à quelque chose qui pourrait comporter la mesure, ou si la vengeance est constitutionnellement violente. Cette question traverse les documents fondateurs de notre culture, tant du côté hébraïque que du côté hellénique. C'est dans la littérature grecque, antérieure à Aristote, que se lisent les pièces du procès qui a pour enjeu le rapport de la vengeance à la violence. À cet égard le fond épique lié au nom d'Homère et le fond tragique et lyrique lié à ceux d'Eschyle, de Sophocle et d'Euripide sont pour notre enquête une ressource inépuisable, dans la mesure où les œuvres ressortissant à ce trésor ont doté de textes inoubliables la *paideia* antique avant de nourrir la spéculation des philosophes. En outre ces paroles de poètes, en conjonction avec celles des orateurs et des législateurs, ont accompagné la naissance des institutions judiciaires qui ont directement précédé et engendré les nôtres. Ce qui dans ces œuvres a fait sens pour une histoire du droit et des institutions, ce n'est pas seulement l'exemplification qu'ils offrent du système de la vengeance mais la voix qu'elles ont donné à l'interrogation inquiète sur la légitimité de la violence, sa capacité à garder la mesure et à résister à la démesure; et cela à l'époque du tournant d'un système pénal à l'autre. La vengeance est alors à la fois montrée et dénoncée en tant que simplement mise à nu. L'Iliade, on le sait, abonde en récits de violence, de meurtres, de rétorsions, mais aussi de compensations et de négociations, sous l'égide même de l'éthique de la vengeance.[16] Qui ne connaît l'histoire des Atrides, le meurtre en série d'Iphigénie, Agamemnon, Clytemnestre, Égisthe? Les Choéphores, deuxième pièce de la tragédie de l'Orestie, est à cet égard le poème de la vengeance destructrice, auquel fait écho – en pire- l'Électre de Sophocle et -en pire du pire- la Médée d'Euripide. Mais il y eut les Euménides, troisième de la triade eschylienne: la tragédie donne une réponse à la question angoissée du chœur de la fin des Choéphores: »où donc s'achèvera, où s'arrêtera enfin endormi, le courroux d'Atê?« Le troisième poème de la triade répond en mettant en scène, sous l'égide de la déesse Athéna, projection emblématique de la cité du même nom, la fondation d'un tribunal humain, habilité à juger de l'homicide aux dépens du privilège ancien accordé au parricide, le forfait-type appelant vengeance. Un mot de condamnation porte désormais sur la vengeance, le mot ὕβρις, démesure, cette violence faite à l'homme par l'homme. Une question est posée: ὕβρις n'est-elle que l'excès de la vengeance? ou bien la vengeance est-elle, en tant que telle,

[16] Quant à l'Odyssée, elle paraît se terminer sur l'effroyable massacre des prétendants qui termine le poème de la reconnaissance d'Ulysse par les siens qui est aussi celui de la vengeance. Mais l'épopée se termine-t-elle ainsi? La fin, ironique peut-être, ne consiste-t-elle pas plutôt dans le déni de vengeance opposée par les dieux aux parents des victimes de la vengeance? *Odyssée*, Livre XXIII.

excès? Sénèque imposera la seconde réponse. Aristote avait ouvert une porte dans ce qu'on peut lire aujourd'hui comme un éloge de la colère, Sénèque la referme dans le *de Ira*: la colère est la violence. La vengeance n'a plus d'avocats.

Désormais la vengeance sera refoulée dans la sphère privée. La place est laissée à une conception à la fois légale et étatique de la punition. Il faudra attendre que cette construction, basée sur le refoulement de la culture de la vengeance, ait développé ses propres apories pour qu'un regard moins négatif soit porté sur le système de la vengeance et ses ressources de régulation sociale.

## 3. Kant et Hegel: la loi, l'infraction et la rétribution

Ce qu'il faut maintenant éclairer c'est le foyer d'où a pu rayonner l'énergie de la répression exercée contre la présumée éthique de la juste vengeance. Ce foyer porte un nom: la loi. C'est par rapport à la loi qu'il y a une infraction et c'est pour restaurer la loi dans sa majesté que la société punit. Si la vengeance était due à la victime, c'est à la loi qu'est due la sorte de réparation en quoi consiste la punition. C'est à justifier ce lien intrinsèque entre la loi et la punition par le truchement de l'infraction que répond le concept de rétribution. Dire que le coupable est puni »pour« son acte délictueux ou criminel et pour nulle autre raison, c'est concevoir la peine comme due non à la victime mais à la loi dont la punition est le rappel.

Qu'est-ce qui fait alors problème dans un système dont l'infraction à la règle, et donc l'offense à la loi constitue le pivot? C'est tout simplement le lien entre la violence contre la loi et la sorte de souffrance en quoi consiste à titre primaire la peine. Dans le système de la vengeance le lien était présumé assuré par celui entre l'offense et les représailles, ce paiement en retour. Dans le système de la pénalité, un intervalle se creuse entre l'infraction en tant que mal commis et la peine en tant que mal subi.

C'est à franchir cet intervalle que s'emploie l'idée de rétribution. La problématique de la rétribution est portée à un degré de pureté en quelque sorte cristalline, lorsque sont écartés de la considération de la peine les effets qui en sont attendus, soit du côté de la société que la punition des coupables est censée protéger par la voie de la dissuasion, soit du côté de l'offenseur que la punition devrait amender, améliorer, réhabiliter. C'est le cas avec les deux doctrines du droit pénal qui à l'époque moderne ont tiré les conséquences les plus radicales du grand rationalisme des Lumières: Kant et Hegel.

Passant par-dessus Bentham, Beccaria, et Leibniz, nous lisons les pages d'une lucidité cruelle que Kant consacre au droit de punir et de gracier dans *La Doctrine du Droit* (Remarque Générale E): »Le droit de punir est le droit du souverain envers celui qui est soumis de lui infliger une peine douloureuse en raison de son crime«. Celui qui punit est le souverain, figure visible du tiers, instance séparée et autorisée, dans une relation verticale, asymétrique. C'est lui qui fait souffrir. Quant à la peine, elle doit être infligée au coupable »pour la seule raison qu'il a commis un crime«. »Il est donc jugé punissable avant que l'on songe à retirer de cette punition quelque utilité pour lui-même ou ses concitoyens«. Le caractère punissable de l'acte est inscrit en lui-même en tant qu'infraction. C'est là »un impératif catégorique«, c'est-à-dire une obligation non subordonnée à autre chose qu'elle-même, comme le serait la guérison d'un coupable présumé ou la réparation du tort subi par la victime. C'est le crime commis en tant que réalité objective qui est punissable. Mais comme l'infraction est un acte du sujet en vertu de la corrélation entre l'agent et la loi au cœur du principe d'autonomie, la part de l'individu qui est punissable n'est autre que le sujet moral lui-même. La punition est alors comme un hommage rendu à la liberté de l'être moral qu'on suppose en tout homme. En ce sens le coupable se punit lui-même. Cette proposition est constitutive du rigorisme kantien. Elle suscite chez le lecteur un mouvement de révolte face à ce qui paraît un inhumain hommage à l'humanité, dès lors que la punition ne frappe l'être sujet de la moralité qu'en frappant l'homme empirique. La punition a transformé en gouffre l'écart entre le sujet moral et le moi empirique. Le scandale de la peine est comme exalté par la tentative même de le justifier comme rétribution. Le puni, dirais-je, est autre que le punissable.

À ces difficultés Kant répond indirectement en posant une question en apparence dérivée, celle du »mode et degré du châtiment«, autrement dit la question de sa mesure. À celle-ci Kant répond en invoquant le »principe de l'égalité« entre la gravité de l'infraction et la lourdeur de la peine. Égalité que symbolise l'équilibre des plateaux de la balance. On reconnaît là la loi du talion. Kant a vu dans la réponse à la question de la mesure une réponse à la question du sens: »Ainsi le mal immérité que tu infliges à un autre dans le peuple, tu le fais à toi-même. Si tu l'outrages, si tu le voles, tu te voles toi-même. Si tu le frappes, tu te frappes toi-même. Si tu le tues, tu te tues toi-même«. L'égalité entre la faute et la peine se reporte sur l'identité des partenaires: lui, c'est toi. Autres ils sont au plan des relations sociales, identiques ils sont quant aux effets dans l'ordre du sentir: blessure à l'honneur d'un côté, blessure à l'orgueil de l'autre. Mais de quel soi-même s'agit-il dans l'assertion: tu te voles toi-même? Quelle identité subsiste-t-il entre lui et toi? Réponse: dans le vol, l'enjeu est le droit de propriété considéré dans sa généralité, tel qu'il est ratifié par le sujet de droit identique en chacun. À cet égard la peine de mort ne fait que ratifier le principe d'égalité entre la monstruosité du crime et l'extrême rigueur de la punition. La proportionnalité des délits est respectée: »Tous ceux donc qui sont des meurtriers, qu'ils aient donné la mort ou qu'ils l'aient commandé ou qu'ils y aient coopéré, doivent être punis de mort«. L'argument n'a pas fait avancer d'un pouce la résolution de l'énigme du transfert de l'homme transcendantal à l'homme empirique. Mais comment ne pas avouer alors que le puni de fait est autre que l'action punissable en tant qu'infraction, laquelle partage l'altérité de la loi au regard de l'homme empirique? C'est le franchissement de cette distance entre l'action punissable et la pénibilité de la peine qui fait l'inhumanité de la peine; mais celle-ci ne peut être dénoncée que du point de vue des deux autres référents de la peine, la victime et le condamné lui-même en tant l'un et l'autre qu'êtres de chair: catégorie absente chez Kant. Avec Kant, le scandale de la peine coïncide avec son inhumanité.

Hegel a voulu, dans *Les Principes de la Philosophie du Droit*, remédier au défaut de l'argument kantien par le moyen d'un argument dialectique qui joue sur le redoublement d'une négation capable d'effacer la première négation: le criminel a nié la loi, la punition niera la négation et ainsi rétablira la loi. On reconnaît là la fameuse »Aufhebung« de la logique hegelienne qui retient ce qu'elle supprime.

Afin de prendre la mesure de cette nouvelle proposition d'une philosophie de la peine sous le signe de la loi, il faut situer la place de la triade: droit, infraction, peine, dans l'architecture du dernier grand texte publié par Hegel, les *Principes de la Philosophie du Droit*, où se trouvent déployées les ressources de la philosophie de l'esprit objectif de l'*Encyclopédie des Sciences philosophiques*. La philosophie du droit est construite sur un schéma progressif et ascendant qui jalonne la marche de la liberté sur le chemin de son effectuation, de sa réalité. Le parcours se fait du plus abstrait vers le plus concret. Le premier niveau est celui du droit abstrait saisi en deçà de sa concrétion dans le droit positif, dans la loi »posée« et administrée par le tribunal. Le niveau supérieur est celui de la réalisation politique de la liberté au plan de l'État avec son droit interne marqué du sceau de la constitution et son droit externe qu'exprime le principe de souveraineté vers l'extérieur. C'est au plan du droit abstrait que se situe la plus longue séquence consacrée à l'infraction et à la peine. C'est là que s'exerce la fameuse dialectique. Mais elle ne contient pas le dernier mot sur la peine. Ce point mérite d'être souligné avant toute analyse. La philosophie du droit donne à lire une stratigraphie du lien social qui n'a aucun caractère chronologique. »Avant« l'État ne désigne aucune période de l'histoire, mais un niveau de sens sur le chemin que Hegel caractérisait à l'époque de Iéna par la lutte pour la reconnaissance.

La question est alors celle-ci: dans un monde où il n'y a »pas encore« de communauté intégrante-intégrée, quelle rationalité réussit à faire sens et différence par rapport aux passions violentes du prétendu état de nature selon Hobbes? La réponse est celle-ci: c'est le droit abstrait »antérieur« à la citoyenneté partagée, le droit du contrat. Avec le droit abstrait nous isolons une tranche également abstraite, qui sera certes dépassée mais à laquelle il est tout d'abord nécessaire de satisfaire.

Surgit alors la violation du droit, l'injustice au sens fort, ainsi que la riposte de la société: la peine. Une triade prend place: droit – violation – punition. La violation, enseigne Hegel, n'est pas à déplorer mais à comprendre. Il y a de la violence et de la violation parce qu'il y a du droit et parce que le droit ne va pas sans l'arbitraire des individus capables de désobéir; cet arbitraire est en quelque sorte sollicité par l'interdit comme le péché l'est par la loi selon saint Paul. Les droits excitent l'arbitraire qui met en quelque sorte à nu la pauvreté spirituelle du droit abstrait, de la simple légalité sans moralité, et son caractère tragi-comique. La liberté s'est extériorisée, dites-vous? Certes, mais elle s'est du même coup exposée, livrée au risque de cette négation qu'est la violation, l'infraction, le délit et, au sens fort, le crime *(crimen, Verbrechen).* Vient alors la peine: elle est alors dialectiquement reliée à l'infraction selon le lien de la double négation qu'on a dit, de la même façon que l'infraction se relie à la loi qui, en quelque sorte la provoque et la secrète. Le système du droit abstrait est bouclé, il est rationnel; mais il figure une spiritualité pauvre.

C'est sur cet arrière-plan que se détache la thèse de la peine, développée une première fois au plan du droit abstrait. Cette conception de la peine comme négation d'une négation est censée occulter les difficultés théoriques et pratiques d'un argument qui ne faisait que répéter le talion. La rétribution, pour lui laisser son nom ancien, n'est pas une égalité arithmétique – Hegel dit: une loi de l'entendement non dialectique selon la logique de l'identité. La double négation rend compte du travail du négatif célébré dans l'introduction fameuse de la *Phénoménologie de l'esprit.* Le rétablissement de la loi n'est pas une répétition du même, mais la production d'une intégrité qui sort magnifiée de l'épreuve. Qu'en est-il alors de la peine en tant qu'infligée?

C'est à résoudre cette question que s'efforcent de répondre les paragraphes 89–103 des *Principes.* Il faut d'abord réinscrire la violation en tant qu'événement, qu'»existence positive«, dans son lieu propre, »la volonté particulière du criminel«; c'est au cœur de cette volonté que la violation a lieu (§ 93). Il résulte que c'est un droit que la volonté du criminel a lui-même institué pour lui-même que la punition sanctionne. C'est son droit que la loi retourne contre lui (§ 100). Hegel pense ainsi pouvoir reprendre l'argument classique, transmis par Kant, concernant la proportion dans la comparaison entre l'échelle des peines et celle des infractions. Une fois entrés dans la sphère du visible, le dommage d'un côté, la peine de l'autre, peuvent être tenus pour équivalents; mais à la différence de Kant l'équivalence réaffirmée dialectiquement ne porte pas sur »la manière d'être spécifique« (à savoir la conformité arithmétique: œil pour œil), mais sur l'identité selon la valeur. Ce langage de la valeur est approprié au monde du droit abstrait tout entier qui est celui de l'avoir, où l'on échange des choses disparates (§ 101).

Hegel n'a pas de peine à avouer que, sous le titre de »représailles« (§ 102), nous n'avons pas quitté fondamentalement l'ordre de la vengeance. Mais cette vengeance est une juste vengeance dans la mesure où pour son contenu, elle égalise en valeur la violation et la peine et, par sa forme, place une volonté subjective sous sa propre loi: »Que la peine soit considérée comme contenant son propre droit en cela le criminel est honoré comme un être rationnel« (§ 100 add.). Bref, le concept et l'étalon de la peine – son sens et sa mesure – sont tirés de son acte même. À cet égard la peine ne présuppose aucun tribunal; il n'est pas question ici du droit au sens du droit positif, celui dont il sera parlé dans le cadre des institutions de la société civile en charge de »l'administration de la justice« (§ 220). C'est pourquoi on ne sera pas étonné par la remarque finale de Hegel concernant cette justice-vengeance. »La vengeance, par le fait qu'elle est en tant qu'action positive d'une volonté particulière, devient une nouvelle lésion. En tant qu'elle est cette contradiction, elle succombe au progrès à l'infini et se lègue de génération en génération jusqu'à être illimitée« (§ 102). Nous reconnaissons la vieille vengeance de la tragédie grecque. C'est là le dernier mot sur la peine au plan du droit abstrait. Il nous importe particulièrement dans la mesure où l'aveu de Hegel est ici celui de l'hétérogénéité de la peine comme souffrance au regard de son sens comme rétribution – »une lésion nouvelle« –. Le scandale de la peine se trouve en quelque sorte magnifié en même temps que sa rationalité est exaltée. L'étonnant est que cet aveu ne soit pas tenu par Hegel pour un échec de sa démonstration mais en quelque sorte comme sa fine fleur empoisonnée. Il fallait avoir poussé à bout l'argument dialectique de la suppression de la suppression pour faire apparaître comme un reste ce que le texte désigne du terme de »contradiction«. Hegel rebondit sur cette contradiction en direction d'un degré supérieur du droit, entendu dès le début comme réalisation de la liberté. On sortira du droit abstrait pour s'engager dans la sphère de la moralité subjective marquée par le caractère impératif de l'obligation.

Ce surgissement étonnant de la vengeance au terme de l'argumentation hegelienne a pour effet de souligner d'un trait cruel la pauvreté spirituelle du lien social au niveau du droit abstrait. Il faut savoir que la peine sanctionne un lien certes raisonnable, mais à faible valeur d'intégration communautaire. Cette faible intégration ne trouve-t-elle pas une confirmation inattendue dans l'existence contemporaine de certaines formes de délinquance? N'est-ce pas à la faveur d'un effondrement du lien communautaire fort que se libèrent des forces subversives mal contrôlées au plan symbolique? Autrement dit cette délinquance ne témoigne-t-elle pas du déficit du lien politique lui-même? Serait ainsi mise à nu l'abstraction même du droit que la pénalité défend. Ne pourrait-on pas dire que c'est dans cet état de pauvreté spirituelle du lien de stricte légalité que la loi incite à la transgression qui à son tour déclenche le mécanisme de la punition?

Il est vrai que le dernier mot n'est pas dit sur la peine dans le cadre des *Principes de la Philosophie du droit.* Au-delà du droit abstrait et au-delà de la subjectivité morale, de l'imputabilité que celle-ci instaure (§ 118) et de l'éducation de la conscience morale *(Gewissen)* qui couronne la conquête de la subjectivité proprement morale et non plus simplement juridique (§ 129), s'étend le règne de la »Sittlichkeit« de l'éthicité. Hegel organise, selon une hiérarchie précise de la chaîne des institutions, susceptibles de jalonner à leur tour l'effectuation concrète de la liberté. Ainsi s'enchaînent la famille, la société civile, l'État. (L'État, faut-il le rappeler ne naît pas d'un contrat contrairement à Hobbes et ses successeurs contractualistes). C'est au niveau de la société civile que la question de la peine revient pour la deuxième fois au titre de »l'administration du droit« et dans le cadre d'une institution précise, le tribunal. Le droit est alors devenu loi positive et c'est la loi positive que le tribunal sanctionne (§ 218).

Il est remarquable que l'institution du tribunal relève de la société civile qui précède dans l'ordre du sens l'institution politique par excellence, l'État. L'administration de la justice, en ce sens, n'est pas œuvre politique. On peut dire toutefois que pour une lecture rétrospective intégrale des étapes du parcours des institutions, l'État est le non-dit du tribunal, comme le tribunal était le non-dit de la sentence au plan du droit abstrait. En ce sens, la peine n'échappe à la vengeance qu'en tant que politique au sens large. C'est la distance prise à l'égard de la vengeance qui demande alors à être évaluée du point de vue de notre aporie de la peine. Qu'en est-il de cette »nouvelle lésion« que constitue la peine au niveau du droit abstrait? Nous sommes certes sortis du cycle de la vengeance, mais l'administration de la peine n'ajoute rien, ni au concept, ni à la mesure de la peine; elle oppose seulement l'estampille de la légalité positive, concrète, institutionnelle, à la règle de justice, »en soi«, abstraite.

## 4. Sur le chemin de la justice non violente

Un modèle de justice pénale est-il pensable qui intègrerait les trois référents du droit pénal et fraierait la voie à une triple réconciliation, à une triple satisfaction: de la loi, de la victime, du coupable?

L'examen des trois modèles que nous lègue la philosophie morale et juridique dans sa réflexion sur le droit de punir n'a fait qu'augmenter notre perplexité initiale: la thérapie de l'âme dans ses versions contemporaines se révèle être une utopie qui souligne l'adéquation de la peine à sa signification présumée. La condamnation morale qui frappe la vengeance et la rejette du côté de la violence prive la peine de la signification qu'avait pu lui conférer le rapport d'échange négatif entre le tort subi et son prix en retour dans le système de la vengeance. Plus que tout la référence de la peine à la seule infraction de la loi, dans le modèle de la rétribution, ne réussit qu'à souligner l'hétérogénéité de la peine en tant que pénible au regard du caractère punissable de l'infraction elle-même. Au total la peine se trouve condamnée à un triple exil: par rapport à la santé de l'âme du condamné, au tort souffert par l'offensé et à la restauration de la règle.

Une voie paraît néanmoins restée ouverte, celle d'une réduction, à défaut d'une élimination, de la pénibilité elle-même de la peine. Ce peut être celle d'un projet de justice centré sur la restauration, la reconstruction du lien social. Ce projet qu'on peut dire globalement alternatif par rapport aux trois modèles considérés jusqu'ici, ne pourrait se frayer la voie dans l'épaisseur de la réalité qu'en reprenant pour les réorienter les composantes majeures de ces modèles définis par leurs référents prioritaires: l'accusé, la victime, la loi.

C'est d'abord un changement de finalité dans le traitement des conflits sociaux qui est visé par les termes restaurer, reconstruire. Le destinataire n'en est ni la loi, ni la victime, ni l'accusé, mais c'est au lien organique qui fait tenir ensemble une communauté humaine que renvoient à titre ultime les idées de restauration, de reconstruction proposées par certains pénalistes contemporains.[17] C'est frontalement à l'idée de rétribution de notre troisième modèle que les thèmes novateurs sont opposés, dans la mesure où celui-ci est devenu le schème dominant de nos systèmes de pénalité; rétribuer, c'est exclure; restaurer, reconstruire, serait réincorporer. À première vue, on pourrait penser que la »*restorative justice*« des auteurs de langue anglaise, la reconstruction des auteurs européens seraient plus proches du modèle de la juste vengeance que de celui de la rétribution, dans la mesure où ce modèle met un premier accent sur le tort fait à la victime en termes de mépris, c'est-à-dire de déni de reconnaissance, et un second accent sur l'échange, sous les traits d'une violence en retour; mal faire, c'est alors essentiellement faire mal. Mais si la victime se retrouve au centre de ces préoccupations, par réaction contre une accentuation exclusive de l'idée d'infraction qui aboutit à l'éclipse de la victime, il ne faut pas perdre de vue que c'est la relation à l'autre qui reste

[17] »Restorative justice« est le terme choisi par les avocats et praticiens d'une justice alternative en pays anglo-saxon. Justice reconstructive est le terme préféré par Antoine Garapon à la suite de Jean-Marc Ferry, *Les puissances de l'expérience*, T. II, 2 partie, chap. IV, »La reconstruction«, 135–160, Paris 1991. Du même auteur *L'éthique reconstructive*, Paris 1996.

constitutive de la notion de tort et déjà de mépris; c'est ici que par son second accent, mis sur l'échange, le modèle de la juste vengeance paraît faire signe vers le projet de justice restauratrice, reconstructive. À mon avis ce rapprochement ne peut lui seul donner lieu à un modèle alternatif par rapport à celui de la légalité pénale, dans la mesure où la position du tiers représentée par la loi et ses porte-parole risque d'être occultée par la prise en charge exclusive de la victime.

C'est une capacité à la mutualité qui doit devenir l'enjeu d'une justice non violente. C'est cette capacité qui est atteinte et pervertie dans les délits et crimes que la loi punit. Dans le tort, ce n'est pas seulement la souffrance de la victime, son identité intime, mais aussi le lien d'altérité, qui est lésé par les formes multiples du déni de reconnaissance.

On évoquera rapidement diverses tentatives contemporaines pour faire prévaloir une justice de médiation sur une justice de coercition. Les signes de la progression de cette justice sont à chercher tour à tour dans la pratique de la justice légale classique, dans l'offre par celle-ci de solutions alternatives à la punition, enfin dans les amorces d'une justice qu'on peut dire franchement substitutive.

Sur la première ligne, celle de la justice légale, le trait le plus significatif est la prévalence accordée au dire en tant qu'ultime refuge de la parole publique. La tenue du procès constitue en elle-même une telle manifestation de l'effort de la société pour transférer la violence dans l'espace du discours. L'accusé est mis en position et en demeure de se défendre; un face à face à distance remplace le corps à corps de l'agression. Un événement majeur de parole serait l'aveu selon la double direction de la reconnaissance: celle des faits et celle de la responsabilité imputée; qu'il soit contraint ou spontané il équivaut à une reconnaissance en forme de dette; l'enjeu du débat de parole est alors la réécriture commune de l'histoire du tort présumé. Il appartient enfin au dire de justice, qui clôt le débat, d' »arrêter« le récit qui condamne. Alors et alors seulement le plaignant est déclaré victime. On n'insistera jamais assez sur l'idée que l'important n'est pas de faire souffrir mais de dire une parole de justice au nom du peuple, ce tiers ultime.

Le scandale de la peine, le faire souffrir en plus, est-il supprimé? Il est assurément atténué dans la mesure où la pénibilité de la peine revêt, une fonction d'expression à l'égard du jugement de réprobation; mais, en un autre sens, il est comme réaffirmé en même temps qu'est accentué l'écart entre le dire de la parole de justice et l'infliction de la peine. En fait une autre histoire commence qui n'est plus celle du procès mais celle de l'exécution de la peine; le fil fragile entre les deux histoires est alors entre les mains du juge en charge de cette exécution jusque dans l'enceinte de la prison.

Nous nous éloignons progressivement du noyau dur de ce qu'on peut appeler la justice violente et nous rapprochons de ce que Pierre Truche, ancien Premier Président de la Cour de Cassation à Paris, dénomme justice non violente.[18]

Mais nous n'en sommes pas là: persiste l'usage de la force et en ce sens du recours à une forme légale de violence, en dépit d'efforts certains de l'institution pénale pour personnaliser la sentence, élargir l'éventail des sanctions (»sursis avec mise à l'épreuve, travail d'intérêt général, peine privative ou restrictive de droit, confiscation, interdiction professionnelle«[19]), à quoi s'ajoutent »des réductions de peine, des libérations conditionnelles«[20], voire des suspensions d'exécution (relevant plutôt de l'inobservation de la loi que de la mansuétude).

Plus significative est l'option pour une autre justice, différente de l'arbitrage privé, mais apparenté à celui-ci par son esprit. Il s'agit, dit l'auteur, »d'une justice horizontale où la parole est sollicitée et entendue dans le cabinet du juge«[21]. On relève depuis 1975 l'institution par voie législative du divorce par consentement mutuel ainsi que la dispense de toute peine, même avec sursis. Cette justice d'écoute et de dialogue vise moins à réparer le passé qu'à responsabiliser en vue du futur. Le point sensible, à cet égard, concerne les sanctions applicables à un mineur délinquant, une fois admis qu'il n'y a pas de tolérance zéro pour la délinquance et que le souci reste celui de l'efficacité présumée d'un traitement du délit au regard du rétablissement de la paix sociale. Il faut avouer ici le dénuement de l'appareil pénal face à certaines violences qui relaient dans leur engrenage les figures des violences suscitées par l'injustice sociale. À cet égard Pierre Truche avoue: »personne ne peut soutenir que la justice non violente est faible, qu'elle tolère l'infraction; mais elle la traite autrement«.[22] Mais comment?

Nous passons progressivement, à travers les expériences alternatives à vocation plus préventive ou éducative que régressive (en particulier dans les pays de *common law* mais aussi en Europe) à des expériences qu'on dira mieux substitutives sur le modèle de la commission »Vérité et Réconciliation« d'Afrique du Sud. Le but de cette admirable institution patronnée par Nelson Mandela et Mgr Tutu était de justifier des demandes d'amnistie, donc de court-circuiter la justice pénale au prix d'une confession publique tant des préjudices que des souffrances. Ces mises en confrontation et en récit ont eu un effet cathartique direct, qu'on peut mettre au bénéfice de la justice restauratrice, reconstructive. En outre cette expérience inédite continuera d'exercer un effet indirect d'encouragement tout le long de la chaîne que l'on est amené à parcourir rétroactivement, depuis les solutions

[18] P. Truche, *Juger et être jugé. Le magistrat face aux autres et à lui-même*, Ed. Fayard 2001.
[19] Truche, *Juger et être jugé*, 34.
[20] Truche, *Juger et être jugé*, 37.
[21] Truche, *Juger et être jugé*, 37.
[22] Truche, *Juger et être jugé*, 43.

substitutives, à travers les expériences alternatives, jusqu'au cœur noir de la justice violente qu'aucune société connue n'a même le projet d'abolir à court et moyen terme. Dans cette mesure le scandale intellectuel de la peine se trouve paradoxalement renforcé par la progression pourtant incontestable de la médiation aux dépens la répression dans le traitement des conflits réglés par la violence.

N'est-on pas réduit à avouer que toute l'expérience pénale demeure sous la pression des passions violentes les plus archaïques que Hobbes situait au niveau de l'état dit de nature: la vieille peur qui pousse à rendre coup pour coup et son corollaire, la colère qui incline à frapper préventivement? C'est cet archaïsme pulsionnel que notre justice s'emploie à humaniser.

Prenant quelque distance à l'égard de ces exercices d'une justice de médiation, on peut revenir sur le projet même d'une justice restauratrice, reconstructive. Si ce projet revendique une certaine proximité avec le modèle le plus soucieux de la victime, il ne saurait sacrifier à ce souci la référence à la loi, sous peine de céder à la séduction d'une victimisation en chaîne. La justice restauratrice ou reconstructive ne consiste pas en une revanche de la logique victimaire sur la logique de la rétribution; elle vise à rendre du pouvoir à chacune des composantes de la justice pénale. Ce référent entier n'est pas un destinataire déterminé, fut-ce la victime, mais le relation de chacun à tous. Le pouvoir réanimé en tous est la compétence à la relation. Quoi qu'il doive en être finalement de la loi dans son abstraction et son formalisme procédural, elle reste un pôle de référence que la nouvelle justice non seulement ne réussit pas à remplacer mais qu'elle requiert elle-même pour être opératoire. Que l'État ne suffise plus à remplir à soi seul cette position du tiers dans l'arbitrage des conflits, ce point est aujourd'hui acquis. Mais on ne voit pas ce que pourrait signifier un acte de justice et d'abord une parole de justice qui ne soient pas issues d'un tiers, non partie au conflit, qui écoute des voix adverses, met chacun à sa place, et ainsi restaure ou même instaure la juste distance que le tort n'a pas respectée. En bref, si la justice vise à rétablir l'échange, peut-il y avoir échange équitable sans une médiation et un médiateur de l'échange? Le vis-à-vis ne peut être sans danger un face à face. Quant au juge, figure du tiers, il n'est pas forcément celui qui punit, il peut être aussi celui qui préside à la conciliation.

De cette discussion ressort l'impression que la justice restauratrice ne saurait constituer en tant que telle un modèle alternatif à traiter sur le même plan que la thérapie platonicienne, la juste vengeance inspirée d'Aristote, la rétribution kantienne et hegelienne. Bref ce n'est pas un pôle de référence supplémentaire. Il s'agit plutôt d'un foyer de sens dont l'énergie s'emploie à mettre en synergie les pôles de référence pointés sous les trois rubriques de l'offenseur, de l'offensé et de la loi. L'enjeu est celui d'une réévaluation de chacune des composantes du triangle de la peine judiciaire sous l'impulsion du dynamisme relationnel suscité par le projet de justice restauratrice, reconstructive. Cette réévaluation devrait être conduite dans un esprit de modestie sous l'aiguillon de ce qui reste un scandale pour l'intelligence et le cœur, à savoir la pénibilité de la peine. Elle serait alors guidée par une unique question qui bifurque en trois directions: comment donner satisfaction à la fois à la loi, à la victime, au condamné aussi *in fine?* C'est donc la même triade que nous parcourrons une seconde fois, mais en sens inverse, en vue de la capacité de chacune de ces composantes à se laisser infléchir dans le sens d'une justice restauratrice, reconstructive.

Satisfaction donnée à la loi d'abord. La philosophie de notre système pénal, à la différence du système de la vengeance, met au centre l'infraction. Or je ne vois pas qu'une société politique bien ordonnée puisse subsister sans un système de codes articulés par des interdictions majeures, protégés par des sanctions connues et imposées par la force. Mais c'est la notion d'intérêt de la loi qui demande à être repensée et reformulée, en liaison avec le concept proprement politique d'ordre public. Or celui-ci ne saurait être défini en dehors d'une obligation, d'un devoir du tiers, l'État, celui de protéger le droit premier des citoyens dénommé sûreté ou sécurité. Cette considération de l'ordre public impose de ne pas séparer l'idée transcendante de loi de l'idée immanente d'une société à défendre. À cet égard le rappel de la loi et la défense de la société ne définissent pas des projets hétérogènes susceptibles de se fixer sur des pôles fondamentalement distincts. L'enracinement politique de tous nos codes, y compris le code pénal, demande la mise en synergie de ces deux visées. Que signifierait le rappel de la loi, dans sa formalité procédurale, sans une répétition incessante de la question de confiance que la société s'adresse à elle-même: quelle sorte de vouloir vivre ensemble s'exprime dans l'organisation politique d'une communauté historique. Il n'y a pas alors hétérogénéité entre le projet de satisfaire à la loi et celui de satisfaire à l'ordre public: la jonction se fait au niveau des représentations où se symbolise l'unité morale d'une société. À ce niveau, symbolique de la peine et symbolique sociale sont congruantes. Ce que la réflexion politique ajoute à toute considération de caractère psychologique ou sociologique, c'est l'articulation entre l'axe vertical de l'autorité et l'axe horizontal du vouloir vivre ensemble. La peine tire son sens politique de cette articulation entre un ordre imposé et un ordre consenti.

Cela dit, il faut avouer que l'idée de satisfaction donnée à la loi n'est pas exempte d'une opacité résiduelle inquiétante qu'elle tient de son origine ténébreuse mal surmontée, son enracinement dans ce qu'on a pu nommer la violence du sacré. La démythologisation de la justice vengeresse assignée au divin reste à jamais inachevée. Subsiste, attachée à nos institutions, une aura de religiosité sans bienveillance qui n'est sans doute pas sans rapport avec l'aura religieuse du pouvoir charismatique au plan politique. C'est ici qu'une méditation sur l'accusation comme terreur éthique aurait sa place.[23] Peut-être que l'accusation, dans sa puissance mobilisatrice, n'est jamais complètement humanisée. Or comment pourrait-on conduire à son terme cette déconstruction de ce qu'on peut projeter symboliquement dans la figure du dieu méchant, sinon en allant jusqu'au bout de la requête inscrite dans l'idée d'ordre public? Celle-ci se laisse analyser dans le couple que constitue le droit du citoyen à la sécurité et l'obligation du tiers – l'État – à assurer cette sécurité. Or à son tour la sécurité comme droit ne va pas sans la double satisfaction à donner à la victime et à l'offenseur. C'est comme victime potentielle, mais aussi peut-être comme offenseur potentiel, que nous avons droit à la sécurité.

C'est par le côté de la satisfaction donnée à la victime qu'il faut aborder le couple que la victime forme avec son agresseur. Ce couple est l'héritier du couple de l'offensé et de l'offenseur dans le paradigme de la juste vengeance où l'accent principal tombait sur la victime. C'est à ce titre que le paradigme de la juste peine préserve le meilleur de l'éthique de la vengeance: rendre à la victime l'honneur, la réputation, que l'offense avait blessée. Le droit à la sécurité, contrepartie de l'autorité de la loi, reprend ainsi à son bénéfice la force du désir de vengeance issu de la juste colère de l'offensé. Le bénéficiaire premier de l'institution du tribunal et du procès criminel demeure à cet égard la partie agressée, dont le statut de plaignant est transformé par l'accusation publique en victime reconnue.

Cette satisfaction – la satisfaction accordée à la victime – n'est pas non plus jamais complète. Si la satisfaction donnée à la loi risque de n'être jamais assez dédivinisée, délivrée de la surcharge de la terreur éthique, la satisfaction à la victime risque de n'être jamais assez humanisée. Non pas que soient le plus à craindre les excès de la plainte sous la forme d'une colère devenue fureur, rage, donnant au désir de vengeance les traits hideux du désir de tuer. C'est bien le contraire qui reste le plus à craindre. L'inégalité des conditions de comparution est criante. C'est une des raisons pour lesquelles la proportion des pauvres en prison est si forte. Un scandale sociologique s'ajoute ici au scandale logique. Reste enfin que la satisfaction de la victime est rendue inadéquate par les passions mauvaises qui s'ajoutent à la juste plainte. On a dit plus haut combien la juste colère qui demande vengeance se transforme aisément en fureur, en rage, en désir de tuer. C'est en ce point que l'on a vu le désir de vengeance hésiter entre la pure violence et le souhait légitime de recevoir réparation pour l'intégrité physique et l'intégrité morale bafouées. À l'horizon de la réparation due à la vengeance se profile, encore et toujours, le désir de vengeance, ce point de rupture qui reste un point

[23] F. Tricaut, *L'accusation, Recherche sur les figures de l'agression éthique*, Ed. Dalloz, 1977.

d'articulation dissimulé entre le droit et la violence. C'est au prix de ces équivoques que la satisfaction donnée à la victime, dans les limites du droit, fait partie intégrante du sens de la peine.

Serait-il alors hors de propos de placer sous le titre de la satisfaction donnée au condamné les projets de réhabilitation des condamnés, principalement détenus, que la doctrine des Modernes a voulu tenir à l'écart du concept de rétribution? L'idée forte serait ici que le souci pour le coupable, qui reste l'héritage inoubliable du *Gorgias* de Platon, cesse d'être considéré comme extrinsèque au sens de la peine, dès lors qu'il est entendu comme satisfaction donnée au condamné, parallèlement à la satisfaction donnée à la victime, sur le fond de satisfaction donnée à la loi. Ce serait là le dernier écho donné au système de la vengeance à l'intérieur de celui de la justice pénale: le coupable restant le partenaire adverse de la victime. Finalement c'est également au titre de la satisfaction donnée au coupable que la thérapie de l'âme et la fameuse pharmacie platonicienne se laissent inclure dans le concept de défense de l'ordre public: il est bon pour la victime potentielle que nous sommes, en tant que porteur du droit à la sécurité, et peut-être aussi, comme il a été suggéré, en tant qu'agresseur potentiel, que les détenus gardent la perspective d'une réintégration dans la communauté des citoyens et d'une restitution de la plénitude des droits afférant à la citoyenneté. En ce sens, les mesures en cours de discussion, visant à cette restitution, font indirectement partie du sens de la peine, par le truchement de l'idée de satisfaction donnée au coupable, satisfaction devenue complémentaire de celle de la satisfaction donnée à la victime.

Maintenant, que cette condition soit quasiment impossible à satisfaire, nul n'en doute; mais son effectuation, même improbable, est seule susceptible de réintégrer dans le sens de la peine les considérations pragmatiques abordées par la doctrine des Modernes sous le seul angle de l'utilité. À cet égard, un aspect du processus de réhabilitation, sur lequel je voudrais insister en terminant, serait que le détenu puisse s'employer à faire mémoire et récit du rapport violent qu'il eut avec sa victime. Ce serait là comme une ultime mise en scène de l'action criminelle, une ultime comparution entre l'offensé et l'offenseur, à la faveur de laquelle pourrait être réévalué le tort fait à la victime. Ce serait à ce titre une manière de repentance et – je rêve! – d'incognito du pardon. Deviendrait alors moins choquant le propos de Hegel selon lequel la peine la plus extrême honore le criminel dans la mesure où celle-ci s'applique à un homme et non à une brute. Tenir cette issue pour improbable, c'est finalement avouer que la pragmatique de la peine, même réintégrée dans le périmètre du concept de satisfaction, reste incapable d'étouffer le scandale que reste la peine pour l'intelligence.

# La conscience du don

*Jean-Luc Marion (Paris)*

## 1. Auto-contradiction

Nous donnons sans compter. Nous donnons sans compter, dans toutes les acceptions du mot. – D'abord parce que nous donnons *sans cesse* – nous donnons comme nous respirons, à chaque instant, en toutes circonstances, du matin au soir, et aucun jour ne se passe sans que, d'une manière ou d'une autre, nous n'ayons donné, voire que nous n'ayons tout donné. – Nous donnons aussi sans tenir de livre de compte *sans mesure*, parce que donner implique justement que l'on donne à perte, que l'on ne compte pas son temps ni ses efforts, en sorte qu'on ne tienne tout simplement pas les comptes de ses dons. – Nous donnons enfin sans compter parce que nous donnons le plus souvent *sans en avoir une claire conscience*, faute de temps et d'attention, tant nous donnons presque machinalement, sans le savoir.

Ainsi l'attitude de donner apparaît-elle au premier abord comme allant pour ainsi dire de soi, tandis que son exercice se déploie presque insensiblemment. On pourrait conclure que l'évidence même du don en rend la conscience presque superflue. Du don, il n'y aurait donc plus à discuter, ni à en interroger l'essence, mais simplement à l'accomplir. Le don ne donnerait donc pas matière à réflexion, matière dont il faudrait prendre conscience, mais, directement, comme une exigence éthique ou une nécessité sociale. S'il présente une difficulté (et il en présente une énorme), ce serait celle de l'exercer, non de le définir; il n'y aurait pas à en parler, mais, comme l'amour, à le faire.

Cette évidence pourtant nous dérobe aussitôt l'assurance qu'elle paraît dispenser. Car ces trois manières de donner peuvent-elles convenir ensemble sans contradiction? La dernière manière de donner sans compter – donner sans s'en rendre compte – annule les deux précédentes, car, si nous donnons vraiment sans cesse, ni sans mesure, comment pourrions-nous ne pas nous en rendre compte? Réciproquement, si nous donnons sans nous en rendre compte, comment saurons-nous que nous donnons sans sans cesse, ni mesure? Ou plus exactement, comment nous assurons-nous que ce »sans cesse et sans mesure« suffit à qualifier notre don comme un véritable don, si nous n'en avons aucune conscience, si nous ne nous en rendons pas compte?

Le don prétend donner sans compter, mais, en fait, à mieux le considérer, il compte toujours et même beaucoup trop. Le don donne de telle manière qu'il ne se perd jamais, mais toujours se retrouve, au moins égal à ce qu'il eût été sans se donner: le don s'y retrouve. En fait et en droit, le don ne donne pas sans compter, parce qu'à la fin le compte s'avère toujours bon; le don donne à bon compte, parce qu'il se retrouve intact après avoir donné, se retrouve tel quel, bref y retrouve son compte, s'y retrouve toujours. Du moins, peut-on lire le don d'une telle façon qu'il apparaisse se contre-dire lui-même, du simple fait de se dérouler et de s'accomplir parfaitement. Il suffit d'en analyser les trois dimensions, le donateur, le donataire et le don donné.

Soit d'abord le donateur. En fait il ne donne jamais sans recevoir en retour autant qu'il a donné. S'il donne en étant reconnu comme le donateur, il reçoit, même si son don ne lui est jamais rendu, au moins la reconnaissance du donataire; si cette dernière manque, il recevra encore l'estime des témoins de son don. S'il donne d'aventure sans que personne ne le reconaisse comme donateur, ou bien parce que le don reste strictement privé (sans témoin), ou bien parce que le bénéficiaire ignore ce don, voire le récuse ou le dénie (par ingratitude ou autre), le donateur recevra encore de lui-même une estime de soi (celle d'avoir fait le généreux, d'avoir dispensé gratuitement et à perte); cette estime, parfaitement méritée, lui assurera un contentement de soi-même, donc l'autarcie sereine du sage. Il s'éprouvera, d'ailleurs à juste titre, comme moralement supérieur à l'avare, qu'il a su n'être pas. Et cet avantage compensera largement ce qu'il aura perdu. Dès lors, le donateur aura aboli son don en un échange – lui même disparaît comme donateur et devient l'acheteur, au prix un bien perdu, de sa propre estime.

Soit ensuite le donataire. En recevant, il reçoit non seulement un bien ou un bienfait, mais aussi une dette. Il devient un obligé de son bienfaiteur, obligé à rendre. Soit, il rend un bien pour ce bien – il sera désormais quitte, mais précisément parce qu'il aura annulé sa dette en substituant un échange au don. Soit, il ne peut rendre et reste à l'avenir un obligé; mais il devra alors dire sa reconnaissance et avouer sa dépendance, donc il remboursera sa dette par sa soumission, par son statut de féal face à un suzerain. Soit, peut-être, niera-t-il avoir reçu un don, même au prix d'un mensonge et d'un déni de justice; mais précisément il argumentera alors que ce don lui était en droit dû, qu'il ne s'agissait donc que d'un échange. Dans tous les cas, le donataire effacera le don et rétablira un échange – réel ou fictif, peu importe, puisqu'il aboutira toujours à s'abolir comme donataire.

Soit enfin le don donné. Il tend inexorablement à effacer en lui le geste de donation. En effet, sitôt donnée, la chose du don, quelle qu'elle soit, impose sa présence et offusque l'acte qui la délivre: le don donné occupe la scène et renvoie la donation donnante à son ineffectivité et son passé révolu. En bref, il faut toujours penser à bien remercier, avant de prendre possession du cadeau – ce qu'on a du mal à faire, dans la mesure même où le cadeau a plus de prix et confisque toute l'attention. Et aussitôt cèdé en pleine possession, aussitôt reçu, le don donné se détache de son donateur, perd le statut d'un donné par donation, pour apparaître dans sa pure et nue valeur marchande – estimé à son prix, mais non plus suivant l'intention du donateur, déjà prêt pour redevenir un objet autonome, doté de sa propre valeur d'échange, déjà proche d'un retour dans le circuit commercial de l'échange (à revendre, à échanger, à »réaliser«). Sitôt donné, le don disparaît comme don donné pour se solidifier dans sa valeur d'objet d'un échange désormais possible, presque inévitable.

Comment ne pas conclure que le don, aussitôt accompli dans l'effectivité et apparu dans la froide lumière de l'expérience, se transforme inéluctablement en son contraire, suivant une triple assimilation à l'échange et au commerce? Comment ne pas conclure de cette auto-suppression, une contradiction interne? Ou bien le don apparaît dans l'effectivité et disparaît comme don. Ou bien il reste un pur don, mais il s'atteste aussi inapparent, ineffectif, exclu du procès des choses, une idée de la raison, un noumène réfractaire aux conditions de l'expérience. Ce qui apparaît selon les conditions réelles de l'expérience effective doit, de don qu'il fut, devenir monnaie d'un échange. Ou bien le don reste conforme à la donation, mais n'apparaît jamais. Ou bien il apparaît, mais entre dans l'économie de l'échange et se transforme en son contraire – précisément l'échange, le donné rendu *(do, ut des)*, le commerce et la gestion des biens. L'échange s'impose comme la vérité du don, qui l'annule. Se soumettant à l'économie, le don échange son essence de don contre son effectivité dans l'échange. Car l'économie fait l'économie du don.

## 2. La raison suffisante du don

Cette critique du don – trop efficace peut-être, parce que trop formelle, trop abstraite, trop rapide – échappe-t-elle à son tour à toute critique? A l'évidence, elle prête flanc à une contre-attaque, parce qu'elle repose au moins sur un présupposé non clarifié – que le don implique la parfaite et pure gratuité. Donner exigerait de donner pour rien et tout retour disqualifierait le don. A quoi l'on opposera que, pour le donateur comme pour le donateur, recevoir ou accorder un gain moral (estime, reconnaissance), symbolique (obligation) et donc irréel (rien d'une chose, rien d'une valeur ou d'un prix) n'équivaut pas à un remboursement réel (une somme, une chose, un bien); la confusion entre les deux types de gain reçu ou donné en retour implique qu'on annule toute différence entre le réel et l'irréel, la chose et le symbole, donc trahit un cynisme parfait, à tout le moins une insuffisance grave de la description, qui aboutit à manquer la spécificité des phénomènes ici en jeu. – Il y a plus: en assumant subrepticement que le don exige une gratuité absolue, on aboutit à le priver de toutes ses dimensions intersubjectives, puisqu'il faudrait, dans cette hypothèse, aller jusqu'à supprimer la moindre conscience d'un autrui précis, effectif et indiviualisé; dès lors, il conviendrait, pour donner, de ne donner à personne, de ne rien donner et de ne pas savoir que l'on donne en personne. Mais les pôles de l'altérité peuvent-ils disparaître et le don s'effectuer encore? Si le don ne parvient plus à se donner sans disparaître, ne serait-ce point parce qu'on lui a, d'emblée et sans justification, supprimé les conditions même de son effectuation – la polarité multiple où se déploie la distance de l'altérité et son parcours? Comme par un jansénisme et un quiétisme phénoménologiques, on interdit au don l'horizon même de son déploiement phénoménal – l'altérité elle-même. – Enfin, qu'entend-on par cette implicite requête de la gratuité? La gratuité provoque en effet plus de difficultés qu'elle n'offre de lumière à la compréhension du don. Comment ne pas soupçonner que sa pureté prétendue implique d'emblée une indépendance, elle aussi absolue, envers tout autrui possible, en sorte qu'elle équivale, avant même le procès de la donation, à une autarcie parfaitement refermée sur elle-même, qui interdirait plus le don, qu'elle n'en garantirait l'authenticité? Comment aussi ne pas pressentir qu'une telle gratuité ne nous est peut-être ni possible, ni souhaitable, parce qu'elle exigerait que nous renoncions, chacun, à notre ipséité, ipséité que le procès du don met justement en jeu et présuppose obligatoirement? Sans ispéité, à savoir conformés à la pure gratuité, nous n'aurions plus rien à mettre en jeu, à donner ou à recevoir. Ne faudrait-il pas, à la fin, se prétendre un dieu pour donner en pleine gratuité, »sans envie«? Et d'ailleurs, de quelle divinité s'agirait-il – s'agirait-il d'une divinité vraiment divine, que celle dont la pure gratutité reposerait sur une non moins pure indifférence et qui ne donnerait rien que les yeux fermés, sans le savoir, ni à personne?

Les apories impliquées par la requête implicite de la gratuité semblent si patentes, qu'on n'auraient jamais dû les passer sous silence. A moins qu'on ait eu pour les ignorer d'excellentes raisons. Le don ne se contredit lui-même, que parce que l'on présuppose qu'il devrait rester absolument gratuit, même au prix de contredire l'horizon et les requêtes de l'altérité. Pourquoi donc en avoir présupposé la gratuité? Parce que la gratuité semble – et, en un sens à déterminer, justement – comme le meilleur rempart contre l'économie, son contraire absolu. En quoi la gratuité s'excepterait-t-elle donc de l'économie? A cette question, il faut en ajouter une seconde: pourquoi, en restant gratuit, le don s'excepterait-il comme tel de l'expérience en général et ne se dirait plus sans se contredire? Que partagent donc l'économie et la possibilité de l'expérience? Ceci: l'économie de l'échange et les conditions de l'expérience mettent en oeuvre la raison sous sa figure métaphysique la plus achevée, parce qu'en ces deux cas il s'agit de rendre raison et de penser en rendant raison. Rendre raison permet de rendre compte, parce que la raison calcule, rétablit l'égalité et assure l'identité à soi; la raison rend raison, parce qu'il s'agit d'assigner des conditions à la possibilité et de justifier les phénomènes comme des effets en leur attribuant des causes adéquates. La raison suffit à rendre raison – rendre le dû au don (dans l'économie), rendre la cause à l'effet (dans l'expérience). La raison toujours suffit – sa suffisance rétablit le droit, l'égalité et la justice. Rien, en principe, ne fait exception à sa requête – toute action, tout événement, tout fait, tout objet et tout étant doivent fournir une réponse à la question qui leur demande »pourquoi? διότι; cur?«, même la simple idée, même Dieu, donc même aussi le don. Car, si le don repose sur la gratuité, la raison suffisante ne peut que faire l'économie du don et, par suite, l'exclure de l'expérience, donc de la phénoménalité.

Ainsi peut-on décrire l'annulation de la gratuité par l'économie, qui fait ainsi l'économie du don lui-même. Rendre raison du don signifie démontrer que personne ne donne sans rendre compte, ni s'en rendre compte, donc sans se rembourser, réellement ou symboliquement; bref en démontrant qu'on ne donne jamais qu'au comptant et pour en devenir content. La raison suffisante peut toujours s'emparer du don en assignant à chacun de ses moments une raison d'échange. L'auto-contradiction du don, que nous avions esquissée formellement, peut se répéter, plus concrètement, sous la forme d'une triple réponse à la demande de raison suffisante. Pourvu qu'on distingue parmi les raisons des raisons externes ou causes et des raisons internes, ou motifs.

Le donateur ne donne pas gratuitement, parce que, nous l'avons vu, il se rembourse toujours soit réellement (si on paie la dette avec délai), soit symboliquement (par reconnaissance avouée du bénéficiaire, ou par estime de soi si le bénéficiaire défaille). Mais on peut aussi annuler le mérite du donataire en arguant qu'il n'a rien donné, que ce qu'il pouvait donner; donc qu'il a donné de son surperflu; or ce superflu, par définition, il pouvait vivre sans lui; donc il ne lui appartenait pas vraiment; en le donnant, il n'a donc fait que redistribuer un excès de propriété qu'il confisquait injustement; le devoir de justice obligeait en droit le donateur à distribuer ce qui, en bonne justice, ne lui revenait pas; il n'a fait que remplir son devoir de justice. La justice, motif (raison interne) du don apparent, l'explique et le commande comme un simple devoir; du coup sa prétention à la gratuité, voire son titre de don, s'effondrent au profit d'un simple devoir de justice – le devoir de rendre à chacun son compte, son dû.

Réciproquement, le donataire peut avancer de bons motifs pour recevoir un bien suivant le simple échange et dénier qu'il bénéficie d'un don. Il lui suffit de soutenir que ce don prétendu lui arrive simplement comme un dû. Car, si je me trouve dans la situation d'un pauvre réellement nécessiteux, je suis un indigent. Ce qui ne signifie pas seulement que je suis dans le besoin, mais que j'ai besoin de ce qui me manque, parce que ma condition d'homme le requiert nécessairement et en droit: en vertu des droits de l'homme, j'ai le droit (et pas seulement le besoin) de me nourrir, de me vêtir, de me loger et même de gagner un salaire; ce que les aides privées ou publiques me donneront éventuellement m'arrivera donc comme un dû, non plus comme un don. Non seulement il ne s'agira pas de gratuité, mais la gratuité me ferait injure et injustice: je réclame mon dû en vertu d'un droit et ceux qui me donnent mon dû me le doivent en vertu d'un devoir, qui s'impose à eux suivant l'objectivité du droit. En effet, s'ils m'abandonnaient à la misère, ils ne mettraient pas seulement en cause ma vie, mais aussi mon humanité, qu'ils ravaleraient à l'animalité; du même coup, ils perdraient eux aussi leur humanité en abolissant la mienne. Ils doivent rendre raison de l'humanité en moi, mais aussi de l'humanité en eux-mêmes. S'ils ne viennent pas à mon secours (par simple solidarité entre hommes), ils mettront en cause leur propre statut d'homme, leur dignité éthique de sujets de droit. Ainsi, en me donnant ce dont j'ai besoin pour rester un homme, les autres ne font qu'accomplir leur devoir, me donner non un don, mais un dû, qui leur assure en retour leur propre dignité d'hommes. Il s'agit d'un échange, certes symbolique, entre mon humanité et la leur. Mais le symbole ici se charge de la plus haute réalité possible. Le don s'abolit dans le dû, la gratuité dans la solidarité et seul s'exerce l'échange symbolique – la socialité comme économie dernière.

Si nous considérons maintenant, au-delà des motifs (raisons internes), les causes (raisons externes), nous pouvons de même reconduire le don donné (l'objet lui-même, la chose) à l'économie. Soit un exemple banal: lorsqu'une organisation »humanitaire« (pour ne pas dire caritative) ou une association suscitée par une communauté locale donne (nous admettrons pour l'instant ce terme problématique) des aliments, des vêtements, des logements ou des emplois (»sociaux«, préservés, etc.), elle les dispense certes bien gratuitement, sans paiement, ni transaction économique. Mais cela ne signifie pas que ces biens n'aient aucune valeur marchande; au contraire il a bien fallu les produire et les distribuer, donc se les procurer. Comment? Evidemment par des dons: surplus des particuliers, invendus d'entreprises ou subventions des collectivités; dans tous ces cas, il s'agit de biens de consommation ou d'équipement, dotés d'une valeur marchande calculable avec précision, préalablement inscrits dans le circuit économique. Simplement, ces biens et ces valeurs se trouvent arrachés à ce même circuit économique par ceux qui, les ayant acquis ou produits dans l'économie, s'en défont par une perte économique (pure gratuité, ou gratuité mêlée au réalisme – ces biens étant devenus inutiles, invendables, dépréciés, etc.). Durant le laps de temps qu'ils passent sous le contrôle des associations »humanitaires«, c'est-à-dire jusqu'à leur redistribution, ils resteront de fait hors économie, neutralisés dans leur valeur d'échange. Mais, sitôt donnés, ils vont retrouver aussitôt leur valeur marchande – c'est précisément pour cela qu'ils vont vraiment aider les démunis, en leur fournissant sans prix économique des biens ayant une valeur économique. Tout l'intérêt de la démarche réside non pas dans la suspension définitive du circuit de l'échange, ni dans une illusoire sortie de l'économie, mais, au contraire, dans la réinscription finale, à une gratuité près, à une neutralisation près de l'échange, dans l'économie. Le moment de la suspension de l'échange (le don à strictement parler) ne vise que la réinscription du don dans l'économie, donc sa disparition. Plus encore, le moment désormais provisoire du don n'a pas suspendu le premier l'économie – ce fut, au contraire, la pénurie du pauvre qui l'excluait d'entrer dans l'échange économique; le don n'a donc que suspendu (en second et positivement) la suspension initiale (la pénurie, première) et, payant pour l'insolvable, a rétabli celui-ci dans le circuit de l'échange. Le don n'en est donc pas un, et doublement: d'abord parce qu'il produit à la fin de l'économie, ensuite parce qu'il rachète pour ainsi dire l'indigence et le besoin en leur fournissant les moyens d'à nouveau payer, acheter, échanger. Le don travaille au rétablissement de l'économie, non à sa supression. Il restaure les anciens comptes déséquilibrés de l'indigent pour lui permettre de rendre des comptes à nouveau, bref de rendre raison de ses échanges futurs. Aussi parle-t-on, à propos de telles associations »humanitaires« non seulement d'une économie associative, mais bien d'entreprises d'insertion – insertion dans quoi, sinon dans l'économie? Le moment du don, d'ailleurs provisoire, apparaît à la fin comme un agent économique détourné – une cause ou raison, et si puissante qu'elle restaure l'économie, là où elle se trouvait bloquée.

Le don, sous ses trois figures, peut et même doit (par simple souci d'efficacité sociale) soit se laisser reconduire à l'échange (la justice entre donateur et donataire), soit travailler à le rétablir (l'insertion par le don), donc il doit s'abolir dans l'économie qu'il restaure, loin de s'en excepter. Il y a toujours ainsi un motif ou une cause pour soumettre le don à son interprétation économique et en rendre raison selon l'échange. Le don ou reste provisoire et apparent (simple idée inadéquate), ou devient intelligible en satisfaisant à la raison suffisante qui l'assimile à l'économie. L'économie fait l'économie du don, parce qu'elle en rend suffisamment raison.

## 3. Réduire le don à la donation

Le don pourrait-il, cependant, se comprendre comme il se donne et se dit – comme un don – sans finir par se rendre à la raison de l'économie (ni se dissiper dans le fantôme de la gratuité pure et vide)? Une telle compréhension demanderait, à tout le moins, de préserver le don de la logique qui lui demande de donner non pas ce qu'il prétend donner, mais des *raisons* de donner, ou plutôt de *ne pas* donner. Comment ne pas reconduire le don à se rendre à la raison qui ne l'autorise qu'en l'annulant? Si le don devient impensable dans l'économie, c'est que celle-ci l'interprète comme nécessairement donnant-donnant, comme un échange de dons, où le premier don se retrouve dans le don qui lui revient en retour, où le don revenu s'enregistre comme le revenu du don initial *(do ut des)*. Le don se perd ainsi, parce qu'il ne parvient pas à donner vraiment à perte, bref à se perdre. Comment concevoir le don comme éperdu, comme une perte sans retour et pourtant pas sans un sens pensable, voire une certaine raison à lui appropriée? Nous n'y parviendrons évidemment pas aussi longtemps que nous le reconnaîtrons dans l'échange et que nous le décrirons dans l'horizon de l'économie. Mais disposons-nous d'un autre horizon? Nous ne pouvons pas le deviner au hasard, ni l'assumer arbitrairement. Cet autre horizon ne pourrait se découvrir – s'il le peut – qu'à partir du don lui-même, comme ce à partir de quoi son phénomène apparaît, juste avant de se résoudre dans l'échange, durant le fragile moment où ses trois moments ne se rendent pas encore à la raison suffisante de l'économie. Cet autre horizon, nous ne le rencontrerons qu'en retenant le phénomène du don de dévaler dans l'échange, en le maintenant en lui-même, c'est-à-dire en le réduisant à la donation en lui. Réduire le don à lui-même, donc à la donation – son horizon propre. La donation ne s'ouvre, comme un horizon, qu'à la mesure où nous y réduisons le don, au double sens de reconduire le don à elle et de le soumettre à une réduction phénoménologique en l'installant en elle. Pourtant la donation ne va pas de soi et, parce qu'en tout état de cause elle précèderait le don, elle nous paraît encore moins accessible que lui. Cependant nous pouvons présumer que, si elle doit s'ouvrir un horizon pour le don, elle s'attestera au moins en ceci qu'elle ne l'assignerait pas immédiatement à un processus social ou à un comportement éthique (bien qu'elle y parvienne aussi), mais le laisserait apparaître comme tel, sans lui imposer de condition d'entrée dans la visibilité, de taxe d'octroi, ni de raison à rendre. Pour apparaître, le don réduit à la donation ne devrait que se donner, sans plus et sans reste.

Comment parvenir à réduire le don à la donation et, en elle, à lui-même? Nous savons désormais ce qui y fait obstacle: sitôt que nous entreprenons de décrire le don, nous trouvons contraints d'en rendre raison en lui assignant des motifs et des causes, qui le dissolvent dans l'échange à l'intérieur de l'horizon de l'économie. Une seule voie s'offre donc: décrire le don, sans transposer ses moments dans leurs contraires, c'est-à-dire sans les dissoudre dans un revenu et un retour sur investissement, dans un droit et un dû, dans une restauration de la valeur d'échange. Ce qui signifie décrire et comprendre le don sans aboutir à un donateur récompensé, un donataire acquitté et un donné valorisé. Or cette triple description peut se concevoir.

Premièrement, le don peut s'accomplir comme don sans aucun donateur récompensé (réellement ou symboliquement), parce qu'il peut s'accomplir sans aucun donateur du tout. – Il suffit pour le voir d'analyser l'hypothèse d'un don reçu d'un donateur anonyme ou même inexistant. Ces deux traits s'identifient d'ailleurs parfaitement dans le cas d'un héritage, où la mort dérobe le donateur et interdit de lui rendre quoi que ce soit. Par définition, je ne pourrai jamais rien lui rendre, puisque cette impossibilité même constitue la condition du don qui m'est fait: il faut la mort du testateur pour que le testament devienne effectif, il faut donc que je n'aie personne à remercier pour que je puisse recevoir le don qu'il me donne. Le testateur ne recevra de moi ni reconnaissance (ni reconnaissance de dette), puisqu'il ne sera plus ici pour en jouir; et si je lui témoigne de la reconnaissance, ce sera sous le regard du groupe social qui l'a connu, mais dont, précisément, il ne fait plus partie. Il peut même arriver que je reçoive le don de cet héritage sans que le testateur l'ait voulu, voire contre son intention, parce que seule l'enquête généalogique d'un notaire l'a conduit jusqu'à moi. Il se peut aussi que le donateur me soit resté jusqu'alors complètement inconnu, ou bien que je lui sois resté inconnu. Dans tous les cas, le donateur manque, la reconnaissance et le remboursement sont exclus – pourtant le don s'accomplit parfaitement. Ne serait-ce que parce que j'encaisse l'héritage (amputé des droits de succession, bien sûr), même si je ne nourris aucune affection particulière pour celui dont il me vient. Le don apparaît donc pleinement, bien qu'inattendu, immérité, inacquitté, sans reconnaissance ni revenu. Il trouve au contraire tout son sens dans cette absence même de motif et de raison suffisante.

Deuxièmement, le don peut s'accomplir comme un don sans donataire. – Ne suffirait-il pas d'ailleurs, pour l'établir, de reprendre l'argument de l'anonymat, en l'appliquant, cette fois, au donataire? En effet, lorsque nous faisons une contribution à une organisation »humanitaire« (ou assimilée), dans l'immense majorité des cas, nous ne connaissons pas la personne individuelle qui va bénéficier d'une aide; l'organisation médiatise notre don, en sorte que je reste anonnyme au donataire et que celui-ci le devient pour moi; le don s'effectue bien alors qu'aucun donataire ne se fait connaître, en sorte qu'il ne pourra jamais, par définition, me rendre quoi que ce soit. Pourtant l'argument de l'anonymat pourrait ici se discuter, en arguant qu'un tel don n'en est, en dernière instance, pas un, précisément parce que l'intermédiaire (l'association), même si elle fait scrupuleusement son travail (répartir les contributions, aider efficacement), renonce à performer un don, parce qu'elle rend les donataires anonymes, les confondand dans la foule des assistés; d'ailleurs, on a vu qu'il s'agit plus de solidarité et d'un dû en droit, que proprement d'un don. – Mais il se présente pourtant un autre cas, où un don s'accomplit parfaitement avec un donataire clairement identifié, sans pourtant aucun risque qu'il puisse rembourser et ainsi transformer le don en échange: le cas où je donne à un ennemi. Soit un ennemi, privé ou collectif peu importe, puisqu'en tous cas la haine qu'il me porte lui fera retourner mon don en insulte et toute tentative de me targuer de générosité en humiliation supplémentaire. Non seulement il ne me rendra pas un don en échange du mien, non seulement il déniera qu'il s'agisse d'un don pour y dénoncer une provocation, mais il en nourrira une haine plus grande encore à mon encontre: il me rendra la monnaie de ma pièce, en inversant la dette au centuple – je mérîtrai qu'il me haïsse d'autant plus que j'aurais voulu lui bien faire par ma richesse, le rendre esclave de ma force, etc. Il se vengera donc de moi pour s'affranchir du moindre soupçon de reconnaissance: il me tuerait plutôt que de reconnaître qu'il me doit la moindre reconnaissance. Et pourtant, le don s'en trouve-t-il compromis? Au contraire, un don méprisé, dénié, voire transmué en affront, n'en reste pas moins un don parfaitement donné. Il faut même dire que ce dénûment même le fait apparaître dans sa pure et souveraine force – ce n'est qu'à l'ennemi que je puis faire un don sans risque aucun de me retrouver pris dans l'échange, puisque lui, l'ennemi, fera tout pour ne pas honorer mon don. Mais il en prendra ainsi paradoxalement soin en tant que don. L'ennemi garantit au don que je lui fais d'échapper au donnant-donnant. Qui donne à son ennemi donne sans conteste et sans retour, sans revenu et donc sans raison suffisante, ni cause économique.

Troisièmement, le don peut s'accomplir enfin comme don sans donner aucun objet, susceptible de revenir à une valeur d'échange. – Que puis-je en effet donner de plus précieux que mon attention, mon soin, mon temps, ma foi ou même ma vie? Rien sans doute. Et, au bout du compte, autrui n'attend de moins rien de moins et ne peut non plus espèrer jamais rien de plus. Ni moi de lui. Car en donnant ces dons absolument non-objectifs, qui échappent à la compréhension comme à la possession, je donne en fait que moi-même, dans ma plus complète ipséité. Ipséité qui ne fournit pourtant aucun objet, aucun gain, aucun revenu assignable, qui ne donne *rien*. Mais en donnant ce *rien*, je donne tout ce que je possède, parce que je donne tout ce que je suis et ne possède donc pas. Je donne ainsi d'autant plus, que je ne donne rien – *ne rem:* le don ici n'est plus un substrat (ni un prédicat) réel. Je n'ai ainsi besoin d'aucun don réel ni objectif pour performer de don donné et abandonné dans son excellence souveraine. Je donne hors de l'horizon de la possession (et de la dépossession), donc de l'objectité et de la raison qui y rendrait des comptes. – Qu'on n'objecte pas qu'en ne donnant ucun objet, je donnerais moins ou me dispenserais même de donner effectivement, car – et l'argument ici se redouble – je me dispense au contraire de donner vraiment, c'est-à-dire de *me* donner, moi en personne, lorsque je me contente de donner un objet en mes lieu et place. Je donne ainsi de l'argent, pour me dispenser de donner mon temps et mon attention. Je verse une rente, pour me dispenser d'aimer et reprendre ma liberté. Examinons: que se passe-t-il lorsque, par exemple, je donne un magnifique bijou à une femme? Deux hypothèses. Soit je ne lui donne que cet objet, mais ce sera pour lui faire admettre que je la quitte ou que je ne l'aime pas vraiment (pour solde de tout compte). Soit je le lui donne, mais comme l'indice que je l'aime sans retour, à titre donc de simple symbole du don véritable, lui inobjectivable et inappréciable – le don de mon temps, de mon attention, de ma foi, de ma vie, bref de moi-même. Don que je ne puis que donner encore symboliquement, puisqu'il me faudra toute la durée de mon temps de vie pour le performer en vérité. En somme, ou bien l'objet donné reste seul et il symbolise le déni du don plénier (le don de soi), ou bien il se présente comme un indice et il symbolise la promesse du don plénier (le même don de soi), toujours encore inaccompli. – D'ailleurs, si l'on veut donner l'effectivité des objets, entendue dans toute son extension (une fortune, le pouvoir, etc.), comment peut-on en accomplir la dévolution, sinon par un don symbolique, irréel et formel – apposer une signature juridique, remettre un insigne de fonction, confier un code électronique, etc.? – Tout donné, et d'autant plus qu'il implique d'effectivité, doit devenir irréel, inobjectivable et inappréciable.

Ainsi le don, en ses trois moments, peut-il se réduire à la donation en lui et se dispenser d'autant mieux qu'il se libère de ce à quoi l'économie prétendait le ravaler – à chaque fois au donnant-donnant de l'échange. Le don se donne d'autant plus parfaitement qu'il adandonne soit le donateur récompensé par sa (bonne) conscience, soit le donataire libéré de toute conscience (de dette), soit aussi le donné récupérable en valeur d'échange par une conscience (commerçante). Le don se réduit à la donation en s'accomplissant sans aucune conscience de don – sans la conscience de soi qui le ferait revenir à un revenu et rendre raison de ses comptes. Le don réduit à la donation n'a pas conscience de ce qu'il fait – et il ne le fait qu'à cette condition.

## 4. Le cas du don – la paternité

Cependant, ce résultat ne peut pas ne pas susciter une inquiétude: ne prouve-t-il pas trop et trop vite pour offrir un argument rationnel – une réponse polémique dans l'argument? Mettre entre parenthèses de chacun des termes de l'échange ne se paie-t-il pas, au-delà de l'évitement de l'échange, de la disparition de tout processus du don lui-même? Suspendre de la raison suffisante de l'échange n'entraîne-t-il pas aussi l'abolition de toute la rationalité du don lui-même? Car nous aboutissons à une parfaite contradiction: au lieu de se définir par relation à son donataire, le donateur donnerait d'autant mieux qu'il disparaîtrait (inconnu, décédé) aux yeux de ce dernier; le donataire, loin de se manifester en gérant sa dette, apparaîtrait d'autant mieux qu'il la dénierait (anonyme, ennemi); et le donné, loin de se concrétiser dans un objet patent, apparaîtrait d'autant mieux qu'il s'évanouerait dans l'irréel ou le symbolique. Sous prétexte d'éclairer le don à la lumière de la seule donation, n'en avons-nous pas plutôt dissout la conscience et, pire, offusqué la phénoménalité? Bref la prétendue réduction phénoménologique du don à la donation ne lui interdit-elle pas, à la fin, la dignité même de phénomène?

Cette difficulté ne peut s'esquiver, mais ne doit pas non plus se surestimer, car elle résulte, pour l'essentiel, du point de départ incorrect de l'interrogation. Nous avons commencé l'enquête sur le don à partir de son contraire – l'échange –, et nous n'avons retrouvé un accès correct vers lui qu'en disqualifiant ce qui l'empêchait, donc en restant encore sur le terrain de l'économie, dans les décombres de l'échange. Il nous faudrait désormais décrire directement et à partir de lui-même un phénomène du type du don, mais d'emblée inscrit dans l'horizon de la donation et qui ne puisse précisément jamais se laisser reprendre par l'horizon de l'économie. Un don toujours déjà réduit à la donation et franc de toute déchéance dans l'économie. Quel phénomène satisfait à ces exigences? Nous en suggèrons un – la *paternité*. Il s'agit d'un phénomène indéniablement, puisqu'il apparaît partout où un homme vit; d'un phénomène observable, puisqu'il s'étend sur la durée de toute vie; d'un phénomène universel, puisque nul humain ne peut prétendre ne pas l'avoir expérimenté. Nul ne peut le récuser en effet, surtout pas celui qui s'éprouverait comme sans père ou sans enfant, puisque ce phénomène se manifeste d'autant plus qu'il comprend même de telles absences, comme on va le voir. En effet, la paternité, pourvu du moins qu'on ne la rabatte pas d'emblée sur l'échange, ne se déploie jamais comme une simple production biologique de procréation, ni comme une communauté primaire d'intérêts matériels, ni comme une cellule politique élémentaire; sans doute releve-t-elle aussi de tout cela, mais uniquement après coup, lorsque s'est exercée sur elle l'interprétation économique en termes d'échange et qu'elle prend place, comme un premier échelon, dans la série des communautés de plus en plus complexes qui aboutissent, en principe, à l'Etat. Mais cette interprétation, pour puissante et courante qu'elle soit, appartient à la métaphysique; surtout elle dissimule le double privilège de ce don, tel qu'il apparaît dansl'horizon de la donation.

D'abord, la paternité apparaît, comme tout phénomène, en tant qu'elle se donne; mais elle se donne, au contraire de la plupart des autres phénomènes, en *tant qu'elle donne*. Elle présente tous les caractères du phénomènes donné, mais elle les accomplit en tant qu'elle donne; si elle ne donnait pas, elle ne se donnerait pas non plus. Elle donne donc, mais avec un style absolument propre et remarquable. Elle donne en effet, mais *sans pouvoir se prévoir;* car l'intention de procréer ne suffit jamais à procréer, pas plus que l'intention de ne pas procréer garantit de ne pas procréer. Elle donne encore, mais *sans cause*, ni raison univoquement assignables: l'impossibilité de la science démographique à calculer les évolutions de la courbe de fécondité et à anticiper à long terme sur la croissance ou la décroissance des populations le prouve, au point qu'elle doit s'en remettre à la considération inquantifiable de facteurs psychologiques et culturels, voire religieux, qui, dans le meilleur des cas, en permettent une simple intelligibilité *a posteriori*, jamais une prévison sérieuse. La paternité produit donc ou plutôt se produit comme un *événement*, et non comme un simple fait ponctuel, parce que, issue du pur possible, elle ne fabrique pas un résultat fini, déterminé et terminé une fois délivré, mais provoque un possible (l'enfant), dont l'avenir ne peut à son tour ni se prévoir, ni se déduire de ses causes, ni s'anticiper, mais doit s'attendre. Ces caractères retrouvent ceux du phénomène en tant que donné, à une différence décisive près – le phénomène donné ici donne. Que le donné non seulement se donne, mais donne un autre donné que soi, cela implique évidemment l'ouverture d'un surcroît, d'un accroissement et d'une négentropie incontrôlable, que ni la misère, ni la mort, ni la peur ne suffisent à anéantir – simplement, le donné donne plus que lui-même; il s'avère incontrôlable et inépuisable, sans maître ni dieu. Mais il y a plus: car le donné donne ici en tant qu'il se phénoménalise et phénoménalise ce qu'il donne; ce qui signifie que le visible lui-même, donc rien de moins que la somme des phénoménes va, elle aussi, s'accroître d'un surcroît irrépressible, incontrôlable et inépuisable, sans maître ni idole pour le mater. La paternité, en se donnant et se montrant, donne et manifeste plus qu'elle-même; son avénement dans le visible provoque donc un événement phénoménal de droit sans fin. Nulle part ailleurs le caractère de donné *(Gegebenheit)*, autrement dit la caractéristique d'apparaître sur le mode du donné (qui mériterait presque le néologisme de *donnéité)* ne s'affiche aussi clairement qu'ici, conférant à la paternité un privilège phénoménologique exceptionnel.

Mais ce privilège exceptionnel (la plus haute donation) se redouble, ou s'équilibre par un autre caractère, qu'on ne peut concevoir, en un premier temps du moins, que négativement. En effet, ce phénomène qui se donne en donnant ne peut à son tour se donner, que s'il se trouve d'abord donné à lui-même – c'est-à-dire reçu d'ailleurs. Reçu d'ailleurs, à savoir, évidemment, d'un père. Mais le don par le père accomplit à nouveau le triple paradoxe du don réduit à la donation. – Premièrement, le donateur reste ici essentiellement absent et mis entre parenthèses. Car *le père manque.* Il manque d'abord, parce qu'il ne procrée que dans l'instant et, devenu inutile, aussitôt se retire – au contraire de la mère, qui reste et en qui l'enfant reste. Le père manque aussi parce qu'il part et se fait remarquer à l'enfant en ce qu'il lui fait défaut et par principe; non qu'il parte toujours comme un voleur paradoxal, abandonnant forcément la mère et l'enfant. Il manque, parce qu'il ne peut jamais fusionner avec l'enfant donné – au contraire de la mère, qui le peut et le doit un temps –, puisqu'il ne peut se maintenir uni à lui qu'en s'en départissant justement pour lui impartir son aide, à titre de pourvoyeur extraverti, de chasseur, de guerrier ou de voyageur; bref en tant que celui qui ne cesse de retourner et de revenir au foyer, dont il doit essentiellement s'éloigner, s'il veut le maintenir. Pour demeurer, le père doit manquer, donc briller par son absence. Il apparaît en tant qu'il disparaît. Le père manque encore et surtout parce que – en conséquence de ses deux premiers manquements – sa paternité ne peut jamais s'appuyer sur une confirmation empirique immédiate; même une identification par le code génétique reste médiate (elle demande du temps, des instruments et une enquête) et aboutit encore au processus juridique d'une reconnaissance (ou d'un déni) de paternité: le père reste inévitablement putatif. Ce qui ne signifie pas non plus qu'il se dissimule ou se renie, mais qu'il ne peut se déclarer qu'en reconnaissant, nécessairement après coup, l'enfant qu'il n'a jamais pu, par définition, connaître d'emblée; il ne peut que le revendiquer (donc aussi le dénier) pour sien, en retard, par le verbe médiat et la déclaration juridique. Il ne peut vraiment donner un père à son enfant qu'en lui redonnant, avec la vie biologique toujours aléatoire, un statut et un nom, bref une identité, qui, en tant que symbolique, doit se redonner sans cesse, à chaque instant, sans fin; et il ne peut l'assurer autrement que dans la répétition, qu'en la lui avouant jusqu'à la fin. Le père doit employer tout le temps de sa vie à donner et redonner à l'enfant son identité – son statut de don sans retour, mais sans certitude non plus. La paternité, ou la redondance du don en défaut. – Pour ce trois motifs, le retrait, le départ et la redondance, le père apparaît sous la figure du donateur parfaitement réduit de la donation, le donateur mis entre parenthèses.

Deuxièmement, le don réduit à la donation se confirme, dans le phénomène de la paternité, en ce que l'enfant, quelque donataire qu'il apparaisse (et par excellence, puisqu'il en reçoit pas seulement un don, mais se reçoit lui-même dans cette réception comme le don d'une possibilité), ne peut par définition satisfaire à la moindre conscience de dette. En effet, aussi profondément que le marque le sentiment d'une dette, aussi instamment que parfois le travaille la piété filiale et aussi durement qu'il s'efforce même à correspondre au don du père, un obstacle toujours l'arrête. Il ne s'agit pas d'ingratitudes subjectives, ni d'une haine empirique, toujours possibles et au moins menaçantes. Il s'agit , plus radicalement, d'une impossibilité de principe: qu'il le veuille ou non, qu'il s'y sente tenu ou non, l'enfant ne pourra jamais »rendre« et restera ingrat, insuffisant et insconscient, parce qu'il ne lui sera jamais donné de rendre à son père ce qu'il en a reçu – la vie. L'enfant pourra lui rendre du temps, du soin et de l'attention (veiller sur ses vieux jours, assurer qu'il ne manque de rien, l'entourer d'affection, etc.) eventuellement jusqu'à la fin, mais jamais il ne pourra lui donner en retour la vie à l'heure de sa mort. Au mieux, l'enfant rendra sereine sa mort à son père, mais jamais ne lui redonnera une vie. Qu'on n'objecte pas que l'enfant pourra, à son tour, donner la vie – certes, il le pourra éventuellement, mais il la donnera alors à n'importe qui, sauf à son père. Car il la donnera alors, lui aussi, à ceux qui, eux non plus et par le même principe, ne pourront la donner qu'à leurs propres enfants, et jamais à leur père. Enfants qui, à leur tour, se découvriront des donataires absents et s'institueront, à leur tour, en donateurs manquants. L'enfant ne répond adéquatement, justement même, au père, donateur manquant, qu'en s'avouant donataire défaillant. La généalogie ne se déploie qu'en vertu de ces impossibilités inéluctables à rendre le don, à refermer le don réduit à la donation dans la boucle de l'échange.

Quant au don donné dans la paternité, il va maintenant de soi qu'il ne peut en aucune manière tourner en un objet ou un étant (subsistant ou usuel, qu'importe). Le père ne donne rien à l'enfant que la vie (et le nom qui la sanctionne). Le don donné se réduit ici précisément à la vie, qui, justement parce qu'elle rend possible et éventuellement effectif tout étant et tout objet, ne relève elle-même ni de l'étantité, ni de l'objectité. La vie n'est pas, puisque rien n'est sans elle. Nul ne la voit, ne la définit, ni ne la saisit comme quelque chose de réel – comme une chose parmi d'autre. Le cadavre ne manque d'ailleurs de rien de réel, qui permettrait de la distinguer du vif – »il ne lui manque que la parole«, dit-on du juste défunt; mais la parole n'est pas une chose du réel, parmi d'autres; elle suscite les choses en les nommant et, les faisant apparaître, elle n'apparaît elle-même jamais comme une chose. La vie donnée n'apparaît pas, n'est pas, ne se possède pas. Elle nous donne d'apparaître, d'être et de nous possèder nous-mêmes. En elle, le don se réduit parfaitement à la donation – ce rien qui arrache tout au néant.

La paternité déploie donc, de fait et de droit, la phénoménalité entière d'un don réduit à la donation pure. Avec elle, le donateur se manifeste en tant même qu'absent, le donataire en tant que défaillant et le don en proportion directe de son irréalité.

## 5. Le don de la *causa sive ratio*

Tel que nous venons de difficilement le réduire, le don semble indescriptible, puisqu'il ne se déploie qu'en éliminant en lui les termes de l'échange. Il ne s'en dégage que par soustraction, suivant une apophase où la dénégation devrait permettre de dire plus et mieux que les affirmations catégoriales – au risque que le don réduit devienne indicible à la mesure même où nous le concevrions correctement. Beaucoup se résoudraient aisément à cette contradiction, ne fût-ce que pour maintenir le don en lisière de l'unique et impériale rationalité, l'économie, seule calculable et seule publique, dans une marginalité anachronique, sinon aristocratique. On réserverait certes le don pour des phénomènes eux-mêmes exceptionnels (ainsi la paternité, dont on pourrait même contester qu'elle offre vraiment un phénomène à voir), mais avec réserve et dans une réserve. Ainsi réservé dans sa réserve, le don réduit à la donation y persisterait dans son exception phénoménologique, mais sans exercer aucun effet sur ce qui l'excède. Sans effet, justement parce qu'il prétend se déployer sans cause, ni raison. La raison du don, ce serait qu'il n'en a pas. On pourrait le tolérer sur les marges, mais non pas l'autoriser à se prétendre le paradigme de quoi que ce soit d'autre.

Avant d'aller plus loin et, peut-être, de discuter cette situation, il faudrait d'abord tirer au clair la nature d'une telle marginalité. Le don réduit manque de raison, parce qu'il manque de causes et de motifs. Sa prétention à la gratuité garde, malgré tout, un prix: l'irrationnalité. Comme il n'admet ni cause, ni effet, ni valeur; comme il ne s'inscrit dans aucun retour sur investissement, qui permettrait que l'on calcule la somme de l'échange et que l'on puisse en estimer le bénéfice ou la perte. Comme, au contraire, on attend du don qu'il donne sans valeur mesurable, sans auteur, ni bénéficiaire et même sans mesure, il échappe à toute objectivité. Il n'y échappe peut-être même pas et se borne à prétendre y échapper, en vain, puisque, comme on l'a vu, même s'il n'en a (ou n'en avoue) aucune conscience, le don pourrait finalement obéir à des causes (raisons ou motifs) en fait à l'oeuvre, bien que dissimulées, qui le rabattraient sur l'échange.

Une interprétation plus objective de son fonctionnement le rétablirait dans la raison, c'est-à-dire dans l'économie. Objectivement, ou bien le don se réduit vraiment à la donation, mais il échappe à toute raison; ou bien une interprétation objective pourrait le reconduire à l'économie, et il disparaîtrait comme tel. Mais que signifie ici une interprétation objective? De quelle objectivation s'agirait-il?

On ne saurait mieux dire: l'objection sans cesse de retour tente toujours d'interpréter le don comme un objet. Mais, ce faisant, elle présuppose simplement ce qu'il faut démontrer – qu'à moins de s'objectiver, le don ne peut se penser en raison. Pourquoi l'objection le présuppose-t-elle? Sans nul doute parce qu'elle assume que la *causa sive ratio* permet seule d'assurer une rationalité, donc aussi celle du don. Cette assomption elle-même peut-elle à son tour se discuter? – En apparence, on ne saurait discuter que la *casua sive ratio* épuise toute rationalité possible, car comment comprendre qu'un phénomène, un étant ou un objet surgisse sans cause qui en rende raison? Cette évidence pourtant se brouille sitôt qu'on demande comment il se fait que l'on *rende* la cause et la raison? Que signifie ici *rendre? Reddere rationem* – rendre [la] raison: mais à qui, à quoi? *Principium reddendae rationis* – principe de la raison rendue, principe de rendre raison – la penser, la connaître certes, mais pourquoi la rendre aussi? Car *reddere* signifie bien ici *re-dare*, rendre, donner en retour[1], et non pas re-dire, encore moins représenter, ou reporter. La raison (appuyée en l'occurrence sur la cause) devrait-elle se rendre? Devrait-elle se rendre comme on rend la justice, c'est-à-dire comme on rapporte à qui l'attend ce qu'il attend, comme on donne son dû à celui qui le demande? Mais alors, loin que le don doive nécessairement passer sous le joug de la *causa sive ratio* pour atteindre sa rationalité, ne faudrait-il pas envisager qu'au contraire la *causa sive ratio* devrait elle-même se laisser donner et en passer par un don pour aboutir à une rationalité? Pour établir une raison et se déployer comme un argument, une simple *causa sive ratio* ne suffirait peut-être pas, si elle ne se trouvait rendue – à qui peut la recevoir précisément comme une rationalité et qui est en droit de la demander. Bref, s'il faut [re] donner la raison, cela n'implique-t-il pas que la *ratio* reste encore, en elle-même, seconde et comme dérivée d'une instance plus originaire – la donation qui la met en situation de s'exercer comme une raison plénière et un dernier argument? L'interprétation du don comme un échange en vertu de l'empire en lui de la *causa sive ratio* aboutit à un résultat inverse de celui qu'elle prétend imposer – elle atteste que la donation gouverne plus intimement la *causa sive ratio* que l'échange ne régit le don, parce qu'aucune

1 Voir, par exemple, A. M. M. Rodriguez, *Los verbos de »dar« en latin arcaico y clasico*, Las Palmas 1999.

cause ni raison ne peut se dispenser qu'on la rende, c'est-à-dire qu'un don ne la mette en scène, ne la valide et ne la précède.

Dès lors, il ne semble plus aussi insensé de rechercher si le don réduit à la donation ne pourrait pas à la fois outrepasser la *causa sive ratio*, pour ainsi se libérer de son interprétation économique et respecter une stricte rationalité, voire atteindre une plus »grande raison«. Cette recherche aboutirait si l'on parvenait à montrer comment le don, une fois réduit à la donation, peut encore se produire, se décrire et se déployer rationnellement, sans pour autant devoir se soumettre à la présupposition d'une cause préalable, qui le détermine d'avance dans les limites de la stricte égalité de l'échange – bref, comment le don peut se produire de lui-même (sans cause) en [se] donnant par surcroît (sans mesure, ni raison), spontanément et surabondamment tout en se laissant penser clairement et distinctement; et comment ce procès de soi deviendrait intelligible selon une raison qui ne se borne pas aux termes de l'échange, ni ne se réduise à la somme nulle de ses termes.

## 6. L'horizon du don – la possibilité inconditionnée

Qu'advient-il donc si et le don réduit à la donation se donne sans *causa* ni *ratio?* Quelle autre rationalité le guiderait encore et permettrait de le décrire? Mais d'abord, pourrait-il encore simplement advenir, sans cause ni raison? A strictement parler, la question demande si ce don réduit pourrait encore advenir à la phénoménalité, donc se manifester à partir de lui seul. Aussi extrême que cette demande paraisse de prime abord, nous pouvons déjà en présumer la légitimité, puisque nous avons déjà pu décrire le don réduit à la donation en mettant entre parenthèses soit son donataire, soit son donateur, supposant ainsi que ni l'un, ni l'autre ne pouvait, ni ne devait le produire ou le causer. Mais ces descriptions restaient négatives, sans parvenir encore à démontrer positivement que le don réduit à la donation advient à partir de lui seul et de rien d'autre en position de cause ou de raison. Or cette démonstration pourrait aussi s'esquisser.

Supposons le cas de figure simple où un don apparaît à son donateur, qui le donne (le donataire restant ici entre parenthèses). Comment le don réduit advient-il à ce donateur à titre de don effectif? Lorsque ce même donateur se décide à le donner et prétend s'instaurer sa cause efficiente et sa raison première. Certes, mais cette décision reste elle-même une apparence, car nous devons encore comprendre comment le donateur en vient à la décision de donner ce don. Et la réponse à cette dernière question ne s'avère pas aussi facile qu'on pourrait l'imaginer. – Car le donateur ne se décide évidemment pas à tel don à cause de l'objet qu'il donne; d'abord parce qu'un objet ne peut, comme tel, rien décider, en particulier pas entre lui et tous les autres objets susceptibles de considération; ensuite parce que les raisons de préférer donner tel objet plutôt que tel autre ne sauraient résulter que de calculs, qu'en tout état de cause l'objet subirait, sans les produire, ni les justifier. – Le donateur ne se décide pas non plus à tel don à cause de tel bénéficiaire potentiel, qui l'aurait sollicité plus que les autres: le nombre des nécessiteux décourage et l'impudence dégoûte, sans permettre de se décider. Il faut donc que le donateur se décide de lui-même à donner; mais encore faut-il qu'il se décide à *donner* et non pas seulement à se départir suivant les règles d'un intérêt bien compris d'un objet disponible, donc à ne pas seulement répartir par calcul, ou à distribuer suivant les lois de l'économie. Il faut, ici encore, que se donne un don, purement réduit à donation en lui. – Cela ne se peut que si le don surgit de lui-même et s'impose comme tel à son donateur. Il ne le peut, qu'en advenant à ce dernier comme devant être donné *(donandum est)*, apparaissant parmi maints autres objets ou étants comme celui dont le don s'impose de lui-même: comme si utile à une détresse proche de son propriétaire, que celui-ci se doit d'en devenir désormais le donateur; ou comme si beau qu'il ne convient qu'à une beauté plus grande que celle de son possesseur et que celui-ci se doit d'en faire l'hommage; ou enfin comme si rare que son inventeur se doit de le reconduire à un écrin plus exceptionnel que lui-même. Les exemples politiques (dévolutions, Lear envers ses filles), moraux (renonciations, la princesse de Clèves), religieux (consécrations, le dénuement de François d'Assise) ou autres de cette contrainte silencieuse abondent, au point de dispenser de les décrire plus avant. Le don devant être donné advient ici à ce point à partir de lui-même, qu'il s'impose doublement. (a) D'abord il s'impose comme ce qu'il faut donner – phénomène se distinguant d'entre les autres phénomènes par l'évidence que nul ne peut légitimement s'en proclamer le possesseur, phénomène qui brûle les doigts et dont l'excellence même exige qu'on s'en défasse. (b) Ensuite le don s'impose en imposant à son premier possesseur qu'il le laisse aller vers un destinataire toujours autre; car le don décide son possesseur à le donner, donc à s'en faire le donateur qui se dépossède de lui (et non l'inverse). – Ainsi le don réduit à la donation s'accomplit-il en vertu de rien d'autre que sa propre *donabilité:* il transforme sa réalité d'étant ou d'objet en apparaissant comme donable et il convainc son possesseur de s'en défaire pour lui permettre précisément d'apparaître suivant une parfaite donabilité. Le don décide de sa donation et décide son donateur en apparaissant indiscutablement comme donable et se faisant donner. Et cette phénoménalité ne lui advient de rien d'autre que de lui-même. Il n'a recours à aucune autre cause, ni aucune autre raison que la pure logique de la donation pour se montrer comme il se donne. Il advient à partir de sa propre possibilité, telle qu'il se la donne originairement à lui-même.

Supposons, réciproquement, le cas de figure simple, où un don apparaît à son donataire, qui le reçoit (le donateur restant ici entre parenthèses). Comment le don réduit advient-il à ce donataire à titre de don effectif? Parce que ce même donataire se décide à le recevoir et prétend s'instaurer comme sa cause finale et sa raison dernière. Certes, mais il reste encore à comprendre comment il parvient à se décider à l'accepter. Or les difficultés ici s'accumulent. – D'abord, il faut que le bénéficiaire éventuel accepte de recevoir un don; mais cette acceptation implique un renoncement antérieur; et un renoncement considérable: celui d'abandonner la posture de l'auto-suffisance et de la calme possession de soi et de son monde, bref de renoncer au plus puissant des fantasmes, qui fonde toute l'économie et tout calcul des intérêts dans l'échange, l'égalité à soi du *je*. Avant d'accepter un don – ce qui semblerait pourtant bien facile, puisqu'il s'agit en apparence d'un gain pur et simple –, il faut d'abord accepter d'accepter, ce qui implique de reconnaître que l'on ne s'augmente plus soi-même pas soi-même, mais par une dépendance envers ce que je ne suis pas, plus exactement envers ce que le *je* en moi n'est pas. Et cet aveu suppose que l'on quitte l'égalité à soi, donc non seulement ce que la morale nommerait l'égoïsme, mais surtout ce que la réduction à la donation a stigmatisé comme l'échange et l'économie; il ne s'agit de rien de moins que d'abandonner une logique, pour se laisser prendre par une autre, que ne gouverne nulle raison suffisante et que ne contrôle aucune cause. – Ensuite, il faut discerner ce qu'il convient d'accepter de ce qui ne peut ou ne doit pas à l'être; car tout bien ne s'offre pas comme un don à recevoir – soit qu'il reste la possession d'un propriétaire absent ou inconnu (envie d'un objet perdu, abandonné, trouvé, qui revient en droit à autrui), soit qu'il ne puisse en rien devenir un bien appropriable à la jouissance de quiconque (comme l'environnement, qui n'appartient à personne), soit que l'apparence d'un don s'avère à la fin un mal (le cheval abandonné aux Troyens par les Grecs), etc. Pour discerner si et quand il s'agit bien d'un don, il faut d'abord que ce don lui-même apparaisse comme tel, donné à recevoir. – Ces deux exigences, accepter d'accepter, et savoir quoi accepter, il ne revient pas au bénéficiaire d'y satisfaire, puisque lui-même ne deviendra un donataire, qu'à partir du moment où elles seront satisfaites; il ne reste donc qu'une hypothèse: que le don lui-même fasse accepter de l'accepter et se déclare comme don à recevoir. Et le don y parvient précisément lorsque, de la foule innombrables des étants et objets disponibles, mais indifférents ou régis par la possession, s'en détache un, qui s'impose en apparaissant comme devant être reçu *(accipiendum est)*. Il apparaît alors comme un phénomène surgi sous l'aspect de l'*acceptabilité*. Il apparaît en se désignant comme à recevoir et en se faisant accepter par celui qui, de prime abord et la plupart du temps, ne le voit pas comme un don, ni n'entend s'en faire le donataire. Une telle acceptabilité s'exerce sur celui qui, sans elle, ne se reconnaîtrait pas comme un donataire, non pas seulement, ni d'abord à titre de pression morale ou de séduction sensible, mais en vertu d'un aspect privilégié de la phénoménalité – la phénoménalité de ce qui se donne à recevoir. Le don se phénoménalise de lui-même en tant qu'il se montre comme il se donne, comme ce que nul ne peut commencer à voir, que s'il le reçoit d'abord. Le don ainsi reçu ne renvoie à aucune autre cause, ni aucune autre raison que sa pure logique de donation pour apparaître de plein droit. Ne présupposant pas son donataire, ni son donateur, il advient à partir de sa propre possibilité, telle qu'il se la donne originairement à lui-même.

Au terme de cette descrition longue et pourtant seulement incohative, nous aboutissons à l'esquisse d'un résultat: le don, si l'on entreprend sérieusement de le réduire (ou reconduire) à la donation, se donne à partir de lui seul; il peut se décrire non seulement en mettant entre parenthèses soit son donataire, soit son donateur, mais surtout, loin d'en dépendre, il les suscite sous les deux aspects de sa phénoménalité propre, la donabilité et l'acceptabilité. Le don réduit advient donc sans cause, ni raison qui suffise à en rendre compte – non qu'il se rende des compte à lui-même, mais parce qu'il se rend en tant qu'il se donne. Il se rend en effet, en de multiples sens. Il se rend en ce qu'il s'abandonne à son donataire. Il se rend à son donateur, en ce qu'il se met à sa disposition pour permettre un acte de donner. Il se rend enfin à lui-même en ce qu'il s'accomplit parfaitement en se dissipant sans retour comme un pur don. Le don ne provient ni d'une cause autre que lui, ni d'une raison qu'il se rendrait à lui-même (comme une quasi *causa sui),* puisqu'en tant que don, il précède toute raison *à rendre* dans la mesure stricte où il rend, re-donne et donne avant toute raison. En ce sens, il rend possible la raison à rendre elle-même, loin de lui devoir sa légitimité. La *ratio reddenda* ne fonde pas plus le don qu'elle ne lui fait défaut. Au contraire, en tant qu'elle-même à rendre, la *ratio reddenda* recevrait plutôt sa possibilité du don lui-même. Car la raison suffisante ne suffit pas, puisqu'il faut encore la rendre et que précisément cela – rendre *(reddere)* – elle ne saurait jamais l'accomplir, pour autant qu'elle reste absolument étrangère au don, au point qu'elle ne cesse de vouloir l'annuler. La raison ne devient véritablement suffisante que si le don réduit à la donation la donne (et la rend) à elle-même, donc la précède. La raison ne suffit pas plus à elle-même qu'à penser le don. Le don seul rend la raison à elle-même (comme insuffisante), car lui seul suffit à la donner.

Par quoi, en outrepassant la demande d'une cause et d'une raison suffisante, non seulement le don ne se condamne pas à manquer de rationalité, mais il pourrait tout à l'inverse se constituer comme la raison, la »grande raison« qui assurerait seule l'étroite *ratio reddenda* – à supposer qu'elle puisse et même doive recevoir une telle assurance. Par quoi surtout, il devient patent que le don se donne de lui-même, sans rien emprunter à une possibilité hétéronome, telle que la calcule parcimonieusement la raison suffisante, bref sans autre possibilité que la sienne propre. Le don réduit à la donation ne demande aucun (passe-)droit pour se donner et pour se montrer comme il se donne (selon la donabilité et l'acceptabilité). Il ne demande aucune possibilité à rien, il la donne à tout, à partir de celle qu'il ouvre en et par lui.

La question désormais se pose: le don ne fournit-il pas la seule figure non métaphysique de la possibilité? La possibilité, »plus haute que l'effectivité«, peut-elle nous advenir autrement que par le don et en tant que don? Autrement dit: si le phénomène, en son acception phénoménologique stricte, se montre en soi et à partir de soi, surgissant d'une possibilité absolument sienne, imprévisible et neuve, le don ne s'offrerait-il pas alors comme le phénomène par excellence – plus exactement comme la figure originaire de toute phénoménalité?

## 7. Le manque et le surcroît

On pourra encore dire »[...] toutes choses étant causées et causantes«,[2] à condition d'en exclure le don. Ni chose, ni étant, le don ne nous vient jamais de la cause, mais de sa possibilité propre.

Ne doit-on pas aussitôt rétorquer que, si le don se rend possible sans cause, ni raison, il surgit donc de rien, comme un surcroît d'un manque? Aussi évidente qu'elle paraisse de prime abord, cette objection toute formelle ne tient guère devant des phénomènes effectivement donnés. N'appartient-il pas à la définition même d'un événement de provenir d'une possibilité sans cause unique et suffisante, ni possibilité prévisible? N'advient-il en innovant et instaurant une nouvelle topique des possibilités et des impossibilités, loin de se laisser construire à partir de la topique des possibilités qu'il annule et remplace? L'événement ne prolonge pas la possibilité et ses prévisions, comme on prolonge la vie d'un agonisant, mais la brise et la redéfinit. Tout de même que le don, l'événement surgit dans la phénoménalité à partir de sa possibilité propre, qui détruit le prévisible et y ajoute son propre accomplissement. Cet ajout accomplit une véritable néguentropie, où l'état de fait produit plus qu'il ne reçoit. Il se pourrait en effet qu'en stricte phénoménologie la possibilité décrive et accomplisse ce que la métaphysique entend et exclut sous le titre de l'impossibilité.

2 Pascal, *Pensées*, § 199 (éd. Lafuma, Paris 1963, 527).

Parvenus à ce point, nous pouvons constater que le paradoxe du don, tel qu'il surgit de sa propre possibilité, sans cause, ni raison, a trouvé une description plus rigoureuse suivant les voies de la phénoménologie, qui l'a libéré de ce que la métaphysique de la *causa sive ratio* nomme l'impossibilité. Si la phénoménologie se caractérise bien en ce que pour elle, au contraire de la métaphysique, la possibilité y surpasse l'effectivité, l'analyse du don réduit à la donation l'illustre indiscutablement. Pourtant, le dépassement irrévocable de la métaphysique ne suit sans doute pas un chemin unique. Et quoique moins pratiqué, voire méconnu, celui de la théologie pourrait, ici, nous conduire d'embée un pas plus loin. La théologie, ou plus exactement dans la Révélation dont – en principe du moins – la théologie chrétienne a reçu la charge et le dépôt. Le paradoxe du don s'y trouve sans cesse et surabondamment scruté, comme le centre même de la Révélation de Dieu parmi nous. Dans le trésor de ces ouvertures, nous ne retiendrons qu'un bref enseignement, parce qu'il concerne directement le point où l'analyse phénoménologique nous a permis de parvenir: l'apparition du don à partir de lui seul, sans raison, ni cause, sans autre possibilité que son apparente impossibilité.

Cet enseignement trouve son paradigme dans la péricope, où les *Synoptiques* rapportent l'épisode de la veuve, qui fait un don au trésor du Temple. Alors que les dévots auto-proclamés se bornent à »[...] prendre tous de leur superflu, elle a pris ce qu'elle avait, toute sa vie, de sa pénurie, ἐκ τῆς ὑστερήσεως« (*Marc* 12,44); autrement dit »[...] elle, elle a pris toute sa vie disponible de sa pénurie même, *ex eo quod desset,* ἐκ τοῦ ὑστερήματος« (*Luc* 21,4). Comment comprendre? Peut-on donner ce que l'on n'a pas et lorsqu'on se trouve soi-même dans le manque? Sans doute ne le peut-on pas à vue d'économie et, dans l'horizon de l'échange, ne peut-on donner que ce que l'on a – même Paul en convient parfois (*1 Corinthiens*, 16,17 = *2 Corinthiens*, 8,14sq.). Sans doute aussi le fils prodigue reste-t-il dans l'horizon de l'économie, lorsqu'on rapporte de lui qu' »[...] en vînt à manquer, ἤρξατο ὑστερεῖσθαι« (*Luc* 15,14); son péché consiste sans doute préciséùent à ne plus s'imaginer lui-même hors de cet horizon, ni envisager de se libérer des lois de l'échange: il ne croit pas pouvoir espérer mieux que de devenir l'un des »salariés de [s]on père« (*Luc* 15,17) – bref il a déjà renoncé de lui-même à la gratuité de la paternité envers l'enfant et ne s'estime plus relever que du calcul économique. Comment la veuve parvient-elle, au contraire, à ce que le fils prodigue a complètement perdu de vue – au don réduit à la donation, qui s'accomplit sans condition, sans autre possibilité que la sienne, c'est-à-dire dans ce que l'économie nomme l'impossibilité, dans le manque? Comment la veuve parvient-elle à donner ce qu'elle n'a pas, alors que le fils perdu ne parvient pas à recevoir ce qu'il ne peut acheter, ni mériter? Sans doute, parce que la veuve demeure assez libre pour pressentir de toute son âme que l'on ne peut donner que si l'on donne sans retour et sans reste, en sorte que le don ne laisse plus que la pénurie et la fasse apparaître en pleine lumière. Que non seulement le don ne [se] donne que dans la pénurie, mais en vue de la manifester – jusqu'à ce que le manque ne manque plus, qu'il surabonde et ainsi manifeste le don. Mais en quoi la pénurie et le manque manifestent-ils le don? En ce qu'ils inversent le mécanisme habituel de la dissimulation du don, où le don donné (la chose) masque par son évidence ontique subsistante l'advenue transitive et le procès inobjectivable du don en donation. Ici, en donnant tout, jusqu'à son nécessaire, le don de la veuve ne laisse plus rien subsister; non seulement tout le don donné a disparu dans le trésor du Temple, mais il ne reste plus rien de non encore donné, rien qui manque au don; donc le don donnant, la pure donation apparaît à nu, dans la pauvreté du donné et la pénurie du restant. Au contraire, les riches, en ne donnant que le superflu, masquent le don donnant, puisque reste, après le don, une somme de choses et de richesses subsistantes, qui non seulement prouve que tout n'a pas été donné et que le don donnant reste marginal par rapport au don encore donnable, mais surtout recouvre tout manque, tout espace libre où pourrait apparaître la donation pure. Tant que manque le manque et que la pénurie ne s'ouvrent pas à nu, le don reste un don donné, le don donnant et le procès de donation restent dans l'impossibilité phénoménologique d'apparaître. Le don retenu ou arrêté avant le manque dresse un obstacle strictement phénoménologique à la visibilité de tout don réduit à la donation. – On en trouve la parfaite confirmation dans un autre l'épisode: un jeune homme riche, répondant au Christ, qui lui avait demandé les commandements requis pour recevoir la vie éternelle, déclare sincérement: »[...] tout cela, je l'ai observé depuis mon enfance«. Jésus, le regardant, l'aima et lui dit: »une seule chose te manque, ἕν σε ὑστερεῖ, va, vends tout ce que tu as et donne-le aux pauvres, δὸς τοῖς πτωχοῖς« (*Marc* 10,21). Mais, comme il était riche, il se détourna et partit, triste. Pourquoi partir, triste? Parce qu'il comprend ce qu'»il lui manque«, même après avoir respecté »tout« ce qui est commandé – il lui manque de tout donner en sorte de n'avoir plus rien. Plus rien que le manque lui-même. Mais manquer du manque revient à tout manquer, parce que seul ce manque dévoile le don donnant grâce à la pénurie de tout objet restant et de tous les dons données. Seule la pénurie désertique rend visible le don réduit à la donation. Et, puisque, sans le manque des dons donnés, le jeune homme resté riche manque la donation elle-même, il manque tout. Il manque tout en ne manquant de rien. Il ne lui reste que »[...] la part qui lui revient de son bien, τῆς οὐσίας« (*Luc* 15,12), exactement comme au fils prodigue et perdu. Aussi longtemps que le don reste ainsi accroché à la logique de l'échange *(do ut des)* et qu'il s'économise sans abandonner toute sa substance (οὐσία), il ne ne peut laisser apparaître en lui la donation – donc il disparaît lui-même.

Mais si, au contraire, il [se] donne jusqu'à la pénurie, ainsi que la veuve au trésor du Temple, il lui advient ce qu'il advint à la veuve de Sarepta, donnant sa dernière goutte d'huile et ses derniers grammes de farine au prophète Elie, plutôt que de les garder pour elle et son fils avant de mourir: »[...] ainsi parle Yahvé, Dieu d'Israël: ›Jarre de farine ne s'épuisera,/ cruche d'huile ne se videra,/ jusqu'au jour où Yahvé enverra/ la pluie sur la face de la terre‹« (*1 Rois*, 17,14). Là où le manque ne manque pas, le don se donne – et il surabonde au point de laisser apparaître le donation elle-même. L'excès du manque ne manquera pas d'excès. Le manque ne manque de rien, pourvu qu'il ne manque pas de lui-même.

La phénoménalité du don réduit à la donation ne se libère pas seulement de la *causa sive ratio* – il indique comment chaque phénomène peut aussi se donner à partir de lui-même. Par deux chemins irréductiblement distincts, phénoménologie et théologie avancent vers le même paradoxe – le don n'apparaît que réduit à la donation, réduction qui s'accomplit dans l'inconscience de donner.

# Bio-bibliographische Angaben

Rémi Brague, geb. 1947. Studium der Philosophie an der Ecole Normale Supérieure und an der Universität Paris IV, dort 1986 Habilitation. 1987-1988 Stipendiat der Alexander v. Humboldt-Stiftung an der Universität Köln. 1988-1990 Professor für griechische Philosophie an der Universität Dijon. Seit 1990 Professor für arabische Philosophie an der Universität Paris I. Seit dem Sommersemester 2002 Professor für Religionswissenschaft (Romano-Guardini-Lehrstuhl) an der Universität München. Gastprofessuren an der Pennsylvania State University (1979–80) und Boston University (1995, 2000). Publikationen: *Aristote et la question du monde,* Paris 1988, ²1999; *Europe, la voie romaine,* Paris 1992, ³1999 (dt. 1993); *La Sagesse du monde*, Paris, 1999, ²2002; *El passat por endavant*, Barcelona, 2002.

Thomas Buchheim, geb. 1957. Professor der Philosophie an der Universität München. 1977–84 Studium der Philosophie, Gräzistik und Soziologie in München, 1984 Promotion mit einer Arbeit über die Sophistik, 1990 preisgekrönte Habilitation über Schellings Spätphilosophie. 1992 Gastprofessor an der Universität Halle; 1993 Ruf an die Universität Mainz; 1999 zurückberufen an die Universität München. Publikationen: *Die Sophistik als Avantgarde normalen Lebens*, Hamburg 1986; *Eins von Allem. Die Selbstbescheidung des Idealismus in Schellings Spätphilosophie*, Hamburg 1992; *Die Vorsokratiker. Ein philosophisches Porträt,* München 1994; *Aristoteles*, Freiburg 1999; Hg. *Gorgias von Leontinoi*: Reden, Fragmente, Testimonien, Griechisch-Deutsch, Hamburg 1989; *Destruktion und Übersetzung. Zu den Aufgaben von Philosophiegeschichte nach Martin Heidegger*, Weinheim 1989; *F.W.J. Schelling: Philosophische Untersuchungen über das Wesen der menschlichen Freiheit und die damit zusammenhängenden Gegenstände.* Mit Einleitung und Anmerkungen, Hamburg 1997; *Potentialität und Possibilität. Modalaussagen in der Geschichte der Metaphysik*, Stuttgart-Bad Cannstatt 2001. Daneben zahlreiche Aufsätze über Vorsokratik und Sophistik, Aristoteles, Leibniz und Schelling, sowie zur Ontologie und Freiheitstheorie.

Hinderk M. Emrich, geboren 1943. Studium der Medizin und teilweise auch der Chemie in Berlin (FU) und Bern. Habilitation 1972 an der Technischen Universität Berlin auf dem Gebiet der molekularen Neurobiologie. Seit 1973 Hochschullehrer für Physiologie an der Ludwig-Maximilians-Universität München sowie Ausbildung zum Nervenfacharzt am Max-Planck-Institut für Psychiatrie. Seit 1986 Leiter der Abteilung Erwachsenen-Psychiatrie. 1987 Habilitation für das Fach Psychiatrie an der LMU München. Seit 1990 Psychoanalytiker sowie Beginn von Publikations- und Lehrtätigkeit auf dem Gebiet der philosophischen Psychologie. 1991 wiss. Mitglied des Wissenschaftskollegs zu Berlin. Seit Oktober 1992 Leiter der Abteilung Klinische Psychiatrie an der MHH. 1999 Promotion in Philosophie. Gastprofessur für philosophische Psychologie, Universität Witten/Herdecke ad 1999. Publikationen: *Psychiatrische Anthropologie – Therapeutische Bedeutung von Phantasiesystemen*, München, 1990; ca. 300 wissenschaftliche Spezial-Veröffentlichungen.

Thomas Fuchs, geb. 1958. Studium der Medizin, Philosophie und Geschichte an der Universität München, Promotion in Medizingeschichte. Ausbildung zum Facharzt für Psychiatrie und Psychotherapie, seit 1997 Oberarzt an der Psychiatrischen Universitätsklinik Heidelberg. 1999 Habilitation in Psychiatrie, Promotion in Philosophie. Publikationen: *Die Mechanisierung des Herzens*, Frankfurt 1992; *Leib, Raum, Person. Entwurf einer phänomenologischen Anthropologie*, Stuttgart 2000; *Psychopathologie von Leib und Raum*, Darmstadt 2000; Hg. (mit R. Spaemann) *Töten oder sterben lassen? Worum es in der Euthanasiedebatte geht*, Freiburg 1998; Hg. (mit C. Mundt) *Affekt und affektive Störungen. Phänomenologische Konzepte und empirische Befunde im Dialog*, Paderborn 2002.

Peter T. Geach, geb. 1916. Studium der Philosophie in Oxford (Balliol College), Cambridge und Birmingham. 1966–81 Professor für Logik an der Universität Leeds. Danach Forscher an der Universität Cambridge, wo er auch Hon. Fellow ist, und zahlreiche Gastprofessuren weltweit. 1983 Forschungspreis der Humboldt-Stiftung. Publikationen: *Mental Acts*, London 1957; (zus. m. G.E.M. Anscombe) *Three Philosophers*, Oxford 1961; *Reference and Generality*, Ithaca, N.Y. 1962; *God and the Soul*, London 1969; *Logic Matters*, Oxford 1972; *Reason and Argument*, Oxford 1976; *The Virtues*, Cambridge 1977; *Providence and Evil*, Cambridge 1977; (zus. m. F. Inciarte u. R. Spaemann) *Persönliche Verantwortung*, Köln 1982; *Logic and Ethics*, Dordrecht (u.a.) 1991.

Anton Friedrich Koch, geb. 1952. Studium der Philosophie und Germanistik in Heidelberg, dort 1980 Promotion. 1989 Habilitation in Philosophie an der Universität München. 1993 bis 1996 Professor für Geschichte der Philosophie in Halle. Seit 1996 Professor für Philosophie in Tübingen. Publikationen: *Vernunft und Sinnlichkeit im praktischen Denken*, Würzburg 1980; *Subjektivität in Raum und Zeit*, Frankfurt am Main 1990; Hg. *Die klassische deutsche Philosophie. Ein Lesebuch*, München und Zürich 1989.

Klaus-M. Kodalle, geb. 1943. Studium der Philosophie, Germanistik und Pädagogik. 1982 Professor für Religionsphilosophie und Sozialethik an der Universität Hamburg. Seit 1992 o. Professor für Praktische Philosophie an der Friedrich-Schiller-Universität Jena. Gastprofessuren in Dänemark, Italien, Israel und den USA. Mitglied der Akademie der Wissenschaften und der Literatur zu Mainz. Publikationen (Auswahl): *Thomas Hobbes – Logik der Herrschaft und Vernunft des Friedens*, München 1972; *Politik als Macht und Mythos. Carl Schmitts >Politische Theologie<*, Stuttgart 1973; *Negative Dialektik und die Idee der Versöhnung. Eine Kontroverse über Theodor W. Adorno*, (zus. mit T. Koch und H. Schweppenhäuser), Stuttgart 1973; *Die Eroberung des Nutzlosen. Kritik des Wunschdenkens und der Zweckrationalität im Anschluß an Kierkegaard*, Paderborn u.a. 1988; *Dietrich Bonhoeffer. Zur Kritik seiner Theologie*, Gütersloh 1991; *Verzeihung nach Wendezeiten. Über Unnachsichtigkeit und mißlingende Selbstentschuldung*, Erlangen und Jena 1994; *Schockierende Fremdheit. Nach-metaphysische Ethik in der Weimarer Wendezeit*, Wien 1996. Hg, zuletzt: *Angst vor der Moderne. Philosophische Antworten auf Krisenerfahrungen*, Würzburg 2000; *Arbeit und Lebenssinn*, Würzburg 2001.

PETER KOSLOWSKI, geb. 1952. Studium der Philosophie, Volkswirtschaftslehre und Soziologie an den Universitäten Tübingen, München und Virginia Tech, USA. 1985–87 Professor für Philosophie und Politische Ökonomie und Leiter des Instituts für das Studium fundamentale an der Universität Witten/Herdecke. 1987–2001 Gründungsdirektor des Forschungsinstituts für Philosophie Hannover. 2002–03 Visiting Scholar und Berater des Liberty Fund Inc., Indianapolis (USA). Seit 1987 apl. Professor an der Universität Witten/Herdecke. Ehrendoktor A. I. Herzen Staatsuniversität St. Petersburg. PUBLIKATIONEN (Auswahl): *Politik und Ökonomie bei Aristoteles* 1976, [3]1993; *Gesellschaft und Staat. Ein unvermeidlicher Dualismus*, Stuttgart 1982; *Ethik des Kapitalismus*, Tübingen 1982, [6]1998 (auch engl., chin., jap., korean., russ., span.); *Die postmoderne Kultur*, München 1987, [2]1988 (auch chin., ital., jap., russ.); *Prinzipien der Ethischen Ökonomie*, Tübingen 1988, [2]1994 (auch chin., engl., franz., russ.); *Der Mythos der Moderne. Die dichterische Philosophie Ernst Jüngers*, München 1991; *Gnosis und Theodizee. Eine Studie über den leidenden Gott des Gnostizismus*, Wien 1993; *Philosophien der Offenbarung. Antiker Gnostizismus, Franz von Baader, Schelling*, Paderborn 2001.

HERMANN LÜBBE, geb. 1926. Studium der Philosophie und mehrerer sozialwissenschaftlicher Disziplinen in Göttingen, Münster und Freiburg i. Br. 1951 Promotion. 1956 Habilitation. 1963–1969 Professor für Philosophie in Bochum. 1969-1973 Professor für Sozialphilosophie in Bielefeld. 1971-1991 Professor für Philosophie und Politische Theorie in Zürich. Mitglied zahlreicher wissenschaftlicher Gesellschaften und Akademien des In- und Auslandes. Zahlreiche Preise und Ehrungen, u. a. Großes Verdienstkreuz der Bundesrepublik Deutschland 1996. PUBLIKATIONEN (Auswahl): *Politische Philosophie in Deutschland*, Basel/Stuttgart 1963, [2]1974; *Säkularisierung. Geschichte eines ideenpolitischen Begriffs*, Freiburg i.Br. 1965, [2]1975; *Bewußtsein in Geschichten.* Freiburg i.Br. 1972; *Geschichtsbegriff und Geschichtsinteresse*, Basel/Stuttgart 1977; *Zwischen Trend und Tradition*, Zürich 1981; *Politischer Moralismus*, Berlin 1987, [2]1989; *Freiheit statt Emanzipationszwang*, Zürich 1991; *Abschied vom Superstaat*, Berlin 1994; *Politik nach der Aufklärung*, München 2001.

WEYMA LÜBBE, geb. 1961. Studium der Philosophie, Literaturwissenschaft, Soziologie und Volkswirtschaftslehre in Zürich, Konstanz und München. Assistententätigkeit in den Fächern Soziologie und Philosophie. 1989 Promotion, 1997 Habilitation im Fach Philosophie an der Universität Konstanz. 1997/98 Fellow am Wissenschaftskolleg zu Berlin. 1998 Heisenberg-Stipendium der DFG. 1999 Rudolf-Meimberg-Preis der Mainzer Akademie der Wissenschaften und der Literatur. Seit 1999 Professorin für Philosophie mit Schwerpunkt Praktische Philosophie an der Universität Leipzig. PUBLIKATIONEN: *Legitimität kraft Legalität. Sinnverstehen und Institutionenanalyse bei Max Weber und seinen Kritikern*, Tübingen 1991; *Verantwortung in komplexen kulturellen Prozessen*, Freiburg 1998. Aufsätze vor allem zur Rechtsphilosophie und zur Angewandten Ethik.

JEAN-LUC MARION, geb. 1946. 1967–71 Studium der Romanistik, Humanwissenschaften und Philosophie an der Ecole Normale Supérieure und an den Universitäten Paris-Nanterre (1967–68) und Paris-Sorbonne (1968–1971). 1974 Doktorat 3 Cyde. 1980 Doktorat d'Etat an der Universität Paris-Sorbonne. 1981–88 Professor für Geschichte der Philosophie an der Universität Poitiers und 1988–95 Paris-Nanterre. 1995 Professor für

Metaphysik an der Sorbonne. 1992 Visiting Professor an der Universität Chicago. Gastprofessuren an den Universitäten Leuven, Rom, am Boston College, in Villanova, Washington (St. Louis) und Laud (Québec). 1992 Grand Prix de Philosophie de l'Academie Française. PUBLIKATIONEN: *L'idole et la distance*, Paris 1971, $^{3}$1989; *Sur l'ontologie grise de Descartes*, Paris 1975, $^{4}$2000; *Sur la théologie blanche de Descartes*, Paris 1981, $^{2}$1991; *Dieu sans l'être*, Paris 1982, $^{2}$1991; *Sur le prisme métaphysique de Descartes*, Paris 1986; *Prolégoménes à la charité*, Paris 1986, $^{3}$2001; *Réduction et donation*, Paris 1989; *Etant donné. Essai d'une phénoménologie de la donation*, Paris 1997, $^{2}$1998; *De surcroît. Etudes sur des phénomènes saturés*, Paris 2001.

DAVID MARSHALL, geb. 1930. 1951 Artium Baccalaureatus am Jesuitencollege St. Joseph in Philadelphia. 1954 Bachelier en Théologie Catholique an der Universität Straßburg. 1960 Magisterium in Philosophie an der Fordham University in New York. 1962 Promotion an der Universität München. 1962–1964 Instructor in Philosophy an der Seton Hall University in New Jersey. 1964–1974 Assistant Professor, ab 1970 Associate Professor in Philosophy an der St. Joseph's University in Philadelphia. 1975–1989 Instructor in Philosophy an der University of Maryland in Heidelberg. 1980–1989 Lehrauftrag an der LMU München. 1990–2000 Lehrtätigkeit an der Villanova University in Pennsylvania, USA. PUBLIKATIONEN: *La Crise des mathématiques est-elle connexe de la crise de la physique?* Namur 1973; *Lukasiewicz, Leibniz and the Arithmetization of the Syllogism*, Notre Dame 1977; *Prinzipien der Descartes-Exegese*, Freiburg 1979; *Einstein and Parmenides*, Heidelberg 1980.

KARL-HEINZ NUSSER, geb. 1940. Studium der Philosophie, Politikwissenschaft, Germanistik und Geschichte in München. Habilitation in Philosophie 1986. 1987–1992 Leiter der Landesstelle Bayern der Ostakademie Königstein in München. Apl. Professor an der Universität München. Seit 1993 Gastprofessuren an den Universitäten Halle, Passau, Würzburg, Basel, Freiburg, Augsburg und an der PH Weingarten. PUBLIKATIONEN: *Hegels Dialektik und das Prinzip der Revolution*, München 1973; *Kausale Prozesse und sinnerfassende Vernunft. Max Webers philosophische Fundierung der Soziologie und der Kulturwissenschaften*, Freiburg 1986; *Politische Ethik*, Freising 1998; Mitherausgeber der Reihe *Praktische Philosophie und der Zeitschrift für Politik.*

PAUL RICŒUR, geb. 1913. Studium der Philosophie in Rennes und Paris (Sorbonne). 1935 Agrégation, 1950 Promotion. Professor für Philosophie in Straßburg 1950–57, in Paris (Sorbonne) 1957–66, in Nanterre 1966–70, in Leuven 1970–73 und wiederum in Leuven 1973–81, sowie an der University of Chicago seit 1970. PUBLIKATIONEN (Auswahl): *Philosophie de la volonté* Bd. I, Paris 1950; *Histoire et verité*, Paris 1955 (dt. 1974); *Philosophie de la volonté* Bd. II, Paris 1960; *Finitude et culpabilité*, 2 Bde., Paris 1960 (dt. 1971); *De l'interprétation. Essai sur Freud*, Paris 1965 (dt. 1969); *La métaphore vive*, Paris 1975 (dt. 1986); *Temps et récit*, 3 Bde., Paris 1983–85 (dt. 1988–91); *Lectures*, 3 Bde., Paris 1991–94; *Le juste*, Paris 1995; *Refléxion faite. Autobiographie intellectuelle*, Paris 1998.

LEO CARD. SCHEFFCZYK, geb. 1920. Studium der Philosophie und Theologie in Breslau und Freising. 1947 Priesterweihe. Promotion 1950, Habilitation 1957. Professor für Dogmatik an der Hochschule in Königstein/Ts. und an den Universitäten Tübingen und München.

2001 Erhebung zum Kardinal. Publikationen (Auswahl): *Mariologie der Karolingerzeit* 1959; *Schöpfung und Vorsehung* 1964; *Der Eine und Dreifaltige Gott* 1968; *Unfehlbarkeit – Menschliche Anmaßung oder gottesgeschenktes Charisma?* 1972; *Aufbruch oder Abbruch des Glaubens*, 1975; *Katholische Glaubenswelt*, 1977, $^{2}$1978; *Schwerpunkte des Glaubens*, 1977. Mitherausgeber des Handbuchs für Dogmengeschichte.

Friedrike Schick, geb. 1960. Studium der Philosophie, Kunstgeschichte und Neueren Deutschen Literaturwissenschaft an den Universitäten Erlangen-Nürnberg und München, dort 1992 Promotion in Philosophie. 1992–1996 wissenschaftliche Mitarbeiterin am Forschungsinstitut für Philosophie Hannover. Seit dem Wintersemester 1996/97 wiss. Assistentin am Philosophischen Seminar der Universität Tübingen. Publikationen: *Hegels Wissenschaft der Logik – metaphysische Letztbegründung oder Theorie logischer Formen?* Freiburg/München 1994; Aufsätze zu Logik und Rechtsphilosophie Hegels.

Rolf Schönberger, geb. 1954. Studium der Philosophie, Kath. Theologie und Geschichte an der Universität München. 1979 M.A. ebd. 1983 Promotion in Philosophie. 1990 Habilitation. 1994–96 Professor für Philosophie an der PH Weingarten. Seit 1996 Professor für Philosophie an der Universität Regensburg. Publikationen: *Nomina divina. Zur theologischen Semantik bei Thomas von Aquin*, Frankfurt a. M./Bern 1981; *Die Transformation des klassischen Seinsverständnisses. Studien zur Vorgeschichte des neuzeitlichen Seinsbegriffs im Mittelalter*, Berlin/New York 1986; *Was ist Scholastik?* Hildesheim 1991; *Repertorium edierter Texte aus dem Bereich der mittelalterlichen Philosophie und ihrer angrenzenden Gebiete*, Berlin 1994; *Relation als Vergleich. Die Relationstheorie des Johannes Buridan im Kontext seines Denkens und der Scholastik*, Leiden 1994; *Thomas von Aquin zur Einführung*, Hamburg 1998; $^{2}$2002; *Thomas von Aquins Summa contra gentiles*, Darmstadt 2001; Hg. (zus. m. W. Vossenkuhl), *Die Gegenwart Ockhams*, Weinheim 1990; Übers.: Thomas von Aquin, Über die sittliche Handlung [Sum. theol. I-II, q. 18–21], Einl. v. R. Spaemann, Weinheim 1990; Stuttgart $^{2}$2001. Aufsätze zu Anselm von Canterbury, Albertus Magnus, Thomas von Aquin, Johannes Duns Scotus, Meister Eckhart, William Ockham, Johannes Buridan, Jean Gerson, L. Lavelle etc.

Richard Schröder, geb. 1943. Studium der Theologie und Philosophie in Berlin und Naumburg. 1977 Promotion, 1991 Habilitation. 1973 Pfarrer in Wiederstedt, danach Dozent an den Kirchlichen Hochschulen »Sprachenkonvikt« Berlin und »Katechetisches Oberseminar« Naumburg. 1991 Fraktionsvorsitzender der SPD der ersten frei gewählten Volkskammer. 1992 Ehrenpromotion durch die Theologische Fakultät Göttingen. Seit 1991 Lehrtätigkeit an der Theologischen Fakultät der Humboldt-Universität zu Berlin. 1992 Großes Verdienstkreuz des Verdienstordens der Bundesrepublik Deutschland. 1996 erster Preisträger des Lutherpreises »Das unerschrockene Wort«. 1997 Ludwig-Börne-Preis. 2001 Heinz-Herbert-Karry-Preis. Publikationen (Auswahl): *Denken im Zwielicht. Vorträge und Aufsätze aus der alten DDR*, Tübingen 1990; *Deutschland schwierig Vaterland*, Freiburg 1993; *Vom Gebrauch der Freiheit*, Stuttgart 1996; *Einsprüche und Zusprüche. Kommentare zum Zeitgeschehen*, Stuttgart 2001.

Walter Schweidler, geb. 1957. Studium der Philosophie und Rechtswissenschaften an der Universität München, dort Assistent bei Robert Spaemann. 1993 Habilitation in

Philosophie. 1992-1997 Professor für Philosophie an der PH Weingarten. 1997-2000 Professor für Praktische Philosophie und Didaktik der Philosophie an der Universität Dortmund. Gastprofessuren an den Universitäten Minneapolis, Salzburg, Freiburg i.Br., Sydney (Macquarie) und Berkeley (Graduate Theological Union). Seit 2000 Professor für Philosophie an der Ruhr-Universität Bochum. PUBLIKATIONEN: *Wittgensteins Philosophiebegriff*, München 1983; *Die Überwindung der Metaphysik*, Stuttgart 1987; *Geistesmacht und Menschenrecht. Der universalanspruch der Menschenrechte und das Problem der Ersten Philosophie*, Freiburg/München 1994; *Das Unantastbare. Beiträge zur Philosophie der Menschenrechte*, Münster 2001; Hrsg. *Von Menschenrechte und Gemeinsinn – westlicher und östlicher Weg*? Sankt Augustin 1998; *Werte im 21. Jahrhundert*, Baden-Baden, 2001.

WILHELM VOSSENKUHL, geb. 1945. Studium der Philosophie, der Neueren Geschichte und Politikwissenschaft an der Universität München. 1980 Habilitation in Philosophie. 1986–1993 Lehrstuhl für Philosophie an der Universität Bayreuth. Seit 1993 Inhaber des Lehrstuhls I für Philosophie an der Ludwig-Maximilians-Universität München. Gastprofessuren u. a. in Fribourg, Lodz und Krakau. PUBLIKATIONEN: *Anatomie des Sprachgebrauchs*, Stuttgart 1982; *Ludwig Wittgenstein*, München 1995. Zahlreiche Editionen und Aufsätze in den Themenbereichen Ethik, Philosophie der Sozialwissenschaften sowie zu Kant und Wittgenstein.

# Namenregister

# Sachregister

THEMATISCH AUFGESCHLÜSSELT